银行业绩管理创新丛书

银行全面绩效管理
中国式世界级的银行管理解决方案

用友银行客户事业部 编著

企业管理出版社

图书在版编目（CIP）数据

银行全面绩效管理：中国式世界级的银行管理解决方案／用友银行客户事业部编著.—北京：企业管理出版社，2011.4

ISBN 978-7-80255-776-5

Ⅰ.①银… Ⅱ.①用… Ⅲ.①银行管理—经济效果—研究—中国 Ⅳ.①F832.1

中国版本图书馆 CIP 数据核字（2011）第 039756 号

书　　名：	银行全面绩效管理：中国式世界级的银行管理解决方案
作　　者：	用友银行客户事业部
责任编辑：	韩天放
书　　号：	ISBN 978-7-80255-776-5
出版发行：	企业管理出版社
地　　址：	北京市海淀区紫竹院南路17号　邮编：100048
网　　址：	http://www.emph.cn
电　　话：	编辑部 68701292　发行部 68467871
电子信箱：	bjtf@vip.sohu.com
印　　刷：	北京天正元印务有限公司
经　　销：	新华书店
规　　格：	180 毫米×240 毫米　16 开本　30.5 印张　576 千字
版　　次：	2011 年 5 月第 1 版　2011 年 5 月第 1 次印刷
定　　价：	228.00 元

版权所有　翻印必究·印装有误　负责调换

序

每当和银行业的朋友们讨论关于银行经营管理的话题，我们的谈论经常由一个个单独的点，不经意间发散到银行的整体经营管理范畴。这样的状况引发了用友银行服务团队更多的思考，在"风险、盈利、创新"这三大银行永恒的主题下，在银行纷繁复杂的经营领域中（存款、贷款、资金交易、中间业务……），是否存在着这样一条主线：它依存在银行日常经营管理中并能将"业务"和"管理"彻底打通，而抓住这条主线，就抓住了银行发展的关键。

带着这样的思考，在2008～2010年这三年的时间里，用友银行服务团队系统地研究了我们所服务的130余家商业银行，观察和梳理了他们每一天所面临的经营管理难题，探索和试验了相应的解决对策。出于服务更多银行业客户的需要和引导银行业发展方向的考量，我们愿意将这方面的独到心得予以公开，于是就有了一本本诸如《银行资金转移定价》和《银行经济资本管理》等国内独一无二的著作陆续呈现在银行业界面前，并获广泛好评和大面积应用。正是在这些研究成果的基础上，我们确定了在银行的经营管理中确实存在着这样一条主线：即"银行全面绩效管理"。

绩效管理对银行业界来说并不陌生，很多银行近些年来都已开展这种管理实践，甚至取得较好的收效，但用友银行服务团队在这本《银行全面绩效管理》中，将以中国式的视角和世界级的高度，创造性地将银行的"全面绩效"分解为"盈利绩效"、"风险绩效"、"供应链绩效"和"人力绩效"等四个既相互独立又相互关联的组成模块,并系统阐述各种绩效下的应用场景、管理方法和创新焦点,且对绩效管理的两大支柱,即会计核算和数据服务提出全新的主张,同时对绩效管理IT信息化的实现路径勾勒相应的解决方案。

深刻解读"银行全面绩效管理"的内涵、作用和意义,需要对银行近二十年的发展进行系统的总结和分析。伴随着中国经济的迅速崛起,在新世纪,中国的银行业顺势迎来了这一轮较长时期(可能长达20年)的大发展机遇。而在已经过去的2000~2010年这十年间,中国的银行业大都获得了"跨越式"的增长,并且在中国严格监管的体制保护下,躲过了一波又一波世界范围内的经济、金融危机的重击。然而我们也不得不承认,"市场"终究是"市场",而且也只有在竞争的市场下,银行才能真正地锻炼自己、真正地形成并提升自己的核心竞争力。

而2011~2020年这个接下来的十年,是迎接巨变、应对挑战、强者更强、弱者消亡的,机遇和毁灭共存的时期。就在近期,"利率市场化"已经悄然来到了我们的身边,央行已将此纳入年度工作目标!利率市场化带给银行的最大挑战是金融产品和服务以往价格垄断优势的丧失,和以存贷款利差为主要收入来源的传统盈利模式的终结。同时,越来越开放的资金和资本市场,强势出击的巴塞尔资本协议Ⅲ,这些会带来银行经营管理根本性变化的现实格局,都将给中国银行业带来巨大的冲击。过去保护性很强的行业监管时代正在走向终结,变革已经开始!

这一切将对中国银行业经营管理的理念、思路、方法、制度等一系列经营管理形成根本性颠覆。面对这场前所未有的新挑战,中国的银行经营管理层需要在新的环境下认真思考:什么样的产品与服务能够赢得市场？产品与服务该如何定价？要"规模"还是要"效益"？如何更深层次地识别和防范风险？……而这一切，其实都离不开"全面绩效管理"这个核心！只有真正弄清"盈利绩效"，我们才能清楚地知道我们的产品与服务的价值、知道来自市场的真实反馈；只有真正弄清"风险绩效"，我们才能清楚地知道我们的产品和服务的定价、知道如何识别和防范风险；只有真正弄清"供应链绩效"，我们才能清楚地知道如何管控采购行为和降低采购成本，实现实物资产管理增效；只有真正弄清"人力绩效"，我们才能清楚地知道资源与产出的正确配比，知道如何实现高效激励！

可以坚定地说，抓住了"全面绩效管理"，就是抓住了新时期银行经营管理的主线。我们必须深入关注盈利绩效、风险绩效、供应链绩效和人力绩效，深入关注这些绩效间的相互依赖、相互制约和相互促进关系！我们必须尽快进入最佳状态，不仅在业务层面、管理层面，而且要在技术层面（银行是高度信息化的企业），充分发挥想象力和创造力，并通过系统的应用实践，不断验证和调整绩效管理的策略、方式和方法，并通过绩效管理对银行整体经营管理形成控制力和推动力。

我所供职的用友软件公司，是中国最大的管理软件企业，二十余年来努力为中国的企业管理提供IT信息产品和服务，并致力于通过IT服务推动社会进步。银行业作为用友公司服务的最重要的行业之一，自1998年开始至今，用友银行团队已提供服务十三载，目前所服务的银行业客户超过130家，服务领域包括银行全面绩效管理的各个环节和各个层级。

在这十余年里，对于中国的银行，我们零距离的观察着、思考着、总结着、创新着、实践着！我们非常乐意通过本书为载体，为中国的银行业经营管理提供一些思考引导和实践经验。这本《银行全面绩效管理》，以及前几年已经出版的《银行资金转移定价》和《银行经济资本管理》等，就是我们团队努力的结晶！时逢"十二五"开局之年，无论个人、组织和社会都处在进行深层次学习实践的最令人兴奋的历史时刻，如果这三本著作能助力中国银行业继续前行，我们将深感欣慰！

用友软件股份有限公司助理总裁

兼银行客户事业部总经理

廖继全

对"中国式、世界级管理"的一点诠释

21世纪看中国,中国崛起已经是一个不争的事实,中国正在向世界级进程迈进!依据历史的统计,每700年中国复兴一次,这一次是中华民族的第五度兴起,势必在管理上有一番作为。这番作为就是要向全世界倡导"中国式管理"。中国式管理的最大特性,在于伦理与管理合二为一[①],中国古圣先贤倡导的"仁"、"义"、"礼"也将成为21世纪普遍流行的管理总法则,并运用于实际管理运作中。

如何解读"中国式"是深刻理解"世界级"的关键,1990~2010年的短短20年间,中国的银行业持续摸索、总结、发展,通过不断的实践,以事实充分解读了"中国式、世界级"的内涵和辩证关系。

梁漱溟先生[②]说:中国人把文化的重点放在人伦关系上,解决人与人之间怎样相处。冯友兰先生[③]说:中国的文化讲的是"人学",注重的是"人"。

"中国式"就是中国千年文化的传承载体,中国千年文明的内涵就是"中国式"管理的精神本质。"中国式"管理正是基于"人"而进行的管理活动,发现、解读和运用"人性",并在各种社会实践中根据"客观"现实、基于"和谐"目标进行的一系列管理活动,这些管理活动可以充分激发人的能动性,帮助社会团体实现经营目标,而

---

① 引自曾仕强:《管理的真相——曾仕强剖析中国式管理的特性》,北京大学出版社2009年版。
② 梁漱溟,著名的思想家、哲学家、教育家、社会活动家、爱国民主人士、著名学者、国学大师,有"中国最后一位儒家"之称。
③ 冯友兰,著名哲学家,哥伦比亚大学博士学位,被誉为"现代新儒家"。

人的价值亦在此过程中予以实现。

"世界级"是一种境界，意味着"正确性、先进性、科学性"，这种境界可以渗透和输出到全球范围；"世界级"同时是一种目标，其策略、方法和措施供落后者敬仰和学习，并成为其奋斗发展的方向；"世界级"更是一种力量，这种力量是由处于世界之巅的实力给予和支撑。

"中国式"管理正在成为"世界级"，就银行业而言：

首先，当前在"中国式"管理文化氛围下的中国经济已经成为全球经济的最重要力量，而中国的银行业实力亦领先世界——全球总资产TOP25的银行中国占4席，全球银行1000强中的中资银行（包括我国港澳台地区）占31席。

其次，中国银行业的经营管理，经过近二十年的不断钻研、学习（包括早期引进国外的银行管理理念）、探索和实践，从一点点开始做起，无论是产品、服务，还是技术手段，从无到有、从有到精，蕴含了中国银行业一代人员的智慧和付出。特别在管理方面，中国银行业充分理解"中国式"管理内涵，以人为本，从实际出发，不生搬硬套，理论结合实际，始终坚持创新，最终帮助中国的银行业走向成功，从这个意义上，"中国式"管理亦标志着"世界级"管理水平——"正确性、先进性、科学性"。

再次，"中国式"的管理解决方案，伴随着中国不断扩大的对外贸易逐步走向世界，正在全球范围内发生深刻影响。中国式管理解决方案表明银行根植于本土，深刻理解中国宏观经营环境和企业文化，强调运用的有效性，体现了中国式管理的博大精深、中国管理哲学的奥秘。中国式世界级管理解决方案体现了中国银行业管理哲学与国际先进银行管理科学的有机结合，具有很强的实用性与适应性。

"十二五"规划已经开始，历史赋予中国银行业宝贵的机遇，通过对中国式世界级的银行管理的深刻解读和深入实践，中国的银行业必将迎来高速发展的未来。

目 录

第1章 全面绩效管理 ……………………………………………… (1)
　1.1 "十二五"期间中国银行业发展趋势 ……………………… (1)
　　1.1.1 重大环境变化 ……………………………………… (1)
　　1.1.2 银行业转型 ………………………………………… (4)
　1.2 银行全面绩效管理释义 ………………………………… (7)
　1.3 中国式世界级的银行管理解决方案 ……………………… (8)
　　1.3.1 银行管理整体解决方案 ……………………………… (9)
　　1.3.2 银行管理：四个管理主题 …………………………… (10)
　　1.3.3 银行管理：七个基础应用领域 ……………………… (10)
　　1.3.4 银行管理：四个应用层级 …………………………… (11)

第2章 盈利绩效 …………………………………………………… (12)
　2.1 概述 ……………………………………………………… (12)
　　2.1.1 银行绩效管理模型 …………………………………… (13)
　　2.1.2 RAPM 盈利评价体系 ………………………………… (15)
　2.2 经营分析 ………………………………………………… (20)
　　2.2.1 机构/部门盈利分析 ………………………………… (25)
　　2.2.2 业务品种盈利分析 …………………………………… (39)
　　2.2.3 客户经理盈利分析 …………………………………… (43)
　　2.2.4 客户群盈利分析 ……………………………………… (45)
　　2.2.5 业务线盈利分析 ……………………………………… (48)

2.2.6　行业盈利分析 ……………………………………………… (49)
　2.3　计划预算与经营预测 ……………………………………………… (52)
　　　2.3.1　计划预算管理体系 ………………………………………… (52)
　　　2.3.2　计划预算管理组织 ………………………………………… (53)
　　　2.3.3　计划预算管理流程 ………………………………………… (54)
　　　2.3.4　计划预算解决方案 ………………………………………… (57)
　2.4　经营绩效考核 ……………………………………………………… (63)
　　　2.4.1　绩效管理执行银行战略 …………………………………… (63)
　　　2.4.2　绩效考核基本程序 ………………………………………… (64)
　　　2.4.3　绩效考核的方法 …………………………………………… (66)
　　　2.4.4　绩效考核结果的应用 ……………………………………… (67)
　2.5　资金转移定价 ……………………………………………………… (70)
　　　2.5.1　概述 ………………………………………………………… (70)
　　　2.5.2　FTP业务方案 ……………………………………………… (75)
　　　2.5.3　解决方案 …………………………………………………… (81)
　2.6　费用分摊 …………………………………………………………… (86)
　　　2.6.1　费用分摊的作用 …………………………………………… (86)
　　　2.6.2　费用分摊应用模式 ………………………………………… (86)
　　　2.6.3　中国式费用分摊应用方案 ………………………………… (87)
　2.7　绩效管理信息化创新——指标服务引擎 ………………………… (89)
　　　2.7.1　指标服务引擎基本功能 …………………………………… (90)
　　　2.7.2　机构考核指标 ……………………………………………… (92)
　　　2.7.3　支行、总行公司业务部考核指标 ………………………… (93)
　　　2.7.4　客户经理考核指标 ………………………………………… (94)
　2.8　案例分享 …………………………………………………………… (94)
　　　2.8.1　YH－ZGJCK经营管理分析系统 ………………………… (94)
　　　2.8.2　YH－FJNX决策支持系统 ………………………………… (98)
　　　2.8.3　YH－CZSH绩效考核系统 ………………………………… (102)

2.8.4　YH－NC 管理会计系统 …………………………………………（104）
　　2.8.5　YH－YT 全面管理解决方案一体化应用 ………………………（110）

第3章　风险绩效 …………………………………………………………（116）

3.1　资产负债管理 …………………………………………………………（116）
　　3.1.1　资产负债管理概论 …………………………………………………（116）
　　3.1.2　ALM 模拟概览 ………………………………………………………（119）
　　3.1.3　保值政策 ……………………………………………………………（123）
　　3.1.4　资产负债管理模拟 …………………………………………………（130）
　　3.1.5　资产负债管理和运营风险 …………………………………………（142）

3.2　信用风险管理 …………………………………………………………（149）
　　3.2.1　概述 …………………………………………………………………（149）
　　3.2.2　信用风险管理策略 …………………………………………………（151）
　　3.2.3　信用风险管理组织 …………………………………………………（154）
　　3.2.4　信用风险管理流程 …………………………………………………（157）
　　3.2.5　风险管理信息 ………………………………………………………（161）
　　3.2.6　组合管理 ……………………………………………………………（163）

3.3　市场风险管理 …………………………………………………………（178）
　　3.3.1　概述 …………………………………………………………………（178）
　　3.3.2　市场风险管理策略 …………………………………………………（178）
　　3.3.3　市场风险管理组织 …………………………………………………（179）
　　3.3.4　市场风险管理流程 …………………………………………………（181）
　　3.3.5　风险管理信息 ………………………………………………………（185）
　　3.3.6　压力测试 ……………………………………………………………（186）

3.4　操作风险管理 …………………………………………………………（188）
　　3.4.1　概述 …………………………………………………………………（188）
　　3.4.2　操作风险管理的策略及政策 ………………………………………（188）
　　3.4.3　操作风险管理组织 …………………………………………………（189）
　　3.4.4　操作风险管理流程 …………………………………………………（191）

3.4.5　风险管理信息 ……………………………………………………（193）
　　　3.4.6　风险策略 ………………………………………………………（194）
　3.5　经济资本配置 ……………………………………………………………（213）
　　　3.5.1　资本管理 ………………………………………………………（213）
　　　3.5.2　经济资本概述 …………………………………………………（220）
　　　3.5.3　信用风险经济资本配置解决方案 ……………………………（225）
　　　3.5.4　市场风险经济资本配置解决方案 ……………………………（231）
　　　3.5.5　操作风险经济资本配置解决方案 ……………………………（242）
　　　3.5.6　经济资本管理价值分析 ………………………………………（246）
　　　3.5.7　案例分享：YH－LS 经济资本系统 …………………………（247）

第4章　供应链绩效 ……………………………………………………（252）

　4.1　采购管理绩效 ……………………………………………………………（252）
　　　4.1.1　银行业采购业务模式 …………………………………………（252）
　　　4.1.2　采购管理解决方案 ……………………………………………（263）
　　　4.1.3　案例分析：YH－ZS 采购管理系统 …………………………（271）
　4.2　资产管理绩效 ……………………………………………………………（276）
　　　4.2.1　综述 ………………………………………………………………（276）
　　　4.2.2　应用分析 …………………………………………………………（277）
　　　4.2.3　应用方案 …………………………………………………………（279）
　　　4.2.4　应用系统 …………………………………………………………（283）
　　　4.2.5　典型案例：YH－JS 共享服务中心 ……………………………（291）

第5章　人力绩效 ………………………………………………………（296）

　5.1　银行人力资源管理现状 …………………………………………………（296）
　5.2　银行人力资源管理发展趋势 ……………………………………………（297）
　5.3　银行人力资源管理模式 …………………………………………………（298）
　　　5.3.1　银行人力资源管理特点 ………………………………………（298）
　　　5.3.2　银行人力资源管理体系框架 …………………………………（300）

5.4 人力资源管理信息系统解决之道 (302)
5.4.1 方案总体思路 (302)
5.4.2 总体应用架构 (303)
5.5 案例分享 (313)
5.5.1 YH-ZGYZCX人力资源系统 (313)
5.5.2 YH-BJNS人力资源系统 (317)

第6章 绩效管理基础之会计核算 (321)
6.1 概述 (321)
6.2 大总账 (323)
6.2.1 总账功能定位 (323)
6.2.2 总账建设前提 (324)
6.2.3 总账应用方案 (324)
6.2.4 应用系统特色 (334)
6.2.5 案例分享：YH-HS大总账系统 (335)
6.3 新准则 (338)
6.3.1 金融工具 (338)
6.3.2 信贷业务 (342)
6.4 财务共享服务中心 (353)
6.4.1 应用分析 (353)
6.4.2 应用方案 (354)
6.4.3 应用系统 (355)
6.4.4 应用价值 (356)
6.4.5 案例分享：YH-GJKF财务共享服务中心 (357)
6.4.6 案例分享：YH-XM基于"流程银行"的FSSC (359)
6.5 财务管理 (363)
6.5.1 总体架构 (363)
6.5.2 财务总账 (364)
6.5.3 资产管理 (374)

6.5.4 现金/报销管理 ………………………………………… (385)
6.5.5 应收/应付管理 ………………………………………… (394)
6.5.6 费用预算与控制 ……………………………………… (398)
6.5.7 股东权益管理 ………………………………………… (401)
6.6 税务管理 ……………………………………………………… (404)
6.6.1 管理诉求 ………………………………………………… (404)
6.6.2 管理重点 ………………………………………………… (406)
6.6.3 解决方案 ………………………………………………… (412)
6.6.4 案例分享：YH-HS 税务管理系统 ……………………… (419)

第7章 绩效管理基础之数据服务 ……………………………… (422)

7.1 数据服务综述 ………………………………………………… (422)
  7.1.1 数据整合平台 …………………………………………… (423)
  7.1.2 新准则应用数据集市 …………………………………… (425)
  7.1.3 管理会计数据集市 ……………………………………… (426)
  7.1.4 风险管理数据集市 ……………………………………… (427)
7.2 数据服务架构 ………………………………………………… (428)
  7.2.1 银行数据管理架构 ……………………………………… (428)
  7.2.2 银行数据应用架构 ……………………………………… (429)
  7.2.3 银行数据总线服务 ……………………………………… (430)
7.3 数据存储架构 ………………………………………………… (431)
  7.3.1 数据存储方案 …………………………………………… (431)
  7.3.2 数据存储结构 …………………………………………… (432)
  7.3.3 物理表的结构 …………………………………………… (434)
7.4 ETL 架构 ……………………………………………………… (434)
  7.4.1 ETL 架构设计的特性 …………………………………… (434)
  7.4.2 标准 ETL 过程 ………………………………………… (436)
7.5 数据管控 ……………………………………………………… (438)
  7.5.1 数据整合步骤 …………………………………………… (438)

  7.5.2 数据分析方法 …………………………………………………(439)
  7.5.3 数据质量解决手段 ……………………………………………(440)
 7.6 数据服务标准……………………………………………………………(441)
  7.6.1 数据服务流程 …………………………………………………(441)
  7.6.2 金融数据模型 …………………………………………………(442)
  7.6.3 数据服务标准内容 ……………………………………………(444)
 7.7 案例分享：YH-FJNX 数据服务………………………………………(445)
  7.7.1 银行概况 ………………………………………………………(445)
  7.7.2 数据现状 ………………………………………………………(446)
  7.7.3 解决方案 ………………………………………………………(446)
  7.7.4 解决方案关键功能和应用特色 ………………………………(447)
  7.7.5 应用效果 ………………………………………………………(448)

第8章 绩效考核 ……………………………………………………………(449)

 8.1 银行绩效管理现状及建议………………………………………………(449)
  8.1.1 西方商业银行绩效评价发展情况 ……………………………(449)
  8.1.2 我国银行绩效评价的演进 ……………………………………(452)
  8.1.3 中国式绩效管理的问题及建议 ………………………………(454)
 8.2 绩效考核目的与原则……………………………………………………(457)
  8.2.1 绩效考核目的 …………………………………………………(457)
  8.2.2 绩效考核原则 …………………………………………………(458)
 8.3 银行绩效考核方案………………………………………………………(460)
  8.3.1 银行绩效管理体系 ……………………………………………(460)
  8.3.2 绩效管理模式与考核对象 ……………………………………(461)
  8.3.3 绩效管理的循环流程 …………………………………………(462)
  8.3.4 绩效管理的常用方法 …………………………………………(462)
  8.3.5 关键绩效指标（KPI）的选择 ………………………………(463)
  8.3.6 权重体系 ………………………………………………………(465)
 8.4 银行全面绩效管理信息化路径…………………………………………(467)

第1章 全面绩效管理

1.1 "十二五"期间中国银行业发展趋势

1.1.1 重大环境变化[①]

"十二五"期间外部环境的重大变化将为中国银行业带来新的机遇与挑战。

首先,中国经济发展方式的转变和经济结构调整,将给国内银行业发展带来非常深远而重大的影响。中国经济将由过去过度依赖投资、出口,向投资、出口和国内消费同时驱动转变,而且会更注重扩大内需来支持经济的可持续发展。同时,要由过去过多依赖第二产业和第一产业,向第一、第二、第三产业协调发展转变。由过去单纯的 GDP 增长,向更加注重国民经济发展的质量、效益、安全转变。更加有力地控制、限制过剩的生产能力,进一步采取措施以提高资源的有效利用。限制高耗能、高污染的行业和企业。同时要发展一大批具有战略意义的新兴产业,包括新能源、新医药、新材料、节能环保技术等等。这些发展方式的转变和经济结构的调整,直接影响我国的监管政策和信贷政策,也进一步影响银行的信贷投向和结构,并对存量贷款的质量产生重大影响。

第二,中国将进一步加强和改善宏观管理和宏观审慎监管,进一步加强对系统性风险的监管。进一步加强财政政策、货币政策、利率政策、信贷政策的协调,同时继续加强宏观经济政策和监管政策的协调配合,不断探索和完善宏观审慎管理和宏观审慎监管的工具和手段,以建设一个更加有效的反经济周期的宏观审慎经济政策和宏观审慎金融监管政策框架,从而增强经济应对冲击的弹性和金融系统稳定性。

第三,金融危机过后,必将迎来一场包括中国在内的全球范围的银行发展模

[①] 王兆星:《股份制银行转型机遇》,《财经年刊 2011:预测与战略》。

式变革和银行监管标准变革。在2010年G20首尔峰会上，以"巴塞尔新资本协议Ⅲ"为核心的新国际金融监管方案已经正式通过：全球范围内的银行在一定期限内将普通股比例和一级资本充足率由目前的2%和4%分别提高到4.5%和6%，同时还要求建立2.5%的资本留存和0~2.5%的逆周期资本缓冲。为顺应国际监管规则的新变化，我国银监会将明显加大对银行资本监管的力度，并将通过三个层面进行：

第一个层面是构建一个"3+S"的监管制度架构。

其中"3"是指：

(1) 进一步强化资本质量和提高资本水平，包括引入杠杆率监管要求。

(2) 进一步加强和完善资产损失拨备制度、风险抵御和反周期功能，金融资产的会计处理也将进一步向监管当局采用的预期损失理念靠拢。

(3) 进一步强化和完善银行业流动性管理和流动性的监管标准，并引入两个新的流动性指标，对短期和长期的流动性都提出更严格的定量要求。

"S"是指进一步强化对具有系统重要性金融机构的监管（Systemic Important Financial Institution，即SIFI，简称"S"），对其采取更审慎、严格的监管措施，致力于解决"大而不能倒"的问题。

第二个层面是资本充足率监管的"3+S"架构。

(1) 首先是最低资本监管要求，达不到该要求的银行将面临更严厉的监管措施。

(2) 其次是在最低资本监管要求基础上累加的资本留存储备要求，这是有强制性和鼓励性的审慎要求，银行需从利润总额中留存一部分作为资本储备，用于吸收未来可能出现的超过最低资本要求的非预期损失，当银行达不到资本留存储备要求时，将面临限制分红、奖金发放等相对温和的监管措施。

(3) 再次是反周期资本要求，具体标准由各国监管当局根据本国经济周期变化相机抉择。

这三个资本要求之上还有一个"S"，就是还要对那些具有系统重要性的机构施加额外的资本要求（Surcharge）。

第三个层面，除了资本充足率、杠杆率和流动性比率，银监会已实施动态拨备率的要求，即对商业银行贷款损失准备金占贷款余额的比例实施动态管理，原则上应不低于2.5%，同时损失准备金占不良贷款的比例原则上不低于150%，按两者孰高的要求执行。银监会拟出台的新拨备政策一旦正式实施，将对银行盈利水平构成较大的负面影响。

这些金融监管标准和规则的变化，会直接影响商业银行的发展环境、成本、盈利空间，以及对未来扩张的有效约束。面对日益刚性的监管要求，银行只有加快转型，切实增强盈利能力，才能在适应未来严格监管中赢得主动。

第四，资本市场、货币市场的快速发展，导致直接融资比例进一步提高、银行间接投资比重进一步下降。同时，利率也将逐步走向市场化。这将会压缩银行的业务空间、客户空间和盈利空间，对银行的业务发展和盈利能力带来新的挑战和变化。

1. 利率市场化将加速推进。目前我国除了央行法定与超额存款准备金以及存款利率设定上限、贷款利率设定下限，大部分利率已经市场化，而加快推进利率市场化改革，将对银行构成很大的利润与风险压力。美国银行1980～1985年存贷款平均利差为2.17%，而完成利率市场化改革之后的1986～1990年间则下降为1.63%，减少了54个基点；日本平均存贷利差由1984年的3.15%收缩为1994年的2.33%，减少了82个基点；我国台湾银行业还曾因为利率市场化而出现过整体亏损。利率市场化不仅意味着利差缩小，而且使商业银行面临逆向选择、重定价、储蓄分流、债券资产缩小等主动风险，甚至引发银行倒闭现象。如美国在1982～1986年用大约五年时间完成利率市场化改革后，1987～1991年平均每年有200家左右的银行倒闭，而在1980年以前则平均每年不到十家。由于我国银行业收入来源的80%以上依赖于存贷利差，且风险管理能力有待提高，因此利率市场化改革对我国银行业而言，无疑是一场生死考验。

2. 金融脱媒态势将愈演愈烈。近年来我国直接融资市场快速发展。2005～2009年四年间，不含央票和金融债，我国债券一级市场累计发行的企业债、短期融资券和中期票据等各类债券从4 000亿元快速增长至1.57万亿元，年复合增长率达41%；股票市场服务融资功能大幅增加，"十一五"期间资本市场累计融资约2.5万亿元，约占我国资本市场建立20年来融资总额的一半。直接融资市场快速发展使银行面临着日益严峻的资本性脱媒的挑战。此外，技术性脱媒也在加速，如阿里巴巴、淘宝网、中国移动的手机支付等都在蚕食着银行在支付领域的垄断地位。据有关数据显示，我国第三方支付产业连续四年增长率超过100%，截至2009年底，第三方支付总额已达5 500亿元，同比增长135%，2010年我国第三方支付总额增长率超过100%，突破万亿元大关。金融脱媒时代的到来，使得银行作为社会融资中介和支付中介的地位面临严峻挑战。

3. 市场需求发生重大变化。随着中小企业的强劲崛起、消费者的迅速壮大、居民财富的日益集中、老龄化社会的加速来临，社会金融需求日趋多样化和个性化，中小企业融资、企业理财、个人财富管理、消费信贷需求已超出预料的速度持续成长。财富的增加使人们对财富的保值增值、税务规划等较高层次的理财需求日益旺盛，个人资产的激增也对银行的财务管理服务提出了迫切需求。金融市场环境的巨变，必将促使银行业加快转型，在管理体制、产品创新、金融服务等方面做出相应调整，进而实现持续健康发展。

第五，政策和监管当局将进一步采取更加有效、更加严格的措施，来限制道德风险的发生。一方面要加强金融安全网建设，加快金融机构破产法规制定工作，健全破产机构风险隔离机制、理顺问题机构处置安排，使那些经营失败、不健康、不审慎的金融机构，能有效、及时、平稳地退出市场，不至于将风险传染、蔓延至整个金融体系。这样，不仅小型银行可以倒闭、破产、退出市场，大型金融机构、具有系统重要性的金融机构如果经营失败，也同样面临关闭和退出市场。另一方面，要加强责任追究。不仅经营失败机构的股东要承担损失，银行的债权人也要承担相应的损失，特别是银行的董事及高管要承担相应经营失败的责任。这样才能真正强化市场约束，防范道德风险。

对于上述五个方面环境的变化，中国银行业必须有清醒的认识，要有紧迫感、危机感，按照"十二五"规划要求，借鉴国际监管改革理念，加快自身调整和转变。从以下五个方面以改革创新求转变、求发展。

1. 尽快从原来关注数量、规模、速度转向更加注重质量、效益及核心竞争力的提升。

2. 尽快从传统的简单、粗放、外延的发展方式转向注重实现集约式、内涵式、以效益和质量为核心的新发展模式。

3. 更加注重资产负债结构的优化和资产质量的提高，这是银行实现流动性、盈利性和安全性最基础和最重要的支持和保障。

4. 更加注重机制、业务、工具、服务的创新，以支撑银行的综合竞争力，及其品牌和市场影响力。

5. 更加注重风险管理水平和抵御风险能力的提升。除了要保持很好的资产质量、充足的资本、充足的拨给和充足的流动性以外，更核心、更关键的是必须要有有效、非常科学的风险管理体系、风险计量、风险定价和风险补偿的能力。

1.1.2　银行业转型[①]

转型目标

随着全球经济金融步入后危机时代，中国银行业正在掀起一场以加快转变经营方式为核心内容的转型浪潮。这场转型的到来，是由上述国内银行业生存发展环境的巨变所决定的。

"十一五"期间，国内银行转型取得初步成效，但从总体上看，传统的经营

[①] 部分内容引自马蔚华：《银行步入转型季》，《财经年刊　2011：预测与战略》。

模式尚未实现根本转变，外延粗放型特征依然明显。

一是风险资产增长过快。2000~2004年间，我国银行业贷款余额年均增长17.37%，而2005~2009年间平均增长则上升为19.77%。风险资产过快攀升，大量消耗了经济资本。2009年全国人民币贷款增加了9.59万亿元，其中，居民户短期贷款增加7 570亿元、中长期贷款增加1.7万亿元、非金融性公司及其他部门一般性贷款增加6.68万亿元、票据融资增加4 563亿元。如分别按100%、50%、100%、10%的风险权重和11%的资本充足率简单匡算，则2009年消耗的经济资本高达8 400亿元，而当年全国银行创造的净利润总额也才6 684亿元。

二是对外融资过于依赖。2005~2009年间，我国主要商业银行的外源融资规模分别为1 500亿元、3 200亿元、1 700亿元、600亿元和2 500亿元，2010年更是超过5 300亿元。中国一些上市银行都经历过在第一年大规模IPO融资后，第二年发次级债，第三年进行再融资的过程。快速增长的外源融资对资本市场的承接能力构成了很大压力，使银行面临来自资本市场、监管部门和股东等多方面的压力。

三是结构失衡问题依然突出。业务结构上，国内银行业零售贷款占全部贷款的比重为20%左右，而欧美主要银行的零售贷款和中小企业贷款占比普遍较高，如2008年美国银行、花旗银行、摩根大通银行的零售贷款占比就分别达到62.8%、75%和64.8%。收入结构上，尽管近五年来国内银行的非利息收入占比由不到10%提高到15%左右，但与国际先进银行普遍40%以上的水平差距依然很大。客户结构上，目前国内不少银行已将中小企业业务上升至战略高度，但尚未完全构建起成熟的中小企业经营管理体系，而且"垒大户"的现象仍在继续。

四是经营效能还有很大提升空间。2009年我国上市银行资本消耗率（经济资本/净利润，即创造单位利润所消耗的经济资本）平均水平在5.75左右，而美国银行该指标通常在4以下，花旗银行正常年份更是保持在2以下。2004~2009年国内中小型全国股份制商业银行的人均利润仅为27万元，而花旗银行、美国银行、富国银行、摩根大通的人均利润折合人民币分别为92.6万元、110.5万元、120.7万元和126.5万元，彼此间的差异相当明显。

五是管理粗放特征依然显著。例如产品创新能力还相对薄弱，导致一些新兴业务拓展比较吃力。管理会计系统与核算技术落后是业界普遍问题，还无法精确核算到每一条线、每一客户、每一产品和每一客户经理；风险量化技术的应用仍处于初级阶段，资本管理与配置的能力还有待提高等等。面对日趋严格的监管约束与急剧变化的经营环境，外延粗放的增长模式已越来越难以为继，亟需加以转变。

对中国银行业而言，转型的根本目标就是要变"外延粗放"为"内涵集约",最终实现银行经营效益的最大化和盈利的持续稳定增长。相比于传统的外延粗放型经营方式,集约化经营强调的不是单纯的规模扩张或数量增长,而是效益、效率、结构、质量和规模的协调发展。

具体而言,中国银行业要努力实现"一高二低三优",即:高经营效益,实现经营效益与经济利润的持续稳定增长。低资本消耗,实现资本充足率持续保持在较高水平及资本回报率的持续稳定提升;低成本投入,实现投入产出效率的持续改善。优业务结构,形成零售业务与批发业务、中间业务与非中间业务、传统业务与新兴业务均衡发展的业务格局;优客户服务,形成真正以客户为中心、以市场为导向,能够不断满足客户不断变化的金融需求的服务体系;优资产质量,形成能够确保资产质量持续稳定向好的全面风险管理体系。

转型策略

中国银行业加速转型,走集约化经营之路,是一项复杂而艰巨的系统性工程。

第一,颠覆传统观念。国际先进银行在转型过程中非常注重树立和培育正确的经营理念,如花旗银行的"关注长期收益和客户价值",德意志银行的"在稳健的框架下稳步上升"等。国内银行加快转型首先在观念变革,必须确立以价值导向与可持续发展为核心内容的经营管理理念,切实变"控制风险为管理风险",不以牺牲效益为代价来盲目、片面、单一地追求低风险甚至零风险,致力于实现风险与收益的平衡匹配和银行价值的长期稳定提升。

第二,完善绩效考核体系。不同的考核体系,往往决定了经营者不同的行为取向与经营方式。为此,要努力探索构建以 RORAC 和 EVA 等指标为核心,综合考量资本、资金、拨备、运营等全成本要素的科学考核评价体系,将短期盈利水平与长期盈利能力结合起来,将质量与规模结合起来,将风险与收益平衡结合起来,从制度上引导和规范各级管理者基于长期稳定的收益而非单纯规模扩张的经营行为。

第三,加强经济资本管理。这是银行转型的关键举措。国内银行应该按照"巴塞尔新资本协议Ⅲ"和监管部门的最新要求,进一步完善经济资本管理体系,改进和优化经济资本计划和配置方法。继续健全内部资本充足评估程序,综合考虑风险、收益、资本占用的平衡关系,实现经济资本对风险资产扩张的有效制约。

第四,提高风险定价水平。风险既是银行获利的手段,又是银行蚀利的原因。因此,能否不断提高风险定价水平,是衡量一家银行集约化水平高低的重要标志。银行应结合客户信用评级及贷款债项评级结果,对不同风险度的信贷业务实施差异化定价,力争使贷款利率有效全面覆盖风险,进而实现风险与收益之间的合理匹配。

第五，加大资源整合与流程改造力度。国内银行应对现有资源进行有效整合与科学配置，充分挖掘内部潜力，有机整合客户、队伍、渠道、信息、系统等多方面的资源，进而促进内涵集约化发展；通过建立健全科学、有效的利益补偿机制，实现产品交叉销售，努力扩大协同效应。与此同时，应以客户为中心，以价值链管理为重点，推进业务流程的再造和优化，在前中后台科学分类的基础上推进运营的集中，完善业务条线组织管理体系。

第六，坚持不懈地开展金融创新。尽管金融创新过度是引发金融危机的原因之一，但与欧美发达国家相比，我国的金融创新还处于起步阶段，面临的主要矛盾不是开发过度而是创新不足。因此，既不能重蹈覆辙，更不能因噎废食，关键是要在促进创新和风险之间取得最佳平衡。

第七，深入实践、推动管理变革。银行转型的实质是一场管理的革命。与国际先进银行相比，国内银行最大的差距不在于产品、服务，而在于管理。为此，国内银行应对照转型的要求和国际化管理的标准，大力提升精细化、专业化、流程化、信息化、规范化的管理水平。

1.2 银行全面绩效管理释义

绩效（Performance）又称工作表现，一般包括两方面的内容：一方面是指工作结果，相当于通常所说的业绩，如工作的效率、工作产生的效益或利润等；另一方面指影响工作结果产生的行为、技能、能力和素质等。因此，绩效既包括静态的结果内容，也包括动态的过程内容。两者相辅相成，结果是工作的最终目标，过程则影响和控制目标的实现。

绩效管理是指对绩效实现过程各要素的管理，是基于企业战略的一种管理活动。绩效管理是通过对企业战略的建立、目标分解，绩效评价，并将绩效成绩用于企业日常管理活动中，以激励员工业绩持续改进并最终实现组织战略以及目标的一种系统性管理活动。

中国银行业绩效管理经历了从规模约束、盈利约束到资本约束三个阶段。规模约束模式重点关注的指标是传统的规模性指标，其缺点是显而易见的，单纯追求规模必然导致风险加权资产总量的过度膨胀和资本金的过快消耗；盈利约束模式的重点指标是会计利润，以及基于会计利润派生的权益回报率和资产回报率指标，但传统的盈利性指标只是构建在机构层面的，因此无法用于对组织机构内部各层面的业务线、产品、客户经理、客户等分析评价；资本约束模式的重点指标是经济利润和剔除风险后的经济资本回报率，反映了银行对于股东价值的管理。

全面绩效管理是"十二五"期间中国银行业加速转型、走集约化经营之路的必然选择。所谓全面绩效管理，一方面体现为银行全方位绩效管理：包括盈利绩效、风险绩效、供应链绩效和人力绩效；另一方面需要银行两个基础管理的支撑：会计核算与数据服务。

盈利绩效、风险绩效和供应链绩效指银行组织集体性的经营绩效。

盈利绩效体现在：（1）银行整体的绩效评价标准不是单纯的会计利润最大化或是零风险，而是追求风险与收益平衡后的绩效，即风险调整以后的收益最大化。（2）建立科学的绩效考核体系，以RORAC和EVA等风险调整后盈利指标为核心，综合考量资本、资金、拨备、运营等全成本要素的科学的考核评价体系；根据银行组织与流程，对银行业务条线、产品、客户、组织机构和个人进行全方位的绩效考核评价。

风险绩效体现在优化经济资本的管理，综合考虑风险、收益、资本占用的平衡关系，将经济资本计划、配置和计量纳入绩效管理体系之中。

供应链绩效指适应"流程银行"组织架构调整与后台运营集中的要求，将银行采购事务、实物资产管理作为内部供应链进行集中管理，以提高内部资产运营效率和效益。

人力绩效一般指个体性绩效，既表现为银行员工的工作结果，也表现为银行员工的工作过程，如行为、技能和素质等。银行人力绩效依托于银行自身业务竞争战略，以事务管理引擎为基础，以集中控制和业务驱动为支柱，构建以关键人才管理、高绩效组织、人力资本度量、人才供应链为核心的人力资源管理体系，并借助信息化手段，提高人力绩效智能分析和决策支持能力。

银行全面绩效管理离不开银行基础管理的精细化。全面绩效管理的两个基础管理内容为会计核算与数据服务。

会计核算具体体现在：（1）基于中国和国际会计准则要求的多维度精细会计核算，为绩效管理提供真实准确的基础数据。（2）适应运营集中化的财务共享服务中心和财务管理体系。（3）全税种的纳税实务管理、税务会计与税务分析等。

数据服务的重要性体现在，对于银行最宝贵的资源——数据，数据服务将银行各类业务交易系统和管理类系统的数据资源进行有效整合，建立相应的数据主题模型供管理决策系统使用。

1.3 中国式世界级的银行管理解决方案

"中国式世界级的银行管理解决方案"，就是以信息技术和管理软件为手段，从盈利绩效、风险绩效、供应链绩效、人力绩效等多角度给力商业银行，助其实现全面卓越绩效管理。

1.3.1 银行管理整体解决方案

中国式世界级的银行管理解决方案——基于"全面绩效管理提升银行价值"的理念，涵盖银行主要管理课题，并涉及银行实务管理各个层级，最终构筑现代银行管理的全面综合支持体系，体现了转型期中国银行业追求全面绩效管理和精细化管理的核心思想。具体构造为：

银行管理——四个管理应用主题：银行盈利管理、银行风险管理、银行人力资源管理和银行客户关系管理。

银行管理——七个业务应用领域：企业总账、多会计准则、财务管理、采购管理与资产管理、税务管理、信贷管理和资金业务管理。

银行管理——四个应用层级：决策管理层、数据层、业务操作层、IT及应用平台层。

如图1.1所示。

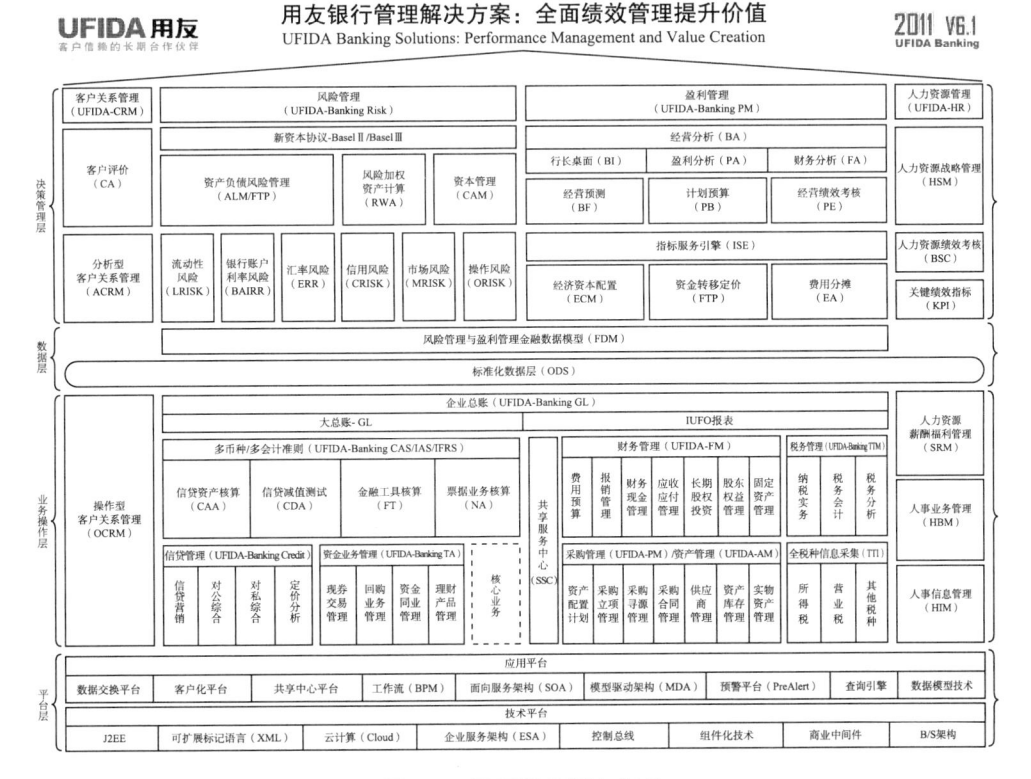

图1.1 银行管理解决方案

1.3.2 银行管理：四个管理主题

1. 盈利管理（Banking PM™）是构造银行全面盈利能力管理体系，实现精准分析与绩效管理的解决方案，包含通常意义上"银行管理会计"的内涵实质，主要包括六个领域：

- 经营预测与计划预算、经营分析和经营绩效考核构成了银行经营管理循环。包括年度经营目标预测、经营计划与全面预算编制、日常多维度经营绩效分析、考核期进行多维度（对象）的绩效考核。
- 资金转移定价、费用分摊和经济资本计量是银行业绩管理三大工具。三者分别将净利息收入分割为存贷款条线转移收益、银行间接成本费用分摊到各个维度和各个维度经济资本成本，以支持以风险调整后的指标RORAC和EVA作为核心指标。

2. 风险管理（Banking Risk™）是构造现代银行先进风险管理体系，实施新资本协议（Basel Ⅱ）合规的综合解决方案，主要包括两个领域：

- 资产负债风险管理（含：资产负债管理及资金转移定价管理），以及银行账户利率风险管理、流动性风险管理和汇率风险管理。
- 风险加权资产计算、资本管理，以及信用风险管理、市场风险管理和操作风险管理。

3. 人力资源管理（Banking HR™）是银行全面实现人力资源战略、以人为本的经营理念，达成银行内部高效运营的解决方案。主要包括七大领域：人力资源战略管理、人力资源绩效考核、关键绩效指标（KPI）体系、薪酬管理、福利管理、人事业务管理和人事信息管理。

4. 客户关系管理（Banking CRM™）是促进银行管理客户能力，推进以客户为中心的服务的解决方案，主要包括三大领域：操作型客户关系管理、分析型客户关系管理和客户评价。

1.3.3 银行管理：七个基础应用领域

1. 企业总账包括：建设企业级总账的银行大总账（Banking GL™）和信息披露报表。

2. 多币种多会计准则（Banking CAS™）是银行应对中国财政部新会计准则、国际会计准则和国际财务报告准则的解决方案，主要包括四个应用：银行信贷业务的信贷资产核算与信贷减值测试、银行资金业务的金融工具核算和票据业务核算。

3. 财务管理（SSC-FM™）是银行提高财务管理水平，达成银行有效财务控制能力的解决方案，主要包括七个应用：费用预算、报销管理、财务现金管理、应收应付管理、长期股权投资、股东权益管理和固定资产管理。

4. 采购管理（SSC – PM™）和资产管理（SSC – AM™）是银行进行采购管理达成商业公平、成本节约的有效解决方案，是银行进行非金融资产资产管理达成资产管理精细化与有效性的解决方案。采购与资产管理主要包括七个应用：资产配置计划、采购立项管理、采购寻源管理、采购合同管理、供应商管理、资产库存管理和实物资产管理。

5. 税务管理（Banking Tax™）是银行全税种、全过程税务管理，包括纳税实务、税务会计和税务分析，涵盖了银行应缴纳的企业所得税、营业税及其他税种。

6. 信贷管理（Banking Credit™）是银行全面提高信贷操作管理水平，与信用风险管理良性结合，达成银行有效控制信贷风险，提供运营效率的解决方案，主要包括四个应用：对公信贷综合管理、对私信贷综合管理、信贷营销管理和贷款定价分析。

7. 资金业务管理（Banking TA™）是银行资金运营业务进行前中后台业务操作、风险管理和投资绩效分析。主要包括四个应用：现券交易管理、回购业务管理、资金同业管理和理财产品管理。

1.3.4　银行管理：四个应用层级

1. 决策管理层：是银行战略层面的管理应用，服务于银行高级管理层及所有者，反映银行全面运营状况与管理结果。决策管理层亦执行大量复杂与精密的计量任务，基于银行各业务条线在特定管理主题下的操作与数据，呈现银行运营的实际数量反映，为高级管理层的决策提供依据、模拟及测试。

2. 数据层：是银行业务层面执行数据的归集，构建各管理主题的数据集市，形成体系内的标准化运营数据存储，并构建专业金融数据模型，直接为各管理主题的应用提供数据模型支持。

3. 业务操作层：是银行各业务条线的操作与执行应用，直接服务于银行的客户与日常业务的开展，执行银行业务与交易，实现财务控制与管理，形成企业级大总账。

4. 平台层：是银行信息科技应用的技术基础，为整体解决方案的稳定、安全、高效、经济、可扩展提供最佳的实现平台，包括相应的技术平台与应用平台。

第 2 章 盈利绩效

2.1 概述

为适应日益严格的外部监管环境与银行自身管理变革需求,银行迫切需要构建新的盈利管理体系,实现风险与盈利约束下的股东价值最大化。深刻理解中国银行业发展与变革,基于银行业十余年的管理信息系统建设和咨询经验,用友提出"贴近实务、适度前瞻"的银行盈利管理解决方案(见图2.1)。

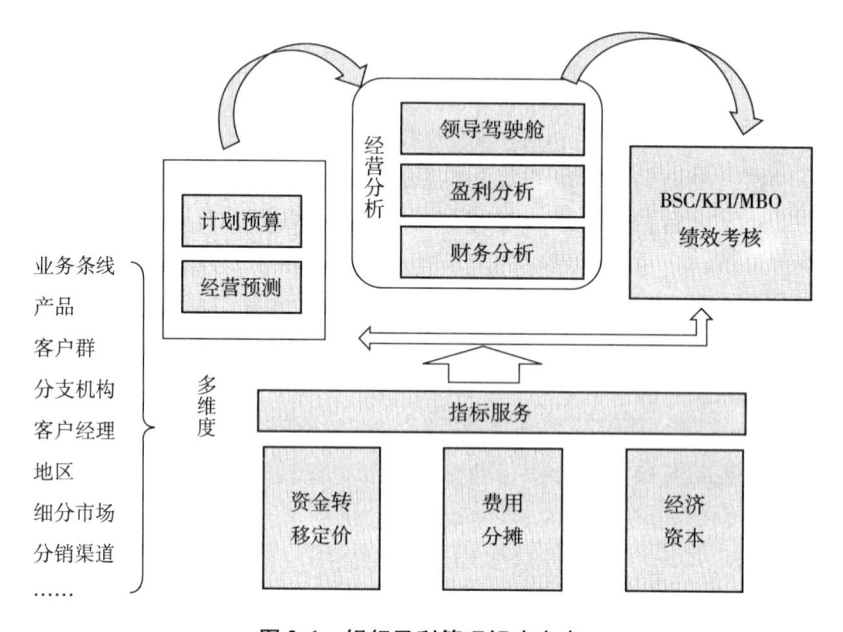

图 2.1 银行盈利管理解决方案

实现银行股东价值的最大化、正确评价银行多维度的业绩，真实准确精细化的财务会计信息是基础，即银行应该建立符合新《企业会计准则》的财务会计体系，包括：大总账、新准则深入应用系统和财务管理/财务共享服务中心（FSSC）系统。在此基础上建设银行的盈利绩效管理系统。

经营预测与计划预算、经营分析和绩效考核构成了银行经营管理循环。年初，根据银行的经营战略目标，分析价值增长的内部驱动因素，将战略规划落实为年度经营目标，并通过计划预算管理实现落实目标、配置资源、明确权责。年度经营过程中，通过经营分析系统及时向管理层反馈业务条线、产品、客户群、客户经理、机构、地区等多维度经营信息和计划执行情况，支持业务与管理决策；年末或考核期末，通过绩效考核与绩效分析来正确评价组织绩效、激励员工，保障银行业绩的可持续增长。

资金转移定价、费用分摊和经济资本是银行盈利绩效管理的三大工具。资金转移定价和费用分摊系统是适应管理精细化的要求，对分析对象的业绩（收入成本费用）细化分析工具。经济资本是银行非预期损失所对应的资本，经济资本成本管理是进行量化风险成本，进行风险调整以后业绩评价（RAPM）的重要管理工具。

2.1.1 银行绩效管理模型

用友 EVA/RAROC 盈利评价模型基于银行账户粒度，引入成本分摊、资金转移定价和经济资本配置系统，实现产品、业务条线、渠道、客户、客户经理、部门、机构等多维度盈利评价。

银行 EVA/RAROC 盈利评价模型如图 2.2 所示。

计算模型的第一层，需要计算出业务收益、运营成本和经济资本。第一层中计算项目需要拆分成更小的计算项目，一直分解到末级的计算项目。下面对末级计算项目进行说明：

贷款账户收益

资产收益考核每个资产类产品账户的利差收益，传统做法只考虑了资产类产品从客户获得的利息收入，没有考虑到资金本身来源于负债所带来的资金成本，因此正确的计算公式应该为：

$$资产收益 = 利息收入 - 资金转移成本$$

- 利息收入：每个账户的利息收入通过综合业务系统获得，一般而言，在收入确认时，建议采用收付实现制原则。
- 资金转移成本：资金转移成本由 FTP 给出的该账户所属产品的转移定价

决定，该价格为总行资金管理部的卖出价，根据管理上的需要以及对司库的定位，此价格可以等于总行资金管理部的买入价，也可以略高于买入价。

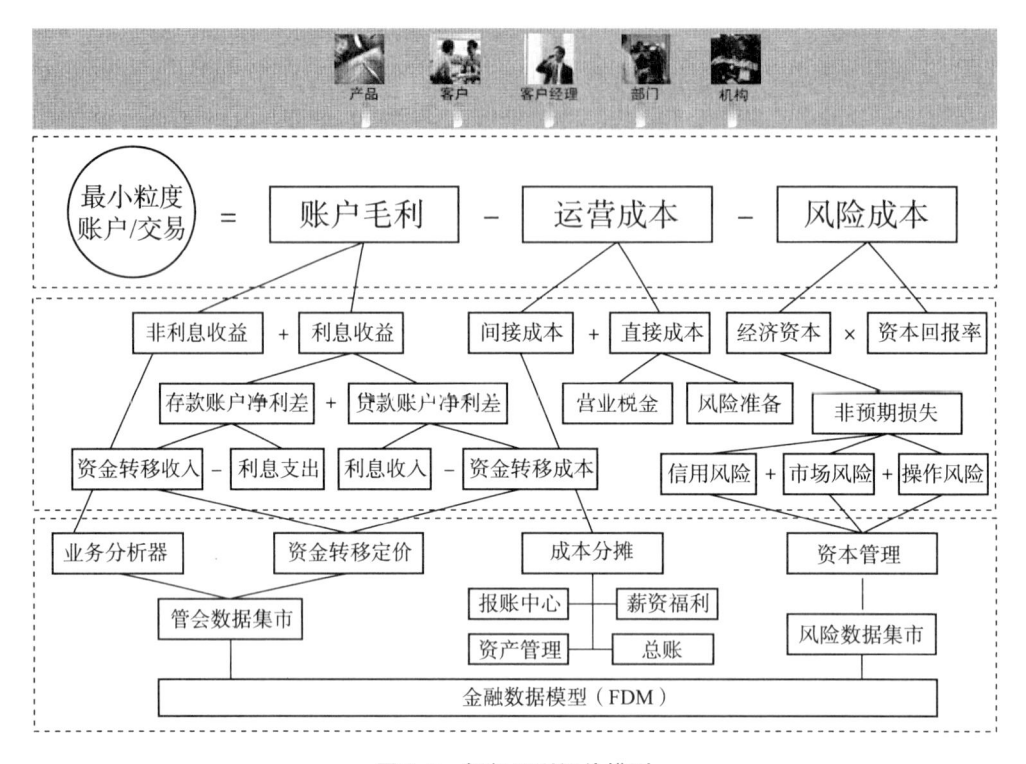

图 2.2 银行盈利评价模型

存款账户收益

负债收益考核每个负债类产品账户的利差收益，传统上存款账户只有利息支出，正确的做法是通过资金转移定价，总行给每笔存款一个买入价，作为存款账户的利息收入，因此：

$$负债收益 = 资金转移收入 - 利息支出$$

- 资金转移收入：资金转移收入由 FTP 给出的该账户所属产品的转移定价决定，该价格为总行资金管理部的买入价。
- 利息支出：每个账户的利息支出通过综合业务系统获得，一般而言，在支出确认时，建议采用权责发生制原则。

非资金收益

通过综合业务系统，获得非贷款、非存款业务的收益。

直接运营成本

能够直接核算到盈利评价对象上的费用，通过费用管理模块，进行直接核算。例如账户作为盈利评价对象，其开户的直接费用，可以通过行内标准费用直接计算，而账户所承担的税金也可以作为直接费用通过税率进行计算，而无需通过分摊进行计算。

间接运营成本

无法直接核算到盈利评价对象上的费用，通过费用分摊模块，进行分摊。对于账户而言，完整的分析需要将各种间接的营业费用、管理费用分摊到账户上，从而真正计算出账户的净利润。费用分摊的实现也在盈利评价系统中实现。

损失准备

在信用风险计量系统提供预期损失的计算结果后，通过提取风险准备覆盖预期损失，并记入当期费用。在当前阶段，我们建议的实现方式是在账户上，根据账户风险特性，直接在账户上提取专项风险准备金。

经济资本成本

在信用风险计量系统提供非预期损失数据后，通过经济资本金进行覆盖，经济资本配置在每笔业务上，因此在考核经济利润时，将经济资本成本予以剔除。在现阶段，由于历史数据的缺乏，可以通过产品系数法进行。

该模型描述了用友盈利评价的基本原理。得到账户级的盈利评价数据后，根据关联关系，逐级向上汇总，得到各个考核口径、各个考核对象的盈利评价结果。形成多维度多视角的绩效分析报告。

2.1.2 RAPM 盈利评价体系

商业银行的盈利评价体系，经历了从规模约束、盈利约束到资本约束三个阶段。规模约束模式重点关注的指标是传统的规模性指标，其缺点是显而易见的，单纯追求规模必然导致风险加权资产总量的过度膨胀和资本金的过快消耗；盈利约束模式的重点指标是会计利润，以及基于会计利润派生的权益回报率和资产回报率指标，但传统的盈利性指标只是构建在机构层面上的，因此无法用于对客户经理、产品、客户的分析评价；资本约束模式的重点指标是经济利润和剔除风险后的经济资本回报率，反映了银行对于股东的价值。

一般认为，资本约束的业绩管理模式是一个最终目标，但结合银行的实际情况，以及中国银行业所处大环境的特点，建议在建立业绩评价体系时，要综合考虑规模指标和盈利指标。如图2.3所示，用友方案的独到优势在于不仅能够应用银行业最为先进的业绩指标量化方法，同时还可以结合本土银行的实际需要进行本地化的改造。例如综合考虑对业务发展的激励作用，用友方案结合了模拟利润的考核办法，同时考虑国内银行所处大经济环境的特点，还可以结合存贷款规模指标、资产质量指标、资本监管指标进行综合评价。

传统业绩指标

传统的规模指标

ROE、ROA等会计利润指标

过程控制指标

$$RORAA = \frac{收入 - 成本 - 预期损失}{加权风险资产}$$

$$RORAA = \frac{利差 - 费用率}{风险权重}（对单笔业务）$$

资本监管指标

$$资本充足率 = \frac{资本金}{加权风险资产} \times 100\%$$

股东价值指标

$$EVA = NOPAT - 经济资本成本$$

$$RAROC = \frac{收入 - 成本 - 预期损失}{经济资本}$$

业绩评价指标体系

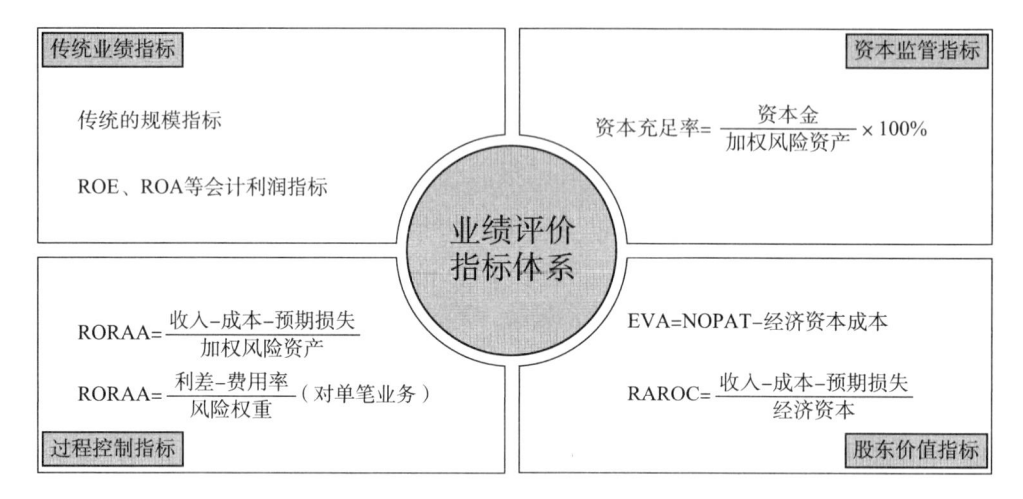

图2.3 银行业绩评价指标体系

基于监管机构的评价标准

$$资本充足率 = \frac{资本金}{加权风险资产} \times 100\%$$

在这一指标的控制下，引导银行的分支机构理性控制资产业务风险，例如鼓励发展风险系数较低的消费信贷、票据贴现、质押贷款业务；此外，大力拓展低风险表外业务，以及发展中间业务等等。

资本充足率指标适用于银行整体以及各分支机构的业绩评价。

基于股东价值的评价标准

$$EVA = NOPAT - 经济资本成本$$

EVA（Economic Value Added）为经济增加值指标，NOPAT（Net Operational Profit After Tax）指税后净利润，通常EVA这一业绩指标反映了被评价对象的业务活动对于股东价值的贡献。EVA要求资本获得的收益至少要能补偿投资者承担的机会成本，对于银行而言，投资者所承担的机会成本也就是经济资本的成本。

EVA 不仅可以作为机构的评价指标，同时通过经济资本的配置管理，甚至可以作为衡量每笔资产业务的评价指标，并且将每笔资产业务的利差、费用率与该业务的风险建立了关联。进一步可作为产品、客户经理、客户的评价指标。

$$RAROC = \frac{收入-成本-预期损失}{经济资本}$$

RAROC（Risk Adjusted Return On Capital）为风险调整后资本收益率。RAROC 指标要求银行在评价其盈利情况时，必须考虑其盈利是在承担了多大风险的基础上获得的。

RAROC 不仅可以作为机构的评价指标，同时通过经济资本的配置，反映每笔资产业务所消耗的单位经济资本的收益水平。进一步可作为产品、客户经理、客户的评价指标。

基于银行的过程控制指标

$$RORAA = \frac{收入-成本-预期损失}{加权风险资产}$$

$$RORAA = \frac{利差-费用率}{风险权重} \quad （对单笔业务）$$

RORAA（Return On Risk Adjusted Asset）为风险调整资产收益率。与 RAROC 相比较，进行每笔资产业务的评价时，该指标直接反映了资产业务利差水平（剔除资金成本）、费用率与风险权重之间的关系。例如票据贴现，收入高、成本低、风险权重小，是优良业务；对于贷款业务，消费贷款和对公贷款，前者费用率高，风险权重小，后者费用率低，风险权重大，通过这一指标可以衡量各个业务品种的风险调整后的资产收益率，从而体现监管资本的约束。

RORAA 与 RAROC 相比，前者能够与资本充足率要求建立联系，反映了监管资本的约束，并且不需要计算经济资本。在经济资本精确计量的条件成熟前，这一指标能够直观、有效地发挥事前的经营导向作用，分支机构在进行业务操作前，可以根据此指标进行相应的判断决策。

银行绩效管理内容框架如图 2.4 所示。

用友管理会计系统全面支撑商业银行进行战略决策、产品效益分析、经济效益评价的需要，帮助银行强化内部经营管理、优化资产结构、降低资金成本、提高盈利能力、推动银行内部管理的创新，为经营决策层提高决策科学性方面发挥

图 2.4 银行绩效管理内容框架

分析与决策	经营分析		
	行长桌面	盈利分析	财务分析
	业务发展分析	经济增加值	机构贡献度	资产负债分析	损益分析
	主要项目天天报	业务条线贡献度	产品贡献度	投资分析	头寸明细分析
	仪表盘	结构分析	客户经理贡献度	渠道贡献度	财务指标分析	杜邦分析

控制与执行：

计划预算（PB）：计划主体、计划指标、计划制定、审核调整、目标分解、执行控制

经营预测（BF）：预测模型定义、预测方案、经营目标预测、成本收益预测、资本支出预测、风险资本预测

经营绩效考核（PE）BSC/KPI/MBO/EVA：考核对象、考核指标、考核方案、目标分解、考核权重、绩效报告

指标服务组件（ISC）：指标计算、账户指标、总账指标、管会指标、多维组合

费用分摊（EA）：成本对象、成本单据、分摊路径、分摊公式、成本计算、费用报告、利润中心、成本中心

资金转移定价（FTP）：收益率曲线、账户册属性、FTP定价方法、FTP调整项、FTP报告、司库、活期沉淀模型、现金流引擎

经济资本配置（ECM）：经济资本占用、经济资本成本、信用风险EC、市场风险EC、操作风险EC、EC回报率、EC限额、EC报告

数据：金融数据模型（FDM）——总账、贷款、定期、活期、信用卡、债券、拆放、同业、回购

图 2.4 银行绩效管理内容框架

重要的作用，管理会计在国内银行经营管理中的运用受到普遍重视。用友管理会计系统建设内容主要包括：

1. 经营分析（BA）

通过经营分析系统建立银行内外部和自身发展的综合业务经营状况与分析，包括行长桌面、盈利分析和财务分析等主题应用。

2. 经营预测（BF）

为了实现银行的预期经营目标，根据经营决策和全面预算的要求，对经营目标所包含的业务指标与财务指标进行纵向（如总行、经营机构分解）与横向（如总体业务指标分解到各条线）分解，采用存量、增量、增长率、回归等多种方法进行模拟测算，对资产负债结构、损益、资本性支出进行合理预测。

3. 计划预算（PB）

通过建立全面预算体系、实施分级预算、控制预算的执行等措施确保总预算目标的完成,通过计划预算手段对银行各项业务经营活动进行指导、限制和监督。

4. 费用分摊(EA)

将各类运营成本根据服务成本动因分解到考核经营单位中,例如部门、产品、客户等。分摊过程可根据成本动因制定分摊方法和对象,实现精细化的成本管理。

5. 资金转移定价(FTP)

资金转移定价(Fund Transfer Pricing)是银行内部向资金提供单元确定资金收入价格、向资金使用单元确定资金使用成本价格,并将资金的利率风险和错配损益集中于专门利率风险管理部门的一种定价机制。从银行管理角度看,应用资金转移定价方法可以帮助银行的绩效评价从规模、会计利润的考核,转变成为资本约束下的盈利考核;考核对象不断拓展,向网点、产品、客户经理、客户进行基于盈利的考核,最终实现管理粒度的细化。

6. 经济资本配置(ECM)

经济资本管理(ECM)是为了加强银行的资本和风险管理,优化资源配置,建立以资本约束为核心的业务发展模式,提高资本充足率水平,促进商业银行稳健发展。在明确经济资本计量范围和方法的基础上,以资本制约风险资产的增长,将经济资本(风险)控制在既定范围内,并确保获得必要的回报,使业务发展的速度、效益与风险承担能力相协调。

7. 经营绩效考核(PE)

商业银行的业绩评价体系,经历了从规模约束、盈利约束到资本约束三个阶段。规模约束模式重点关注的指标是传统的规模性指标,盈利约束模式的重点指标是会计利润,以及基于会计利润派生的权益回报率和资产回报率指标,资本约束模式的重点指标是经济利润和剔除风险后的经济资本回报率,反映了银行对于股东的价值。银行可以根据自身的发展阶段进行相应的业绩评价。

银行绩效管理解决方案数据架构如图2.5所示。

管理会计数据架构包括:

数据来源层:管理会计数据来源包括核心业务系统、信贷系统、人力资源系统、报销管理等系统。其中核心业务系统提供分户账信息、交易流水、利息清单等信息;信贷系统取得贷款合同、余额、收息、欠息等信息;总账、资产管理、报账中心等系统可通过用友NC动态会计平台实时驱动产生成本单据到管理会计系统。

管理会计数据集市层:将源系统抽取到的数据经清洗、转换、加工,并按照管理会计产品要求的模型存储。

　　管理会计结果集市层：经过管理会计系统执行后的结果，服务于银行经营预测、经营分析、绩效考核和绩效评价等一系列管理应用。

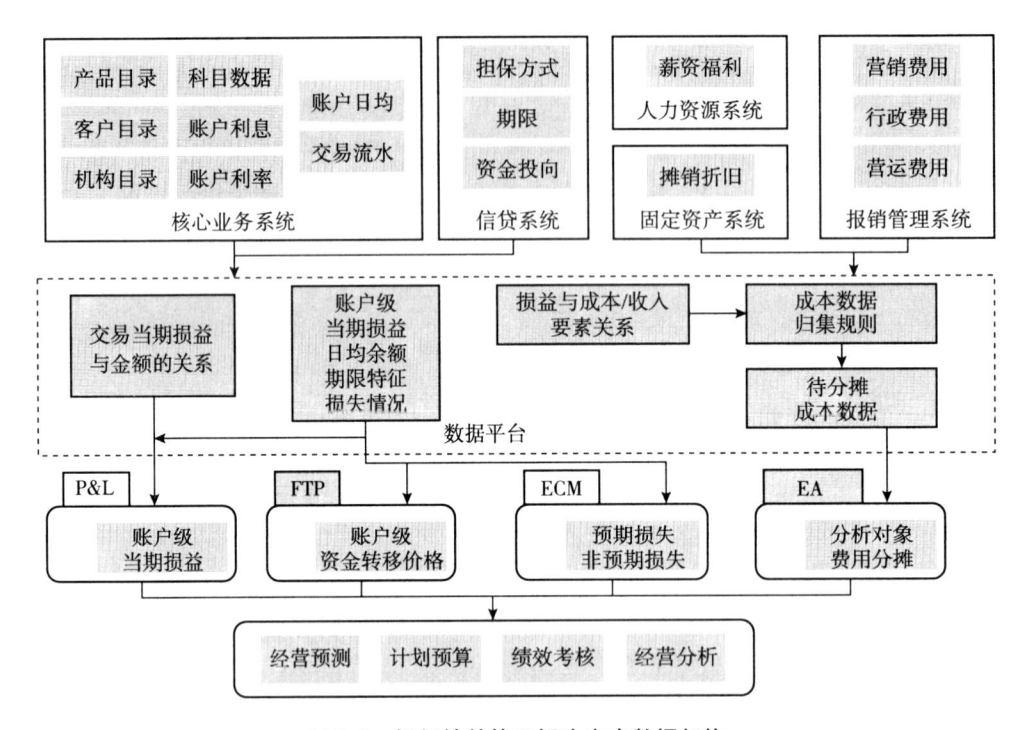

图 2.5　银行绩效管理解决方案数据架构

2.2　经营分析

　　为加强经营分析和业务条线管理的精细化、科学化，通过整合核心系统、信贷系统、国际结算系统、资金交易系统等源系统数据，提取经营计划与预测、费用分摊、资金转移定价等管理会计结果统一建模，对机构、部门、产品、业务条线、客户经理、客户等多个维度提供领导驾驶舱、业务发展分析、财务分析、TOPN、多维分析等功能，帮助银行战略、决策、研发、管理层全面、实时、准确地掌握银行经营状况（见图 2.6）。

第 2 章　盈利绩效　　21

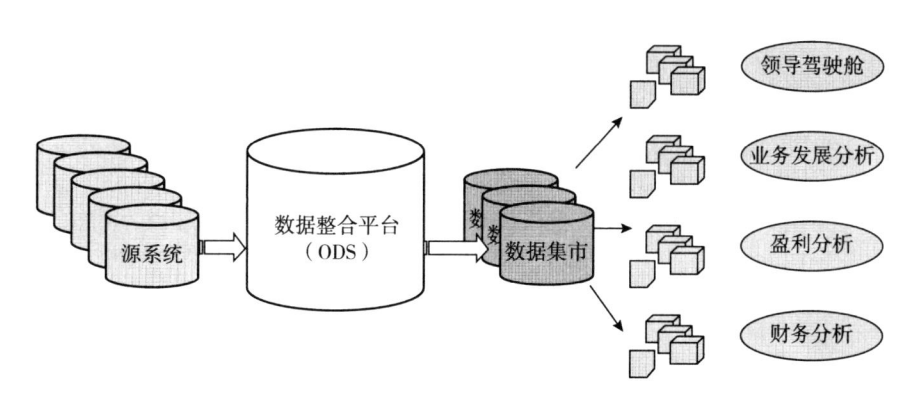

图 2.6　经营分析系统的架构

遵循"整合业务数据、面向经营分析"的原则，项目建设应实现对业务源数据的整合，为全面或主题应用做好数据基础，系统须智能地从数据中提取与银行经营相关的信息和知识，为决策人员制定业务发展和市场竞争等策略提供科学、准确、及时的依据。经营分析可以包括图 2.7 所示内容。

图 2.7　经营分析应用主题

下面以用友经营分析系统为例，简单介绍上述内容的部分功能。
- 领导驾驶舱（见图 2.8）。

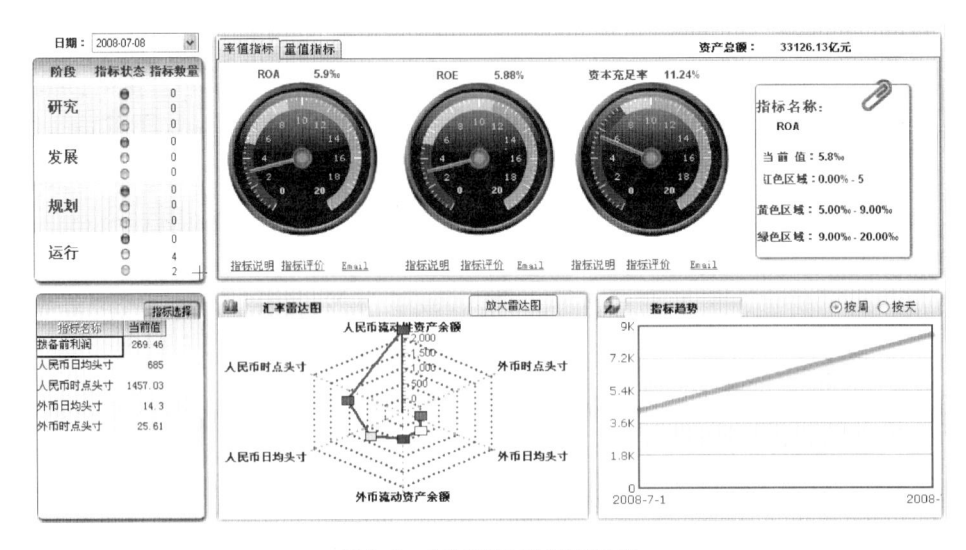

图 2.8　领导驾驶舱页面示例

- 存贷款业务情况。

以网点为单位，存款、贷款等全辖合计数在主页动态显示，每日自动更新。点击存款（贷款等）穿透切换到的"存款"（"贷款"等）表格列示的详细数据，并进行对比分析，实现分级穿透展示（见图 2.9）。总行主页动态显示全行合计数，穿透切换到各家经营机构（含网点）（见图 2.10）。通过各项数据的对比分析，可看出各项存贷款的发展状况。

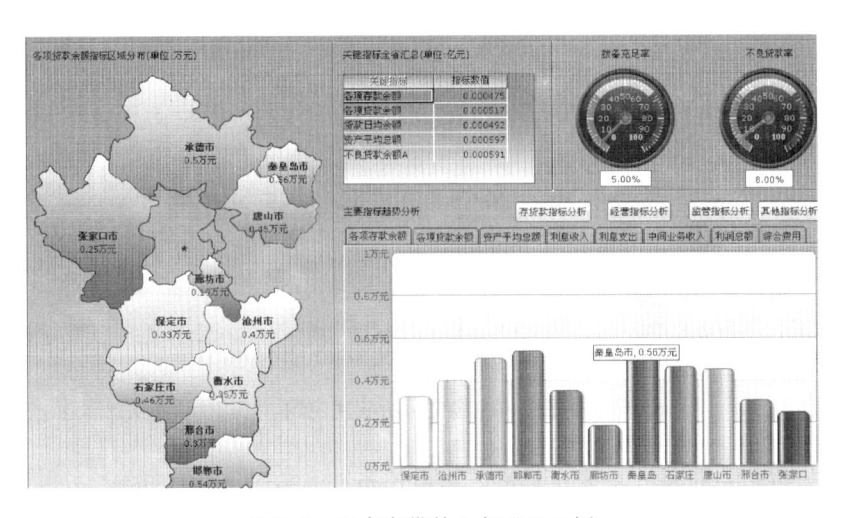

图 2.9　网点存贷款业务页面示例

第 2 章 盈利绩效

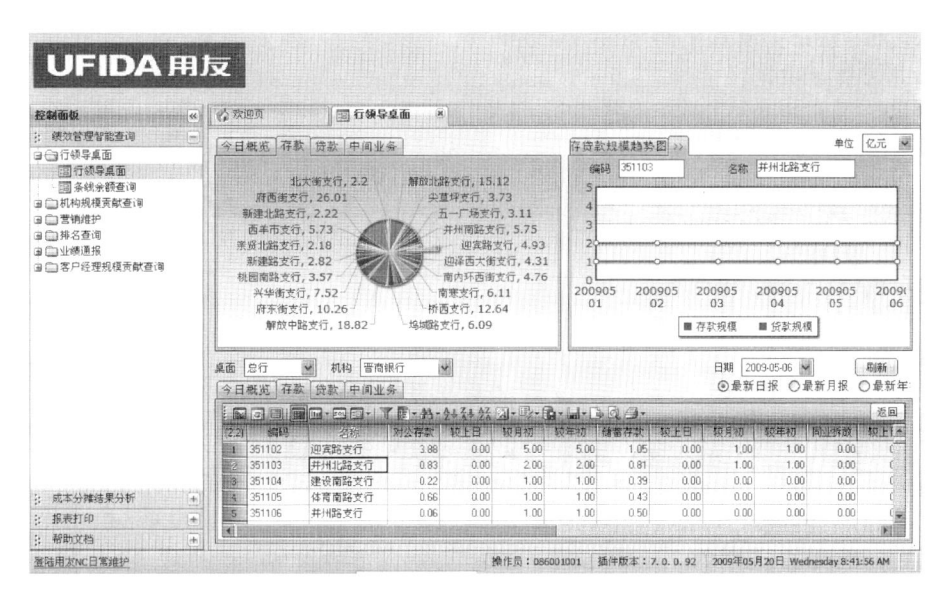

图 2.10　总行存贷款业务页面示例

- 监管指标情况（见图 2.11）。

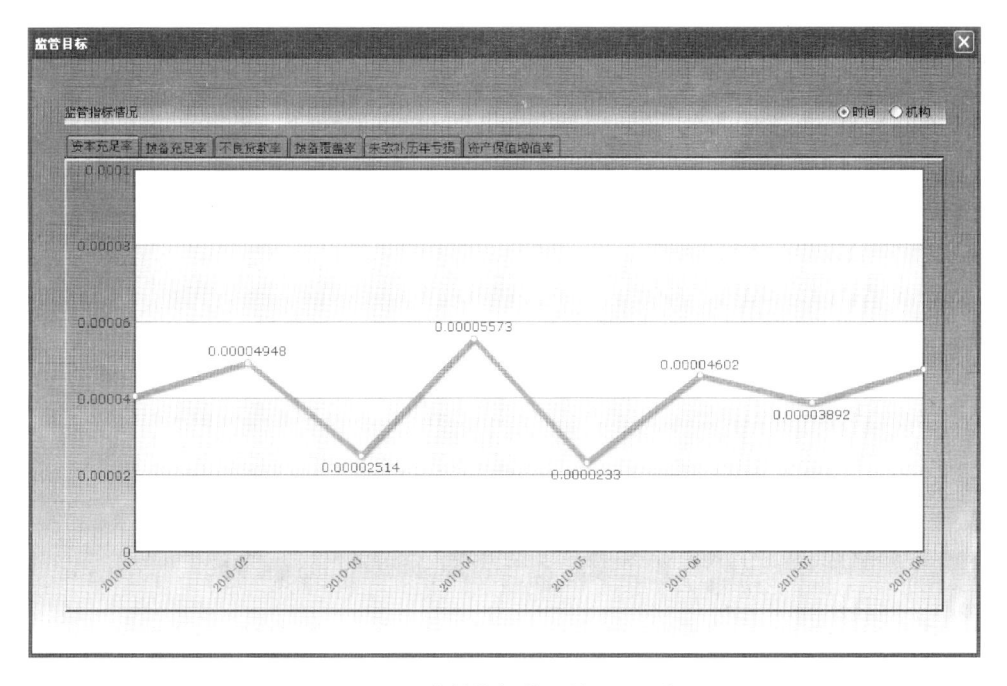

图 2.11　监管指标情况的页面示例

- 本外币存款情况（见图 2.12）。

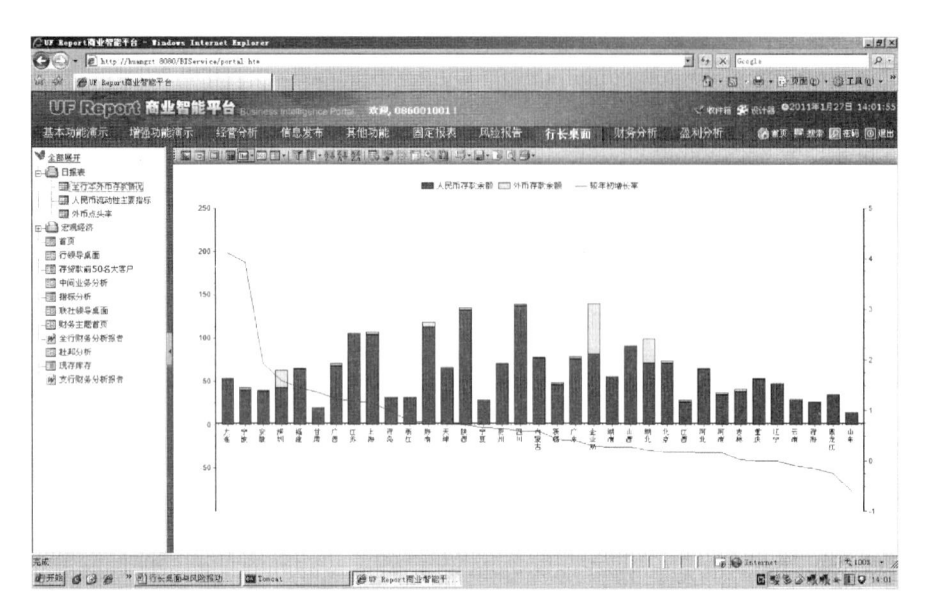

图 2.12　本外币存款情况页面示例

- 外币点头率（见图 2.13）。

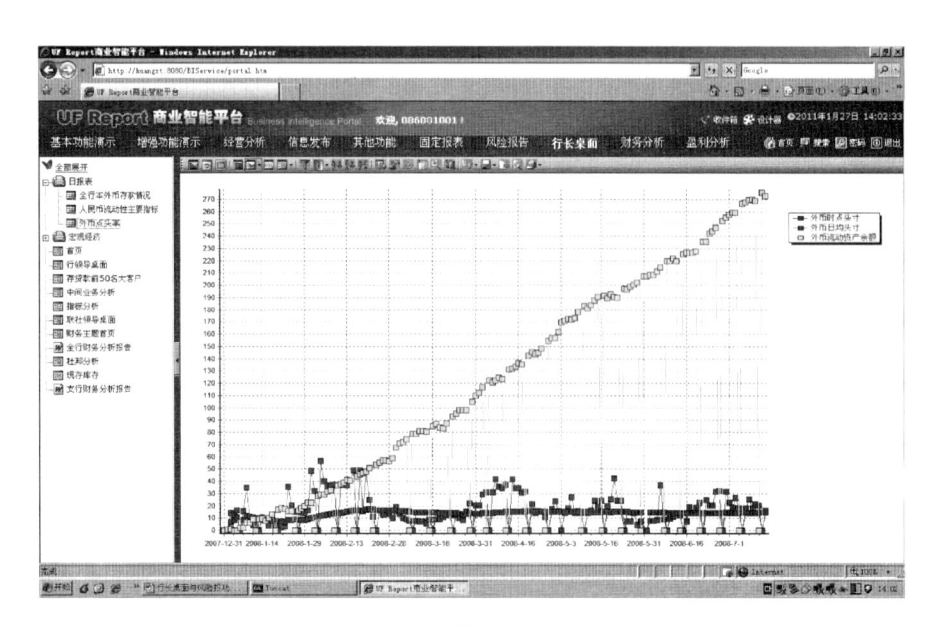

图 2.13　外币点头率页面示例

- 利率分布路径（见图 2.14）。

图 2.14 利率分布路径页面示例

2.2.1 机构/部门盈利分析

（1）部门盈利分析是通过计算分析全行经营机构及部门的成本与收入，计算分析精细到最末级的部门，提供部门的投入产出分析，为部门的业绩考核和部门的增设或撤并提供依据。

（2）部门盈利分析示意图（见图 2.15）：包括所有的虚拟部门与实体部门，并能实现各类部门的组合分析。分析示意图中的项目可以根据需要动态增减。应计利息收支分别根据存贷款账户计算。

图 2.15 中项目部分科目说明：

①部门实际（应计）利息收入核算的一级科目主要包括：利息收入、金融机构往来收入。

②部门实际（应计）利息支出核算的一级科目主要包括：利息支出、金融机构往来支出。

③中间业务收入核算的一级科目主要包括：手续费及佣金收入。

④非营业收入（收入分摊后）核算的一级科目主要包括：其他业务收入、汇兑损益、营业外收入、摊入收入（例如财政补贴类收入，总行依据分摊规则分

部门实际利润分析	部门应计利润分析
实际利息收入（包括贷款、同业）	应计利息收入
−实际利息支出（包括存款、同业）	−应计利息支出
+投资收益	+投资收益
+内部资金转移利息收入	+内部资金转移利息收入
−内部资金转移利息支出	−内部资金转移利息支出
资金转移净收入	模拟资金转移净收入
+中间业务收入	+中间业务收入
+非营业收入（收入分摊后）	+非营业收入（收入分摊后）
−营运费用（成本分摊后）	−营运费用（成本分摊后）
−实提预期损失（贷款减值等）	−应提预期损失（贷款减值等）
−贷款应收未收利息	−贷款应收未收利息
+公允价值变动损益	+公允价值变动损益
+汇兑损益	+汇兑损益
营业利润（调整后）	模拟营业利润（调整后）
−资本占用机会成本	−资本占用机会成本
实际利润（调整后）	模拟利润（调整后）

图 2.15　部门盈利分析示意图

摊到该业务发生各部门的营业外科目中）。

⑤营运费用（成本分摊后）核算的一级科目主要包括：业务及管理费、其他业务支出、营业税金及附加。

⑥实（应）提预期损失核算的一级科目主要包括：资产减值损失。

⑦贷款应收未收利息核算的一级科目主要包括：应收利息。

（3）部门盈利分析报表，包括部门盈利流程分析表（见表2.1）、部门盈利分析表（见表2.2）、部门应计利润分析表（见表2.3）、部门盈利完成情况因素分析表（见表2.4）和部门—业务品种分析表（见表2.5）。

表 2.1　　　　　　　　　部门盈利流程分析表

部门名称：

项目	调整前	收入分摊调整		费用分摊调整		资金转移定价调整		调整后
		收入摊入	收入摊出	费用摊入	费用摊出	资金转移利息收入	资金转移利息支出	
6011 利息收入								
农户贷款利息收入								
农村经济组织贷款利息收入								
农村企业贷款利息收入								
非农贷款利息收入								
信用卡透支利息收入								
贴现利息收入								
贸易融资利息收入								
垫款利息收入								
已减值贷款利息收入								
其他利息收入								

续表

项目	调整前	收入分摊调整		费用分摊调整		资金转移定价调整		调整后
		收入摊入	收入摊出	费用摊入	费用摊出	资金转移利息收入	资金转移利息支出	
6012 金融机构往来收入								
存放中央银行款项利息收入								
专项央行票据利息收入								
央行专项扶持资金利息收入								
存放同业款项利息收入								
存放系统内款项利息收入								
拆放同业款项利息收入								
拆放系统内款项利息收入								
存出保证金利息收入								
买入返售金融资产利息收入								
其他金融机构往来利息收入								
6411 利息支出								
单位活期存款利息支出								
单位定期存款利息支出								
个人活期存款利息支出								

续表

项目	调整前	收入分摊调整		费用分摊调整		资金转移定价调整		调整后
		收入摊入	收入摊出	费用摊入	费用摊出	资金转移利息收入	资金转移利息支出	
个人定期存款利息支出								
财政性存款利息支出								
保证金存款利息支出								
银行卡利息支出								
其他利息支出								
6412 金融机构往来支出								
向中央银行借款利息支出								
同业存放款利息支出								
系统内存放款项利息支出								
同业拆入款项利息支出								
系统内拆入款项利息支出								
卖出回购债券款利息支出								
卖出回购信贷资产利息支出								
卖出回购票据利息支出								
其他卖出回购金融资产利息支出								

续表

项目	调整前	收入分摊调整		费用分摊调整		资金转移定价调整		调整后
		收入摊入	收入摊出	费用摊入	费用摊出	资金转移利息收入	资金转移利息支出	
转（再）贴现利息支出								
其他利息支出								
6111 投资收益								
交易性金融资产利息收入								
可供出售债券利息收入								
持有至到期债券利息收入								
应收款项类债券利息收入								
投资买卖差价								
股利								
其他投资收益								
资金转移净收入								
6021 手续费及佣金收入								
国内结算业务收入								
国际结算业务收入								
代收代付业务收入								
理财业务收入								
代理业务收入								

续表

项目	调整前	收入分摊调整		费用分摊调整		资金转移定价调整		调整后
		收入摊入	收入摊出	费用摊入	费用摊出	资金转移利息收入	资金转移利息支出	
电子银行业务收入								
承诺业务收入								
银行卡业务收入								
6051 其他业务收入								
投资性房地产租赁收入								
抵债资产经营收入								
出租固定资产收入								
出租无形资产收入								
管理费收入								
其他业务收入								
6421 手续费及佣金支出								
结算业务手续费支出								
银行卡业务手续费支出								
代办业务手续费支出								
电子银行业务手续费支出								
外汇业务手续费支出								

续表

项目	调整前	收入分摊调整		费用分摊调整		资金转移定价调整		调整后
		收入摊入	收入摊出	费用摊入	费用摊出	资金转移利息收入	资金转移利息支出	
联机交易手续费支出								
其他手续费支出								
6602 其他业务支出								
投资性房地产折旧与摊销								
投资性房地产维修费								
租赁资产折旧与摊销								
租赁资产维修费								
其他业务支出								
6301 营业外收入								
资产处置营业外收入								
负债处置营业外收入								
其他营业外收入								
6711 营业外支出								
资产处置营业外支出								
负债处置营业外支出								
赔款或罚款支出								
其他营业外支出								
6601 业务及管理费								

续表

项目	调整前	收入分摊调整		费用分摊调整		资金转移定价调整		调整后
		收入摊入	收入摊出	费用摊入	费用摊出	资金转移利息收入	资金转移利息支出	
业务宣传费								
广告费								
印刷费								
业务招待费								
电子设备运转费								
钞币运送费								
安全保卫费								
保险费								
邮电费								
诉讼费								
公证费								
咨询费								
审计费								
监管费								
技术转让费								
研究开发费								
外事费								
公杂费								
差旅费								
水电费								
会议费								
绿化费								
理（董）事会费								
会费								
税费								

续表

项目	调整前	收入分摊调整		费用分摊调整		资金转移定价调整		调整后
		收入摊入	收入摊出	费用摊入	费用摊出	资金转移利息收入	资金转移利息支出	
交通工具耗用费								
开办费								
管理费								
物业费								
职工工资								
职工福利费								
职工教育经费								
工会经费								
劳动保护费								
基本医疗保险金								
工伤保险金								
生育保险金								
失业保险金								
补充养老保险金								
补充医疗保险金								
股份支付								
辞退福利								
非货币性福利								
住房公积金								
取暖及降温费								
租赁费								
修理费								
低值易耗品摊销								
长期待摊费用摊销								
无形资产摊销								

续表

项目	调整前	收入分摊调整		费用分摊调整		资金转移定价调整		调整后
		收入摊入	收入摊出	费用摊入	费用摊出	资金转移利息收入	资金转移利息支出	
固定资产折旧费								
其他费用								
6701 资产减值损失								
存放同业坏账损失								
拆出资金坏账损失								
应收利息坏账损失								
其他应收款坏账损失								
农户贷款损失								
农村经济组织贷款损失								
农村企业贷款损失								
非农贷款损失								
信用卡透支损失								
贴现资产损失								
贸易融资损失								
垫款损失								
可供出售金融资产减值损失								
持有至到期投资减值损失								
买入返售金融资产减值损失								

续表

项目	调整前	收入分摊调整		费用分摊调整		资金转移定价调整		调整后
		收入摊入	收入摊出	费用摊入	费用摊出	资金转移利息收入	资金转移利息支出	
长期股权投资减值损失								
投资性房地产减值损失								
固定资产减值损失								
在建工程减值损失								
无形资产减值损失								
抵债资产减值损失								
贵金属跌价损失								
组合减值损失								
其他资产减值损失								
贷款应收未收利息								
6403 营业税金及附加								
营业税								
房产税（投资性房地产）								
土地使用税（投资性房地产）								
其他税金及附加								
6061 汇兑损益								

续表

项目	调整前	收入分摊调整		费用分摊调整		资金转移定价调整		调整后
		收入摊入	收入摊出	费用摊入	费用摊出	资金转移利息收入	资金转移利息支出	
外汇买卖损益								
结售汇损益								
套汇损益								
其他汇兑损益								
6101 公允价值变动损益								
交易性金融资产公允价值变动损益								
交易性金融负债公允价值变动损益								
投资性房地产公允价值变动损益								
衍生金融工具公允价值变动损益								
可供出售金融资产公允价值变动损益								
其他公允价值变动损益								
营业利润（调整后）								
资本占用机会成本								
实际利润（调整后）								

表 2.2　　　　　　　　　　　　　　部门盈利分析表

部门项目	调整前利润总额	收入分摊调整		费用分摊调整		资金转移定价调整		贷款应收未收利息	资本占用机会成本	调整后利润总额
		摊入收入	摊出收入	摊入费用	摊出费用	资金转移利息收入	资金转移利息支出			

表 2.3　　　　　　　　　　　　　　部门应计利润分析表

部门	盈利分析实际利润	资产减值损失调整			利息收入调整			利息支出调整			盈利分析应计利润
		当期资产减值应提取数	当期资产减值实际提取数	差额	当期应收利息	当期实收利息	差额	当期应付利息	当期实付利息	差额	

表 2.4　　　　　　　　　　　　　部门盈利完成情况因素分析表

部门	预期利润	实际利润	利润目标完成比例	预期利润完成情况		超额完成或未完成预期利润因素分析					
				超额完成预期利润金额	未完成预期利润缺口	利息收入因素		利息支出因素		资产减值损失因素	
						实收小于应收	实收大于应收	实付小于应付	实付大于应付	少提资产减值损失	多提资产减值损失

表 2.5　　　　　　　　　　　　部门—业务品种分析表

部门名称：

业务品种	日均余额	收入					成本					利润	
^	^	实收外部利息	内部资金转移利息收入	手续费及佣金收入	其他收入	投资收益	小计	实付外部利息	内部资金转移利息支出	手续费及佣金支出	其他支出	小计	毛利润	毛利润率
存款														
贷款														
资金业务														
贷记卡														
中间业务														
其他业务品种														

2.2.2　业务品种盈利分析

（1）业务品种盈利分析是对业务品种进行收入、成本和效益的计算与分析。通过业务品种盈利分析，管理层可以掌握哪些业务品种能够为银行带来收益，收益大小是多少；哪些业务品种是亏损的，亏损的程度有多高。管理层可以根据业务品种的收益、亏损情况，针对具体业务品种做出扩张、维持、收缩或退出的决策，在资源配置、机构设置、业务流程、风险控制等方面围绕核心业务对业务品种进行布局。

（2）业务品种的分类：贷款类、存款类、中间业务（含表外）类、资金业务类、卡业务类，共五类。（具体分类详见本书"费用分摊"章节）

（3）业务品种盈利分析需要细化分析到业务品种目录中最末级的业务品种，

并能实现各类业务品种的组合分析。

（4）业务品种盈利分析示意图如图2.16所示。

业务品种实际利润	业务品种应计利润
实际利息收入（包括贷款、同业）	应计利息收入（包括贷款、同业）
−实际利息支出（包括存款、同业）	−应计利息支出（包括存款、同业）
+投资收益	+投资收益
+内部资金转移利息收入	+内部资金转移利息收入
−内部资金转移利息支出	−内部资金转移利息支出
资金转移净收入	模拟资金转移净收入
+中间业务收入	+中间业务收入
+非营业收入（收入分摊后）	+非营业收入（收入分摊后）
−营运费用（成本分摊后）	−营运费用（成本分摊后）
−实提预期损失（贷款减值等）	−应提预期损失（贷款减值等）
−贷款应收未收利息	−贷款应收未收利息
+公允价值变动损益	+公允价值变动损益
+汇兑损益	+汇兑损益
营业利润（调整后）	模拟营业利润（调整后）
−资本占用机会成本	−资本占用机会成本
实际利润（调整后）	模拟利润（调整后）

图 2.16　产品盈利分析示意图

图中项目部分科目说明：

①实际（应计）利息收入核算的二级科目主要包含：农户贷款利息收入、农村经济组织贷款利息收入、农村企业贷款利息收入、非农贷款利息收入、信用卡透支利息收入、贴现利息收入、贸易融资利息收入、垫款利息收入、已减值贷款利息收入、其他利息收入、存放中央银行款项利息收入、专项央行票据利息收入、央行专项扶持资金利息收入、存放同业款项利息收入、存放系统内款项利息收入、拆放同业款项利息收入、拆放系统内款项利息收入、存出保证金利息收入、买入返售金融资产利息收入、其他金融机构往来利息收入等。

②实际（应计）利息支出核算的二级科目主要包含：个人活期存款利息支出、个人定期存款利息支出、财政性存款利息支出、保证金存款利息支出、银行卡存款利息支出、其他利息支出、向中央银行借款利息支出、同业存放利息支出、系统内存放款项利息支出、同业拆入款项利息支出、系统内拆入款项利息支出、卖出回购信贷资产利息支出、卖出回购票据利息支出、其他卖出回购金融资产利息支出、转（再）贴现利息支出、其他利息支出等。

③投资收益核算的二级科目主要包含：交易性金融资产利息收入、可供出售债券利息收入、持有至到期债券利息收入、应收款项类债券利息收入、投资买卖差价、股利和其他投资收益等科目。

④中间业务收入核算的二级科目主要包含：国内结算业务收入、国际结算业务收入、代收代付业务收入、理财业务收入、代理业务收入、电子银行业务收入、承诺业务收入、银行卡业务收入等。

⑤非营业收入（收入分摊后）核算的二级科目主要包含：投资性房地产租赁收入、抵债资产经营收入、出租固定资产收入、出租无形资产收入、管理费收入、其他业务收入、外汇买卖损益、结售汇损益、套汇损益、其他汇兑损益、交易性金融资产公允价值变动损益、交易性金融负债公允价值变动损益、投资性房地产公允价值变动损益、衍生金融工具公允价值变动损益、可供出售金融资产公允价值变动损益、其他公允价值变动损益、资产处置营业外收入、负债处置营业外收入、其他营业外收入等。

⑥营运费用（成本分摊后）核算的二级科目见成本分摊模块。

⑦实（应）提预期损失核算的二级科目主要包含：存放同业坏账损失、拆出资金坏账损失、应收利息坏账损失、其他应收款坏账损失、农户贷款损失、农村经济组织贷款损失、农村企业贷款损失、非农贷款损失、信用卡透支损失、贴现资产损失、贸易融资损失、垫款损失、可供出售金融资产减值损失、持有至到期投资减值损失、买入返售金融资产减值损失、长期股权投资减值损失、投资性房地产减值损失、固定资产减值损失、在建工程减值损失、无形资产减值损失、

抵债资产减值损失、贵金属跌价损失、组合减值损失、其他资产减值损失等。

⑧贷款应收未收利息核算的二级科目主要包含：农户贷款应收利息、农村经济组织贷款应收利息、农村企业贷款应收利息、非农贷款应收利息、透支应收利息、应计收利息等。

⑨公允价值变动损益核算的二级科目主要包含：交易性金融资产公允价值变动损益、交易性金融负债公允价值变动损益、投资性房地产公允价值变动损益、衍生金融工具公允价值变动损益、可供出售金融资产公允价值变动损益、其他公允价值变动损益等。

⑩汇兑损益核算的二级科目主要包含：外汇买卖损益、结售汇损益、套汇损益、其他汇兑损益等。

（5）业务品种报表，包括贷款（资金）类业务品种成本分析表（见表2.6）、中间（卡）业务盈利分析表（见表2.7）和业务品种—部门盈利分析表（见表2.8）。

表2.6　　　　　　　　　贷款（资金）类业务品种成本分析表

业务品种名称	日均余额	资金成本	营运成本	总成本	每万元资金成本	成本率

表2.7　　　　　　　　　中间（卡）业务盈利分析表

填报单位：

部门	营业收入分布占比	代理业务			结算业务			卡中间业务			其他中间业务			合计		
		收入	费用	利润	收入	费用	利润	收入	费用	利润	收入	费用	利润	收入	费用	利润
合计																
部门1																
部门2																

续表

部门	营业收入分布占比	代理业务			结算业务			卡中间业务			其他中间业务			合计		
		收入	费用	利润	收入	费用	利润	收入	费用	利润	收入	费用	利润	收入	费用	利润
部门3																
部门4																
部门5																
…																

表2.8　　　　　　　　　业务品种—部门盈利分析表

业务品种名称：

部门	规模分布（不含中间业务)		收支情况										业务品种创利情况		
	日均余额	日均余额占比	利息收入	利息支出	投资收益	内部资金转移利息收入	公允价值变动损益	汇兑损益	内部资金转移利息支出	手续费收入	非营业收入	贷款预计损失	成本分摊后营运成本	毛利润	毛利润占比	毛利率
部门一																
部门二																
…																

2.2.3　客户经理盈利分析

（1）通过分析客户经理为银行所创造的利润以及结合银行对该客户经理的投入，掌握对客户经理的投入产出关系，为调整考核激励机制和收入分配制度提供依据。

（2）客户经理盈利分析数据来源要求从核心系统、信贷管理系统自动获取，由客户经理所管理的账户计算、归集，获得客户经理所管理业务品种的投入产出情况。

（3）客户经理盈利分析示意图如图 2.17 所示。图中项目涉及科目同部门分析示意图。

```
客户经理实际利润                          客户经理应计利润

  实际利息收入                              应计利息收入
      ↓                                       ↓
  −实际利息支出                             −应计利息支出
      ↓                                       ↓
 +内部资金转移利息收入                  +内部资金预期转移利息收入
      ↓                                       ↓
 −内部资金转移利息支出                  −内部资金预期转移利息支出
      ↓                                       ↓
   资金转移净收入                    预期利息净收入（FTP调整）
      ↓                                       ↓
  +中间业务收入                            +预期中间业务收入
      ↓                                       ↓
 +非营业收入（收入分摊后）           +预期非营业收入（收入分摊后）
      ↓                                       ↓
 −营运费用（成本分摊后）              −预期营运费用（成本分摊后）
      ↓                                       ↓
−实提预期损失（贷款减值等）        −应提预期损失（贷款减值等）
      ↓                                       ↓
 −贷款应收未收利息                       −预期贷款应收未收利息
      ↓                                       ↓
  营业利润（调整后）                        预期营业利润
```

图 2.17 客户经理盈利分析示意图

（4）客户经理业绩评价表，如表 2.9 所示。

表 2.9　　　　　　　　　　　客户经理业务评价表
部门名称：　　　　　　　　　　　期间：
业务品种名称：

客户经理		日均余额	收入					支出						毛利润	毛利润率
名称	编码		利息收入	资金转移利息收入	手续费及佣金收入	摊入收入	小计	利息支出	资金转移利息支出	手续费及佣金支出	分摊后的营运成本	应收未收利息	小计		
张三															
…															

2.2.4 客户群盈利分析

（1）通过对客户群盈利分布状况的分析，明确银行利润主要来自哪类客户，通过调整投入或者调整业务品种价格等营销策略，加大对此类客户的开发力度，扩大在这类客户中的市场占有率；对于盈利水平低下的客户群，采取多种营销方式，提高毛利率水平，以此推动实现利润最大化。同时，对于新发生的客户业务，可以选择对应客户群分析数据作为确定价格的基础。另外，通过客户群的风险分析，针对高风险客户群加强贷前审查、贷后检查工作，降低这部分客户的风险，从而降低风险成本；在贷款定价时，应适当提高贷款收益率，以弥补可能存在的风险成本。

（2）客户群的分类表。

客户群根据存贷款日均余额分类，举例如表 2.10 所示，具体标准由总行自定。

表 2.10　　　　　　　　根据存贷款日均余额区分客户群

客户类型	分类标准
公司客户	1 亿元以上
	5 000 万元（含 5 000 万元）~1 亿元
	3 000 万元（含 3 000 万元）~5 000 万元
	1 000 万元（含 1 000 万元）~3 000 万元
	500 万元（含 500 万元）~1 000 万元
	100 万元（含 100 万元）~500 万元
	100 万以下
个人客户	300 万元以上
	100 万元（含 100 万元）~300 万元
	50 万元（含 50 万元）~100 万元
	20 万元（含 20 万元）~50 万元
	5 万元（含 5 万元）~20 万元
	1 万元（含 1 万元）~5 万元
	1 万元以下

（3）客户群盈利分析数据源依赖于核心系统、信贷管理系统提供的账户与客户群的对应关系，客户群维度盈利分析由账号与客户群维度的对应关系得到。

（4）客户群盈利分析示意图如图 2.18 所示。图中项目涉及科目同部门分析示意图。

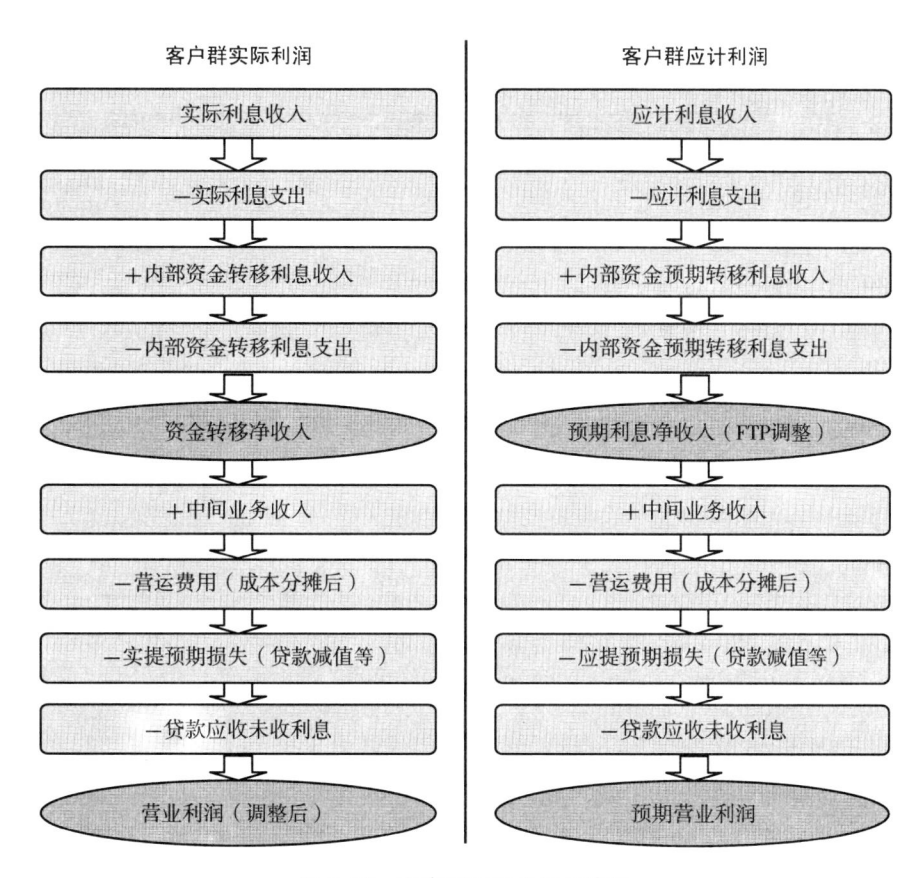

图 2.18 客户群盈利分析示意图

客户群实际利润
- 实际利息收入
- −实际利息支出
- +内部资金转移利息收入
- −内部资金转移利息支出
- 资金转移净收入
- +中间业务收入
- −营运费用（成本分摊后）
- −实提预期损失（贷款减值等）
- −贷款应收未收利息
- 营业利润（调整后）

客户群应计利润
- 应计利息收入
- −应计利息支出
- +内部资金预期转移利息收入
- −内部资金预期转移利息支出
- 预期利息净收入（FTP调整）
- +中间业务收入
- −营运费用（成本分摊后）
- −应提预期损失（贷款减值等）
- −贷款应收未收利息
- 预期营业利润

（5）客户群利润贡献状况表（见表 2.11）。该表由法人机构查询出具，各部门可查询本部门客户群信息。

表 2.11
客户群名称：

部门名称	业务品种	规模分布（不含中间业务）		收支情况								客户群利润贡献情况		
^	^	日均余额	日均余额占比	利息收入	利息支出	内部资金转移利息收入	内部资金转移利息支出	手续费收入	非营业收入	贷款预计损失	成本分摊后营运成本	毛利润	毛利润占比	毛利率
部门一	存款													
^	贷款													
部门二	存款													
^	贷款													

2.2.5 业务线盈利分析

（1）条线盈利分析是通过核心系统、信贷系统提供的业务品种与条线的对应关系，由业务品种盈利汇总得到条线的盈利状况。

（2）条线主要包括个人业务条线、公司业务条线、资金业务条线、卡业务条线等，具体分类与核心系统一致。

（3）条线盈利分析报表。总行查询报表格式如表 2.12 所示。

表 2.12 条线盈利分析报表——总行查询报表示例
期间：

条线名称		收入					支出					毛利润	毛利润率
名称	编码	日均余额	利息收入	资金转移利息收入	手续费及佣金收入	摊入收入	小计	利息支出	资金转移利息支出	手续费及佣金支出	分摊后的营运成本	应收未收利息	小计	^	^
个人业务条线															
农户贷款															

续表

条线名称			收入				支出						毛利润	毛利润率
名称	编码	日均余额	利息收入	资金转移利息收入	手续费及佣金收入	摊入收入	小计	利息支出	资金转移利息支出	手续费及佣金支出	分摊后的营运成本	应收未收利息	小计		
个人消费贷款															
…															
个人定期储蓄存款															
个人活期储蓄存款															
…															
公司业务条线															
农村企业贷款															
…															
单位定期存款															
单位活期存款															
…															

2.2.6 行业盈利分析

（1）通过利润及其构成因素的行业分布分析，了解行业盈利情况以及相应的影响因素，帮助管理层针对不同行业特点，根据金融政策导向，规避高风险、高能耗行业，优化资产负债结构，实现银行利润的最大化。

（2）行业盈利分析数据来源是通过核心系统、信贷管理系统提供的业务品种账户与行业的对应关系，由账户利润贡献汇总获得行业的利润贡献状况。

（3）行业分类执行 GB 标准，分类如表 2.13 所示。

表 2.13　　　　　　　　　　行业分类

行业编号	行业分类
0001	农、林、牧、渔业
0002	采矿业
0003	制造业
0004	电力、燃气及水的生产和供应业
0005	建筑业
0006	交通运输、仓储和邮政业
0007	信息传输、计算机服务和软件业
0008	批发和零售业
0009	住宿和餐饮业
0010	金融业
0011	房地产业
0012	租赁和商务服务业
0013	科学研究、技术服务和地质勘察业
0014	水利、环境和公共设施管理业
0015	居民服务和其他服务业
0016	教育
0017	卫生、社会保障和社会福利业
0018	文化、体育和娱乐业
0019	公共管理和社会组织
0020	国际组织
0021	其他

（4）行业利润贡献分析示意图（见图 2.19），图中项目涉及科目同部门分析示意图。

第 2 章　盈利绩效　51

行业实际利润贡献

实际利息收入
↓
−实际利息支出
↓
+内部资金转移利息收入
↓
−内部资金转移利息支出
↓
资金转移净收入
↓
+中间业务收入
↓
+非营业收入（收入分摊后）
↓
−营运费用（成本分摊后）
↓
−实提预期损失（贷款减值等）
↓
−贷款应收未收利息
↓
+汇兑损益
↓
营业利润（调整后）

行业应计利润贡献

应计利息收入
↓
−应计利息支出
↓
+内部资金转移利息收入
↓
−内部资金转移利息支出
↓
应计资金转移净收入
↓
+中间业务收入
↓
+非营业收入（收入分摊后）
↓
−营运费用（成本分摊后）
↓
−应提预期损失（贷款减值等）
↓
−贷款应收未收利息
↓
+汇兑损益
↓
应计营业利润

图 2.19　行业利润贡献分析示意图

（5）行业利润贡献分析表（见表 2.14）。

表 2.14　　　　　　　　　　行业利润贡献分析表

行业名称：

部门名称	业务品种	规模分布（不含中间业务）		收支情况								行业盈利情况		
^	^	日均余额	日均余额占比	利息收入	利息支出	内部资金转移利息收入	内部资金转移利息支出	手续费收入	非营业收入	贷款预计损失	成本分摊后营运成本	毛利润	毛利润占比	毛利率
部门一	存款													
^	贷款													
部门二	存款													
^	贷款													
…														

2.3　计划预算与经营预测

2.3.1　计划预算管理体系

银行经营计划与全面预算管理体系的应用架构包括三个维度：纵向组织层级、横向业务条线、深度管理流程（见图2.20）。通过计划管理流程实现了横向与纵向的融合与衔接。

通过年度经营目标的预测与分解、各级经营计划和全面预算的编制与审批、经营计划和全面预算的执行监控、经营分析、经营计划和全面预算调整和绩效考核激励的管理循环，实现对全行经营目标（业务总量、条线发展规模、成本及效益等）的目标管理和过程管理。

计划预算管理体系的建立，实现明确目标、落实权责、配置资源、生成绩效考核信息的四大作用。

(1) 纵向分层级，自上而下明确目标与权责。
- 全行汇总经营计划
- 总行业务线/分支行经营计划与全面预算
- 分行内部经营计划与全面预算

(2) 横向分专业，强调各专业的衔接。
- 经营目标预测
- 业务条线计划
- 营业收支预算
- 财务、风险与资本预算

(3) 深度按流程，实行全过程计划管控。
- 经营目标预测
- 计划预算编制审批
- 计划预算执行与分析
- 绩效考核

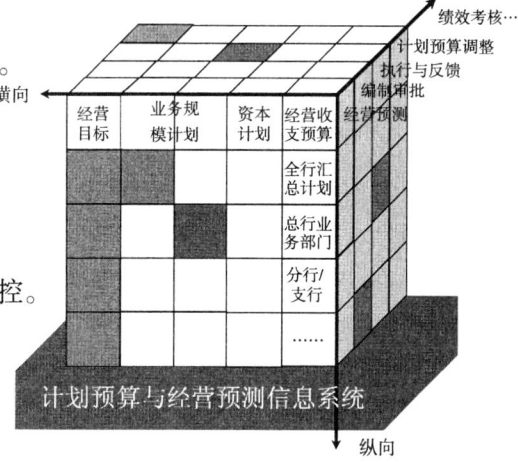

图 2.20 计划预算与经营预测信息系统的三个维度

2.3.2 计划预算管理组织

银行经营计划与全面预算的管理组织如图 2.21 所示。

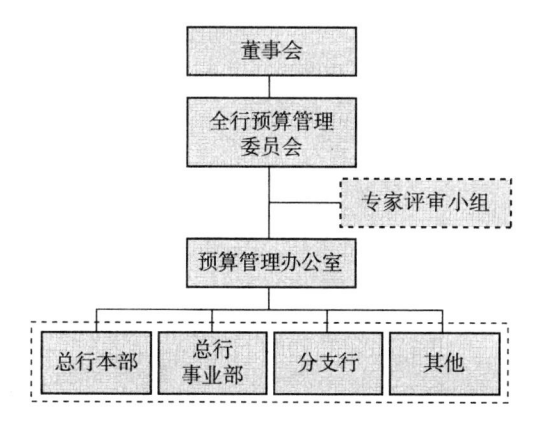

图 2.21 银行经营计划与全面预算的管理组织

董事会：预算最终批准机构。

预算管理委员会：预算管理决策机构，统领全行的经营计划与全面预算工作，对预算管理重大事项进行决策。下面可设专家评审小组，对预算草案从操作性、专业性方面提出中立参考意见。

预算管理办公室：预算管理日常管理机构，是经营计划与全面预算管理的综合协调、预算草案的审核机构，对预算管理过程中的主要决策事项，在平衡相关各方需求的基础上，提出具体解决方案和建议，供预算管理委员会进行决策。计划财务部通常是预算管理办公室的主要成员，具体负责组织执行预算管理相关政策和决策，并组织开展日常预算工作；进行预算汇总、初审与意见反馈，提交预算汇总草案。

计划预算执行机构：全行各个组织层级，负责预算编制、预算执行与分析反馈。预算执行机构按照责任中心性质又可分为利润中心（业务线、经营性分支行）和成本中心（管理中心、支持中心、业务服务中心）。

2.3.3 计划预算管理流程

计划预算内容

如图 2.22 所示，银行的计划体系可以分为战略性活动和经营性活动，计划预算管理依托于银行的战略规划，是将战略计划结合现有的资源，转化为经营目标与业务计划，而经营计划又是全面预算管理基础。

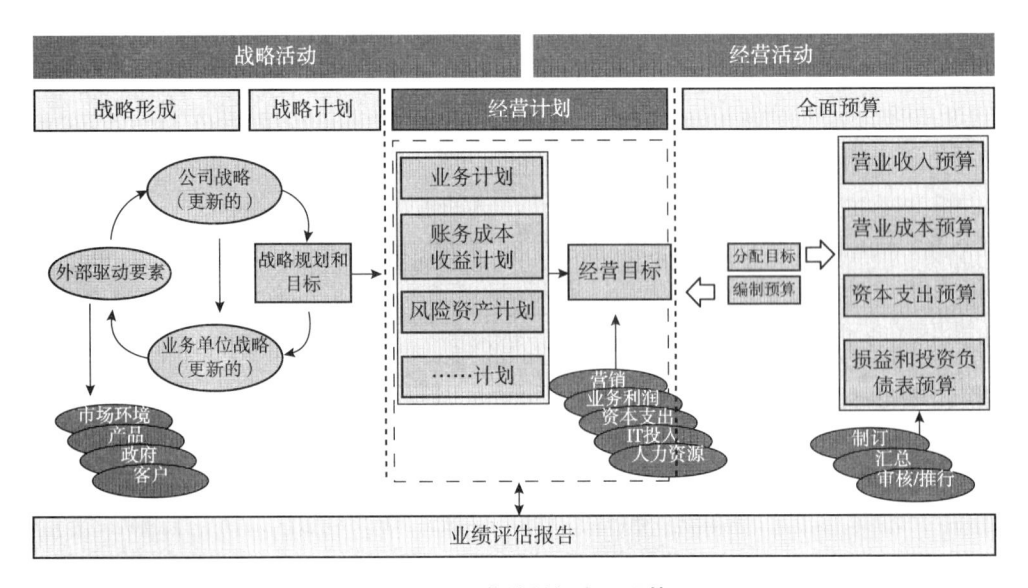

图 2.22 经营计划与全面预算

根据商业银行战略规划和年度工作思路，经营计划与财务预算编制的内容围绕落实的年度经营目标，包括以下三个方面：

（1）经营目标预测。要根据市场目标确定资产负债结构，体现规模与收益并重，并且要充分利用管理会计的结果。包括：①业务规模目标：年末存贷款余额、本年新增存贷款余额规模、存贷比；拓展新业务、新项目、新客户等。②盈利目标：资产收益率、营业利润和贷款综合收益率等。③风险控制目标：表内不良贷款控制率、资本需求等。

（2）经营计划是衔接银行战略规划与年度运营层面的桥梁，以全行经营目标和总行业务管理部门、经营性分支机构以及各业务条线的经营目标为基础，编制全行层面和业务条线的规模、营业收支计划，体现全行规模增长和创造长期效益的潜力。经营计划包括：对公业务计划（存款、贷款、中间业务等）、零售业务计划、中小企业业务计划、重大项目计划、资金运营计划和其他业务计划。

（3）全面预算是在全行、分支行和业务条线经营计划的基础上对全行各口径的财务收益成本支出情况的综合反映。全面预算包括业务预算、财务预算和风险资本预算。①业务预算是各经营机构的各类金融资产直接产生的利息及费用性收入及占用资金的直接筹资成本和发生费用支出预算，业务条线的收益成本预算，产品维度的收益成本预算。②财务预算包括：非业务责任中心的管理费用预算、资本性支出预算，资产负债表预算、损益预算和现金收支预算等。③资本预算针对银行面临的行业风险、国别风险、政策风险、客户风险分析、流动性风险，并根据巴塞尔新资本协议的要求对信用风险、市场风险、操作风险监管资本计量的要求，编制不良贷款控制计划、风险资产计划和风险资本预算。

预算目标与经营预测模型

计划预算管理的难点之一就是年度预算目标的确定。由于年度预算目标往往与绩效考核挂钩，而总行与经营性分支机构利益出发点不同，年度预算目标确定往往耗费大量的精力进行上下沟通也很难达成一致。

因此，银行需要借助经营预测模型来制定科学合理的年度经营目标。经营预测模型分为预测模型和分解模型。通过科学合理的预测模型推算出预算年度的全行资产负债结构和主要经营目标，然后横向分解到各业务条线，纵向分解到分支机构（见图2.23）。经营预测模型为总行计划预算管理部门在得经营目标上下博弈过程中提供了有力管理工具。

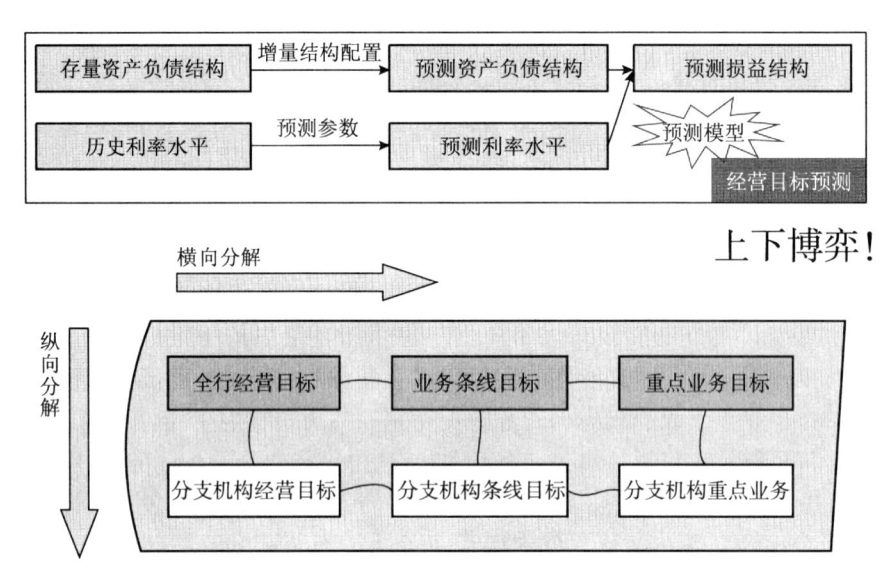

图 2.23 经营预测模型

计划预算管理流程

计划预算管理的流程实际上是落实银行的战略转型目标和战略规划，并转化为年度经营计划的过程。银行计划预算管理的主要流程如图 2.24 所示。

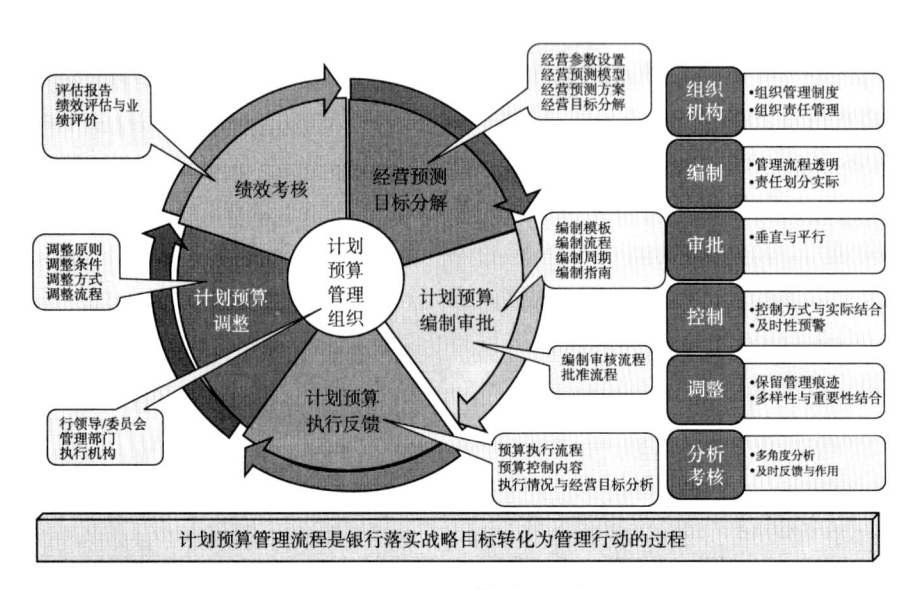

图 2.24 银行计划预算管理的主要流程

计划预算编制审批。总行规定计划预算编制内容要求，下达统一模板；预算管理办公室承担检查、汇总、提交等责任。总行对业务线、经营性分支行的计划预算编制要求为：总行针对业务条线或分支行宏观管理，计划编制内容已呈现关键经营目标为主；总行制定业务条线/分支行的总体目标，业务条线/分支行自身编制详细内容进行量化；对不同组织层级的成本中心的费用预算编制进行区别对待，每一组织层级中管理部门的费用应同业务线划分清楚。资本性支出要有项目计划书等资料进行单独申报，统一审核、统一决策、统一采购、统一支付并集中管理。

计划预算执行反馈。是计划预算管理有效性的重要环节。预算执行分析与预算编制表格项目是对应的，反馈预实差异、进行原因分析。预算分析分为总行、业务线/分支机构的预实经营计划和财务预算差异分析，并深入到网点和产品。

2.3.4 计划预算解决方案

管理问题

国内银行在计划预算管理中普遍存在的问题有以下几方面。

（1）在计划预算编制阶段，数据采集缺乏信息系统的有效支持。要使预算的编制科学、合理，减少主观判断，就必须以完备的收集、整理、计算为基础，依靠信息系统实现多维度的预算分析数据，而多维度的预算分析离不开费用分摊数据，只有成本按照成本动因细分到产品、网点、部门等维度，才可以实现费用预算的精确测算。

（2）在计划预算编制过程中，对收入和成本的分解缺乏精确的分解参数和成本动因，收入和支出的正确分解是预算正确编制的关键。而且需要经营部门和业务部门的参与，结合市场环境和业务发展需求，加上数据模型的支持才可以实现科学合理的预算编制。

（3）在计划预算的控制阶段，对超预算的支出不能严格执行。完备的预算管理体系必须有严格的执行细则，并加以制度化，防止预算流于形式。

（4）在计划预算的考核阶段，预算的考核和奖惩力度不够。预算必须与考核激励机制紧密联系，才能发挥预算的最大功效。

总体架构

针对上述问题，计划预算与经营预测系统的建设目标是：以信息系统为支撑，建立起先进完善的计划预算管理体系。图 2.25 展示了经营预测与计划预算的流程。

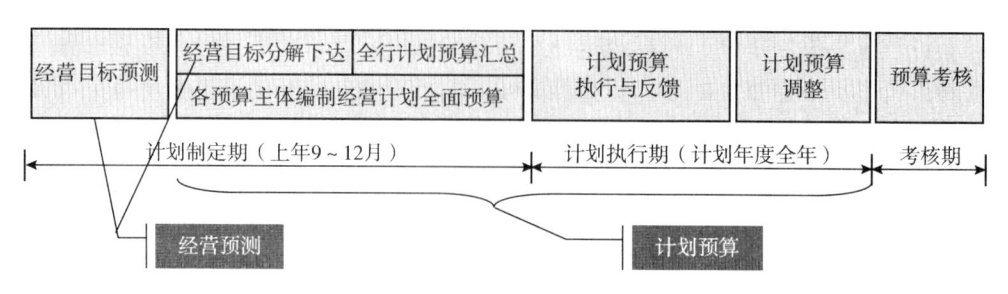

```
经营目标预测 | 经营目标分解下达    全行计划预算汇总 | 计划预算执行与反馈 | 计划预算调整 | 预算考核
              各预算主体编制经营计划全面预算
     计划制定期（上年9～12月）            计划执行期（计划年度全年）        考核期
              经营预测                          计划预算
```

图 2.25　经营预测与计划预算的流程

计划预算为银行计划的事前编制、事中控制和事后分析提供了一个平台，支持计划组织的定义、经营目标预测与分解，经营计划编制（支持自上而下、自下而上和两头编制）、汇总与审批，计划执行分析预警和计划调整完整的应用流程。支持集团企业应用，完成计划上报、下发、汇总、批复、分解等功能。

经营预测是计划预算精细化管理工具，提供全行及各分支机构经营目标预测，经营目标横向分解、纵向分解的科学预测与分析功能。针对预先设置的预测方法对各预算主体的未来资产负债结构和损益结构进行预测，系统支持多方案预测，保存多套预测结果。

主要功能

计划预算系统支持多组织、跨机构、跨部门等的计划预算管理，通过预算主体的设置，实现计划管理机构与计划执行机构在计划管理中的职能。另外，通过用友 NC UAP 平台的审批流配置、基于角色的权限管理，实现计划组织关于经营目标、经营计划的编制、审批功能与权限控制。

（1）预算主体

预算主体是最基本的计划执行单位，即承担该计划任务或者责任的单位，一般来说，预算主体是最基本的预算编制单位，也是计划控制和分析的单位。预算主体的层级也反映了经营计划下发汇总批复的层级管理要求。

（2）经营预测

经营预测系统架构如图 2.26 所示。

第 2 章　盈利绩效　　59

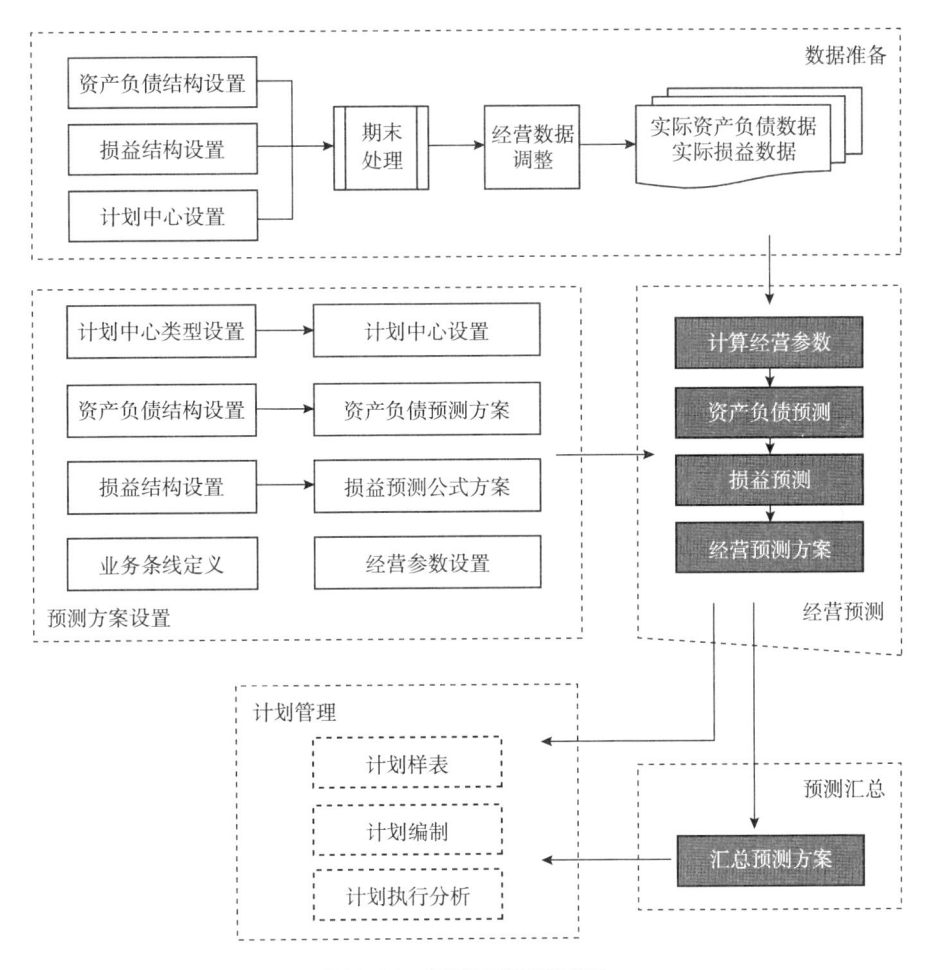

图 2.26　经营预测系统架构

- 预测模型。图 2.27 展示了用友经营预测模型界面。

图 2.27　经营预测模型

- 分解模型。图 2.28 展示了用友预测分解模型。

图 2.28 预测分解模型

- 预测结果查询。图 2.29 展示了预测结果查询页面。

图 2.29 预测结果查询页面示例

(3) 计划预算编制

计划预算系统支持填制、审批、上报、批复、调整、查阅完整的编制流程。在经营计划编制起点方面，支持以目标规模（包括以信贷规模、利润绝对额、资产利润率、资本回报率等经营目标）为起点的编制方式。

支持由下而上的编制方法，也支持由上而下的编制方法，也可支持两头向中间的编制方式。可分解年度计划到季度或月度计划。导入、导出、离线编制多种编制方法。

系统提供类似 Excel 的表控件，可灵活配置经营计划全面预算的编制样表，可方便地使用各种数学计算公式、内置函数、逻辑判断来定义样表间的计算公式、校验公式以及表内的计算公式和校验公式。图 2.30 给出了用友计划预算编制页面。

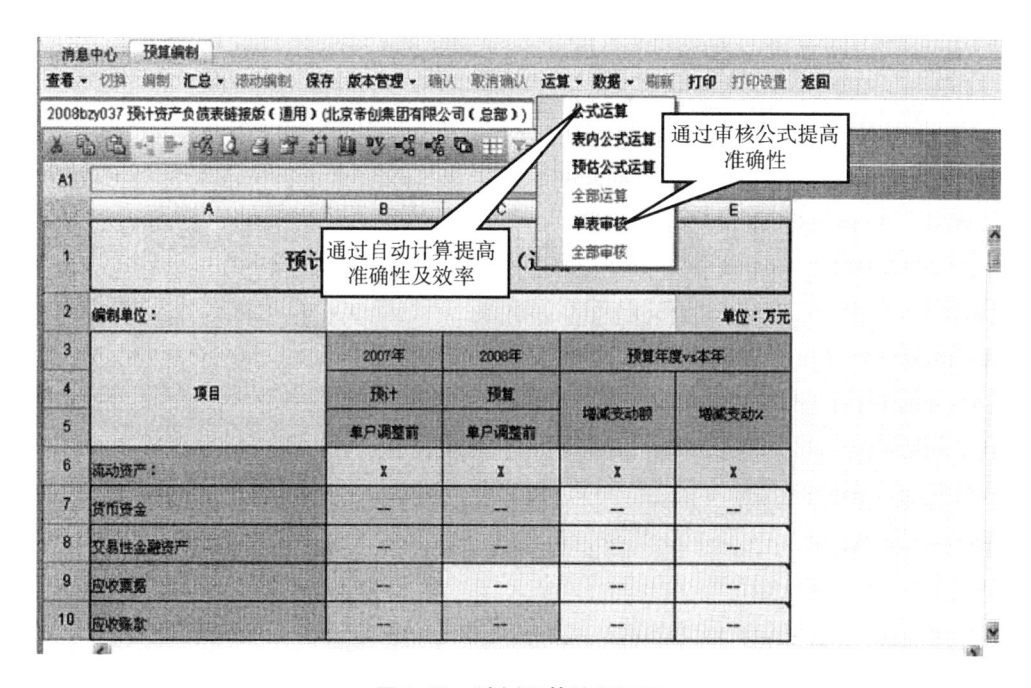

图 2.30 计划预算编制页面

（4）计划预算执行与反馈分析

计划预算系统以多种方式获取计划执行数据，包括公式模板、业务函数、手工输入、导入等（参见图 2.31）。提供各类计划的查询，以及计划执行情况的分析。考虑各种异常情况对预算的影响，提供异常因素的剔除功能。

提供不同维度分析经营计划全面预算的执行情况，可支持不同预算版本的执行情况分析。提供对支行之间计划或计划执行情况的对比查询功能，便于总行从全局的角度了解和分析商业银行的经营。

可以按不同维度（如机构、部门、产品等）分析经营计划的执行情况，并向管理者提供定期和临时报告。将一定期间内，按责任中心、地区、产品等维度列示经营计划控制情况，与当期实际执行数据和往期历史数据的对比情况形成数据报告。

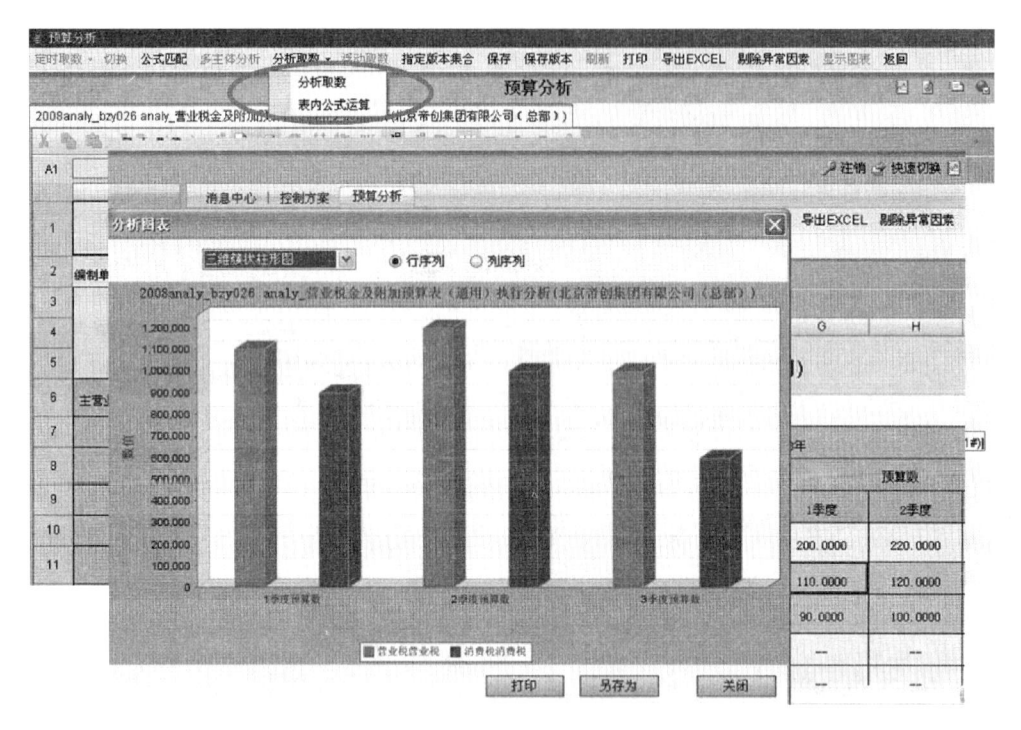

图 2.31 预算分析图

系统能够跟踪和监控业务量、利率、当期会计数据及财务指标等实际执行情况与经营计划的差异，对差异情况超过一定水平的，可按设定要求实时、定期或不定期向有关人员提供预警报告。

应用价值

计划预算与经营预测系统在银行的主要应用价值包括：

- 利用经济资本预算全面分解落实经营单位的价值目标，将资本回报纳入预算体系。
- 完成全方位的多维度的计划预算编制和考核体系，完成机构、部门、产品、客户等的多维度预算。
- 利用科学的预测模型和技术手段，剔除特殊变动因素，合理预测银行的发展趋势。
- 通过滚动预测及时应对外界形势的变化并调整整个组织的行动计划。

通过预算的编制方式的改进，让所有的业务部门积极参与进来，使预算系统从过去被动的、部分的、单纯的费用管理的控制系统,转变为主动的、整体的,与责任中心的盈利分析相对应的全面预算管理系统。

2.4 经营绩效考核

2.4.1 绩效管理执行银行战略

绩效管理是一个围绕组织目标的达成而建立的促进组织目标实现的管理体系,包括组织/个人绩效计划的制定、绩效执行过程中的跟踪/辅导/监控/总结、考评方案的制定、绩效考评的组织实施、考评结果的反馈/沟通、考核结果的统计分析和业务运用等方面。成功实施绩效管理,可以帮助组织提升管理水平、提高管理效率,从而保障组织整体绩效的实现,同时还可促进人力资源管理部门的角色转换,提升人力资源管理部门的价值和地位。

绩效管理系统能够分解银行总行发展目标和业务发展战略,设计关键绩效指标体系;管理岗位目标和协议;制定绩效考核方案、实施考核过程控制;考核结果反馈、归档并录入员工信息库;考核结果自动为薪资发放、培训等管理模块运用。

管理层制定绩效管理策略、流程、指标体系的设定原则,在对部门经理进行培训之后,整个绩效管理过程将交由部门经理来主导,由部门经理与员工一起完成具体考核指标的设定,而整个绩效管理过程中,部门经理将定期检查员工的绩效状况,并及时给出绩效发展建议。

绩效管理支持对员工绩效和部门绩效进行管理,支持目标管理和完整的绩效管理业务,支持 MBO、BSC、KPI、EVA 等多种绩效考评模式,支持跨公司的集团应用。

基于以上分析,银行经营绩效管理总体架构如图 2.32 所示。

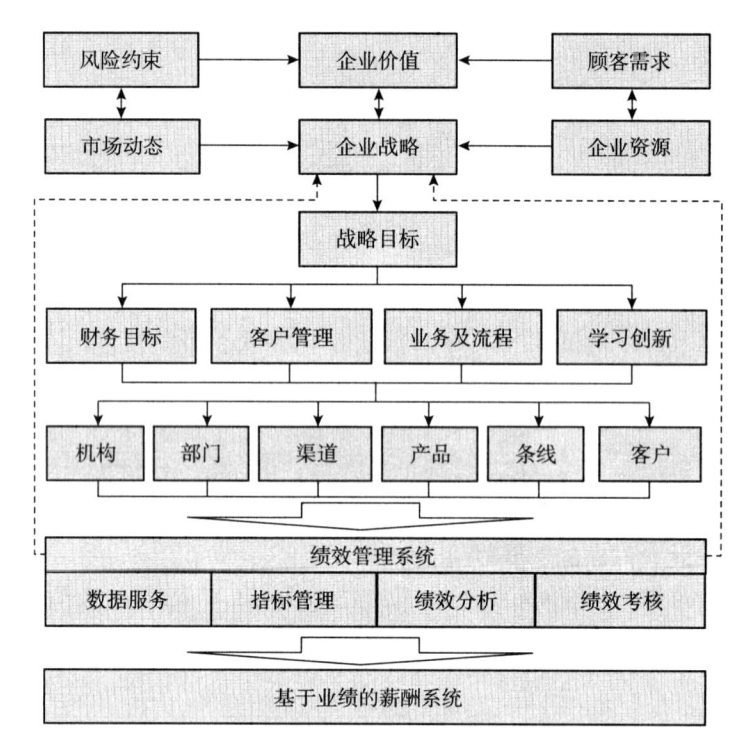

```
┌──────┐     ┌──────┐     ┌──────┐
│风险约束│◄───►│企业价值│◄───│顾客需求│
└──────┘     └──────┘     └──────┘
   ▲            ▲            ▲
   ▼            ▼            ▼
┌──────┐     ┌──────┐     ┌──────┐
│市场动态│◄───►│企业战略│◄───│企业资源│
└──────┘     └──────┘     └──────┘
                │
             ┌──────┐
             │战略目标│
             └──────┘
    ┌────┬────┼────┬────┐
 财务目标 客户管理 业务及流程 学习创新
    │    │    │    │
 机构 部门 渠道 产品 条线 客户
              │
         绩效管理系统
  数据服务 指标管理 绩效分析 绩效考核
              │
         基于业绩的薪酬系统
```

图 2.32　银行经营绩效管理总体架构

2.4.2　绩效考核基本程序

根据以上分析，我们可以看到绩效考核的整个过程。总结得到的结果如下：绩效考核的审核由上级负责人或部门对考核对象的绩效考核情况进行审核，处理绩效考核中出现的问题，同时对绩效考核后的各类管理活动提出建议性意见。绩效考核审核主要集中在：审核考核者、审核考核程序、审核考核方法、审核考核文件、审核考核结果等五个方面。绩效考核的基本程序如图 2.33 所示。

第 2 章 盈利绩效

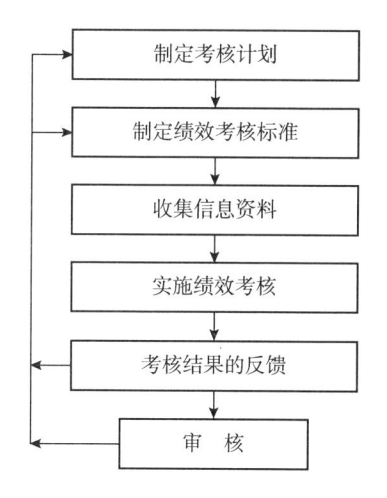

```
制定考核计划
   ↓
制定绩效考核标准
   ↓
收集信息资料
   ↓
实施绩效考核
   ↓
考核结果的反馈
   ↓
审 核
```

图 2.33 绩效考核的基本程序

绩效考核的基本程序分为五个步骤:

1. 制定绩效考核的计划。确定绩效考核的人员、准备绩效考核的工具,如表格等,将绩效考核的有关工作信息予以公布,使考核者与被考核者做好思想准备与工作准备,积极参与绩效考核。

2. 制定绩效考核标准。绩效考核标准必须以职务分析中制定的职务说明与职务规范为依据,因为那是对考核对象所应尽职责的正式要求。一般来说,绩效考核标准通常是考核对象的工作计划、工作目标或工作任务书等,必须将考核对象期初制定的考核计划、目标等作为绩效标准,并参照这些标准进行评估。

3. 收集和绩效标准有关的资料,使得考核过程有依有据。包括:

(1) 工作表现的纪录,如出勤数量、工作质量、是否按时完成、资金安全情况、预算成本与实际成本比较、旷工情况、客户或同事抱怨次数等。

(2) 通过其他与被考核者有来往的人,包括主管、同事和其服务对象等收集有关被考核者的信息。

(3) 关键事件的记录,即对表现特别优秀或恶劣事件的记录。对收集的资料应慎加选取,保持客观性,尽量避免引进和标准无关的信息,减少对考核工作的干扰。

4. 实施绩效考核。即对工作绩效进行考核、测定和记录。包括员工自我评价和考核者对员工的评价。自评是由对照自己的绩效标准,根据自己的实际工作表现进行自我评估,这种自我评估一般采取填写述职表、自我考核表等形式进行。考核者可以是上司,也可以是人力资源部的人员,还可以是评估委员会等评估机构。考核一般是在审核其自我评估的内容,对照其绩效标准,并听取被考核者的上司、同事或其他有关人员意见的基础上形成的。考核者的意见一般也采取对照其绩效标准填写表格的形式，如各类考核表、鉴定表等。绩效考核结果的分析与评定需与既定标准进行对照来做分析与评判，从而获得绩效考核的结论。

5. 结果反馈与实施纠正。绩效考核的结论通常应反馈给被考核者。绩效反馈一般有两种形式：绩效考核意见认可和绩效考核面谈。绩效考核意见认可是考核者将书面的考核意见反馈给被考核者，由被考核者予以同意认可，并签名盖章。如被考核者不同意考核意见，可提出异议，并要求上级主管和人力资源部门予以裁定。绩效考核面谈是通过考核者与被考核者之间的谈话，将考核意见反馈给被考核者，征求被考核者的看法。同时在绩效考核面谈中，考核者要就被考核者的要求、建议与新一轮工作计划的制定等问题与被考核者进行广泛的沟通，面谈记录和绩效考核意见也需要被考核者签字认可。另外，还需针对绩效考核中发现的问题，采取纠正措施。因为绩效是员工主、客观因素的综合结果，所以纠正不仅是针对被考核的员工的，也需针对环境条件做相应调整。

2.4.3 绩效考核的方法

考核标准的制定

由于不同考核对象的绩效要求不同，银行对各分支机构、客户经理、分支行长、产品等绩效考核标准也不同。

评价方法

为提高绩效评价的正确性，选取的考核指标尽量能够量化，由于工作要求不同，所以为简便起见，评价方法采用了考核指标的相对数衡量，如采用完成率这样的衡量办法。

各指标权重采用调查问卷的方法得到，调查对象是银行的工作人员和其他金融机构的相关工作人员，以确保调查结果的正确性和客观性。

计算采用模糊综合评价的方法，给予评价参评人员定性的评判结果。

评价标准

评价结果共分为5个级别，分别为：优、良、中、较差、差。对应的得分如表2.15所示。

表 2.15　　　　　　　　　　　绩效考核结果评价表

项目＼等级	优	良	中	较差	差
完成率	100%	90~100%	80~90%	70~80%	小于70%
业务正确率	100%	98~100%	95~98%	90~95%	小于90%
出勤率	100%	98~100%	95~98%	90~95%	小于90%
评价得分	100 分	90~100 分	80~90 分	70~80 分	小于70 分
客户投诉次数	0 次/月		1 次/月		大于1 次/月
最终相应得分	10 分	9~10 分	8~9 分	7~8 分	小于7 分

2.4.4　绩效考核结果的应用

考核的目的是对分支机构、业务条线、客户经理、分支行领导班子等实施有效的激励，使考核机制真正起到促进工作、提高银行工作效率的作用。针对不同表现的考核对象应采取不同的方法，结合银行绩效管理的实际情况，奖惩措施及对机构、产品、客户进行绩效分析的功能及应用效果如下。

1. 奖惩措施（见表 2.16）

表 2.16　　　　　　　　　　　评分奖惩表

得分值	奖惩措施	备注
10	奖励浮动工资 1.2 倍	连续半年得 10 分者，奖励一个月工资；提高一个管理级别；可将其列为主管副行长备选；特别优秀者可直接提拔为副行长
9~10	奖励浮动工资 1.1 倍	连续半年者，奖励半个月工资
8~9	维持浮动工资	无行政奖励
7~8	发放浮动工资的 0.8 倍	连续半年者，降低职位
小于 7	发放浮动工资 0.7 倍	连续半年者，降职或者解除劳动关系

2. 机构绩效查询（见图 2.34）

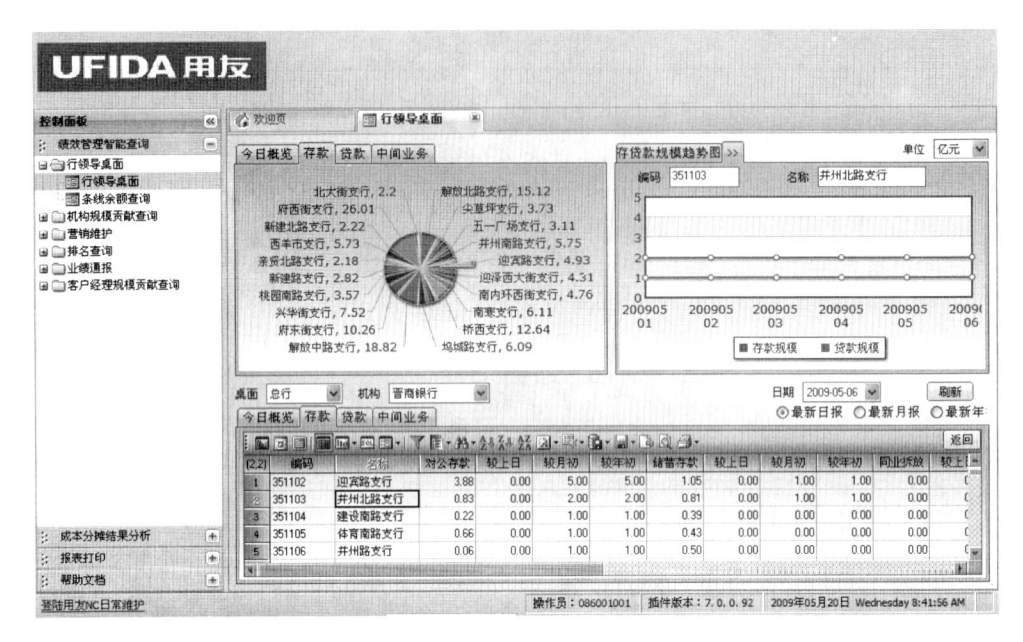

图 2.34 经营机构绩效图

3. 客户贡献度查询（见图 2.35）

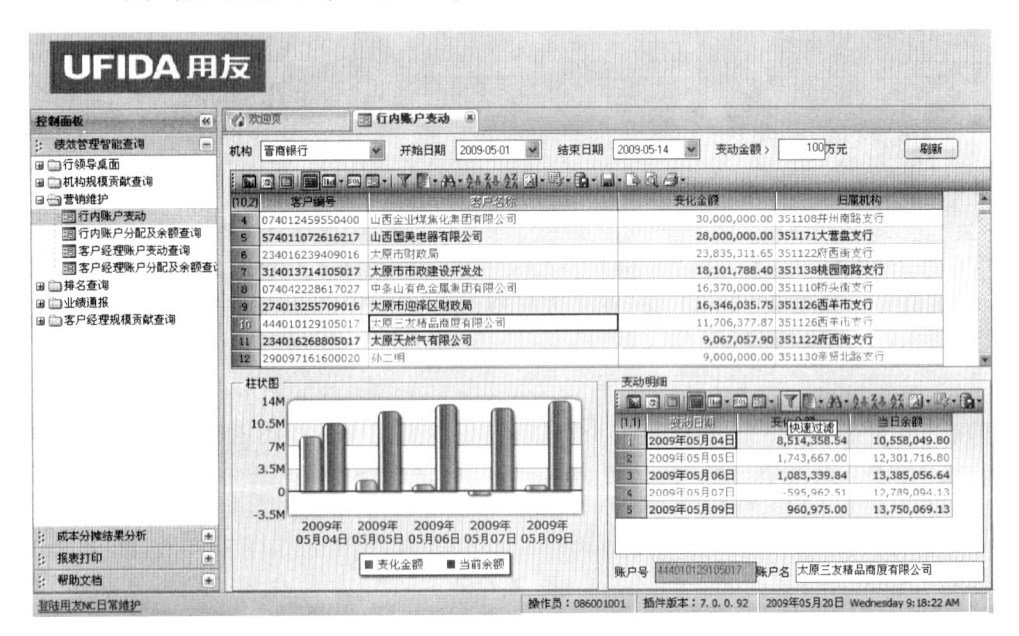

图 2.35 客户查询页面

4. 客户经理绩效查询（见图 2.36）

图 2.36　客户经理绩效查询页面

5. 部门绩效查询（见图 2.37）

图 2.37　部门绩效查询页面

2.5 资金转移定价

2.5.1 概述

资金转移定价的定义与目的

资金转移定价（Fund Transfer Pricing）是银行内部向资金提供单元确定资金收入价格、向资金使用单元确定资金使用成本价格，并将资金的利率风险和错配损益集中于专门利率风险管理部门的一种定价机制。

内部资金转移定价体系（简称 FTP 体系）自上世纪 80 年代被美洲银行首次运用于银行经营管理以来，经过 20 多年的演进和发展，现已成为国际现代商业银行经营管理的基础工具，在评价绩效、资源配置、业务品种定价、风险管理等多个领域发挥着基础平台的作用。随着我国金融改革的纵深推进，国内商业银行传统的粗放式经营管理模式正面临着严峻的挑战，根据国际经验，引入和推行 FTP 体系成为国内商业银行全面提升经营管理水平的必要途径。

内部资金转移定价的基本原理是商业银行总行建立虚拟资金库，以统一的内部资金转移价格，从资金筹集部门买入资金，并将资金卖给资金使用部门（资金营运部、网点），由资金的无偿使用变为有偿使用，充分发挥利率的杠杆作用。资金转移价格的计价对象都是商业银行的部门、客户经理、业务品种。如：存款部门吸收的存款按照一定的内部资金价格"卖"给资金库；贷款部门发放贷款按照一定的内部资金价格从资金库"买"入资金（见图 2.38）。资金转移价格的引入，使业务部门由单一的利息收入或利息支出部门（如储蓄所、放贷中心），变为既有收入又有支出的模拟经营主体，可以协助管理机构对网点、客户经理、业务品种进行盈利能力分析和绩效考核，真正实现了以利润为中心的多维度业绩评价。

建立资金转移定价的目的有以下几点：

- 对银行内部资金进行配置。
- 计算一项交易或任意子交易的边际收益以及对银行总收益的贡献率。
- 为定价、资源配置和绩效评价提供一个有效的基准。
- 确定定价策略。
- 提供奖励或惩罚措施，细分转移价格，以使其与商业经营策略保持一致。
- 提供错误定价报告，对比有效价格与理论价格之间的差异，分析目标风险定价的有效性。
- 将流动性风险和利率风险从业务单元中剥离，转移到资产负债管理部门，使商业经营单位的运营独立于不受其控制的市场变动的侵害。

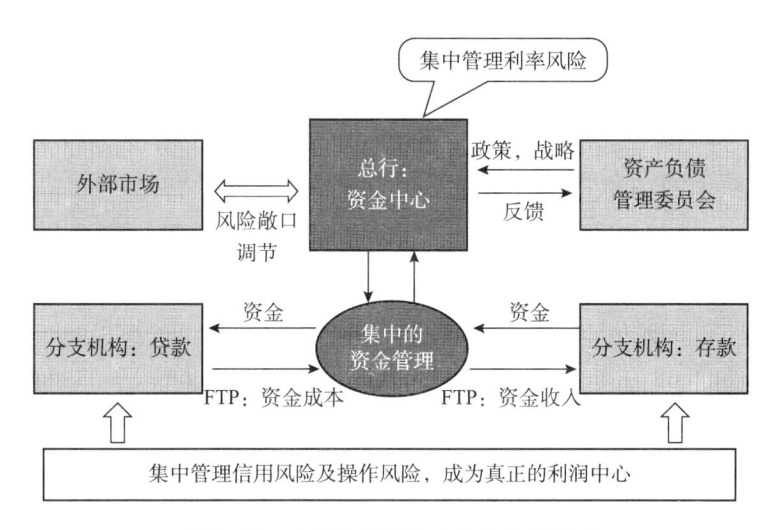

图 2.38　内部资金转移定价的基本原理

金融和商业原理

资金转移定价系统是介于银行商业领域与金融领域的中介部分。为了实现这一目的，转移定价应该同时受到来自商业领域和金融领域的约束。从金融角度直观上看，转移价格应该反映市场条件。从商业角度看，客户价格应该遵循源于竞争约束的商业政策的引导。换句话说，转移价格应该与两种不同类型的标准保持一致：一类源自商业政策；一类源自金融领域。

转移价格还应该与市场利率相一致。如果转移价格导致客户价格比市场利率还要高，就不可能维持竞争力，客户将在市场利率和转移价格之间进行套利。负债业务也应该遵循相似的原理。资本资源的替代选择方法是贷出或者是投资，如果贷款利率远远低于市场利率，银行更乐于投资。相反，资金内部定价高于市场价格，就会减少贷出收益。可见，市场提供了一个基准。

另外，不应该忽略竞争者的价格，这将带来利润率和市场份额之间的权衡。市场份额意味着经营机会，所以银行不愿意放弃市场份额，因为这意味着被逐出市场。

误定价是"经济价格"与"有效价格"之间的差额。误定价不是一个错误，因为它是由经营驱动的。但是，由此我们应该注意盈利性和经营管理的调节，防止误定价引起系统失去承受力。对误定价进行监控，就是监控经济价格和有效价格，并且报告它们之间的任何差异。在这个阶段，误定价的概念应用于经济转移定价，这一转移价格限于借出资金的成本基准和所得资金投资收益的基准。当经济价格包含了向客户的信用风险索价的时候,转移定价扩展到了风险定价,这就与资产配置联系起来了。

一个富有逻辑的结论是使用两套内部价格。一套转移价格应该是经济基准价格,例如市场利率。另一套转移价格应该作为商业信号,两者间的任何价格差异都是商业政策的成本。这些差异带来的惩罚(政策调整的标高)或者补贴(政策调整的标低)都与商业政策指向一致。这种设计消除了转移价格在功能上的变异,并且使强化了的、与市场利率变动不一致的商业政策成本显露出来。

风险定价中的金融和商业原理,如图 2.39 所示。

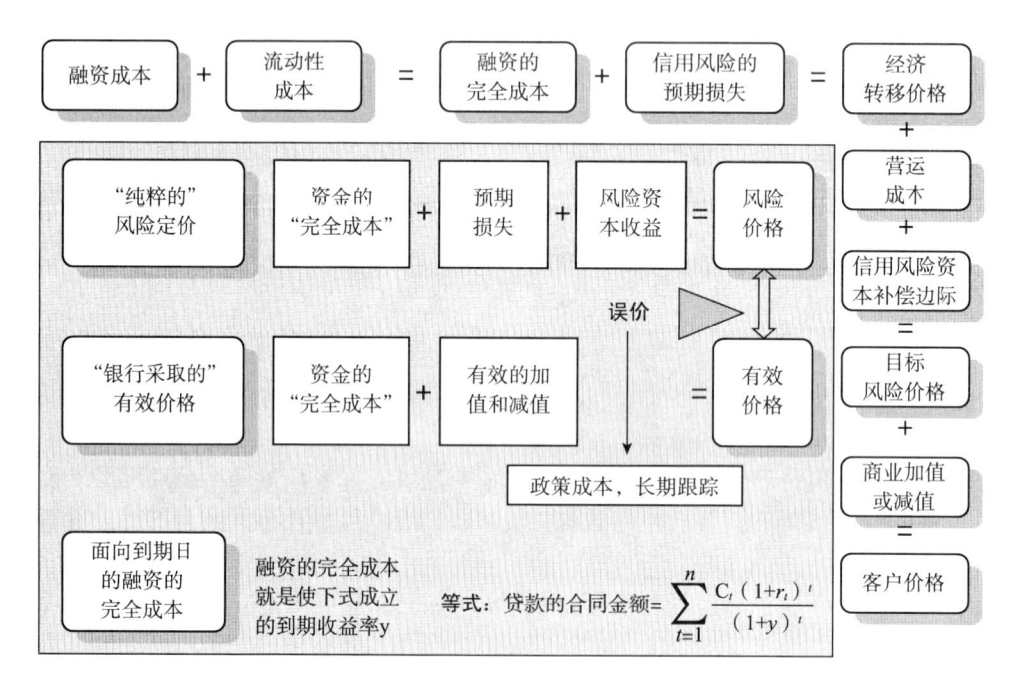

等式:贷款的合同金额 = $\sum_{t=1}^{n} \dfrac{C_t(1+r_t)^t}{(1+y)^t}$

图 2.39 风险定价的金融和商业原理

资金管理模式

图 2.40 为引入资金转移定价后,银行资金的管理模式。

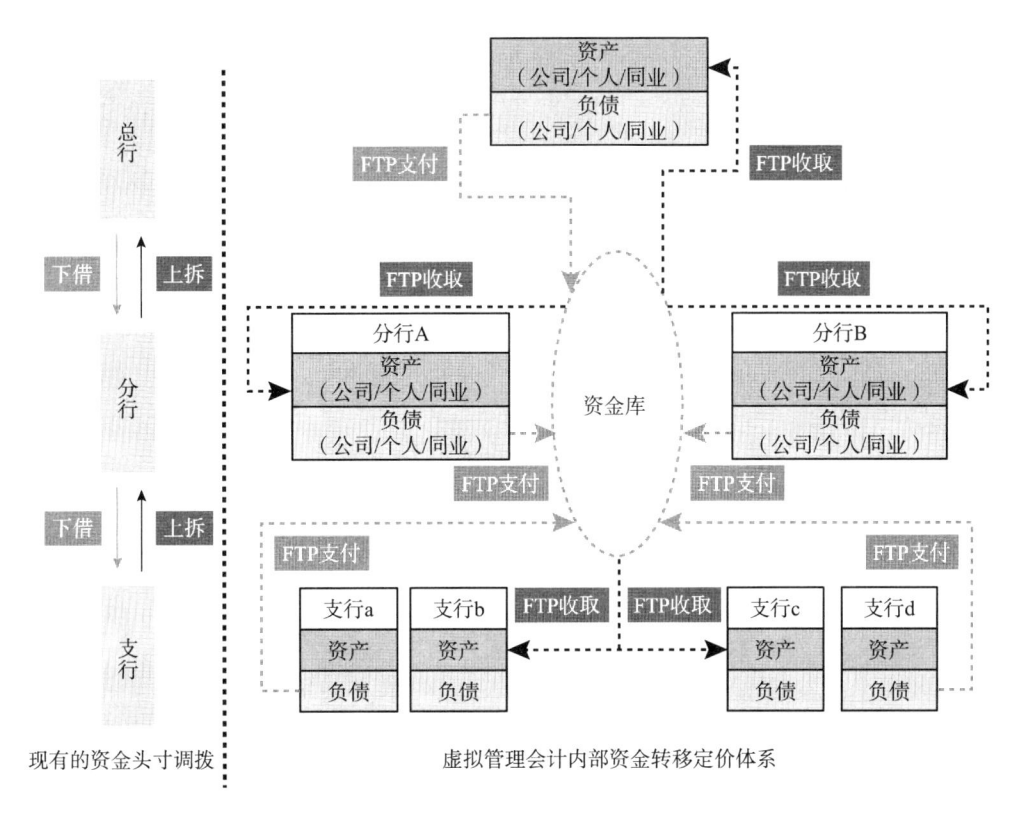

图 2.40 引入资金转移定价后的银行资金管理模式

这种新的模式有几个基本特点：
- 将总行司库视为全行统一的资金池。
- 对单笔交易进行定价，而不是对资产负债缺口定价。
- 同时支持基于内部收益率曲线、基于市场收益率曲线的定价。

重要作用

从银行内部管理的变化来看，绩效评价体系已经逐渐从以规模和会计利润的考核，转变成为资本约束下的盈利考核；银行经营层面中客户经理制的深化，必然要求考核对象对网点、客户经理进行基于盈利的考核，以实现管理粒度的细化；事业部制的发展，改变了传统的基于分支机构的考核评价体系，必然要求通过对交易的盈利分析来统计事业部的绩效指标。而这种精细化的考核，也必须引入内部计价的机制。

从产品定价来看，产品定价模型中，如何计量贷款产品的资金成本，如何计量存款产品的收益，如何合理测算产品利润，内部资金转移定价是唯一的选择。

另外，资金转移定价可以传导管理者的意图，让内部价格机制真正发挥业务的导向作用。

随着市场化的成熟，银行参与市场越来越多，但是，市场化下利率波动幅度大，商业银行面临的利率风险也比传统定价机制下的风险加大，采用内部资金转移定价机制，资金集中管理，总行统一调度，并体现价值导向，应用于多维度盈利分析、绩效评价、产品定价等方面，对于建立完善的风险管理机制，有效规避利率风险十分重要。

应用价值（见图2.41）

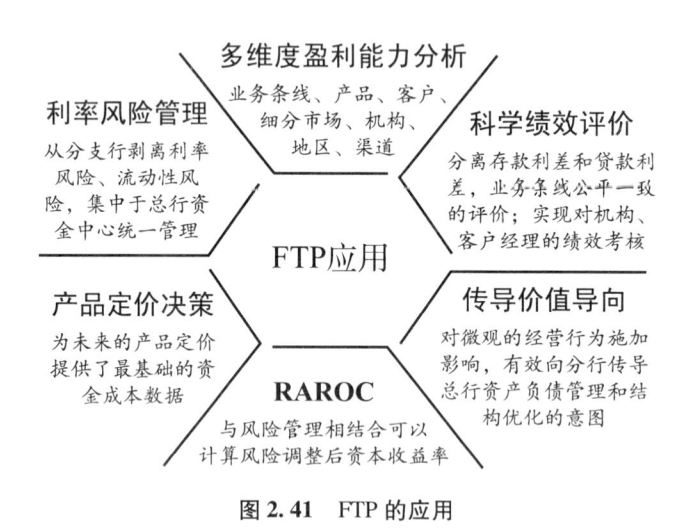

图2.41 FTP的应用

- 分割利差，满足存贷款业务条线、产品、客户、细分市场、机构、地区、渠道等多维度盈利能力分析的要求。
- 建立科学的绩效评价体系，实现对机构、客户经理等多维度绩效考核。
- 隔离利率风险，提高资金配置效率，最大化资金运用收益。资产和负债的错配风险全部集中到资金运营部，有利于分离信用风险和市场风险、提高资金运作效率和风险管理水平；支行完全不必担心资产和负债的匹配问题；做好营销和信用风险管理工作。
- 完善产品定价体系，支持产品定价策略。

2.5.2 FTP 业务方案

收益率曲线

定价曲线是一条以期限为横轴、利率为纵轴,反映不同期限资金价格的曲线,商业银行各项业务品种通过此定价曲线找出对应资金转移的价格。根据业务品种的分类,用到的曲线为:市场价格曲线、内部价格曲线。

1. 市场收益率曲线

定义市场收益率曲线主要是两项工作,第一项就是定义收益率曲线上的基点,第二是给每个基点选择参考的、具有代表性的金融工具

业务品种期限设置为:1 天、7 天、14 天、21 天、28 天、1 个月、3 个月、6 个月、1 年、2 年、3 年、5 年、7 年、10 年、15 年、20 年、25 年。

市场价格曲线是取值于同业拆借利率、同业转贴现回购利率、央行回购票据、国债收益率四种市场不同期限的特性点,从而构造成的市场价格曲线(见图 2.42)。根据各业务品种的不同期限利率作为该业务品种的资金转移的定价。

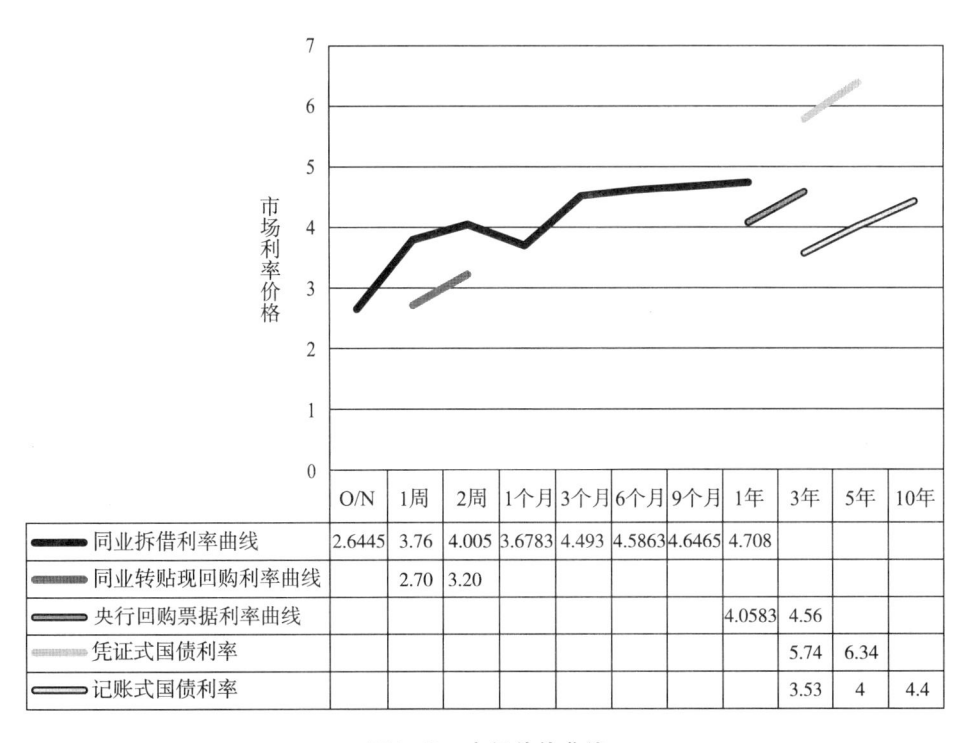

	O/N	1周	2周	1个月	3个月	6个月	9个月	1年	3年	5年	10年
同业拆借利率曲线	2.6445	3.76	4.005	3.6783	4.493	4.5863	4.6465	4.708			
同业转贴现回购利率曲线		2.70	3.20								
央行回购票据利率曲线								4.0583	4.56		
凭证式国债利率									5.74	6.34	
记账式国债利率									3.53	4	4.4

图 2.42 市场价格曲线

需要说明的是，国债是免税产品，观察到的市场收益率需要进行税收调整，调整公式＝观察到的每日收益率/0.75。

2. 内部收益率曲线

内部收益率构建的基本方法包括以下步骤：

（1）根据当月新增贷款账户计算各期限贷款加权利率：根据经营机构贷款期限，计算出每种期限贷款的加权平均利率；存款直接取现行利率作为加权平均利率，新增账户期限缺失取上期最近期间的加权利率。

（2）存、贷款同期限利率配比：采用期限配比来定义内部价格曲线区间，则同期限配比后即可生成内部价格曲线形成区间。

（3）生成内部价格曲线：根据配比结果，计算出每种期限的贷款成本、存款收益价格，组合出内部价格曲线即FTP曲线。系统支持商业银行配比生成一条内部价格曲线，通过系统参数化设置以满足商业银行优化资产负债结构的管理意图，图2.43为系统默认的五五对开生成的内部价格曲线。为保证考核的一贯性，曲线资产负债分摊比例建议一年一定。

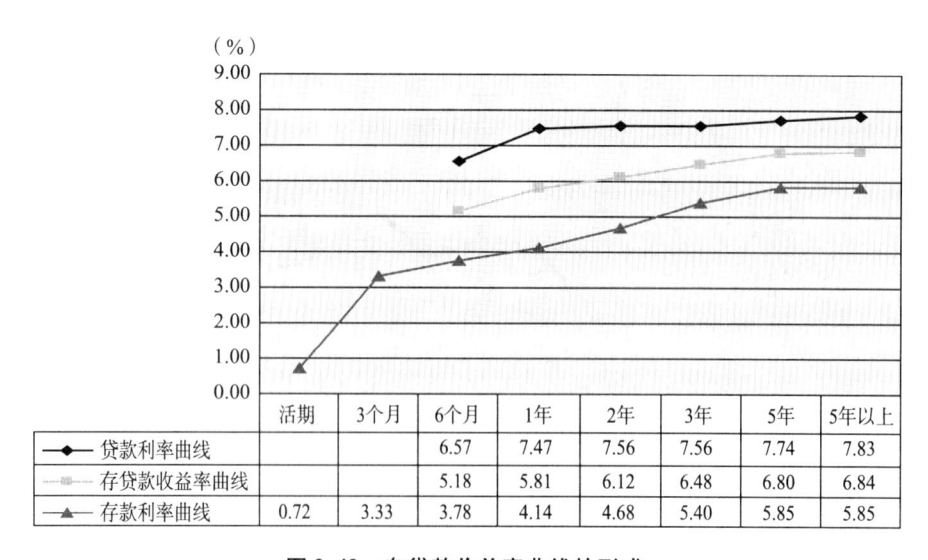

	活期	3个月	6个月	1年	2年	3年	5年	5年以上
贷款利率曲线			6.57	7.47	7.56	7.56	7.74	7.83
存贷款收益率曲线			5.18	5.81	6.12	6.48	6.80	6.84
存款利率曲线	0.72	3.33	3.78	4.14	4.68	5.40	5.85	5.85

图2.43　存贷款收益率曲线的形成

转移定价方法

1. FTP定价范围和基础（见图2.44）

部分和市场接轨的业务可以采用市场价格构造，目前来看主要为外币业务、央行票据业务、国债债券业务、银行间拆借、回购等。

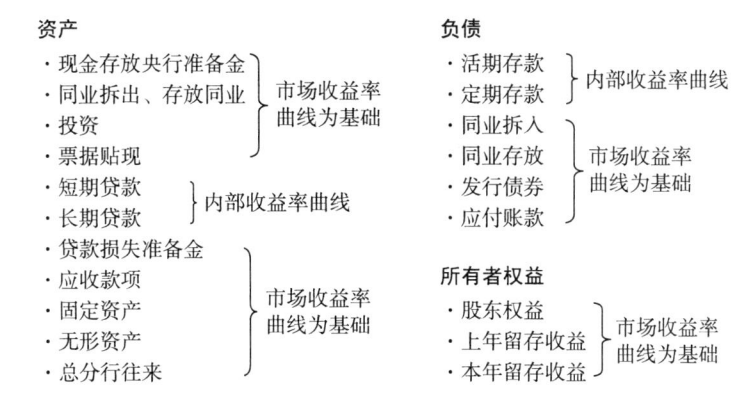

```
           资产                               负债
      ·现金存放央行准备金 ⎫                ·活期存款 ⎫ 内部收益率曲线
      ·同业拆出、存放同业 ⎬ 市场收益率      ·定期存款 ⎭
      ·投资              ⎪ 曲线为基础      ·同业拆入 ⎫
      ·票据贴现          ⎭                ·同业存放 ⎬ 市场收益率
      ·短期贷款          ⎫                ·发行债券 ⎪ 曲线为基础
      ·长期贷款          ⎬ 内部收益率曲线  ·应付账款 ⎭
                         ⎭
      ·贷款损失准备金    ⎫                所有者权益
      ·应收款项          ⎪ 市场收益率      ·股东权益   ⎫ 市场收益率
      ·固定资产          ⎬ 曲线为基础      ·上年留存收益⎬ 曲线为基础
      ·无形资产          ⎪                ·本年留存收益⎭
      ·总分行往来        ⎭
```

图 2.44 FTP 定价范围和基础

2. 转移定价方法

FTP 定价法经历了单资金池法、双资金池法、多资金池法、期限匹配法发展阶段（见表 2.17）。目前主流的定价原则是期限匹配法。

表 2.17　　　　　　　　　　　FTP 定价方法

FTP 定价方法	方法分类	复杂度	适用产品范围
·资金池			
移动平均法	单资金池	低	有固定利率，无固定期限的存款
偿还曲线法	多资金池	中	对公活期存款和个人储蓄存款
赋值利率法	单资金池	中	没有固定期限的业务产品
·到期匹配			
直接期限匹配法	期限匹配法	中	固定期限，固定利率的存贷款、贴现等
重定价期限匹配法	期限匹配法	中	固定期限，浮动利率的定期贷款
加权平均法	期限匹配法	中	有固定期限但分次偿付本金的贷款
锁定利差法	合同利差法	低	非定期存款
关键利率票面差额法	多资金池	低	有固定期限但分次偿付本金的贷款
·现金流			
久期法	期限匹配法	高	有固定期限但分次偿付本金的贷款
修正久期法	期限匹配法	高	有固定期限但分次偿付本金的贷款
关键利率久期差额法	期限匹配法	高	有固定期限但分次偿付本金的贷款
期限加权现金流法	期限匹配法	高	有固定期限但分次偿付本金的贷款
IRR 定价法	期限匹配法	高	有固定期限但分次偿付本金的贷款
零息折扣因子法	期限匹配法	高	现券、债券投资业务

（1）对于定期存款等有固定期限的业务品种按照期限匹配法定价，即根据期限确定价格曲线的关键值点，以确定资金转移价格。

（2）对于固定期限，浮动利率的定期贷款按照重定价期限法定价，即按照该笔账户的重定价日找对应的期限，以确定资金转移价格。

（3）对分期偿还的银行贷款类业务品种是按照持续期法定价，即通过持续时间的转移方法来实现，FTP系统根据其现金流特点（还款类型和频率、利率类型、余额等）对交易进行分期还款。为了更加准确，系统支持分期还款时间表中的提前还款假设。

（4）对无固定期限的业务品种，例如活期存款、同业存放、现金、准备金、逾期贷款等按照赋值利率法定价，即直接指定一个利率给业务品种定价。对以下业务品种的赋值数据，通常采用：

- 同业存放、保证金存款、借记卡、现金、贵金属等业务品种的资金转移定价取活期存款赋值利率。
- 存放央行存款赋值利率：取业务品种本身收益率。
- 应收款项、待处理抵债资产业务品种赋值利率：以不低于半年期存款利率为标准。
- 存放同业赋值利率：取活期存款赋值利率值的0.8倍作为存放同业的赋值利率值。
- 股权类投资赋值利率：取市场价格曲线2年的利率值作为股权类投资的赋值利率。
- 逾期贷款赋值利率：系统支持根据实际情况给逾期贷款比较高的贷款成本价格，以控制逾期贷款的转移收入，基本符合银行抑制逾期贷款的管理要求，同时适用于垫款业务品种的赋值利率。
- 贷记卡透支关键利率：内部价格曲线一个月的利率值作为贷记卡透支的赋值利率值。
- 定活两便关键利率：内部价格曲线1年利率值的6折作为定活两便业务品种的赋值利率。

FTP调整项

资金转移定价的主要调整项如表2.18所示。

表 2.18　　　　　　　　　　　　FTP 调整项

类型	调整项目
风险调整	选择权调整（提前还款）信用风险调整
资金成本调整	流动性调整（重定价资产/负债）活期存款沉淀调整
政策性调整	存款准备金调整
战略性调整	业务导向调整

活期存款沉淀模型

活期存款是商业银行主要的资金来源，由于活期存款是储户和企事业单位支付日常所用的资金，因此，资金使用日期具有广泛分布性，这种支付的广泛分布性决定了活期存款在账户上的沉淀。沉淀下来的存量资金使商业银行普遍存在借短贷长的商业模式，只有合理的给活期存款进行定价，才能给活期存款以合理的回报，才能保持业务部门和客户经理销售活期存款的积极性。

为了使活期存款定价模型更加准确，我们采用了稳定样本法，对活期存款进行沉淀率的计算，以此给活期存款进行定价。定价步骤如下：

① 从总账科目中取出分类余额数据，进行预测周期的分类，如 7 天、1 个月、3 个月、1 年等。

② 假设自然沉淀资金的分布符合正态分布。

③ 剔出每年平均的增长率带来的自然余额增长数据，形成沉淀数据估计值。增长率的估计有多种方法，可以利用最小二乘法、样条拟合等估算出增长率。

④ 对原始数据进行调整，进行趋势剔除。利用计算出的趋势方程算出趋势值 Y，再减去原始值 y，得出 Z，即可剔除。$Y\_NEW = Z + Y\_A$（其中：Y_A 为原始值 y 的移动率平均值）。

⑤ 按照正态分布的定义，计算移动率的标准方差 σ，以及移动率的移动率平均值 u。

计算各期限流失比：

$$流失比 = u - 2\sigma \text{ 或 } u - 3\sigma$$

得到各期限的沉淀率：

$$沉淀率 = (1 - 流失比) \times 100\%$$

举例：期间沉淀率见表 2.19。

表 2.19　　　　　　　　　　　期间沉淀率

期间	3 个月沉淀率	半年沉淀率	1 年沉淀率	1.5 年沉淀率
沉淀率	93.64%	77.66%	73.85%	70.77%
波动率	6.36%	15.98	3.81%	3.08%

完成了每年一度的活期存款沉淀率的计算，下一步就是在每次人民银行调整基础利率后，计算活期存款的关键利率了，计算模型是：

活期存款关键利率
= 70.77% × 1.5 年存款利率 + 3.08% × 1 年存款利率
+ 3.81% × 半年存款利率 + 15.98% × 3 个月存款利率
+ 6.36% × 活期存款利率

转移收益计算

转移收入的计算公式如下：

$$资产总转移成本 = \sum 资产转移价格 \times 资产规模$$
$$负债总转移收益 = \sum 负债转移价格 \times 负债规模$$

账户级资金转移的计算统计：贷款的转移净收入为各笔贷款的实际利率与 FTP 利率差价之和，同样，存款的转移净收入为各笔存款的 FTP 利率与实际利率差价之和。

转移定价报告（见表 2.20）

表 2.20　　　　　　　　　　　转移定价报告

报表类型	报表名称	备注
转移定价系统报表	转移价格明细报告	FTP 常规报表
	机构转移收支明细报告	FTP 常规报表
	机构部门转移收支汇总表	FTP 常规报表
	业务条线转移收支报告	FTP 常规报表
	资金中心转移收支报告	FTP 常规报表
	客户经理转移收支报告表	FTP 常规报表
	转移收支季度报告	BT 展现
	转移收支月度报告	BT 展现
	转移收支趋势分析报告	BT 展现
	转移收支比较分析报告	BT 展现
其他查询	关键利率报告　（Key Rates Report）	
	收益曲线报告　（Yield Curves Report）	

2.5.3 解决方案

系统架构

资金转移定价系统的功能架构如图 2.45 所示。

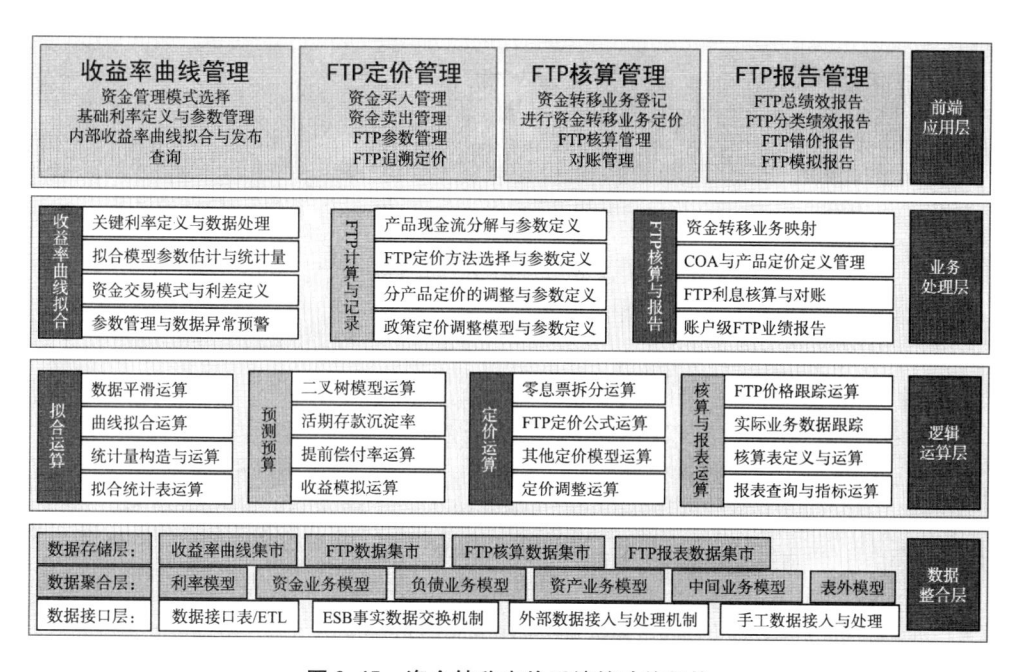

前端应用层	收益率曲线管理 资金管理模式选择 基础利率定义与参数管理 内部收益率曲线拟合与发布 查询	FTP定价管理 资金买入管理 资金卖出管理 FTP参数管理 FTP追溯定价	FTP核算管理 资金转移业务登记 进行资金转移业务定价 FTP核算管理 对账管理	FTP报告管理 FTP总绩效报告 FTP分类绩效报告 FTP错价报告 FTP模拟报告
业务处理层	收益率曲线拟合 关键利率定义与数据处理 拟合模型参数估计与统计量 资金交易模式与利差定义 参数管理与数据异常预警	FTP计算与记录 产品现金流分解与参数定义 FTP定价方法选择与参数定义 分产品定价的调整与参数定义 政策定价调整模型与参数定义	FTP核算与报告 资金转移业务映射 COA与产品定价定义管理 FTP利息核算与对账 账户级FTP业绩报告	
逻辑运算层	拟合运算 数据平滑运算 曲线拟合运算 统计量构造与运算 拟合统计表运算	预测预算 二叉树模型运算 活期存款沉淀率 提前偿付率运算 收益模拟运算	定价运算 零息票拆分运算 FTP定价公式运算 其他定价模型运算 定价调整运算	核算与报表运算 FTP价格跟踪运算 实际业务数据跟踪 核算表定义与运算 报表查询与指标运算
数据整合层	数据存储层：收益率曲线集市　FTP数据集市　FTP核算数据集市　FTP报表数据集市 数据聚合层：利率模型　资金业务模型　负债业务模型　资产业务模型　中间业务模型　表外模型 数据接口层：数据接口表/ETL　ESB事实数据交换机制　外部数据接入与处理机制　手工数据接入与处理

图 2.45 资金转移定价系统的功能架构

系统流程（见图 2.46）

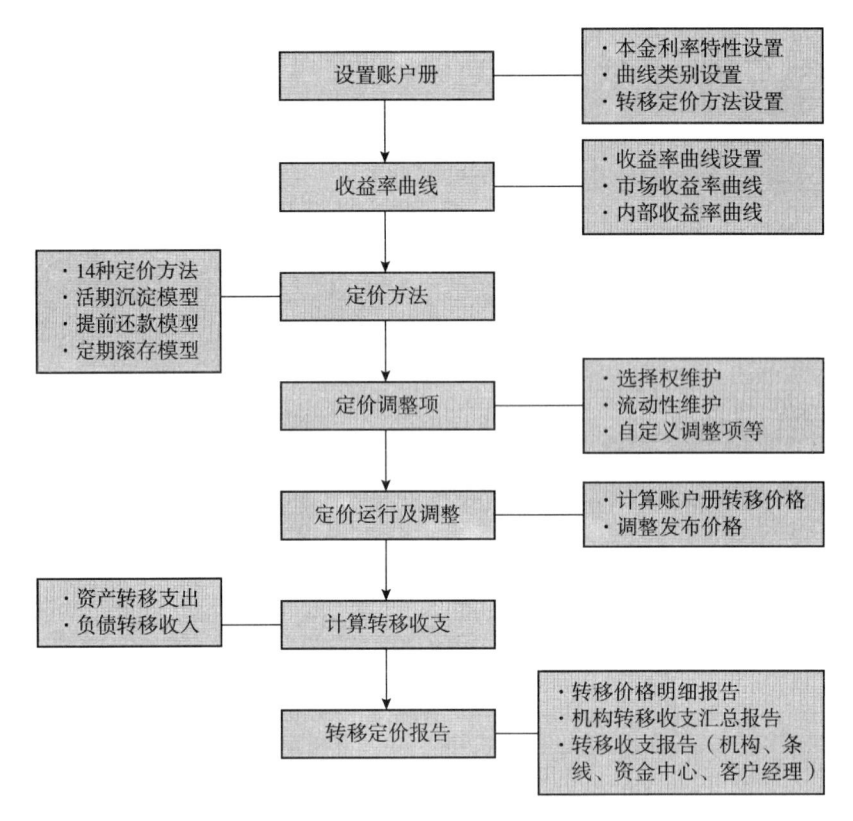

图 2.46 FTP 系统流程

主要功能

1. 收益率曲线设置（见图 2.47）

图 2.47 收益率曲线设置页面示例

2. 账户册曲线类别设置（见图 2.48）

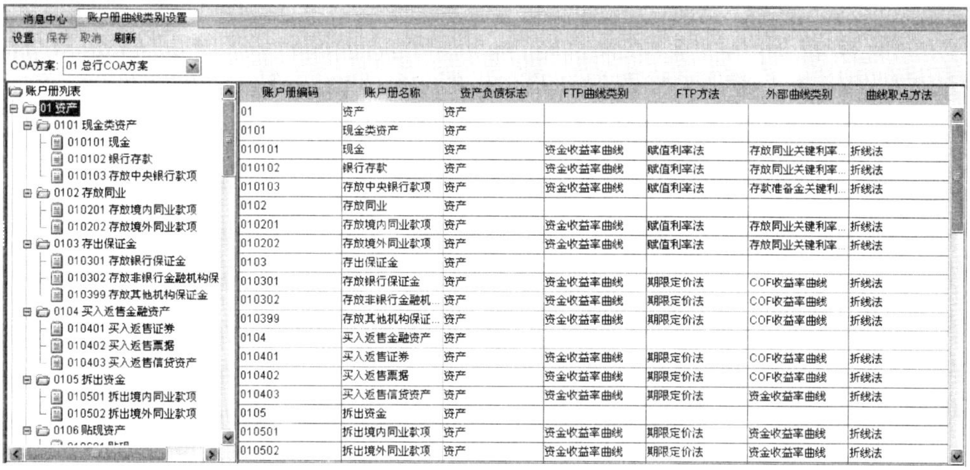

账户册编码	账户册名称	资产负债标志	FTP曲线类别	FTP方法	外部曲线类别	曲线取点方法
01	资产	资产				
0101	现金类资产	资产				
010101	现金	资产	资金收益率曲线	赋值利率法	存放同业关键利率...	折线法
010102	银行存款	资产	资金收益率曲线	赋值利率法	存放同业关键利率...	折线法
010103	存放中央银行款项	资产	资金收益率曲线	赋值利率法	存款准备金关键利...	折线法
0102	存放同业	资产				
010201	存放境内同业款项	资产	资金收益率曲线	赋值利率法	存放同业关键利率...	折线法
010202	存放境外同业款项	资产	资金收益率曲线	赋值利率法	存放同业关键利率...	折线法
0103	存出保证金	资产				
010301	存放银行保证金	资产	资金收益率曲线	期限定价法	COF收益率曲线	折线法
010302	存放非银行金融机...	资产	资金收益率曲线	期限定价法	COF收益率曲线	折线法
010399	存放其他机构保证...	资产	资金收益率曲线	期限定价法	COF收益率曲线	折线法
0104	买入返售金融资产	资产				
010401	买入返售证券	资产	资金收益率曲线	期限定价法	COF收益率曲线	折线法
010402	买入返售票据	资产	资金收益率曲线	期限定价法	COF收益率曲线	折线法
010403	买入返售信贷资产	资产	资金收益率曲线	期限定价法	资金收益率曲线	折线法
0105	拆出资金	资产				
010501	拆出境内同业款项	资产	资金收益率曲线	期限定价法	资金收益率曲线	折线法
010502	拆出境外同业款项	资产	资金收益率曲线	期限定价法	资金收益率曲线	折线法

图 2.48　账户册曲线类别设置页面示例

3. 资金规模计算（见图 2.49）

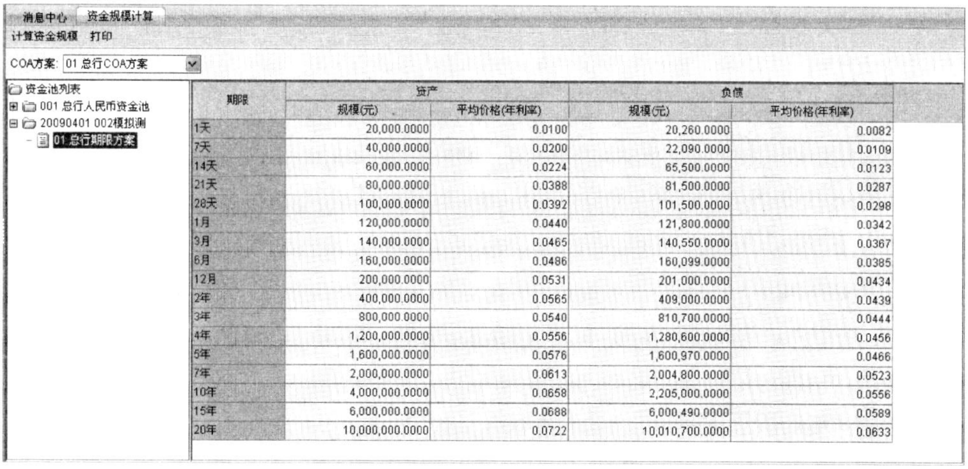

期限	资产		负债	
	规模(元)	平均价格(年利率)	规模(元)	平均价格(年利率)
1天	20,000.0000	0.0100	20,260.0000	0.0082
7天	40,000.0000	0.0200	22,090.0000	0.0109
14天	60,000.0000	0.0224	65,500.0000	0.0123
21天	80,000.0000	0.0388	81,500.0000	0.0287
28天	100,000.0000	0.0392	101,500.0000	0.0298
1月	120,000.0000	0.0440	121,800.0000	0.0342
3月	140,000.0000	0.0465	140,550.0000	0.0367
6月	160,000.0000	0.0486	160,099.0000	0.0385
12月	200,000.0000	0.0531	201,000.0000	0.0434
2年	400,000.0000	0.0565	409,000.0000	0.0439
3年	800,000.0000	0.0540	810,700.0000	0.0444
4年	1,200,000.0000	0.0556	1,280,600.0000	0.0456
5年	1,600,000.0000	0.0576	1,600,970.0000	0.0466
7年	2,000,000.0000	0.0613	2,004,800.0000	0.0523
10年	4,000,000.0000	0.0658	2,205,000.0000	0.0556
15年	6,000,000.0000	0.0688	6,000,490.0000	0.0589
20年	10,000,000.0000	0.0722	10,010,700.0000	0.0633

图 2.49　资金规模计算页面示例

4. 资金转移定价价格调整和曲线发布

内部资金转移价格曲线生成后，如果银行管理者根据本行业务的特点和管理需要，对价格进行调整，例如：为了鼓励对所有中小企业贷款，对中小企业的贷款的资金成本价格下调 100 个基点，可以在价格发布之前对内部资金转移价格曲线进行调整后发布。

资金转移定价曲线的发布频度依据业务的特点可以每天发布，可以每周或每月、每季发布。一般建议如表 2.21 所示。图 2.50 和图 2.51 展示了 COF 与 VOF 调整及发布的页面。

表 2.21　　　　　　　　　资金转移定价曲线的发布频度

内容		频度
曲线发布	资金收益率曲线	每周
	同业活期利率	每周
	内部收益率曲线	每月
	现金类关键利率	每季
	存款准备金关键利率	每季
	逾期贷款关键利率	每月

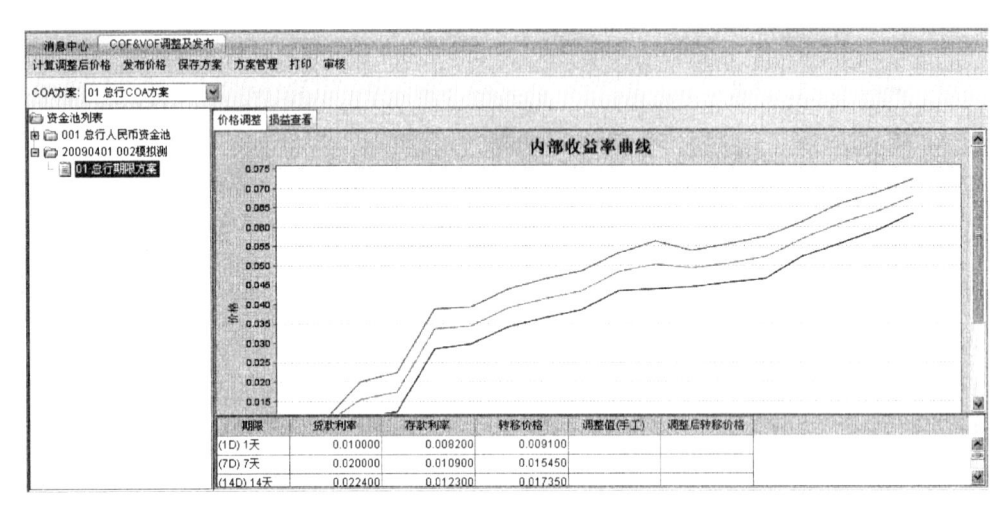

图 2.50　内部收益率曲线页面

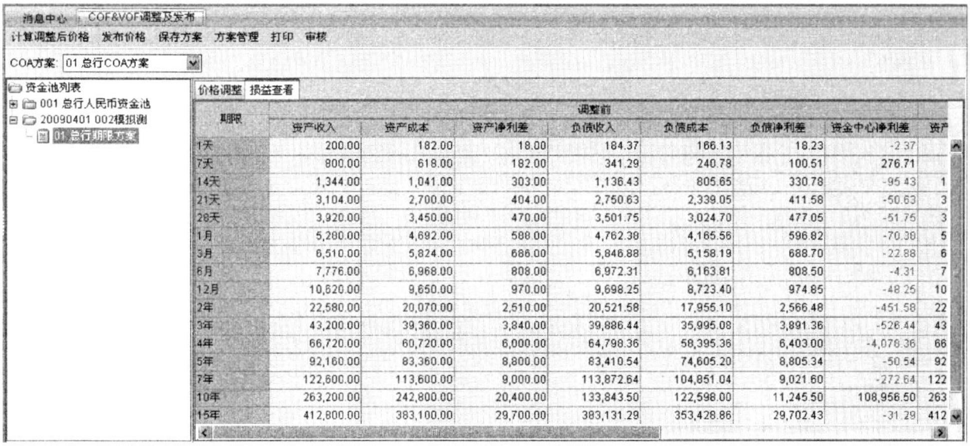

期限	调整前							
	资产收入	资产成本	资产净利差	负债收入	负债成本	负债净利差	资金中心净利差	资产
1天	200.00	182.00	18.00	184.37	166.13	18.23	-2.37	
7天	800.00	618.00	182.00	341.29	240.78	100.51	276.71	
14天	1,344.00	1,041.00	303.00	1,136.43	805.65	330.78	-95.43	1
21天	3,104.00	2,700.00	404.00	2,750.63	2,339.05	411.58	-50.63	3
28天	3,920.00	3,450.00	470.00	3,501.75	3,024.70	477.05	-51.75	3
1月	5,280.00	4,692.00	588.00	4,762.38	4,165.56	596.82	-70.38	5
3月	6,510.00	5,824.00	686.00	5,846.88	5,158.19	688.70	-22.88	6
6月	7,776.00	6,968.00	808.00	6,972.31	6,163.81	808.50	-4.31	7
12月	10,620.00	9,650.00	970.00	9,698.25	8,723.40	974.85	-48.25	10
2年	22,580.00	20,070.00	2,510.00	20,521.58	17,955.10	2,566.48	-451.58	22
3年	43,200.00	39,360.00	3,840.00	39,886.44	35,995.08	3,891.36	-526.44	43
4年	66,720.00	60,720.00	6,000.00	64,798.36	58,395.36	6,403.00	-4,078.36	66
5年	92,160.00	83,360.00	8,800.00	83,410.54	74,605.20	8,805.34	-50.54	92
7年	122,600.00	113,600.00	9,000.00	113,872.64	104,851.04	9,021.60	-272.64	122
10年	263,200.00	242,800.00	20,400.00	133,843.50	122,598.00	11,245.50	108,956.50	263
15年	412,800.00	383,100.00	29,700.00	383,131.29	353,428.86	29,702.43	-31.29	412

图 2.51　COF 与 VOF 调整及发布页面示例

5. 活期沉淀模型（见图 2.52）

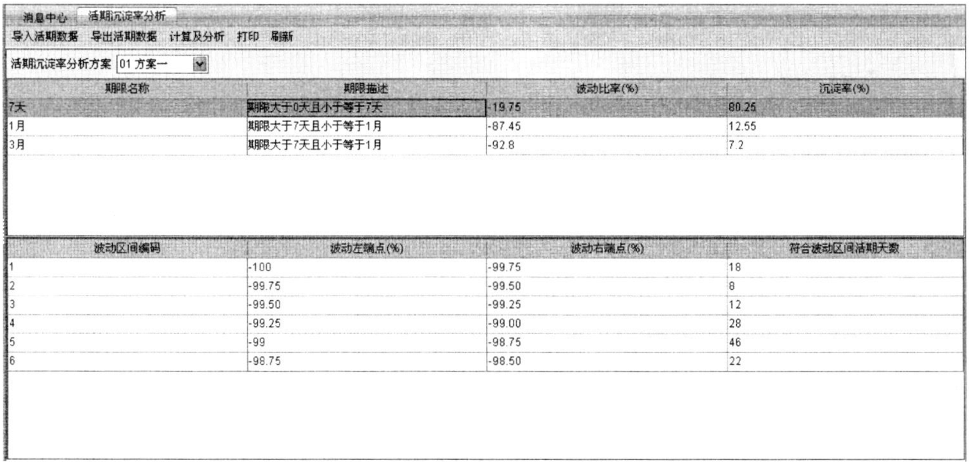

期限名称	期限描述	波动比率(%)	沉淀率(%)
7天	期限大于0天且小于等于7天	-19.75	80.25
1月	期限大于7天且小于等于1月	-87.45	12.55
3月	期限大于7天且小于等于1月	-92.8	7.2

波动区间编码	波动左端点(%)	波动右端点(%)	符合波动区间活期天数
1	-100	-99.75	18
2	-99.75	-99.50	8
3	-99.50	-99.25	12
4	-99.25	-99.00	28
5	-99	-98.75	46
6	-98.75	-98.50	22

图 2.52　活期沉淀率分析页面示例

6. 转移收支计算（见图 2.53）

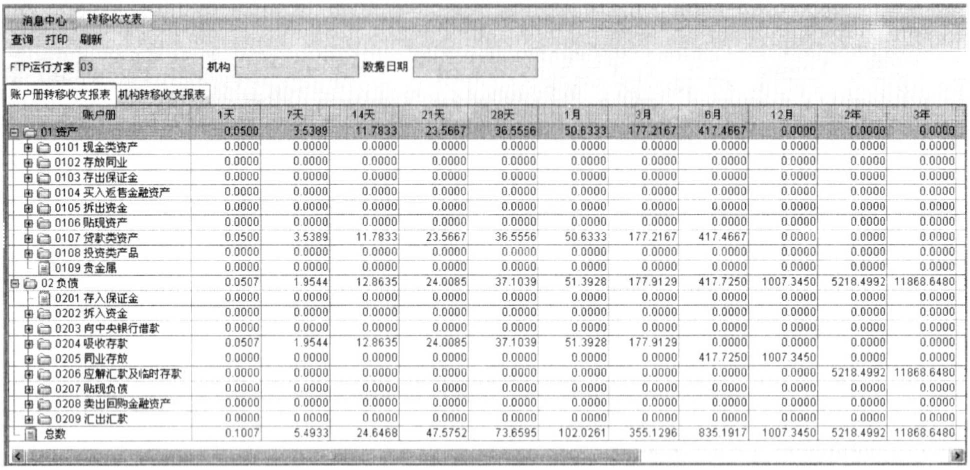

账户册	1天	7天	14天	21天	28天	1月	3月	6月	12月	2年	3年
01 资产	0.0500	3.5389	11.7833	23.5667	36.5556	50.6333	177.2167	417.4667	0.0000	0.0000	0.0000
0101 现金类资产	0.0000	0.0000	0.0000	0.0000	0.0000	0.0000	0.0000	0.0000	0.0000	0.0000	0.0000
0102 存放同业	0.0000	0.0000	0.0000	0.0000	0.0000	0.0000	0.0000	0.0000	0.0000	0.0000	0.0000
0103 存出保证金	0.0000	0.0000	0.0000	0.0000	0.0000	0.0000	0.0000	0.0000	0.0000	0.0000	0.0000
0104 买入返售金融资产	0.0000	0.0000	0.0000	0.0000	0.0000	0.0000	0.0000	0.0000	0.0000	0.0000	0.0000
0105 拆出资金	0.0000	0.0000	0.0000	0.0000	0.0000	0.0000	0.0000	0.0000	0.0000	0.0000	0.0000
0106 贴现资产	0.0000	0.0000	0.0000	0.0000	0.0000	0.0000	0.0000	0.0000	0.0000	0.0000	0.0000
0107 贷款类资产	0.0500	3.5389	11.7833	23.5667	36.5556	50.6333	177.2167	417.4667	0.0000	0.0000	0.0000
0108 投资类产品	0.0000	0.0000	0.0000	0.0000	0.0000	0.0000	0.0000	0.0000	0.0000	0.0000	0.0000
0109 贵金属	0.0000	0.0000	0.0000	0.0000	0.0000	0.0000	0.0000	0.0000	0.0000	0.0000	0.0000
02 负债	0.0507	1.9544	12.8635	24.0085	37.1039	51.3928	177.9129	417.7250	1007.3450	5218.4992	11868.6480
0201 存入保证金	0.0000	0.0000	0.0000	0.0000	0.0000	0.0000	0.0000	0.0000	0.0000	0.0000	0.0000
0202 拆入资金	0.0000	0.0000	0.0000	0.0000	0.0000	0.0000	0.0000	0.0000	0.0000	0.0000	0.0000
0203 向中央银行借款	0.0000	0.0000	0.0000	0.0000	0.0000	0.0000	0.0000	0.0000	0.0000	0.0000	0.0000
0204 吸收存款	0.0507	1.9544	12.8635	24.0085	37.1039	51.3928	177.9129	0.0000	0.0000	0.0000	0.0000
0205 同业存放	0.0000	0.0000	0.0000	0.0000	0.0000	0.0000	0.0000	417.7250	1007.3450	0.0000	0.0000
0206 应解汇款及临时存款	0.0000	0.0000	0.0000	0.0000	0.0000	0.0000	0.0000	0.0000	0.0000	5218.4992	11868.6480
0207 贴现负债	0.0000	0.0000	0.0000	0.0000	0.0000	0.0000	0.0000	0.0000	0.0000	0.0000	0.0000
0208 卖出回购金融资产	0.0000	0.0000	0.0000	0.0000	0.0000	0.0000	0.0000	0.0000	0.0000	0.0000	0.0000
0209 汇出汇款	0.0000	0.0000	0.0000	0.0000	0.0000	0.0000	0.0000	0.0000	0.0000	0.0000	0.0000
总数	0.1007	5.4933	24.6468	47.5752	73.6595	102.0261	355.1296	835.1917	1007.3450	5218.4992	11868.6480

图 2.53　转移收入表页面示例

2.6　费用分摊

2.6.1　费用分摊的作用

1. 有利于衡量产品、客户和业务线的盈利性。
2. 有利于进行持续的成本管理和预算管理。
3. 有利于商业银行的产品定价。
4. 有利于建立更为准确的绩效考核体系。

2.6.2　费用分摊应用模式

费用分摊应用模式可以选择完全分摊法和部门分摊法。

完全分摊法——根据全行不同类型责任中心提供内部服务的顺序和交易处理量，来分配所有的间接成本或日常管理费用到利润中心。这种方式比较简单，国内银行目前大都采用这种方法。

部分分摊法——仅仅将各类直接费用分摊到产品等成本对象上，而不分摊间接费用。这种方法便于界定利润中心的责任，真正进行盈利分析；但要求大量的调研、考察和基础数据。

图 2.54 展示了费用分摊的流程。

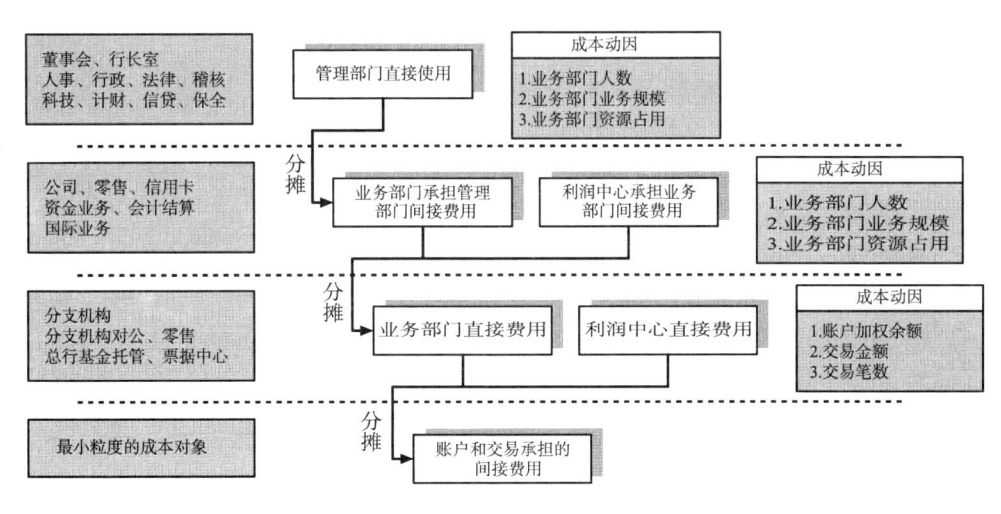

图 2.54　费用分摊流程

2.6.3　中国式费用分摊应用方案

费用分摊应用架构如图 2.55 所示。

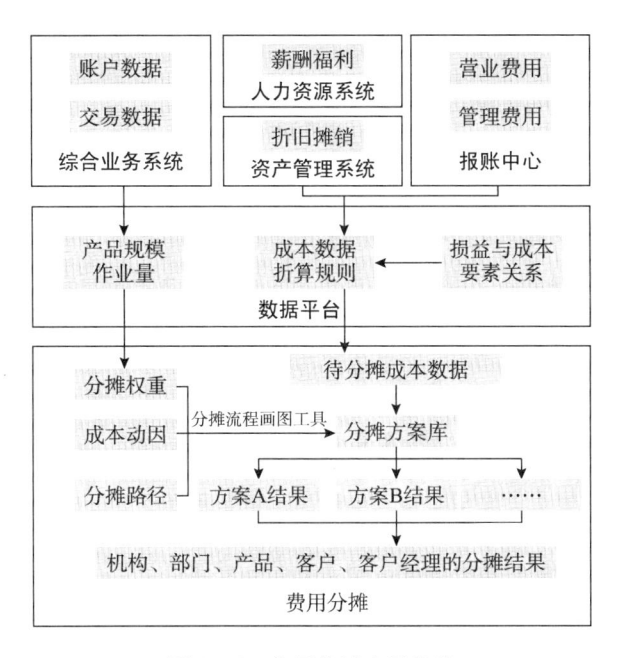

图 2.55　费用分摊应用架构

费用分摊在国内推广应用的要求：
- 成本对象可包括机构、业务部门、产品、客户、客户经理、项目、渠道等。
- 从核心业务系统、报账中心系统、人力资源系统、固定资产系统导入相关费用数据以及其他作为分摊因子的数据。
- 对每一个成本对象可以定义不同的分摊方案、分摊路径。分摊路径和分摊方法可灵活定义，分摊图的设置体现不同管理目的，得到在各个成本对象维度下的成本数据。
- 不同维度不同方案，多方案可并行。
- 通过成本动因权重分摊。
- 同时支持标准成本法和作业成本法。
- 自定义的成本要素，解决经济资本成本的计算。
- 自定义的成本库。
- 自定义的分摊公式。

国内银行业费用分摊的步骤通常为：

第一步：确定成本分析对象和相关基础档案。包括：产品档案、客户档案、客户经理档案、成本要素、成本动因等各类档案。在设计产品档案的时候，要充分考虑产品分析的角度，但是也需要根据业务系统对产品数据的支持程度来设置。

第二步：直接成本的归集。将成本（资源）向产品和账户进行归集。能够确定产品的直接成本，直接归集到产品。

第三步：分摊间接成本。间接费用按照特征的不同归集到不同的成本库中，通过分析这些成本库中特征字段对分摊的影响设置不同的分摊方案和路径，根据设置的成本动因和分摊范围将间接成本（资源）分摊到各个产品或账户。

第四步：出具分析报表（见表2.22）。全行或某一机构，各个产品在其作业链条上各个环节的成本发生；全行或某一机构，各个产品的增值作业成本、辅助性增值作业成本在成本要素级的成本数据，以及全行或该机构的非增值作业成本；全行或某一机构，各个产品在固定费用、变动费用、营运成本、网点成本、全成本等多个层面上的成本数据。

表 2.22　　　　　　　　费用分摊分析报表——费用分摊明细表

期间：2007 年 11 月至 2007 年 11 月

机构编码（部门、客户经理、客户）	机构名称（部门、客户经理、客户）	分摊前费用额				摊入费用额				摊出费用额				分摊后费用额			
		人事费用	网点费用	项目费用	管理及营销费用	人事费用	网点费用	项目费用	管理及营销费用	人事费用	网点费用	项目费用	管理及营销费用	人事费用	网点费用	项目费用	管理及营销费用

2.7　绩效管理信息化创新——指标服务引擎

指标体系的建立是银行绩效考核、经营分析工作能否成功的关键，银行的指标体系需要因时而变、因环境而变，所以指标体系的设置必须灵活可变。用友结合多年管理会计领域案例，将业务系统（核心、信贷等）数据进行建模，并统一与管理会计系统建模策略，通过指标服务功能实现规模、利润、EVA/RAROC 等按照机构、产品、客户等全方案可配置化加工过程，满足绩效考核、经营分析等因时而变的需要（见图 2.56）。

指标管理需要满足三类数据取数需求：

第一类是基于总账科目取数口径。一般运用于总行或一级分/支行机构，基于会计科目数据以及资产、费用、应收/应付款项等明细核算信息，财务情况（利息收入、费用性收入、资金成本、管理费用、税金支出、准备金支出等），为管理人员和分析人员提供便捷、灵活的企业运营分析工具；通过灵活的数据钻取和展现，实现丰富的多维度、多主题分析，方便决策。

第二类是支持包括业务数据（实现业务条线内，各独立品种数据的分类数据获取）、筹资情况（包括发行债券、各种存款、拆入、借入资金以及货币互换等业务的期限、成本信息等）、资产负债项目情况（发生额变动、合同期限、剩余期限、收益率变动历史信息等）等全面数据的获取，对经营情况进行深入分析。

第三类是支持管理会计系统取得数据。基于管理会计系统成本、收入分摊的核算数据、FTP 收入、FTP 支出、经济资本成本等，按照机构、产品、客户、客户经理等获取数据，最后产生出 EVA/RAROC。

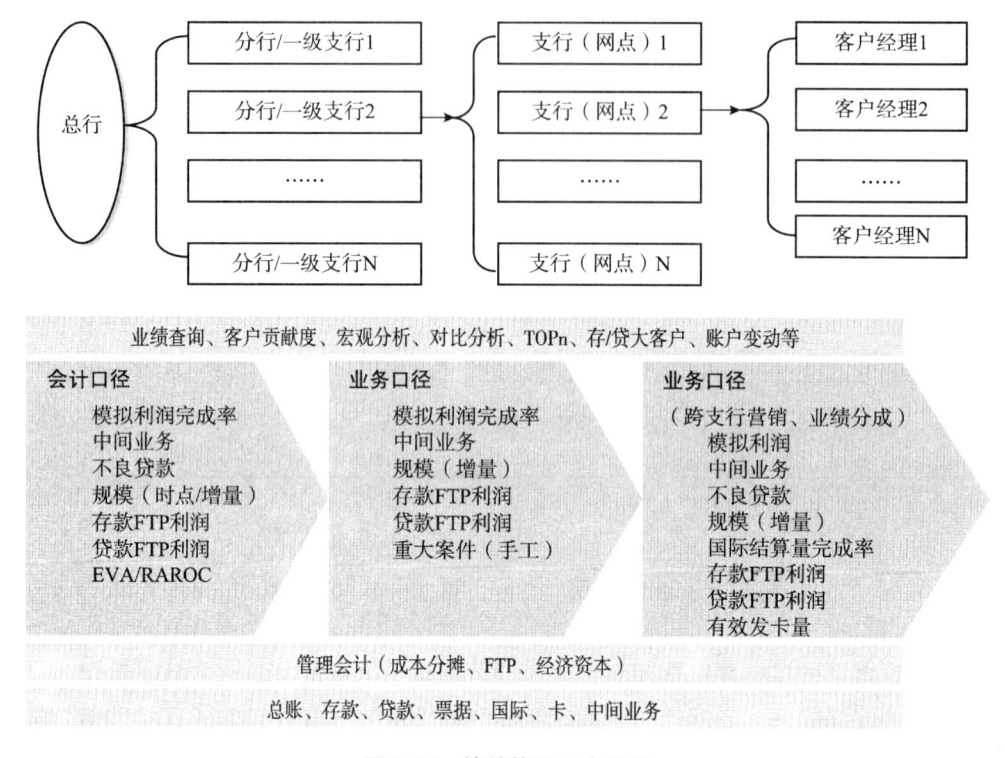

图 2.56　绩效管理需求分析

2.7.1　指标服务引擎基本功能

指标定义

按照管理需求，灵活定义财务、客户、内部流程、学习与成长等指标。指标包括基础指标和复合指标，基础指标为最基本的指标，可通过数据抽取或人工直接输入，比如贷款、存款、中间业务时点余额；复合指标指组合其他指标和进行公式计算得到的指标，比如账面利润。指标按统计方式划分为：时点、累计、平均、增量、增幅；按统计范围划分为：客户、客户经理（仅对客户经理的经营类指标层面进行考核）、部门、机构；按统计期限划分为：年、半年、季、月、日。系统提供分支机构个性化指标定制功能（见图 2.57）。

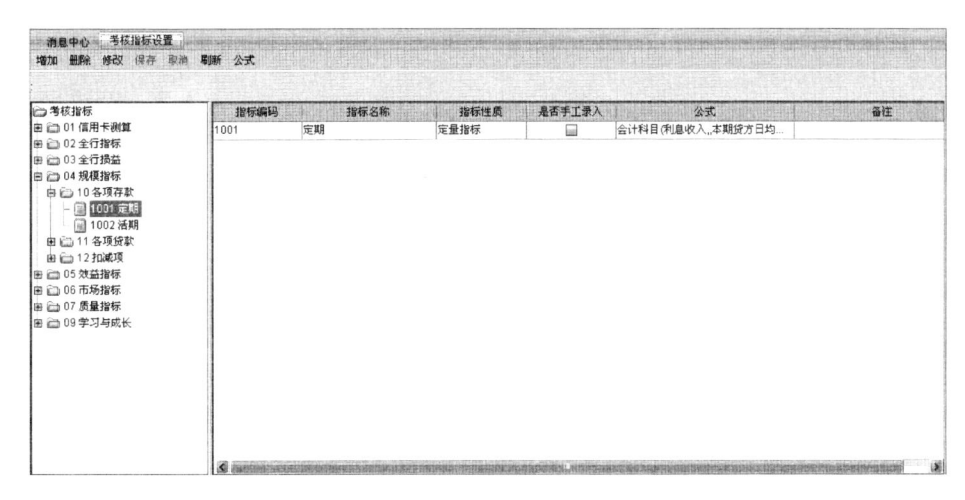

图 2.57 绩效考核指标定义页面

指标公式设置

内置多种函数工具，实现对考评指标按某种公式进行计算，得出绩效考评的分数值，用于分析预测或计算考核结果。

总账口径取数产品界面如图 2.58 所示。

图 2.58 指标从系统取数页面示例

业务与管理会计口径取数产品界面如图 2.59 所示。

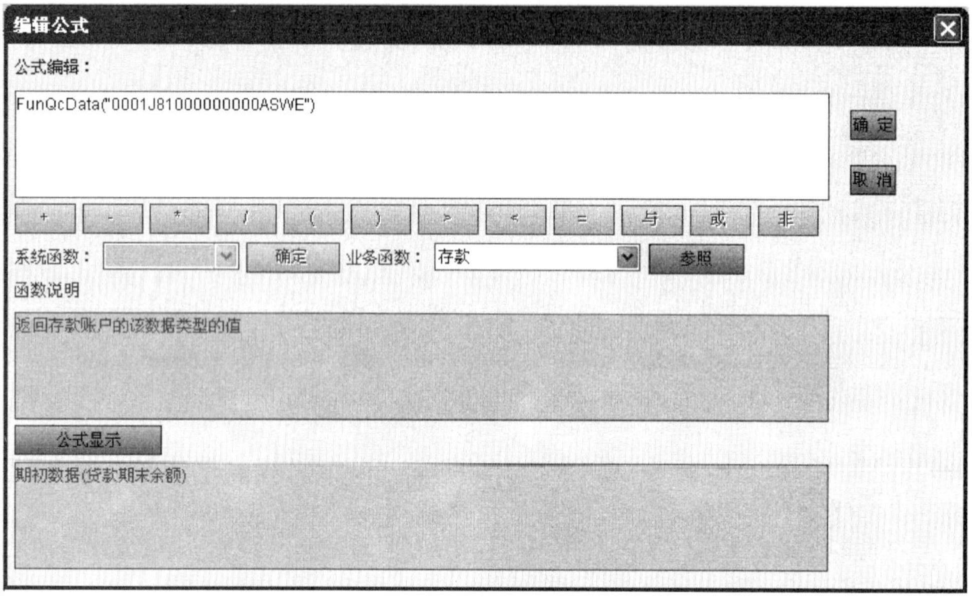

图 2.59 指标从业务与管理会计系统取数页面示例

2.7.2 机构考核指标

根据年度机构考核的需要定义指标，指标定义可进行参数化维护，具体指标另行确认，表 2.23 中的指标仅供参考。

表 2.23 机构考核主要指标

主要指标	说明
模拟利润计划完成率	实际数÷计划数×100%
中间业务收入计划完成率	实际数÷计划数×100%
不良贷款余额	
不良贷款余额率	
人民币各项存款时点/增量计划完成率	实际数÷计划数×100%
本外币各项存款时点/增量计划完成率	实际数÷计划数×100%

续表

主要指标	说明
本外币储蓄存款时点/增量计划完成率	实际数÷计划数×100%
本外币单位存款时点/增量计划完成率	实际数÷计划数×100%
本外币零售贷款增量计划完成率	实际数÷计划数×100%
本外币中小企业存款增量计划完成率	实际数÷计划数×100%
本外币中小企业贷款增量计划完成率	
国际业务结算量计划完成率	实际数÷计划数×100%
各项存款FTP利润	
各项贷款FTP利润	
经济增加值	

2.7.3 支行、总行公司业务部考核指标

一级分行进行其辖内支行、总行公司业务部的考核，设定考核指标，指标的计算依据考核口径。

根据年度支行、总行公司业务部考核的需要定义指标，指标定义可进行参数化维护，具体指标另行确认，表2.24中的指标仅供参考。

表2.24　　　　　　　　支行、总行公司业务部考核指标

指标名称	说明
模拟经济增加值计划完成率	实际数÷计划数×100%
中间业务收入计划完成率	实际数÷计划数×100%
人民币各项存款增量计划完成率	实际数÷计划数×100%
本外币各项存款增量计划完成率	实际数÷计划数×100%
本外币储蓄存款增量计划完成率	实际数÷计划数×100%
本外币单位存款增量计划完成率	实际数÷计划数×100%
人民币个人贷款增量计划完成率	实际数÷计划数×100%
各项存款FTP利润	
各项贷款FTP利润	
重大案件事故发生次数	手工指标

2.7.4 客户经理考核指标

根据年度客户经理考核的需要定义指标,指标定义可进行参数化维护,具体指标另行确认,表 2.25 中的指标仅供参考。

表 2.25　　　　　　　　　　客户经理考核指标

主要指标	指标值	指标释义
模拟利润(存贷、中间业务收入)	中间业务收入,接口无法提供	本年净增
中间业务收入计划完成率	实际数÷计划数×100%	
不良贷款控制计划完成率	实际数÷计划数×100%	
人民币各项存款增量计划完成率	实际数÷计划数×100%	包括时点、年日均
本外币储蓄存款增量计划完成率	实际数÷计划数×100%	
本外币单位存款增量计划完成率	实际数÷计划数×100%	
本外币各项贷款增量计划完成率	实际数÷计划数×100%	
本外币个人贷款增量计划完成率	实际数÷计划数×100%	
本外币公司贷款增量计划完成率	实际数÷计划数×100%	
国际结算量计划完成率	实际数÷计划数×100%	暂无
各项存款 FTP 利润		
各项贷款 FTP 利润		
中间业务收入		
有效发卡量		

2.8　案例分享

2.8.1　YH – ZGJCK 经营管理分析系统

银行概况

行业: 金融行业—政策性银行

简介: YH – ZGJCK 成立于 1994 年,是直属国务院领导的、政府全资拥有的国家政策性银行,其国际信用评级与国家主权评级一致。YH – ZGJCK 总部设在北京。目前,在国内设有 10 余家营业性分支机构和代表处;在境外设有东南非代表处、巴黎代表处和圣彼得堡代表处;与 500 多家银行建立了代理行关系。

信息化起因

根据 YH-ZGJCK 业务经营管理工作的要求，为加强对经营分析和业务开拓工作的支撑，启动经营管理分析系统建设项目。经营管理分析系统是以财务数据资料为主要数据来源（原始数据来源于 YH-ZGJCK 银行核心系统、信贷系统、国际结算系统、资金交易系统、资金管理系统、财务管理系统、资产负债管理系统（内部转移定价模块）、内部评级系统、管理会计系统数据，数据获取方式主要是通过数据整合平台实现），通过对数据进行分类、比较、分析及综合，从中分析银行的经营管理状况，如资产负债情况、存贷情况、业务发展情况、收益风险情况等，并通过前端客户化界面得以呈现，从而帮助银行的管理者全面、实时、准确地掌握银行的相关信息，为掌握整个企业的经营状况提供良好的工具。

信息化应用目标

建立一个既符合 YH-ZGJCK 实际又符合现代银行管理模式的，技术先进、功能齐全、安全适用、具有前瞻性和可持续发展的经营管理分析系统，改善服务手段，提高 YH-ZGJCK 业绩评价能力和经营分析能力、深度，提供管理流程手段，促进 YH-ZGJCK 的管理水平。

1. 灵活的系统设置。建立一个高度动态、灵活的应用系统，通过系统的参数化设置可以适应管理思想的变化和管理维度、管理颗粒的细化，适应管理流程和管理方式、制度不断优化和改进的需要。

2. 提高管理工作效率和数据质量。实现计划管理、经营分析、绩效考核数据的自动化、规范化、集中化的处理，提高经营管理工作效率和数据质量。

3. 降低管理风险。通过系统化的流程管理，提升经营管理工作的透明度，提高对各业务环节的控制能力，从而达到防范操作风险和道德风险的目的。

4. 实现业务计划流程管理。对 YH-ZGJCK 各项业务计划编制、计划上报、计划执行监控、评价考核的流程进行管理。

解决方案关键功能应用

用友新一代经营管理分析业务系统是全面满足 YH-ZGJCK 当前业务及管理需要，并支持未来可预见的若干年内银行发展要求的，围绕核心业务系统的一系列业务处理、管理分析应用系统及支撑应用系统的相关软硬件基础设施。新一代经营管理分析业务系统的"新"在于运用新理念、新技术、新架构来支撑一个"新"银行。它的建设是一个长期的过程，同时也是 YH-ZGJCK 全面转型、提升经营管理水平的过程。

经营管理分析系统主要功能模块包含经营分析管理、绩效考核管理、经营计划管理三个方面。

1. 经营分析管理系统应用内容

基于会计科目数据、账户数据等明细信息，支持包括业务数据、筹资情况、财务情况、资产负债项目情况等全面数据的获取，对经营分析指标进行深入分析，为管理人员和分析人员提供便捷、灵活的企业运营分析工具；通过灵活的数据钻取和展现，实现丰富的多维度、多主题分析，方便决策。

2. 绩效考核管理系统应用内容

以 YH-ZGJCK 绩效管理办法及相关流程为范本，构建绩效考核系统的自动化全流程管理和监控。支持目标管理、KPI、平衡记分卡等多个绩效考核体系。

3. 经营计划管理系统应用内容

以绩效管理为目标，通过计划编制、执行与监控，达到对业务总量、条线发展规模、成本及效益目标进行管理的目的，实现考核激励，推动先进管理模式和工具的运用，从而建立以经营计划管理为基础的完整的计划管理体系。

解决方案应用特色

1. 经营分析管理模块系统

（1）系统支持提供银行业务最小粒度的利润贡献度分析结果。

（2）系统提供并支持业界目前普遍采用以及代表业界发展主流趋势的各种利润贡献度分析方法和应用模型，确保系统对不同数据输入、业务模式等使用环境的适应性。

（3）除已定制好的标准方法外，系统还支持对真实业务数据利用不同方法的并行模拟分析。

（4）基于最小粒度业务的利润贡献度分析结果，按照"自下而上"加总的方式，系统能根据不同用户的具体需要，按不同维度、不同范围灵活呈现分析结果，呈现形式丰富多样。

（5）系统确保与银行其他系统特别是核心系统中的业务勾稽关系正确。

（6）从分析结果可以追溯到原始的交易和账户，以满足数据校验的需求。

（7）支持多维度或交叉维度数据分析。

2. 经营计划管理模块系统

（1）经营目标预测。业务规模目标、盈利目标、风险控制目标的预测分析。

（2）业务规模计划。以全行经营目标和总行业务部门、经营性分支机构，以及各业务条线的经营目标为基础，编制业务总量和条线业务规模计划，体现全行规模增长和创造长期效益的潜力。

（3）财务收益成本计划。在业务规模计划的基础上对全行各口径的财务收益成本支出情况的综合反映。

(4) 风险资本计划。针对银行面临的行业风险、国别风险、政策风险、客户风险分析、流动性风险,并根据巴塞尔新资本协议的要求对信用风险、市场风险、操作风险监管资本计量的要求,编制不良贷款控制计划、风险资产计划和风险资本计划。

3. 绩效考核管理模块系统

对分支机构、业务条线、客户经理、分支行领导班子等实施有效的激励,使考核机制真正起到促进工作、提高银行工作效率的作用。针对不同表现的考核对象应采取不同的方法,结合 YH – ZGJCK 绩效管理的实际情况,奖惩措施及对机构、产品、客户进行绩效分析的应用。

应用效果(见表 2.26)

1. 新一代业务系统建设的总体目标是确保 YH – ZGJCK 在业务及管理方面的能力与水平得到显著改善和提高。

2. 全面覆盖 YH – ZGJCK 当前及未来可预见的若干年内的业务品种,满足业务创新、业务管理、分析决策及外部监管要求。

3. 支持 YH – ZGJCK 战略转型,包括面向国际合作银行的组织转型,国家账户和银行账户的分账户经营,以及特别融资账户等业务的开展。

4. 全面提升 YH – ZGJCK 在完全市场化环境下的综合竞争能力,特别是市场适应能力及客户服务能力。

5. 提高 YH – ZGJCK 的精细化管理水平和风险防范能力,加速 YH – ZGJCK 与国际接轨的进程。

表 2.26　　　　　　　YH – ZGJCK 经营管理分析系统应用效果

	管理功能模块	上线前	上线后
1	经营分析管理	全行没有多维度的数据分析工具,不能进行灵活的图标展现,出具各多维度的分析报表比较困难	• 系统通过固定/预定义报表、即时查询、联机分析处理等手段实现面向主题的业务应用 • 根据需要进行要素的扩充、管理指标的新增以及指标内容的重构 • 成为业务决策者专业的咨询顾问

续表

	管理功能模块	上线前	上线后
2	经营计划管理	每期末需要上报计划时,总行计划管理员只能每家分行打电话询问每期的计划及相关执行情况,然后手工进行汇总。在每期计划上报或分析时,工作量非常大	• 总行统一定制计划样表进行下发,分行填写计划或录入每期的预计项目收放款情况,系统会自动进行上报汇总工作 • 系统根据上报的数据,再根据相关的挂钩因素,可以预测出未来的计划。并且用户可以随时查看每家机构的计划执行情况,以便及时把控贷款的发放
3	绩效考核管理	每年在考核时,总行需要在 Excel 表中做大量工作,且每家机构不能看到自己得分的中间过程及计算规则。由于政策性银行的特殊性,很多个性化的工作,手工的工作量非常大,比如:项目的补贴,需要手工计算每个项目的补贴等	• 经营管理分析系统上线后,总行可以统一制定相关指标及计算规则。在考核时,分行不仅可以看到自己的得分情况,还能随时看到自己是在哪部分出现了问题 • 用友通过给 YH – ZGJCK 做的大量的个性化开发工作,使客户可以按日查询每个项目的相关信息,并随时可以给财政部等相关部门出报表

2.8.2　YH – FJNX 决策支持系统

银行概况

行业: 金融行业—农村信用社联合社

简介: YH – FJNX 于 2005 年 7 月 29 日开业,是由某省内 71 家市、县(区)农村信用合作联社、农村合作银行、农村商业银行联合组成,具有独立企业法人资格的省级金融机构,是省政府管理农村信用社的专门机构,承担对全省农村信用社、农村合作银行、农村商业银行的管理、指导、协调和服务职能。

全省农村信用社、农村合作银行、农村商业银行拥有营业网点 1 800 多个,金融服务实现全省全覆盖。每年都以占全省金融机构 9%左右的资金来源,发放了占全省 90%多的农业贷款,全省已有 40%以上的农户获得信贷支持。YH – FJNX 成为农村金融的主力军和联系农民最好的金融纽带。

信息化起因

YH-FJNX 目前已依托综合业务系统（即核心系统）实现全省数据大集中，在现行的农村信用社财务会计制度下（旧会计准则）实现全省统一的核算模式，能够按现行制度要求生成基本财务报表体系，报表生成单位最小到营业网点。作为金融企业，银行的根本目标是提高盈利能力，追求企业价值最大化、股东价值创造最大化，而实现这一目的，必然需要从"资源投向"和"绩效激励"两个方面入手，也就需要分机构（部门）、客户、产品、客户经理等多维序列的价值评估，即绩效管理。所以财务管理信息系统的核心就是基于价值管理理念的绩效管理。

此前，YH-FJNX 已经建立起财务管理系统，实现了费用性成本的精细化核算，结合核心系统提供的存贷款账户数据、损益账户数据，信贷管理系统提供的信用评级数据已经形成了构建绩效管理系统的数据基础。YH-FJNX 为实现上述管理目标选择用友为其提供决策支持系统项目建设。

信息化应用目标

建立一个既符合 YH-FJNX 实际又符合现代银行管理模式的，技术先进、功能齐全、在兼顾流动性、安全性、盈利性的同时权衡收益与风险的决策支持系统，改善服务手段，提高 YH-FJNX 业绩评价能力和经营分析能力、深度，提供管理流程手段，促进 YH-FJNX 的管理水平，为决策者制定正确科学的经营决策提供帮助，同时对企业财务风险起到事先防范的作用。

1. 行长桌面

行长桌面引入目的在于扩展财务管理系统展示能力和数据定制能力，减轻高管人员直接使用财务管理系统的压力，为高管层更方便、快捷、准确地获取财务管理系统数据成果提供支撑手段，促进决策效率。

2. 财务分析

财务分析提供常规性的报表分析，反映法人联社、农村合作银行、农村商业银行（以下简称信用社）财务状况、经营成果构成及变化情况，反映信用社执行各项经营管理政策情况，揭示信用社财务状况、经营成果等的发展变化趋势，为合理评价信用社的经营管理业绩、提高收益水平提供数据决策依据。

3. 盈利分析

盈利分析的建立和实施构建基于管理会计基础的盈利能力分析和绩效管理流程，以技术手段来实现管理会计在 YH-FJNX 经营管理中的运用，为 YH-FJNX 经营管理决策和业绩评价提供全面的内部管理信息。

解决方案关键功能应用

决策支持系统全面满足 YH – FJNX 当前业务及管理需要，并支持未来可预见的若干年内银行发展要求。用友新一代决策支持系统的"新"在于运用新理念、新技术、新架构来支撑一个"新"银行。它的建设是一个长期的过程，同时也是 YH – FJNX 全面转型、提升财务管理水平的过程。

决策支持系统主要功能模块包含行长桌面、财务分析、盈利分析三个方面。

1. 行长桌面系统应用

基于会计科目数据、核心系统的每日数据进行数据抽取，通过丰富的图表实时展现每日的各机构网点存贷款、损益指标及监管指标的动态；指标动态变化可以让领导及时了解各机构的经营情况，快速做出决策。

2. 财务分析系统应用

基于会计报表数据，采用结构、同比、环比、趋势、杜邦、因素等多种分析方法对财务分析指标进行深入分析；通过灵活的数据钻取和展现，实现丰富的多维度、多主题分析，以方便决策。对日指标、月指标、季度指标、年度指标进行多角度的分析，以便全面掌握财务状况。

- 杜邦分析。杜邦分析以净资产收益率这个核心指标进行多维度展开分析。它反映所有者投入资本的获利能力，它的高低取决于总资产利润率和权益总资产率的水平。杜邦分析主要通过营业净利润率、总资产周转率、权益乘数三个变动因素逐一分析其对净资产收益率的影响，列示简要文字说明。

- 盈利因素分析。从利润总额变动趋势进行分析，主要考虑因素有资产规模与平均资产收益率、贷款规模与贷款收息率、投资规模与投资收益率、存款规模与存款付息率、营业收入与综合费用率、计提资产减值损失与不良资产总额等，通过对每组因素之间的关系变动情况，分析它们对利润总额变动产生的影响。

3. 盈利分析系统应用

在核心系统、科目数据、FTP、成本分摊数据的基础上进行数据挖掘处理，分析对产品、服务的成本与收益，计算分析细化到末级产品，提供每一种明细产品到业务大类的投入产出分析；通过利息收入、利息支出、手续费收入、手续费支出等数据的归集和处理，获取机构、部门、产品、客户经理、客户、渠道的业绩评价信息，为决策提供依据；并对利润保本点分析，确保目标利润的实现，根据各因素对利润影响的敏感程度及实现的可能，采取相应的措施，如降低成本或增加存款、提高收息率等。

解决方案应用特色

1. 行长桌面系统特色

（1）支持多样化的图表结合方式展示各类数据，页面及图表兼顾内容和美观。

（2）数据来源为财务管理系统各模块数据，涉及到手工录入的数据应支持从其他模块手工表录入或是从行长桌面单独节点录入。

（3）支持省联社和法人联社行长桌面分别定制。

（4）提供数据穿透功能，支持查询明细数据需要。

2. 财务分析系统特色

（1）支持实现按日、月、季度、年度等频度展示分析的财务指标。

（2）灵活定义财务分析的各项指标以及分析的结构。

（3）支持各种财务分析方法，例如：趋势分析法、比较分析法、环比分析法、定基分析法、结构分析法。

（4）可灵活选择财务分析的行列显示纬度以及分析的期间等。

（5）支持财务分析指标结果的图形效果展示，可自由选择。

（6）支持财务分析指标（包括图形展示）可导出保存为 Excel 表格。

（7）可实现对多部门多维度或对全省汇总后进行分析。可实现将所有机构按机构类别、地区小计等形式展示在一张分析表上。

（8）实现对财务分析指标按机构或按部门进行排名。

（9）可实现简单的预警分析，对给定的指标进行红色、绿色、黄色等颜色区别预警，并实现简要文字分析。

（10）实现财务指标的杜邦分析，并实现在杜邦分析基础上的灵活测算分析。

3. 盈利分析系统特色

（1）提供自由灵活的参数设置功能，满足用户对灵活性的要求。

（2）支持各种维度组合查询，提供丰富的查询和分析报表，支持各类分析结果的打印输出与 Excel 等格式的导出。

（3）支持产品、投入产出、网点、渠道、客户经理、客户多维度的盈利项目分析。

（4）可对机构、部门的利润保本点与盈亏点进行设定、对关键因素进行调整得出存款、存款付息率与贷款收息率。

应用效果（见表 2.27）

1. 对各项重要指标的分析，及时全面了解了各机构经营管理状况，为管理者做出科学决策，及时掌握财务经营风险，分析评价企业管理绩效水平提供有力的依据，大大提高 YH-FJNX 财务业务管理水平。

2. 对数源进行科学分析，运算各种财务指标，并通过多种图表形式展现，将减轻财务人员的繁重分析工作，成为领导财务管理的专业助手。

3. 为客户提供丰富灵活的分析工具和分析模型，帮助企业快速完成日常的财务分析工作，同时针对常用报表（包括资产负债表、现金流量表、利润表等）进行深入分析，为企业管理层出具专家级诊断报告，辅助企业管理层进行决策。

4. 为 YH-FJNX 经营管理提供多维度的盈利分析手段，并延伸成为绩效考评工具，为 YH-FJNX 绩效考评提供有力的依据。

表 2.27　　　　　　　　YH-FJNX 决策支持系统应用效果

	管理功能模块	上线前	上线后
1	行长桌面系统	财务主要指标、监管指标需纸质上报给行长	实时动态反映指标变化，可以让领导及时了解各机构的经营情况，快速做出决策
2	财务分析系统	手工分析报表，出具分析报告，工作量很大	可以按日、月、季、年进行财务分析，自动出具财务分析报告；灵活选择自己关注的指标进行同比、环比、结构、趋势分析
3	盈利分析系统	无法从多角度进行盈利分析，也无法对利润保本点进行测算	可从多维度进行盈利分析，对利润保本点进行测算，为绩效考评提供有力的依据

2.8.3　YH-CZSH 绩效考核系统

银行概况

行业：金融行业—城市商业银行

简介：YH-CZSH 是一家具有独立法人资格的股份制商业银行，成立于 1987 年 6 月。目前，在杭州、南京、温州、丽水、金华等地拥有营业网点 25 家。连续多年获得地方"经济发展贡献奖"、"综合实力奖"，还获得了"全国支持中小企业发展十佳商业银行"、"中国城商行十大最具竞争力品牌"、"浙江省 2008 年度小企业信贷服务先进单位"等称号。2008、2009 年连续两年被《银行家》杂志评为"全国十佳城市商业银行"。

信息化起因

YH-CZSH 已经完成了财务管理及相关管理会计系统，同时对于机构、网点和客户经理的绩效管理已经通过不同的方法进行了执行，但尚没有全行的统一规划，各行执行政策不同。为了完成 YH – CZSH 的发展目标，有必要结合银行的实际要求，建设一个完善的、能够长期支持银行发展的绩效管理系统，同时取代 YH – CZSH 原有的已经不能满足日常需求的旧绩效考核系统。

信息化应用目标

建立一个既符合 YH – CZSH 实际又符合现代银行管理模式的，技术先进、功能齐全、安全适用、具有前瞻性和可持续发展的绩效考核管理系统，改善服务手段，提高 YH – CZSH 业绩管理能力和成本管理能力、深度，提高 YH – CZSH 的 IT 管理水平。

绩效考核系统是为了能够全面考核各项指标，以量化考核业绩为核心，帮助银行完善管理制度、激励机制，提高行员积极性，从而提升银行的竞争力。YH – CZSH 绩效考核系统应满足不同层次用户管理需要，使之为银行提供更大的帮助。客户经理能够随时查询自己经营的客户情况及自己的业绩情况，支行及部门能够随时查看本机构和部门的业绩情况。

解决方案关键功能应用及特色

与其原有的旧绩效考核系统相比，新绩效考核管理系统是全面满足 YH – CZSH 当前业务及管理需要，并支持银行对客户经理业绩以往两年以内的数据追溯调整，是第一家实现并真正线上运用的全新功能。并且使得银行可以更加灵活地根据客户经理业绩的实际拆分和移交记录，进行更加精确的个人绩效考核管理。

用友绩效考核管理系统是以主营业务数据资料为主要数据来源（原始数据来源于 YH – CZSH 核心系统、信贷系统、国际结算系统、资金管理系统、财务管理系统、管理会计（FTP、费用分摊、经济资本）系统数据，数据获取方式主要是通过数据整合平台实现，通过对数据进行分类、加权平均及追溯，以反映全行各个辖区、机构、部门和客户经理的绩效完成状况，并通过前端 BI 界面得以呈现，从而帮助银行的管理者全面、实时、准确地掌握银行的主营业务相关信息，为掌握整个银行的经营状况和业绩考核提供良好的工具。

对分支机构、业务条线、客户经理、分支行领导班子等实施有效的激励，使考核机制真正起到促进工作、提高银行工作效率的作用。针对不同表现的考核对象采取不同的方法，结合 YH – CZSH 绩效管理的实际情况，奖惩措施及对机构、产品、客户进行绩效分析的应用。

应用效果（见表 2.28）

用友绩效考核系统建设的总体目标是确保 YH – CZSH 在绩效考核管理方面

的能力与水平得到显著改善和提高。

1. 全面覆盖 YH-CZSH 当前及未来可预见的若干年内的业务品种指标，包括存款业务指标、贷款业务指标、理财业务指标、国际业务指标、表外类指标、收支类指标和其他类指标，满足业绩管理及分析决策要求。

2. 提高 YH-CZSH 的精细化管理水平和风险防范能力。

表 2.28　　　　　　　　　YH-CZSH 绩效考核系统应用效果

管理功能模块	上线前	上线后
绩效考核管理	• 每季度在考核时，各家分支行需要在 Excel 表中做大量数据加工工作，且缺少月日均、季日均、年日均、模拟利润等考核指标。由于 YH-CZSH 业绩统计口径的特殊性，业绩统计报表的手工工作量非常大	• 总行可以统一制定相关指标及计算规则。在考核时，总行可以看到各个分支机构会计口径业绩统计，也可以看到其考核口径业绩统计 • 客户经理可以随时查看自身所管理的客户及账户的业绩变化情况，以便及时做出必要反应。用户可以按日查询每个指标的相关信息

2.8.4　YH-NC 管理会计系统

银行概况

行业： 金融行业—城市商业银行

简介： YH-NC 成立于 1997 年 12 月，是一家由国有股份、中资法人股份及自然人股份共同组成的股份制商业银行，注册资本为 23.82 亿元，实行一级法人体制。经过十余年奋斗，YH-NC 综合实力名列全国城商行前茅，已成为江西金融业的一支重要力量。

2009 年末，全行资产总额达 443 亿元，各项存款余额 348 亿元，实现税前利润 8.36 亿元。注册资本 23.82 亿元，南昌市财政局为第一大股东。现有异地分行 6 家，直属支行 2 家，一级支行 16 家，营业网点 77 家，员工 1 600 余人。

信息化起因

YH-NC 自成立以来，全面深化各项改革，以提高盈利水平和市场份额为目标，以提高服务质量为手段，以优化资产结构为中心，依托科技创新，狠抓内部管理。在此大环境背景下，YH-NC 与用友启动了管理会计系统建设项目，该项目是基于新企业会计准则要求，依托财务管理系统及其他业务系统数据支持，通过科学模型及曲线计算，为经营管理者决策提供参考和依据。

信息化应用目标

管理会计系统可以全面满足 YH – NC 当前业务及管理需要，并支持未来可预见的若干年内银行发展要求，系统的建设是一个长期的过程，同时也是 YH – NC 全面转型、提升经营管理水平的过程。

1. 实现精细化核算、全成本管理目标

管理会计系统通过成本分摊，把银行发生的费用归集至最末级的业务品种、部门、客户经理，实现精细化核算、全成本管理要求，为实施科学管理和决策提供数据支撑。为体现系统的实用性，系统可以按利润中心（部门网点）、业务品种、客户经理、行业、客户等多个维度提供盈利能力分析信息。

2. 统一全省管理会计考核标准，提供全资产考核依据

财务管理系统搭建了一个全行统一的财务管理操作平台，管理会计项目将依托这个平台，通过建立统一的评审标准，利用系统中成本分摊、资金转移定价、盈利分析等功能，进行横向、纵向多角度比较，提供全行全资产管理考核依据。

3. 通过资金转移定价调节，实现自发性资产负债结构调整

资金转移定价在账户层面分离了存款利差和贷款利差，为建立风险调整的绩效评价提供了明细的资金成本数据。总行可以通过资金转移价格的调节，有效地向网点传导全行资产负债管理和结构优化的意图，实现网点自发性资产负债结构的调整。

解决方案关键功能应用

管理会计系统通过成本分摊、资金转移定价、盈利分析三个主要功能模块，实现精细化核算、全成本管理的管理会计要求。

1. 成本分摊系统应用

成本分摊是汇集金融机构内部各机构部门发生的各类运营费用，提供金融机构内部的费用成本核算，在成本汇集的基础上对金融机构的各类成本数据由上而下逐级分摊，在成本分摊路径及成本分摊方法上体现各金融机构个性化的管理意图及导向，完成金融机构内部的间接费用成本的分解，为金融机构内部成本考核提供依据。

2. 资金转移定价系统应用

资金转移定价系统用于利息收益的配置，通过转移价格为交易、产品系列、市场分割和业务经营单位的利息收益的计算提供价格参考。它将经营领域的流动性风险和利率风险转移到资产负债管理领域。

资金转移定价的三个主题是：

（1）转移定价系统的目标。

(2) 资金在资产负债管理部门和经营部门之间的转移。
(3) 转移价格下的绩效评估。

3. 盈利分析系统应用

盈利分析作为一个综合分析系统，不仅对成本进行分析，更重要的是要结合完整的损益要素进行分析，多维度综合分析部门、业务品种、条线、客户经理、行业、客户群的应计利润与实际利润水平，评价应计利润与实际利润的差异情况，展示部门、业务品种、条线、客户经理、行业、客户群的盈利情况。

解决方案应用特色

1. 成本分摊模块系统

（1）支持按照机构、部门、业务条线、产品、客户经理、客户等基本维度来分摊和归集费用信息。

（2）对于系统中记录的收入、成本、费用信息，可以按照预先设定的分摊规则，向设置的分摊对象机构、部门、业务条线、责任中心等维度进行分摊。分摊对象可以根据需要灵活增减。

（3）分摊对象设置：依据客户需求制定不同的分摊对象，同时支持为每种分摊对象设定不同的分摊方案和分摊方法。

（4）分摊方法设置：可以根据客户实际需求定制不同的分摊方法，从而达到对不同的分摊对象采用不同的分摊方法完成费用分解。分摊方法应可灵活增减和调整。即系统中的分摊规则并非一成不变的，可以根据管理需要随时调整。系统应对不同时期使用过的分摊方法予以记录和保留。

（5）多分摊方案设置：可以根据客户实际需求定制不同的分摊方案、分摊流程，对每种分摊方案分摊结果进行展现。

（6）支持跨机构连续分摊的功能。

（7）分摊要素界定：系统支持的自动分摊要素包括：报账中心的日常经营费用、固定资产的折旧费用、工资薪酬、科目总账的科目数据，此外系统还支持手工录入成本单据。

（8）投入产出项目定制：依据投入产出项目完成费用归集，日常费用管理中产生的大量报账单据，根据录入的受益对象数据，将相同类型的费用汇入成本池等待分摊。同一成本池内的成本将按照统一模式进行分摊。

（9）部门类别划分：按照部门类别把成本中心进行归类，定义分摊路径：对于不同的成本池，根据其费用属性、受益对象的差异，设置不同的分摊路径。

（10）分摊维度：系统支持机构、部门、业务条线、产品、客户经理、重点客户、行业、地区等维度的分摊和统计展现。

(11) 成本动因定制：系统支持多成本动因设置，并针对不同的分摊对象设置不同的成本动因组合，可以满足银行多对象、多动因的需求。

(12) 费用分摊系数比例设置：可以把成本中心的费用依据不同的比例系数分摊到利润中心。

(13) 图形化的分摊路径设置：操作直观、配置灵活，易于维护和理解。分摊方法支持嵌套操作。

(14) 强大的分摊方案承接功能：可以大大简化分摊流程，不同分摊方案间可以承接，避免重复计算，大大地节约了运行效率。

(15) 数据溯源功能：系统保留分摊环节的中间结果和历史数据，可以方便地在任何时间点完成数据溯源。

2. 资金转移定价模块系统

转移定价系统是 YH – NC 新的战略管理工具，其应用是多方面的，既可以通过转移定价的价格手段传导管理意图，以此来优化银行的资源配置，也可以将 FTP 成果应用于客户的风险定价，使业务经营机构把工作重心放在客户的信用风险管理上，或者将工作重心放在吸收低成本存款上。YH – NC 资金转移定价系统包括基础设置、收益率曲线、FTP 调整、曲线发布、FTP 报告等功能，满足银行管理需求并符合国内金融环境对系统的要求（见图 2.60）。

图 2.60 FTP 系统应用架构

系统支持业务品种转移收入的计算，转移收入的计算公式如下：

$$资产总转移成本 = \sum 资产转移价格 \times 资产规模$$

$$负债总转移收益 = \sum 负债转移价格 \times 负债规模$$

系统支持对账户级资金转移的计算统计，贷款的转移净收入为各笔贷款的实际利率与 FTP 利率差价之和，同样，存款的转移净收入为各笔存款的 FTP 利率与实际利率差价之和。

系统特色如下：

（1）在账户层面分离了存款利差和贷款利差，为建立风险调整的绩效评价提供明细的资金成本数据，支持对网点、客户经理的绩效考核，对业务品种、客户的盈利分析的实现。

（2）从基层网点剥离期限错配风险，集中于资金库统一管理。

（3）为未来的业务品种定价提供基础的资金成本数据。

（4）为区域经济特点不同、资产负债结构不同的分支机构提供一致、公平的评价体系，提高增加存款的积极性，抑制盲目的高风险信贷。

（5）资金价格的公布为商业银行提供了一个杠杆平台，有效地向网点传导总行资产负债管理和结构优化的意图。

（6）灵活的定价曲线、定价方法设置，满足银行随发展变化不断调整策略的需要。

（7）多种定价模型的预制，满足银行不同业务品种的准确定价。

（8）方便的自定义调整，可以更准确地传导领导层资产负债结构调整意图及战略方向引导。

3. 盈利分析模块系统

（1）提供可定义的盈利分析模型，模型中的计算要素，要素之间的计算关系，可以通过软件工具进行定义，对于经济资本等短期内无法科学计量的成本要素，预留数据接口，并在模型中保留该计算项，待条件成熟后予以完善。

（2）通过利息收入、利息支出、手续费收入、手续费支出等数据的归集和处理，在数据源和数据质量支持的情况下，得到机构、部门、产品、客户经理的业绩评价信息，为决策提供依据。

（3）计算分析各级组织机构、部门的成本与收益，计算分析精细到最末级的部门，根据各组织机构、各部门所承担的成本的属性及来源提供成本分析工具，对计算分析出的各组织机构及各部门的成本进一步划分出"变动成本"、"固定成本"等。提供每一个机构、部门的投入产出分析，为机构和部门的业绩考核提供依据。

（4）计算分析资产业务产品、负债业务产品、中间业务产品、表外业务产品、其他业务等产品、服务的成本与收益，计算分析细化到末级产品，提供每一种明细产品到业务大类的投入产出分析，从而为经营决策提供依据。

（5）在数据源满足要求的情况下，计算分析客户经理的投入产出情况。通过客户经理所管理的账户计算、归集，展示客户经理所管理产品的投入产出情况，为客户经理制的推行、客户经理考核提供数据基础。

（6）提供自由灵活的参数设置功能，满足用户对灵活性的要求。

（7）支持各种维度组合查询，提供丰富的查询和分析报表，支持各类分析结果的打印输出与 Excel 等格式导出。

应用效果（见表 2.29）

1. 全面覆盖 YH – NC 当前及未来可预见的若干年内的业务品种，提供业务品种真实的盈利水平评价。

2. 满足 YH – NC 费用精细化处理的需求，把费用精细合理地分摊到银行业务的最小粒度——账户上，后续汇总出网点、产品、客户经理、重点客户等维度费用数据。

3. 全面提升 YH – NC 在完全市场化环境下的综合竞争能力，特别是市场适应能力及客户服务能力。

4. 提高 YH – NC 的精细化管理水平和风险防范能力，提高银行整体盈利能力。

表 2.29　　　　　　　　YH – NC 管理会计系统应用效果

	管理功能模块	上线前	上线后
1	成本分摊	● 财务系统仅仅是账务系统，对于各网点、产品、人员的费用并无准确的统计方法	● 可明晰查询到各个网点、部门、产品、客户经理所承担的费用成本 ● 为每年费用预算提供了可参照的依据 ● 为科学的净利润考核提供了费用数据

	管理功能模块	上线前	上线后
2	资金转移定价	• 总行粗略地发布一组价格，各分支行自行控制上存下借的期限及规模，发布价格依据不足	• 各期限业务品种价格由总行依据实际资产负债情况生成发布，准确性及精细度大大提高 • 利率风险从分支行剥离，分支行人员只需集中精力拓展业务，对资产负债结构、资金头寸调整由总行专业人员统筹完成 • 提供了公平、准确的资金成本价格体系
3	盈利分析	• 由于费用成本、资金成本无精细化核算，无法准确判断各个机构、部门、产品、人员的真正盈利能力及盈利水平	• 准确计算出各个维度的净利润盈利水平 • 对银行业绩评价、产品盈利能力评估、取舍提供了公平、准确的数据支撑

2.8.5　YH‑YT 全面管理解决方案一体化应用

银行概况

行业：金融行业—城市商业银行

简介：YH‑YT 于 1997 年 11 月，在 12 家城市信用社基础上组建成立。2008 年 1 月 31 日，某市商业银行与香港恒生银行、永隆银行达成合作意向。同年 12 月 5 日，香港恒生、永隆银行入股资格获批，YH‑YT 成为全国 128 家城商行中第 14 家、省内第 3 家、地级市中第 2 家引进境外战略投资者的城市商业银行。

信息化起因

引入香港恒生银行与永隆银行等外部的资本和管理资源后，YH‑YT 管理层开始将外部先进的管理理念与本行实际结合起来，开始了 YH‑YT 的再造与创新。在外方管理层的帮助下，YH‑YT 行领导班子决定改变其原先相对落后的管理模式和考核模式。要改变管理模式和考核方式，除了有相应管理办法外，还应有一套将先进管理理念贯彻下去的管理系统，在此背景下，由 YH‑YT 的外资管理层建议，开始在全国先进的管理系统供应商里边来选择一套管理系统。

信息化应用目标

用友全面的银行管理解决方案,将帮助 YH-YT 分步骤建设单一财务大总账、财务管理(报销管理、资产管理、费用预算)、新准则全面核算(金融工具核算、信贷资产减值、信贷资产核算、所得税核算)、人力资源管理(组织结构、人员信息、人员变动管理、薪资管理、福利管理、绩效考核、自助门户)、业绩管理(成本分摊、资金转移定价、经营预测、财务分析、绩效考核等)、风险管理(资产负债管理、资本管理)等关键管理系统,借此满足外部核算合规要求、提升内部经营管理水平、支撑未来业务扩展能力,实现整合价值创造和风险管理的银行经营目的。

1. 方案领先、应用成熟、模式本土

为 YH-YT 各模块信息化建设分别提供领先的解决方案、丰富的案例经验以及成熟的系统应用,缩减临时研究开发工作量,降低系统建设的不确定性,在预定的 2~3 年时间内,完成全部系统建设。在适度前沿的要求下,更要匹配 YH-YT 作为典型国内城商行的经营方针和本土管理模式,完成最终落地。

2. 一体化应用,模块化建设

以先进的、系统化的现代商业银行管理理念,将 YH-YT 各个方面的资源充分调配和平衡,为决策层、管理层和操作层提供一体化管理平台,消除信息孤岛,降低信息共享成本。

各个功能采用模块化集成,可以根据需要购置新的业务模块增加系统功能。以循序渐进的项目实施节奏,分步骤地满足 YH-YT 在信息化三个应用层次中的不同需求:为满足最紧迫的需求而进行(大总账、新准则核算、财务管理)、作为提升和保持竞争力的手段(人力资源管理、业绩管理)、总结考虑利用信息化解决发展问题(风险管理)。

3. 整合 IT 建设,降低总体拥有成本

建设全面管理信息化系统的同时,势必对数据源将提出或多或少的质量要求,尤其是在建设业绩管理(管理会计)及风险管理子系统模块上。YH-YT 谨慎认为,新建全面管理信息应当从降低总体拥有成本(TOC)的思路出发,减小对原 IT 投入的冲击,不对原 IT 系统提出过多质量要求及改造需求,而是通过新建系统强劲的数据清洗和系统整合能力,最大限度地利用原有 IT 投入。

解决方案关键功能应用

YH-YT 全面管理解决方案是在用友 NC5.6 解决方案的基础上,结合 YH-YT 个性化业务需求,实现全功能的落地实施。

1. 单一大总账

建立单一大总账，接收、组织全部的账务核算。实现核心系统账务剥离，减轻核心系统负担，真正实现"瘦核心"的应用模式。科目体系以新会计准则科目体系构建，最终实现新会计准则大总账。

2. 财务管理

实现全行财务核算一体化、财务监控实时化和财务管理规范化，分别建设报销管理、资产管理、费用预算管理等子系统。建立完善精细的费用管理流程，规范全行费用管理。建立完善、严格的费用审批和管控流程，实现面向业务流程的经费处理模式。建立全行统一的资产管理体系，规范全行的资产管理，实现全行固定资产、无形资产、抵债资产等卡片、台账集中管理。完善费用预算管理体系，对费用发生进行实时控制，并不断监督和及时反馈计划的执行情况。

3. 新准则全面核算

全面满足新准则的核算要求，分别建设金融工具、信贷资产减值、信贷资产核算、所得税核算等子系统，导入公允价值计量和资产减值管理，兼容新旧准则中名义利率法、实际利率法两种方式确认收益，实现更富风险观的会计核算，更客观评价经营价值。构建新会计准则财务报告体系，出具合规的新准则会计报表，从不同维度为不同报表需求者提供准确、及时的报表数据支持。

4. 人力资源管理

提供人力资源管理的全周期综合性立体式解决方案，分别建设组织结构、人员信息、人员变动管理、薪资管理、福利管理、绩效考核、HR综合报表、员工自助、经理自助等子系统。通过系统，使人力资源业务规范化、协同化；通过各种统计分析报表让人力资源部门以及领导层掌握全行人力资源情况，为更好地实现全行整体战略提供数据决策支持。

5. 业绩管理（管理会计）

采取重点建设、逐步完善的建设思路，分别建设资金转移定价、费用分摊、经营计划与预算、经营分析等子系统。在系统数据整合与共享的前提下，实现建立在运营成本、资金成本基础上的多维度盈利分析。

6. 风险管理

以全面提升风险管理能力为目标，分别建设资产负债管理、资本管理等子系统。支持银行实现全面风险管理的过程实现，提升银行管理风险组合的能力，帮助银行获取竞争优势。

解决方案应用特色

1. 单一大总账与瘦核心

对核心系统而言,首位考虑的是其稳定性,改造与变动是不得已而不为之的,不具备紧跟银行业务发展和经营需求的灵活性。新会计准则本质上是使财务信息更加真实于业务实质,提升企业经营水平,对会计信息质量提出了更高的要求,旧准则体系下的核心系统是难以为继的。建立单一大总账、逐步减轻核心系统压力不失为明智之举。

2. 提供闭环式系统功能、信息流无缝共享

实现各子系统信息流的无缝共享,从而在电子环境中实现多个经营管理闭环。

(1) 经营计划与预测、预算编制、财务核算、经营分析、组织绩效考核闭环。

(2) 人员信息、个人报销、个人绩效管理、薪酬福利管理、员工自助闭环。

(3) 资金转移定价、资产负债管理、资本管理闭环。

3. 业绩管理(管理会计)数据主题建模式整合

YH-YT 业绩管理(管理会计)系统需要从 YH-YT 核心系统、信贷系统、NC 财务系统及其他系统等现有 IT 系统中抽取必要的数据,注入业绩管理(管理会计)数据整合平台(DIP)。DIP 中数据以主题模型整合存储,直接服务于资金转移定价和费用分摊两个业绩管理(管理会计)业务模块以及指标服务一个基础公共模块。指标服务模块计算得到的指标数据再服务于经营计划与预算、财务报表与分析、盈利分析等三个业绩管理(管理会计)业务模块,并为绩效管理提供财务指标数据。

4. 管理理念与系统建设相互磨合

解决方案中不少模块子系统对 YH-YT 来说是初次建设,尤其是业绩管理(管理会计)与风险管理,全行上下对相关概念、理论知识的认识还处于起步阶段。此时管理理念与系统建设仍处在相互磨合中,目前的现状要求系统建设要切合实际、不能一味超前,系统建设同时也要求行内经营思路和管理体制做出适当变革。在初步构建、巩固磨合、整合深化、持续完善的四大阶段,将从机制建设、组织调整、流程优化、IT 建设四条主线开展工作。

应用效果（见表2.30）

表2.30　　　　　　　　YH-YT全面管理解决方案应用效果

	管理功能模块	上线前	上线后
1	大总账 （总账、财务报表）	• 依存于核心系统，只能满足旧准则核算要求	• 为核心系统成功"瘦身" • 按照新准则要求设置科目体系，出具新准则财务报表
2	财务管理 （报销管理、资产管理、费用预算）	• 经费只能按机构粗放管理，预算只能通过周转金余额控制	• 建立一个事前审批、事中控制、事后分析的管理平台，对费用资源、资本性支出资源进行合理配置 • 建立全行统一的资产管理体系，实现费用预算实时控制
3	新准则核算 （金融工具核算、信贷资产减值、信贷资产核算、所得税核算）	• 无法满足	• 严格按照监管要求，对投资业务、贷款业务实行合格的新准则会计核算 • 实行新税法要求下的所得税纳税调整
4	人力资源管理 （组织结构、人员信息、人员变动管理、薪资管理、福利管理、绩效考核、综合报表、员工自助、经理自助）	• 手工管理，大量Excel表格统计	• 电子化流程使人力资源业务规范化、协同化 • 人力资源部门以及领导层及时掌握人事动态 • 将人力资源部从琐碎事务中解放出来，从事于更有价值工作；自助门户缩短信息距离，凝聚行内员工主人翁意识
5	业绩管理（管理会计） （成本分摊、资金转移定价、经营预测、财务分析、绩效考核）	• 无法满足	• 按照一定的费用分解原则，将营业费用分解到部门、产品、账户、客户经理及营业网点等，各项费用按照成本项目及发生部门在各成本中心、各利润中心进行归集 • 通过资金转移定价功能，能够建立全行的资金中心，集资金调配和金库管理为一体，对全行资金进行集中管理，明确利息收入的划分，隔离利率风险 • 实现机构、产品、条线、客户经理多维度盈利分析

续表

	管理功能模块	上线前	上线后
6	**风险管理** （资产负债管理、资本管理）	• 无法满足	• 为银行管理的风险预测、决策分析、预算和规划控制提供服务，实现全面资产负债管理积数得到经济增加值（EVA）。 • 支持对风险资产的信用风险、流动性风险、操作风险分析，对整个操作过程实现事前、事中、事后的全过程的风险管理

第3章 风险绩效

3.1 资产负债管理

3.1.1 资产负债管理概论

资产负债管理是银行对资产和负债的总量和结构进行管理的工作，其目标是在综合考虑流动性风险、利率风险、经营风险情况下，使银行的风险—收益达到均衡，在各种表内外政策组合中，选择出"最佳组合"。银行的经营面临着复杂的金融环境和商业环境，首先将商业风险与金融风险相分离，是资产负债管理发展历史的第一阶段。在本阶段，通过FTP技术将流动性风险和利、汇率风险从业务单元中分离出来，使商业成果不再受金融风险的影响。在上个世纪90年代后期，随着金融衍生产品的丰富，银行发现通过衍生产品可以使商业风险和金融风险得到统一的管理。在资产负债管理的第二阶段，通过引入经营风险的概念，使用金融衍生工具可以提高银行的收益或者减少风险。

综观国际上资产负债管理的发展，ALM是对资产负债表中风险与收益进行管理的工作，由于资产负债表是银行经营成果的总结，因此，资产负债管理是银行全体经营成果管理的科学。为了读者理解的需要，本论述将复杂的资产负债管理工作划分为两大并行风险领域，既商业风险和金融风险两个板块来分别论述，最后通过引入运营风险管理理念，使用风险管理工具将商业风险和金融风险相融合，使负债管理委员会作出风险一定的情况下，收益最大化，抑或收益一定的情况下，风险最小化的决策。

本章节首先对资产负债管理的框架进行论述，将资产负债管理工作聚焦在"模拟"这一核心议题上。资产负债管理是风险—收益的均衡，我们就首先需要定义如何计量风险、怎样衡量收益这个问题上。通过使用目标变量的选择，如净利差收入、净市值等指标来衡量收入，来衡量收益。与此相适应，使用目标变量的波动性来量化风险，这样就能够很容易地建立起 ALM 模拟模型。ALM 模拟是资产负债管理的最主要的工具，在 ALM 模拟的基础上，通过以缺口来衡量商业风险的大小，使用市场利率的波动性来衡量金融风险的大小，我们就能够通过引入统计学参数，来衡量银行经营整体的风险、收益均衡，使用保值策略来锁定收益，或者改变风险敞口，使银行经营达到风险与收益的均衡。

在开展深入分析之前，有必要在此对资产负债管理的组合结构和管理范围进行说明。资产负债管理应能够为资产负债管理委员会的决策制定提供全面支持，应对如下问题提供必要的解释，例如，为什么上一报告期的利息收入发生变动？什么原因引起上述利息收入变化？从收入和风险这两个基本角度对外部融资、投资和套期保值进行分析，是资产负债管理的必要构成部分。为了实现风险和回报在财务视角和商业经营策略之间反复转化，也有必要将风险和贡献尺度在各种交易、产品系列、市场部门和业务条线等层面进行分解。资产负债管理将部门、产品、市场、业务条线与缺口、利息收入、交易价值联系起来，并由缺口、收入和各个层面的缺口构成。为了分析利息收入的变动，资产负债管理应当驱动利息收入变动的因素进行分解：存量业务的到期收回和新业务的发生造成的目前利息收入支出水平结构的变化；利率曲线形状的变化等。从财务到运营维度的反复转化，再加上与可识别驱动因素相关的利差变化，对资产负债管理信息系统提出了需要记录全部的运营和财务数据的更高要求。

资产负债管理委员会议程

表 3.1 列示了资产负债管理委员会的基本任务和议程。

表 3.1　　　　　　　　　　资产负债管理的范围和任务

流动性管理	债务融资策略 资金投资策略 流动性比率设定与控制
计量和控制利率风险	缺口和净现值报告 EaR 与利率风险限额
表外资产项目优化	套期保值政策和工具 套期保值方案
表内资产项目优化	新交易流入 现存投资组合

续表

转移定价体系	经济价格和基准 定价管理与误价分析
筹备资产负债管理委员会	近期的历史、变化分析（与现实的差异） 缺口和净市值报告 假设分析和模拟
风险调整后的定价	标高转移定价（从信用风险分配系统） 标错价格（目标价格和有效价格的缺口）
全面管理报告	

资产负债管理委员会典型问题

在此不对表 3.1 一些较为明确的内容作进一步的解释，而是详细说明一下资产负债管理委员会需要关注的比较有代表性的问题。

1. *历史分析*

典型的问题包括：

- 规模、利差和手续费如何变化？
- 规模、利差和手续费方面的预期目标与实际结果的差异如何？
- 如何解释实际与预期规模差异的缺口、实际与预期的利差收入的缺口以及产品组合的变化？

回忆过去的运营行为及其结果是非常重要的，它有助于弄清楚需要哪些正确的或新的策略。这些经营策略包括促销和激励客户的措施，或者产品组合的发展策略。如果没有历史的或者依据过去的分析，对未来的预测将尤为困难。

2. *表内项目优化措施*

带来大量收入的存量资产组合与未来发展的新业务之间有着重大的区别。产品规模组合和定价冲击着新业务，所有未来的行动需要分析运营和风险—回报因素。新政策需要设定风险敞口和收入目标。相反地，利率和流动性有助于限制新业务，这是一个相互作用的过程。利率风险或流动性风险不是影响决策的唯一因素。但是，传统上新交易仅代表总资产负债表的一小部分，针对存量资产组合的其他措施可能更加有效，这些措施包括运营行为，例如激励客户转变产品的选择，又包括固定利率转向浮动利率或相反的转化，或者提高服务密度，例如对每个客户提供的服务量。

3. *表外项目优化措施*

表外项目优化措施主要是由运用衍生工具进行套期保值和设立长短期套期保

值程序组成。在当前市场环境下，用套期保值来确认收入，以至于表内项目措施没有替代物。在低市场利率环境中，远期套期保值确定了未来收入的低利率，在高利率环境中，高利率的波动性成为主要问题。套期保值政策在收入水平、利率风险波动和套期保值成本（包括机会成本和直接成本）之间套利。这种金融政策与债券融资、套期保值和投资密切相关，依靠运营政策的指引。

定义和修改套期保值程序依赖于利率的期望值、套期保值风险和收益的互换，以及银行的风险偏好，即一些银行情愿选择风险中性策略，而另一些银行期望市场向有利的各种水平移动（赌利率）。

3.1.2　ALM 模拟概览

资产负债管理决策可用于经营政策（即表内政策）和套期保值（即表外业务）。ALM 模拟通过建立资产负债表在各种不同利率情境下的变化模型，以获取目标变量的风险和预期价值。目标变量有：净利差收入和以市场利率计算的资产负债表的市值。如果不进行模拟，资产负债管理委员会就不能全面观测到未来的盈利性和风险，从而很难确立经营政策方针和套期保值方案。

ALM 模拟的范围可以扩展到流动性风险、利率风险和经营风险，ALM 政策是一种中期规划，它涉及 2~3 年内将要发生的新业务对银行组合的影响。ALM 模拟可以提供的信息有：

- 所有情境下，目标变量的预测值。
- 银行的流动性、利率和经营风险敞口。
- 风险和收益的最优组合，这种最优组合以目标变量在各种情境下的预测值和分布表示。

总之，资产负债管理是通过模拟技术，来研究利率、经营和套期保值政策的所有相关组合，由此确定那些能够提升银行组合的风险—收益状况的组合。

ALM 模拟目标与流程

ALM 模拟用于建立银行组合的风险—收益状况。因此，完全的 ALM 模拟流程如下：

- 选取目标变量，即净利差和资产负债表的净现值。
- 设立不同的利率情景。
- 建立对未来资产负债表经营状况的预测。这一过程或使用单一基础商业情景，或使用多个商业情景。对每一种情景，目标是预测不同时点资产负债表的结构。
- 根据给定的利率和资产负债表，计算收益或净利差或资产负债表的净现值。这一过程需要利用有关交易的所有具体信息，计算利息收益和成本。

- 当考虑期权风险时，包括为期权定价，使用的利率情景比考虑直接的利率风险时更加全面。模拟根据利率的时间路径计算净利差或者资产负债表的净现值，以此研究期权风险。
- 将前面的步骤与套期保值结合起来，研究所有可行的风险和收益组合。
- 结合 ALCO 的风险和收益目标，选择最佳经营和套期保值情景。

以上 ALM 模拟将产生大量的数据，需要应用适当的技术处理这些数据。目前，最高效的技术是通过模拟建立每一种保值政策（确立一种缺口政策）在经营风险下的预期盈利性和波动性。

研究潜在结果的技术工具包括简单缺口和完全模拟。缺口法是有效的利率风险和流动性风险的量化工具，但是，由于存在经营风险，未来资产和负债数量不确定，因此，使用缺口法也会产生一些缺陷。有多少种资产负债表的情景，就有多少个缺口。缺口不包括银行产品内嵌式期权带来的风险。期权风险使资产负债的有些项目对利率敏感，有些不敏感。

完全模拟在许多方面弥补了缺口法的局限性。首先，模拟能扩展到多种经营情景，使缺口取决于未来资产和负债的不确定数量。其次，缺口直接计算目标变量值，不需用缺口计算利率变化时的新收入。这可以通过在计算中加入影响利息收入和成本的具体条件来实现。当有必要根据预付期权的执行概率确定利率时，这些条件同样适用于期权。

ALM 模拟着重讨论选定的目标变量，包括几个期间内的净利差收益、资产负债表的净现值。

利率环境与 ALM 政策

利率是进行 ALM 模拟所需的关键信息，因为 ALM 的目的是建立利息收入和资产负债表净现值（NPV）模型。

基于对未来利率的判断，ALM 模拟可以使用少数几个收益率曲线情景，也可以使用大量数值获得并形成对可能结果的综合观点。根据不同的目的，利率情景可以有不同的定义。典型的 ALM 模拟的目的在于建立目标变量模型，并且讨论结果、主要假设和利率背后代表的观点，这不一定要对利率进行全面模拟。另一方面，利率期权的定价或确定目标变量的完全分布要求有大量的利率数据。

单一情景意味着根据判断选出各种收益曲线。这种方法的主要优点是需要考虑的情况不多，因此，更容易理解当一种情景发生时，目标变量会发生什么。不足之处在于，这种方法不能完全包括未来的所有结果。弥补这一缺陷的方法自然是增加数据量。

多重模拟讨论了期权定价，这要求建立完整的利率时间路径。期权含有隐藏的风险，这些风险只有在利率发生巨大变化时才会显现。隐含期权风险定价需要研究大量的利率变动数据。借助于模型，可以生成大量的不同利率，得出利率各种不同的变化情况。

ALM"在险价值"的定义是在预先设定的置信水平上，资产负债表的NPV的向下变化，要确定这一数值也需要各个不同时期的利率，以确定向下变化的百分比。

对利率和不确定性的一般观点

在"纯金融"政策的范围内，建立银行组合的风险—收益模型时，经营政策是给定的，并且只使用一个银行的组合作为基本情况。模拟使我们能够在这种经营情况下，研究整个风险组合。模拟说明在不进行套期保值、不改变目前的套期保值方案的情况下，银行持有组合风险—收益状况的所有可能的情况。

得到这一风险—收益状况是确定套期政策的先决条件。当考虑单一商业情况和单一时期时，如果没有期权，利息收益将是相应缺口的线性函数。对于单一缺口，利息收入随着利率呈现线性变化。净收入的分布表明了它的风险状况，在所有利率情景下，利率收入的期望值就是预期盈利性。

通过衍生工具改变缺口不但改变了银行的预期盈利性，而且改变了利息收入的分布。每个缺口值对应一个"风险和预期收益"的组合。可以用简单的方法表示风险的特征，如目标变量的波动率，或用它在预先设定的置信水平下的向下偏离值。这将由利率变动不确定性带来的目标变量值的分布转化为一对简单的风险—收益组合。缺口变化时，我们可以看到风险—收益组合在这个范围内的变化情况，我们需要做的是挑选"最优"组合的子集并保留相应的保值方案。

当由于含有期权，缺口不能很好地测量风险敞口时，模拟不用缺口计算各种利率情境下的利息收入，而要求对借款人是否行使权力调整借款利率的行为做出假设。

由于风险—收益之间的均衡关系，ALCO也许发现任何一个风险—收益状况都是不能接受的：抵补风险也许要求牺牲过多的预期利润；实现目标盈利或者要求承担过多的风险，或者在单个商业情况下只通过保值政策改变风险和收益时，目标盈利根本就无法实现。在这种情况下，ALCO也许希望修改经营计划。将模拟过程扩展到多个经营情景有两个动机：

- 解决ALCO研究多种商业情景的需要，既可以推荐表外政策（保值政策）也可以推荐表内政策（经营计划）。在这种观点下，ALCO要求进行假设分析的模拟，来做出表内和表外的综合决策。
- 通过研究多种商业情景下业务的不确定性，讨论经营风险、利率风险和汇率风险之间的相互作用。在这种观点下，目标是考虑在两种不确定性下（利率和商业不确定性下）的最佳保值措施。

ALM模拟通过假设银行组合讨论经营风险。与应用于市场风险和信用风险的技巧相比，这是ALM的一个具体特色。在处理市场和信用风险时，模拟只适用于当前的"具体组合"，而不考虑中期经营。因为ALCO希望研究多种计划安排，而且由于面临中长期的业务风险，所以需要对2~3年内银行组合的设计也进行模拟。各种不同情境的业务假设和产品市场的组合不同，因为有多种经营情况，所以也就有许多目标变量值的分布。

风险敞口的不确定性是采用多重资产负债表的另外一种原因。如果现有的资产和负债没有确定的期限，就无法定义缺口，新业务带来的资产和负债的数额不确定。只考虑资产负债表的一种可能会"隐藏"这些不确定性。揭示这些不确定性的简单方法是定义各种不同的情景。有些情景因为假设的不同而不同，例如对待没有确定期限的产品时的不同假设。

改善和优化风险—收益状况

ALCO考虑可供选择的经营政策时，ALM模拟既讨论表内管理也讨论表外管理，其目标是使套期保值和资产负债表的情况同时达到最优化。这要求将利率和资产负债表以及保值方案结合起来。对每一组商业情景和利率，运用ALM模型都可以得出目标盈利变量的值。当只有利率变化时，这些变量只有一种分布，既预期值和围绕这一值的分布，有几种资产负债表设计，就有几种分布。

这解决了"多重假设"模拟的第一个目标，既得出各种可能发生的情况，并使盈利和风险与目标相一致。但是，这还不足以确定保值政策，要选择一种保值政策，需要测试各种保值政策，例如，不同时点的缺口值，看看他们如何改变目标变量的分布。这一过程可以得出目标变量的新分布，每一种分布都代表着在给定的保值措施下，资产负债表的风险状况。每一种保值方案对应一种"风险—预期收益"组合。最后一步是选择"最佳"组合的子集并保留相应的保值方案。

这一技术提供了测量风险的多种方法，因为我们涉及目标变量在各种时点的分布，目标变量向下变化的波动性可以量化风险。这样我们可以确定一个ALM在险价值作为在预设置信水平下，目标变量向下偏离的最大值。改变保值政策，资产负债表在"风险—收益"区内的位置就会改变，风险是波动性或向下的偏差，收益是净利差或NPV的预期值。

模拟和信息

实际预测资产负债表时，要求有大量的信息。为计算收益，需要对交易的利率敏感性和参考利率进行假设。如何得到这些信息是建立ALM系统的关键。表3.2总结了主要信息的类型：与交易额和利率相关的信息以及产品—市场信息，产品—市场信息是纯财务观点和未来收入的经营观点进行转化所需要的。

交易的性质是预测风险敞口和收益所需要的。分期偿还和一次性偿还贷款的缺口状况不同,预测的收益也取决于银行产品间的不同价差。此外,报告也应强调各种产品或市场部分对缺口和收益的贡献,利率信息对利率风险是至关重要的。收益的计算要求使用所有的公式计算有效利率(事先决定的、事后决定的天数,重设利率、改变利率性质的期权,几个利率之间的复杂指数公式等)。利率水平对计算收益和评估提前支付或重新定价的可能性很重要,因为当前利率的缺口决定了将贷款调整为抵押贷款的好处。当资产负债表的项目折算成有限的几个参考利率时,需要使用敏感性。期权的特点是表外保值以及银行产品内嵌期权的性质和执行价,如借款人支付的可变利率上限期权。

表 3.2　　　　　　　　　　建立 ALM 系统的信息类型

交易	交易类型与产品
交易额	初始余额
	摊销计划
	续订和预期使用
	期权
	货币
利率	参考利率
	盈余、保证历史利率、历史目标利率
	利率的性质(计算模型)
	利率曲线(频率和重设日期)
	参考利率的敏感性
	期权特点
客户	客户、产品—市场部分

3.1.3　保值政策

当银行有正可变利率缺口时,它是典型的净贷款人;当银行有负可变利率缺口时,它是典型的净借款人。净贷款人希望利率上升并且需要多利率的下降进行套期保值,净借款人希望利率下降同时对利率上升进行套期保值。但是,对利率变化的敏感性不足以表示一家"典型"商业银行风险敞口的特征或据此决定哪种保值政策是最好的。

可变利率缺口取决于支付给核心存款的利率性质,如果是零利率或者固定利率(管理利率),可变利率缺口一般为正;如果是短期利率,可变利率缺口一般为负。在这两种情况下,银行依然可以获取正的期限价差,但是对利率曲线平移的敏感性会发生变化。结合浮动利率缺口和负债与资产的平均利率缺口的观点决定了银行利息收入对利率曲线的平移和斜率变化的敏感性特点。

活期存款没有期限,它模糊了流动性缺口和利率缺口的界限。核心存款是长期的,但其利率是短期的,而且核心存款一般会减少流动性缺口。零利率存款会扩大可变利率缺口,有利息收入的存款使之变小。

净贷款人有大量的基础存款,利率下降时,银行面临不利的风险,反之,长期利率升高可以增加收入。而且,利率曲线斜率的下降也会使净贷款人面临不利的风险。当利率下降时,净贷款人面临等待和保值的两难选择。提前进行保值可以保护他们,但是保值只能把利息收入锁定为低利率。而且,有剩余资金的银行面临着驾驭即期收益率曲线还是远期收益率曲线套利的机会,这种选择由收益率曲线的水平位置和斜率决定。由于这些原因,套期保值政策在很大程度上取决于利率"观念"和目标。

利率风险敞口

对利率曲线平移的敏感性取决于可变利率缺口的符号或资产和负债平均调整期的符号。具有正可变利率缺口的银行像一个纯贷款人;具有负可变利率缺口的银行像一个纯借款人。

可变利率缺口随着资产和负债调整期缺口的增大而增大。浮动利率资产大于浮动利率负债,资产的调整期比负债的调整期短。浮动利率负债大于浮动利率资产时,负债的调整比资产快。利率缺口和平均调整期之间的关系不是机械的。这两种利率缺口之间的区别是平均调整日缺口确定了资产和负债在利率曲线上的位置。根据收益率曲线的斜率和银行对斜率的敏感性,平均调整日表示银行能获得正的还是负的收益率曲线价差。

因此,两种不同的缺口:可变利率缺口和平均调整日缺口相互补充,第一个缺口指利率曲线的平行移动,第二个缺口与陡峭程度有关。图 3.1 表示可变利率缺口为正和为负的两种情况。

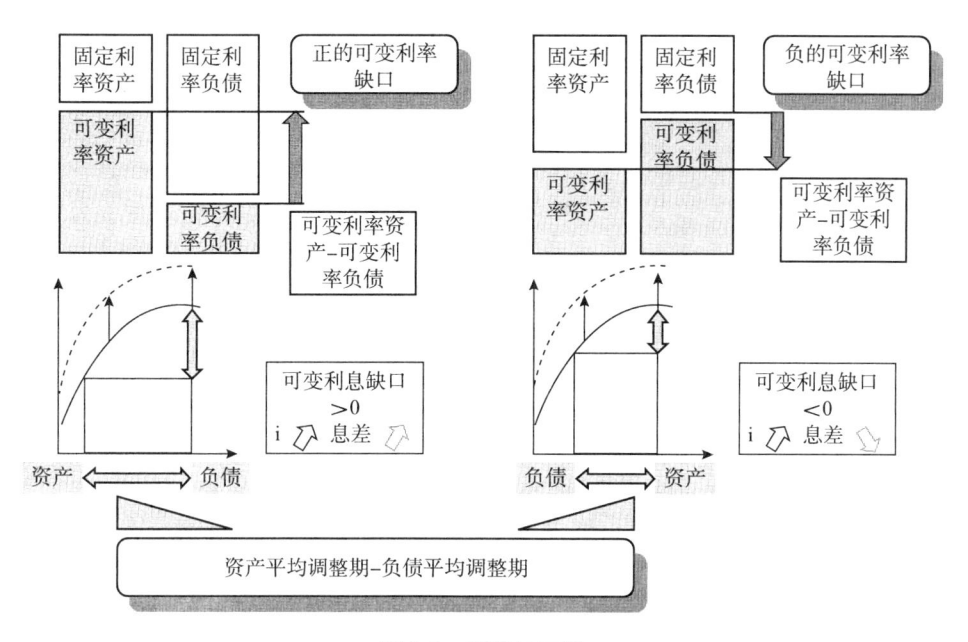

图 3.1 利率缺口图

如果可变利率缺口和调整日缺口符号相同，银行处于以下状态中：

- 可变利率缺口为正时，资产的平均调整期比负债的平均调整期要短，银行借长贷短。收益曲线向上倾斜时，银行利息收入会因短期和长期市场利率之间的负价差而受损。
- 可变利率缺口为负时，负债的平均调整期比资产平均调整期短，银行借短贷长。收益曲线向上倾斜时，银行的利息收入从短期和长期利率之间正的市场价差中获利。

对收益曲线斜率变化的敏感性由资产和负债的平均调整期缺口决定。

保值政策由银行此类缺口的状况决定。可变利率缺口为正的银行，利差收入随着利率的升高而增加。如果预期利率上升，银行从保持缺口中获利。反之，他们应该减少缺口。可变利率缺口为负的银行，利息收入随利率下降而增加。资产的平均调整期比负债的平均调整期长，如果预期利率上升，银行会从关闭缺口中获利。反之，他们应该保持缺口敞开。

下面是有关远期利率的一些具体规则（见图 3.2）。作为净贷款人的银行从高利率中获利。因此，如果它不对敞口进行完全的抵补，对利率的预测不同会带来不同的保值政策。

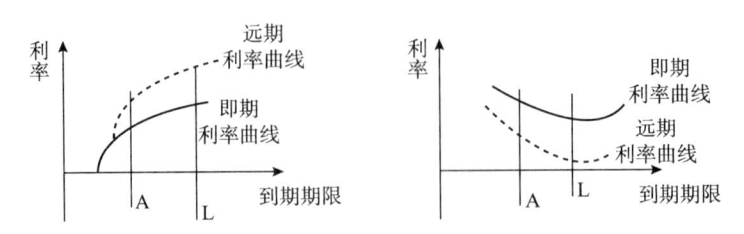

图 3.2 即期利率与远期利率对比

- 作为借款银行：资产重置期短于负债重置期。
- 利率曲线向上倾斜时，远期利率高于即期利率。如果银行认为未来的即期利率低于现在的远期利率，他们需要将未来的投资锁定为现在的远期利率，因为现在的远期利率是盈亏相抵利率。
- 利率曲线向下倾斜时，远期利率低于即期利率。只有认为未来的即期利率将低于目前的远期利率时，银行才会从利率水平为远期利率的未来投资中获利。

很明显，如果银行预期短期利率等于未来的即期利率而且等于远期利率，那么他们才会持无所谓的态度，因为从定义上说，是否锁定远期利率的结果相同。

对于有大量存款的银行，情况则不同，主要是因为核心存款是长期资金来源，但其得到的是短期利率，存款的法律期限和有效期限的区别模糊了银行利率敞口的状况。

商业银行的"自然敞口"

银行的"自然敞口"产生于资产和负债之间的期限缺口，因为银行会改变资产负债的期限。银行借短贷长，但是，核心活期存款基础是稳定的。因此，过度融资的银行一般来说有大量的存款基础。通常，融资不足是银行基础存款较小。因为活期没有期限，使用惯例不会改变银行流动性状况。存款额是稳定的，收益或者是很低的固定利率或是短期利率。因此，它们的利率与其很长的有效期限不匹配。通过讨论拥有大量存款基础的商业银行的"自然敞口"，能够得出有关保值政策的启示。

1. *流动性*

流动性的观点是由计算流动性缺口决定的，图 3.3 表示了一家有大量存款基础的银行三种不同的流动性状况。核心存款有不同的经济、惯例和法律期限。即使不会提取存款，传统的规则仍然会考虑存款的提取。核心存款的法律期限很短，按照定义，核心存款的经济期限很长，这是唯一正确的经济观点，也是我们采取的观点。注意这种经济观点与认为银行能够通过借短贷长来改变期限的观点相反。

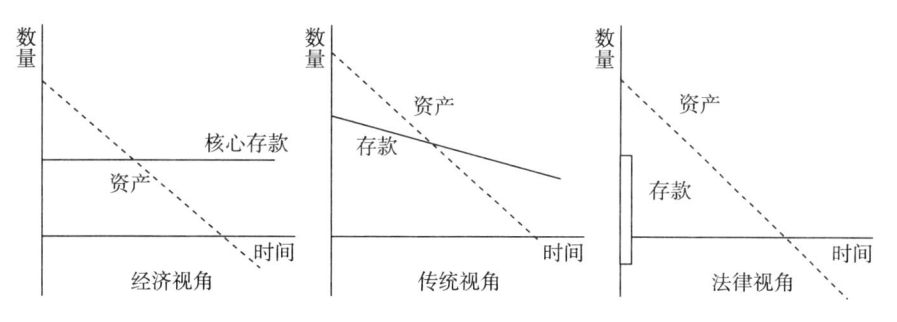

图 3.3 流动性示意图

有两种可能的经济观点：吸收超额存款和负债的融资过度的银行；吸收的存款和负债小于其贷出款项的融资不足的银行。银行的资金状态或者不随时间变化，或者在一段时间之后会发生逆转。我们假设负债总额逐渐减少，因为除了大量稳定的存款基础外，还有一些需要偿还的负债。

有大量核心存款的银行拥有超额资金，当资产的期限比核心存款基础的提取要快时，银行将逐渐处于过度融资的状态。存款基础少的银行融资不足，但是如果资产比负债到期快，也会出现过度融资，至少在近期如此。利率观点是指银行如何获得利率的期限价差和银行对利率变化的敏感性。

2. 利率敞口

利率变化的敞口是由可变利率缺口决定的，或者说是由资产和负债的平均调整期决定的。可变利率缺口越大，对利率曲线平行向上移动的敏感性越大，而且这一敏感性对银行是有利的。

稳定存款的利率不是长期利率，因为它们的法律期限为零，而且定期存款的利率也不过是短期利率，在一些国家，受管制的储蓄账户的利率是固定的管制利率，活期存款通常受一些限制，其利率为短期利率或较低利率。在所有情况下，稳定的存款基础的利率或者是短期利率或者是接近短期利率的固定利率。在利率曲线上，稳定的存款基础位于曲线的短期利率一端，并不位于与其有效期对应的长期利率一端。因此，银行赚取了零利率和资产的平均期限利率间的市场价差，或者说赚取了活期存款的短期利率和资产平均期限利率间的价差。对于向上倾斜的曲线，期限价差对利息收入的贡献为正。

但是，利率缺口或存款和资产调整日的缺口取决于存款利率。当存款利率是短期利率时，存款是利率敏感性负债；当利率固定时，他们是利率不敏感性负债。考虑它们在资产负债表中的巨大数量，这会改变银行的利率缺口。固定利率存款使银行对利率曲线向上的移动敏感，而且这一变化对银行产生有利的影响，而短期利率存款却使利率曲线的同样变化对银行产生不利的影响。在这两种情况下，银行都会从向上倾斜的曲线的正期限价差中获利。

保值政策

需要明确的一点是，风险和收益间的均衡在高利率环境和低利率环境下是完全不同的。在低利率时，套期保值锁定了低利率，同时增加了利率上升获利的机会成本；在高利率时，问题更多的变为降低收益的波动性，而不是降低盈利水平。

1. 保值政策的一般性原则

拥有大量零利率存款基础的银行是净贷款人，他们的可变利率缺口为正，而且他们的利息收入随利率曲线的向上平移和利率曲线斜率的增大而增加。有大量短期利率存款基础的银行也是净贷款人，但他们的可变利率缺口为负，他们的利息收入随利率曲线的向上平移而恶化，随利率曲线斜率的增大而减少。

净贷款人银行面临利率曲线逐渐下降的风险。只要他们认为未来的即期利率低于当前的远期利率，他们就需要将未来的投资锁定为当前的远期利率。如果他们预期利率会再上升，问题是利率会上升多少，因为保留敞口意味着认为利率会高于目前的远期利率。

2. 表内保值的含义

有大量零利率存款基础的净贷款人银行，一般拥有正的可变利率缺口，以及负的流动性缺口（拥有过剩的资金），而且资产的平均调整日小于负债的平均调整日，但是他们能从利率曲线的正斜率中获利：

- 在利率上升时，他们能从正的可变利率缺口中获利，也会因为资产利率高于负债利率而获利。
- 在利率下降时，他们一般会扎平缺口，即寻找固定利率，将贷款期限延长或将资产的可变利率交换为固定利率。

需要注意的是，下降的利率或许恰恰使得浮动利率贷款的收入高于市场利率。在这种情况下，可变利率贷款不仅会减少银行的风险，而且会增加其收入。

从理论上讲，向上倾斜的曲线表示未来利率会上升到远期利率的水平，而且由于套利的存在，它预示着未来的利率水平。实际中并不一定如此。

以欧元为例，当初欧元的利率期限结构一直是向上倾斜的，20世纪90年代末期开始不断向下移动，短期利率不断达到历史最低点。当利率曲线变得平坦时，利率下降，资产方项目早一点变成固定利率是有利的。在利率下降之后，这些套期保值措施就变得毫无用处，因为银行只能将利率锁定在较低的水平上。

3. 套期保值和利率水平

通常，利率水平不同时，套期保值政策也应随着变化。最初，商业银行的利率较高，之后他们面对着不断下降的利率曲线，甚至最后降到最低水平，直到2000年，利率水平才又重新上升。

利率水平高，利率的波动性也大，这时保值政策最有效。通过扎平缺口，衍生工具可以降低波动性。另外，这里还存在着时机的问题，因为将收益锁定为固定利率表明预期未来利率不会上升，否则，那些拥有对利率上升有利敞口的银行要承受机会成本。

在利率达到低水平之前，有一个下降的过程。作为净贷款人的银行在利率下降时，愿意收到更多的固定利率，而负债方愿意更多地支付浮动利率。

采取表内和表外保值都很困难：
- 如果利率有可能再次上升，银行则不愿意对敞口进行套期保值，因为例如通过互换交易它们将把收益锁定为目前的利率水平。这种诱惑使人们不愿意及时建立保值。
- 同时，如果客户预期利率会上升，他们将不愿意接受长期固定利率，因为这种利率只是与银行的盈利目标相一致。

一旦利率下降，不及时建立套期保值，过后再建立保值政策是毫无用处的，事后保值只能将表外的压力转为表内压力。利率上升的可能性增大，但是将利率锁定在这样低的利率水平并没有多大的意义，因为盈利已经低到不足以吸收运营成本的水平。有一个利息收益的盈亏相抵点，当利息收入等于这个值时，利润减运营成本等于零，如果利率不断下降，银行会亏损，后来进行的远期保值没有什么作用，期权保值的成本太高。欧洲的情况很好地说明了这种两难处境。由于担心错过利率反弹的机会，许多银行在建立保值前都会等待一段时间。之后，他们不愿建立远期保值，因为保值确定的低利率不符合盈利性目标。

而且，吸收管制存款的机构向客户支付管制利率，管制利率在管制条款变化前固定不变。这使得吸收管制的资金经济意义不大，但存款人却认为这些存款很有吸引力，因为短期利率很低。利率下降产生了逃避监管的动力，由于这种动力的存在，管制利率不定期受到这些变化的影响。

4. 远期和近期利率曲线

向上倾斜的利率曲线提供了获得正期限利差的机会，但代价是必须承担利率风险。驾驭向上倾斜的远期利率曲线提供了获得远期收益和近期收益之间正利差的机会。利率曲线斜率越大表示长期和短期利率之间的利差越大。近期利率曲线不一定是未来有剩余资金的机构的最佳选择。利率曲线越陡，远期和近期利率之差也越大，因此，能够将远期投资锁定在高于即期利率的水平，驾驭远期利率曲线有许多"机会"。

银行面临着贷款利率的不断下降，如果银行预期利率将要达到最低点，而且不久会上升，就不用对缺口进行套期保值。另一种政策就是当利率曲线斜率很陡时，将未来的超额资金远期利率投资。这些利率会比未来的即期利率高很多，因为利率曲线不断向下移动。沿着远期利率曲线比近期利率曲线更有利。图 3.4 总结了这种政策。当然，当利率达到底线时，利率曲线变得平坦和更低，远期利率和近期利率的价差缩小。因此，以远期利率进行投资的"机会窗口"将被关闭。

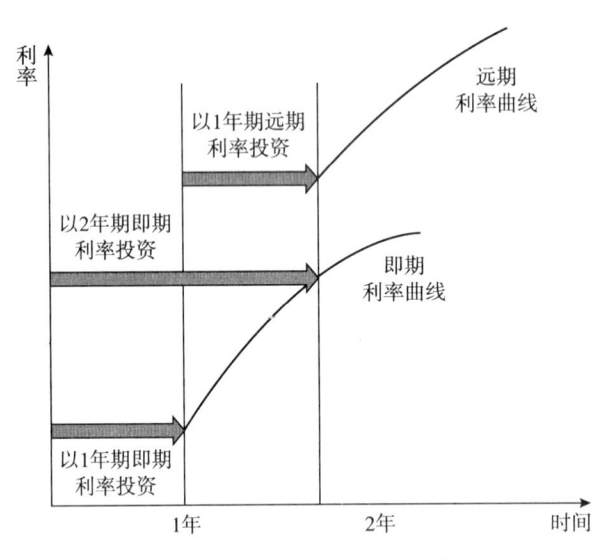

图 3.4 利率期限结构与投资策略

3.1.4 资产负债管理模拟

资产负债管理模拟关注在利率风险下风险与预期回报的关系。由于业务的不确定性会改变银行的缺口状况，因此资产负债管理模拟也延伸到经营风险领域。回报是指目标变量、利息收入或净现值的预期价值以及他们在不同情景下的分布，而目标变量在不同情境下的波动性则体现风险。

模拟预测未来资产负债表并得出不同利率水平下的利息收入，当银行改变保值措施时，就是在风险与预期回报之间寻求平衡点，最终将缺口设定为零并锁定一个确切的利息收入价值。对于每一个缺口的价值，预期的利息收入和风险根据不同情境下的收入价值而定。改变缺口会产生不同的组合，不是所有组合结果都是正面的。一些组合优于其他组合，是由于它们能在相同风险情况下给银行带来更大的收益，或者在预期收益相同的情况下使银行承担更小的风险，这些组合被称为"有效"组合。在有效组合的集合中选择一个方案，并确定一个特定的缺口，是管理层根据风险偏好而进行的一个决策！

在险收益，EaR 在这里即"在险利息收入"，产生于在给定缺口和各种利率变动情况下利率的分布。管理层可以通过设置 EaR 的上限来限制利息收入的波动，或限制潜在损失的上限。这些敞口的限制将改变预期的利息收入水平。

资产负债表和缺口预测

对资产负债表进行的预测对预测流动性缺口和利率缺口的情况以及目标变量的值来说都是非常必要的。业务预测取决于银行的业务政策。预测包括对现有资产负债和新发生业务的预测。

1. 对现有资产负债和新交易的预测

对所有现存资产负债的预测决定流动性缺口在不同时间下的状况。对利率缺口的预测需要将资产和负债按时间期限和起始日分为利率敏感性和固定利率两类。现有的组合决定静态缺口。随着现存业务不断减少，新业务增加了资产和负债的总量。预测应该是资产和负债在未来需要偿还的净额。对新业务的预测有助于得到未来每一时段的筹资总额或剩余资金数额，同时可以得到固定利率和浮动利率资产负债项目的数额。预测既包括商业性资产负债业务，也包括金融业务，如发行债券和股票。资本包括所预测收入表上的留存收益。

2. 新发生业务以及现有资产负债的利率敏感性

利率敏感性资产和负债是指那些利率在规定的时间内重新得以确定的资产和负债业务。考察期可以根据现实预测的时间段确定，一般规定在一年内进行利率重新确定的资产和负债就属于利率敏感性资产和负债。

就新业务而言，无论其预期利率是固定还是浮动，所有新项目均对利率敏感。浮动利率与固定利率的区别在于决定资产负债业务的利率敏感性不具有相关性。未来发放的一笔贷款，即使从贷款发放日起在整个贷款期限内其利率固定不变也仍然是利率敏感性资产，因为贷款发生会在未来的某一不确定的时点，未来的固定利率依赖于市场的主流趋势。另一方面，固定—浮动的区别，适用于现存资产负债大量利率的细分，有必要得到固定利率缺口和多种相互区别的市场公认的利率缺口。因此，利率敏感性资产和负债包括现有的可变利率交易加上所有新发生的交易。利率不敏感性项目仅包括那些现有的固定利率交易。

在时间 1 预测未来一年的情况，没有必要运用资产负债表在第 0 期进行缺口计算，所有接下来的利息收入和成本计算均基于年末的资产负债表，并且假设未来一年没有对冲合约（见表 3.3）。

表 3.3　　　　　　　　　　银行组合的资产负债表预测

时间	
银行组合	
利率不敏感性资产（a）	19
利率敏感性资产（b）	17
资产总计（c = a + b）	36
利率不敏感性负债（d）	15
利率敏感性负债（e）	9
负债总计（f = d + e）	24

3. 缺口预测方面

缺口来自于一年期资产负债表的预测结果，所有的缺口在资产和负债之间以数字进行区别。如表 3.4 所示，其中现实流动性缺口为 +12，在外部融资前的利率敏感性缺口为 +8。然而，由于有 12 个单位的流动性缺口利率没有锁定而成为利率敏感性负债，所以融资后的可变动利率敏感性缺口是 -4。

表 3.4　　　　　　　　　　　缺口模拟

时间	
银行组合	
利率不敏感性资产（a）	19
利率敏感性资产（b）	17
资产总计（c = a + b）	36
利率不敏感性负债（d）	15
利率敏感性负债（e）	9
负债总计（f = d + e）	24
流动性缺口（c - f）	12
可变利率缺口（b - e）	8
整个资产负债表	
融资后可变利率缺口（b - e） - （c - f）	-4
缺口	
流动性缺口	12
利率敏感性缺口	-4

利息收入预测

银行账户组合（仅指生息资产和付息负债）产生的利差被称作"商业利差"。利息收入是指扣除利息成本后的收入。为了计算利差我们需要将市场利率与客户利率相联系。客户利率与市场利率之间的利差是其占商业利差的百分比，将来这一百分比是不稳定的。对未来利差的价值分配需要一定的假设，或者把它们等同于商业政策的目标。价值价差是资产总量和价差比率的产物。使用市场利率作为内部参考利率计算商业利差，一般地是由内部转移定价系统确定内部转移价格。

1. 商业和会计利差

模拟是在简化的基础上做出的，对资产来讲商业利差是客户资产的价格比市场平均利率高出的百分点，比如+3%，负债的商业利差是客户利率比市场平均利率低的百分点，不妨假设是-3%。当市场利率是8%时，存款的客户利率是5%、贷款的客户利率是11%。在实际中，不同种类的资产和负债的利差比率是不同的，但计算的方法是一致的。外部融资之前的商业利差来源于客户享受的利率和银行组合典型的资产负债表。以表3.4为例利差计算如下：

$$36 \times 11\% - 24 \times 5\% = 3.96 - 1.20 = 2.76$$

会计上的利差是在扣除外部融资成本之后计算的，外部融资的成本依照市场利率计算。为了简化方便，我们假设利率曲线是平坦的，意味着市场利率不因为融资期限的不同而不同。在表3.4中扣除市场融资成本后的利差是商业利差减掉需要市场融资的12单位资金的成本，这一成本是$12 \times 8\% = 0.96$，因此，净会计利差$2.76 - 0.96 = 1.80$。

2. 利差的敏感性

对利率进行敏感性分析时，首先假设当市场利率发生变化时商业利差的比例保持不变，由于商业利差与利率水平和市场竞争情况有许多相关性，使得这一假设并不十分实际。对于所有的利率不敏感性项目，当市场利率发生波动时客户享受的利率保持不变。对利率敏感性项目，由于假设固定的商业利差水平使得客户承担的利率与市场利率变动相同的幅度。当市场利率从8%上升到11%时，客户享受的利率上升，但银行利差保持不变（见表3.5）。

表 3.5　　　　　　　　　　　　　利差和利率敏感性

分类	数量	初始利率	收入/成本	最终利率	收入/成本
利率不敏感性资产	19	11%	2.09	11%	2.09
利率敏感性资产	17	11%	1.87	14%	2.38
收益			3.96		4.47
利率不敏感性资金来源	15	5%	0.75	5%	0.75
利率敏感性资金来源	9	5%	0.45	8%	0.72
成本			1.2		1.47
商业利差			2.76		3
流动性缺口	12	8%	0.96	11%	1.32
净利差			1.8		1.68

市场利率上升前后的商业利差分别为 2.76 和 3.00，这一变化与缺口模型是一致的，因为缺口模型 = 可变利率缺口 × 利率变动幅度 = +8 × 3% = 0.24。

考虑了外部融资成本后的净利差（会计利差）下降了 1.80 - 1.68 = 0.12。这时因为流动性缺口的市场融资成本与市场利率同步变化并上升了 12 × 3% = 0.36。商业利差上升的 0.24 减掉成本上升 0.36 的结果为净利差减少了 -0.12。另一种算法是，外部融资后的利率敏感性缺口是商业组合缺口减掉市场融资的金额，既（+8）-（+12）= -4，这一缺口乘以 3%，同样得到 -0.12 的净利差变动。这里假设市场融资成本是完全可变的（既对流动性缺口没有进行事前的融资成本锁定）。

缺口固定情况下风险—回报的计算

缺口概括了资产负债表的总体情况，并提供了一个简单的计算所有利差变动的方法。如果我们知道初始利差、缺口和利率变动情景，就获得了了解未来每一时点风险回报情况的所有必要信息。

银行资产的风险回报情况是风险和各种可能预期收入的所有可得组合的回报情况。这一过程需要选择一个目标变量，变量的可能值能够反映各种风险。在给定利率缺口的情况下，利率变化推动利差的改变，随着利率变动，利差收入值的整个分布就是风险回报关系图所反映的情况，明确了这种关系，将有助于设置最大缺口值等限额以及评估对预期净收益产生的影响。

1. 在给定缺口情况下银行（投资）组合的风险—回报情况

可以用以下模型描述风险—回报之间的基本关系：

$$\Delta \text{IM} = 缺口 \times \Delta i$$

IM_t 的期限为 0 到 t，日期 t 的利差是随机的利差与利率变化之间的关系为：

$$\Delta \text{IM} = 缺口 \times \Delta i = 缺口 \times (i_t - i_0)$$

为了预测利差水平，只需要将 0 时点的利差与以上模型结合：

$$\text{IM}_t = \text{IM}_0 + \Delta \text{IM} = \text{IM}_0 + 缺口 \times \Delta i$$

利差收入的预期变动依赖于利率的预期变动，最终的利率是遵循一定概率分布的随机变量，这一变量的期望值和标准差是可以度量的。在一个给定的缺口情况下，利差的概率分布取决于利率的概率分布，在缺口事先设定时，利差的变动是利率变动的一个线性函数。日期 t 利差的期望值 E（IM_t），是固定的初始利差收入与利差收入 0 与 t 时刻之间期望变动值之和。最终利差的波动值就是利率的波动值与缺口之积。模型关系如下：

$$E(\Delta \text{IM}) = 缺口 \times E(\Delta i) \text{ 以及 } E(\text{IM}) = \text{IM}_0 + 缺口 \times E(\Delta i)$$

$$\sigma(\Delta \text{IM}) = |缺口| \times \sigma(\Delta i) \text{ 以及 } \delta(\text{IM}_t) = |缺口| \times \delta(\Delta i)$$

因此，在预先设定的置信水平下利差的最大变动由在同一置信水平下利率的最大变动确定。然而，如果缺口发生变动，利息收入的分布也同时发生改变。在银行通过对冲政策改变缺口时就会发生这种情况。

2. 在险利息收入和在险价值

通常的在险价值或 EaR 框架也适用于计算银行的利差收入，然而如果从一个正利差开始，可能不会直接发生损失，因为向下的偏离不会达到发生损失的程度。

利差的波动来源于利率的不确定性！$\delta(\text{IM}_t) = |缺口| \times \delta(\Delta i)$。利率的历史波动性可以从时间序列上观察。我们假设利率的波动率是 1.5%。运用正态分布，可以将置信水平设定为利率变动的乘数，在 1% 概率下利率都在平均值 ±2.33 个标准差范围内。因为利差的分布曲线源于利率的分布乘以缺口的绝对值，这一置信区间也适用于利差收入值的分布。当缺口是 2 000 时，利差的波动率 = 缺口 × 利差的波动率 = 2 000 × 1.5% = 30。在 1% 置信水平下，一侧偏离的上限是这个数字的 2.33 倍，既 2.33 × 30 = 70。EaR 是非预期损失，非预期损失由未来时点的利差预期值决定，由于 E（ΔIM）= 缺口 × E（Δi），我们可以通过利率历史的时间序列计算利率的期望值，假设等于 0.1%，则利差的期望值等于 2 000 × 0.1% = 20，非预期损失 EaR = 20 - 70 = -50。

对冲缺口情况下风险—回报的计算

在给定利率分布情况下,银行通过用衍生工具改变缺口来改变风险回报状况,上节假设银行组合的缺口固定,本节主要解决缺口是可变状况下,银行的风险回报平衡的问题。当缺口改变时,银行的利差和风险都有所改变,我们将忽略改变缺口而进行衍生产品操作时的成本,假设在当前利率不变时进行利息支付或产生利息收入。

1. 固定缺口风险—回报模型

风险与回报的基本关系是 $\delta(IM_t) = |缺口| \times \delta(\Delta i)$,$E(IM) = IM_0 + 缺口 \times E(\Delta i)$,银行可以通过业务策略或者使用衍生工具改变资产负债表的缺口,以此来控制利差收入的期望值(收益)和波动率(风险)。我们去掉两个模型之间缺口符号的差异,可以发现预期利差收入和利差收入的波动性之间的关系,当缺口为正的时候,预期利差收入与利差收入的波动率之间的关系是线性的,因为:

$|缺口| = 缺口 = \delta(IM)/\sigma(\Delta i)$ 并且,$E(IM) = IM_0 + [E(\Delta i)/\delta(\Delta i)] \times \delta(IM)$

这一关系说明利差收入的期望值与正缺口线性正相关,当缺口为负时缺口的绝对值等于负的缺口值,同样得到一条对称的直线。

因此,在缺口给定的情况下,预期利差收入及其波动率之间存在线性关系。在"预期利差收入—利差收入波动率"图中风险回报情况为两条直线。如果银行选定了一个缺口值,那么它也同时选定了一个预期利息收入。如果银行将缺口设置为零,他就完全抵补了利差风险。

2. 通过缺口改变利差的风险—回报计算

通常有许多利率情景,在下面的例子里概括地假设一种利率有两种可能的值,在第一种情境下利率增加,在第二种情境下利率不变,每种情景发生的概率都是50%。如果第一种情景利率向上变动3%,期望值为1.5%。计算过程如表3.6所示。

表3.6　　　　　　　　　　　　利率计算过程

初始利率	变动值	概率	最终利率
8%	3%	50%	11%
	0%	50%	10%
		预期变动 = +1.5%	预期利率 = 11.5%

互换交易能将缺口调整为任何想要的数值,对于任一缺口值,都有两个对应的利息收入,每种利率情景下都能得到一个利差收入的平均值和波动值。缺口改变会产生一个平均值和波动值的组合。当利率改变时,利差的变动等于缺口乘以利率的变动。如果像上例那样缺口为 -4,利差收入的变动 $= -4 \times 3\% = -0.12$ 和 $-4 \times 0\% = 0$,它们的概率都是 50%,利差收入的期望值和变动值分别为 $50\% \times (-0.12) + 50\% \times 0 = -0.60$,平方差为:$50\% \times (-0.12 - 0.06)^2 + 50\% \times (-0.12 + 0.06)^2 = 0.0036$,变动值为平方根,约等于 0.06。当缺口在 $+10$ 和 -10 之间变动时,平均值和波动值的情况见表 3.7。

表 3.7　　　　　　　　　　平均值和波动值

利率缺口值	边际利率变动量	期望的利差变动量
-10	0.15	-0.15
-8	0.12	-0.12
-6	0.09	-0.09
-4	0.06	-0.06
-2	0.03	-0.03
0	0	0
2	0.03	0.03
4	0.06	0.06
6	0.09	0.09
8	0.12	0.12
10	0.15	0.15

通过将预期利差收入及其波动制成表格,我们获得了风险—回报图形上所有点的组合,这一组合落在两条直线上,当缺口为零时,两条直线在原点相交。如果缺口不为零,对应任一波动值都有两个预期利差收入,这是因为符号不同、绝对值相同的两个缺口,比如 $+6$ 和 -6,波动值相同(0.09)而利差预期变化对称($+0.09$ 和 -0.09)。

当风险一定,而一种预期利差收入高于其他组合时,这一风险—回报组合是"高效的",在这种情况下只有正缺口值才能产生强于其他组合的高效组合,负的缺口值只能产生低效组合(因为利率是上升的)。因此,只有向上倾斜的直线上的点,才表示高效的组合,它与正缺口相对应,最佳点的选择取决于银行的风险偏好。解决这一问题的唯一方法是为利差波动或利差向下偏离设定限额,这种限额将确定缺口,从而确定预期的利差收入(见图3.5)。

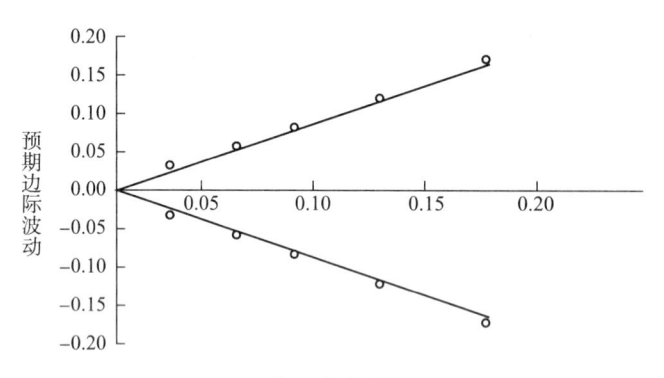

图 3.5 预期利率变动与利差收入

这一结果也适用于多种利率类型(多重利率)的情景,因为风险—回报状况只基于利率变动的预期水平和波动率。但是以上的计算只适用于银行控制的预设缺口值!如果缺口是随机的,这种计算不成立。在考虑业务风险时尤其如此,因为业务风险使未来资产负债表的均衡值更加不确定,这一问题将在下一独立章节解析。

3. 多重利率的风险—回报模型

不同的利率通常有不同的缺口,因为利率一起变动,如果将每个缺口的利息收入波动值或每个最糟糕情况下的缺口风险相加,会过大估计风险。分散效应也同样适用于市场风险和信用风险。风险因素之间的相关性决定分散效应的大小。两类利率可能并非机械地一起变动,因此有可能一个利率比另一个利率波动小,或方向相反,这就降低了银行的整体风险,使整体风险小于两个缺口风险的简单加总。

现举例说明。假设资产负债表包括两个小的资产组合,分别依据不同的利率指数变动,假设它们的年波动率分别是3%和2%,两个利率之间的相关性可能是0、+1或-0.3。相对于这两个利率指数的缺口分别为100和200。

利差收入的变动成为利率缺口和利率变动的函数:

$$\Delta(IM) = 第一类缺口 \times \Delta i_2 + 第二类缺口 \times \Delta i_2$$

这是两个随机变量之和,系数是缺口、是常数,预期的变动只是两个利率预期变动的加权之和,权数为缺口。利息收入的波动源自利率波动和相关性。第一个缺口的独立风险是由于第一个利率指数变动而产生的利差波动性,既 $100 \times 3\%$

=3，第二个缺口产生的独立风险是 200×2% =4，这两个波动值的总和是 7，除非这两个利率完全相关，既相关系数等于 1，这个数字过高估计了真正的风险。实际的波动值是两个随机变量的加权汇总，其公式如下：

$$\delta(\text{IM}) = \sqrt{[缺口_2 \times \delta(i_1)]^2 + [缺口_2 \times \delta(i_2)]^2 + 2\rho[缺口_2 \times \delta(i_2)][缺口_2 \times \delta(i_2)]}$$

其中 Rho 是两类利率指数的相关性，分别是 0、1 和 +0.3，根据上面的公式，本例子的利差波动值分别为 5.00、7.00 和 5.67。利差的波动值总低于完全相关情况下的波动值。二者之差就是利率非完全相关情况下风险的分散效应。极端的例子，如相关性为 1 意味着两个两个利率是相同的。在这种情况下，缺口就成为两个缺口的加总。

当通过预期利差收入以及波动性来表现资产的风险回报状况时，波动性依据利率间的相关性而定。如果利率不太接近于零，可以用正态分布来代替利率的分布，这时就容易通过利率的分布获得利差收入的状况。

在考虑对冲的问题时，一个可能是抵补所有缺口，对利息收入采取免疫策略。另一种是利用利率之间的相关性的方法。在任何一种情况下，当利率的相关性低于 1 时，浮动利率缺口不能简单相加。需要注意的是固定利率的缺口相当于所有浮动利率缺口的算术加总，就像它们反映同一个指数一样。这与相关性等于 1 和高估风险是一致的。

利率政策

资产负债管理部门通过调整筹资后的缺口控制利率风险。本章节通过简单的例子讨论利息收入的免疫、银行对未来利率走势有所预期时对冲政策的平衡、多重利率缺口风险的使用、确定利率风险限额等问题。

1. 对冲

为了获得免疫的效果，筹资后的缺口应该为零，既筹资策略和对冲策略应能产生一个可以抵消商业资产正缺口的缺口，换言之，筹资的浮动利率缺口与对冲后剩余的浮动利率债务相同，但因为它是个负债项目而符号为负。本书的例子中，外部筹资前流动性缺口是 +8，浮动利率的债务也应该为 8，才能完全抵消这一缺口，这意味着其他部分的负债为 12 - 8 = 4，应该将利率锁定在今天。

另一种方法是直接从筹资后的缺口入手，由于该缺口是：利率缺口 - 流动性缺口 = +8 - (+12) = -4，要将这一缺口降为零需要将浮动利率的债务从 12 降到 8，因此，发现还是需要将相同的债务，既 4 个单位的债务锁定在今天的利率，而将其余 8 个单位的债务的利率继续保持浮动。

最终，筹资方案的利率缺口应该与商业资产的利率缺口相同，其他方案都容易使利息收入产生波动，"8 个浮动利率，4 个固定利率"的方案则抵补了流动性缺口和利率缺口（见表 3.8）。

表 3.8　　　　　　　　　　　抵补流动性缺口和利率缺口

流动性缺口	12
银行资产的利率缺口	8
固定利率债务	4
浮动率债务	8
总筹资	12
筹资后流动性缺口	0
筹资和对冲后利率缺口	0

为了锁定 4 个单位的债务，有各种对冲方法。一个解决方案就是做一笔远期互换交易，将 4 个单位的浮动利率的债务转换成固定利率，互换交易我们支付固定利率，收到浮动利率。同样，我们也可以增加 4 个单位的浮动利率资产，做一笔远期交换，将 4 个单位固定利率资产转化成浮动利率资产，从而支付固定利率，收到浮动利率。同样的互换交易都适用。

2. 对冲政策

如果浮动利率的债务数量不是 8，就存在利率风险，新的缺口不是零，利息收入的波动直接受到筹资后缺口的影响。由于浮动利率缺口为正，利息收入随着利率的上升而增加。但是，代价是如果利率下降利息收入将会减少，只有在预期能有收益的增加情况下保持缺口才是合理的。

在决定消除缺口时，利率水平是重要的因素，互换交易将锁定一个远期的利率，此时锁定的利率即是成本，因为互换交易付出的是固定利率，如果远期利率较低，对冲措施是可以接受的；如果远期利率较高，就会降低利息收入。在一个较短的时间范围内（1 年）运用一个完全的对冲活动能提供更多的灵活性，以后的到期情况还是可以开放的，这样可以根据今后利率的走势采取对冲措施。当然，如果利率持续下跌，后期的对冲将是无效的。

对利率风险的敞口应该与风险的限额相一致，限额意味着利差收入发生不利的变动时控制在既定的范围内。这也有利于确定相应时期所需采取对冲措施的力度。在给定的置信水平下，确定了目标变量的最大变化值，就相当于确定了最大缺口值，因为利差的波动与缺口是同比例变化的，这一最大缺口值就是限额。

3. 利率风险限额

确定利率风险限额需要在给定的置信水平下选择最大波动值，利差减少的最大变动值。限额可以有效地为缺口确定上限,从而像前面展现的那样,影响预期收入。

当利差收入的波动值确定时,可以得到可以接受的最大缺口值,因为,利差收入的波动值 = 缺口与利率波动值的乘积。如果管理层将利息收入的波动最大值上限确定为 20,利率的波动值设定为年率 1.5%,则最大缺口值 = 20/1.5% = 1 333。

同样地,设定利差收入向下变动的最大值,如 -1 000,也是常见的做法。假设经营成本与利率无关,扣除经营成本后的税前利润的变动百分比比利差收入变动百分比更高。例如,利差为 200,最大的下降值是 50 时下降的百分比是 50%。如果经营成本为 80,起初的税前利润是 200 - 80 = 120,一旦利差收入下降至 100,那么剩余的税前利率就只有 100 - 80 = 20 了。税前利润变化的百分比是 -100/120 = -83.3%,而利差变化的百分比是 -50%。

如果利率波动值是 1.5%,置信水平是 2.5%,那么运用正态分布来代替利率,利率变化的上限就是 1.96 × 1.5%,大约等于 3%。如果利差下降的最大值为 100,置信水平是 2.5%,可以承受的最大缺口 100/3% = 3 333。如果利率下降 3%,利差收入将下降 3 333 × 3% = 100,达到下降的最大值。

4. 对冲多重浮动利率缺口

为了对冲的目的,获得利差收益免疫最简单的方法就是两个利率缺口的相互抵补。另一个选择就是利用利率相关性同时对冲两个缺口。因为利率是相关的,替代的对冲措施将针对作为利率风险唯一来源的利率采取一个同样的风险敞口,对冲措施的大小等于所有缺口的加总。当存在剩余风险时,这是对冲两个相关风险存在的问题。

当考虑两个分别为 100 和 200 的浮动利率缺口时,如两个利率不同但相关,利差的基本关系是:

$$\Delta IM = 缺口_1 \times \Delta i_2 + 缺口_2 \times \Delta i_2 = 100 \times \Delta i_1 + 200 \times \Delta i_2$$

因为两个利率是相关的,Rho 是相关系数,两个利率的变化之间的统计关系是:

$$\Delta i_2 = \beta \Delta i_2 + \varepsilon_{12}$$

$$\Delta IM = 100 \times (\beta \Delta i_2 + \varepsilon_{12}) + 200 \times \Delta i_2$$

第二个缺口的值是变量 G,因为银行可以通过控制它,以减少利差收入的波动性:

$$\Delta IM = 100 \times (\beta \Delta i_2 + \varepsilon_{12}) + G \times \Delta i_2 = (100 \times \beta + G) \times \Delta i_2 + 100 \varepsilon_{12}$$

因为相互独立，DeltIM 变动是利率和剩余变动的加总：

$$\delta^2(\Delta IM) = (100 \times \beta + G)^2 \times \delta^2(\Delta i_2) + \delta^2(100\varepsilon_{12})$$

缺口 G 的值是 X 时，变动为最小值，当 Beta 等于 0.5，$\delta^2\varepsilon_{12}=1\%$ 时，我们发现 X = -50，变动为 1。这对设定资产负债管理的风险限额有直接的应用意义，因为波动值是其中一个重要指标。请注意用一个利率对冲两个敞口会导致剩余的波动性。另一方面，用完全对冲（基于同样的参考利率）分别抵补每个浮动利率缺口能够减轻基础风险，这就是缺口管理的理念。

3.1.5 资产负债管理和运营风险

由于利率、未来交易量和利差都是随机可变的，在多种风险并存的情况下，银行运营的结果具有很大的不确定性。因此，银行运营中面临着如何通过金融套期保值、共同实现风险与收益最优化的问题。本章节内容是对通过使用金融套期保值解决风险与收益最优化方法的描述。

这种方法首先需要对各种利率情景和运营情况进行定义。方法的原理是通过所有利率和交易情况，模拟分析所有目标变量的价值、利息收入或者资产负债表的净现值，并将运营的最终价值统一展现在利率和交易情况下交叉列表所组成的矩阵中。目标变量价值依赖于影响利息收入或净现值的套期保值工具的选取，由于运营风险的存在不可避免地产生缺口，因此，对利息收入进行完全对冲是不切实际的。

当改变套期保值方法时，全部的目标变量也随之改变。由于方法降低了多种情况组合方式的复杂性，我们可通过几个值总结矩阵内目标变量的系列值。第一个值是目标变量的期望值，第二个值是目标变量的波动性或者其风险任意有代表性的统计数据，这两个值可以通过矩阵单元进行计算。在各种情况下，每种套期保值方法都有几个期望收益率和风险值。当套期保值方法改变时，期望值和风险值也随之改变，并且沿着风险—收益曲线移动。最后一步是选择最符合资产负债管理委员会目标的套期保值方法，比如将波动最小化或者通过增加利率风险敞口来设定更高的期望收益率目标。那些将风险期望固定获取预期利润最大化，或将利润期望固定获得风险最小化的方法，组成了"有效边界"，并将所有其他的套期保值方法舍弃。风险的可承受度需要最终由管理层决定。这种方法具有较强的灵活性，并且满足于进行大量模拟分析的需要。

这种技术为我们在多种假定前提下研究资产负债表中风险—收益情况受到的冲击提供了基础。例如，在假定的存款需求量、可提前清偿的贷款量或者使用完全依赖于消费者的主观能动性警戒线，风险—收益情况将受到多大的冲击呢？当仅存在利率风险，或仅存在交易风险，或两者同时作用时，哪些投资和套期保值方法能够将风险最小化？怎么才能使避险方法有助于风险与收益共同优化呢？

资产负债管理模拟也可以延伸至期权风险，例如利率上下限问题的模拟。相对于市场风险和信用风险测量方法都依赖于今天的投资组合，资产负债管理模拟提供了同时控制利率和交易风险的独特手段。

运营和利率风险的复杂性

先前的方法适用于既定时间下的唯一缺口值分析，因为唯一的缺口值直接由资产和负债余额产生，这相当于考虑一个缺口值似乎是确定的独特的运营情况。当确定一个资产负债管理政策的时候，忽视运营风险是不对的，它等于隐藏风险而不是揭示风险。而且，资产负债管理的目标是中长期的，因此不可忽视未来运营的不确定性。为了控制运营风险，有必要定义多种运营情况，多种情况将导致多个预期的资产负债表以及流动性缺口和利率缺口的组合。随着利率风险和运营风险的敞口，引发了利息收入的波动性，由于会采取相应的套期保值，从而使风险管理问题变得更加复杂。尽管如此，当这两种风险影响利息收入和净现值时，采用风险—收益组合和套期保值为特征的政策将成为可能，运营风险影响了最优套期保值政策的选择。

1. 资产负债表的风险—收益组合

由于利率和运营使用的离散性，使我们通过矩阵中的交叉列表分析所有的利率和运营的情景，计算每个项目和各个时点的收益或净现值成为可能。因为有必要在债务融资和利率管理方面设置假定前提，所以整个过程不是机械的。构建风险—收益组合和实施套期保值有两个不同的步骤，第一步，假定除了目前已有的套期保值外，不再有其他新的操作，从而所有未来流动性缺口将产生于现行利率水平下的融资和投资行为，模拟的最终目标则限定在选择"最优"的套期保值操作上。

如果对矩阵的每个项目计算利息收入或净收益，我们将以一种有意义的方式总结收益和风险分析结果的问题。总结各种组合情况下产生的所有价值的一个简单方法是将矩阵转化成以下几个参数：各种情况下的利息收入（或 NPV）期望值和利息收入（或 NPV）的波动值。无论这个矩阵的维度是多少，这个过程将整个矩阵归纳为几个简单的价值量，其中波动值测量风险，期望值测量收益。这种技术适用于多重情况，这些情况发生的可能性有可能是被指定的，而非平均分布的，并且期望利差值和利差波动性的计算依赖于这些可能性。

但是，因为利息收入或净现值依赖于融资、投资和套期保值策略的选择，所以，有许多种处理流动性和利率缺口的方法，这就是第二步要介绍的"最优"

策略的情况和定义。

(1) 最优风险—收益分析的矩阵法

可以使用一个简单的例子详述以上方法，即将两种情况分别作为两行和两列，用缺口价值总结每种运营状况。以具体例子为例，-4和-8的两个缺口价值，与+8%和+11%的两个平价利率进行交叉。利率+8%的原始利差是1.80，缺口是-4，由于每列的缺口值是不变的，所以，当利率发生变化时很容易得出每列新利差的值。表3.9介绍了这个简单案例的矩阵，从现在算起一年的任一时点所对应的期望值和波动值都出现在矩阵的右边。

表3.9　　　　利差矩阵：两个利率情景和一个简单运营情景

利率情景	业务情景		风险—收益情景	
	(GAP) = -4	(GAP) = -8		
8%	1.8	1.8	期望利差	1.71
11%	1.68	1.56	利差波动	0.1149

当使用两种运营情景，净缺口为-4和-8，以及利率为+8%和+11%时，可以计算出利差变化的期望值（收益）和利差波动率（风险），这是优化风险—收益结构的矩阵法的核心思想。当利率从8%移动到11%的时候，利差值分别为 $1.80 + (-4 \times 3\%) = 1.68$ 和 $1.80 + (-8 \times 3\%) = 1.56$。由于利率情景和运营情景的概率相同，因此，期望利差 $= (1.80 + 1.68 + 1.80 + 1.56)/4 = 1.71$，利差波动率平方 $= (1.80 - 1.71)^2 + (1.68 - 1.71)^2 + (1.56 - 1.71)^2$

通过扩大利率情景和运营情景的数目，可以得到更多的利差值，并且发现比以上三个值更宽的分布范围。在目前相对简单的四种情景的设置下，使用 2×2 利差矩阵解答每个经营方案。如果我们改变了金融解决方法（即改变净缺口），我们将获得一个新的矩阵，即我们有像金融方法一样多的矩阵。

(2) 处理多重模拟和运营风险

矩阵方法最善于用作处理多重运营和收益曲线，并对离散的数目没有限制。矩阵法的缺点是它仅用了两个参数（利差收益期望值和波动率）总结了投资组合的风险—收益，因此，这种方法虽然有吸引力但是并不完善。为了表现全部投资组合风险的特点，我们宁愿广泛分布未来每个时点的价值。此外，其操作受主观设定的运营情形的可能性所限制。

2. 利率和运营风险的套期保值

任一给定的情况下都有一种独特的套期保值方法，它能使利差不受利率变动的影响（即利差收入风险免疫），因为这种套期保值方法弥补了利率缺口。因为运营之间的缺口是不同的，所以套期保值不可能锁定所有情景的利差，为了确定套期保值方法有效，我们需要对每种运营情况模拟套期保值如何改变全部风险—收益情景。

(1) 矩阵技术、运营风险和套期保值

当忽略了新的套期保值方法的时候，我们得到了与利率和运营组合数目相同的目标变量数，并且很容易地将其总结为几个统计值，即期望值和波动率。当修改套期保值方法时，将改变所有矩阵值，像有许多其他套期保值方法一样，存在许多目标变量值、利息收入或净现值矩阵。总结风险—收益分布中的每个新值，有助于我们决定哪种套期保值方法能获得更好的风险—回报组合。

为了测试所有可能的假设组合，模拟提供了最大限度的灵活性。增加数据导致了大量的模拟。两个运营情景和两个利率情景产生了四个组合，再增加两种套期保值就有了八种组合。模拟数据的急剧增加使得解释结果变得非常复杂，为了处理这个复杂性，每个无论多大的矩阵都用两个指标，即目标变量的期望值和波动率，这是一个非常有用的方法。这与矩阵大小无关，每个风险—回报组合产生了不同的套期保值方案，这种方案有利于在系列组合中识别出最好的解决方案。

通过忽略运营情景发生的概率，情景概率分布需要对每个利率和运营情景出现的概率进行设定，因此，矩阵的每个项目对应一个发生的概率，它也是特定的一对运营情景和利率同时发生的概率！在概率相同的情况下，使用矩阵没有必要考虑各种利差与净现值组合出现的可能性不同，否则，我们将需要预知所有不同的利差与净现值组合出现的可能性。在运营和利率相互独立的情况下，存在特定运营情景和特定利率的可能性（通过相关性矩阵来体现）。

A：运营情景

利率首先分析的是仅有一个运营项目的基本案例，每个运营情景对应于一系列设计的资产负债表、流动性缺口和利率缺口。我们在一个运营情景 A 的情况下，酝酿运营情景 B，情景 A 和情景 B 的起点是银行业务组合的流动性缺口和利率缺口。

我们用相同的 3% 运营利差来获取消费利差和利差值。例如，情景 B 的利率为 8%，运营利差值 $= 39 \times 11\% - 27 \times 5\% = 4.29 - 1.35 = 2.94$，扣除市场融资弥补流动性缺口的成本 $12 \times 8\% = 0.96$，净利差 $= 2.94 - 0.96 = 1.98$。见表 3.10 和表 3.11。

表 3.10　　　　　　　　　　设定两个运营情景定义表

	情景 A	情景 B
利率不敏感性资产	19	22
利率敏感性资产	17	17
利率不敏感性负债	15	14
利率敏感性负债	9	13
总资产	36	39
总负债	24	27
缺口		
流动性缺口	12	12
利率缺口——银行业务组合	8	4
利率缺口——总资产负债表	-4	-8

表 3.11　　　　　　　　运营情景在一个利率情景下利差计算

	情景 A	情景 B
利率缺口——银行业务组合	8	4
初始运营利差	2.76	2.94
流动性缺口	12	12
流动性缺口外部融资成本	0.96	0.96
抵补流动性缺口后净利差	1.8	1.98

当利率变化时,利率缺口导致利差发生变化。资产成本的大小依赖于套期保值方法的选择,利用互换锁定部分资金的利率成本,是一种套期保值的解决方法。

B：套期保值情景

下面介绍两种套期保值方案。第一种方案锁定了债务 4 的利率,剩余用于弥补流动性缺口的债务,12 - 4 = 8,是浮动利率债务。第二种方案锁定了债务 8 的利率,剩下的债务 4 是浮动利率债务。这里假设了 H1 和 H2 两种套期保值方法,从表 3.12 可以看出 H1 为目前最好的方案,H2 可作为备选方案。

第3章 风险绩效

表 3.12　　　　　　　　　　　融资情景

利率缺口——银行组合	8	8
流动性缺口	-12	-12
套期保值		
套期保值 H1	8vr + 4fr	
套期保值 H2	4vr + 8fr	
套期保值后的利率缺口		
套期保值 H1	0	4
套期保值 H2	4	0

发行债券后的利率缺口是运营组合缺口和融资产生的缺口之间的差额，这个缺口是以负号表示的浮动利率债务。采用套期保值 H1，浮动利率债务是 8，因此，发行债券后的利率缺口就是 8 – 8 = 0。运营情景 B 中，采用套期保值 H1，发行债券后的利率缺口是 8 – 4 = 4。

C：净利差矩阵

银行的业务组合差额和净利差由最初的缺口值和利率的变动产生，方案 A，利率为 8% 时，净利差的初始值是 1.80。方案 B，利率是 8% 时，净利差的初始值是 1.98。当利率变化 Delti = +3% 时，利差变化 = 缺口 × Delti。

与重新计算的利差相比，根据初始利差和缺口获得净利差矩阵是比较容易的。第一个矩阵列出了运营方案 A 和 B，在给定套期保值方案 H1 中的利率是 8% 和 11%，第二个矩阵使用套期保值方案 H2（见表 3.13）。

表 3.13　　　　　　　　　套期保值后的净利差矩阵

	运营方案 A	运营方案 B
固定利率余额：4	套期保值 H1	套期保值 H2
净利差	1.80 – 0 × Delti	1.80 – 4 × Delti
利率情景 1：8%	1.8	1.98
利率情景 2：11%	1.8	1.86
运营情景	A	B
固定利率余额：8	套期保值 H1	套期保值 H2
净利差	1.80 + 4 × Delti	1.98 + 0 × Delti
利率1：8%	1.8	1.98
利率2：11%	1.92	1.98

为了发现最好的套期保值方法,需要比较风险—收益组合情况,这是下一小节的主要内容。

(2) 风险—收益组合

首先,计算两种套期保值方法产生的风险—收益组合,通过以上对比,介绍了如何分析集中不同的融资和套期保值方案,如何在给定目标风险水平下将方案最优化。我们不仅要计算每个矩阵单元的利差和波动率,也需要计算夏普比率,即期望利差和波动率的比率。夏普比率是计算风险调整后利润的一个著名指标。

表 3.14　　　　　　　　净利差矩阵和风险—回报组合

套期保值 H1	A	B	均值	1.86
利率 1	1.8	1.98	波动率	0.085
利率 2	1.8	1.86	Sharp Ratio	21.92
套期保值 H2	A	B	均值	1.92
利率 1	1.8	1.98	波动率	0.085
利率 2	1.92	1.98	Sharp Ratio	22.627

如表 3.14 所示,在相同风险下(波动率相同),第一个方案产生较低的平均利差,而第二个方案产生了较高的利差,因此,H2 是较好的方案,它的夏普比率也更高。

总之,当大量的套期保值方法被纳入考虑范围时,它们在风险—收益图中表现为大量的散点。每一点对应了一对利率和运营情形,总结了一个包含几个目标变量的矩阵,尽管进行了大量的模拟,但是改变套期保值的情景仅仅是移动了风险—收益空间上的点。由于在相同的水平下,期望收益低于其他方案,或者是在相同的期望收益下,风险高于其他方案,一些套期保值方案立即表现为无效的。如果其他变量占支配地位,那么这些解决方案就是无效的。唯一值得考虑的解决方案是占支配地位的方案,它构成了"有效边界"。

在给定风险或收益下,如果没有其他更好的套期保值解决方案,那么这个风险—收益组合是有效的,因此,有效的评价标准带来了几个组合,而不是一个组合,最优化的问题如下:

- 在收益不变的约束条件下,将利差波动率最小化。
- 在风险不变的约束条件下,将期望利差最大化。

任意水平的利润或收益都存在最优选择方案。当风险或收益改变时,最优选择方案沿着有效边界移动。为了选择解决方案，风险水平不得不被预先设定。例如，最低的风险组合位于有效边界的左边或者上面。当利率和运营风险相互作用的时候，能够化解利差风险的解决方案不存在，仅存在将风险最小化的解决方案。

3.2 信用风险管理

3.2.1 概述

信用风险向来是银行最重要的管理项目，信用风险管理质量的良窳，对银行此种以"吸收财务风险赚取报酬"为本质的业务，影响至为重大。这里就信用风险的定义予以说明，其次再就信用风险管理的要项，包括策略、组织、流程及管理信息，说明信用风险管理实务运用所需注意的观念及原则。

1. 信用风险的定义。

信用风险是指借款人或交易对手因企业本身体质恶化或其他因素（如企业与其往来对象的纠纷等），导致借款人或交易对手不履行其契约义务而产生的违约损失风险。一般而言，信用风险依对象及行为可区分为以下两大类：

①借贷风险（Lending Risk）或发行人风险（Issuer Risk）：

因借款人或债券发行人不偿还其债务而产生的违约损失风险，或借款人或债券发行人信用恶化的风险。借贷风险或发行人风险通常与借款人或债券发行人债信状况以及（或）产品的风险敏感度相关，通常可能以直接风险（Direct Lending Exposure）或或有风险（Contingent Lending Exposure）两种形态呈现：

- 直接风险是指借款人或发行人的实际债务承诺于到期无法兑现的风险。受到影响的产品主要为银行资产负债表内的项目，如贷款。
- 或有风险是指借款人的潜在债务承诺，极有可能于到期无法兑现，而产生的风险。受到影响的产品主要为银行资产负债表表外，但不属于衍生产品的项目如短、中、长期保证、承兑、背书及不可撤销担保信用状，附买回交易或附追索权的资产出售（Assets sale with Recourse），签发跟单信用状，短期票券发行融资（Note Issuance Facility），与循环包销融通（Revolving Underwriting Facility）等。

②交易对手风险（Counterparty Risk）：

又可分为交割日风险及交割日前风险（Settlement Risk & Pre-settlement Risk）。交割日风险（Settlement Risk）是指交易对手未依契约约定的交割时间，履行契约义务，造成银行发生等额本金的损失。交割日前风险（Pre-settlement Risk）是指交易对手于契约到期的最后交割日前违约，造成银行产生违约损失的风险。一般而言，交割日风险与交易对手于交割日违约及交易对手与银行交割地的时间差（time zone difference）有关，交割日前风险则较强调商品的重置成本部分，如当银行与交易对手从事外汇或衍生性金融产品交易，若遇价格巨额波动而对交易对手产生不利影响时，交易对手可能会选择不履约，以致银行遭受损失。交割日前风险通常以当期风险暴露额加未来潜在风险暴露额的合计数衡量。

2. 信用风险管理目标是在银行接受的可承担信用风险范围内，维持充足资本，并创造最大的风险调整后报酬。

3. 银行不仅必须管理个别交易的信用风险，并应就整体授信组合的信用风险加以管理。

4. 银行在管理信用风险时，必须考量信用风险或其他风险，如市场风险、操作风险或资产负债表风险间的相关性。以下仅就信用风险内的关联性，以国家风险及剩余风险为例说明风险相关性的议题。

(1) 国家风险

银行从事国际授信业务，除一般信用风险外，还承担国外借款人或交易对手所在国的国家风险，包括经济，政治，与社会环境变化所衍生的风险。因此，从事国际授信业务的银行，应充分了解金融市场的国际化情形，以及风险传递到其他国家的外溢效果（Spillover Effect）或传递效果（Contagion Effect），并对国家风险加以监控。国家风险通常可能发生于下列几种情况：

①主权风险：
- 强制征收：银行持有的债权或担保品权利被借款人或交易对手所在国的政府强制征收，所产生的政治风险。
- 主权国家违约：借款人或交易对手所在国的政府违约，导致主权评级下降，连带使借款人或交易对手的评级下降的风险。

②外币无法进行换汇的风险。例如，银行以某外国货币作为授信货币，但该国发生经济动乱时，可能因该国的货币政策改变，而使其无法转换成其他货币的风险。

(2) 信用剩余风险（Residual Risk）

银行利用担保品、保证或信用衍生产品等工具来抵减信用风险，但可能使银行暴露于剩余风险，例如：法律风险、文件风险与流动性风险中。

- 法律风险：例如，当借款人或交易对手违约时，因契约约定不具法律效力，致使银行无法及时扣押担保品。
- 文件风险：例如，契约文件不完备，以致银行无法有效执行债权。
- 流动性风险：例如，担保品缺乏流动性市场，以致银行无法在合理期间变现来进行信用风险的抵减。

3.2.2 信用风险管理策略

信用风险管理策略方向与执行政策

1. 银行应以书面文件建立其信用风险管理策略，以作为银行征授信作业流程指导方针；同时应建立相关的政策及作业准则，确保策略能持续有效地执行，以维持严谨的核贷标准、监控信用风险、评估可能商机、辨认并管理不良债权。

2. 信用风险管理策略方向与相关执行政策应符合相关法令；考量经济景气循环变化及对整体授信组合内涵及质量的可能影响；反映银行业务的复杂度，以确保其有效性。银行并应视内外部环境的变化，定期予以修正，以确保策略与相关执行政策已涵盖银行所有重大的信用风险。

3. 信用风险管理策略至少应包括以下内容：
- 银行针对不同业务形态（例如：企业金融、消费金融、产业类别、地理区域等），说明银行在目标市场与目标授信组合下，愿意且能承受的信用风险。
- 银行对于授信质量、盈余与成长的目标，以及对资金有效配置及运用的说明。

4. 信用风险管理政策应为信用风险管理策略的延展，其长度、架构、内容、深度与广度，应视各银行的状况调整，但至少应包括的内容如下：
- 征信程序。
- 核准权限。
- 授信限额。
- 授信核准程序。
- 例外准驳状况的处理。
- 风险监控与管理。
- 定期信用复核。
- 不良债权管理。
- 文件及资料管理。

5. 信用风险管理策略与相关执行政策应在组织内有效传达，以确保相关人员清楚了解并确实遵循。

因应信用风险的对策

1. 一般而言，应对信用风险的方式可以回避、抵减/转移、控制与承担等方式进行。银行在决定采用何种对策前，应掌握以下信息：
- 了解各对策适用的状况。

- 各对策的成本效益。
- 法律确定性：所有信用风险对策的文件，必须对所有关系人具有约束力，并且在相关司法管辖区内具有法律强制性。
- 对策与相关授信业务的关系。
- 对策可能产生的剩余风险（Residual Risk）：包括法律、作业、流动性、市场、文件风险等。

2. 使用各对策时应评估授信案件或交易可能产生损失的概率与严重性，选用适当的风险对策，以下就各种对策适用时机进行说明。

- 回避：当授信案件或交易损失发生概率高，且损失严重性大时，则可采用回避的对策。
- 抵减/转移：当授信案件或交易损失发生概率低，但损失严重性大时，可采用抵减/转移的对策。
- 控制：当授信案件或交易损失发生概率高，但损失严重性小时，可采用控制的对策。
- 承担：当授信案件或交易损失发生概率低，且损失严重性小时，可采用承担的对策。

各风险对策的说明如图 3.6 和表 3.15 所示。

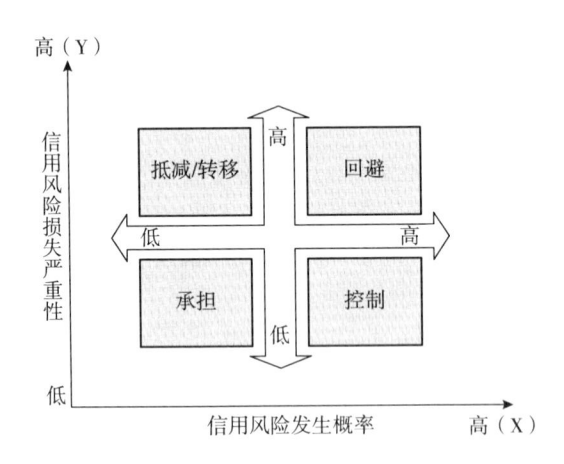

图 3.6　各风险对策的说明图示

表 3.15　　各风险对策的说明

1. 回避：指银行直接避免风险，规避承做风险过高的业务。例如：银行若于其授信政策中提及，公司向银行申请贷款时，须提供至少三年的财报，若公司成立未满三年，便无法符合此规定。则该银行即对新成立企业（start-up）的贷款业务，采取回避的政策。对于管理信息充足的银行而言，也可以在承做新业务前，精算出其风险与报酬，若风险远大于报酬，银行除可选择回避风险的对策外，亦可以较高的定价来承做。			
2. 抵减/转移：指银行通过第三者或以其他交易的方式，将风险全部或一部分转嫁。例如	<ul><li>征提担保品或保证：银行可采用担保品与保证作为风险抵减的工具。银行可通过担保品政策的建立，规范可接受的担保品以及其估价方式，确保当借款人或交易对手违约时，担保品能被实时处分或为银行承受。</li><li>运用信用衍生金融产品</li><li>信用保证基金</li><li>签订存款抵销协议</li></ul>		
3. 控制：指银行通过与授信户或交易对手协议的方式，预防或控制授信户或交易对手自身信用风险的变化。例如：	<ul><li>设定严格的限制条款以减少授信户偿债能力变化的概率。</li><li>限制条款可分成财务与非财务条款，常见的条款如下</li></ul>	财务条款	<ul><li>最低有形净值（Minimum Tangible Net Worth）</li><li>最低流动比率（Minimum Current Ratio）</li><li>最低营运资金（Minimum Working Capital）</li><li>（EBITDA-CAPEX）/ Interest</li><li>固定费用涵盖比率（Fixed Charge Coverage Ratio）</li><li>利息保障倍数（Interest Coverage）</li><li>财务杠杆比率（Leverage Ratio）</li></ul>
		非财务的限制条款	<ul><li>禁止增加负债</li><li>禁止设定抵押权</li><li>禁止出售资产</li><li>禁止限制性付款</li><li>禁止投资</li><li>禁止子公司间交易</li><li>禁止改变营业项目</li><li>禁止于他行增开银行户头</li><li>禁止多余现金移动</li><li>禁止增加反面承诺担保</li><li>禁止增加分支机构</li></ul>
	<ul><li>建立适当频率的复审机制与预警措施</li></ul>		
4. 承担：指银行评估其所获得的利润可平衡所承担的风险，故直接接受风险，承做该项授信业务或交易			

3.2.3 信用风险管理组织

基本原则

银行的信用风险管理组织可以不同形式出现,但银行应确保其职能与权限具备实质独立性与可归责性,而非仅着重于形式上的独立性,以期达到信用风险管理与监控的目的。例如:

1. 业务功能应独立于征授信功能,以避免利害冲突。
2. 征信功能应独立于授信功能,以确保信用报告的客观公正。
3. 账务功能应独立于征授信功能以及业务功能,以避免舞弊。
4. 负责设计或选择、建置或执行其信用风险衡量系统的单位应独立于授信功能,以保持功能上的独立。
5. 负责验证信用风险衡量系统的人员应独立于设计或选择信用风险衡量系统的人员,以降低风险衡量系统错误的可能性。

董事会(或其直接授权的委员会)

1. 避免利害冲突:
   - 应遵照法令对利害关系人的约束。
   - 董事会成员,特别是外部董事,应回避其所介绍授信案的准驳。
2. 复核对银行利害关系人的授信,例如:对银行总经理或高级管理层的授信。
3. 定期(至少每年)审核银行的信用风险管理策略与相关政策,以确认高级主管应能执行、确保银行的授信行为符合信用风险管理策略与相关政策,并对建立及维持适当有效的信用风险管理机制负有最终的责任。
4. 定期检视银行的管理信息并检讨信用风险策略方向的正确性,确保银行资本的充足性。
5. 定期(至少每年)依照信用风险管理策略与政策,复核银行的相关授信书面准则。
6. 核准银行信用风险管理组织与职能。

高级管理层

1. 依据董事会所核准的信用风险管理策略与政策,发展并建立信用风险流程相关的政策与程序,例如:信用风险辨识、衡量与监控;与此相关的政策与程序应涵盖银行所有营运活动中个别授信(Individual Credits)与整体授信组合的信用风险。
2. 确认授信决策符合既定信用风险管理策略,并将决策的过程予以书面保存，以清楚区分授信与复审权责。

3. 确认被授权的员工有足够能力依据银行的相关政策与程序，执行信用风险管理功能。

4. 依据相关人员的经历与专长，授予核准权限，并定期检讨所核准权限的结构，以确保授权权限符合市场现况及被授权人员的绩效表现。核准权限系由董事会授予，被授权人员依序为授信长（或首席风险官（CRO））、个别事业单位或授信单位的主管及相关人员。

以下案例（见表3.16）摘录自某国际大银行的核准权限结构。

表3.16　　　　　　　　某国际大银行的核准权限结构

核准权限由授信长或授信长授权的授信主管核予。有三种权限类别： ● O 代表行政管理单位； ● R 代表业务单位； ● A 代表授信单位	核准权限授与的阶层与结构如右图的矩阵	风险等级（X）→ 金额（Y）↓				
			1~3	4~5	6	7	8~10
			O_1+R_1 R_1+A_1 R_2+A_2	R_1+A_1 R_1+A_2	R_2+A_2		

银行必须制定出各类别人员的授权等级		
此制度的原则如下	1. 双签：核准权限系由借款户/交易对手的风险等级与金额决定。仅在风险低且授信金额小的情况下，才无须经由授信单位批核。其他任何一个案件均必须由业务单位与授信单位双签
	2. 例外核准授信决策：若为例外核准的授信决策，应由高一级的授信单位与业务单位主管核准
	3. 争议：若双签的双方意见不同时，应该诉请更高一级的授信单位与业务单位主管解决
	4. 额度改变：任何额度改变，应该由原先核准的双签主管先行核准，再呈有权核准主管予以核准
	5. 风险等级改变：风险等级如有变化，应由原先的有权核准主管核准后，再呈有权核准主管予以核准
	6. 问题债权：问题债权或高风险债权（例如：风险等级8~10）的任何增贷与增补条款等，应由取得核准权限的问题债权管理部门主管核准

独立信用风险管理的机制

1. 银行应具备独立的信用风险管理机制，负责整合信用风险管理政策、复核授信户的信用、进行授信组合管理以及监控信用风险。

2. 银行应指派专责人员负责独立的信用风险管理机制，使银行能于信用风险与业务成长量间取得均衡；并应使其直接报告董事会、稽核委员会或具同等独立功能的单位或高级管理层，以确保其功能的独立性。

3. 独立信用风险管理机制的负责人员应具备足够的专业知识及相关经验以履行其职责。银行应协助员工取得所需专业知识与技能，并提供持续的信用风险教育训练。

稽核

稽核除应定期检视银行的信用风险管理流程，以确保银行的信用风险活动符合信用风险策略、政策与程序外，尚需对风险衡量机制进行稽核事宜，其内容如：

1. 检视风险衡量系统应用于日常信用风险管理的情形。
2. 验证风险衡量机制重大变化的合理性。
3. 评估资料的正确性与完整性；并复核资料来源的一致性、时效性、可靠性与独立性。
4. 检视内部模型假设的正确性与妥适性。
5. 查核内部信用评级系统的操作情形。

风险管理组织设计实务

1. 组织功能：适当的组织架构应是银行达成风险与报酬最适化的关键。银行可依据其业务复杂度与规模大小而有不同型态信用风险管理组织的设计。无论部门名称或人员职称为何，信用风险组织依功能类别区分，可以分为四大类，彼此应该相互独立，以符合互相牵制的原则：

（1）业务功能（Origination）：负责客户管理（Client Management）与招揽业务（Loan Origination）。

（2）账务功能：负责授信文件（Loan Documentation）管理、对账与日常账务处理（Loan Servicing）。

（3）信用风险管理功能：负责授信组合管理（Loan Portfolio Management），如贷款次级市场（Secondary Market Activities）的交易（包括：联贷、证券化、避险、买卖断交易）、监控风险暴露额及验证信用风险模型等。

（4）信用风险执行功能：负责信用评级、授信核准及回收管理（Recovery Management）。

2. 不同信用风险组织的差别：由于每一家银行均有其独特的历史背景、组织文化及业务专长，银行间的信用风险管理组织不必然完全相同，以下的说明仅归纳国际间主要银行的信用风险组织的面向。银行应该基于自身的需要，考量规模与业务复杂度，设计其自身的信用风险管理组织。

（1）中央集权与地方分权：某些银行将授信准驳的权限下放于各分行，其他银行则将授信准驳的权限集中于总行。

（2）授信委员会：此委员会是由各单位经验丰富的主管组成，除核准授信，还负责授信政策的审议。属于专家判断（Expert Rule）的核决模式。

（3）产业专家与通才：银行可按对个别产业的专业而赋予权责，例如：电信业、大众传播、矿业、能源业、银行业等；亦可依业务类别赋予权责，例如企金、消金业务等，而不就个别产业进行规划。

（4）地理区域考量：按区域来划分权责，例如：北区、中区、南区等。一般而言，大多数跨国性银行均采用地理区域划分权责。

3.2.4 信用风险管理流程

研订有关信用风险辨识、衡量、沟通、监控的书面作业程序，并确实执行。适当规划并切实执行授信政策与作业程序有助于银行维持安全稳健授信业务标准、监视并控管信用风险、评估新的业务机会以及辨识并管理问题授信案件。

风险辨识

1. 有效的信用风险管理流程始于辨识任何既有与潜在的风险。信用风险不仅存在于授信行为中，在银行的其他营业活动中亦会发生，包括银行账户与交易簿、资产负债表内与资产负债表外所涵括的所有交易。例如：承兑票据、银行同业往来、外汇交易、金融期货、衍生金融产品、债券、权益证券、保证与承诺、清算交易等。

2. 随着金融创新，新授信业务日趋复杂（例如：对特定产业贷款、资产证券化、信用衍生金融产品，信用连续式债券）。银行必须充分了解复杂的业务中所涉及的信用风险，再行承做新种业务。

3. 信用风险辨识，可自违约事件来进行。违约事件包括：未能付款或交割、毁约、信用担保违约、错误声明、特定交易项下的违约、交叉违约、破产、未承受义务的合并等。能够辨别银行授信案件或交易中任何具有违约事件发生的可能性的交易即为信用风险辨识的要义。

风险衡量

1. 信用风险衡量应考量：

- 授信特征（例如：贷款、衍生产品、额度），以及其契约内容与授信户财务条件。
- 市场的变化，对风险暴露可能产生的影响。
- 担保品或保证。
- 其他未来可能的借款人或交易对手本身的风险变化。
- 除了个别交易的风险，亦应衡量授信组合的风险。

2. 以下补充说明银行于授信时应考量的风险衡量因素（见表3.17）。

表3.17　　　　　　　银行授信时应考量的风险衡量因素

消金	企金
1. 借款人的年龄、性别、职业 2. 借款人的借款目的与还款来源稳定性 3. 借款人的还款记录以及目前的还款能力 4. 借款人在他行整体信用扩张的分析 5. 对借款人未来还款能力的情境分析 6. 借款人的法律清偿能力 7. 担保品价值波动性与未来处理程序及速度 8. 保证人的保证能力	1. 借款目的与还款来源 2. 借款人或交易对手的信誉 3. 借款人或交易对手目前的风险概况（包括风险特征与风险额），及其对经济与市场情况的敏感度 4. 借款人的还款记录以及目前的还款能力 5. 对借款人未来还款能力的情境分析 6. 借款人或交易对手的法律清偿能力 7. 借款人的企业管理与借款人在其产业的市场地位 8. 拟承做的条件，包括限制未来借款人风险概况改变的条款（Financial covenants） 9. 担保品与保证的适足性分析

3. 信用风险衡量可通过三个指标值呈现：

（1）风险暴露金额：即客户违约时的账上余额；若为循环动用额度，则为预估客户违约时所动用的金额。

（2）违约损失率：即客户违约后，经过催收程序处理，在程序结束后仍无法收回的损失比率。

（3）违约概率：客户在一段期间内可能违约的概率。

4. 银行应建立其内部信用评级系统并定期验证。内部信用评级系统是衡量个别授信与整体授信组合质量的重要工具，良好的内部信用评级系统可以有效区分不同授信风险暴露中不同程度的信用风险。内部信用评级系统可以是采取专家判断的方式，也可以是统计模型，或者综合两者；均必须与其营运活动本质、大小与复杂度等相当。

5. 量化信用风险除了内部自行发展模型外，亦可采用外购方式建立内部评级模型，包括：

（1）投资组合经理法（KMV 法）。

（2）信用风险加成法（Credit Risk +）。

（3）信用计量法（Credit Metrics）。

（4）信用投资组合观点法（Credit portfolio View）。

6. 银行若参与联贷，即使非担任主办行的角色，在参与联贷案前仍应自行评估信用风险及核贷条件，切莫过度依赖主办行的信用评级信息。

7. 银行应衡量单笔授信的风险/报酬关系以及单一授信户/关系户的整体报酬。授信承做条件，包括价格（利率）与非价格条件（例如：担保品、限制条款），应充分考量所有成本以及银行所承受的风险。

风险沟通

1. 决定风险沟通中的风险信息时，应考量下列因素：相关性与实时性、可靠性、可比较性、重大性、整合性；并于对外揭露时加入非专属性（Non – Proprietary）的考量。

2. 银行对内呈报与对外揭露的信息应一致。

3. 对内呈报：

（1）银行应建立适当的信用风险报告机制（Credit Risk Reporting System）。信用风险报告应定期提供高级主管正确、一致、实时的信息，作为其决策的参考。

（2）信用风险报告内容包括：授信损失（Credit Losses）、压力测试（Stress Test）、全行资产组合风险评估（Portfolio Risk Assessment）、授信分级报告（Classified Credit Reporting）、特定产业专题报告、各式例外报告（Ad – hoc Exception Information Request）、风险定价例外报告（Price Exception Reporting）及监管机关查核报告等。

（3）银行应针对不同的呈报对象，例如：前台业务人员、征授信人员、账务人员、催收人员、独立的信用风险管理人员等，制定各类信用风险报告格式及其呈报频率。呈报对象越高者，其呈报信息越应扼要。

（4）银行应制定办法，以确保超限与例外状况（如违反政策与程序的情况）能实时呈报予适当的管理阶层。

4. 对外揭露：

（1）银行在年报上的信用风险揭露程度，应与银行风险管理的水平相当，并包括以下五大类信息：信用风险会计处理原则、信用风险管理、信用风险风险暴露额、授信质量与授信盈余。

(2) 以下举例说明了风险揭露的五大信息。

①信用风险会计处理原则：银行应揭露其认列信用风险风险暴露额与提拨准备的会计原则及方法。

②信用风险管理：银行应以定性与定量方式描述其所承受的信用风险，并揭露其信用风险管理架构与组织、管理不良债权的方法与技术、信用评级（分）的使用及衡量授信组合风险的方法。

③信用风险风险暴露额：

- 银行应分门别类揭露现有信用风险风险暴露额及未来可能的风险暴露额，包括如信用衍生产品与资产证券化的部分。
- 银行应揭露信用风险抵减技术的效果，包括担保品、保证、信用保险与净额冲销协议。
- 授信品质。
- 银行应摘要说明其内部信用评级流程与内部信用评级分配的情形。
- 银行应按照主要资产分类揭露其信用风险风险暴露情形，包括逾期及不良债权部分。
- 银行应按照主要资产分类揭露其损失准备提拨情形。

④授信盈余：银行应揭露授信业务所产生的收入及相关的费用。

风险监控

1. 有效的信用风险监控包括以下功能：
（1）确保银行充分了解借款人或交易对手的财务状况。
（2）确保所有贷款符合契约协议的内容。
（3）确认借款人借贷目的的真实性。
（4）确保预估的现金流量足以应付每期偿还金额。
（5）确保担保品价值仍有适足的担保力。
（6）及时辨识不良债权。
（7）确保银行计提适足的损失准备。

2. 银行应具备一套监控个别授信与单一借款人或交易对手的制度，包括辨识与呈报潜在问题债权与其他问题交易的程序，以确保银行的监控频率，足以及时发现问题授信或交易，并能即刻采取行动，例如更改资产类别或提拨准备。

3. 银行除监控个别信用风险外，亦应对授信组合进行监控管理。

4. 银行应建立严谨的书面征信流程与授信准则，包括应考量的授信因素、对新授信与授信展期、例外状况的核准、已承做授信的定期复审以及征授信记录的保存。此外，银行应留意授信组合中各类贷款所占比例，与授信准则的关系。如出现授信准则过于宽松以致逾放增加，银行应进行检讨修正此授信准则。

5. 银行应建立一套独立的信用复审制度，以确保授信功能以及银行所承受的信用风险符合银行政策规定。

6. 银行应建立限额管理制度，以避免信用风险过度集中；信用风险集中包括授信集中于单一交易对手/关系户（例如集团企业）、特定产业、特定地理区域或经济区域、某一授信类别、某一担保形态、相近的到期日等。

7. 银行应建立担保品管理制度，以确保担保品能得到有效管理。

（1）银行应以书面文件明确规范可接受的担保品种类、数量及其对应的风险暴露金额等。

（2）为确保担保品能提供合理的债权保障，借款人或交易对手的信用质量与担保品的价值应不宜有重大的连动性。

（3）担保品必须具备法律确定性，除在相关的法律管辖区域内可强制执行，且在合理的时间范围内能实现其担保价值。

（4）银行于拨贷或交易前，应取得相关的担保品证明书并予以妥善归档，且于贷款合约或交易契约中详细描述担保品的相关信息。

3.2.5 风险管理信息

1. 银行的信用风险管理信息系统应能产生足够信息，以协助董事会与各管理阶层执行其个别的风险监控任务；并应能支持银行所选定的资本计提方法、产生相关对内与对外表报作为管理决策的依据。

2. 信息深度与广度的适足性应定期由业务单位主管、高级管理层与董事会复核，以确保其与业务复杂度相当。管理信息报告必须易于阅读，并包含实时的信息。

3. 银行的信用风险管理信息系统应涵括整个风险暴露生命周期（Credit Life Cycle），包括申请文件、客户管理、结清转期或违约催收等的完整记录，资料需包括借款人/保证人定性与定量的信息、额度资料、案件处理过程等。银行可将上述资料保存于不同信息系统中分别管理，但系统间应能彼此连结，且信息格式须能彼此兼容。

4. 银行应具备的信用风险管理信息系统架构如下：

（1）征授信流程管理系统：

- 文件系统：银行应具备文件系统，并确保输入资料的充分性与正确性；对于未核准的客户资料，亦应保存相当期间，以利后续的统计分析。
- 征信作业流程：银行应具备征信操作系统，以电子格式保存征信报告，并能与外部信息系统，例如：JCIC、Bloomberg 等连结；同时银行应确保征信信息能实时更新，并反映于评级结果中。

- 担保品作业流程：银行应具备担保品管理系统，此系统应能与其他系统连结，并尽可能包含所有担保品的相关信息，如担保品持有头寸以及价值变化等。
- 授信作业流程：银行应具备授信操作系统，以电子格式保存授信记录，并确保银行的授信合乎授信准则与核决权限，对于例外核准的案件，系统亦应能保存相关资料，以利风险的持续追踪与控管。
- 限额管理系统：银行应具备信用风险限额系统，此系统应能在授信逾越限额时，自动予以设限或警示，并于事后提供管理报表，以掌握银行实际承担风险与预定承担风险的差异。

（2）信用风险管理系统：系统应包含下列功能，如：
- 贷款预警/监控。
- 坏账概率预测。
- 授信产品定价。

（3）债权管理系统：银行应具备催收管理信息系统，此系统应至少能产生以下信息：回收比率、贷款重整案件数、打消呆账金额与催收资产的品质等。通常债权管理系统又细分成以下两个子系统：
- 逾放催收管理。
- 不良债权管理。

（4）授信组合管理系统：授信组合管理系统所能掌握的授信组合信息如：单一关系户所承受的总风险暴露额、消费贷款的人口结构、信用评级的分布、抵押品与其担保范围等。通常授信组合管理系统又可分为以下五个子系统：
- 组合价值与风险暴露种类计算。
- 风险/报酬比率分析。
- 信用风险报表。
- 风险集中及分散分析。
- 信用风险价值分析。

5. 建置有效的信用风险资料库必须注意资料建置应有清楚的文件指引（Auditable）、收集范围应完整（Completeness）、资料内容应详尽（Comprehensiveness）、兼顾不同资料的统合性（Consolidation），同时由资料管理系统妥善保存控制资料（Controls）。

6. 在资料的应用上，必须注意是否符合风险管理需要，包括模型结果应与原始资料比对（Data source）、信息系统应能自动产生所需的内外表报（Disclosure and reporting）、估计风险成分（PD、LGD、EAD）所需的历史资料应妥为保存，并同时评估资料充分性（Robustness）与适合性（Suitability）以随时反映风险所在。

7. 图 3.7 以图示说明风险管理信息的系统架构雏型。

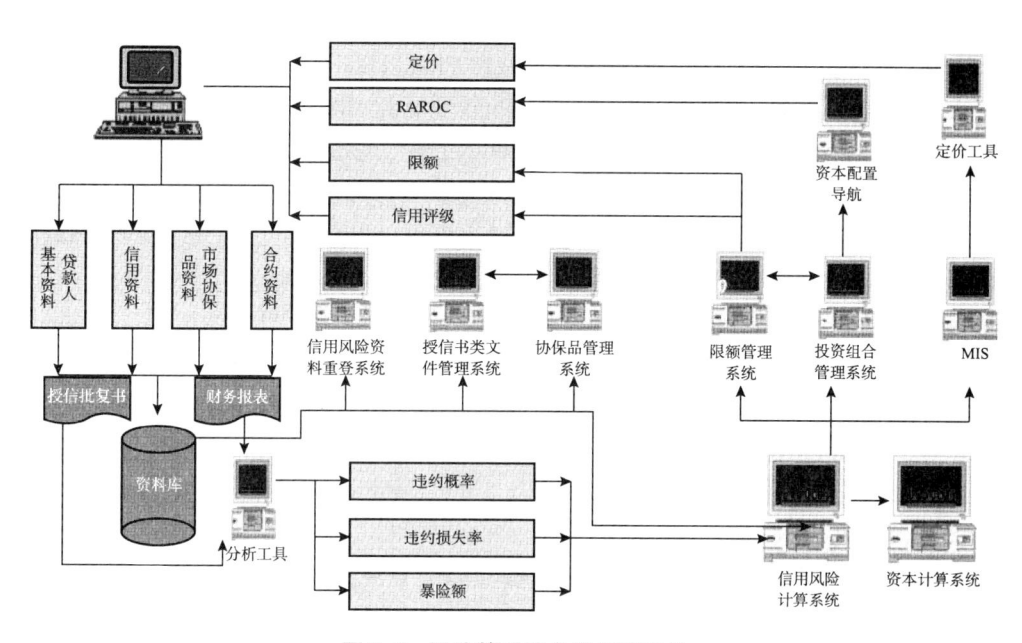

图 3.7 风险管理信息的系统架构

3.2.6 组合管理

授信组合管理（Loan Portfolio Management）

1. 前言

授信组合管理是管理与控制授信流程中所有风险组合的程序。授信组合管理的主要目的在于提高风险调整后的报酬、改善风险调整后绩效管理的技巧、有效连结风险水平与业务策略，并增加股东价值。除了股东价值外，控管集中度风险（Concentration Risk）与符合法令要求，亦是授信组合管理的目标。从历史上经济衰退或资本市场的不景气事件中得知，信用风险过分集中于任一公司或任一产业，可能会导致单一银行甚至整个银行业的倒闭与恶化。例如 20 世纪 80 年代亚、欧、美洲的房地产市场崩盘，或 1998 年的新兴市场产生严重的信用风险集中危机等，均对银行业造成莫大的冲击。以下就授信组合的风险管理架构进行说明。

2. 授信组合管理策略

（1）授信组合的策略与规划包括明确订立所有授信业务的财务目标及其适当的信用风险水平。授信业务策略必须结合银行可接受的风险条件（Risk Acceptance Criteria），达到预订的风险调整报酬门坎。授信产品的规划除须明确定义目标市场（Target Market）外，亦须就经营环境及市场特色加以分析，拟定风险承受准则，明确授信组合标准，规划资源的分配，以达成年度预算目标。其中可接受的风险条件是指在可容忍的风险范围内，银行可以接受的贷放条件与其展期的要求条款。以风险为基础的定价（Risk-based Pricing）定义为根据不同风险水平设定各定价策略，使信用风险暴露获得合理的报酬。

（2）银行应建立授信组合管理策略，策略中应考量以下事项：
- 授信组合占资产负债表的比例。
- 贷款质量的目标。
- 授信组合分散的目标/对集中度风险的容忍度。
- 授信组合对银行财务目标的贡献度。
- 授信产品组合。
- 按产品类别、市场类别与授信组合区隔的个别授信成长目标。
- 对特定产品专精。
- 银行的地理区域市场。
- 目标产业。
- 财务目标（例如：增加手续费收入）。

3. 授信组合管理组织

（1）董事会须确保高级管理层采取必要的步骤来监督及控制授信组合的集中度风险及全行的国家风险暴露。董事会定期检视信用风险风险暴露情形，以评估是否与全行的风险偏好与业务目标一致。

（2）信用风险复核人员应评估整体授信组合的信用风险，并提供董事会及高级管理层足够的信息以评量业务人员风险调整绩效及整体授信组合情况。

（3）风险管理组织中的复审单位或稽核单位须独立地审查授信资产组合、风险评级妥适性及授信管理程序。银行应指派一组人员负责及时评估银行的授信质量（包括集中度风险），并对信用风险管理流程的有效性进行检验。

（4）在银行组织中通常会编制授信组合管理专才人员（Loan Portfolio Analyst / Loan Portfolio Manager），其职能除定期编修授信组合管理政策，使其符合管理策略外；另需对风险概况（Risk Profile）有敏锐度，能利用各种组合管理的工具与分析报表，通过内部呈报机制向上沟通。

4. 授信组合管理流程

（1）授信组合管理包括授信组合策略及规划，授信批复及维护，绩效评估及报告三部分。其相关步骤及说明见图3.8。

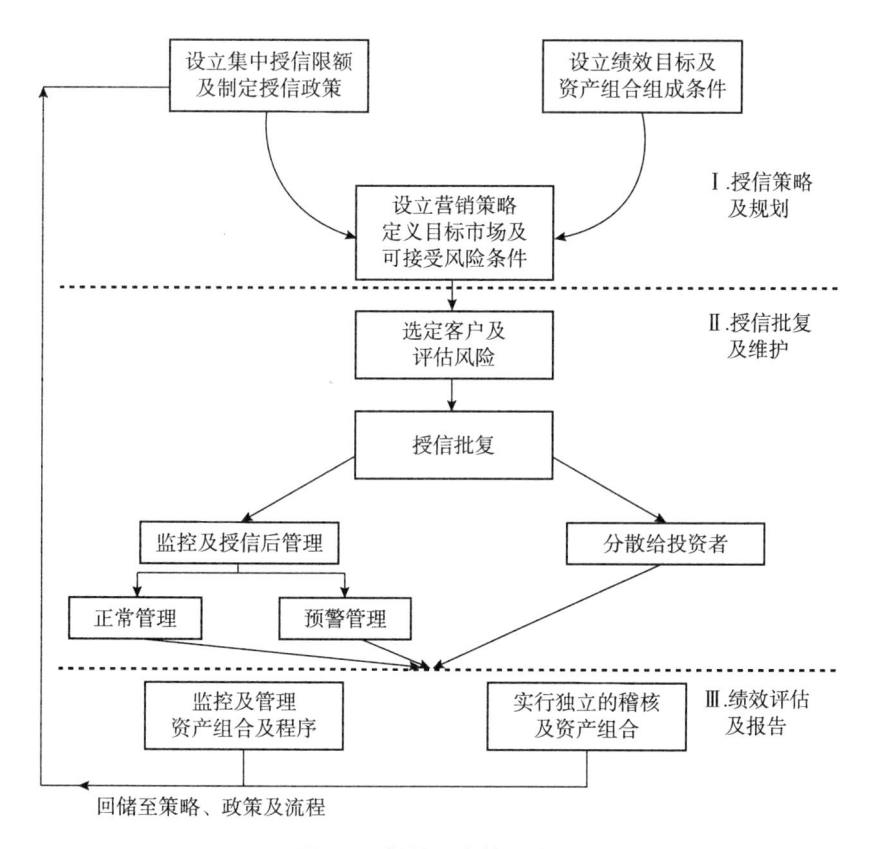

图 3.8　授信组合管理流程

（2）授信组合管理方式：授信组合限额管理应由总行集中控管，并由各单位依总行制定的各项基本规则及权限，采取分层负责方式办理。无论授信政策是由最高决策主管亲自督导或授权部属执行，授信组合管理在运作时必须具备整体性与一致性。

（3）授信组合管理可对银行资产质量的健全性提供全面的监督，授信组合分析人员可随时就授信组合的内在风险加以评估。此外，为能有效规避风险，银行应依授信组合管理信息将现有的风险予以充分分散；反之，银行若欲增加风险性资产，则亦应依授信组合管理信息，作为增加资本的依据，以确保其安全性。

（4）银行可依征审程度的难易与产品属性的不同，将授信组合管理区分为从上而下（Top-Down）与从下而上（Bottom-Up）两种管理模式：
- 从上而下的管理模式会以定量模型为管理的基础，注重客户群的扩充与授信资产组成的分散。标准化产品通常采用这种管理模式。
- 从下而上的管理模式系以单一面向，如客户为主轴的管理，适用于额度大且复杂的客户化产品。

5. 集中度风险（Concentration Risk）与限额管理的基本原则与程序

（1）集中度风险是指银行任何个别（或群组）的风险暴露，其相对于银行的资本、总资产或整体风险水平可能产生大到足以威胁银行维持核心业务能力的损失。集中度风险可分为两种：
- 传统的集中度风险（Conventional Credit Concentrations）包括授信予单一借款人或交易对手、关系户以及特定产业或经济部门（例如：商用不动产、石化工业等）。
- 由于共同或相关的风险因子而导致的集中度风险（Concentrations based on common or correlated risk factors）反映了更难以捉摸或情境引发的因素，且通常需经仔细分析方能得知。1998年末亚洲与俄罗斯金融风暴便说明了新兴市场经济间紧密的相关性。

（2）集中度风险可能以不同形式出现，如果银行的授信组合中有很大部分是直接或间接贷予或承做：
- 单一交易对手。
- 关系户。
- 特定产业或经济部门。
- 某一地理区域。
- 某一外国或经济共同体。
- 某特定额度种类。
- 某特定担保品种类。
- 相同到期日则集中度风险将大幅提高。

（3）集中度风险不仅限于授信，其可能发生于银行的各种与交易对手风险相关的业务。为有效管理与监控集中度风险，银行应先行定义银行内部可能暴露的集中度风险面向，再将有相同风险特性的授信户，例如受相同总体经济环境与市场发展影响者归为同一授信族群，最后再将限额机制（Concentration Guideline）纳入风险集中度管理架构。限额制定应采取保守稳健原则，高风险（评级差/波动性高）的族群应设定较低的限额；反之，可给予较高的限额管控。授信组合限额管理可使授信对象、范围、种类等不过度集中于某一风险面向，以符合风险分散原则。

（4）银行应先行分析总体经济状况，决定每年营运策略目标后，再进行集中度管理。此外银行亦应定期进行授信组合的分析及检讨，并进行压力测试等事宜。以上事项，除有书面文件外，通常亦备有相关书面文件，说明政策及步骤。信用风险集中限额通常由风险管理单位建立，并且经过与业务单位共同协商而确定。银行应定期（至少一年一次）检视及调整限额，并于董事会核准后公告实施。

（5）银行应于授信政策中的独立专章叙明限额管理，并应包括风险集中度的定义、限额管理机制制定的逻辑以及相关限额的计算方式。银行或许因为本身限制而无法避免集中度风险，此外，银行在强调专精于某特定产业或地理区域的经营时，往往同时造成集中度风险。在此情况下，银行应采取相关措施以降低或弥补集中度风险。例如：对此额外的风险（集中度风险）另行定价、增加资本计提、采用联贷方式承做等。银行亦应避免为了降低集中度风险而承做不熟悉的客户。

（6）当市场流动性增加时，银行亦可借助新种交易，例如：出售授信资产、信用衍生产品、资产证券化等，管理集中度风险。然而，这些新种交易方式也可能带来新的风险。银行在承做前，应先具备相关的风险控管政策与程序。

（7）银行设定最高的授信风险暴露限额，并确保银行并未对单一借款人或交易对手作超额授信。由银行内部决定的限额通常都较法定（大额风险暴露）限额保守。

（8）大部分银行实务会参考监管机关的规定，明确规范银行内部关联人或集团客户的定义，此一定义有时会较监管机关的规范更为保守。银行应就集团客户的定义、个别客户的风险暴露额计算（包括衍生性金融交易的风险暴露额）的程序，予以书面记载。

（9）银行于完成集团客户的定义后会设定单一借款人／同一关系人之最高授信限额，各子公司的授信额度应合计加总。同一集团或同一母公司的关系户或家族企业内有直接相互影响关系的群体皆应合并控管其总授信风险暴露。

（10）银行应有一管控机制（或信息系统）进行风险暴露额管控及担保品管理，在监督及控管的过程中，应尽量避免任何人工干涉。

（11）银行应依业务的状况，决定授信组合限额的分类及有效监控与管理方式，以分散风险。例如：依国家、产业、企业集团、地区、风险评级、产品、担保品或金融交易对手等的不同而分类管理。

6. 授信组合管理信息：

（1）授信组合管理信息应能定期提供全行如产业风险概况、资产质量状况、及授信限额使用等情形，作为决策调整的参考。

（2）银行应建立授信组合管理信息及风险报告系统以利授信业务的绩效评估。授信组合管理信息系统（Portfolio Management System）系为一信息管理系统（MIS），通常其所需的信息会于资料仓储（Data warehouse）中作明确的定义及规范，并经由细部设计及规划，使其与风险报告系统（Risk Reporting System）相结合，以提供主管决策或制定政策的参考。

7. 回馈机制（Feedback Mechanism）

（1）授信组合管理人员若发现授信组合产生问题，应立即向上级报告，并须与相关单位研议各种补救措施以及因应对策。各种补救措施均须具备完善计划并载明完成时间，以便确实交付执行及跟催。

（2）大型国际性银行近年来发展动态授信组合管理（Dynamic Portfolio Management）技术，使银行授信业务的策略由传统的购买并持有（Buy-and-Hold），转换至动态的调整，使资本得以更有效的运用。

（3）授信组合压力测试，应至少每年进行一次。压力测试包含总体经济因子的改变。压力测试的结果须以全银行及国家基础来分析。一般而言，压力测试通常应用于预警机制，以利于银行内部授信组合的监控。此外，银行也应至少每年对授信组合中个别产品，在潜在恶化的情境中（Scenario）进行模拟（Simulation）评估。

信用风险抵减

1. 银行可运用以下风险抵减工具，降低信用风险的风险暴露程度：

（1）由交易对手或第三人提供的担保品。

（2）资产负债表内净额结算：如以交易对手在融资银行的存款进行抵减（on-balance sheet netting）。

（3）第三人的保证。

（4）信用衍生金融产品。

2. 信用风险抵减工具虽可降低或移转信用风险，但也可能会同时增加其他剩余风险，包括：法律风险、操作风险、流动性风险以及市场风险等。银行必须采取严格的程序控制上述风险，如制定政策、研拟作业程序、进行信用审查及评价、系统建置、合约控管等。

3. 银行运用风险抵减工具时，应注意一般性的法律规定。适用于担保交易及表内项目净额结算、保证及信用衍生金融产品的相关法律文件，必须对所有关系人具有约束力，并且在相关司法管辖区内具有法律强制性。银行必须进行充分的法律审查及验证，以取得上述结论，同时应持续进行此类必要的审查，确保相关法律文件的效力。

第3章　风险绩效

4. 担保品：银行对于交易对手的信用风险暴露或潜在信用风险暴露，为避免交易对手违约时产生损失，得由交易对手或第三人提供担保品以抵减该信用风险。

（1）为确保担保品能有效降低信用风险，交易对手的信用状况不可与其提供的担保品价值具有连结性。例如：交易对手不宜以本身或其关系企业所发行的证券为担保品，因交易对手与其本身或关系企业发行的证券在信用风险方面高度相关，无法提供合理的保障，故不属于合格担保品。

（2）银行必须就担保品的清算建立一套明确和严格的程序，以确保交易对手违约时，依法立即进行清算。

（3）若担保品为其他保管人所有，则银行必须采取适当的措施，以确保保管人已将担保品与保管人自有资产分开管理。

（4）担保品设质抵押或移转的相关法律文件，应确保在借款人违约、无力偿还或破产时（或借款合约中明确定义的信用事件发生时），银行能有权及时处分担保品以收回债权。

5. 资产负债表内净额结算：当银行符合下列规定时，可以表内负债冲抵表内资产，以降低信用风险暴露：

（1）具有健全的法律基础：能确保净额结算或冲销协议在相关的司法管辖区内，无论交易对手是否已无偿债能力，均有强制力。

（2）有能力确定同一交易对手所有资产与负债，已纳入银行的净额结算合约中。

（3）对于净额基础下的重大风险暴露已有妥善的监视及控管措施。

6. 保证与信用衍生金融产品

（1）保证与信用衍生金融产品的信用保障效果应符合直接、明确、不可撤销及无条件等要件，且银行（包括信用保障承买人及信用保障提供人）在风险管理流程方面，亦应符合特定的最低作业要求。

（2）所有使用于保证及信用衍生金融产品的契约，必须对所有关系人具有约束力，且在相关司法管辖区内具有法律强制力。银行必须进行充分的法律审查及验证，以取得上述结论；同时应持续进行必要的审查，以确保契约的强制力。

（3）保证（相对保证（Counter-guarantee））或信用衍生金融产品，必须能对保障提供人直接进行求偿，且必须明确对应至特定风险暴露或一群风险暴露，故信用保障涵盖范围须明确且无可争议。

（4）除非信用保障买方未依约付款，否则信用保障契约不可撤销。信用保障契约不允许信用保障提供人单方面取消信用保障，其亦不得因被避险风险暴露头寸的信用质量恶化，而增加实际保障费用。

（5）合约不应有任何银行无法直接控制的条款，而致使保障提供人得以不履行其支付义务。

（6）在确认交易对手违约或未付款的情况下，银行可凭交易文件内容向保证人追偿未收回的债权。

（7）保证人可以就保证款项选择整笔清偿，或取代被保证人承担未来债务的清偿义务。

（8）银行有权直接向保证人追索债权。

（9）保证是一项由保证人所承担且已明确文件化的义务。

（10）保证应涵盖债务人依交易文件所应支付的各类型款项，例如名义本金、额外应支付款项等。

（11）当保证仅涵盖本金时，根据部分保障规定，利息及其他未受保障的款项应被视为无担保。

（12）信用衍生金融产品契约双方应明确规范的信用事件至少应包括：

- 在标的债务仍有效存在情况下，未依标的债务条款于期限付款（契约如定有宽限期，该宽限期应与标的债务的宽限期密切相关）。
- 借款人破产、无能力还款、倒闭或以书面表示可能无能力支付到期债务，以及其他类似事件。及
- 当标的债务的债务重组涉及本金、利息、其他费用的宽减或延期，而造成信用损失事件（例如坏账冲销、特别损失准备或借记其他类似损失或准备科目）。当债务重组并非被定义为信用事件时，则依部分保障的相关规定处理。

（13）依据期间不对称的规定，信用衍生金融产品不应该在标的债务宽限期到期前终止。该宽限期系用以决定未依约付款是否构成债务违约的条件。

（14）以现金结算的合格信用衍生金融产品，就资本目的，要有严格的评价程序，以可靠估计损失，同时应明确规定标的债务发生信用事件后，仍可取得标的债务评价信息的约定期间。

（15）当契约规定信用保障承买人（信用保障买方）必须移转标的债务予信用保障提供人（信用保障卖方），完成结算程序时，标的债务的约定条款必须述及交易双方及相关第三人均不得拒绝或延迟提供办理此类移转所需的任何同意意见。

（16）契约中必须载明有权决定信用事件发生与否的人员。本决定权不得单由信用保障提供人负责，信用保障承买人亦须具有权力及能力，于信用事件发生时，通知信用保障提供人。

（17）信用衍生金融产品标的债务与参考债务（如用于决定现金结算价值的

债务或可交付债务）若符合下列条件者，则资产不对称情形可被允许：
- 参考债务的受偿顺序与标的债务相同或较前，及
- 参考债务与标的债务属同一债务人（即同一法律个体），且备有具法律强制力的交叉违约或交叉加速条款。

（18）标的债务与用于确认信用事件是否发生的债务的不对称可被接受，但应符合下列条件：
- 后者的受偿顺序与标的债务相同或较前，及
- 后者的债务与标的债务属同一债务人（即同一法律个体），且备有法律强制力的交叉违约或交叉加速条款。

7. 多重信用风险抵减工具的处理方式：假如银行使用多种信用风险抵减工具以保障单一风险暴露头寸（例如同时以部分担保品及部分保证来保障一项风险暴露），则银行需将此一风险暴露头寸切割为数个分别被各类风险抵减工具保障的部分（例如，部分被担保品保障，部分被保证保障），以分别计算每一部分资产所暴露的信用风险。

新产品开发与信用风险评估

1. 新产品开发基本原则

（1）在引进新种商品或交易之前，应备妥适当的作业处理程序和控管措施，并获得董事会或适当委员会的审核。

（2）在新产品报告书中，应详载如何辨识新金融产品或业务现有或未来潜在的风险。

（3）新产品开发时，应确切了解较复杂的授信业务所衍生的信用风险。

（4）董事会及管理阶层应确认在引进新种业务或技术前，已聘有合格的专家，可从事相关的风险管理作业。

2. 信用风险评估基本原则

（1）银行应于安全稳健且定义明确的授信标准下，充分了解借款人或交易对手，并掌握其申请用途、种类及还款来源。

（2）制定安全稳健且定义明确的授信标准，是银行进行授信所不可或缺的要素。

（3）银行应取得充分的信息，能周详审慎评估借款人或交易对手的风险状况。

（4）银行对于授信对象应有所了解，并应定有严格的政策，防范涉有诈欺舞弊或其他犯罪行为的个人往来。

（5）银行审查授信时，应有作业程序适当地将债务人分成关系户或单一客

户,并加总其往来各项业务的风险暴露额。

(6) 银行应逐案评估风险/利润关系,切莫因授信定价不适当,而未能收取与其风险相当的对价补偿。

(7) 银行在审查授信时,应将计提损失准备列入授信决策和整体授信监控作业的考量。

(8) 银行可利用征提担保品或提供保证,以降低个别授信案件固有的风险;然而实际放贷时,仍应以借款人的还款能力为主要考量。银行亦应制定政策,规范可接受的担保品种类及相关的作业程序。另对担保品的担保能力作持续性评估,确保担保品具有执行收益。

(9) 银行应针对内部各单位实际或可能产生的利益冲突,制订类似防火墙的内规,以确保能向借款人索取所需的相关信息。

损失准备的计提

1. 目的

各银行对损失准备计提的作业实务差异相当大。一般而言,银行对融资收益确认及损失准备计提应采用稳健原则,并符合一般公认会计准则、监管机关有关损失准备计提的政策及相关报表编制准则;先进银行则应采用以预期损失($PD \times LGD \times EAD$)为基础来作计提准备的依据,以真实反映银行损失准备计提的适足性。

2. 贷款损失准备

此准备的计提应足以弥补贷款可能遭受损失的金额。有些银行对贷款总额计提贷款损失准备,有些银行则仅针对延滞贷款计提准备,致使贷款损失准备计提不足。银行应确保于进行延滞贷款分析及说明贷款损失准备计提方法,如包括信用卡融资等级重分类比率分析,并包含延滞及正常贷款可能遭受损失金额在内。

3. 超额账户的损失准备

银行计提的损失准备通常不能完全弥补超额融资户所产生的损失金额,例如:银行若要求信用卡融资客户除按月缴纳最低应缴金额外,仍须偿还超额款项及其他手续费,则该等客户信用卡融资等级重分类比率及预估损失金额,可能较以全部客户贷款总额所分析者为高,因此,银行应确保计提足以弥补超额账户所增加损失金额的损失准备。

4. 协议分期偿还计划账户的损失准备

(1) 有些银行计提损失准备不足以弥补协议分期偿还计划账户所产生的损失金额,特别是偿还期限较长、本金偿还较少的协议分期偿还计划。至于协议分期偿还计划成功与否,则因计划内容及银行而异。

（2）对协议分期偿还计划账户应依其还款情况、可能遭受损失情形及不同监督目的予以区分。各协议分期偿还计划账户，均应个别地予以追踪，并个别计提及维持适足损失准备。应计提损失准备通常依照各协议分期偿还计划账户历史的计提经验，并参酌目前情况及发展趋势调整预估可能遭受损失金额而定。参酌调整因素包括：经济情况、融资金额与综合情况、各协议分期偿还计划账户还款条件及收回情形等变动因素。

（3）转销呆账后的贷款收回绩效评估：

- 银行对转销呆账后的贷款若经收回，应详加说明。通常转销呆账后的贷款若有全部或部分收回金额，应转回贷款损失准备。贷款损失准备会因收回个别贷款（包括本金、应收利息及手续费）的转回而减少，有时，甚或超过该笔贷款（可能仅限于本金）原贷款损失准备金额，例如：转销100万元呆账，但却收回120万元（连同本金与利息）及手续费，贷款损失准备因收回120万元而降低120万元，超过该笔贷款转销呆账时所冲销的100万元贷款损失准备。这表示该银行以往可能过早转销呆账而致使转销呆账金额不足以反映在收回过程中银行可能承受的全部损失，而这正是评估银行授信质量及绩效的重要指针。
- 依照监管机关监理报表填报说明及金融业普遍采用的作业实务，转销呆账后的贷款收回即表示先前冲销的贷款损失准备的转回。因此，银行应确保因收回转销呆账后的贷款（包括本金、应收利息及手续费）而转回的贷款损失准备金额，不得超过该笔贷款原来的贷款损失准备金额，超过该金额部分应认列为收入。如上一段的例子，超过的20万元即应认列为收入。

（4）例外事项：可适用例外事项的账户，应为小额且受到良好控管的账户，其还款绩效亦应受到严密监控。稽核人员对例外事项的查核，应详细评估其作业实务是否安全稳健，陈报资料是否正确，并侦测是否有粉饰延滞贷款或损失等情形。若例外管理不良，稽核人员应对该单位例外管理能力提报检查意见，并要求采取立即改正措施。

问题贷款处理

1. 目标

（1）管理问题贷款并拟定相关策略（Account Strategy）。

（2）针对有可能成为问题贷款的潜在借款人，建立信用观察机制（Credit Watch Action）。

（3）建立矫正管理的文化（Remedial Management Culture）。

（4）建立矫正管理资料库监控所有问题债权的进展。

2. 银行必须具备一套管理不良债权或其他各种不同债权重整方式的机制。其基本原则及处理方式如下

（1）银行应以书面定立不良债权管理政策与处理程序，以供相关人员遵循。

（2）银行应成立专责催收单位，以负责处理信用恶化的债权，并以书面定立移送此专责催收单位案件的标准。

（3）银行的信用风险管理文化，应鼓励相关人员及早发现问题债权，移送特别管理。

（4）完成不良债权处理后，银行应积极进行事后检讨，以便了解问题债权发生的原因，避免日后重蹈覆辙。

（5）若银行委外催收，应确保能妥善控管委外机构催收的合法性。

（6）银行委外催收时，应涵括下列项目：

- 与委外机构间彼此任务与职责的划分与约定。
- 委外机构应提供给银行的报告。
- 委外催收的费用，并与内部催收所产生的成本，进行成本效益分析。
- 委外机构催收程序的合法性评估。
- 对于委外机构提出申诉的响应程序。
- 遴选委外机构的程序。
- 明定终止合约的情况。

3. 问题贷款处理程序

（1）审阅外部法律顾问意见书及文件。

（2）制订授信户的立即改善计划（Action Plan）及其切割时点。

（3）与借款客户谈判/协商（Negotiation）并取得双方共识。

（4）与风险管理最高执行主管定期讨论所有债信有疑虑的案件（Classified Name）。

（5）设定一套适当的机制，用以监视各个授信户履约情形及信用状况，并分析备抵呆账损失准备是否适足。

（6）若银行征提保证人或担保品，应确认其已建立持续性评估保证支持强度及担保品价值的机制。

（7）依与借款人的共识，风险管理人员及业务人员应共同商议可能的额度变更架构或协议分期偿还计划。

（8）初步决议是否打销呆账的金额。

（9）开始进行法律执行的相关程序，或将不良债权卖断予资产管理公司（Asset Management Company）。

压力测试

1. 银行在评估个别借款人或交易对手与授信组合时，应考量未来经济情况的可能变化，并应以压力测试估算其信用风险风险暴露额与资本充足性。

（1）压力测试应包括任何未来可能的事件或经济情况的变化，例如：经济或产业的不景气、市场风险事件、流动性。

（2）压力测试的结果应定期由高级管理层复核，并采取适当响应措施，例如：调整政策与限额。

2. 压力测试的定义：国际清算银行巴塞尔银行全球金融系统委员会（BIS committee on the global financial system，BCGFS）将压力测试定义为银行衡量潜在但可能（Plausible）发生异常（Exceptional）损失的模型。在新版巴塞尔资本协议中特别规定，银行欲执行内部评级法（Internal Ratings-Based Approach，IRB）时，必须进行压力测试。银行可通过情境设定或历史信息，根据可能的风险因子变动情形，重新评估金融商品或投资组合的价值，以作为判断企业蒙受不利（如利率突然急升或股市突然重挫）影响时，能否承受风险因子变动的参考。

3. 压力测试的功能：一般风险模型以历史资料为运算基础。此类模型中所指的风险是指过去已发生的变动情况，但对未来可能涉及的风险并不确定，而此部分不能预测的风险，亦可能导致银行面临致命的危害。因此银行欲进行完整的风险管理，必须同时使用一般的风险模型与压力测试模型。

4. 压力测试的设计与发展程序：

（1）银行根据自身的情况，可自行选择测试方式，但须经监管机构审查同意。此项测试必须具有意义，且有合理的保守性；另也应说明内部评级法与压力测试的结果，在资本计提上重大差异的原因，并确认测试内容能涵盖大部分的风险暴露头寸。

（2）针对投资组合进行风险分析及情境事件的建立。

- 压力测试必须包括对于银行信用风险暴露所可能产生不利影响的重大可能事件，或是未来经济条件的变动，及银行于此变动下仍稳健经营的评估。通常会以情境测试的方式，如以经济或产业衰退、市场风险事件及资金流量变化等情形，作为评估特定条件对于应提法定资本的影响。在此概念下，银行至少并应考量经济的衰退情况，以保守的态度，考量银行的国际分散性之下，使用连续两季零成长的情境，评估银行 PD、LGD、EAD 的影响。
- 银行应确认所欲进行压力测试的资产组合标的。个别组合应有其相同的风险影响特性，如同一国家或市场；在资产组合确定后，通过预测及观察市场、经济等变化，寻找出影响标的资产组合的压力事件（Stress

event)。银行可寻求外部专家的咨询，建立适当的压力情境。市场状况变化程度越大者，则其压力情境设计越需多样化。

（3）定义各风险因子：银行常面临的各种风险因子可归类如下：

- 信用风险因子：此部分包含了违约概率（Probability default，PD）、违约损失率（Loss given default，LGD）及违约风险暴露额（Exposure at Default，EAD）三个主要风险因子。信用等级的下降、还款能力的降低等亦会对资产组合产生影响。此外，借款人提前还款也会导致再投资风险，所以到期日（Maturity）也可视为风险因子。
- 总体经济因素：经济成长率、失业率或物价指数等会对资产组合产生影响的总体经济变数（Macroeconomic Factor）皆可视为风险因子。
- 市场风险因子：银行持有债券或证券等金融商品同时面临了市场风险及信用风险。一个压力事件对此类商品所产生影响是属于市场风险还是信用风险，很难直接区分，因此在进行压力测试时，会同时对这两类风险因子进行衡量。
- 其他类型风险因子：在一般的风险模型中，经常会有许多的假设条件，如流动性风险等，在进行压力测试时，此类假设条件应予放宽进行估算。此外，在风险模型中经常会使用到与资产组合有关的风险性资料作为中介资料，如转换矩阵（Transition Matrix）、相关系数矩阵（Correlation Matrix），在进行压力测试时，也可将其视为风险因子进行试算。

5. 执行压力测试的方法：

（1）进行压力测试的方法，大致可归纳成下列几种方法：敏感度分析（Sensitive Analysis）：此方法是利用某一特定风险因子或一组风险因子，将因子依执行者所认定极端变动的范围中逐渐变动，以分析其对于资产组合的影响效果；情境分析（Scenario Analysis）：将一组风险因子定义为某种情境，分析在个别情境下的损失，关于情境分析的事件设计方法则有两种生成方法：①历史情境分析（Historical Scenario）；②假设性情境分析（Hypothetical Scenario）。

（2）压力测试的执行，应包括数量化及质化两方面。数量化是指银行将可能会面临的压力事件及影响，以数量明确表示；质化部分是指当银行在计算承受压力测试结果后，自行评估其资本及营运上可以采取的应变措施（例如避险或改变资产配置），以管理过于集中或潜在的风险。

（3）依新压力情境重新进行资产组合的评估：有了影响资产组合的风险因子及其变动大小后，银行便可依此资料重新对资产组合的各标的进行评价程序，计算出各种不同情境下资产的价值，再与资产组合原先价值比较，便可得出当目前资产组合面临此类压力情境下，无法立刻调整资产组合所发生的最大损失。

6. 压力测试运作的完整性及公正性。

（1）压力测试程序应由一独立单位（或机制）负责管理及协调。对于压力情境事件的设定，应成立一专门委员会，委员会的成员尽可能涵盖银行前、中、后台的人员（例如征信人员、风险管理人员或交易员）及外部顾问等，如此才能针对银行本身投资组合特性，整合内部经验及外部资料，设定出合适的压力情境。

（2）银行应确认其具备足够的信息系统以支持压力测试计划。相关系统应能针对不同的组合及事业群进行压力测试，并以整体银行为基础，综合有关的压力测试结果。

（3）就资料面而言，银行必须考量下列资料来源。第一，银行本身的资料至少应可估计部分风险暴露头寸的信用等级变动趋势。第二，银行应考量信用环境细微恶化对银行内部评级的影响，以及程度较大、极端情境的可能影响。第三，银行应评估外部评级的评级变化趋势，包括将银行评级对应至外部评级的相符情形。

（4）银行必须确定其相关资料的正确性，因此各投资标的的数量、价格等，必须详加确认。此外，对于衡量各风险因子的市场资料（如利率、汇率）及其他风险性资料（如转换矩阵）的验证工作亦十分重要。

（5）应定期进行压力测试，并在书面政策中制定调整执行的频率。至于涉及市场风险因子组合的压力测试，其测试频率应较高（例如每日或每星期一次）；其他相对变化比较温和的组合（例如贷款），其压力测试则至少每季进行。如若遇到政治、经济环境迅速变化，则应实时评估变动风险产生的可能影响。

（6）银行应定期检讨及更新压力测试计划所用的方法及成效，以实时反映投资组合特性及外在情况的变化，及评估基本假设是否有效。上述检讨每年应至少进行一次，若授信组合或环境出现重大转变，则应更频繁地进行检讨。有关应定期检讨的内容包括以下各项：

- 压力测试程序的文件记录是否足够。
- 压力测试是否并入日常风险管理内。
- 压力测试程序的核准过程，包括其后作出重大修改的授权。
- 压力测试计划涵盖的风险范畴；管理信息系统的稳健程度。
- 进行压力测试所用投资组合的准确性及完整性。
- 检核进行压力测试所用数据来源的一致性、时间性及可靠性。

3.3 市场风险管理

3.3.1 概述

1. 市场风险，是指因市场价格不利的变动，造成资产负债表表内及表外头寸可能产生的损失；所谓市场价格则指利率、股价、汇率及商品价格等。这里讨论的市场风险管理，适用范围包含银行所有汇率头寸与一般商品头寸，以及属交易簿的利率头寸及权益头寸所面临的市场风险。

2. 银行在进行金融商品操作及投资时应同时考量其愿意且能够承受的风险水平及其期望达成的报酬水平，并于两者间取得平衡。

3. 银行应发展健全及有效的市场风险管理机制，此机制应与银行的业务规模、性质及复杂程度相符，以确保能够妥善管理银行所承担的风险。

4. 鉴于银行已普遍使用与操作衍生金融产品，交易的种类亦相当广泛，银行应针对进行衍生金融产品所面对的市场风险做适当管理。

3.3.2 市场风险管理策略

制定市场风险管理策略与政策的基本原则

1. 银行应发展适当的市场风险管理策略，此策略应与银行整体经营策略相符，并依据市场风险管理策略，以书面文件制定清楚明确的市场风险管理政策，以说明市场风险管理目标并确保全行实行市场风险管理的一致性。

2. 市场风险管理策略及政策须根据银行内外部经营环境及面临风险的变化做适当调整，维持与银行经营策略及目标的一致性，并涵盖与银行业务相关的所有重要市场风险。

3. 高级管理层应负责导入董事会核准的市场风险管理策略与政策，据以发展相关的程序或作业准则，并确认全行各阶层员工清楚了解并遵循市场风险管理策略及政策。

市场风险管理策略及政策至少应包含的内容

1. 市场风险管理策略应说明银行的市场风险管理范围、架构及管理目标。

2. 银行的风险偏好/风险容忍度：风险容忍度是银行在特定期间（通常为一年）所能容忍的市场风险最大损失金额。银行应说明制定此金额的原则与主要考量因素。

3. 市场风险管理组织架构、责任与职能及资源需求。

4. 业务范围或操作产品范围。

5. 新产品及新业务的提案与核准，应包含新产品及新业务的提案与核准政策以评估新产品及新业务对于银行风险暴露情形的影响及检讨既存风险管理机制的适足性。

6. 市场风险衡量方法：包括定性与定量的方法，例如敏感度分析、风险价值衡量法、情境分析、压力测试等。

7. 市场风险监控方法：如限额管理、停损机制等。

8. 授权架构及呈报流程。

建立限额制度

1. 在符合公司风险容忍度下，依据经营策略、市场状况与风险调整后报酬等项目制定市场风险限额制度。限额种类可能包括交易头寸限额、敏感度限额、停损限额、风险价值限额、压力限额等。

（1）交易头寸限额（Limit on Position）：针对部门及交易员设定每一金融产品可承做的最大头寸金额。

（2）敏感度限额（Limit on Sensitivity）：限制特定市场风险因子变动时，头寸可能产生的潜在损益金额。

（3）停损限额（Stop loss Limit）：当交易员的头寸累积损失到达或接近停损限额时，交易员的头寸须受到限制，以将头寸损失控制在停损限额内。停损限额可用于一段时间内的头寸累计损失，如日、周、月、季、年等。

（4）风险价值限额：风险价值可用来衡量整体投资组合的风险，并可以风险价值来设定交易员及各业务部门的头寸限额，提供不同市场间的共同比较基础。

（5）压力限额（Stress loss Limit）：银行应定期执行压力测试，衡量目前头寸在极端情境下可能发生的异常损失金额。而压力限额的设定将促使管理层在压力测试结果超越压力限额时，采取适当行动以将潜在市场风险暴露控制在银行可承受的范围内。制定压力限额时通常将考量市场经验、历史情境、风险因子间的相关性、个别风险因子的波动性、银行整体的风险承担情况以及风险偏好。

2. 银行应建立清楚的限额核定层级以及规范超限处理程序。

3.3.3　市场风险管理组织

基本原则

1. 银行应具备独立的市场风险控管单位，负责设计银行的市场风险管理机制，执行银行整体市场风险管理工作，并应独立于交易部门，直接向非交易部门主管的管理阶层报告。

2. 董事会及高级管理层应重视银行的市场风险管理功能并积极参与，且投入必要的资源。

董事会

1. 应核准且定期复核（至少每年一次）银行的市场风险管理策略与政策以及市场风险容忍度。

2. 应核准且定期复核（至少每年一次）银行的市场风险管理机制，确保市场风险管理机制适当，且已全盘考量并反映银行经营策略、风险承受能力、风险偏好/风险容忍度、以及管理阶层的专业知识与风险控管能力。

3. 应确认银行具备充足资本，以吸收各项市场风险所造成的全部损失。

4. 确保高级管理层能有效导入市场风险管理架构及策略，并定期与管理阶层沟通以清楚了解银行的风险管理流程与风险暴露情形。

5. 尽管董事会对风险管理负有最终责任，但仍可授权风险管理委员会或资产负债管理委员会等专责委员会执行上文所述的部分职责。授权应以书面形式执行，并载明其权限或职责范围。被授权的专责委员会应定期向董事会提交报告。

6. 尽管董事会可以授权专责委员会履行部分责任，但董事会仍须对银行市场风险管理机制有适当了解，若董事会成员缺乏相关的专门知识，应考虑引入具备相关专业的新董事会成员或提供董事会相关知识说明。

高级管理层

1. 依据董事会核准的风险策略发展全行市场风险管理的政策、程序及流程，并确保具备明确的市场风险管理权责及职能、有效的市场风险控管流程、架构完整的风险呈报流程及适当的市场风险管理系统。

2. 应确保被授权的员工了解其在市场风险管理方面的责任，并确认其具备足够能力及专业知识执行市场风险业务或功能，遵行相关政策与程序。

独立的风险管理机制

1. 银行应具备独立的市场风险管理机制，虽可以不同形式呈现于银行的组织中，例如业务单位或交易单位内的风险控制中台，或是风险管理部室等，但银行应确保其独立于产生风险的业务单位及交易单位。

2. 独立的市场风险管理机制应具备明确风险管理职能与责任，确保银行内部风险管理流程包含市场风险的辨识、衡量、控制、监督及报导皆依循银行既定政策及程序。

3. 独立的市场风险管理机制应直接向相关风险管理委员会或高级管理层报告，避免利益冲突，确保风险控管的有效性。

4. 银行应为独立的市场风险管理机制提供有效的管理信息系统支持。

5. 各功能的负责人员应具备足够的专业知识及相关经验以履行其职责。银行并应提供适度资源以协助其获取执行业务所需的专业知识与技能。

内部稽核

1. 内部稽核应定期查核（至少每年一次）银行的市场风险管理流程，确保其符合既定政策与控管程序。市场风险管理相关制度应具备完整的书面文件，以供作检视市场风险管理作业的参考依据。

2. 内部稽核应对市场风险管理机制定期做独立的查核（至少每年一次），查核包括交易单位及风险控管单位。

3. 内部稽核应考量银行自身的市场风险风险暴露头寸以及市场风险管理发展的程度，由以下查核范围（但不以此范围为限）中，决定出对于银行内部市场风险管理机制所应进行独立查核的项目。

（1）风险管理制度及作业程序的适当性。
（2）风险控管单位的组织独立性。
（3）市场风险衡量结合日常风险管理的完整性。
（4）定价模型及评价系统的权限控管程序。
（5）风险衡量作业任何重大改变的生效启用。
（6）风险衡量模型所涵盖市场风险范围的适足性。
（7）信息管理系统的可信度。
（8）头寸资料的正确性及完整性。
（9）验证内部模型资料来源的一致性、时效性、可靠性以及独立性。
（10）风险衡量模型或系统的假设与重要参数（如波动性及相关性假设）的正确性及适当性。
（11）评估风险转换计算的正确性。
（12）执行返回测试及模型验证的适当性。

4. 内部稽核应具有适当独立性及地位，且银行高级管理层应就稽核缺失采取对应措施。

5. 内部稽核应具备充足资源及人手，且有关人员应经适当训练及具备相关知识与技能以查核银行市场风险管理机制。

3.3.4 市场风险管理流程

风险辨识

1. 有效的市场风险管理流程始于辨识存在业务活动或金融产品中的既有风

险。运用业务分析或产品分析等方法，确认市场风险来源，定义各金融产品的市场风险因子并作适当规范，这是市场风险衡量系统有效运行的重要因素。

2. 市场风险因子即那些影响头寸价值的市场比率及价格。风险衡量系统应具备足够的风险因子以衡量银行表内外交易头寸所存在的风险。

3. 对于任何结构型金融商品，应辨识各组成部分的市场风险因子，以提供正确衡量结构型商品市场风险暴露的基础。

4. 针对银行重要风险暴露头寸辨识风险因子并据以衡量银行面对的市场风险。风险因子的选定应注意下列原则：

（1）利率：银行的表内及表外有利率敏感性头寸投资时，应依不同币种建立相对应的利率风险因子群。

- 风险衡量系统中所使用利率曲线模型应为一般可接受的模型。利率曲线应依到期日分为不同的到期区间，以利掌握利率曲线上不同到期区间其个别利率波动性的差异，通常每一个到期区间至少有一个相对应的风险因子。若银行对某主要货币或市场的利率动向有重大的风险暴露时，利率曲线模型最少应具有六个风险因子，即至少应以六个不同到期区间去建构利率曲线，至于确实的数目依银行的交易策略及性质而定。例如投资组合中，有各式不同到期期限的证券，对于复杂的套利策略者，所需的风险因子就应该越多，这样才能正确地衡量其利率风险。而利率曲线上各个风险因子的选取，都是以选择各年期最新发行人为代表，因为通常最新发行人交易最为活跃，其成交利率最能反映市场行情变化。

- 风险衡量系统中另应具风险因子以衡量价差风险（Spread Risk），有多种方法可供选择以衡量因政府公债利率及其他固定收益产品利率之间不完全相关所产生的价差风险，例如建立一条专属非政府公债的利率曲线，或对政府公债利率曲线的不同到期日分别预估价差。

（2）汇率：风险衡量系统针对银行以外币计价的各币种头寸，应有相对应的风险因子。在风险衡量系统中的风险价值是以本国货币表示，因此，任何以外币计价的净头寸都会有外汇风险，所以必须针对每一个具有重大汇率风险的币种设定风险因子。

（3）权益证券价格：若银行对权益证券市场有投资头寸，银行应有相对的风险因子，对应各个权益证券市场或个别权益证券。对某一权益证券市场所做的风险分析，其性质及复杂程度取决于银行对此整体市场的暴露及对市场中个别持股集中程度。

- 至少应有一风险因子用来衡量整个权益证券市场的价格波动，例如市场指数。此时，对个别证券或类股指数的头寸，应以相对于市场指数的Beta

值（Beta-Equivalents）来表示。
- 进一步的方法为依不同的类股找出相对的风险因子，至于个别股票则以相对于类股指数的 Beta 值表示。
- 最精密的方法为依个别权益证券的波动产生相对应的风险因子。

（4）商品价格：针对银行持有重要头寸的各个产品市场，应具备相对应的风险因子。银行可采用直接特定的风险因子，例如对每个产品使用一个风险因子。若银行持有的整体产品头寸很小，亦可针对同一产品族群采取单一风险因子，例如针对所有类型原油商品采用单一风险因子。

风险衡量

1. 银行应建立可行的风险量化模型衡量市场风险，风险衡量模型必须与其日常风险管理紧密结合，所产出的资料亦应作为银行规划、监督及控管其市场风险状况的参考依据。

2. 银行的风险衡量系统在操作上应与交易及风险限额结合，且限额与风险衡量系统的连结应具持续性。

3. 风险管理单位应每日就风险衡量模型产出的资料加以分析，包括风险暴露头寸的衡量以及其与风险限额相关性的评估。

4. 市场风险衡量可采用统计基础衡量法、敏感性分析或情境分析等方式。

（1）统计基础衡量法：一般采用风险价值衡量法，可提供银行跨部门间风险衡量的共同比较基础，并可提供银行关于全行市场风险整体性的了解。衡量各头寸的风险价值时所使用的持有期间与信赖水平假设，应依头寸的不同风险特性与面临的市场流动性风险予以调整。

（2）敏感性分析：银行可衡量持有头寸对个别风险因子变化的敏感度，范例如下。
- 衡量股票产品的 β，评估其系统风险。
- 衡量利率产品的 Duration、Convexity、PVBP。
- 衡量选择权（期权）产品的 Delta（选择权（期权）价值对于标的价格改变的敏感度）、Gamma（衡量 Delta 对于标的价格改变的敏感度）、Vega（选择权（期权）价值对于标的波动率改变的敏感度）、Theta（选择权（期权）价值对于距到期日改变的敏感度）、Rho（选择权（期权）价值对于利率改变的敏感度）。

（3）情境分析：使用者可定义风险因子移动的间距，并针对不同风险因子所设定的变化重新评估投资组合的价值变动。

5. 银行在选择风险计算方法及模型时应考量下列因素：

（1）银行操作头寸的性质、规模及复杂程度。

(2) 银行的业务需要（例如定价）。
(3) 相关衡量方法及模型所依据的假设。
(4) 是否具备模型所需相关数据。
(5) 操作人员的专业知识及技能。
(6) 管理信息系统的精密程度。

6. 银行衡量市场风险时，应能正确衡量各广义风险项目（risk category）内选择权（期权）的独特风险，衡量选择权（期权）风险时应依据下列标准。

(1) 银行的模型应能计算出选择权（期权）非线型的价格变化（如 Gamma Impact）。

(2) 银行的风险衡量系统应计算选择权（期权）头寸因标的比率或价格的波动率改变所造成的影响，即 Vega 风险。

(3) 银行选择权（期权）的头寸大而复杂的，应依波动状况加以细分，如可将选择权（期权）头寸依到期期限细分，衡量个别期间的波动率。

7. 银行衡量市场风险时，应同时将头寸的市场流动性风险（market liquidity risk）纳入考量。市场流动性风险为银行无法以合理市价将头寸实时卖出或平仓而遭受损失的风险，亦即头寸在变现过程中因为变现成本增加而产生的风险。市场深度不足、市场透明度不高或市场失序皆可能造成市场流动性风险。

8. 交易头寸应至少每日按照市价评价。如果以模型评价，所有模型参数应每日评估。

9. 除了每日衡量目前头寸在正常市场变动情况下可能发生的损失金额，银行另应定期执行压力测试，衡量目前头寸在模拟极端情境或历史极端情境下可能发生的异常损失金额。压力测试结果应定期呈报给高层管理人员，并确保测试结果符合董事会及管理人员设定的政策及限额。测试如发现有特定异常结果时（如损失金额将超越压力限额的特定比例），应即采取适当的行动方案（例如办理避险、增加控制点或减少持有头寸以降低银行的风险暴露）。

10. 风险管理单位应定期检视市场风险衡量的计算结果是否合宜。针对风险价值衡量模型，应由风险管理单位定期进行返回测试，即就风险衡量结果与资产组合每日价值的变动做较长时间的回顾比较，确认模型能在一段时间内提供可靠的潜在损失金额。

11. 银行应配合其所持有投资组合的规模与复杂程度，发展衡量整体头寸风险暴露的方式。目前常见做法是采用前述风险价值衡量法，同时，将风险价值衡量法所规划限额与其他交易操作使用的限额连结，避免投资组合过度集中于某项风险因子。执行风险衡量时，应借由评估交易标的物的波动性与相关性，考量交易标的物的个别风险（如个别产业或公司的特殊性）以及可能的风险分散效果。

并且对于流动性不佳或市场价格透明度不够的头寸应保守评估，以充分评估银行所面临的市场风险。

风险沟通

1. 对内呈报

（1）风险管理单位应每日呈报风险管理信息给足够授权的高级经理人员核阅。

（2）银行应建立清楚的程序或办法以确保超限与例外状况（违反政策与程序的情况）能实时呈报给适当的管理阶层，并能采取适当风险抵减应对措施。

（3）应定期呈报董事会与高级管理层资产组合风险状态、风险分布状况与资本分配情形，以协助其评估银行的风险集中度与承受能力，并研拟必要的策略调整决策。

2. 对外揭露

（1）银行应充分揭露其所面临的市场风险，以及其辨识、衡量、监控这些风险的技术，以使市场参与者能够对银行的市场风险管理加以评估。

（2）信息揭露的程度应与银行业务活动的规模、风险情形以及复杂程度匹配。

风险监控

1. 银行应制定完整的风险监控流程，在例行营运活动中持续进行。在监控作业中所发现的风险管理缺失如超越限额的情形或其他特殊状况，均应迅速向高级管理层呈报并实施必要行动。针对严重缺失，应制定例外状况报告程序，以便争取时效采取及时的风险抵减措施。

2. 银行在参与的金融市场主要交易时间内，应实时、全程地监控交易状态，如头寸变动、损益变动、交易模式、交易标的是否在业务授权范围内。

3. 业务部门应随时将头寸变动状态正确输入相关控管系统，且初步检视资料产出结果，并由非交易单位复核输入资料的正确性。

4. 须由银行外部或交易单位以外的渠道取得用以复核金融产品评价所需的资料（如股价、利率、汇率、变动率等），以避免因利益冲突而产生人为操弄评价资料的情况。

5. 停损机制的执行将有效地将损失控制在银行预期范围内。停损标准与停损记录应列入评估业务授权额度的重要项目。

3.3.5　风险管理信息

1. 银行应发展及维持适当的市场风险管理信息架构。规划该等信息架构时，应包含前台交易系统、中台风险管理系统与后台账务处理系统在内的不同系统间信息流程、资料管理与外部资料来源的设计。

2. 银行建立的市场风险管理信息系统应能够有效掌握整体风险暴露头寸与提供适当的风险衡量结果，以协助执行风险管理程序。

3. 银行于规划市场风险管理信息系统时，应配合所使用限额管理方式，适时产生盘中与盘后所需信息。该等系统应能够在风险承担额接近预设限额时发出警示讯息，并能报告超越限额的情况或其他重大异常情况。

4. 为确保市场风险管理信息系统持续有效运作，银行应依业务及风险承担情况定期维护与发展该系统。

5. 银行可建立适当的整体市场风险管理信息系统，以确保跨部门、跨交易、跨产品与跨人员间衡量方法、外部资料来源与衡量假设条件间一致性，并能够保存适当历史资料，以利追踪风险管理成果，与作为适当调整的基础。

6. 银行应培养或建立具备相关专业能力的信息人员，以维护市场风险管理信息系统的运作。

3.3.6 压力测试

1. 通过过去所发生的市场危机与异常变化情形，发现银行仅针对正常经营环境进行市场风险管理是不充分的。当市场发生剧烈震荡时，可能因下述情况的产生而导致银行蒙受非预期的重大损失：

（1）对于市场在正常情况下所设定的假设失效。

（2）由于不同市场间发生非预期的相关性，形成新的风险集中情况。

（3）多个市场同时出现价格急遽波动的情况。

（4）危机期间无法平仓或进行对冲。或

（5）受影响国家或地区的经济状况突然恶化。

2. 银行宜定期针对风险暴露头寸进行压力测试，以评估其在极端不利情况下可能遭受的损失，进而做好应付此类情况的准备。除了利用历史极端情境考虑银行可能受到的冲击外，银行应自行调整假设情况的严重程度，设立不同程度的情境，反映轻微、中等及严峻的受压情况，以评估在各种情况下受影响的程度。

3. 压力测试的进行程序是为了评估压力状况对头寸的冲击效果，压力状况可采用过去一段时间所发生的重大事故，例如：1997年亚洲金融危机、1998年俄罗斯的货币危机及2001年美国9·11事件等，这些事件所引发的价格重挫、市场流动性减少及不同风险因素的连动关系造成市场情况的恶化，皆可用来评估对于银行目前头寸的可能冲击程度。

4. 如果采用假设的压力情境，则可根据上述历史事件情况调整而成，并可以将这些事件对头寸的冲击效果加以放大，同时将线型及非线型的价格变化列入考量（针对选择权（期权）及隐含选择权（期权）特性工具）。

5. 风险因子的压力额度可考虑采用绝对数额、相对比率或考量各种市场因素后设定的公式。银行进行压力测试时应考量：

（1）对于利率曲线的平行移动及非平行移动进行压力测试。

（2）考量利率、汇率及股票市场等的相关性进行压力测试。

（3）对于新产品的加入造成对损益及风险因子的影响进行压力测试。

（4）对于市场波动造成对损益及风险因子的影响进行压力测试。

（5）对于汇率、债券及股票的价格变动进行压力测试。

（6）对衍生产品考量波动率微笑（smile effect in implied volatility）。

（7）对于各项评价方式中市场因子的波动性进行压力测试。

6. 银行执行压力测试应同时对市场风险及市场流动性风险进行定量及定性的分析。定量的分析即在各项压力情境下估算风险暴露情况；定性分析则需强调压力测试的两个主要目标：

（1）评估银行资本吸收潜在最大损失的能力。

（2）银行为降低风险并保存资本而可能采取的步骤。

7. 银行应将压力测试结果与高级管理人员沟通，并促使其特别注意压力测试中所呈现的潜在风险、特别容易受影响的环节，与规划类似危机发生时可能的补救措施。

8. 银行可采取下列方式来降低其因某一压力测试的特定情境发生所带来的影响。

（1）购买保障或保险以应对特定压力测试情境发生所带来的影响。

（2）调整投资组合标的资产的比重或分散投资标的，以降低特定标的资产对资本可能造成的影响。

（3）有效分散银行营运内容或产品种类。

（4）针对特定压力情境规划应对措施。

（5）增加银行所能取得的筹资来源，以提升银行的流动性。

9. 压力测试的结果应作为银行制定或定期评估其市场风险管理策略的考量因素，且须定期将压力测试的结果与银行所制定的压力限额（Stress Loss Limit）做比较分析。

3.4 操作风险管理

3.4.1 概述

银行向来以内控内稽的方式来管理操作风险，而操作风险管理质量之良莠，对银行的信誉及存续均有重大影响。在此首先就操作风险的定义予以说明，其次就操作风险管理的要项，包括策略、组织、流程及管理信息，说明操作风险管理实务运用所需注意的观念及原则。

操作风险的定义

1. 新巴塞尔资本协议对操作风险的定义为："因内部作业、人员及系统的不当或失误，或因外部事件所造成损失的风险"。此定义包含法律风险，但不包含策略风险及信誉风险。

2. 银行可参酌新巴塞尔资本协议的规范，就行内操作风险的形成，对操作风险作适当且明确的定义。

操作风险管理的目的

操作风险管理的目的，是借由建立及有效执行健全操作风险管理机制，以降低银行的操作风险，并达成银行营运及管理目标。

银行必须具备明确的操作风险管理策略、清楚定义操作风险管理组织权责及职能、规划完善的操作风险管理流程及设计所需的操作风险管理信息。

3.4.2 操作风险管理的策略及政策

基本原则

1. 操作风险策略及政策应说明操作风险管理目的、操作风险定义、操作风险容忍度及操作风险管理环境。

2. 对于风险管理策略以及相关政策与施行准则的制定、修改与定期复核，银行应建立必要的作业流程，并予以书面化。

建立全行操作风险管理策略及政策

1. 高级管理层应依董事会核准的操作风险管理架构，建立一套适用于管理全行各事业单位下主要营运活动、产品及系统的具体操作风险管理策略与政策。

2. 制定操作风险管理策略与政策时，应确保与银行营运策略目标及组织文化一致。

3. 制定操作风险管理策略及政策时，应考虑营运活动的内部及外部环境。

制定操作风险容忍度

1. 风险容忍度的制定，依据董事会及高级管理层核准的营运目标、银行目前操作风险的状况及银行所能承受风险暴露的程度拟定，并需经过董事会及高级管理层核定。

2. 银行可根据经核定操作风险容忍度，设定不同层级，如风险事件、产品、业务等的风险限额，并可在策略及政策中规范超过限额时的风险对策。

3. 银行应监督操作风险限额的操作情形，任何超限或是特殊情况须适时向高级管理层汇报，并采取必要的行动。

制定新产品及新业务核准政策

1. 银行对于行内各项产品及业务的新增、修订与删除，均须分析及评估其可能衍生的风险，并说明关于操作风险管理相关的辨识、衡量、沟通及监控等程序，及未来系统所需提供的信息，以降低未来操作风险风险暴露或操作风险发生的机会。

2. 为确保能有效管理新产品及新业务，银行应考虑其对操作风险管理的影响，以及所需信息系统的支持程度。

3. 新产品及新业务推出前，应咨询所有相关部门，如风险管理单位、业务部门、会计部门及法规遵循部门等。

4. 产品及业务变动的评估报告须呈报适当层级的主管。

5. 推出新产品后必须进行后续评估作业，其相关的评估结果应作为日后发展类似产品及服务时的参考。

制定风险应对政策

1. 为积极管理操作风险，银行可依据全行风险容忍度及风险概况（risk profile），设计及导入适当风险应对措施，以将操作风险控管于可承受的程度。

2. 风险应对措施包含风险抵减/转移、承担、控制及回避。使用各对策时应评估日常营运活动可能产生损失的概率与严重性，及与其他风险间的关系后，选用适当的风险对策。

3. 银行在进行风险抵减/转移活动时，必须考虑其所衍生的剩余风险。

3.4.3 操作风险管理组织

建立适当的操作风险管理环境

1. 银行应制定明确的政策、策略及适当的监督机制，并建立健全操作风险文化及内部稽核制度。

2. 操作风险管理是银行全体人员的职责，故应清楚定义董事会、高级管理层、稽核与操作风险管理的职能，以使银行具备完善的操作风险管理机制。

3. 确保操作风险管理功能独立于稽核单位及风险承担单位。

操作风险管理的角色与责任

1. 董事会

（1）确保建立适当的风险管理体系与文化。

（2）定期（至少每年）复核及核准全行的操作风险管理架构及策略，包括操作风险政策、组织及职能等。

（3）核准全行的操作风险定义，并针对操作风险的辨识、衡量、沟通及监督方面提供高级管理层清楚的指导原则。

（4）复核操作风险管理报告及其他攸关风险的信息，以了解银行内部所承担的风险，并将内部资源做妥善运用与配置。

（5）确保银行操作风险管理架构已经由独立、接受适当训练及具备相关能力的员工进行内部稽核。

（6）监督高级管理层有效导入操作风险管理架构及策略。

2. 高级管理层

（1）负责建立经董事会核准的操作风险管理架构。

（2）负责建立管理全行产品、活动、流程及系统的操作风险政策、流程及程序。

（3）确保操作风险管理政策能清楚传达至各阶层员工。

（4）明确指示全行各管理阶层操作风险管理间的权责及分层呈报的关系。

（5）确保银行操作风险管理活动由接受适当训练且具备相关经验与技术能力的人员执行。

3. 稽核

（1）建立稽核计划及程序，以定期评估及验证银行各事业单位与独立操作风险管理机制的操作风险管理架构及流程（功能）的有效性。

（2）对于查核时所发现的缺失或异常，应详列于稽核报告中持续控管，并定期提出追踪报告。

（3）稽核人员应对操作风险管理的相关负责人员提出控管缺失的建议，但不应直接负责操作风险管理事宜。

（4）稽核的查核范围与查核频率应与银行操作风险的风险暴露程度相称。

（5）银行应聘任具备相关操作风险管理专业知识及经验的稽核人员，以了解、检核及验证行内所采用的操作风险管理执行程序及风险衡量机制。

4. 独立操作风险管理机制

（1）管理单位功能

- 设计并导入董事会核准的操作风险管理架构。
- 拟定全行的操作风险管理与控管的策略、政策及程序。
- 设计并导入银行操作风险评估及管理机制。
- 设计及导入操作风险评估机制,并确保报告的正确性。
- 进行操作风险教育训练。

(2) 执行及支持单位功能
- 辨识单位内各项操作风险、风险来源及风险成因。
- 定期评估风险发生的频率及严重性,并持续监督及追踪风险控制不足的部分。
- 定期报告操作风险议题,包括重大的操作风险风险暴露及损失、控制或流程的改善等。

风险管理组织设计实务

公司治理及组织设计,须避免利益冲突的组织功能,以确保风险信息能公开透明,且相关风险能被有效地管理。各单位实际的风险管理职能及组织架构,可于下述原则下,依企业文化及营运目标,作适度调整。

1. 组织功能

适当的组织架构应是银行降低操作风险的关键。银行可依据其业务复杂度与规模大小而有不同形态操作风险管理组织的设计。组织设计的基本原则为:风险管理部门应独立于风险承担单位,业务支持部门(如交割清算或作业单位)亦应独立于风险承担部门。稽核亦需完全独立对风险管理机制进行客观审视。

2. 不同操作风险组织的差别

由于每一家银行均有其独特的历史背景、组织文化及业务专长,银行间的操作风险管理组织并不会完全相同,银行应该基于自身的需要,考虑其规模与业务复杂度,来设计自身的操作风险管理组织。

3.4.4 操作风险管理流程

基本原则

1. 银行应依其业务规模、性质及复杂程度制定操作风险管理准则及程序,并将其书面化。

2. 操作风险管理流程应确实落实到行内各项营运活动、产品、服务及系统中。

3. 银行的操作风险管理流程及相关评估系统,须接受定期验证及独立查核。

风险辨识及评估

1. 银行应建立有效的操作风险管理机制，以辨识及评估全行现有及潜在的操作风险。

2. 风险辨识时，须考虑银行业务经营特性、经营环境等内部及相关外部因素，依不同产品或服务，归纳出各类风险因子。当内外部环境改变时，应立即进行操作风险辨识及后续相关工作，以确保银行操作风险管理机制的妥适性，并掌握全行风险变动的情形。

3. 银行应确保新产品、活动、流程及系统于正式生效前，其操作风险已经过适当的辨识及评估程序。

风险衡量

1. 银行应以适当且一致的定性或定量的标准，衡量各风险类型、产品或服务的风险暴露程度。

2. 银行内部的操作风险衡量机制必须与每日的风险作业程序密切结合，并以该风险衡量结果，作为监管控制操作风险的依据，以落实操作风险管理。

3. 银行的操作风险衡量机制应包含内部及相关外部损失资料的分析、情境分析以及利用上述两种分析对未来风险暴露情况的预测。

4. 银行应定期检视风险衡量方法的主要假设、资料来源及程序。

风险沟通

1. 对内呈报

（1）银行应建立评估流程以确保董事会及各管理阶层了解行内风险概况，并能据此作出决策。

（2）操作风险管理报表需针对不同管理层级的管理目的设计，并应对风险议题，列示相关行动方案。

（3）银行应建立有效搜集、记录及分析操作风险的方法，以确保报告中涵盖全行的操作风险。

（4）风险评估应完整反映相关操作风险信息，并应包含未决议题及未来改善的方案。

（5）应定期验证评估机制以确保风险评估的及时性、正确性及攸关性。

2. 对外揭露

（1）银行应建立对外揭露政策，此政策需包括银行决定揭露内容的方法，和对于揭露过程的内部控制，此外，此揭露政策须经过董事会核准。

（2）银行须充分揭露风险，以使市场参与者能够对银行的操作风险管理方法加以评估。

（3）信息揭露的程度需与银行营运活动的规模、风险情形以及复杂程度相配合。

（4）必须针对操作风险范畴，描述其风险管理目标和政策，包括：
- 策略和流程。
- 相关风险管理系统的组织与结构。
- 风险报告和/或衡量系统的范围与特点。
- 避险和/或抵减风险的政策，及监测规避和/或抵减工具持续有效性的策略与流程。

（5）揭露中应说明银行采用的操作风险资本计提方法。

（6）银行若采用高级计量法，必须简述高级计量法的测量方法中考虑的相关内部和外部因素。而部分使用高级计量法时，应说明采用不同方法的范围和涵盖情形。

（7）采用高级计量法的银行应揭露欲降低操作风险而使用的保险。

风险监控

1. 银行应建立监控操作风险状态及重要损失的流程。相关重要信息应定期向管理阶层及董事会报告，作为各管理阶层主动管理操作风险的依据。

2. 监控的频率应能反映操作风险及营运环境变迁的频率与性质，并将风险监控融入银行的活动中。

3. 应定期监控并及时侦测操作风险，以有效降低操作风险的风险暴露。

4. 银行应采用预警性的指针，定期监控操作风险，以协助预估未来操作风险可能性及其风险暴露程度。

3.4.5 风险管理信息

1. 银行可配合操作风险管理策略、政策与组织设计，规划适当的操作风险管理信息架构，以协助执行操作风险管理程序。适当的操作风险管理信息架构，应包含对于信息流程、资料保存、与其它系统间连结关系、衡量方法或模型工具等内容。

2. 银行为执行操作风险管理流程，所建立操作风险管理工具与操作风险衡量模型，应书面化并定期评估其攸关性与适当性。

3. 银行所建立操作风险管理信息架构，需能够系统地掌握个别损失事件的发生频率、严重性及其他操作风险相关信息。

4. 操作风险管理信息架构中信息流程与资料保存，应包含对于操作风险损失事件的通报、追踪与确认流程，从而建立一个适当损失数据库，以有效率地辨识、衡量、监控银行的操作风险。

5. 操作风险管理信息架构的复杂程度须与银行的业务及相关产品的特质、规模及复杂程度相吻合。一般来说，该信息架构应能满足以下功能：

（1）按照银行所采用的操作风险衡量方式，衡量银行整体与个别项目的操作风险风险暴露情形。

（2）操作风险信息内容应能整合各项产品、部门、地区或集团。

（3）提供管理阶层操作风险的预警讯息，并及早报告超过操作风险的限额状况及例外状况。

6. 为能有效评估各业务部门或活动的表现，银行可考虑引用风险调整后绩效，以便比较个别业务部门的绩效表现，并将业务活动所涉及的风险计算在内。

7. 损失数据库的资料来源可分为内部资料及外部资料。银行应通过内外部损失事件数据库的建立，以发挥资料搜集、保存、管理分析及信息揭露的功能。

3.4.6 风险策略

风险应对政策

银行日常营运活动中可能会面临不同损失事件的操作风险，银行在思考如何应对这些风险时，可参考如下策略思维（见图3.9）。风险对策一般来说可分为风险抵减/转移、风险承担、风险控制及风险回避。

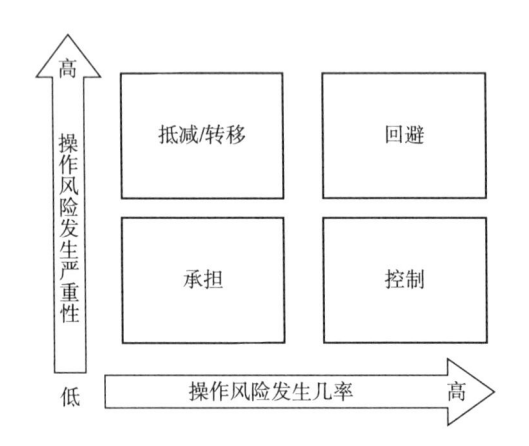

图3.9 操作风险应对的策略思维

1. 风险抵减/转移

（1）如果操作风险损失事件发生频率低，但风险发生时严重性极高，银行可考虑将部分或全部的风险抵减/转移，由第三者承担。目前，银行常用的风抵减/转移措施包括保险、委外及业务持续计划/紧急应变计划。例如，当面临天灾或火灾的意外事件时，由于发生频率不高，且难以预估发生损失金额，则可使用保险的方式以移转风险。

（2）就委外及紧急应变计划可抵减风险的部分，银行一般除考虑成本效益外，主要是以银行的非核心能力而外部厂商就该非核心能力更具专业性这一考虑，会选择抵减/转移风险对策。如将法务契约委由律师事务所进行，即为委外抵减/转移风险的范例。银行在采取这一对策时，应就原始和剩余风险分别考虑。

（3）抵减/转移措施的介绍

①保险

对于损失发生频率极低，但高度严重性的风险，例如，火灾及天灾，其损失的概率及金额难以估计，如果银行保留大量资本以防备这些风险，是不符合经济效益的。因此，银行可借由保险来管理此类损失。

银行采用保险作为风险抵减/移转措施时，需考虑下列要素：

- 付款的不确定性、保险涵盖范围与投保业务的操作风险风险暴露头寸无法完全配合时的情形。
- 过度集中于某一保险提供者的情形。
- 因第三者账务清算与索赔时点不匹配所造成的潜在风险。

银行采用高级计量法且使用保险作为风险抵减措施时，需符合下列标准：

- 保险公司的理赔能力评级，至少为 A 级。
- 可用于风险抵减的保险，基本条件为保单保险期限不能少于一年。若保险剩余期间低于一年，在计算风险抵减效果时，须扣除部分抵减效果，以适当反映保单剩余期限。当保险存续期间仅剩下 90 天时，须 100% 扣除保险的抵减效果。
- 保单内应有 90 天取消保险最短通知期限。
- 保单不可有因监理措施所引发的排除条款或限制，若保单已排除监理措施所产生的任何罚款或惩罚损失时，该排除将不妨碍银行、接收者或清算人对于发生在接收或清算程序开始以前的损失事件获得理赔。
- 风险抵减的计算须反映银行的保险抵减，并与计算操作风险资本所采用的损失可能性与冲击有清楚、一致的关联。
- 保险须由第三人提供，若保险非由第三人提供，则此风险须再转移，例如，通过再保险以符合要求。
- 以保险进行操作风险抵减的整个架构，须合理明确且加以文件化。
- 银行须揭露为抵减操作风险而使用的保险内涵。

②委外

- 银行应建立健全委外活动的风险管理政策，并将该项活动移转至具备较佳专业与规模的外部单位，以管理特定银行活动的风险。但银行采用外部委外单位并未降低董事会与管理层的责任，董事会与高级管理层仍需确保外部单位执行的活动受到了良好的管理，并且遵循相关法令。此外，委外活动应以完整的合约或服务协议为基础，以确保外部服务提供者与银行间有清楚的责任划分。银行还应对委外契约协议（包含服务终止）的剩余风险进行管理。
- 银行选择将其工作或业务委外的原因如下：
  ◇ 成本考虑或达成规模经济的效益。
  ◇ 让银行专注发展其核心业务。
  ◇ 使用委外服务厂商所具备的专业知识及技能。
  ◇ 将相关服务集中处理，可以改善服务质量及加强监控和风险管理。
- 委外服务厂商选择之前，银行应做出审慎严谨的评估。在评估委外服务厂商时，除考虑成本因素及服务水平外，还须考虑委外服务厂商的财务稳定能力、信誉、管理技巧、技术能力、营运状况及规模、与银行的企业文化和未来发展策略配合程度及对银行业的熟悉程度，以及配合市场创新需求的能力及弹性。此外，选定委外服务厂商之后，必须持续地监督其表现及绩效。
- 应与委外服务厂商签订委外服务契约协议，其重点包括：
  ◇ 银行与委外服务厂商所签订的契约协议应清楚列明所提供服务的种类及水平，以及委外厂商在合约下的责任与义务。
  ◇ 银行应定期检视委外服务契约协议，并评估该协议内容是否须重新议定及修改，以符合市场动态及业务策略上的变动。
- 银行应备有相关控管方法，以确保委外服务厂商遵守客户资料保密及其他银行相关的规定，并设有防范措施以保障客户资料的机密性及完整性。常见的客户资料管理方法包括：
  ◇ 委外服务厂商保证公司及员工会遵守保密规则。
  ◇ 一旦出现违反保密规则的情况，银行有权利对委外服务机构采取法律行动。
  ◇ 银行的客户资料应与委外服务厂商及其委外服务厂商其他客户的资料分开。
  ◇ 对委外服务厂商仅提供其执行职务所需基本必要的银行客户资料。
- 银行应通知客户其资料可能以委外的情况处理。就重大委外计划，特别是委外至海外地区，银行应另行给予客户特别通知。
- 银行在终止委外协议时，必须确保向委外服务厂商取回所有资料或将资料销毁。
- 银行应具备有效的程序以监督控管委外服务厂商的表现及管理与可能衍生出的风险，其监督的程序应包含：
  ◇ 委外服务厂商遇到的重大问题。
  ◇ 定期检讨委外服务厂商的状况。
  ◇ 委外服务厂商的紧急应变计划、相关计划的测试成果及改善计划。
  ◇ 银行委任适当且具专业知识的员工对委外服务厂商进行监督的责任。
  ◇ 稽核定期检视。
- 银行及委外服务厂商应具备及了解紧急应变计划，并针对计划进行测试，以确保委外服务厂商的系统发生故障时，营运能持续不中断。此外，应考虑在紧急状况下是否有其他委外服务厂商可供替换，或是银行内部是否有能力自行处理，以及须考虑其中所涉及的费用、时间及资源。

③业务持续计划/紧急应变计划
- 业务持续计划是事先进行计划及准备，以应对紧急或灾害所引起的潜在损失的影响。因此，银行应制定及推行业务持续的政策及可实行的全面的测试及更新计划，以确保在紧急或灾害发生情况下，银行仍可继续提供服务。紧急应变计划/业务持续计划应纳入范围如下：
  ◇ 危机处理程序。
  ◇ 恢复业务运作。
  ◇ 信息系统的复原。
  ◇ 业务持续计划运作的模式。
  ◇ 重要记录管理。
  ◇ 公共关系及通讯策略。
  ◇ 其他降低风险方法。
- 业务持续计划的实施须考虑下列项目：
  ◇ 业务持续计划必须定期进行测试，其测试包括确认银行员工的认知及准备程度，以确保持续运作的计划是确实可行的。
  ◇ 银行应定期测试其业务持续计划（应至少每年一次），高级管理层应参与年度测试，并应了解当启动持续计划时，其本身该采取的行动。此外，复原及后备人员都应参与及演习，以娴熟其在计划过程中所担任的责任。
  ◇ 银行应编制正式的测试文件，包含测试计划、测试程序及测试结果，以确保测试的全面性及成效。若测试结果显示持续计划有任何缺失，应更新相关计划及策略。

◇ 测试后必须将测试结果编制成检讨报告，并呈报给管理层。

◇ 银行必须在年度测试中检讨所有涉及持续营运计划的风险及架构是否适当。

◇ 银行应制定正式的变更管理程序，以确保持续营运计划能对任何相关改变进行更新（须经过适当的核准并存有书面文件）。若启动持续营运计划，应在回复正常运作后立即进行检讨。

◇ 应定期检讨其业务影响分析及复原策略，以确保内部经营环境变动时，持续计划是否继续有效或须予以更新。

◇ 重大内部变动，如购并、组织重组或主要干部离职，应立即在持续营运计划中反映，并向高级管理层呈报。

2. 风险承担

当损失事件发生率低且损失金额低，且其风险为银行可接受的水平时，银行不采取额外措施来改变风险发生的可能性，并拟接受其可能产生的冲击。

3. 风险控制

（1）对于发生频率高的日常损失事件，但损失金额不高时，银行可采取适当管控措施，以降低风险发生的可能性及（或）其发生后的冲击。银行常用的风险控制措施为内部控制制度、认识你的客户、法规遵循管理、道德规范管理及加强教育训练等方式。例如，为避免员工不当的行为，导致银行利益或名声受损，银行可通过定期教育训练加强员工道德规范意识。

（2）风险控制措施：认识你的客户（Know Your Customer，KYC）

- "认识你的客户"的风险管理计划系指建立一套以整体银行为基础的集中且一致的流程，以协调及公布政策及程序。此政策及流程的设计，不仅须考虑严格的法律遵循及监管机关规范，更须考虑如何辨识、监控及减少信誉、作业、法规、集中程度的风险及加强洗钱防治的工作。

- 建构健全的"认识你的客户"计划，必须包含下列项目：
  ◇ 开户政策。
  ◇ 辨识/鉴定客户身份。
  ◇ 持续监督高风险的账户/客户。
  ◇ 风险管理。

- "认识你的客户"计划必须一致推广至银行整体的架构，包括总行及其下各分行。因此，银行必须建置健全的信息分享架构，使总行及各分行能共享信息。

- 银行应建立明确承接客户的政策及程序，并保存辨识客户身份的相关信息。
- 银行在承接客户前，应判断其客户风险状况，如：
  ◇ 客户的背景及概况，例如客户为政界人士或与政界人士有关系，或属于富有人士而其存入的账户的资金来源不清楚。
  ◇ 客户业务的性质，特别是面临较高洗钱风险的行业，例如货币兑换商或赌场等处理大量现金的行业。
  ◇ 公司客户，其所有权结构是否过度复杂而又无充分理由。
  ◇ 曾经被其他金融机构拒绝往来的客户。
- 银行应建立全行主动监督客户账户的机制，以实时侦查出任何可疑的交易。因此，银行应具备管理信息系统，定期向高级管理层或权责部门主管提供事实资料，以便随时监控高风险的客户或是可疑的活动。
- 本计划的风险管理应包含适当的管理监督、系统、控管、权责划分、教育训练及其他相关政策。
- 道德规范管理。
- 董事会及高级管理层应定期检视行内道德行为规范。
- 银行应有适当的政策、系统及控管以确认员工的个人投资或交易执行对银行或客户无隐藏利益冲突。银行应要求员工定期揭露可能隐含利益冲突的情况。
- 应制定适当的书面道德规范准则，内容涵盖所有法律、控管及道德事项，亦可针对不同议题制定不同准则。例如银行可制定保护知识产权及环境保护等不同的准则或声明政策。
- 银行应定期举办行为规范教育训练，并要求员工以书面方式承诺，以确保所有员工了解并遵守行为规范。监控的频率应能反映操作风险及营运环境变迁的频率与性质，并将风险监控融入银行的活动中。

4. 风险回避

当操作风险损失事件频率及损失金额皆高时，银行采取回避措施，以规避可能引起风险的各种活动。通常此类风险对策会配合银行营运策略进行调整。例如，当银行对于是否退出现金卡市场，评估的结果发现风险超出银行所能承受及管理的水平时，则决定退出现金卡市场以回避此类风险。

操作风险管理流程

操作风险管理流程可分为风险辨识、风险评估、风险衡量、风险监控、风险沟通。风险管理流程是动态循环的过程，通过此循环的过程以确保银行具备完善的操作风险管理（见图3.10）。

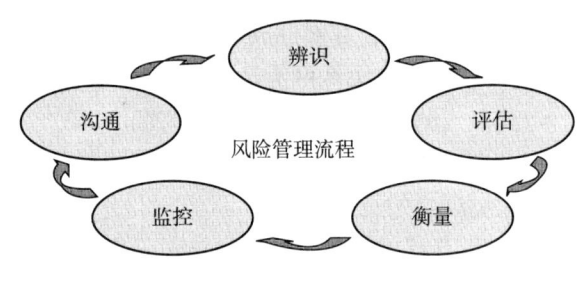

图 3.10 操作风险管理流程

1. 风险辨识

（1）目的：

风险辨识是风险管理流程的第一步，其目的在于系统地辨识风险事件，并排列出风险顺序，以便对风险做全面性的定位及归类，并提供进一步风险分析的信息。因此，对于银行来说，辨识必须包含所有的风险，不管其是否已经妥善的控管。

（2）步骤：

- 发生的事件：风险辨识的第一步应从风险因子开始分析，当事件发生时，必须详细记录损失事件，例如，事件发生时间、发生地点及发生何种损失等信息。
- 如何及为何发生事件：将上述记录的损失事件，分别考虑其如何发生及为什么会发生的原因，以便后续进一步分析及应对方式。

（3）方法及措施：

风险辨识的方法包括检查表、经验的判断及记录、脑力激荡的方式等，以下提供银行常用风险辨识的方法及措施。

- 风险自评。
- 稽核报告。
- 同业风险管理实务。
- 关键风险指标。
- 计分卡。

2. 风险评估

（1）风险评估是在辨识出风险事件后，针对银行损失事件进行评估的流程。在评估的流程中，必须先决定两个重要的因素，一个是事件发生影响程度，另一个是事件发生可能性。首先，就事件发生影响程度探讨，事件发生影响程度可利用质化或量化的方式进行分析。质化的分析如表 3.18 所示；对于风险信息较完善的银行，可采用量化的方式进行分析，其可利用银行内例行报表内的信息提供，例如，净营业收入、总负债/总资产或是资产的数字。而后，银行可以设定门坎金额来制定各项影响程度，而门坎的金额会依照银行内不同部门而有所差异（银行、保险或资产管理部门所制定的门坎会有所不同）。除了不同部门有所差异外，银行也必须决定各影响层级的门坎金额，如同表 3.18 中，不重要、轻微、中度、重要及非常重大的门坎金额为多少。因此，事件发生时就可依照损失金额的多寡，予以分出事件影响的程度。相同地，事件发生的可能性也分为质化及量化的分析，以下提供质化分析案例（见表 3.19），当然银行也可以将事件发生的可能性予以量化。

表 3.18　　　　　　　　　　质化影响程度的衡量

层级	影响程度	描述
1	不重要	没有发生损失，低财务损失
2	轻微	可以及时处理并控制，中度财务损失
3	中度	必须透过外部支援协助，高度财务损失
4	重要	必须透过外部支援协助，未发生不利的影响，重要的财务损失
5	非常重大	发生不利严重的影响，重大的财务损失

表 3.19　　　　　　　　　　质化发生可能性的衡量

层级	发生可能性	描述
A	极可能发生	在大部分的情况下，预期会发生
B	可能发生	在大部分的情况下，有发生的几率
C	或许发生	偶尔会发生
D	不可能发生	偶尔可能发生
E	极不可能发生	在未预期的情况下，可能发生

（2）风险比对及风险地图：当银行将损失事件给出不同影响程度的层级及发生可能性层级的分析后，可通过风险比对的步骤，得出各风险事件的风险高低程度（如表 3.20），银行便可针对各风险不同的特性给予不同的应对方式。此外，银行可利用风险地图，将风险比对的成果绘制成风险地图，因此，管理者便可通过风险地图，将风险归类及定位后，显示各领域应对风险的能力，并借以安排后

续管理工作的优先级。

表 3.20　　　　　　　　　　质化的风险比对

发生可能性	影响				
	不重要 1	轻微 2	中度 3	重要 4	非常重要 5
A 极可能发生	H	H	E	E	E
B 可能发生	M	H	H	E	E
C 或许发生	L	M	H	E	E
D 不可能发生	L	L	M	H	E
E 极不可能发生	L	L	M	H	H

E：极度高风险；必须立即采取行动
H：高风险；高级管理层必须注意
M：中度风险；管理层有责任将之列入管理
L：低度风险；纳入例行性管理

3. 风险衡量

以下提供 AMA（Advanced Measurement Approach）下三种量化的衡量操作风险的方法论。

（1）内部衡量法（Internal Measurement Approach）
- 银行必须自行将其内部营运活动分类为不同的事业类别，并定义其操作风险损失事件，假设银行根据新资本协议中的八大业务及七大损失事件分类，则构成 56 个风险矩阵。
- 内部衡量法计算公式如下：

$$\text{计提资本} = \Sigma_i \Sigma_j [\gamma(i,j) \times EI(i,j) \times PE(i,j) \times LGE(i,j)]$$

其中，
i = 事业类别；
j = 损失事件；
EI = 风险暴露指标（Exposure Indicator）；
PE = 损失事件的发生概率（probability of loss event）；
LGE = 事件发生所损失的金额（loss given that event）；
EL = 预期损失，公式为 $EI \times PE \times LGE$（Expected Loss）；

γ = 通常由监管机关提供的系数。
- 根据事业类别及损失形态的风险矩阵，监管机关会提供特定的风险暴露指标（EI）以代表每一事业类别操作风险风险暴露的程度，例如，资产规模及交易量等。
- 银行根据内部损失资料，计算出损失事件的发生概率及事件发生所损失的金额，并进一步计算出各事业类别及损失事件风险矩阵的预期损失。
- 监管机关提供各事业类别及损失事件风险矩阵的 γ 系数，将预期损失转换成应计提资本。

（2）损失分配法（Loss Distribution Approach）
- 损失分配法为更高级的方法，银行需利用自己内部各个业务类别及损失事件形态结合的损失资料，根据内部损失发生的频率及严重性分别得出频率及严重性的统计分配。再结合上述两项的损失分配，得出行内总损失分配。
- 银行需预估未来特定期间内可能的操作风险损失统计分配，而资本计提依据损失分配在某一信赖区间下的最大损失金额（如99.9%信赖区间下最大损失金额为25亿元）。

图 3.11 展示了损失分配法的工作原理。

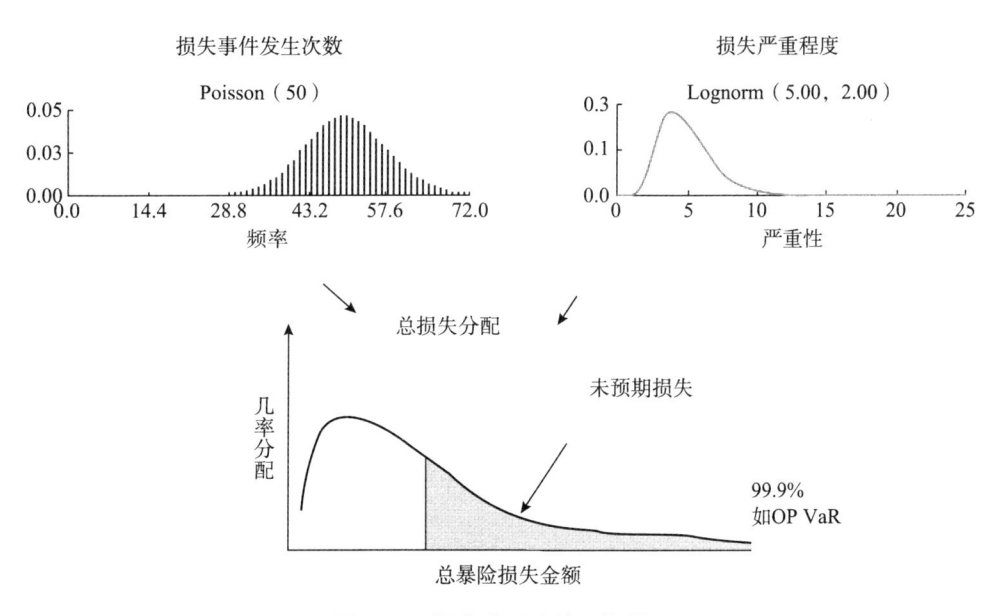

图 3.11 损失分配法的工作原理

（3）计分卡法（Scorecard）

- 银行须先计算应计提的操作风险资本，并在日后依据计分卡结果进行操作风险资本的调整，而计分卡设计应能掌握银行的风险概况及风险控制环境。
- 计分卡法可借由风险自评的方式，由辨识风险流程中控制缺失，转化为评分的量表，通过银行评分的结果调整操作风险应计提的资本。
- 在计分卡的设计上，须进行详尽的因果分析，找出造成损失事件发生的关键因素，并确实反映出各业务类别的风险特性及风险环境。
- 验证程序的进行也是不可或缺的一环，以此确认各种量化、质化评估与实际操作风险损失间的关联性是否足够。

（4）一般而言，银行在衡量上会搭配使用，举例来说，内部衡量法搭配计分卡法或是损失分配法搭配计分卡法。经由量化的模型先计算出应计提操作风险资本，再使用计分卡法进行质化的调整。

4. 风险监控

（1）一旦辨识及评估出主要风险，银行必须致力于风险监控。

风险控管的方式，可为风险承担、风险规避、风险抵减/转移及风险控制（如上文所述）。银行应依照不同风险的特性，决定不同风险监控的方式，并定期检视监督控管执行的有效性。

（2）监督控管已辨识出的风险包含：
- 接受风险并将纳入营运活动中。
- 减少营运活动涉入程度。
- 回避或是不承做该活动。
- 利用保险转移操作风险。
- 通过委外活动来移转风险。
- 提拨操作风险预期损失。
- 业务持续计划。

（3）事业部主管可使用下列方式监控已辨识出的风险：
- 设计内部流程及系统定期呈报风险，并持续分析评估现存机制的有效性。
- 指派专门人员管理风险，如例外事件的跟催。

5. 风险沟通

（1）必须明确地定义逐级呈报机制及操作风险指针/损失事件的管理。

（2）损失事件的分析为操作风险管理中的重要一环，通过分析可让银行了解如何导入最佳风险管理方式以降低损失及增加企业价值。

（3）明确定义操作风险响应程序（损失响应程序），包含通报损失事件给适当的事业主管及员工；损失事件损害赔偿的程序，例如内部及外部的沟通、备援系统及流程等。

(4) 风险报告实务说明如下：
- 应说明逐级层报的流程，以明确告知何种风险必须呈报及呈报至何种层级。
- 银行宜建立有效搜集、记录及分析操作风险的方法，以确保报告中涵盖全行的操作风险信息。因此，为提供全行操作风险概况，损失事件及相关损失来源必须涵盖银行内每一个部门。
- 根据历史资料预估银行未来潜在的操作风险。
- 通过分析操作风险的成因（流程、人员、系统及外部事件），辨识出操作风险的关键风险指针，以了解行内风险暴露方向及风险概况。
- 应制定处理程序，针对管理报表所反映的信息采取适当的行动方案。
- 定期向高级管理层分析、汇整及报告损失事件的现况，并强调须注意的事项及说明控制风险所需采取的行动方案。
- 风险报告内容须说明建议采取的行动方案、须负责的部门及行动方案的时程规划。
- 风险报告的内容必须符合董事会及高级管理层在决策上的考虑，并确保报告的及时性、正确性及攸关性。
- 应根据风险报告的结果调整行内操作风险容忍度。
- 损失事件的呈报应有一致的标准且呈报程序必须透明化。

(5) 操作风险管理报告应包含下列项目：
- 操作风险损失业务类别/损失形态
- 银行必须将其所搜集的操作风险损失资料，根据业务类别及损失事件形态予以分类，其分类的方式可依据新资本协议中的八大业务类别及七大损失事件分类。
- 风险报告中应说明各损失事件发生的业务单位及损失事件形态，以了解行内损失事件分布状况。

(6) 操作风险风险暴露值
- 银行可依照业务性质及复杂程度，选择适用的操作风险风险暴露量化衡量方式。
- 应定期报告行内整体的操作风险风险暴露值，以了解所须计提风险资本是否足够且适当。
- 银行可依据其业务、法律结构、地区或其他分类方式呈报操作风险风险暴露值。

(7) 趋势分析及预警分析

- 银行可定期进行及检视关键风险指标的趋势分析,并由图形化的趋势分析提供清楚且简洁的信息(如图3.12)。
- 银行应确定门坎金额或是风险限额,当超出门坎或是风险限额时,应提出警告的讯息,高级管理层或是适当授权的主管应确实了解超限状况并调查原因。

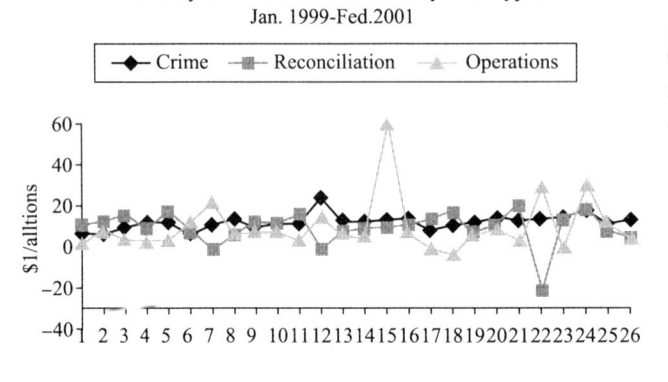

风险级别	损失金额
Crime	0.3
Reconciliation	0.9
Operations	1.3

说明
- 操作风险相关的损失为波动最大的风险
- Crime相关的损失过去26个月相对稳定

图3.12 操作风险管理报告——趋势及预警分析

(8) 相关风险风险暴露与控制评估的改变

当行内推行新产品及新业务时,相关风险须重新评估;当外部环境改变时,银行须重新检视风险暴露及控制评估的妥适性。因此,当银行因内部及外部环境有所变更,导致相关风险暴露与控制评估改变时,应于操作风险报告中详细说明。

损失信息架构及数据库

1. 信息架构(见图3.13)

银行的操作风险信息系统架构,大致可分为以下区块:

(1) 资料来源及网络连结:

资料来源及网络连结是指操作风险管理所需资料来源的确认及网络连结的功能。就操作风险而言,一般包含了银行主机系统上的操作风险资料(如会计损益资料)、经由操作风险管理流程所产生的资料(如保险资料)或外部操作风险的资料(如外部损失资料)等。

(2) 预先过滤、数据库及流程管理：

即原始资料的整理功能。将原始资料经由自动化的程序，转变成操作风险衡量所需的信息，并置于风险管理平台的功能。

(3) ORM 模块及使用者界面：

即操作风险管理系统的功能及使用者界面，包含操作风险管理的系统流程、操作风险管理工具及操作风险管理的衡量等。

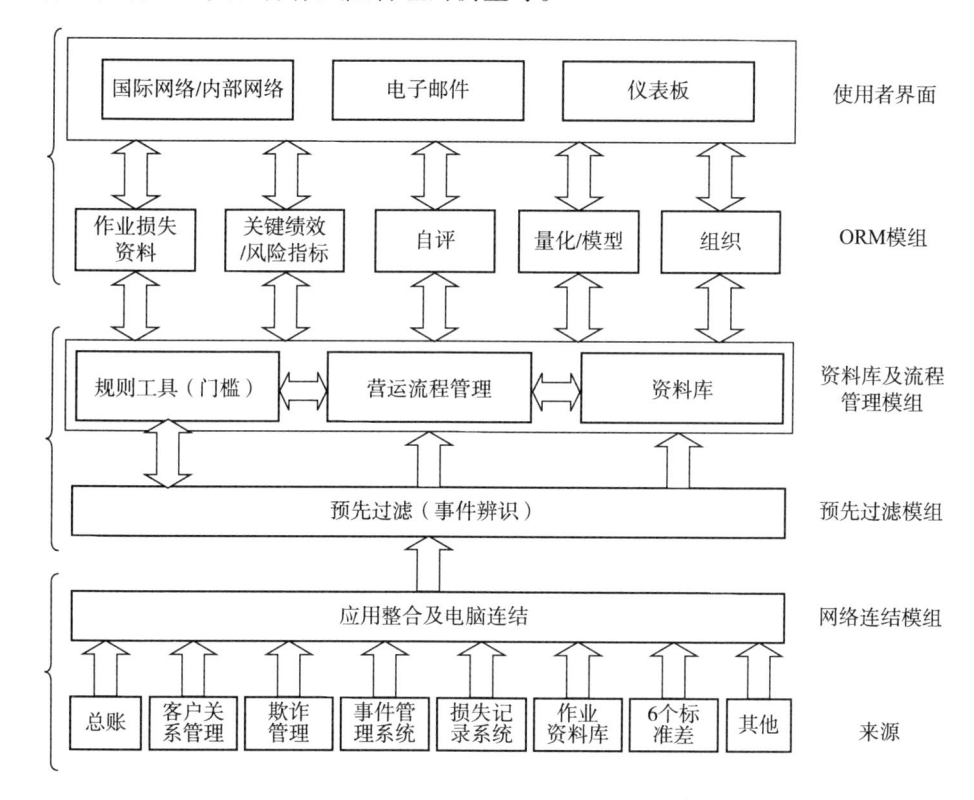

图 3.13 操作风险资讯架构图

2. 损失数据库

(1) 概述

目前国内银行试图建立操作风险损失数据库（operational risk loss database），以解决衡量操作风险时，所面临的内部损失资料不足问题。银行可通过内部损失事件数据库的建立，实现信息揭露及资料搜集、保存、管理及分析的功能。损失数据库的资料来源可分为内部资料及外部资料，以下将针对内部资料、外部资料作出说明，并探讨情境分析。

(2) 内部资料

①通过操作风险流程辨识出内部操作风险损失是操作风险管理中重要的一环，其原因陈述如下：
- 通过操作风险流程协助找出隐含的操作风险成因。
- 提供高级管理层行内损失的报告以导入适当且实时的改善方案。
- 提供整合辨识的损失并通过集中管理操作风险，以协调控管全行操作风险的方式。

②操作风险内部资料可参考下列方式取得：
- 稽核报告。
- 法令遵循文件。
- 管理报告。
- 与管理层的访谈。
- 历史损失经验。

③操作风险损失内部资料搜集必要信息：
- 事件名称及事件说明。
- 事件发生单位。
- 事件负责单位。
- 事件发生地区。
- 事件形态。
- 受事件影响的业务类别。
- 事件发生日。
- 事件发现日。
- 事件结束日。
- 后续处理方案。
- 损失金额。
- 损失内容：损失项目的描述，例如，由于某项事件发生，导致赔付多少钱或是损坏哪些硬件的说明。
- 损失回收金额。
- 损失回收方式，例如通过保险的方式。
- 保险内容：如有牵涉保险行为，须描述保险内容。

④当损失事件是由银行某一部门（如信息部门）所引起或由跨业务类别的活动及跨时期的事件引起时，银行应制定损失分配的具体标准。

⑤辨识重大操作风险事件的流程必须定期评估，以确保尽可能将全行损失事件妥善地记录。

（3）外部资料

①银行必须建立使用外部资料标准，制定相关作业政策及程序。

②应定期由独立单位审查外部资料的适用性及其使用程序。

③对于发生率小但风险影响程度极大的操作风险，或是对于银行内部资料不足的部分应充分引用外部信息，并定期检验。

④外部资料可能来源包含下列各项，银行于引用外部损失资料时，须考虑与银行操作风险的相关性，例如银行预估火灾损失时，可将外部资料中取得曾经发生过火灾事件所导致损失的资料套用在银行中。

- 国内外机构的操作风险损失数据库。
- 国内外资料搜集代理机构。
- 保险公司操作风险损失数据库。

⑤外部数据库必要搜集信息

- 事件名称及事件说明。
- 事件发生机构。
- 事件发生地区。
- 事件形态。
- 事件受影响的业务类别。
- 事件发生日。
- 事件发现日。
- 事件结束日。
- 后续处理方案。
- 损失金额。
- 损失内容。

（4）情境分析：

银行应运用外部资料并配合专家意见，对重大风险事件进行情境分析，以了解可能的风险暴露。也可借助有经验的业务经理及风险管理专家，对可能发生的损失进行合理的评估。例如，以专家提出的评估结果作为损失统计分配的假设参数。此外，应采用情境分析来衡量不同于银行操作风险衡量架构相关性假设的情况，其可能造成的影响有多大，尤其应用于评估多重操作风险损失事件同时发生的潜在损失。这些评估结果应与实际损失比对，并持续进行验证和重新评估，以确保其合理性。

法律风险

1. 定义

法律风险是指由于不能执行的契约、诉讼或是不利的裁决引起的潜在风险。

其会造成作业面或是银行组织面负面影响。

2. 导致法律风险的因素

（1）法规遵循风险：未能遵循实施的法律、规章、章程及指定的惯例所导致的风险。

（2）文件风险：文件风险系指表彰银行权利、执行（作业）程序的文件因不完整、不正确或无强制力所衍生出的风险。

3. 管理原则

（1）法规遵循规范管理

①董事会应负监督银行管理法规遵循风险的责任。董事会应核准银行法规遵循政策，并定期检视行内遵循的政策及监督其执行管理的效能。

②高级管理层应负责导入落实执行董事会核准的遵循政策，并持续地评估政策的妥适性。

③高级管理层应负责建置一独立法规遵循功能架构，此部门的其中一项重要的职责为确保所采用的风险管理制度或程序符合相关法律的规定及监理要求，并随时了解当地监管机关的动向及新法规议题。

④法规遵循功能的组织架构及职责应以书面文件妥善记录。

⑤独立法规遵循功能必须辨识、评估、沟通及监控银行所面临法规遵循的风险，并实时给予董事会及高级管理层报告及建议行内遵循的状况。

⑥规模较大的银行应设立独立的法规遵循部门；对于规模较小的银行，可聘用外部律师提供法律咨询或在各部门中适当分配职责。

⑦内部稽核部门应定期查核独立法规遵循功能的执行效能。

（2）文件风险

①采用标准文件可以减少文件出现问题的风险，举例而言，金融市场衍生产品市场发展迅速，可参照国际交换暨衍生产品协会就衍生工具交易所拟备的标准文件（ISDA），以提高市场透明度与作业效率。

②文件标准化能使金融产品合约内容清晰明确，立约双方更明白本身在合约下的权责，从而降低与交易对手的争议。举例而言，完善的文件能降低银行面对贷款协议时，产生不可强制执行的机会，双方仅需就标准条文外个别交易本身的独特事项加以注意即可。

③标准文件应注意的事项：

- 标准文件仍须按个别交易加以调整，即银行仍须就个别交易特殊部分征求法律意见。
- 标准化的条文内容应随着不同市场环境及特别事项而有所调整。如根据信用衍生产品近期的发展，即使是标准式的贷款文件亦可能出现模棱两可或含糊不清的情况，有关此方面必须提高警觉，并依实务需要加以必要修订。

跨国营运的操作风险管理

对于跨国营运的操作风险管理，除着重于银行本身的操作风险特质外，银行还必须了解国际监理的方式，以避免增加法律风险。以下提出巴塞尔监理委员会所公布文件中，几项跨国导入新资本协议的原则：

1. 当银行在母国外的其他所在国家设置子公司时，常会面临多国监理机关，就其营运及新资本协定执行情形，进行审查。因此，银行必须同时了解国外子公司对新资本协议导入及其他法令的相关规范。

2. 银行对于各分支机构所在国的监理机关规定必须确实掌握，当银行以子公司模式经营时，应遵循驻外国的法律及其对海外分支银行的相关规定。

银行集团风险管理整合程度、使用方式一致性程度、资料及其他因子（如法律责任）等考虑因素皆可能影响整体导入的决策。

风险自评及关键风险指标

1. 风险自评

（1）操作风险自评为操作风险评估的工具，其内容包含辨识各业务单位的重要风险、设计控制重点、控制缺失的后续因应措施及风险评估结果说明等。

（2）风险自评通常由银行内部发起，以一般性勾选式问卷、引导性开放式问卷、研讨会或借助独立单位方式进行分析。

（3）设计作业
- 决定风险自评的方式。
- 发展出操作风险自评模板。
- 与相关部室共同讨论制定。
- 追踪操作风险自评分配、完成、核准及评分的作业流程。
- 追踪后续因应措施的执行状况。
- 设计适当管理阶层操作风险报告。

（4）风险自评分析报告

应载明评估结果及采取后续因应措施的时间表或工作计划。

（5）报告结果

应呈阅业务部门主管、操作风险管理部门及内部稽核。

（6）风险自评其他注意事项：
- 风险自评的评估必须涵盖整体银行各单位并至少每年评估一次自评。
- 应检视是否具备最低控管标准，若发现控管不足的地方，必须有后续应对措施。
- 应确实追踪后续因应措施,以确保风险自评执行的成效。

(7) 风险自评成功的关键:
- 董事会及高级管理层的支持与承诺。
- 清楚明确制定各事业单位的职责职能。
- 应提供足够且适当风险自评的教育训练课程以供全体员工一致风险自评语言及流程信息。
- 风险自评必须投入适当的资源及时间,银行必须确认各单位具备足够能力以执行风险自评。
- 银行应具备独立单位以监控风险自评执行的成效。

2. 关键风险指标

关键风险指标的管理是根据行内风险状况制定量化的指标以监控操作风险风险暴露及控制措施,以达成协助管理阶层追踪管理目标。关键风险指标为主动积极地控管及监督风险,将操作风险损失发生概率及严重程度降至最低。

(1) 设置关键风险指标的目的:
- 通过辨识导致风险增加的成因及显示出相关风险的风险暴露程度,以作为行内预警的前瞻性指标。
- 在实际发生操作风险损失前,执行风险预防及管理方案。
- 借由了解及量化行内各项风险信息,加强各事业单位及风险管理单位的风险认知。由监控关键风险指标的流程了解行内对风险管理的目标及风险容忍度。

(2) 设置关键风险指针须考虑的项目:
- 关键性的指标必须具有追踪风险的价值。举例来说:银行内已存在许多监控指标,但在选择时会以最具价值的指针作为主要关键风险指标,每家银行的关键风险指标会依照行内风险概况及风险暴露不同而有所差异。
- 设置关键指标时应具备可衡量性,换句话说,必须具备量化的衡量指标,以利于后续追踪。当某些指标为质化的描述时,建议应被转换为量表或是代理变数的方式。
- 风险指标必须具备可执行性,若银行在得知指标的警示后,无法采取行动方案以降低风险,则此指标便失去实质效用,而需考虑更换适合的指标。例如,爆发疫情或其他自然灾难,此事件已经超过银行可控制的范围,则制定控管指标便不具意义。
- 设置指标应具前瞻性并能成为预警讯号。

压力测试

目前就先进银行操作风险管理实务而言,尚未就操作风险价值结果进行任何压力测试，而仅进行情境分析。这是由于目前操作风险定量资料的诸多限制及挑战，如内外部损失资料的完整性、操作风险价值的预测力等，致使操作风险价值的计算，仰赖定性调整因子的比重仍高；此外，学理上的操作风险压力测试，亦仅能就定量部分进行讨论，既无定量调整的检视、亦缺乏实证的基础。

基于上述原因，这里所讲的操作风险压力测试，并无实务理论的基础，而仅依其他风险的管理方式推演，供读者参考。建议银行目前的操作风险，仍应依情境分析为主要管理及沟通基础。

1. 压力测试的功能

为降低无法预知的重大损失，使得银行体系能持续稳健地经营，因此，建议银行定期进行压力测试。压力测试的主要功能如下：

（1）让高级管理层决定如何应对可能产生严重的损失及采取何种行动可将损失冲击降至最低。

（2）提供当不利的情况发生时，如何采取抵减计划的机会。

（3）增进银行对其本身的风险状况的了解，有利于其监控有关风险状况的变化。

（4）压力测试有助于评估发生概率低及损失金额高（尾部）的风险。

2. 压力测试的流程

建议银行实施全面性的压力测试计划。有关程序至少应包括以下各项：

（1）定义压力测试情境的假设：压力情况可以历史或假设事件为依据，并包括可能的压力事件及情况的具体说明。风险状况较复杂的银行应采取较精密的方法，如模拟多项风险因素一并受到影响的压力情况。

（2）当银行内部定期执行相关操作风险压力测试时，必须将相关测试的步骤、结果及重要的议题以书面适当形式呈现。压力测试虽然必须定期执行，但当外部环境变动较大或是风险事件发生可能性改变时，银行应增加压力测试的频率。

（3）定期进行压力测试，并分析压力测试结果以确定较容易受影响的部分及潜在风险。

（4）定期向高级管理层定期汇报压力测试结果及所采取后续应对措施的总结报告。

3.5 经济资本配置

3.5.1 资本管理

巴塞尔新资本协议（Basel II）实施，使得银行能够了解资产业务与资本使用量间的关系,进而判断如何才能够更有效率地运用其现有资本。因此,遵循新资本协议的指导方针,积极着手实施新资本协议相关的信用风险、市场风险及操作风险的风险加权资产计量系统,具有高度意义。对一般商业银行而言,信用风险的风险加权资产计量是核心内容,新资本协议第一支柱最低监管资本信用风险部分执行框架,如图 3.14 所示。

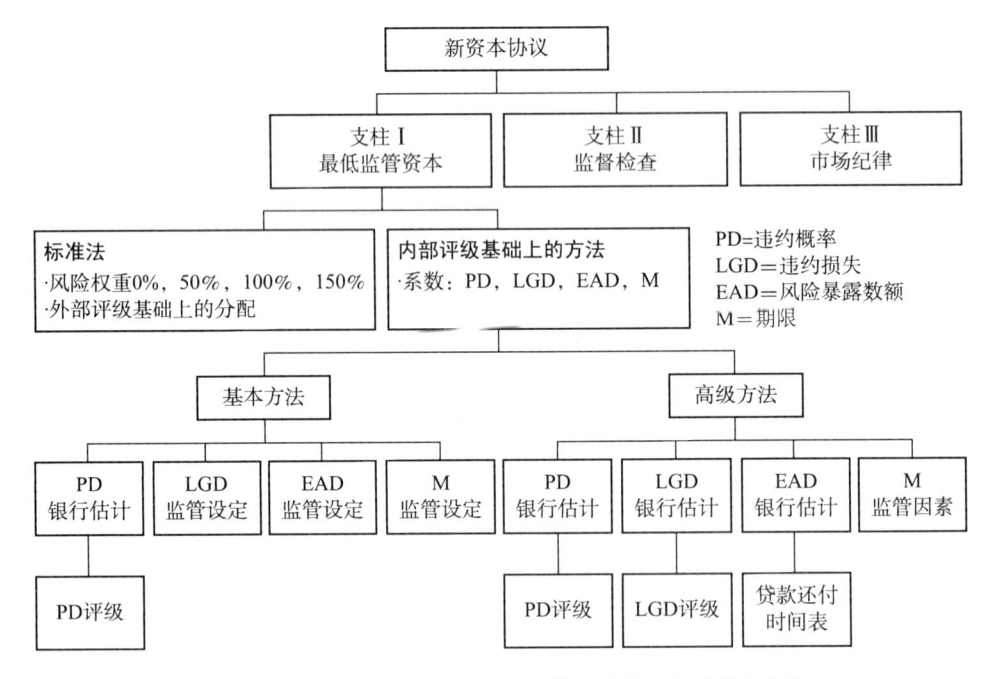

图 3.14 巴塞尔新资本协议最低监管资本信用风险执行框架

新资本协议的全面实施,亦将涵盖以监管资本计量、风险管理体制化建设为基础的经风险调整后的计价体系、风险管理报告与监管合规报告等内容。新资本协议合规体系的建设,应当以分阶段的方式,逐步建设实现。

用友银行资本管理系统,是应对新资本协议第一支柱——监管资本要求及银行经济资本管理的管理信息系统,资本管理系统的成功建设,将为银行带来如下显著利益:

- 提高资本配置的能力。
- 增强市场觉察力。
- 增强经风险调整后的授信定价能力。
- 增强资产的处理效率。

- 促成监管资本降低。
- 减少操作损失。
- 减少信用损失。

Basel Ⅱ 情景分析和测试

为使内部评级法得到监管部门批准，同时改进风险控制策略，需要有稳健的方法来验证和预测监管资本的估计值以及计算中用到的驱动因素。情景测试帮助银行能够达到这些目的。

1. 回溯测试

回溯测试使得银行能够验证用来计算监管资本和其他风险计量值的模型。这个测试将模型中的 PD 和 LGD 数值与历史观测值进行持续性的对比。其他统计量也可作为验证过程的一部分。回溯测试模块通过计算评级转移矩阵来测试评级/PD 建模的稳健性。

2. 压力测试

压力测试在确保最低监管资本符合实际的过程中起着重要的作用。它是为监管者和银行高级管理层显示资本计量值合理性的一个重要工具。

压力测试针对计算监管资本时用到的各种变量进行：PD、LGD、EAD、信用转换系数（CCF）、到期日期（M）、评级迁移矩阵等。

基于信用情景管理模块和基于脚本的测试工具，可以进行从基本到极为复杂的各种复杂程度的测试。可以按类别运行压力测试模块，例如资产类别、产品类型、国家、分支机构。

用友银行资本管理系统提供标准的压力测试和基于特定任务的一次性压力测试。标准压力测试由一系列模板组成，在设置这些模板时涵盖了广泛的事件类型。这些测试的运行、报告和监测将自动周期性进行。一次性压力测试是为了更好地理解测试结果和更新标准压力测试。

PD、LGD、EAD 值对于计算时用到变量（如计算 PD 时用到的业务量）的变化非常敏感，为监管资本的计算增加了变数。所以在设定和验证最低经济资本需求时，理解上述影响的本质和程度非常重要。

3. 情景分析和预测

为了对监管资本和其他风险计量值进行情景分析和预测，可以利用如下功能：

- 违约风险暴露（EAD）计算：针对所有资产类别和银行账户与交易账户中广泛的风险暴露，对其现金流和市值进行建模和计算。
- 经济情景管理：对于市场利率及其他宏观经济变量进行建模和预测。

- 行为情景管理：由于客户行为变化所导致的交易量变化（如信用卡账户数或信用额度使用量）的建模，而且可以动态链接到经济情景。
- 业务规划情景管理：在现有的银行账户和交易账户的基础上提供一些新商机（如新贷款、新信用卡账户）的建模。运用业务规划情景管理功能，可针对银行的当前组合（静态分析）和预测组合（动态分析）预测监管资本、预期损失、EAD、PD、LGD等。

4. 限额测试

设置限额可以监测集中度风险和授权程度，这样的监测可在组织的任意层级结构上进行，也可在任意产品维度（如按行业、地区、业务单位）上进行。利用交易水平上的下钻功能可以立即展示个别的风险暴露值。可以基于历史数据对限额进行测试，也可以对未来限额进行测试。

新资本协议第二支柱（见图3.15）

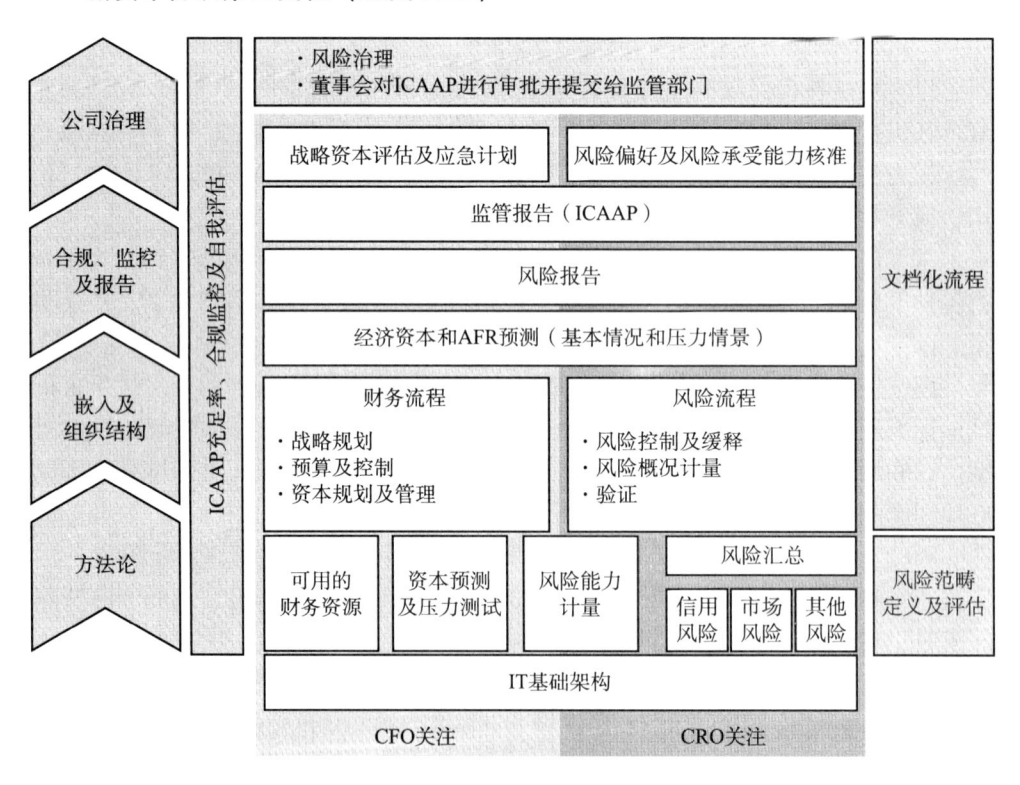

图 3.15　新资本协议第二支柱

第 3 章 风险绩效

巴塞尔银行监管委员会最近对新资本协议第二支柱所做的改动中包含如下的内容：风险治理、证券化敞口、压力测试框架、声誉风险管理、集中度风险管理、流动性风险管理等。各家银行第二支柱实施项目一般分为两个子项目：一是内部资本充足评估项目；二是合规评估与达标申请项目。这两个子项目正好对应于新资本协议第二支柱的两部分内容：银行内部资本充足率评估程序（ICAAP）和银监会的监管审查与评估流程（SREP）。新资本协议第二支柱要求每家银行具有健全的内部评估程序，并且可以依据对银行风险所做的完整评估来预估资本充足性；同时通过适当的监管审核工作，确保银行自有资本额与其整体风险特征相一致。

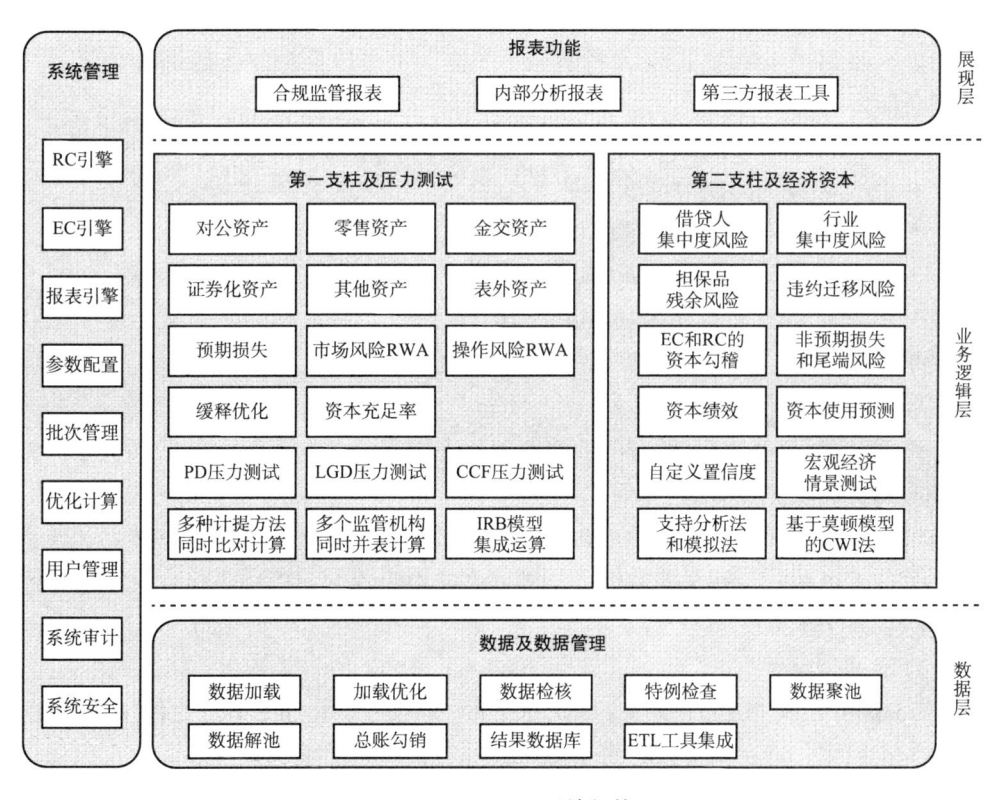

图 3.16 ICAAP 系统架构

用友的 ICAAP 服务组件（见图 3.16）：
- ICAAP 政策。
- 风险识别。
- 风险计量。
- 风险重要性评估。

- 风险汇总。
- 压力测试。
- 经济资本分配。
- 资产负债表预测。
- 资本规划。
- 经济资本与监管资本勾稽。
- 内部控制/审计。
- 监控与报告。

用友的第二支柱软件产品拥有专用的情景模拟引擎，可以模拟多重风险因子的变化，如 PD、LGD、汇率和利率等的变化，也可以模拟复杂的综合情景，其主要功能如下：

- 信用风险压力测试：PD、LGD、EAD 的压力测试。
- 信用相关度的压力测试。
- 风险集中度和大额暴露的计算及披露。
- 资本绩效的计量（RAROC 及 RAPM）。
- 监管资本与经济资本的勾稽。
- 第一支柱和第二支柱的统一报表。

1. 数据层

该系统结构完整并且所有的模块都架构在统一的数据层上。数据层为分析工具和产品，提供了数据的存储、处理、协调、审核、验证、维护和映射等功能。Banking Risk Pillar Ⅱ 可以整合金融机构系统的资源，以便获得所需的数据，包括信用数据、市场数据和头寸数据、基础数据、历史数据、市场风险计算结果和操作风险计算结果等。

2. 业务逻辑层

Banking Risk Pillar Ⅱ 系统提供全面的巴塞尔新资本协议第二支柱解决方案。在业务逻辑层，通过强大的计算引擎可以计算各类风险加权资产。同时可以提供复杂的 PD、LGD、CCF 压力测试，系统也支持多种计提方法同时比对计算、多个监管机构同时并表计算以及 IRB 模型集成运算。

该产品能够精确地提供借贷人集中度风险管理、行业集中度风险管理、担保品剩余风险管理、违约迁移风险管理、ECap 和 RCap 的经济资本勾稽管理、非预期损失和尾端风险计算、资本绩效管理、资本使用预测管理等。

3. 展现层

该产品可以为客户定制满足监管机构要求的监管机构报表，并且用友公司根据自己实施 RWA 的经验，为客户提供功能强大的内部管理报表。另外，使用 Excel 插件，可在任何维度上对信用风险 RWA 汇总从而进行集中的评估。基于网络的操作界面可以把结果直接传送到风险管理人员、风险分析人员、资本管理人员电脑前。

风险报告

风险报告系统（RRPT）是按照国家监管机构的监管要求，满足通常规定格式要求以及银行内部管理目的，而自动化生成银行系列风险报告的应用系统。

风险报告提供符合新资本协议要求的预定义监管报告、管理报告，多维度分析工具，并可进行 HTML、XML 和 XLS 格式的输出。Basel Ⅱ 报告模块包括：

- Basel Ⅱ 报告。
- 管理报告。
- 多维度的整合分析及交易水平上的数据下钻。
- 数据输出。

RRPT 将可以作为满足新资本协议第三支柱的主要支持系统。新资本协议第三支柱——市场纪律的主要内容如图 3.17 所示。

该支柱制定了外部报告的最低披露要求。其中还包括第一支柱涉及的一些内部报告要求。披露要求分为四个方面：

总体披露原则	适用范围
▶ 经董事会批准的披露政策 ▶ 政策应涉及银行决定披露内容的方法和对于披露过程的内部控制 ▶ 专门的程序评估披露的适当性，包括对有效性和频率的评估	▶ 银行集团最高层次的并表 ▶ 银行附属机构 ▶ 非银行附属机构 ▶ 未并表机构扣除处理
资本	风险暴露及评估
▶ 资本结构：所有资本工具的主要特征及情况，特别是创新、复杂或混合资本工具 ▶ 资本充足率：针对目前和未来业务，评估资本充足率的方法	▶ 方法和输入的定性信息 ▶ 分阶段和部分的风险定量信息 ▶ 作为评估质量/可靠性标准的行为定量信息
银行自身也需要这些信息来达成业务目标与管理要求	

图 3.17　巴塞尔新资本协议第三支柱的主要内容

RRPT可以利用风险管理整体解决方案中各个计算引擎所生成的结果，来生成简读、准确、及时的风险管理报告，同时，也可以处理并整合由其他系统导入的结果。RRPT所生成的风险报告数据广泛来源于整体风险计量体系，能够对风险监管及资本充足率信息披露负责。RRPT报告涉及的主要内容包括：监管风险报告、管理层风险报告、业务单元风险报告、风险信息披露、1104报表等。

用友风险报告系统（RRPT）将完全适用于中国银监会的相关监管要求。其中，关于新资本协议银行实施的合规报告，映射的银监会的监管指导为：《商业银行资本充足率信息披露指引》。

3.5.2 经济资本概述

资本是商业银行抵御非预期损失、维持持续经营的战略资源。经济资本是商业银行衡量业务单元和业务条线风险大小的工具，是风险分配的战略性管理工具。在金融全球化背景下，商业银行没有资金转移定价（FTP）和经济资本配置两大战略管理系统，想从事真正意义上的银行业风险管理，是不可想象的。FTP系统是对银行收益进行分配的系统，经济资本配置系统是对风险进行分配的系统，只有将银行的收益与风险进行匹配，才能构建起银行组织良好的风险文化，商业银行风险管理策略与目标才是有源之水、有本之木。

从商业银行风险管理角度讲，风险管理战略、政策和目标，以及风险偏好，是需要通过有效的手段从决策层传达到整个组织的方方面面，风险管理战略的实施、政策的贯彻和管理目标的实现才能成为可能。经济资本正是这样一种能有效传达风险管理战略和风险偏好的工具。风险管理是对不确定要素的管理，经济资本是将商业银行经营过程中的不确定因素，以一个金额的形式进行展现的概念，是不同业务条线、不同业务单元以及不同部门承担的风险能够进行量化和比较，从而能在组织内部以限额的形式传达决策层的风险偏好。因此，从风险管理的角度看，经济资本配置的首要目标，是根据每笔交易的实际风险大小，将经济资本配置到最小业务单元中去。

从商业银行收益管理角度看，由于银行资本是银行的稀缺资源，具有昂贵的成本。提高稀缺资源的使用效率，优化商业银行资源配置，创造更多的经济价值，实现全体股东价值最大化经营理念，也需要借助经济资本配置系统才能完成。由于商业银行是高风险行业，同时又受到严格的监管，准备一定的资本量，满足监管资本充足率的要求，就成为商业银行经营的先决条件。如果不考虑资本的成本，使用会计利润衡量商业银行的经营业绩，就忽略了商业银行经营中的最大成本，同时也低估了风险对以后经营期业绩的影响。从商业银行业绩管理的角度看，对交易以及交易组合进行经济资本配置，计量经济资本成本，使用风险调整后的收益来衡量经营部门、业务条线以及细分市场对银行利润的贡献，才是科学的商业银行绩效管理方法。

因此，无论从商业银行风险管理立场出发，还是从业绩管理的角度出发，商业银行进行经济资本量化、配置和管理都有非常现实的意义。

目前，中国银行业在内部风险管理数据缺失、国际经济资本量化技术在中国应用不成熟、外部监管以风险监管为核心的监管理念日趋清晰化的现状下，应该如何准确量化业务单元的风险，应坚持哪些核心原则配置经济资本，这些核心原则依靠哪些技术手段得以实现？只有深刻认识管理现状，坚持经济资本配置核心原则，才能实现经济资本的配置。

核心原则一：满足监管要求的原则

1. 原则概述

银行业是受到严格监管的行业。巴塞尔委员会制定的商业银行监管核心原则，把国际活跃银行的资本充足率作为其原则体系的第一支柱，这充分反映了商业银行的资本对抵御非预期损失、保证持续经营的重要性。商业银行在对业务条线、业务单元配置经济资本时，首先要满足监管上对资本充足率和资本覆盖风险范围的要求，只有在监管要求的资本覆盖风险范围内，将商业银行的经济资本控制在监管资本要求的底线之下，商业银行的经营才能够达到监管要求。

中国银监会除了倡导商业银行应保持与国际标准相一致，即在计算资本充足率时，需要将信用风险、市场风险和操作风险置于资本的覆盖范围内，还提倡管理先进的商业银行应该将银行账户的利率风险、流动性风险、法律与声誉风险等风险类型纳入经济资本的覆盖范围。这一理念的理论主要源于巴塞尔委员会定义的资本对风险的覆盖范围没有完全覆盖商业银行经营所面临的所有风险的缘故。因此，管理审慎的商业银行在进行经济资本管理时，应使日常经营中承担的实际风险（经济资本数量），小于计算监管资本充足率所要求的被资本覆盖的风险，这是日常经营中体现审慎性原则的重要原则。

2. 最佳实现模式

目前，我国商业银行由于风险数据库建设落后、经济资本量化技术不够成熟等原因的限制，对经济资本的量化不可能完全反映业务单元以及银行组合中的风险。经济资本配置系数只是相对反映了自身的风险轮廓，这样经济资本配置系数就需要通过建立经济资本对监管资本的弹性系数来测算经济资本配置系数设置的合理性。用友在一些项目实施过程中，使用历史数据对经济资本配置系数进行了弹性分析，将经济资本与监管资本的比例设定在 0.75~0.95 之间，这样既能充分反映出经济资本对监管资本的敏感性，也能充分保证经济资本对账面资本的敏感性，使账面资本得到充分利用与节约。

原则二：准确计量自身承担风险金额原则

1. 原则概述

资本的属性是抵御商业银行经营中非预期损失的准备，具有虚拟性，但是只有准确反映了自身所承担风险的大小，经营者才能够放心做好自身的经营，才能够保障银行整体风险的可控性。

无论采取标准法、监管指标法还是内部模型法，准确量化业务单元和业务结构中包含的风险都是一个挑战。这些挑战主要体现在银行自身积累的风险量化数据不够、在产品分类过程中对风险同质性定义的不够清晰、在经营中收集的客户信息不够可信、风险缓释技术管理滞后等要素，都制约了风险量化的准确性。

2. 最佳模式

用友在设计经济资本配置与管理系统时，利用风险因子作为乘数，使经济资本比较精确地反映出商业银行自身承担的风险额，使不同业务单元与不同风险类型具有了可比性，为银行的绩效考核、风险限额管理打下扎实的基础。

以信用风险量化为例，用友在项目实施过程中，将导致信用风险的因子细化成客户信用等级因子、产品与期限因子、资产类别因子及风险缓释因子四大信用风险的因子。通过对银行历史数据以及银行业风险数据的深入研究，通过客户的信用评级、产品类别划分、风险资产到期日、资产风险分类、风险缓释工具过程表的设计，使不同风险等级的客户、不同内涵风险的产品以及产品的期限分布具有不同的经济资本配置系数，充分满足了 Basel Ⅱ 对不同资本配置比例，要充分反映不同风险状况的资本配置原则。

原则三：提高经济资本对风险敏感性原则

1. 原则概述

经济资本与监管资本的最大不同体现在经济资本是银行根据自身风险状况配置的资本，对业务中包含的风险有足够的敏感性。经济资本对风险的敏感性是通过对业务单元中风险因子的深入识别、分析来实现的。以客户信用风险的量化举例，信用风险的风险因子主要体现在客户自身的信用状况、信贷产品内涵风险高低、违约后的损失程度、风险缓释工具的有效性、主营行业的景气度、所处地域的信用文化等。这就需要商业银行在配置经济资本时，既要反映出客户的信用等级、违约损失程度、风险敞口、信贷产品生命周期等信用风险参数，也要体现出客户主营行业的景气度和所处区域的信用文化。根据以上风险因子的不同，经济资本也要体现出不同的配置量，只有如此，才能体现出经济资本对风险的敏感度。

2. 最佳模式

经济资本对风险的敏感性主要体现在两个方面：首先，在经济资本配置系数设置过程中，需要充分体现不同风险状况的业务结构需要有不同的经济资本配置系数（原则二中已经阐述了用友对风险状况进行识别的技术手段）。经济资本对风险敏感性的第二个表现，即经济资本对风险迁移过程的敏感性。用友在产品设计和项目实施过程中，是通过多种技术手段来实现本原则的。在产品设计中，通过"资产类别"配置表，对不同的资产分类配置不同的经济资本配置系数，使经济资本配置对风险状况具有第一时间的敏感性。其二，用友产品通过产品经济资本配置系数表与风险资产时点余额相乘的技术手段，充分反映出经济资本对风险敞口的敏感性，为精确的风险限额管理奠定了基础。其三，通过风险缓释工具的组合管理技术，达到了经济资本对风险缓释有效性变化的敏感性。

原则四：有效传递风险政策原则

1. 原则概述

经济资本配置是风险分配的过程，是银行战略有所为、有所不为的具体体现。经济资本配置必须体现出管理者意志，充分发挥资本对经营进行约束的经营管理理念。这种约束机制是通过风险限额来实现的，对风险可控、与商业银行战略一致性强、对有利于提高商业银行核心竞争力的业务进行价格性和可用性倾斜政策，对管理层限制的业务进行惩罚性政策，使经营者能主动按照管理层的经营思路做好经营。

2. 最佳模式

经济资本既是风险管理的核心工具，也是管理层风险偏好传递、战略布局控制的重要工具，经济资本配置过程要充分体现出经济资本的这一管理属性。用友在产品设计和多家银行经济资本管理项目实施过程中，高度重视了经济资本是商业银行稀缺资源的理念，通过风险调整后的绩效评估、面向优化资产配置的风险限额管理系统的实施、体现不同风险偏好的经济资本配置系数调整、使用FTP的价格管理手段等多种技术，使经营部门能够体会管理层经营理念，使各个经营部门能在同一目标下完成自身的经营计划。

原则五：坚持经济资本考核原则

1. 原则概述

经济资本配置有效传导管理理念的路径有价格路径（配置系数、资本目标收益率）和数量路径（风险限额）两条路径，但都是通过科学的绩效考核来实现的。EVA和RAROC是商业银行进行科学绩效评估的核心指标。商业银行发展有着鲜明的阶段性，在发展初期规模经济是商业银行发展的动力。随着规模增加，特色服务、塑造银行品牌就会成为发展的核心，这个阶段注重创新、丰富产品，追求范围经济是最有效的经营策略。商业银行规模增加了，产品复杂了，向技术、管理要效益就成为必然。这个阶段最佳管理手段就是加大科技投入，优化资产配置，全面提升市场竞争力。根据银行的发展阶段，在 EVA 核心指标下，提炼相应的规模、范围和资产配置指标，对经营单元进行科学、严格的绩效考核，就能真正实现在风险可控的情况下，实现经济价值最大化的经营理念。

2. 最佳模式

经济资本是商业银行稀缺资源，无论是风险的比较、量化，还是通过经济资本传导管理理念都需要通过严格的绩效考核来实现。用友产品在设计过程中，通过 FTP 产品功能计算资金的成本与收益、通过成本分摊产品功能精确计算业务单元应该承担的运营成本、通过经济资本管理系统准确量化交易、业务单元以及银行组合的资本成本，精确地计算出每笔业务、经营机构、细分市场、产品、条线、客户以及客户经理的经济增加值，通过 RAROC 来分析量化经营要素对银行的贡献度，以此来优化资源配置，提高经济资本收益率。

图 3.18 是经济资本量化与配置管理功能机构图。

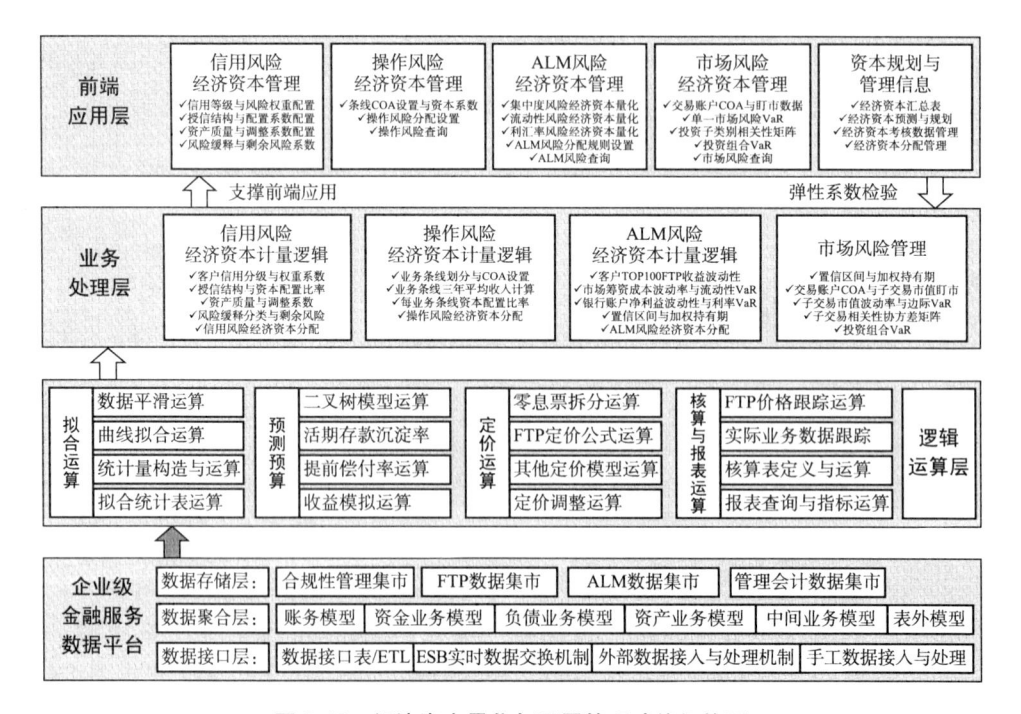

图 3.18　经济资本量化与配置管理功能机构图

3.5.3 信用风险经济资本配置解决方案

信用风险驱动因子分析

信用风险的发生是由多种类型的风险因子驱动的,以信用风险发生路径为依据对信用风险的驱动因子分类,主要有:客户的信用级别、产品的信用结构、银行与客户之间的风险缓释技术的安排、客户信用等级的迁徙概率、客户主营行业的景气度、客户主要经营区域的信用文化、银行内部管理水平、宏观经济状况等因子。信用风险的驱动因子与经济资本配置框架如图 3.19 所示。

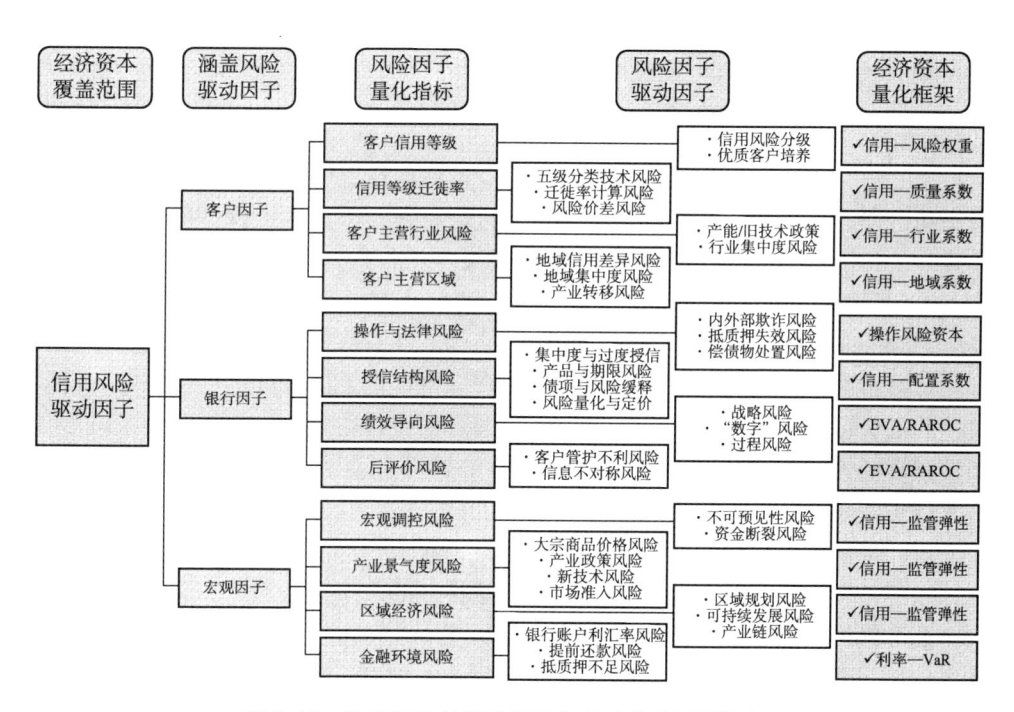

图 3.19 信用风险的驱动因子与经济资本配置框架

通过图 3.19 可以看出,影响银行信用风险的要素很多,归集起来,主要信用风险因子可归纳为四类:

第一类,是客户的信用风险,这是信用风险的主要驱动因子,在对银行信用风险进行经济资本配置时,首先要对客户信用状况进行区分,对不同信用等级客户,采用新巴塞尔资本协议和我国银监会倡导的风险权重方式进行风险大小的区分。由于我国目前银行业缺少连续多年的风险数据,使用内部评级法,对客户进行信用评级,以违约概率作为客户信用大小的甄别依据,条件不成熟。因此,可以根据决策树模型对客户信用风险大小进行区别,在此基础上,形成不同信用的风险参数,作为配置经济资本的一个乘数。示例如表 3.21 所示。

表 3.21 风险权重表

信用等级	风险权重	说明
AA	85%	
A	90%	
BBB	100%	
BB	115%	
B	120%	
C	135%	

第二类,是银行管理水平没有适应业务发展而造成的信用风险。总体而言有操作和法律风险传导至信用风险的因子,这需要在经济资本配置过程中,通过操作风险的经济资本配置来补偿操作风险损失。就信用风险经济资本配置本身而言,信用风险主要反映在银行产品设计过程中产品的内涵风险。这些内涵风险主要驱动因子是产品的类型以及产品的期限结构。在对信用风险进行经济资本量化和配置过程中,新巴和我国银监会倡导的理念主要是通过债项的内部评级,计算其违约损失率来进行债项评级。考虑到我国目前银行业现状,采用经济资本配置系数来反映产品的内涵风险,是比较可行的选择。就经济资本的金融学含义而言,经济资本是衡量业务单元风险大小的工具,以监管资本要求的资本充足率为出发点,借助银行内外部信用风险管理专家,对银行产品类别的风险大小进行排序,以经济资本配置百分比的高低,与风险排序的大小进行对应,以此来决定每种产品和期限需要配置的经济资本比率,这是目前我国商业银行管理信用风险,配置信用风险经济资本的主流做法。以对公业务为例,经济资本配置利率示例如表 3.22 所示。

表 3.22 对公业务的经济资本配置利率示例

	贸易融资	流动性贷款	固定资产贷款	技改贷款	基建贷款	房地产
3 年之内	8%	8%	9%	10%	10%	12%
3~5 年		10%	11%	12%	12%	14%
5~10 年		11%	13%	13%	13%	16%
10 年以上		13%	15%	16%	16%	18%

第三类，是债项质量变化的风险。在客户信用等级不变的情况下，在该客户项下的贷款发生了资产质量的变化。这种动态风险因子是需要银行密切关注的风险点。无论是监管层的要求，还是银行实务界的做法，都是通过资产质量的分类来反映资产质量变化风险的。在对信用风险进行经济资本配置时，需要充分反映这一资产质量变化的风险因子。新巴和我国银监会在各种风险管理指引中，倡导管理先进的银行使用内部评级法，通过信用等级的迁徙来量化这一风险的大小。我国银行业对客户信用等级的评分工作相对滞后，对客户信用等级的迁徙率缺少量化经验，这就需要另辟蹊径，采取其他办法来量化资产质量变化产生的信用风险。目前，国内通行的做法是在资产质量五级分类基础上，对不同等级的资产设置不同的"动态风险调整系数"来调整资产质量发生变化时经济资本的配置比率。例如，在贷款形成伊始，就需要进行经济资本配置，在经济资本配置当初，是假设资产质量是正常的，在此假设下，通过一套内部严格程序对信用风险进行量化，并配置一定比率的经济资本。当该笔贷款在其生命周期内发生资产质量变化，就意味着该笔贷款与其形成当初相比，风险增大了。根据经济资本是反映业务单元风险大小的原理，该笔贷款配置的经济资本也应该增加。根据这一基本原理，使用资产质量动态调整系数，来实现信贷资产质量改变时，经济资本配置比率也相应改变的功能。表 3.23 是资产质量动态调整系数的一个实例。

表 3.23 　　　　　　　　　资产质量动态调整系数示例

资产五级分类	动态调整系数	说明
正常	1	保持贷款形成时的经济资本配置比率
关注	1.2	
次级	1.5	
可疑	1.75	
损失	2	

第四类，是银行与客户达成的风险缓释技术对信用风险大小的影响。从直观而言，客户的抵质押物质量越高，客户违约时给银行造成的损失也就越小。根据经济资本的金融学含义，银行在给信用风险配置经济资本时，也应该体现出这一点。我国银监会在资本充足率监管指引中明确规定，只有客户的单等金融质押品和特殊安排的保证金账户，才能抵减信用风险敞口的大小，抵扣的办法是，该债项未偿贷款余额减去最新估计的金融抵质押物价值（或者保证金账户的）金额，来计算信用风险的敞口。其他类型的抵质押物，不能扣减信用风险暴露的敞口，

只能根据风险缓释技术估计各种抵质押物减少违约损失率的作用。按照这一原理，可以通过设置"剩余风险比率"这个风险参数，来反映不同风险缓释技术对经济资本配置的影响。在设置剩余风险比例参数时，需要银行内外部信用风险管理专家对银行风险缓释技术进行分类，并对各种风险缓释技术的风险缓释效果进行排序。剩余风险是银行业务中原始风险不能被风险缓释手段消除的风险，商业银行应根据管理的需要和经济资本对监管资本的弹性系数，来设置剩余风险系数。表 3.24 是剩余风险比例的一个设置实例。

表 3.24　　　　　　　　　剩余风险比例的设置示例

抵质押类型	剩余风险比例	说明
股权类质押	55%	
房地产抵押	65%	
自有类房产抵押	75%	
其他抵押类	90%	
保证	95%	
信用	100%	

商业银行对信用风险配置经济资本时，通过对银行信用风险驱动因子进行分析，根据风险偏好和管理需要，对以上四个信用风险参数进行计算，使用参数法对每一笔风险业务配置相应的经济资本。

信用风险经济资本配置逻辑与算法

根据风险大小的敏感性，来科学有效地进行经济资本的配置与管理。这四类风险因子，总结如下：

- 客户信用风险。根据决策树模型，对客户的信用风险进行分类，对不同信用等级的客户，使用不同的风险权重来计量经济资本。
- 产品与期限风险。根据专家和监管层的建议，对银行的产品进行分类，根据产品内涵风险的大小，设置不同的经济资本配置比例来计量经济资本。
- 资产质量变动风险。根据银行采取的资产质量分类数据，设置资产质量动态调整系数，对不同级别的资产设置不同的动态调整系数，来计量经济资本。
- 风险缓释技术。根据风险缓释作用的大小，对银行的抵质押物的类型进行分类，依据对风险缓释作用的大小，制定风险缓释优先级，以此设置从低到高的剩余风险比率，来计算每一笔业务应该配置的经济资本的金额。本方案进行经济资本计量与配置的逻辑如下：

$$净未偿余额 = 账面未偿余额 - 可认可抵质押最新价值$$

$$总风险敞口 = 净未偿余额 \times 风险权重$$

$$风险缓释前经济资本金额 = 总风险敞口 \times 经济资本配置比率$$

$$经济资本金额 = 风险缓释前经济资本金额 \times 剩余风险比率$$

其中，可认可的抵质押物最新价值，是指银监会认可的可以直接抵扣风险敞口的存单等金融质押物和特殊保证金账户。这样处理，是为了当银行在一个借据下使用多种风险缓释手段时，能方便根据风险缓释技术的优先级，分层级地计算该笔业务应配置的经济资本数量。

按照新巴及中国银监会的监管指引的要求，对客户进行信用评级时坚持的原则是，分在同一信用等级下的客户具有一致的风险特征，每一等级下的信用风险的大小以该级别的历史平均违约概率来表示；不在同一个信用等级中的客户，具有不同的风险特征，并且对不同信用等级的客户，准备不同比率的资本准备。根据这一基本原则，需要通过制定信用等级与风险权重的对应关系来体现对资本要求的差异性。

风险权重，是根据客户信用风险大小计量和配置经济资本的重要参数。该参数数值的确定没有一定的方法可循，是根据银行的风险偏好，以及经济资本对监管资本弹性系数范围来确定的。比如，某银行领导认为客户信用风险分级的数据不是很准确，希望淡化客户的信用风险，而强化风险缓释的作用，于是，就缩小了不同信用等级客户之间风险权重的差距，加大了不同风险缓释类型对资本节约的作用。

经济资本是业务单元所含风险大小的计量，经济资本配置比率的确定要充分体现出业务单元中的内涵风险，是经济资本量化和配置的核心参数，该参数的确定过程更加重要。通常做法是通过银行内外部信用风险管理专家，依据新巴和我国银监会对信贷产品的分类标准，对银行的产品线进行归类，归属于不同类别的产品具有不同的风险特征，在确定经济资本配置比率时，将划分的产品线依据风险大小进行排序。在产品风险排序基础上，根据监管资本的资本充足率要求，将中等风险大小的产品线的经济资本配置比率确定为与资本充足率相当的比率，以此将比风险中性具有更大信用风险的产品的经济资本配置比率提高，将比风险中性的信用风险小的产品线的经济资本配置比率降低，形成银行内部的以产品为依托的经济资本配置系数表。

经济资本配置比率设定过程中的一个重要环节，是验算经济资本配置比率设置的合理性。主要方法是通过经济资本对监管资本的弹性系数来验算，其方法是，根据设定的经济资本配置比率计算出的经济资本金额与根据银监会要求计算的信用风险监管资本相比，使该指标控制在 0.75~0.90 之间。当不满足弹性系数要求时，从调整风险中性产品线的经济资本配置比率着手，完整地调整产品线的经济资本配置比率体系。

商业银行的信用风险的另一个重要的驱动因子，是过程参数，在我国主要是通过信贷资产质量分类来量化信贷业务的过程风险。这就需要我们合理设置一个参数，对这一过程风险进行量化，以此增减经济资本的配置比率。信贷形成伊始，就需要进行经济资本的配置，并且假设该信贷业务属于正常类贷款，当借款企业发生经营环境变化，出现各种偿还贷款困难的迹象时，就需要对该笔贷款的质量进行调整，就要降低该笔贷款的资产质量。资产质量的降低，反映出的是客户信用风险的增加，根据经济资本的含义，这时就需要加大对该笔业务的经济资本的准备。经济资本配置比率提高的比例，取决于资产质量分类的标准，因此，需要设置"资产质量动态调整系数"来反映这一经济资本配置比率提高的比例。例如，正常类贷款不需要改变原始的经济资本配置比率，正常类贷款的质量调整系数就设置为 1，假设银行内部资产质量分级专家认为关注类贷款的信用风险比正常类贷款的风险大 10%，则，专注类贷款的资产质量动态调整系数就设定为 1.1，以此类推。

剩余风险比例，是指原始风险通过风险缓释后所剩余的风险占原始风险的比例。原始风险以风险缓释前经济资本金额表示，剩余风险就是通过风险缓释后，每笔业务实际包含风险的大小，以经济资本表示。使用"剩余风险比例"利于业务人员的理解。系统计算的风险缓释前经济资本，实质上就是原始信用风险的大小，商业银行在实际经营过程中，使用风险缓释技术，能从原始风险中消除一定数量的风险，其剩余的风险就是风险缓释后的业务单元中实际包含的风险。根据经济资本定义，这个实际风险就是我们应该配置的经济资本的数量。该参数的设置，也是需要银行内外部专家根据抵质押物的风险缓释效果，对银行的风险缓释技术进行分类，针对不同的抵质押类型，根据实际情况设置剩余风险的比例。风险缓释作用越明显的抵质押类型，其剩余的风险比例就越低，反之就越高。声誉风险比例参数的设定过程，与经济资本配置比率的设置过程是一致的，也需要使用历史数据，根据经济资本对监管资本的弹性系数，来验算剩余风险比例设定的合理性。

经济资本配置金额 =（未偿余额 - 可认可抵扣金额）× 信用风险权重
× 经济资本配置比率 × 资产质量动态调整系数 × 剩余风险比例

3.5.4 市场风险经济资本配置解决方案

目前国内商业银行的交易账簿内容越来越丰富，交易类型和交易量越来越大，同时交易账簿在产生利润的同时，对商业银行的保值和风险对冲起到的作用也越来越大。国内商业银行的交易账簿的交易类型主要包括以下几大类：

- 汇率类。
- 利率类（interest rate）。
- 信用类（credit）。
- 资产管理类（asset management）。
- 股票类（stock）。

定价模型简述

针对不同的金融产品在中国国内市场的特点，产品运用了多种产品定价模型对交易账簿中的交易进行价值分析。其中涉及的模型包括 CAPM 模型、风险度量 Risk Metrics 模型、债券理论定价模型、债券市场定价模型和衍生产品定价模型等。经过这些定价模型的分析，使得客户在进行投资组合风险分析时的分析结果更为准确。

1. CAPM 模型

产品可以用 CAPM 模型对证券进行定价。在用 CAPM 模型进行资产定价时，SunGard ALM 产品采用相应的市场指数作为市场组合的代理指标，用基于市场指数计算的收益来计算市场收益，从而应用 CAPM 模型公式对证券进行定价。系统中还提供了其他定价方式，如多因子 CAPM 模型、APT 模型等。同时，产品可以将不同的情景与 CAPM 模型相结合对证券进行定价。

2. Risk Metrics 模型

产品提供 Risk Metrics 方法计算风险价值（VaR 指标）来度量金融工具的市场风险。Metrics 模型所描述的收益波动性是随时间 t 而变化的，其已经考虑到了方差的时变性问题。在对各期收益率的权重处理上，该模型赋予近期的数据以一个较大的权重；但随着时间的推移该权重以指数形式衰减，即所谓的 EWMA（Exponentially Weighted Moving Average）方法。在提供这种算法的同时，产品也提供采用历史模拟方法和蒙特卡罗方法计算的风险价值，客户可以观察不同方法计算的风险价值并加以比较。

3. 债券理论定价模型和债券市场定价模型

产品提供两种不同的债券定价模型，债券定价模型是建立在到期收益率基础之上的债券定价技术，对债券产生的现金流均使用一个贴现因子来计算债券价格。产品提供不同的方法计算债券的价格、到期收益率、久期、有效久期、凸性等各种指标。

4. 衍生产品定价模型

产品提供包括各种欧式、美式和亚式期权,外汇远期合约,期货等衍生产品的定价。产品提供不同的模型包括 Black – Scholes 等对衍生产品进行定价,并计算出 Delta、Gamma、Theta、Vega、Rho 等指标,可以帮助客户管理和控制衍生产品的投资风险。

单一市场风险评估

从上面所列出的金融产品来看,商业银行的市场风险来源于股权风险、商品、货币和外汇的价格变动,当然还包含特定的风险,即交易对手的信用风险,这些共同组成了市场风险的来源。风险的每一个组成部分都包括一般性市场风险特性和来源于一家银行特殊的投资组合结构的具体风险特性。从上面的金融产品范围可以看出,市场风险除了存在于标准证券工具如债券外,还存在于各种衍生工具中,如期权、证券衍生产品或外汇和利率衍生产品。

考虑到商业银行越来越多地参与投资和交易行为,以及市场环境的极大变动性,对市场风险进行及时而准确的评估就成为必需,用友银行综合解决方案的集成交易账簿市场风险管理功能模块,提供了银行稳定性流动资产投资组合和交易组合,以及资产负债表内和表外头寸市场风险的评估。这一解决方案支持市场风险评估的简便方法,即把商业银行面对的每个市场视为独立,不考虑不同市场间可能存在的相互影响关系,只对每一种风险进行单独评估。如表 3.25 所示。

表 3.25　　　　　　　　　　单一市场风险评估表

风险类型/资产类别	该期间价值			
	最高值	中值	最低值	期末
固定收入证券				
股权类				
外汇				
商品				
分散化效应				
总体 VaR 值				

该解决方案的集成交易账簿市场风险管理功能模块也支持复杂的评估方法,可以从统一的角度来进行风险评估,它考虑市场间的关系以及一个市场的变化可能会对其他几个市场产生影响这一事实,例如外汇汇率市场的波动也会影响以某

种货币发行的债券价格。

市场风险因素中的利率风险与在固定收入证券及其衍生产品（如期货、远期利率协议、互换和期权等）上的头寸有关。与利率风险有关的风险因素是按照某种货币来进行评估的，对于该货币，银行的某些表外和表内头寸具有利率敏感性，这里所指的风险因素是组合的总体市场风险敏感性，在该组合中不同金融工具的短期和长期头寸可能会相互抵消。固定收入证券及其衍生产品中的市场风险是目前中国银行业最主要的交易账簿市场风险，解决方案的集成交易账簿市场风险管理功能模块可以满足 Basel Ⅱ 有关交易账簿市场风险评估要求，同时也可以根据中国银监会的特殊要求来计算交易账簿中的市场风险。

货币风险也是国内商业银行主要的市场风险来源，指的是在货币和黄金上所持有的自营交易头寸，在一种货币上拥有的净开放头寸一般包括现货头寸、远期头寸、基于 Delta 等价的外汇期权账户，以及表明在外汇上所获利润或遭受损失的交易账户的其他项目。

股票风险与所持有的交易账户中的股票或类似股权工具（如可转换证券）或是股权衍生工具（如单个股票的期权和互换、股票指数的期权和互换）头寸有关。同样，与股票有关的风险也要计算持有某一证券的具体风险和在市场中的总头寸，对于衍生工具而言，风险测算是根据把衍生产品转换成在相关的基础金融工具上所持有的名义头寸来进行的。

商品风险指的是持有或建立交易所交易商品、期货以及其他衍生工具头寸的风险。商品价格是波动的，因为商品市场的流动性要弱于金融市场，并且供给和需求上的变化会对价格产生极大的影响。对商品账户管理是一项复杂的任务，因为它必须承担来自即期价格变动的定向风险，由于两种相似但不完全一样的商品间价格关系变动带来的基差风险以及缺口风险，它反映了由于偿还期失衡所带来的远期价格变动。商品风险目前在国内商业银行中还不是很多，但未来随着金融市场产品的完善和扩展，商业银行的商品风险或随着业务的不断扩展而变得越来越多。

系统评估风险并对风险进行度量的能力，以及有效管理净开放头寸的能力是十分关键的。产品提供从对净开放头寸进行测算到计算风险价值，以及其他更为复杂的对于风险进行评估的方法，表 3.26 为一个简化的对资产进行加总以得到净开放头寸的例子，假设每个市场上只有一种金融工具。

表 3.26　　　　　　　　　　　通过资产计算净开放头寸

头寸	固定收入证券	外汇	股票	商品
资产负债表资产净账面价值				
远期交易				
头寸的账面价值				
衍生工具交易前的头寸的市场价值				
衍生工具的头寸（期权的 Delta 等价头寸）				
衍生工具交易后的净有效开放头寸				
市场价格的波动				
对收入和资本的影响				

把远期和没有结算的交易考虑在内，先确认头寸的账面价值，再转换为市场价值，再以通行的计量单位披露现金市场上的等价头寸，这种方法属于静态的市场风险度量工具，称为标准的或基于表格的工具。在净开放头寸的基础上，可以用价格波动来以净开放头寸（市场风险因素敏感性）来估计潜在的面临风险的收入或资本，这种方法提供了一个简单的、单因素的风险价值，没有考虑头寸之间的相互关系，目前中国银监会对交易账簿的市场风险计量，基本上采用这种方法。

按照 Basel II 和银监会的要求，交易账簿应该按照逐日盯市的方式来记账，这是可以用来保护银行资本的基本方法。所谓盯市指的是对一家银行的投资组合重新进行定价，以表明由于市场价格波动多带来的资产价值的变化。这一政策要求资产定价或重新定价要按照新会计准则或国际会计准则标准 39 号，根据资产的市场价值来确定。稳定性流动资产投资组合和交易账户应当逐日盯市以维持头寸的真实价值。

盯市过程确认了市场价值的增加和减少，该市场价值或是直接在损益表中列示，或是要在一个资本/储备账户中加以计算。尽管该过程从概念上讲很简单，但盯市在交易稀薄或缺少流动性的市场上比较困难，目前国内银行的人民币金融产品业务就存在这样的问题，必须以活跃市场价格作为参考定价依据。

投资组合风险管理

投资组合风险管理涉及到管理策略和管理工具，就管理策略而言谨慎的银行管理者应该明白银行面临的市场风险与他的资本是如何发生关系的，市场风险管理策略应该明确表明商业银行的目标以及相关的政策方针，该方针可使资本免受市场价格不利波动的负面影响，一般会从以下几方面来考虑投资组合的风险管理：

盯市：一家银行从事业务的规模和性质通常决定了谨慎定价的频率，一般认为谨慎的银行应该至少每个月对与其稳定性流动资产投资相关的头寸进行评估和重新定价，而由于交易组合中的资产买卖是持续进行的，因此与银行交易组合相关的价格状况就应该至少每天评估并盯市，产品相应的功能模块能提供对该功能的支持，并且可以提供相应的报告给负责银行投资和资产负债管理以及风险管理的高层管理者，给他们以决策支持。

头寸限额管理：作为风险管理策略，头寸限额管理应该作为风险管理政策和控制风险的有效手段。商业银行尤其那些有着大规模稳定流动资产投资和交易组合的银行，也希望对单个交易对手所承担的风险水平做出限制。本解决方案提供了一些标准的头寸限额管理控制，限额设置是具体风险控制人员通过界面来设置某一投资组合的限额工具，以避免在不断调整投资组合过程中可能会发生的超限额现象。在限额设置过程中，操作人员可以设置最大限额、最小限额，还可以设置缓冲限额，即限额警告线。

止损规定：止损规定在产品中也可以划归头寸限额管理的一部分，也可以称为止损限额。对于止损限额的确定应该考虑一家银行的资本结构和收入趋势，以及它所面临的整体风险，当银行头寸的损失达到某一程度时，应该及时向风险管理部门或 ALCO 进行报告和咨询。

产品是从管理工具的层面来说的，它不但可以满足上述策略层面的要求，并且还能提供更多有限的管理方法和工具。产品将交易映射到不同的资产组合中是非常灵活的，可以按照交易的任何属性来组合，比如：以部门（交易台）、交易对手、币种等。系统并没有任何限制。产品具有以下特征，可以帮助用户优化数据映射规则：

- 产品定义：产品定义描述了单个产品类别的特征，内容包括产品标识、定价方法、账户处理、新增业务和滚动假设等，为合并结果和生成报表定义了一层或多个产品层次。
- 机构定义：机构定义描述了单个机构的特征，内容包括机构标识，为合并结果和生成报表定义了一层或多个机构层次。
- 交易对手定义：交易对手定义描述了对应于不同资产组合头寸的单个交易对手或债权人的特征，内容包括交易对手标识、名称、交易对手违约模型、信用级别、财务信息和其他信息特征，为合并结果和生成报表定义了一层或多个交易对手层次。
- 账户定义：账户定义描述了与资产组合相联系的账户层次，将单个账户与资产组合中的相应现金流和收入关联了起来。
- 营业日定义：营业日定义支持多种营业日定义方法，它规定了一周的营业天数和一年中的特殊节假日，目的是为单个资产组合头寸确定支付日期和计算利息。
- 会计日定义：会计日定义支持多种会计日定义方法，每一种方法都为相应的资产组合中的现金流、收入和税收日期规定了会计天数。
- 利率指数模拟：利率指数模拟定义了一种或多种利率，或单位价格指数，比如固定到期日的国债指数。每一种指数起一种或多种经济时间序列的作用，指数点可以用来描述收益曲线或远期利率曲线，也可以生成其他利率指数，具体形式包括：经济时间序列滞后和均值平移，还有计算方法、最小值、最大值和取整计算等。

市场风险经济资本计量——VaR 值计算

市场风险的经济资本的量化需要回答这样一个问题：在给定的一段时间内，金融机构在最坏的情景下（比如1%的概率），预期损失将是多大？

在压力测试中，也需要输入一些计算风险价值的变量。然而，计算风险价值的过程还需要其他一些更多的变量。

1. 风险因子值

风险因子值代表了风险因子标识中与每一种风险因子相关联的风险因子的历史数据。产品中风险因子值计算程序可以自动地在各种市场数据表中搜索历史数据，然后将这些信息合并到相关表中。产品可以使用这些风险因子值来生成与特定风险因子标识相关联的方差和协方差矩阵。

2. 风险因子的相关性和波动性

所有风险价值分析都需要各种风险因子的相关性和波动性矩阵，来分析一种风险因子的变化是如何影响其他风险因子的。既可以直接把该矩阵输入到产品里，也可以使用里面的程序，以市场历史数据为基础，来生成这种风险因子相关性和波动性矩阵。

3. 金融产品的持有期（持有间隔）[Holding Period (Interval)]

金融产品的持有期通常指持有某种金融产品直到出售日。因此，高度流动性的流动资产组合的持有期可能只是一天，而对于那些需要每月重新平衡一次的资产组合来说，其持有期就可能是一个月。

4. 置信度水平（Confidence Level）

置信度水平代表了损失将超过一个特定水平的可能性。例如，在95%的置信度水平下，风险价值（VaR）的值是10 000美元，这就意味着：真实损失超过10 000美元的概率是5%。

5. Monte Carlo 随机种子值

对 Monte Carlo 模拟来说，产品会生成一序列的随机值，来驱动利率和其他风险因子。产品里的随机值生成过程会根据每一种"种子值"生成不同序列的数值。每一个"种子"就是数值生成序列的有效起点。用户只需要简单改变 Monte Carlo 计算中的起点，就能测量出 Monte Carlo 模拟结果中的取样错误。

6. 风险价值（VaR）计算方法

（1）历史风险价值（Historical VaR）

在进行历史风险价值处理时，产品可以通过一个自定义的区间来改变数据日期，然后重复计算资产组合的市场价值。因此，产品可以根据不同的市场日期，重复地从不同的市场表（比如风险因子）中取到市场数据。在这种方法中，产品将会：

- 在给定的风险价值计算期间内，为短期利率生成 N 个值。
- 使用定义的估值方法得到 N 个资产组合值。
- 以该资产组合值集合为基础，来计算风险价值（也可以加上自定义的其他资产组合的风险价值）。

根据选择的不同，产品既可以根据绝对值变化来计算资产组合的风险价值，也可以根据相对值变化来计算风险价值。

（2）矩阵风险价值（Matrix VaR）

产品使用的矩阵风险价值计算方法是一种 delta 法，与传统的 Risk Metrics 法非常相似。然而，本方案不需要像 Risk Metrics 那样将现金流日期与风险因子相匹配（比如标准化的现金流组）。在进行矩阵风险价值计算时，产品将会：

- 从风险因子变化（Risk Factor Shift）取到风险因子的变化值。
- 将第一个风险因子改变一个基本点，然后重新计算资产组合的价值。该价值与基准价值的差就表示了资产组合对该风险因子的敏感性。
- 将第二个风险因子改变一个基本点，然后重新计算资产总和的价值。该价值与基准价值的差就表示了资产组合对该风险因子的敏感性。
- 对所有的风险因子，重复上面的过程，得到一个敏感性向量集。
- 将敏感性向量集与方差—协方差相乘，该结果就是风险价值的平方。
- 将结果写到输出结果表中。

（3）Monte Carlo 风险价值（Monte Carlo VaR）

产品使用 Monte Carlo 风险价值法的主要目的是使与 Monte Carlo 技术相关的取样错误达到最小化。产品使用 Monte Carlo 法的目的只是创建 N 个模拟情景。在第 i 个模拟情景中，产品可以使用风险因子来创建收益曲线，然后再使用用户定义的估价方法去评估资产组合的价值。

产品如何为风险因子生成一些随机数值，取决于指定的概率分配。

- 如果是正态的概率分配，那么新价值 = 基准价值 + 随机数值

- 如果概率分布是对数型的，新价值＝基准价值×EXP（随机数值）

该风险因子既可以是正态的概率分布［dx ＝ a（t）dt ＋ σdz］，也可以是对数型分布［dx/x ＝ a（t）dt ＋ σdz］，但是风险因子分布的漂移率受制于无套利模型。

（4）用矩阵法度量风险价值的敏感性（VaR Sensitivity Measures for Matrix Method）

在使用矩阵法进行风险价值分析时，产品会计算下列风险价值估算：

Transaction Sensitivity（交易敏感性）。这代表了交易价值的变化，原因是一个由用户定义的风险因子的价值变化，如果一个特定的风险因子做一定数额的增量变化，那么交易价值也就会随着交易敏感性数值进行变化。

VaR 的事后验证

风险价值（VaR）技术开发的目的是给金融风险管理人员提供资产组合价值内在波动性情况评估。更具体地讲，就是来回答这样一个简单的问题：在一定确定性下（置信度下），资产组合价值将发生多大的变化（该变化数值有时候就被称做"风险价值"——VaR，或最坏情况下的损失价值。当然两种说法都不太合适）？为了回答这一问题，金融研究者提供了一些模拟方法，模拟了市场变量的预期分布，然后将这些与分析的价值改变近似值（随着电脑处理速度的提高）或资产组合的重新定价合并起来。

任何科学研究都有一个关键的因素：那就是在研究中应该带有一定程度的怀疑论。用做研究的说法来讲，"最坏情况下的损失价值"只是一个理论，必须与设定期间内资产组合实际的损益情况相比较。例如，我们说在95%的置信度下，最坏情况下的损失为1元。那么，我们的意思就是说在5%的几率下，会有不超过1元的损失。如果VaR系统运行正确的话，就可以得到与假设条件相一致的结果（建立在足够大数量的观测结果之上）。VaR的分析结果与实际损益结果的比较就称之为"事后验证"。

事后验证以往被认为是追求卓越管理，而今已成为风险管理的一部分——金融监管当局允许银行使用自己的内部模型来进行风险评估，条件是银行要提供分析理由，证明他们采用的方法可以产生值得信赖的结果。

产品为风险管理人员提供了最优良的、领先前沿的风险分析工具。产品可以进行市场风险管理、信用风险管理和资产负债管理。用友公司致力于该软件系统的不断改进和提高，包括客户使用产品来进行风险价值评估的能力，和为必要的监管体系提供合适的事后验证。产品允许用户追溯VaR一系列历史值，这就使事后检验变容易了（见图3.20）。

VaR

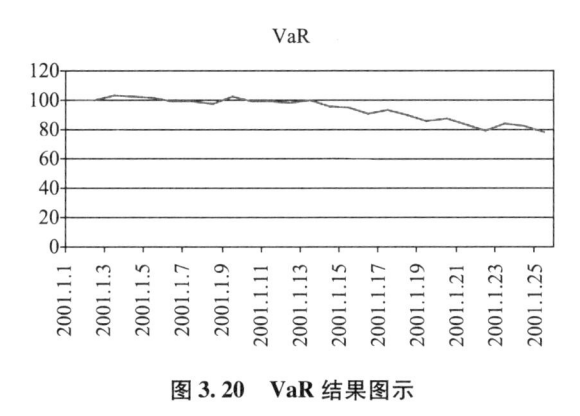

```
120
100
 80
 60
 40
 20
  0
2001.1.1  2001.1.3  2001.1.5  2001.1.7  2001.1.9  2001.1.11  2001.1.13  2001.1.15  2001.1.17  2001.1.19  2001.1.21  2001.1.23  2001.1.25
```

图 3.20　VaR 结果图示

有两种方法可以对 VaR 的分析结果进行事后检验：实际账户损益和静态资产组合损益。

在实际账户损益法中，我们可以对比当天的 VaR 结果和前一天的实际账户损益结果（这样就可以得到这一天内的交易和其他金融活动的损益变化）。而在静态资产组合损益法中，我们可以得到当天资产组合的 VaR 值，然后使用当天结束时的市场数据重新计算该天的资产组合价值（使资产组合保持"静态"）。而这两种方法都有充足的运用理由。

对于那些使用实际账户损益法的用户来说，VaR 分析的真实意图是为一天的业务波动情况提供有用的预测信息，当然，资产组合会发生改变，这可能是他们进行 VaR 分析的一个制约因素。如果 VaR 分析不能对收益的波动性提供有用的建议，那么它对风险管理的作用何在？

对于那些使用静态资产组合损益法的用户来说，VaR 只是用来预测资产组合的波动性。用这种方法计算出来的资产组合 VaR 值与不同的资产组合的损益值是不一致的。

每种方法都有其优点，而实际上两者拥有一些共同点。如果用 VaR 模型计算出来的风险价值与"实际账户"的预期值不一致，用户就必须检查一下 VaR 模型在静态的运行情况，思考一下问题产生的根源。尽管如此，许多监管者也要求使用这些方法。因此，用户应该有所准备，两种方法都应该会使用。

1. "实际损益"法

在"实际损益"法中，风险管理者需要有一个历史时间序列的日实际损益结果的市场价值（见图 3.21）。

2. "静态"损益法

对于"静态"损益法，我们需要回答这样一个问题：用今天的市场价格去估

System_ID	Curr_DT	VAR_Value		Curr_DT	Result
05	5/3/2007	711818.12		5/3/2007	260333
05	5/4/2007	628767.26		5/4/2007	−120766
05	5/5/2007	710755.62		5/5/2007	819
05	5/6/2007	726433.82		5/6/2007	632003
05	5/7/2007	695076.23		5/7/2007	−523002
05	5/8/2007	725630.76		5/8/2007	−356766
05	5/9/2007	750278.19		5/9/2007	101722

ALM Analysis **P&L From Accounting**

System_ID	Curr_DT	VAR	P&L
05	5/3/2007	711818.12	260333
05	5/4/2007	628767.26	−120766
05	5/5/2007	710755.62	819
05	5/6/2007	726433.82	632003
05	5/7/2007	695076.23	−523002
05	5/8/2007	725630.76	−356766
05	5/9/2007	750278.19	101722

Combined Results

图 3.21 "实际损益"法计算表

算昨天的资产组合价值，其值是多少？ALM 产品可以设置市场价值估算程序，用户可以使用任何日期的市场数据来估算资产组合的价值。

程序如下：

- 计算某天资产组合的动量指标（MTM）。
- 用第二天的市场数据计算同一资产组合的动量指标，价值估算日为第二天。（例如，相同的资产组合在第二天的价值是多少？）
- 两天的价值数额相减，得到"静态"资产组合损益，该值就可以与第一天的 VaR 值做比较了。

在"实际损益"法中，我们可以采取与上面相同的步骤。

一旦我们有了一系列损益值和 VaR 的观测值，我们就可以着手对结果进行评估，并可以判断 VaR 方法的有效性。

最常使用的方法就是：计算一下用损益法算出来的损失超过 VaR 值的次数。通过使用基本的概率理论，我们就可以对结果进行精确的分析了。假设有 100 个损益和 VaR 值，VaR 的置信度为 95%，我们就可以建立如表 3.27 所示的损失超过 VaR 值的概率。

表 3.27　VaR 在 95% 的置信度下和 100 次观测值中，损失超过 VaR 值的概率

Defaults	Probability	Cum Prob
0	0.5921%	0.5921%
1	3.1161%	3.7081%
2	8.1182%	11.8263%
3	13.9576%	25.7839%
4	17.8143%	43.5981%
5	18.0018%	61.5999%
6	15.0015%	76.6014%
7	10.6026%	87.2040%
8	6.4871%	93.6910%
9	3.4901%	97.1812%
10	1.6716%	98.8528%
11	0.7198%	99.5726%
12	0.2810%	99.8536%
13	0.1001%	99.9537%
14	0.0327%	99.9864%
15	0.0099%	99.9963%

如果损失超过 VaR 值的次数少于 10 次，那么我们就可以以 99% 的置信度相信，VaR 模型充分运行了。很明显，观测值越多，分析结果就会越好。因此，监管层在一定程度上允许超额观测值次数，而如果观测值次数不够，将会给予处罚。

另外一种分析 VaR 模型效果的方法是：检查 VaR 模型在预测预期损益的总体分布方面的有效性。这是一个更加整体性的方法，它也检查了损益观测值的特征，而这正是 VaR 范围内的。

这种方法的精华在于：为了给估价建立统一的基础，我们会比较每次的损益观测值和 VaR 模型所预测的损益预期分布。对某一天，损益观测值和 VaR 模型所预测的损益预期分布水平为 43%（有 43% 的可能性，该天的 VaR 模型值小于

实际观测值)。

继续这种方法，我们就可以得到一个数据系列，而该数据系列可以用相同的关系来检验。从理论上讲，如果我们的分析进行得正确，我们将得到一致、统一的概率分布，如10%就是指损益观测值低于预期分布的几率是10%；20%就是指损益观测值低于预期分布的几率是20%。因此，VaR模型的效果就可以通过百分比分布与统一值的偏差来衡量（见图3.22）。

100个观测值意思就是在每个指定的百分点处可以观测到10个值。经验值偏离预期值的程度就是对模型运行效果的评价。

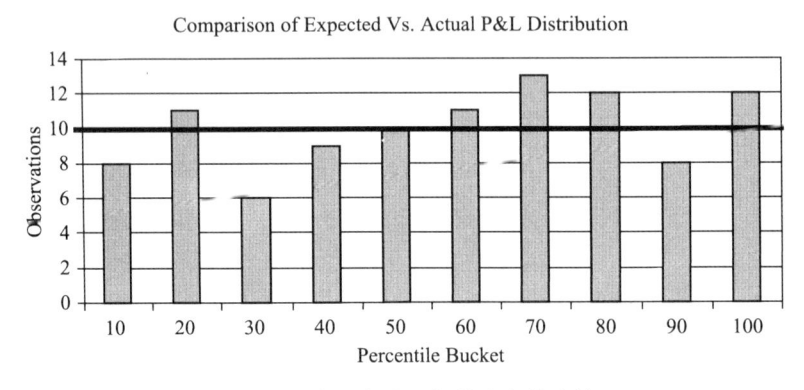

图 3.22 期望与实际损益分布的比较

3.5.5 操作风险经济资本配置解决方案

操作风险的资本计量法分成基本指标法、标准法和高级内部模型法三种计量方法。我国银监会在系列资本充足率管理办法文件中，要求商业银行使用标准法和标准替代法计量监管资本。高级内部模型法是在银行操作损失数据基础上，通过建模计量经济资本的一种方法，目前不具有普遍应用价值，使用标准法计量监管资本的逻辑，对银行日常经营活动中暴露的操作风险配置相应的经济资本，是我国目前商业银行计量操作风险经济资本的主流方法。

在具体实务中，操作风险的资本计量与资本分配，在标准法下，主要是完成以下工作。

操作风险最低资本的计量

1. 业务条线划分与会计科目定义

中国银监会在《商业银行操作风险监管资本计量指引》中，对标准法的监管资本计量进行了详细的说明。主要体现在两个方面：其一，业务条线的划分，与 Basel 规则相比，银监会特别规定了第 9 项"其他业务条线"，主要是针对我国商业银行的一些特殊难以归于其他 8 条业务线收入的处理，商业银行在具体实务中，严格按照银监会规定进行业务条线的的划分就可以。其二，是我们计量操作风险的核心，就是梳理业务条线与会计科目的对应关系。

业务条线与会计科目的对应关系梳理分成两步来走，第一步在银行层面、在并表的基础上，根据银监会的规定，将会计科目与业务条线对应起来，对应的过程，一定要与客户仔细分析，把每条业务条线的收入、支出对应清楚，这个对应过程一定要保留账户的六要素，既币种、日期、金额、中心（机构）、客户等。银监会对此的规定见表 3.28。

表 3.28　　　　　　　银监会对业务条线与会计科目的规定

1 级目录	2 级目录	业务种类示例
公司金融	公司和机构融资	并购重组服务，包销、承销、上市服务，退市服务、证券化、研究和信息服务，债务融资、股权融资、银团贷款安排服务，公开发行新股服务、配股及定向增发服务、咨询见证、债务重组服务，其他公司金融服务等
	政府融资	
	投资银行	
	咨询服务	
交易和销售	销售	交易账户人民币理财产品、外币理财产品、在银行间债券市场做市、自营贵金属买卖业务、自营衍生金融工具买卖业务、外汇买卖业务、存放同业、证券回购、资金拆借、外资金融机构客户融资、贵金属租赁业务、资产支持证券、远期利率合约、货币利率掉期、利率期权、远期汇率合约、利率掉期、掉期期权、外汇期权、远期结售汇、债券投资、现金及银行存款、中央银行往来、系统内往来、其他资金管理，等等
	做市商交易	
	自营业务	
	资金管理	
零售银行	零售业务	零售贷款、零售存款、个人收入证明、个人结售汇、其他零售服务
	私人银行业务	高端贷款、高端客户存款收费、高端客户理财、投资咨询、其他私人银行服务
	银行卡业务	信用卡、借记卡、其他银行卡服务

续表

1级目录	2级目录	业务种类示例
商业银行	商业银行业务	单位贷款、单位存款、项目融资、贴现、信贷资产买断卖断、担保、保函、承兑、信用证、委托贷款、进出口贸易融资、不动产服务、保理、租赁、单位存款证明、转贷款服务、其他商业银行业务
支付和结算	客户	债券结算代理、代理外资金融机构外汇清算、代理政策性银行贷款资金结算、银证转账、代理其他商业银行办理银行汇票、代理外资金融机构人民币清算、支票、企业电子银行、商业汇票、结售汇、证券资金清算、彩票资金结算、黄金交易资金清算、期货交易资金清算、个人电子汇款、其他支付结算业务
代理服务	托管	证券投资基金托管、QFII、QDII托管、企业年金托管、其他各项资产托管、交易资金第三方账户托管、代保管、保管箱业务、其他相关业务
	公司代理服务	代收代扣业务、代客外汇买卖、代客衍生金融工具业务、代理证券业务、代理买卖贵金属业务、代理保险业务、代收税款、代发工资、代理企业年金业务、其他对公代理业务
	公司受托业务	企业年金受托人业务、其他受托代理业务
资产管理	全权委托的资金管理	投资基金管理、委托资产管理、私募股权基金、其他全权委托的资金管理
	非全权委托的资金管理	投资基金管理、委托资产管理、企业年金管理、其他全权委托的资金管理
零售经纪	零售经纪业务	执行指令服务、代销基金、代理保险、个人理财、其他零售经纪业务
其他业务	其他业务	无法归入以上八个业务条线的业务种类

2. 操作风险监管资本计算

业务条线与会计客户定义完成后,监管资本的计算就非常简单了,根据银监会规定的参数表（见表3.29）计算即可。

商业银行用标准法计算操作风险监管资本的公式为：

$$K_{TSA} = [\sum_{1\sim 3年} \max[\sum(GI_{1\sim 9} \times \beta_{1\sim 9}), 0]]/3$$

表3.29　　　　　　　　　　银监会规定的参数表

	业务条线	β系数	监管资本
1	公司金融	18%	18%×公司金融总收入
2	交易和销售	18%	18%×交易和销售总收入
3	零售银行	12%	12%×零售银行总收入
4	商业银行	15%	15%×商业银行总收入
5	支付和清算	18%	18%×支付和清算总收入
6	代理服务	15%	15%×代理服务总收入
7	资产管理	12%	12%×资产管理总收入
8	零售经纪	12%	12%×零售经纪总收入
9	其他业务条线	18%	18%×未能划入上述8类业务条线的其他业务总收入
	第一年操作风险监管资本	-	以上各项之和
	第二年操作风险监管资本	同上	同上
	第三年操作风险监管资本	同上	同上
	操作风险监管资本		前三年操作风险监管资本之和÷3

本问题的关键是勾稽关系的验证，请按照以下的公式验证：

$$各业务条线收入总和 = 全行净利息收入 + 净手续费收入$$

操作风险监管资本分配

操作风险监管资本的要求是"总量"概念，即每年在前三年的基础上，需要在可用资本中准备出多少账面资本用于覆盖下一年可能出现的操作风险。但是，从经济资本的角度讲，操作风险是"累进量"的概念，即随着业务量的增加，操作风险会表现出累计概率增加的倾向，因此，还是应该将操作风险的资本有效地分配到业务单元中去。由于操作风险的监管资本是按照业务条线的净收入计算的，我们在分配操作风险的监管资本时，也按照净收入的概念进行分配。

下面以"商业银行业务条线"为例，阐述操作风险的经济资本分配方法。根据银监会的指引，商业银行主要是指存贷款业务的净利差收入，和可以归属于存贷款业务的手续费收入。

根据FTP的理念，商业银行的利差收入，应该分成"商业利差"和"财务利差"两部分，即银行的会计利差＝贷款的FTP利差＋存款业务FTP利差＋ALCO财务利差，那么根据以上银监会对商业银行业务条线计算操作风险的规定，对公业务的操作风险资本占用额＝（对公贷款FTP年收益金额＋对公存款业务FTP年收益金额＋ALCO财务利差年收益金额应分配给商业银行收益金额）×15%；零售银行操作风险资本占用额＝（零售贷款FTP年收益金额＋零售存款FTP年收益金额＋ALCO财务利差年收益金额应分配给零售银行收益金额）×12%。

3.5.6 经济资本管理价值分析

实施新资本协议对银行具有非常重大的意义：

1. 为银行改进风险管理提供了动力和工具。代表了国际化大银行先进的风险管理理念和技术，为银行经营提供了有益的借鉴；促使银行优化内部管理流程，健全风险管理组织体系；促使银行提升数据质量，并将大大提高银行数据分析能力。

2. 推动银行业务和管理创新。将银行的资本要求和风险暴露联系起来，大大提高了资本管理的风险敏感度；鼓励银行不断进行技术创新和产品创新，改善风险管理和内部风险计量，提高市场竞争力，控制和管理信贷损失。

3. 提升银行国际竞争力。有助于提高业务创新能力和风险定价能力，迅速对不断变化的市场做出正确的判断，提高快速反应能力；有助于将银行建设成为抵御风险能力强、具备国际竞争力的现代商业银行。

4. 适应监管要求、加强与监管机构互动。有利于银行与银监会以及同业间的合作和交流，更好地向监管机构阐述银行业务和风险管理的实际状况；有利于满足监管要求，同时也能更好地促进业务持续发展。

5. 有助于提升银行的声誉。证明银行不仅有领先的业绩，同时也致力于提升银行管理水平；对银行参与国际竞争，提升国际声誉具有重要作用。

为了应对新资本协议在银行的全面实施，用友公司提出了具体的实施建设规划，如图3.23所示。

第 3 章 风险绩效

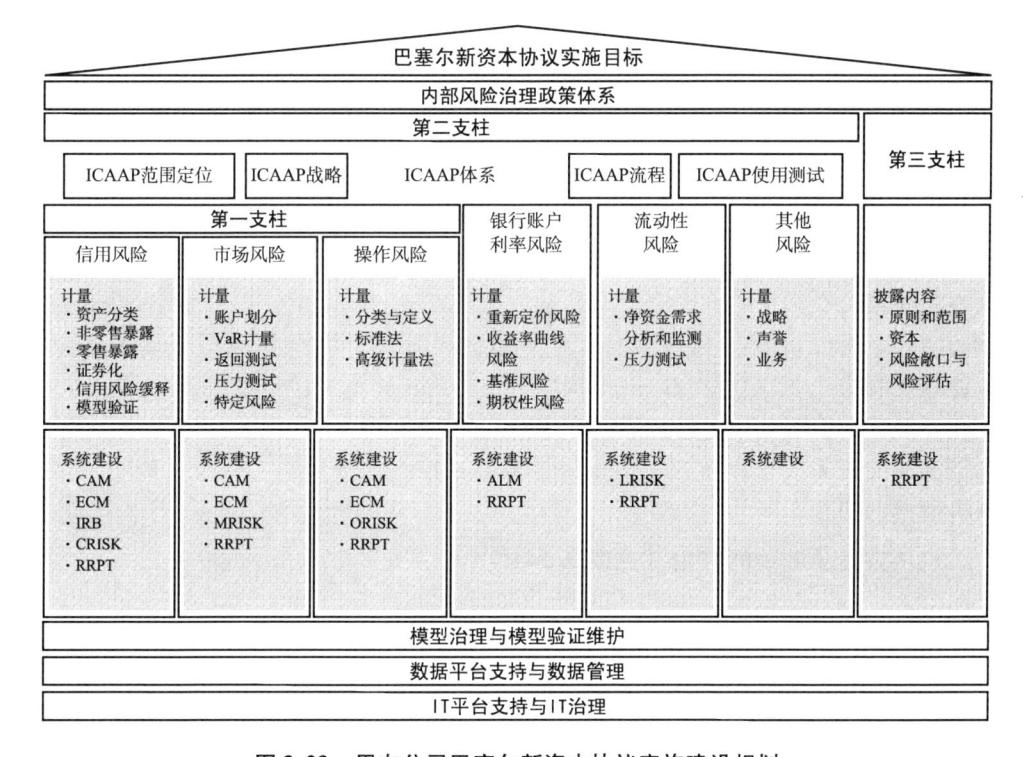

```
                        巴塞尔新资本协议实施目标
                        内部风险治理政策体系
                              第二支柱                                    第三支柱
     ICAAP范围定位   ICAAP战略    ICAAP体系    ICAAP流程   ICAAP使用测试

              第一支柱               银行账户      流动性      其他
     信用风险   市场风险   操作风险   利率风险    风险       风险        披露内容
     计量      计量      计量      计量       计量       计量      ·原则和范围
     ·资产分类  ·账户划分  ·分类与定义 ·重新定价风险 ·净资金需求 ·战略     ·资本
     ·非零售暴露 ·VaR计量  ·标准法    ·收益率曲线   分析与监测 ·声誉     ·风险敞口与
     ·零售暴露  ·返回测试  ·高级计量法  风险       ·压力测试  ·业务       风险评估
     ·证券化    ·压力测试            ·基准风险
     ·信用风险缓释 ·特定风险            ·期权性风险
     ·模型验证

     系统建设   系统建设   系统建设   系统建设    系统建设   系统建设    系统建设
     ·CAM     ·CAM     ·CAM     ·ALM      ·LRISK   
     ·ECM     ·ECM     ·ECM     ·RRPT     ·RRPT              ·RRPT
     ·IRB     ·MRISK   ·ORISK
     ·CRISK   ·RRPT    ·RRPT
     ·RRPT

                        模型治理与模型验证维护
                        数据平台支持与数据管理
                         IT平台支持与IT治理
```

图 3.23 用友公司巴塞尔新资本协议实施建设规划

3.5.7 案例分享：YH–LS 经济资本系统

银行概况

行业：金融行业—城市商业银行

简介：YH–LS 成立于 2005 年 7 月，多年来坚持走规范发展、改革创新、文化兴企、品牌竞争之路，逐步成长为一家发展理念先进、公司治理完善、内部控制严密、管理机制高效、经营效益良好的区域性品牌银行。2009 年，国际金融协会、亚太金融业研究中心等联合授予 YH–LS"中国最佳中小企业服务品牌银行"、"中国十大最具竞争力商业银行"称号，《金融时报》、中国社会科学院金融研究所联合授予 YH–LS 2009 年"年度最佳效益中小银行"称号。

信息化起因

YH–LS 以承接山东省银监局的经济资本管理研究课题为契机，建立以经济资本和经济增加值为核心和纽带，集预算、协调、控制、分析、考评等功能于一体，有机衔接、切合实际的内部管理控制体系。为此 YH–LS 专门成立了以行长为组长、以分管行长为副组长、以总行主要部门和分支机构负责人为成员的专项工作组。并成立以中国海洋大学管理学院副院长、博士生导师王竹泉教授为组长的课题研究组，以用友软件 YH – LS 经济资本项目组为专项研发团队。

信息化应用目标

YH – LS 经济资本管理系统是为了加强 YH – LS 的资本和风险管理，优化资源配置，建立以资本约束为核心的业务发展模式，提高资本充足率水平，促进商业银行稳健发展。在明确经济资本计量范围和方法的基础上，以资本制约风险资产的增长，将经济资本（风险）控制在既定范围内，并确保获得必要的回报，使业务发展的速度、效益与风险承担能力相协调。并将经济资本的理念真正渗透到业务经营和管理之中，发挥经济资本管理的核心和纽带作用，形成以经济资本和经济增加值为核心和纽带，集预算、协调、控制、分析、考核等功能于一体，有机衔接、切合实际的内部管理控制体系。

解决方案关键功能应用（见图 3.24）

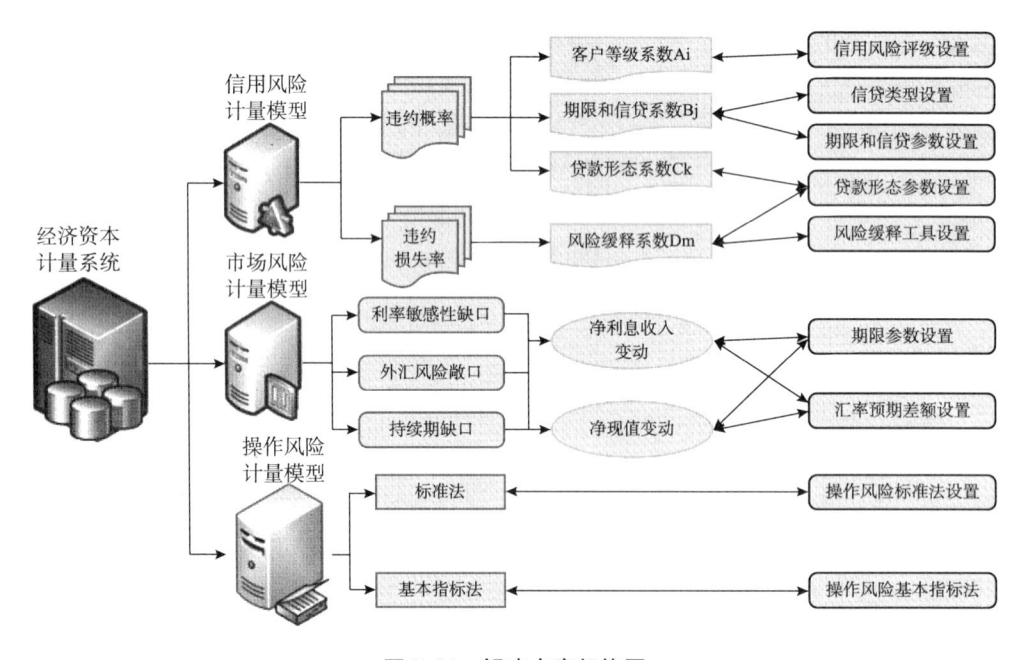

图 3.24 解决方案架构图

1. 信用风险计量

建立以客户等级系数 A_i、期限和信贷系数 B_j、贷款形态系数 C_k、风险缓释

系数 D_m 为基础的信用风险计量模型。系统将信用风险计量模型应用至账户级别，实现对每笔账户的预期损失及非预期损失（经济资本）的计量；不仅提供对信用风险计量的明细查询，也可按照分支机构、行业、业务类型、期限类型等维度进行多维度分组查询。

2. 市场风险计量

为市场风险计量提供了利率敏感性缺口分析、外汇敞口分析、持续期缺口分析三种市场风险计量模型。

（1）利率敏感性缺口分析

根据 YH‑LS 在一定时期内，将要到期或重新确定利率的资产和负债之间的差额进行计量，确定利率敏感性缺口；根据每个期限内的利率敏感性缺口和每个期限内的利率敏感性权重进行利率风险计量。

（2）外汇敞口分析

根据外汇风险敞口和实际汇率与预期汇率的差额进行汇率风险计量。

（3）持续期缺口分析

根据某项资产或负债的预期现金流计算该笔业务的久期，通过对资产或负债的市场价值、久期及收益变化冲击 $\triangle I$ 计算出净现值变动确定市场风险。

3. 操作风险计量

根据《新巴塞尔协议》关于银行业操作风险计量的指引，分别实现了标准法和基本指标法操作风险计量模型。YH‑LS 可以通过采用多经济资本运行方案的模式，灵活选择标准法和基本指标法进行操作风险的计量。

4. 经济资本 BI 分析

经济资本 BI 分析包括：机构经济资本分析、行业经济资本分析、业务类型经济资本分析、客户信用等级经济资本分析、客户经济资本占用分析、客户预期损失分析、经济资本趋势分析以及 EVA、RAROC 分析。

5. 限额与预警管理

建立以经济资本限额管理为纽带，将 YH‑LS 对各种维度的经济资本管理置于统一的平台之下。分别建立分风险类型、分机构、分行业以及分业务类型的限额管理体系，并通过设置预警界别，实现对不同的超额程度进行差别化预警提示。

6. EVA 和 RAROC 计量

以经济资本计量数据为基础，为 EVA 和 RAROC 绩效计量提供管理平台。分别对各机构实现了净利润计量、预期损失增加额计量、经济资本平均额计量、经风险调整后的税后净利润计量、EVA 计量、年度预估 EVA 计量以及 RAROC 计量。通过对EVA和RAROC绩效机制的建立综合反映银行经营管理的流动性、安全性、盈利性指标体系，并能合理及时地引导各支行遵循总行的经营管理意图不断地去调整经营管理策略和行为。

解决方案应用特色

1. 经济资本的数据分析与展现

YH-LS经济资本BI分析在经济资本计量的数据基础之上，构建经济资本数据分析和展现平台。通过直观、丰富的展现形式，让企业决策者通过BI分析对经济资本数据更加一目了然。

2. 经济资本限额管理与预警机制

YH-LS以经济资本为纽带，将银行的各种业务通过对经济资本的限额管理置于统一的预算管理平台之下，建立分机构、分部门的预算管理体系，使各层级机构根据现有资源充分挖掘自身潜力，从多角度多方位考虑各种因素，准确制定各项预算，形成一套合理的预算管理体系。

3. 建立以EVA和RAROC为核心的绩效机制

有效的激励机制是银行通过理性化的制度设计促使支行经营者最大限度地发挥其自身潜力，实现总行与支行以及总行各部门经营者利益的相互协调。YH-LS通过EVA和RAROC绩效机制以建立综合反映银行经营管理的流动性、安全性、盈利性指标体系，并能合理及时地引导各支行遵循总行的经营管理意图不断地去调整经营管理策略和行为。

应用效果

YH-LS实施用友经济资本管理系统，对于业务及管理提升有很大促进作用。YH-LS经济资本管理系统通过收集、组合、分析经济资本计量的数据，转化为有用的信息，并通过丰富的图表进行展现，即将离散的数据按照一定的方式转化为信息，来辅助商业决策。

1. 为银行改进风险管理提供了动力和工具

代表了国际化银行先进的风险管理理念和技术，为银行经营提供了有益的借鉴；促使银行优化内部管理流程，健全风险管理组织体系；促使银行提升数据质量，并将大大提高银行数据分析能力。

2. 推动银行业务和管理创新

将银行的资本要求和风险暴露联系起来，大大提高了资本管理的风险敏感度；鼓励银行不断进行技术创新和产品创新，改善风险管理和内部风险计量，提高市场竞争力，控制和管理信贷损失。

3. 提升银行国际竞争力

有助于提高业务创新能力和风险定价能力,迅速对不断变化的市场做出正确的判断,提高快速反应能力;并且还有助于将银行建设成为抵御风险能力强、具备国际竞争力的现代商业银行。

4. 适应监管要求、加强与监管机构互动

有利于银行与银监会以及同业间的合作和交流,更好地向监管机构阐述银行业务和风险管理的实际状况;满足监管要求,同时也能更好促进业务持续发展。

第 4 章 供应链绩效

4.1 采购管理绩效

4.1.1 银行业采购业务模式

综合采购与其管理模式

国内银行普遍采用集中采购与分散采购相结合的"综合采购"模式,举一个例子来说,假定一家银行拥有 30 家分行,如果在某一年每家分行均采购了 100 台电脑,那么采购执行过程可以通过以下两种方式来实现:

方式一:分散采购,即每家分行分别通过寻源采购(如招标、谈判、询价等采购方式,在本书中统称为寻源采购)完成各自 100 台电脑的采购过程。在这种情况下:

- 每家分行平均花费不低于 1 个月的时间进行寻源过程。
- 每家分行的采购规模为 100 台,规模优势不明显,与供应商的议价能力较弱。
- 每家分行如果具有了解电脑采购的专业人员,采购质量相对有所保障;如果没有这类专业人员,则需要安排采购人员参加相应培训或学习以保障采购质量。
- 每家分行按照自己的需求进行采购,采购过程相对灵活,需求满足度较高。

方式二:集中采购,即把分行的采购需求进行汇总,按 3 000 台电脑的需求量进行寻源采购,确定供应商和价格,签订框架协议,下发给各分行执行具体的购买过程。在这种情况下:

- 总行集中采购部门花费不到 2 个月的时间进行寻源采购,分行只需分享总行集中采购的成果;分行提出采购需求后,就可以根据框架协议下单订货，需求响应速度非常快。
- 集中采购部门与供应商按照 3 000 台电脑的采购量进行议价，规模优势明显，更容易获得优惠的价格。
- 集中采购部门可以为专业性较强的采购业务配备专门的采购人员，逐步形成专业化采购的人力资源积累。
- 集中采购部门的采购需求来自于各个分行，并进行必要的统一与标准化，可能会牺牲部分个性化需求，影响到需求满足度。

由此可见，采用集中采购的方式既"物美"（专业化采购保障、需求响应速度较快）又"价廉"（直接成本——价格的降低、间接成本——劳动时间的节省）。既然集中采购有此优势，那么是不是所有的采购都使用"集中"的模式呢？银行业是国内较早采用集中采购方式的行业之一，应用相对成熟。但在不断变化发展的实际采购管理工作过程中，银行业逐渐认识到单一的分散采购或单一的集中采购均不能完全满足银行业的采购管理要求，实践中更为合理的做法是把两种方式结合起来，形成一种"综合采购"的模式。

综合采购模式包含集中采购与分散采购，在区分集中采购与分散采购时，往往会采用采购目录界定与采购额度限制相结合的方式，做到"散而不乱"。比如采购目录从采购物资范围上界定哪些物资集中采购，哪些物资分散采购；而采购额度则界定了在什么额度范围内执行集中采购，在什么样的额度范围内又可以进行分散采购。表 4.1 对三种采购方法进行了比较。

表 4.1　　　　　　　　　　分散采购、集中采购、综合采购的比较

采购方式	优点	不足
分散采购	• 需求部门组织采购，需求满足度高 • 业务灵活度高，适用于业务高速发展阶段	• 资源不易共享，如供应商资源、价格资源、专业采购的人力资源、技术资源等 • 多个机构均配备同质的部门或人员，执行同质的业务内容，造成功能重叠，管理成本高 • 采购量较小，无法形成规模效益
集中采购	• 采购职能作为共享式服务集中，可以执行专业化采购 • 采购量较大，容易产生规模效益 • 采购管理职能集中，管控力度强容易在全行范围内形成资源共享	• 对银行采购工作的计划性、专业性要求较高 • 各业务单元的自主程度低，灵活性差

续表

采购方式	优点	不足
综合采购	• 具有集中采购与分散采购的双重优点 • 规模经济效益与灵活性兼顾	• 对管理能力要求高，必须要有科学健全的方法、流程与标准与之匹配

目前，在采购管理较成熟的国内银行，大多选择了综合采购的管理模式，吸取"分散采购"和"集中采购"模式的优点，同时围绕"综合采购"应用模式不断完善自身的采购管理制度。在区分集中采购与分散采购时，也往往会采用采购目录界定与采购额度限制相结合的方式，做到"散而不乱"。

根据银行规模的不同，采购业务的管理模式不尽相同。国内银行按规模可分为"总分支多层组织模式"与"总支两层组织模式"，前者多为全国性大型国有和股份制银行，后者多为中、小型的城商行。在总分支多层组织模式下，银行采购类相关工作职能中的采购管理类职能（包括采购制度制定与监督、计划与需求的策略与组织、供应商管理、寻源采购、物流组织与财务支付等）一般集中在总行与分行进行处理；同时，总行负责全行的采购调控与管理，分行负责本分行及下属运行相关的管理，形成"两级管理"的体系；支行在"两级管理"的体系中主要扮演需求角色及信息反馈角色，如：采购计划的填报、采购需求的提出、合同执行与物流收货、供应商服务情况反馈等。而在总支两层组织模式下，采购管理类职能则几乎全部集中在总行层面，形成"一级管理"的体系。

"三（过程）分离原则"与角色分析

我们将采购过程进行初步分解，如图 4.1 所示。

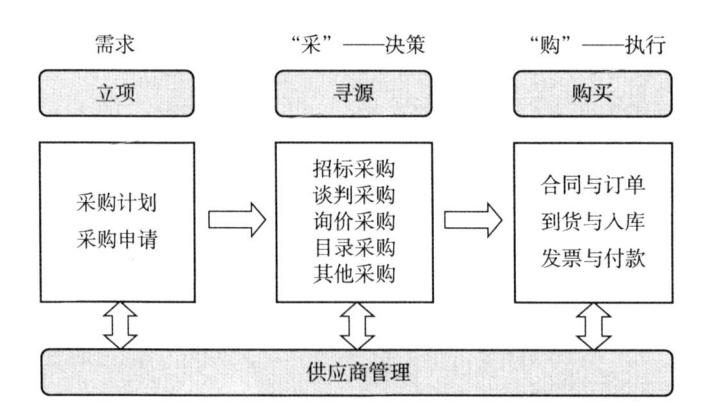

图 4.1 采购过程管理

由图4.1可以看到采购管理主要分为以下三大过程：
- 需求过程：主要处理采购中的立项过程，包括采购计划与采购申请等流程。
- "采"的过程：主要处理采购中通过寻源产生采购决策产生的过程，即供应商及价格的确定过程。
- "购"的过程：主要处理采购中物流及资金流的过程。

采购管理需要达到在上述三过程间的清晰界限，即"需求与采购分离、采购决策与采购执行分离"，管理规范的银行基本已经遵循上述界限，实现了角色职能分工清晰，各司其职。但现实中，大部分银行职能分离的层次及清晰度不尽相同，体现出采购管理思路上的个性化和差异。

举例而言，特别典型的包括采购角色对立项过程的界入深度、合同与订单的签订主体等问题。有的银行认为采购角色不需要直接介入采购立项过程，而是间接地通过供应商管理与监督结果（如通过供应商的分级情况影响采购申请中的推荐入围厂商名单）实现对采购立项过程的影响，采购角色的工作集中在受理经过合规立项的采购需求，尽快地实现需求满足。而有的银行管理人员则认为采购角色应积极地参与采购立项的过程，对立项过程进行一定程度的指导与监督。

而对于采购合同的签订主体部门，有的银行由采购部门主导合同签订过程，有的银行则采用"甲采乙购"的方式，即采购部门负责采购决策的过程，而合同签订则由需求部门进行主导。

以上这些问题的处理方式在管理上并没有严格的对错之分，一般取决于银行自身发展过程中所面对的实际状况，但对于需要"在采购过程中进行职能分离并逐步清晰完善"的方向是一致的、清晰的。

"三（过程）分离原则"中关于购买的过程相对较清晰，将在本书的供应链相关章节进行介绍，在本章中重点对需求与寻源的过程进行分析。这里面主要涉及的组织角色如图4.2所示。

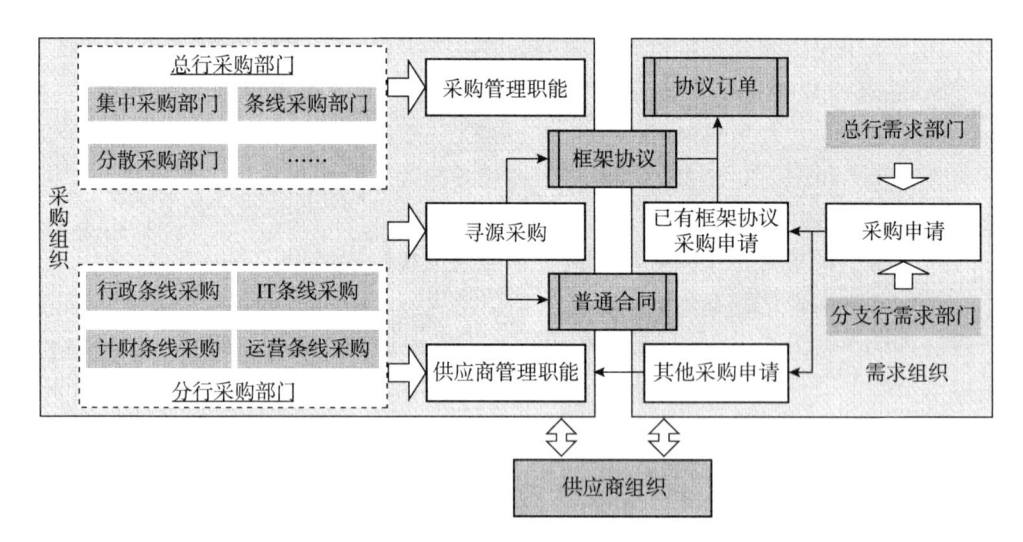

图 4.2 采购业务组织角色划分

注：上图中对于组织角色的划分是逻辑层面的定义，与实际业务中的执行操作人员既有联系又有区别。某一人员在一项采购业务中可能作为需求角色存在，而在另一项业务中却可能作为采购角色存在。

整体来说，采购业务涉及如下三大类组织角色：

1. "需求组织"角色：即采购需求提出方，总行、分行、支行任何有采购需求的部门或组织均可成为需求组织。需求组织负责采购前的采购立项过程，包括采购需求的描述与可行性论证、预算的落实、审批过程等。采购立项通过后，如果要采购的产品或服务已经存在框架协议，可以根据框架协议直接下达框架协议订单。对于尚未签订框架协议的采购申请，则正式提交到采购组织处理。

2. "采购组织"角色：即采购过程的执行方，一般银行在总行存在集中采购部门、条线采购部门（如 IT 条线）、小额采购的分散采购部门。在分行层面，由于一般规模较小，分行主要设置有条线采购部门（如 IT 条线、行政办公条线等）、小额采购的分散采购部门等。采购组织一般具有两大类职能：

  - 采购管理职能：即采购政策与制度的制定与发布、采购行为管控与监督、供应商管理等职能。
  - 采购执行职能：即针对需求部门提出的采购需求执行采购过程，如招标、谈判、询价、寻源采购，形成采购合同或框架协议。

3. "供应商组织"角色：即采购业务的外部组织，寻源采购过程实质就是逐步确定供应商与价格的过程。供应商组织配合采购方进行相应的寻源采购过程，通过商务协同过程（如投标、报价、谈判等）展现自身优势，从而达成供需企业之间的合作。

采购业务流程分析

一般性的采购业务流程如图4.3所示。

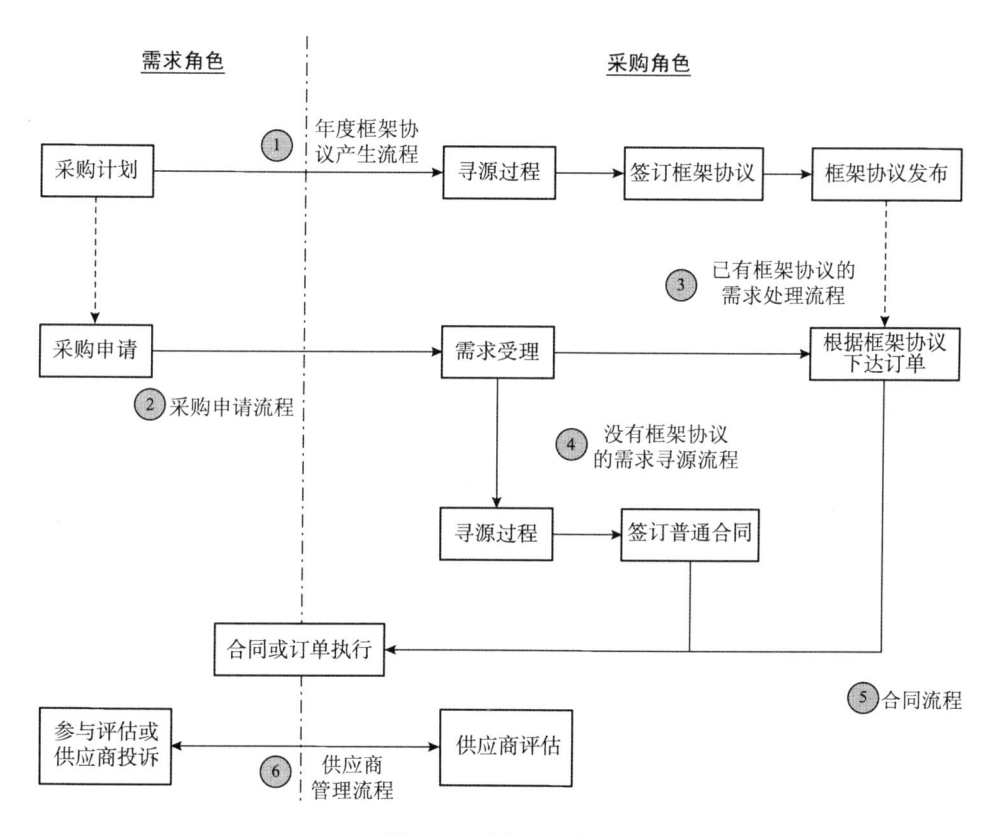

图 4.3　采购业务流程

采购业务通常主要包括以下六个子流程。

1. 年度框架协议的产生流程

框架协议作为集中采购的重要手段，可以有效地节省采购时间、提高采购的议价能力，因此在国内银行中被广泛采用。一般由集中采购部门负责签订年度框架协议，确定供应商、产品或服务、价格等关键因素后发布到行里，指导需求部门后续的购买过程。

在框架协议产生的过程中主要有以下问题需要解决：

（1）什么样的物资需要签订框架协议？

一般情况下，银行通过采购目录界定需要签订框架协议的物资范围，采购目录并非一成不变，管理规范的银行通过采购计划获得年度的采购需求，通过对采购需求的分析确定采购目录，从而确定框架协议的物资范围。

(2) 什么时间签订框架协议？

框架协议可以实现采购需求的快速满足，提高采购效率。银行一般会按年度签订框架协议，因此很多银行选择在年度结束前（或年初）集中签订下一年度（本年度）的框架协议。

(3) 框架协议的采购规模如何估计？

具有采购计划的银行可以方便地通过采购计划估算到采购规模，而对于没有采购计划流程的银行，集中采购部门可以根据历史的采购情况估算年度采购量，并以此指导框架协议的签订。

(4) 框架协议的共享范围如何确定？

在上文提到总分支多层组织的银行大多采用"两级管理"的模式，不但总行会签订框架协议，各分行也可以签订框架协议，因此框架协议有其特定的共享范围，一般情况下约束如下：

- 全行共享的框架协议：本类框架协议适用于全行范围，包括总行、分行、支行，并且要求中标厂商具有较大的服务半径与供货区域。如总行集中采购部门签订的框架协议发布到全行，全行的需求部门都可根据框架协议下达自己的采购订单。
- 总行本级范围内共享的框架协议：本类框架协议仅适用于总行本级所属部门，不适用于分支机构。一般情况下，中标的厂商为总行本级所在地的区域服务商。如办公用品采购，所签订的框架协议由区域厂商中标，提供对总行本级有限范围区域内的服务。
- 分行及下属行范围内共享的框架协议：本类框架协议仅适用于特定一家分行及其下属的支行，不适用于其他分支行。一般情况下，中标厂商为分行所在地及其周边的区域服务商。

框架协议的签订一般由采购执行部门发起，并通过寻源采购的过程产生中标厂商，同时为了保障厂商的供货能力与服务质量、提高需求部门下单灵活性，提供同一产品或服务的中标厂商原则上以不少于3家为宜。

2. 采购申请流程

采购申请流程由需求提出部门发起，相应的需求角色负责收集和提供需求信息，发起立项。通过立项的采购申请正式提交到采购部门进行受理。

3. 框架协议采购流程

如果采购需求已经存在框架协议，则将这些需求分离出来，根据框架协议下达协议订单，实现对采购需求的快速满足。

4. 寻源流程

所谓寻源就是找到资源（产品和服务）、找到资源提供的合格供应商。在采购业务中出现寻源流程的一种情况是：采购人员对受理采购需求进行分析，如果全部或部分采购需求无法通过框架协议满足，并且采购量达到一定额度时，需要发起寻源采购的流程；另一种情况是，年度框架协议签订后产生的相应的寻源采购流程。

5. 合同流程

无论是根据框架协议下达的协议订单（可视为框架协议的延伸），还是根据寻源结果签订的普通合同或框架协议，统一归结为合同流程。合同流程包括两个层面：合同的签订过程与合同的执行过程，合同执行过程即进入了物流与资金流过程。

6. 供应商管理流程

供应商管理作为水平流程贯穿整个采购过程，在需求阶段对供应商评估的结果是入围厂商确定的主要依据，在寻源阶段供应商是商务协同的主要对象，而在后续的服务过程或项目建设过程中，则需要对供应商进行评估、监督（投诉）等管理。

业务难点分析

综合采购模式无疑会对银行采购业务的集中管控、降低成本、提高效率产生积极的影响，但同时它对银行自身的管理水平也提出了较高要求。如果无法达到相应的管理能力要求，将会使采购业务管理流于形式，无法达成既定管理目标，甚至在某些方面出现适得其反的效应。

在综合采购的模式下，银行将会遇到以下的管理难点：

管理难点一：如何有效地解决采购与需求、成本与效率的矛盾

在采购业务中，降低采购成本与供应及时性的矛盾时刻存在。一方面为了降低采购成本，采购部门往往因为采购过程必要的步骤或单纯的价格要求和供应商陷入长时间的讨价还价，另一方面需求部门因为项目建设的紧迫性可能不断地向采购部门索取采购物资，而不管成本的高低。不同组织目标和要求客观上形成了采购部门和需求部门的对立与矛盾。

造成这一问题的主要原因有以下三点：

（1）采购的计划性较弱，或者没有采购计划

在很多银行有填报采购计划的制度要求，但执行的情况并不理想，计划准确度较差或者不填报，或者干脆以采购预算代替采购计划，采购计划没有严肃性，

流于形式。

计划性较弱使得集中采购部门与分散采购部门无法对全年采购工作进行统筹，无法实现预见性管理，均为被动响应需求部门的采购申请，造成所有的采购在实质上体现为"应急性采购"。这种情况下造成供需的矛盾不可避免，解决这一矛盾只有加强计划性。

推行年度采购计划可以使采购部门在年初掌握需求部门的采购内容与采购要求（如到货的时间点），从而留出足够的提前期展开采购工作，有条不紊地执行采购过程，从容地与供应商讨价还价。既没有耽误需求部门的使用，同时又为银行降低了成本。

对于集中采购部门来说，年度采购计划提供了需求部门的物资需求内容与需求量，年初即可进行招标、谈判、询价等寻源过程，形成框架协议，确定供应商与价格，发布到全行。这样到了需求部门需要的时间点时，需求部门可根据框架协议迅速下单，获得急需的物资。

而对于临时性的采购需求，则通过临时性的采购计划进行体现，年底时根据临时性采购计划与年度采购计划的对比分析，对需求部门计划填报的绩效进行考核，促使需求部门的计划填报越来越准确。通过这种循环改进的过程，逐步建立起采购业务由采购计划驱动的良性工作模式。

（2）业务信息或业务单据的传递差错大、效率低下

采购业务的过程涉及到计划、申请、采购方案、发标、回标、报价、评标、采购决策、合同签署、框架协议发布与共享、订单、到货入库、发票付款等一系列过程，在这个过程中涉及到大量信息在业务单元内部（如需求部门、采购部门、物流部门、财务部门等）、上下级业务单元（如总行与分行）、企业的内外部（如银行与供应商）之间进行传递。

在手工方式下，不同的单据之间存在着转抄、汇总、分拆等操作，信息传递则采用手递手、邮件、传真、邮寄等方式进行，这种海量工作的效率及正确性全凭工作人员的工作能力与积极性进行保障，整体质量可想而知。

解决这一问题的关键是采用合适的管理工具进行保障，如采用IT系统将流程进行固化，通过工作流的方式将信息或单据自动地由一个环节推入下一个环节，同时由信息系统对单据间的传承关系进行自动控制，既提高了工作效率，又提升了工作质量。

传统的寻源业务（如招标、谈判等）一般采用手工方式进行，传统信息传递方式浪费了大量的时间，也增加了供需双方的成本。近几年来，寻源采购业务网络化与电子化已成大势所趋。我国《电子签名法》对于网上商务协同亦进行了明确的法律支持，企业越来越倾向于与供应商的业务在网上进行，这大大方便

了供需双方的交互过程。

（3）采购目录的制定与维护困难

在银行内集中采购与分散采购一般通过物资范围进行区分，在采购目录中界定哪些物资需要集中采购，哪些物资可以分散采购。这种区分界定的好处在于各级采购部门易于理解，执行分歧较小。

但值得注意的是，采购目录需要根据社会物资的发展进化情况（如标准化、通用性等）、需求部门的个性化应用情况等因素不断维护与更新，如：有的物资以前是集采的可能不需要集采了，需要从集采目录中删除；而有的物资在全行的采购量逐渐加大且应用越来越标准，那就适合把它加入到集采目录进行集采。

集采目录的制定科学与否对整个采购业务影响重大，具体到采购效率方面，如果应该集采的物资通过分散采购去执行，就会造成所有的分支行都去重复同一个动作，造成整体效率的降低。而如果应该分散采购的物资进行集采，则集采的效果体现不出来，既丧失了需求的灵活性，又影响了采购效率，得不偿失。

解决这一问题需要分析采购计划上报的需求数据，在年初对采购目录进行把握，并且在采购过程当中不断根据市场变化信息调整采购目录；其次，就是在年度结束时对全行采购量及框架协议执行情况进行分析，及时修订采购目录。

（4）框架协议所占业务比例较低，且严肃性无保障

框架协议在采购业务中可以实现规模化、专业化采购，并大大提高需求满足的效率，节省劳动时间。但在现实业务中，很多银行的框架协议份额在全行的采购业务中占比较小，需要进一步加强对采购目录与采购计划的管理，适当加大框架协议所占的业务比重。

同时，总行的框架协议签订并发布到全行后，各分支行在执行采购时，经常会存在与框架协议厂商进行再次议价的情况，并常常以低于框架协议约定价格成交。这种情况主要带来的不利影响为：框架协议的采购实质上成为一种入围资格的采购，供应商会以为后续的下单过程还会存在"砍价"行为，而在框架协议报价中有所保留。而从全行的角度来看，尽管签订了框架协议，而实际执行的价格仍然取决于单项业务中的议价能力，从而失去签订框架协议的意义。

这种情况一般需要相应的监督手段或系统手段（如通过 IT 管理信息系统下单）来保障框架协议严肃性，一旦签订框架协议，后续的购买下单行为应严格遵循框架协议价格约定。并且在框架协议签订过程中，与供应商就此原则达成一致，并确定相应的罚则，促使供应商提供切实可行的价格，实现真正意义上的框架协议采购。

管理难点二：如何对供应商进行统一管理

在综合采购的模式下，采购工作分散在各个部门执行，既有集中采购，也有

分散采购；既有总行的采购，也有分行的采购；既有采购部门的采购，也有需求部门的采购。供应商的准入控制分散在各个分行、各个部门，进入体系的供应商质量参差不齐。供应商的评估工作同样分散在各个机构与部门，缺少统一评估标准与评估体系，很难优化供应商结构。

在这种情况下，一方面优秀的供应商无法成为一种战略资源在分行间/部门间形成共享，从而无法实现从对采购项目个案管理到对供应商外部资源的管理的过渡。另一方面，无法识别与甄选优秀的供应商，建立长期稳定与合作双赢的合作伙伴关系，不利于稳定地保障供应关系以及供应链联盟的建立。

解决这一问题的关键在于全行统一的供应商管理与评估体系的建立，通过这一体系加强供应商的准入控制，并将供应商评估工作日常化。同时，切实把供应商资源作为企业关键资源来看待，改变原有的"合格供应商"的单一思维模式，推动供应商分级管理与黑名单管理。

管理难点三：如何保证采购业务合规开展，公开透明

银行业采购价值较高的物资时，往往采用招标、谈判、询价、竞价等寻源采购方式，在我国对招标采购有严格的招投标法规进行约束，要求采购过程规范合规、公开透明，供应商之间公平竞争，从而实现企业的采购效益。

但是在采购的过程中，由于采购人员理解程度、能力水平、职业素养等的差异，很难保证每个项目都被合规地执行。而且在项目执行的过程中，信息不够透明，使得采购人员的行为无法被合理监控，形成盲点。因此经常会出现大型项目采购过程中信息泄密，甚至出现供应商状告采购单位的情况。

解决这些问题除了加强采购人员的纪律意识，在技术手段上可以考虑引入一个"公正的第三方"。"第三方"掌握有项目的全部信息，严格保障只按照合规的方式将恰当的信息透明给采购人员或供应商，并且"第三方"负责对采购过程的关键点进行判断与控制，严格禁止人为地违规操作。近几年网上招投标等寻源采购系统已经被成熟应用，信息系统正承担了这样一个"第三方"的角色，信息系统的内置流程保证了采购业务操作流程的规范，同时通过数据权限实现了信息的有效隔离与透明。

管理难点四：如何实现采购业务的全行管控

对于大型银行来说，采购业务几乎每天在不同的分支行里被执行，全行采购业务的管控是一项复杂而艰巨的工作。如：

（1）如何清晰地界定集中采购与分散采购的关系与分界，使之形成良性的互补？

（2）如何有效地处理好效率与成本的关系？

（3）如何保证采购工作在采购计划和采购预算的双重控制下进行？

(4) 如何保障采购过程被合规地开展？
(5) 如何对供应商进行统一的准入控制并形成合理的评估体系？
(6) 如何保障框架协议被有效地执行？
(7) 如何对采购部门的工作绩效进行正确考核？
等等。

解决这些问题除了行政、制度等管理手段，高效的管理信息系统也成为最重要的执行工具，即通过一个成熟的管理信息系统进行全过程管理，让计算机完成业务规则的界定、日常的事务处理、业务运行的监控，使全行的采购业务按照管理者既定思路有条不紊地运转。

4.1.2 采购管理解决方案

设计原则

银行采购管理信息系统的设计需要综合考虑诸多因素，一般在设计中建议遵循的主要原则如下。

1. 遵循"管理系统"的设计思想

采购业务在机构上跨过总分支行，并与供应商连接，功能上涉及计划、需求、寻源、合同与框架协议、供应商管理、物流过程、资金流过程，需要形成管理上的闭环应用，并嵌入集团管控的思想，以"管理系统"的模式设计。防止系统设计集中于某一点上的业务处理或一个网站的建设，而忽略整个管理要求，成为单纯的"工具系统"应用。

2. 兼顾总分支行上下联动应用与内外网商务协同

系统设计要充分考虑总、分、支行三级架构的体系，形成上下联动应用，全行采购业务"一盘棋"。同时，寻源过程与供应商的交互需要实现网络化与电子化，考虑到银行网络部署的安全要求，系统需要设计为两部分：一为内网系统，保证银行内部的应用；二为外网系统，建立供应商电子商务平台，形成供应商门户的应用。内外网组合起来形成采购业务的完整应用。

3. 寻源采购过程同时兼具灵活性与合规性

寻源采购项目根据各个项目的特点，执行过程千差万别，系统设计需要考虑流程的灵活性。同时，我国的招投标法规对于部分寻源采购方式具有明确的法规要求，因此对于寻源过程不但要求灵活，同时必须合法、合规。

4. 充分考虑国内银行企业采购管理的业务特点

系统设计要充分考虑国内银行采购管理的业务现状与特点，并要考虑规避相应的法律风险，具体如下：

（1）银行业综合采购（分散采购+集中采购）模式支持，普通合同+框架协议（网上购物超市）的完整应用。

（2）银行垂直条线管理的采购计划模式支持，计划流程覆盖总、分、支行，符合银行企业应用特点。

（3）符合《中华人民共和国招标投标法》要求，内置业务规则，保证业务合规开展。

（4）符合《中华人民共和国电子签名法》要求，支持安全认证体系（CA认证），有效规避采购过程中与供应商的法律风险。

（5）符合国内寻源应用的特色要求，如专家的管理、大项权重的界定、综合评标与投票等。

（6）完善的采购业务评价体系，应包括供应商注册与准入、供应商主动评估、供应商被动评估、内部工作质量评价体系等。

方案蓝图

针对银行企业采购业务管理需求，用友整体解决方案蓝图如下（见图4.4）。

方案蓝图分为三大类流程：管理流程、业务流程、支撑流程。

1. 管理流程

管理流程主要解决管理者全行管控的需求，包括事前业务规则的确立、事中的行为监督、事后的绩效考核与数据分析，如下：

- 采购策略与标准的制定：如计划驱动模式的建立、供应商统一管理模式建立、采购目录的制定、寻源过程规范要求、采购合同管理的策略等。
- 采购绩效与采购监督：如采购项目的过程跟踪、绩效的考核与分析等。
- 报表查询与分析：建立管理者桌面，把日常运营类报表和决策分析类报表呈现给管理者以辅助决策。

2. 业务流程

业务流程主要解决采购业务相关的事务性操作，涵盖了计划到采购，再到物流处理、资金流处理的整个业务流程。如下：

- 采购需求阶段流程：包括了从计划到立项确定的过程，这些工作主要在需求部门完成，形成确定的采购立项后提交到采购部门。

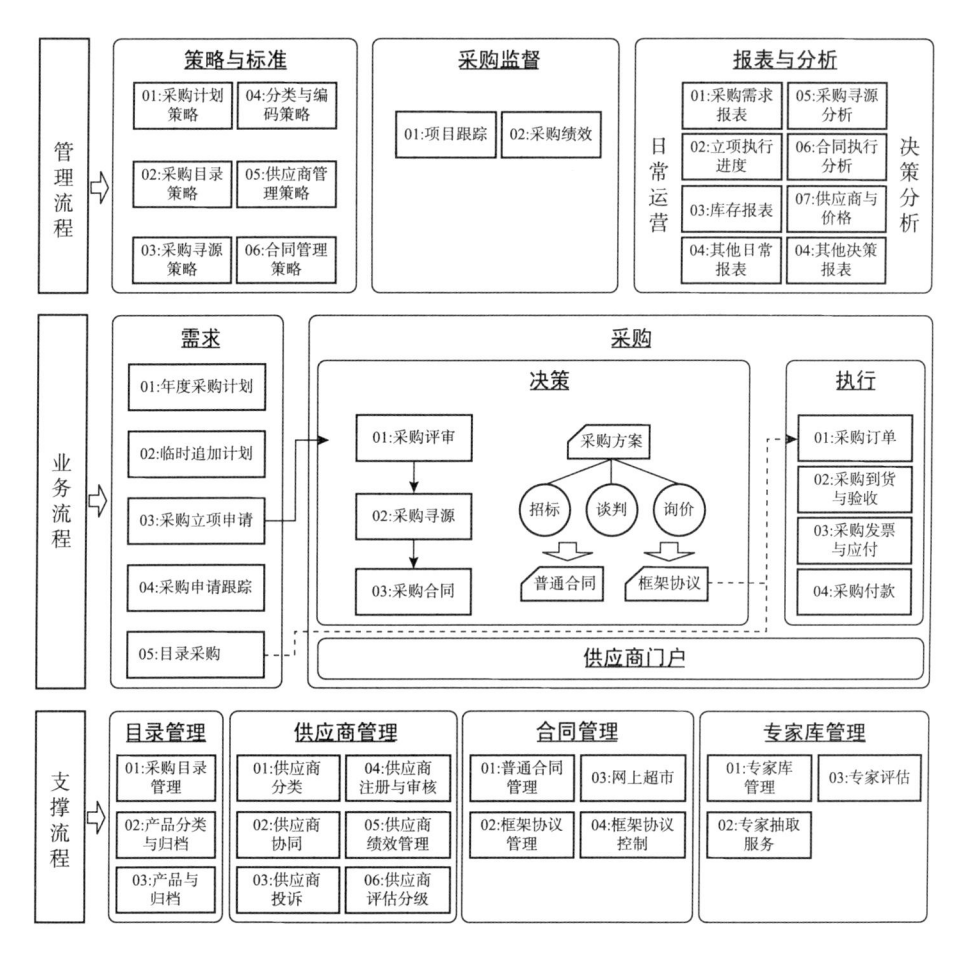

图 4.4 银行采购业务管理整体解决方案蓝图

- 采购决策阶段流程：包括了从采购方案到采购寻源，进而形成采购决策的过程，这些工作主要在采购部门完成，采购人员与入围供应商进行交互，最终确定中标厂商与中标价格，采购的直接成本降低在这一阶段完成，因此本阶段也是采购绩效的核心体现阶段。
- 采购执行阶段流程：包括了采购合同后续执行的物流与资金流程，这些工作主要在物流部门与财务部门完成。

3. 支撑流程

支撑流程主要包括保障采购业务顺畅执行所需的相关流程，主要如下：

- 目录管理：制定采购目录，清晰界定集中采购与分散采购的业务分界。
- 供应商管理：对供应商进行统一管理，包括准入的控制、日常的评估与分级、投诉管理、黑名单管理等。
- 合同管理：对普通采购合同、框架协议进行统一管理，维护网上超市，并对合同执行情况进行管理。
- 专家管理：建立评标专家库，为采购寻源过程提供支撑服务。

系统架构

一般性的系统架构图（见图 4.5）参考如下。

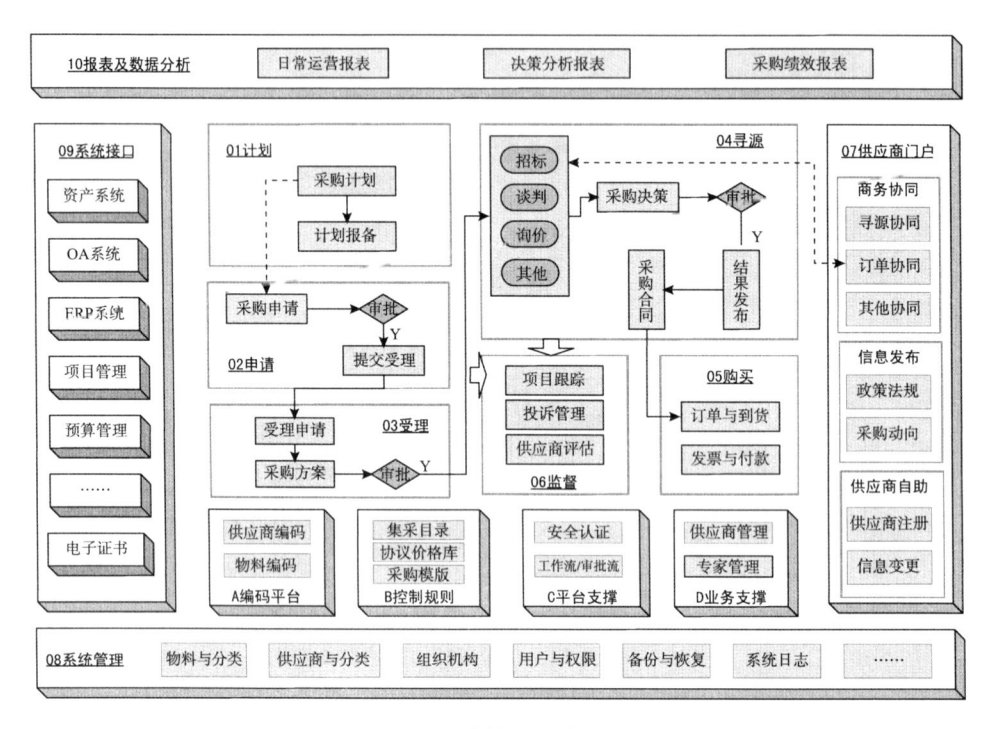

图 4.5　采购管理系统架构图

系统主要由 14 部分组成，其中 01~07 部分为系统主流程，08~10 部分为辅助部分，另外 4 部分为关键支撑部分，各部分介绍如下。

01 计划

本部分处理采购计划填报与上报、采购计划汇总与报送报备等流程。计划分为年度采购计划与临时采购计划两类，分别适用于计划内采购与计划外采购两类业务。采购计划为建立计划驱动模式的起点，通过计划对本年度的总体采购情况进行掌握与控制。

02 申请

本部分处理采购申请的编制、汇总，并把处理好的采购申请正式提交到采购部门进行受理，这时采购流程由需求部门转入采购部门。

为建立计划驱动的模式，一般应用中采购需求由采购计划生成，计划与需求可以有差异，可以制定采购量只能减少、不能增加的计划策略。而对于现实业务中计划外的采购或应急采购，一般先编制临时采购计划，再由临时采购计划生成采购需求。根据计划内与计划外的采购对比，可以对需求部门的计划填报质量进行考核，督促需求部门将采购计划做得越来越准确。

03 受理

采购部门正式受理需求部门的采购需求，即进入采购方案阶段。采购部门一般面对多个需求部门，可以把来自不同部门的需求进行汇总，形成不同的采购项目。采购承办人根据采购项目的情况编制采购方案，主要包括：入围供应商、采购方式建议、采购需求内容、谈判专家组成、评标方法（大项与权重等）、参与供应商的最小数量要求（如不少于3家）、采购的结果形式等。采购预案经过审核，形成正式的采购方案，以指导采购寻源的过程。

04 寻源

寻源采购是采购业务具体执行过程，通常指对于所要采购的产品及其潜在供应商的选择、评估、谈判（包括改变需求）和确认的过程。主要包括招标、谈判、竞价等寻源形式，其中：

（1）招标

招标分为公开招标与邀请招标两种方式：

- 公开招标：指招标人（采购单位或委托招标代理机构）以招标公告的方式邀请不特定的供应商投标的采购方式。
- 邀请招标：指招标人以投标邀请书的方式邀请三家或三家以上特定的供应商投标的采购方式。

（2）谈判

谈判分为竞争性谈判与单一来源采购两种方式：

- 竞争性谈判：指招标人直接邀请三家以上的供应商就采购事宜进行谈判的采购方式，多应用于复杂项目采购，如带有方案性质的项目采购，双方需要多轮次的谈判过程来确定方案细节。
- 单一来源采购：指只能从特定供应商处采购或其他紧急特殊情况下采取的采购方式，多应用于应急采购或扩容采购等业务。

（3）询价

询价是指对多家供应商提供的报价进行比较，确保价格具有竞争性的采购方式。一般应用于简单物资的采购，这种情况下各家厂商的物资差异不大，主要根据价格来确定中标厂商。

寻源采购的结果主要分为两种形式：

- 普通合同：寻源采购生成一个普通采购合同，根据合同一般产生一笔采购订单。如：一个装修工程的采购、一个软件系统建设的采购等。
- 框架协议：寻源采购生成一个框架协议，框架协议下发到各分支行，在协议有效期内各分支行根据自己的需求可以产生不限数量的采购订单，有时也称为协议采购。

需要注意的是，我国对于寻源采购有明确的法律法规要求，这一过程的合规性非常重要。另一方面，把传统的寻源业务纳入信息系统来实现，很多纸质签字盖章的内容通过电子文档实现，需要系统具备电子签名与安全认证的体系，以达到法律上"不可抵赖性"要求。

05 购买

购买主要包括合同后续的物流与资金流过程，需求部门根据普通合同与框架协议形成确定的采购订单，供应商根据采购订单进行发货并提供发票，需求部门收货入库，进行项目建设或转固过程，财务部门则根据合同及项目建设情况进行付款。

06 监督

采购管理部门需要对全行的采购工作进行监督与管理，主要的工作内容包括：

- 供应商评估：制定供应商的评估模型，通过系统发放评估表，需求部门进行评估打分，放入评估模型对供应商的表现情况进行评估。根据评估结果对供应商进行分级，进而通过供应商级别影响每个采购过程的决策。
- 项目跟踪：对现有处于执行过程的项目进行跟踪，包括项目执行的进度、项目是否合规开展等。
- 框架协议执行监督：对框架协议执行情况进行监督，防止需求部门绕开已有的框架协议进行个别采购。同时对全行的采购量进行统计与分析，以掌握采购部门的工作绩效。
- 投诉管理：开放物资使用部门的投诉通道，处理对供应商的投诉。

07 供应商门户

采购业务电子化后，传统的供应商交互方式也需要进行升级，很多与供应商面对面的沟通被系统沟通方式取代，供应商门户便成为银行与供应商沟通与交互窗口。主要包括：

- 商务协同：寻源采购过程中，招标人与投标人的商务过程，包括下载标书、上传投标书、项目报价、澄清、承诺等通过门户实现，通过电子化的手段提升效率，降低成本。
- 采购信息发布：银行企业可以通过门户发布采购政策与采购信息，信息沟通实时准确，改善了透明度和协同能力。
- 拓展和维护供应商资源库：采购信息的发布有利于供应商对银行企业采购动向地了解，通过邀请注册与核准过程，不断地拓展优秀供应商加入进来。
- 供应商自助管理：供应商的信息时常会发生改变。为了确保供应商信息准确，供应商通过门户系统能在线更新自己的公司资料、产品信息、框架协议价格变动信息、文档、账号信息等。这样银行企业可以基于最新的供应商信息和产品数据，做出计划决策和货源分配。

08 系统管理

提供软件系统的基础设置功能，主要包括用户、角色及权限的管理、基本档案的管理、系统控制参数的管理、数据安全与备份管理等。

09 系统接口

采购系统在应用中需要与银行部署的其他管理软件系统进行接口，实现银行的信息系统应用集成，主要涉及的外围系统包括：资产管理系统、OA 系统、ERP 系统、项目管理系统、预算系统、第三方的安全认证与数据签名系统等。

10 报表分析

提供采购业务当中涉及的报表分析与查询，主要包括日常运营报表、决策分析报表和采购绩效报表等三大类报表。

4 大关键支撑

采购业务在系统中正常运行需要以下 4 大关键支撑：

- 控制规则：包括采购业务中的各项业务控制规则，如集采目录、协议价格库、采购模板等，保障银行企业的采购业务流程按照管理者的要求进行。
- 编码平台：银行由于分支机构较多，对于关键业务档案（如供应商档案、物资档案等）需要统一编码，防止多口径维护而造成编码体系混乱。
- 关键技术支撑：传统手工业务电子化所带来的技术要求，如安全认证与数字签名的体系、工作流与审批流的体系等。
- 关键业务支撑：采购过程中所必需的业务支撑，如评标专家管理、供应商管理等。

应用效果

根据 2008～2010 年的美国企业通过电子采购平台统计的数据显示：采用电子采购平台的客户平均实现了 17% 的采购价格下降与直接成本节约。应用采购管理信息系统解决方案，可以帮助银行实现综合采购的运营管理模式，并在获得低成本专业化采购服务的同时，达到以下应用效果。

战略层

- 建立计划驱动模式：建立计划驱动模式，使得整个采购工作实现统筹与可预见性，有效管控全行采购业务。采购完毕后通过对计划填报工作及准确性的考核，逐步建立起循环改进的工作模式。
- 实现供应商统一管理：将分散在各个部门的供应商统一管理，对供应商进行评估与分级，发现优秀的供应商，形成银行企业的优秀供应商资源库，作为战略资源在全行共享。

管理层

- 监督采购业务执行过程，使之规范合规，透明公开，实现阳光采购。采购系统内置规范的采购流程，采购承办人员无法擅自更改，保证了业务步骤合规。对于容易引起泄密的关键信息，通过计算机自动隔离，并根据信息内容进行裁决形成有针对性的反馈，有效杜绝人工方式下的道德风险。
- 提高业务掌控力度。通过采购计划控制、采购目录控制、采购模板控制、供应商评估分级制度等管理手段，将采购政策落实到实处，确保各级人员按照集团采购政策的规定进行业务操作。
- 采购绩效。通过系统方式进动计算采购业务绩效，充分体现采购部门的工作价值。

作业层

- 提高效率：通过软件系统的工作流实现工作流程的自动化，提升横向部门、上下级机构、内外部的沟通效率。如采购单据的传递、供应商网上交互等。通过集中采购将更多的采购业务转化为框架协议，实现采购共享，提升总体工作效率。
- 降低成本：通过招标采购、谈判采购、询价采购等规范化采购手段选择优秀的供应商；通过集中采购的规模优势提升议价能力，形成高质低价的采购成果，降低采购成本。
- 提高质量：在集中采购中培训专业化人才为全行服务，通过专业化采购提升采购服务质量，并通过供应商管理使得优秀的供应商资源共享，从而获得全行的高质量服务保障。

4.1.3 案例分析：YH-ZS采购管理系统

银行概况

行业：金融行业股份制银行

简介：YH-ZS是中国第一家由企业创办的商业银行，以及由中国政府推动金融改革的试点银行，于1987年在深圳经济特区成立。成立以来YH-ZS伴随着中国经济的快速增长，不断创新产品与服务，由一个只有资本金1亿元人民币、1个网点、30余名员工的小银行，发展成为资本净额超过千亿元人民币、机构网点660余家、员工5万余人的中国第六大商业银行，跻身全球前100家大银行之列，并逐渐形成了自己的经营特色和优势，被国内外媒体和社会公众评为中国最受尊敬企业、中国最佳银行金融公司、中国最佳本土银行等。

信息化起因

YH-ZS作为全国性大型股份制商业银行，在采购业务体现为"两级管理、综合采购"的管理特点。这种多级综合采购模式，在手工方式下面临着诸多的管理难点，如采购的计划性较弱，实现可预见的管理困难；业务信息传递效率低，信息准确性不容易保障；供应商管理口径多，实现统一管理困难；采购部门多，统一管控困难，无法保障业务合规开展，公开透明等。因此，借助信息化工具对传统手工业务的难点进行有效解决，成为YH-ZS采购业务升级的首选。

信息化应用目标

YH-ZS集中采购管理信息系统的建设目标为：

（1）统一采购流程、防范操作风险。

（2）强化计划驱动模式，规范采购管理、构建共享平台。

（3）持续降低成本、构建采购竞争优势。

（4）实现供应商统一管理，建立电子商务平台，实现寻源过程网络化，理顺供应商关系。

解决方案关键功能应用

在采购业务当中主要涉及三大类业务组织：需求组织、采购组织、供应商组织，YH-ZS集中采购管理信息系统将三大类角色全部纳入系统管理，通过实时在线的模式，针对各类角色设计相应的系统功能，形成采购业务完整的网络化、电子化采购应用，如下：

1. 需求组织应用功能

需求角色通过系统可以实现采购计划的编制、采购申请的提交、框架协议的浏览与下单、采购进度的查询、对供应商的评估与投诉、采购业务的工作流与审批流管理等完整的需求方应用。

2. 采购组织应用功能

采购角色通过系统可以实现采购预案的编制、采购需求的评审、邀请供应商注册并进行准入控制、采购方案的执行（包括：邀请函的发布、发标、澄清文件的发布、开标、谈判、询价、评标、采购决策、采购结果通知等寻源过程）、签订合同、发布框架协议、组织供应商的评估并形成供应商的分级、处理供应商的投诉等完整的采购寻源过程及供应商管理过程。

3. 供应商组织应用功能

针对供应商角色，系统专门设计了供应商门户，供应商通过门户系统可以实现供应商注册、供应商信息自助更新、寻源采购的商务协同过程（包括：邀请函的响应、招标书下载、投标书上传、报价、响应谈判、接收采购结果、接收框架协议订单等）、查看银行方发布的采购信息等功能。

解决方案应用特色

根据 YH – ZS 的采购业务情况，解决方案主要体现为以下特点。

1. 建立计划驱动模式

采购业务以采购计划为起点开始，建立计划驱动、循环改进的工作模式（见图 4.6）。

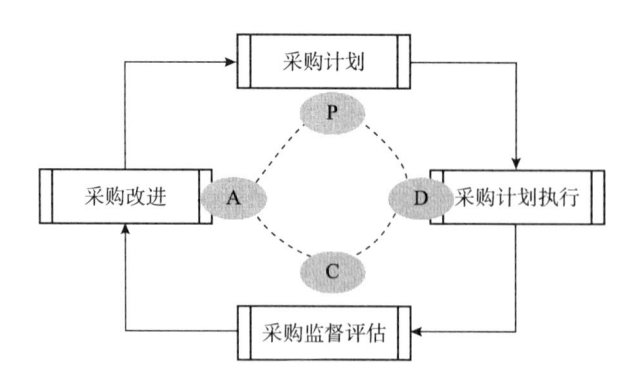

图 4.6 采购管理的计划驱动模式

推行年度采购计划可以使采购部门在年初掌握需求部门的采购内容与采购要

求（如采购的时间点），从而留出足够的提前期展开采购工作，有条不紊地执行采购过程，从容地与供应商讨价还价。既没有耽误需求部门的使用，同时降低了成本。

对于集中采购部门来说，年度采购计划提供了需求部门的物资需求内容与需求量，年初即可进行招标、谈判、询价等寻源过程，形成框架协议，确定供应商与价格，发布到全行。这样到了需求部门需要的时间点时，需求部门可根据框架协议迅速下单，获得急需的物资。

而对于临时性的采购需求，则通过临时性的采购计划进行反映，年底时根据临时性采购计划与年度采购计划的对比分析，对需求部门计划填报的绩效进行考核，促使需求部门的计划填报越来越准确。通过这种循环改进的过程，逐步建立起采购业务由采购计划驱动的良性工作模式。

2. 实现供应商统一管理

供应商统一管理主要包括供应商准入、评估与分级、供应商投诉等管理过程。如下：

- 供应商准入：供应商在供应商门户中进行注册，填报相关资料，由专门的职能部门负责供应商资料审核，只有符合要求的供应商才能与 YH－ZS 进行业务往来。通过这种手段对供应商进行第一道质量把关。
- 评估与分级：建立日常评估的工作流程，供应商管理部门发布供应商评估模型，主动发起对供应商的评估，根据收集到的评估信息，对供应商进行分级。分级的结果将影响全行采购业务中对供应商的选择情况。
- 供应商投诉：需求部门在使用供应商的产品或供应商服务的过程中，对于不满意的情况，可以主动发起对供应商的投诉，从而实现对供应商的有效监督。

3. 建立工作流机制，提升工作效率

通过IT系统将流程进行固化，以工作流的方式将信息或单据自动地由一个环节推入下一个环节，并对单据间的计算关系进行自动计算。既提高了效率，又提升了工作质量。

工作流方式有效地解决了上下级机构（总行与分行）之间、同级部门（需求部门与采购部门）之间、银行与供应商之间的沟通质量和效率问题，使整个采购业务在 YH－ZS 内得以高效运转。

4. 采购业务全程电子化与网络化，保证业务合规开展、公开透明

YH－ZS 采购业务实现全程在线的电子化与网络化，增加信息的透明度，接受监督，有效保证了业务的合规执行。总行通过系统参数定义了各种采购方式的

步骤，各采购部门按照总行预设的流程执行采购业务，有效地保证了业务的规范性与一致性。

5. 采购业务实现全行管控

YH-ZS 分支机构较多，采购业务每天在不同的分支行里被执行，而通过 IT 系统实现了全行采购业务的管控，让计算机系统完成业务规则的界定、日常的事务处理、业务运行的监控，使全行的采购业务按照管理者既定思路有条不紊地运转。

应用效果（见表 4.2）

通过应用采购共享服务中心的解决方案，YH-ZS 主要达到了以下应用效果：

- 从战略层角度，建立起了计划驱动循环改进的工作模式，并在全行范围内实现了供应商的统一管理。
- 从管理层角度，监督采购业务执行过程，使之规范合规，透明公开，实现阳光采购，并提高了业务掌控力度。
- 从作业层角度，实现了效率提高与成本降低，提高了服务质量。

表 4.2　　　　　　　　YH-ZS 采购管理信息系统应用效果

	采购管理 信息系统功能模块	采购管理信息系统 应用前	采购管理信息系统 应用后
1	需求管理	• 业务中没有采购计划业务流程，采购部门框架协议签订没有数据支撑，同时工作不好统筹 • 采购申请的填报与审批通过手工方式处理，传递效率低，且信息容易失真	• 采购业务以计划为龙头展开，建立起计划驱动的模式。框架协议的签订有计划采购量做支撑，并且采购部门可以根据需求部门的采购计划安排采购工作，避免了大量应急性采购 • 需求单据接受年度计划的控制，通过系统工作流完成编制与审批过程，并提交到采购部门受理。信息完整，并且效率得到提高

续表

	采购管理信息系统功能模块	采购管理信息系统应用前	采购管理信息系统应用后
2	采购管理	• 采购过程当中的采购方案、采购评审均通过手工方式处理 • 采购寻源过程通过纸质、电话、传真、邮件等方式进行，商务协同效率较低 • 框架协议通过 OA 系统发布，不方便查询与下单过程	• 采购方案及评审过程通过网络在线会议室完成，系统自动记录评审过程及会议结论 • 实现网络化电子化的在线寻源应用，通过系统实现招标、谈判、询价、评标等采购的业务协同过程，并借助 CA 系统实现电子签名规避法律风险。供应商也通过系统进行投标等业务，实现了供需双方的顺畅沟通，节省了双方成本 • 框架协议及下单过程通过系统完成，实现采购成果的有效共享
3	供应商管理	• 供应商准入无统一的口径控制 • 供应商的评估过程主要通过邮件完成，工作量巨大且效果不明显 • 下级分行对供应商投诉渠道不清晰	• 通过系统完整地实现的供应商管理的全部流程，包括通过统一的口径对供应商的资质信息进行审核，统一准入机制 • 供应商评估的全套流程包括模型的建立、模型发布、评估打分、自动汇总与计算、供应商自动分级建议等通过系统实现，大大节约了工作量 • 下级分行需求部门对于供应商提供的产品或服务如果不满意，可以方便地实现投诉，交由专门人员处理
4	全行采购管控	• 全行的采购管控主要通过制度与政策进行软约束，信息不透明，管控力度不足	• 全行采购业务通过系统进行处理，总行可以方便地监控到各级采购部门的业务。同时通过系统内的参数配置，对下级部门的采购行为进行统一规范，有效地实现采购业务的全行管控

4.2 资产管理绩效

4.2.1 综述

关于资产管理

所有企业的发展都依赖于资产,资产的管理在很大程度上直接影响着企业的经营业绩和盈利能力,及能否为企业创造竞争优势和利润。

企业资产管理解决方案除保持静态核算外,还实现资产的动态管理,包括从资产申购、领用、维护到报废的整个生命周期管理。

资产管理的演变

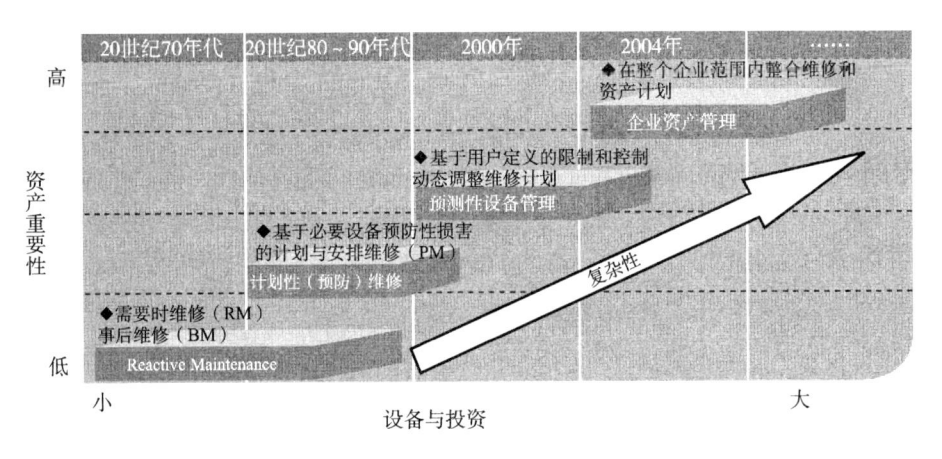

图 4.7 企业资产管理的演变

随着企业管理的不断进步,资产管理也在不断地演变。20 世纪 70 年代企业的设备等资产投资较少,资产的重要性偏低,企业考虑较多的是怎样更好地控制和管理维护相关的人工和材料,更好地预测资产的表现情况,对资产的维护尚处于被动维护;20 世纪 80~90 年代,企业开始提高维护效率并改善设备的可靠性,实现完整的系统维护,从被动维护转为预防性维护,备品备件采购管理更加严谨和流畅;2000 年开始,企业中的资产维护部门和运行部门共担资产管理的职责,资产管理的重点在原来预防性维护的基础上更重视提升设备的功能表现(见图 4.7)。

现如今,越来越多的企业已经把资产管理的角色上升到一个企业的管理要点，形成企业级的资产管理，形成资产全生命周期管理模式。确保在尽可能长的时间内，以尽可能节省成本的方式使企业的资产处于可用状态以完成相应的生产任务。现代 EAM 理念融会了 PM（计划预防修理）、TPM（全员生产维修）、RCM（可靠性为中心的维修）等资产管理理论，同时结合 ERP（企业资源计划）理念，强调预防性设备管理，强化财务成本管理。

4.2.2 应用分析

银行业的资产管理

银行业的固定资产主要包括运营设备、电子设备（电脑）、交通运输设备、房屋等。如何利用科学的手段对现有资产进行充分的利用，同时保证运营资产的定时保养，延长设备使用寿命，对企业资产管理部门的管理提出了更高的要求。

银行企业在固定资产管理方面主要面临以下问题：
- 资产数量大，网点多、分布广，管理难度大。
- 很难有效运用和调配资产，使用效率不高，如大部分的设备工作效率在 50% 以下。
- 重购置轻维护，使维护成本增大。
- 随意和盲目购置，使购置成本超出预算，大量尚能使用的设备处于闲置状态，产生浪费。
- 对资产的增减变动不能实时监控，管理者心中无数。
- 数据不集中，大量的信息存放在资产的下级使用单位，而总行掌握的信息量很少，造成了信息的分散性和不对称性。
- 管理资料不全面，由于地域环境的差异，有些分支行不能及时传递信息给总行，总行只能掌握一部分分支行的资产营运信息。
- 数据不准确，由于传统的收集和传输手段比较落后，有些仍然采取传统的手工造册方法，时间一长就造成很多错漏。

资产管理的集成与发展

资产管理的集成经历过从企业部门内部的协同、部门之间的协同到多组织、多地点的协同过程。实现资产的全生命周期的管理，不是某个部门或某几个部门就可以承担的，而是资产的整个生命周期涉及到的所有组织所有部门的协同管理过程。

1. 部门内的集成和协同

企业维护部门内部共享信息，原始的共享方式（手工的方式、单机系统等）范围过于局部和机械，很难取得很大的效益。IT 技术和应用软件的发展显著提高了同一部门的人员存取的准确性和方便程度，有利于更加密切地协同运作。通过集成提供的共享功能，计划员可以及时了解备品备件的库存情况，从而可根据采购进度调整保养工作；仓库管理员可以及早掌握需求量，避免贵重备件库存积压，或由于备件短缺造成非计划停机。

2. 部门间的集成和协同

协同能力扩展到部门之间可以显著扩大资产管理的效益。大部分企业的资产使用与资产维护仍是分别进行管理，如果没有系统管理，这种情况往往会造成运行部门与维护部门之间关键的信息缺乏共享。运行部门"工作中反复"出现的问题才会被维护人员了解、重视，才会得到优先处理。运行人员只有不断了解资产是否到了一个需要维护的期段才能避免发生严重故障。集成和协同使相关人员在经过授权的情况下可以及时了解到相关的情况，使各方可以正常有效的方式共享这种重要的信息。

3. 企业多组织、多地点的集成和协同

跨组织共享最佳实践及关键资源有利于所有涉及方，有利于更好地依据计划提升资产管理的水平，共享通用型资产有关问题的信息，还可以结合过去对其他地区单位运行造成的影响对供应商的供货能力进行甄别。

多组织、多地点的协同可以给维护部门带来显著的效益。所有与资产管理相关部门（包括采购和工程部门）都可以从多地点的协同中获得效益。从而提升整个企业的管理能力和绩效水平。

多组织、多地点的集成和协同有助于地域分布广泛的企业通过协同取得效益。不同地点处理同一资产和问题的部门，可以通过集成和协同密切彼此间的协同运作。集团可以为资产制定统一的资产管理计划，单点的、个人的经验可以在企业集团范围内发挥效益。可以带来的效益为：

（1）确定并共享最佳实践。
（2）共享重要专业知识与资产信息。
（3）非常容易地进行同业对标。
（4）更好地利用有限资源。
（5）在计划和设备安装方面进行更好的协同。
（6）共同协商，获取更好的服务协议。
（7）整合并优化维修与作业耗材（MRO）物资的库存。
（8）对关键性的资产进行重新部署。
（9）降低 MRO 物资的价格。

资产管理集成的应用价值

资产管理系统集成应用的价值主要体现在：

(1) 建立信息共享服务平台，集中掌控资产配置情况、资产使用状态，使得资产调配更加合理，降低资产闲置率，提高资产使用效率，发挥资产最大效益。

(2) 协助企业建立了集团级资产全生命周期管理平台，使得资产管理更加科学、合理；资产价值全生命周期管理便于资产掌控、保值增值；资产实物全生命周期管理有利于资产安全、可靠运行。

(3) 提高维修效率、规范维修流程、降低运营成本；实现了对资产价值、资产运营的执行情况实时、动态跟踪和分析。设备维护更科学、更完善，设备生命周期管理清晰，设备使用情况监控良好；企业在不增加维修费用的情况下，明显降低设备故障率，增加生产产量。

(4) 将采购管理、资产管理、工单管理、库存管理、人力资源管理、成本管理、财务管理集成为一个数据集中，信息准确、充分共享的信息系统。

(5) 推进资产标准化建设工作，规范工作流程，提高设备检修管理水平。

(6) 建立资产考核控制体系，协助企业投资决策。

4.2.3 应用方案

资产管理 360°视角观察

资产管理涉及到银行的各个层面，不同的部门和角色需要从不同的视角获取资产信息，从而保证企业资产可靠运行和利润最大化的实现。如从资产维修管理的视角，明确资产生命周期内的技术和经济状况分析需求，并综合评估资产状态，为企业决策提供数据支持。用友银行业资产管理解决方案正是基于资产信息架构的360°视角观察，从而提高企业资产管理细度和深度，注重资产过程控制和数据积累，规范资产事后分析反馈，提供资产可靠性，保障资产安全，优化资产运维成本，实现资产生命周期内整体效益最大化（见图4.8）。

资产管理关键目标

(1) 建立符合资产管理共享服务中心应用模式的资产管理信息系统，有效的全方位、全过程的资产（资产价值、资产运营、资产维修）全生命周期管理平台。

(2) 确保只采购必需的资产，杜绝盲目采购，合理调配集团内资产，优化资产配置，提高资产使用效率，确保资产闲置率降低。

(3) 确保资产添置或接替计划符合银行总体资金状况和资产投资规模。

(4) 跨越分支行的各个层次，面向组织和全局构建面向角色的资产多维工作面。

图 4.8 资产全生命周期管理 360°视角观察

（5）提高企业资产管理细度和深度，促进资产安全可靠和利润最大化目标的实现。

（6）提供统一资产管理平台，以帮助各资产工作面对资产信息的需求，保证信息口径的同一性。

总体思路（见图 4.9）

- 以资产数据为基础，建立以资产配置计划、资产配置计划的执行与控制、资产配置计划的分析与报告体系为基础的资产价值全生命周期管理系统。
- 以资产数据为基础，建立从资产计划管理、资产计划管理的执行与控制到资产计划管理的分析与报告体系的资产运营全生命周期管理。

第 4 章 供应链绩效 281

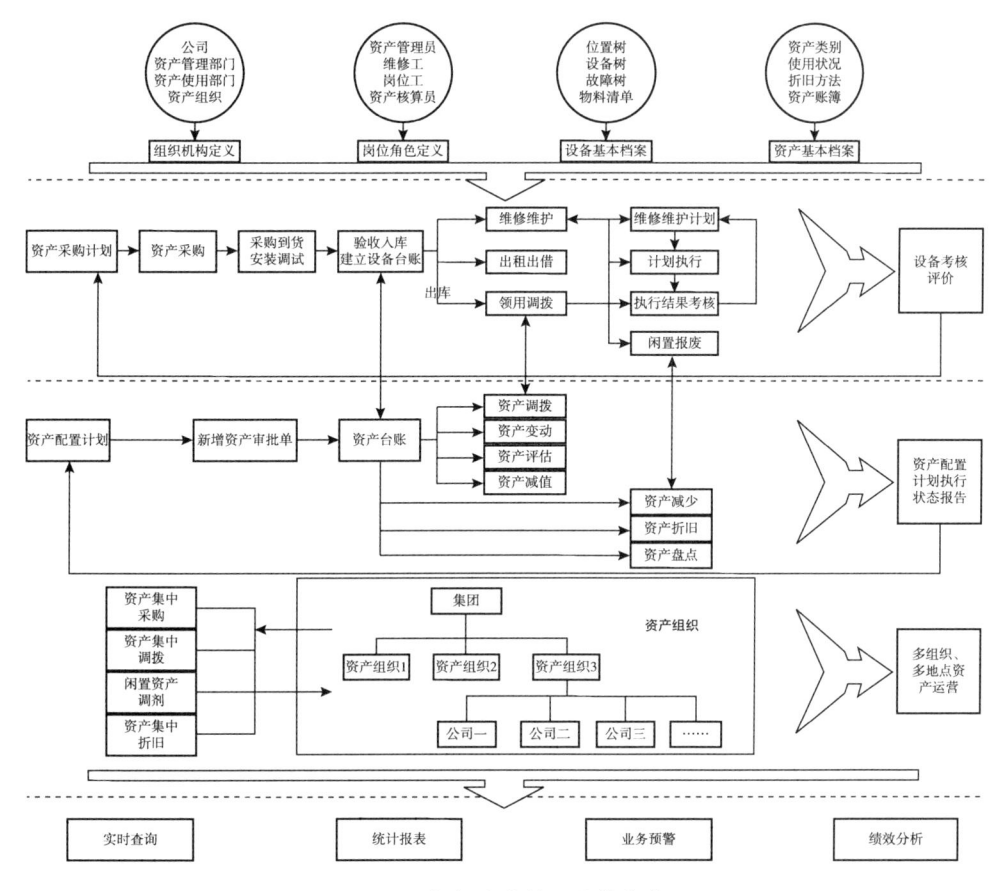

图 4.9 银行资产管理总体方案

- 以工单为基础，建立从维修维护计划、维修维护计划的执行与控制到维修维护计划的分析和报告体系的资产维修生命周期管理。

方案蓝图

在资产管理领域，用友深入理解企业在资产管理中面临的各项挑战，将自己的专业能力与行业最佳管理实践融汇于 NC 资产管理系统，帮助企业用户实现卓越的资产管理。

用友资产管理解决方案融合了企业资产战略管理思想，引入了资产全生命周期管理，有利于资产物尽其用，并能帮助企业提高资产的整体投资收益水平，降低生产成本，使企业实现利润最大化。

资产管理的整体应用架构如图 4.10 所示。

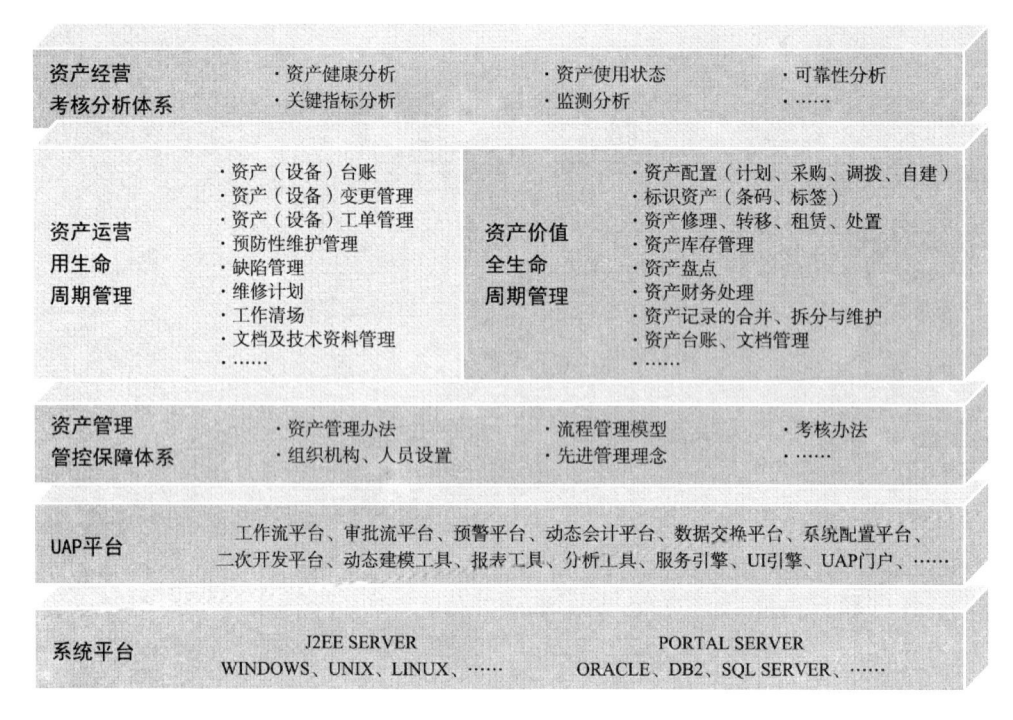

图 4.10 资产全生命周期管理整体架构图

资产经营考核分析体系	·资产健康分析　·资产使用状态　·可靠性分析 ·关键指标分析　·监测分析　·……
资产运营用生命周期管理	·资产（设备）台账 ·资产（设备）变更管理 ·资产（设备）工单管理 ·预防性维护管理 ·缺陷管理 ·维修计划 ·工作清单 ·文档及技术资料管理 ·……
资产价值全生命周期管理	·资产配置（计划、采购、调拨、自建） ·标识资产（条码、标签） ·资产修理、转移、租赁、处置 ·资产库存管理 ·资产盘点 ·资产财务处理 ·资产记录的合并、拆分与维护 ·资产台账、文档管理
资产管理管控保障体系	·资产管理办法　·流程管理模型　·考核办法 ·组织机构、人员设置　·先进管理理念　·……
UAP平台	工作流平台、审批流平台、预警平台、动态会计平台、数据交换平台、系统配置平台、二次开发平台、动态建模工具、报表工具、分析工具、服务引擎、UI引擎、UAP门户、……
系统平台	J2EE SERVER　　　　　　　　PORTAL SERVER WINDOWS、UNIX、LINUX、……　　ORACLE、DB2、SQL SERVER、……

资产共享服务中心

建立资产共享服务中心是实现资产全生命周期管理的理想载体。基于必要的平台支撑，业务部门只需要执行基本的资产事务性工作，如资产的新增、领用、借用、调拨、处理等申请；事务性的管理工作集中到资产的共享服务中心处理，如资产的价值管理、使用管理、租赁管理等；高层领导可以集中精力更关注前期的资产资源规划、资产信息的全程监控以及最终的战略决策，以达到全面资产管理的战略意图（见图4.11）。

在资产管理共享服务中心应用模式下：

- 总行：侧重于资产资源规划、资产信息监控与资产战略决策支持。
- 共享服务中心：侧重于资产的卡片与设备树、资产增加/使用/退出全生命周期、资产的价值管理等方面。
- 分支行：是具体资产的使用单位，侧重于资产位置状态信息的维护、资产相关的申请提出与实物的实施执行、资产的实物盘点等方面。

第 4 章 供应链绩效

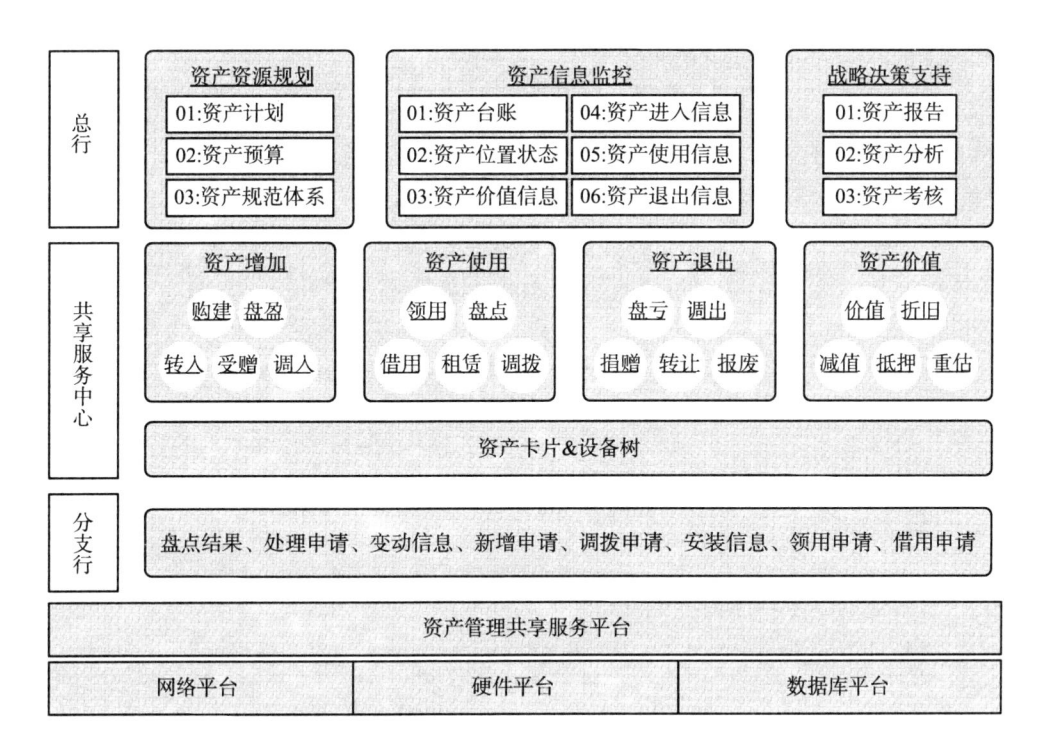

```
┌─────┐ ┌──────────────────┐ ┌───────────────────────────────┐ ┌──────────────────┐
│ 总  │ │  资产资源规划     │ │         资产信息监控            │ │  战略决策支持     │
│     │ │ 01:资产计划       │ │ 01:资产台账     04:资产进入信息 │ │ 01:资产报告       │
│ 行  │ │ 02:资产预算       │ │ 02:资产位置状态 05:资产使用信息 │ │ 02:资产分析       │
│     │ │ 03:资产规范体系   │ │ 03:资产价值信息 06:资产退出信息 │ │ 03:资产考核       │
└─────┘ └──────────────────┘ └───────────────────────────────┘ └──────────────────┘
┌─────┐ ┌──────────────┐ ┌──────────────┐ ┌──────────────┐ ┌──────────────┐
│ 共  │ │  资产增加     │ │  资产使用     │ │  资产退出     │ │  资产价值     │
│ 享  │ │ 购建  盘盈    │ │ 领用  盘点    │ │ 盘亏  调出    │ │ 价值  折旧    │
│ 服  │ │ 转入 受赠 调入│ │ 借用 租赁 调拨│ │ 捐赠 转让 报废│ │ 减值 抵押 重估│
│ 务  │ └──────────────┘ └──────────────┘ └──────────────┘ └──────────────┘
│ 中  │ ┌──────────────────────────────────────────────────────────────────┐
│ 心  │ │                      资产卡片&设备树                              │
└─────┘ └──────────────────────────────────────────────────────────────────┘
┌─────┐ ┌──────────────────────────────────────────────────────────────────┐
│ 分  │ │ 盘点结果、处理申请、变动信息、新增申请、调拨申请、安装信息、      │
│ 支行│ │ 领用申请、借用申请                                                │
└─────┘ └──────────────────────────────────────────────────────────────────┘
        ┌──────────────────────────────────────────────────────────────────┐
        │                    资产管理共享服务平台                           │
        ├──────────────────┬──────────────────┬──────────────────────────┤
        │     网络平台      │    硬件平台       │      数据库平台           │
        └──────────────────┴──────────────────┴──────────────────────────┘
```

图 4.11 资产管理共享服务

4.2.4 应用系统

系统架构（见图 4.12）

用友资产管理系统不仅加强了对固定资产的管理，实现资产统一采购，可以最大限度地降低采购成本；还增加了项目管理和流程管理，加强了项目从规划、执行到完成的全生命周期对项目费用的控制，实现了项目全过程的管理；并且运用工作流的手段将资产管理的相关业务扩展到企业的各职能部门，使得资产管理业务在各部门间协调处理，资产管理业务的流程再造成为可能。

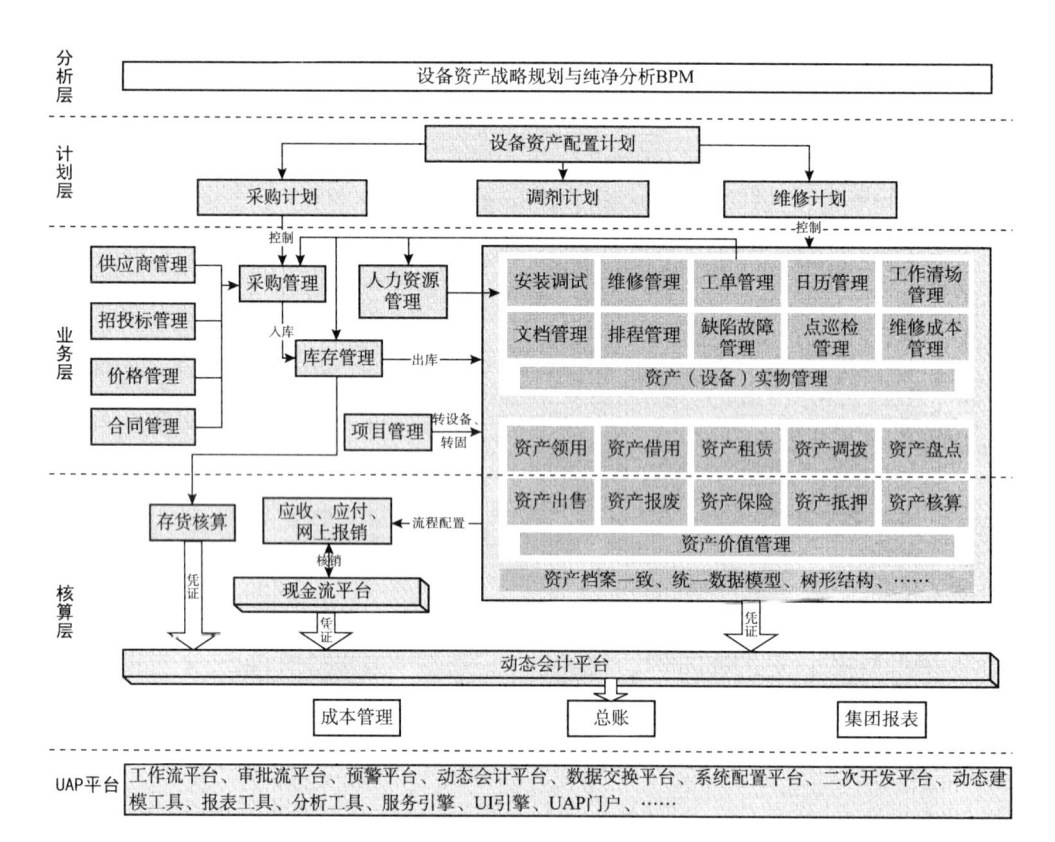

图 4.12 用友资产管理系统架构图

实物管理与价值管理

用友资产管理系统可以完成企业固定资产日常业务的核算和管理，能全面反映固定资产的增加、减少及相关变动情况，提供固定资产评估、固定资产减值及折旧的计提与分摊，提供资产调拨、资产盘点的管理，帮助企业更有效、更全面地管理固定资产，对固定资产进行跟踪管理，对资产成本进行部门考核。

1. 资产的集团统一管理

集团可以统一制定资产类别、折旧方法、增减方式、使用状况、卡片样式、资产变动原因等基础数据，并且可以控制是否允许各公司修改或增加其他的数据，如果选择不允许，表示集团要进行严格的资产管理。

2. 卡片项目自定义

可以对资产卡片定义出任意多项管理统计数据项，从不同的角度对资产进行管理和跟踪。

3. 资产管理到责任部门和责任人

一个固定资产有两个部门属性字段，一个是使用部门，另外一个是所属部门。资产的使用部门允许同时有多个，资产折旧费用可以归入所属部门，也可以归入使用部门，当归入使用部门时，可以按照一个比率在多部门之间分摊折旧费用。此外，重要资产可以跟踪管理到相应的责任人。资产在部门责任人之间的转移，能够全部记录下来。

4. 资产的增减处理

资产增加和减少的方式可以进行自定义，并可以针对不同的资产增加和减少的方式，在动态会计平台定义不同的入账科目，进行不同的会计描述。支持成批增加和减少。支持资产的部分报废功能，并记录资产减少过程中的各种清理费用和清理的收入。

5. 资产变动

包括资产原值的变动、累计折旧的变动、使用年限的变动、使用状况变动、折旧方法的变动、资产类别的调整、租赁产权转移、工作总量调整、净残值率调整、资产的组合拆分等多种变动内容。提供单个变动和成批变动的功能。资产的这些变动可以根据企业需要，配置变动申请与审批的流程。提供变动的追溯调整功能，可以自动计算出变动所引起的折旧差异，并进行相应的账务处理。

6. 资产调拨

资产调拨分为部门之间调拨和公司之间调拨。部门间调拨，即变更资产的使用部门或者所属部门；公司间调拨，则同时生成调出公司的资产减少和调入公司的资产增加，并且可以保持资产在集团内的统一编号，便于集团对资产的统一管理，集团可以查询到某个资产在集团内的变动情况。

7. 资产折旧提供税务决策支持

同一个固定资产可根据不同的税务政策进行折旧核算，并可提供详尽的对比报表，帮助企业选择最好的固定资产财务和税务策略。此外，折旧计提的期间允许自由设置，不限制个数。

8. 资产维修

在固定资产系统提出资产维修的申请，经过相应的审批流审批，在报账中心进行维修费用的报账，并且同时登记到相应的资产台账上。

9. 资产盘点

提供定期对资产进行盘点的功能，根据每次盘点记录在固定资产管理系统中进行确认登记，系统生成盘点报表反映盘赢、盘亏情况，并进行相应的财务处理。

10. 自动生成凭证

通过动态会计平台，可以对资产增加、资产减少、资产变动、资产评估、资产减值准备、资产计提折旧等业务自动生成凭证到总账系统。并提供定期与总账对账的功能。

11. 特殊资产的管理

低值易耗品作为一类特殊的固定资产，可以在固定资产系统中进行领用的管理和摊销。经营租赁的固定资产可以在固定资产中作为一类资产进行登记和管理，并登记相关的租赁费用，但不提取折旧。

12. 集团资产统计分析

基于集中式的管理模式，所有的资产台账和相关的资产统计分析，全部提供多公司汇总的功能，可以实时准确地反映全集团资产状况。在严格的功能权限与数据权限的控制下，可以保证集团的这种统计分析只能有相应授权的人员才能执行。

13. 资产操作的安全性

通过系统所提供的严格的功能权限、数据权限的控制，并且通过审批流程的严格定义和执行，可以保证资产操作的安全性。

14. 开放的接口

支持固定资产卡片数据的导入和导出，包括 Excel、TXT、HTML 等接口方式。导入、导出的字段内容可以进行灵活的选择设置。

应用模块

综述

- 从资产价值管理层面，建立银行企业从资产配置计划（构造、自建、租赁）、资产配置计划的执行与控制（暂估、资产重估、资产调拨、租赁、划转、提取折旧、盘盈、盘亏、资产毁损、报废）、资产状态管理、资产状态报告等价值全生命周期管理体系，建立资产考核体系（见图 4.13）。

- 从资产运营层面，针对银行企业，建立资产建设的前期建设准备、资产的规划设计、资产的采购、资产的采购交货收付、资产的安装、资产的调试、资产的检查、资产的运行、资产的预防性和纠正性维护、运行分析及反馈、运行调整、资产退役、资产报废，详细记录资产生命周期内的所有运行及维护信息，及时进行分析和评价的资产运营的全生命周期管理。

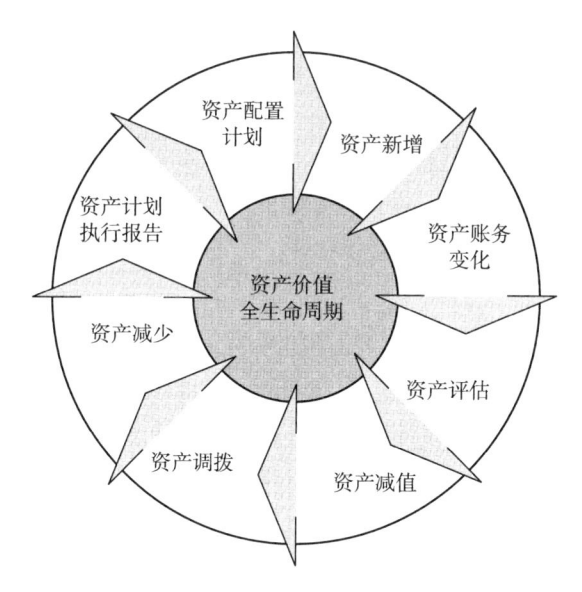

图 4.13 资产价值全生命周期

资产台账管理

（1）资产卡片。资产管理中，对不同的管理需求，分成不同的管理功能。主要组成有：资产定义管理、资产信息管理、资产附加信息管理、资产维修管理、资产安全信息、资产健康、环保信息管理等。

资产定义部分，主要提供资产编码管理功能，通过资产的逻辑连接和物理连接的特点，利用资产编码建立层次化的资产连接结构，通过典型的资产树型结构，让资产管理人员能够清晰地了解现有资产的结构和层次。对自己管理的资产做到心中有数。

（2）设备树。反应设备和其子设备层次结构的树形结构图。通过设备树，可以清晰明了地反映出设备的上下层次结构以及设备构成。同时可以通过设备类别树、位置树来方便地快速定位设备。

资产申请管理

主要包含资产领用申请、资产借用申请、资产调拨申请、资产租赁申请，针对这几方面的业务需求，利用工作流审批实现银行内部各分支行部门的资产申请需求的审核。

资产借用管理

资产借用主要针对银行内部资产临时分配使用业务，员工提出借用申请，先由部门一级审核，之后资产管理员确认资产情况后审核，申请审核全部通过后，员工直接通过借用申请单据生成资产借用单，通过审核后资产借用出库。在资产方面，资产管理员审核借用申请后，直接对资产形成借用预留，此时借用申请对应数量的资产被冻结，相应的资产借出单据借出该资产；在此借用申请取消后，相应的资产预留冻结也被取消，此资产可以由其他业务调用。资产借出后，使用人即为资产管理人，资产由使用人保管使用，在资产借用到计划归还日期前，借用人需相应地提出续借申请或者归还资产。

资产领用管理

资产领用主要针对银行内部资产领用业务。可以直接由审批通过的资产领用申请单生成资产领用出库单，由资产管理员对出库单审核确认后，员工将之前申请预留冻结的资产领用出库；针对一些不需要部门审核以及领用预留的资产，也可直接生成物资领用出库单据，由资产管理员审核通过后直接领用出库。资产领出后，使用人即为资产管理人，资产一直由使用人保管使用。

资产领用归还，主要针对资产使用人停止使用该资产时将资产归还银行企业的业务需求，可以参照之前的资产领出单据直接生成资产归还单，资产管理员进行相应的资产检验后，资产重新入库，同时相应库存资产数量增加。

资产安装调试

安装调试用于解决银行企业在资产运营中发生资产安装调试业务的记录以及审核。银行企业在复杂资产设备启用或使用前对其进行调试检测，以检查其是否满足要求。资产安装调试单可以记录安装调试过程并对调试结果进行审核，并提供日后查询功能，资产安装调试下有时会有费用产生，可以传递到财务系统。

资产调拨管理

资产调拨管理银行内各分支行之间进行的资产管理转移的业务，以达到内部资产分配使用。部门或者分支行提出资产申请，之后银行资产管理员确认资产情况后审核，形成资产调出单，通过审核后资产调出。在资产方面，资产管理员审核调出申请后，直接对资产形成调出预留，此时调出申请对应数量的资产被冻结，相应的资产调出单据领出该预留资产；在此调出申请取消后，相应的资产预留冻结也被取消，此资产可以由其他业务调用。资产调出后，调入分支行或部门即为资产管理人，资产一直由调入分支行保管使用。

资产调出包括对资产调出机构、调入机构、经办人、调出资产明细的详细业务的管理，可以通过自定义相应的工作流来实现资产归还的审批流程。

资产调入即为资产调出的调入方业务，主要利用业务协同功能来实现，从调出业务完成的银行内部资产调出业务，直接在相应分支行能够查询到一笔调入业务单据。

资产变动管理

管理部门变动是管理、记录设备在其全生命周期使用中,管理部门、使用部门、管理人、位置、状态等发生的变化及资产封存、资产启封的业务功能。所有历史变动情况均在设备的生命周期中展现。

资产租赁管理

资产对外租赁业务。主要针对银行资产的对外租赁业务,由资产租赁管理员填写资产租出单,资产管理部门审批通过后,对相应资产形成租出预留,和承租单位签订租赁合同,明确租赁细节包括租赁日期、租金、交租方式等,双方确认合同无误后,资产管理员协同承租方办理资产出库手续,资产租出后,承租方按照合同约定按时交纳租金,承租到期后,承租方按合同约定归还资产或者续租,资产管理员对资产检验后入库。相应地,可以直接参照租出信息协同完成对外租出归还业务的管理。

资产对内租赁业务。主要针对银行资产的内部租赁业务,由资产租赁管理员填写资产租出单,资产管理部门审批通过后,对相应资产形成租出预留,和承租部门或公司签订租赁合同,明确租赁细节包括租赁日期、租金、交租方式等,双方确认合同无误后,资产管理员协同承租方办理资产出库手续,资产租出后,承租方按照合同约定按时交纳租金,承租到期后,承租方按合同约定归还资产或者续租,资产管理员对资产检验后入库。相应地,可以直接参照租出信息协同完成对内租出归还业务的管理。

资产处理管理

银行资产的处置管理,是实现对所管理资产的处置信息的管理,通过自定义相应的工作流来实现资产处置的审批流程。

资产在达到报废年限或者因其他原因导致不能修复利用时,必须通过资产报废功能来处理,由资产使用部门提出报废申请,资产管理部门检验资产状况确认报废,由管理部门确认审核后,资产报废退回资产管理部门,资产管理员相应地做减库存处理。

资产抵押管理,主要管理资产抵押合同、债务币种、债务金额、抵押金额、抵押日期范围、经办人、抵押人、抵押权人、抵押资产明细、借出抵押日期等信息。通过自定义相应的工作流来实现资产抵押的审批流程。

资产捐赠管理,主要管理资产捐赠对象、捐赠部门、经办人、捐赠原因、捐赠资产明细等信息。通过自定义相应的工作流来实现资产捐赠的审批流程。

资产盘点管理

资产盘点主要管理银行对资产的盘点业务,按一定的盘点周期对所管理的资产进行盘点，盘点后根据实际库存量确认物资的盘点结果，分为不符、盘亏、相符三种，单据由主管部门审批后，盘亏物资直接生成资产盘亏单，不符资产直接生成资产差异调整单，盘点结束。

资产盘点后，有时会发现盘点物资在台账系统中没有，这时必须通过生成盘盈单据来对这些物资进行库存新增，同时在财务系统中形成资产增加或者存货增加的凭证，通过自定义相应的工作流来实现盘盈单据的审批流程。

资产盘点后，对盘亏资产直接由盘点管理生成盘亏单据，通过自定义相应的工作流程来实现盘亏单据的审批流程，同时在财务系统中形成资产损益凭证。

资产盘点后，对盘点结果为不符的资产直接由盘点管理生成资产差异调整单据，通过自定义相应的工作流程来实现差异调整单据的审批流程，同时在财务系统中形成资产损益分录。

应用效果

银行应用用友资产管理解决方案可以达到以下应用效果：

（1）协助银行企业建立资产管理共享服务中心，在共享服务中心对全行资产进行全生命周期的管理，使得资产管理更加科学、合理。

（2）在全行范围内建立信息共享服务平台，集中掌控主要资产配置情况、资产使用状态，使得资产调配更加合理，降低资产闲置率，提高资产使用效率，发挥资产最大效益。

（3）合理掌控资产配置状态，资产保值增值。

（4）实现了对资产价值、资产运营的执行情况实时、动态跟踪和分析。资产维护更科学、更完善，资产生命周期管理清晰，资产使用情况监控良好。企业在不增加维修费用的情况下，明显降低资产故障率，增加生产产量。

（5）推进资产标准化建设工作，规范工作流程，提高资产检修管理水平。

（6）建立面向多维工作面的资产管理体系：

- 采购工作面：资产采购者及相关人员。
- 财务工作面：资产核算员。
- 资产工作面：资产管理者及相关人员。
- 维护工作面：检修生产调度、计划员。
- 排程工作面：检修生产调度。
- 维护工作面：检修人员。
- 项目工作面：计划编制人员。
- 计划工作面：调度。
- 值班工作面：运行值班人员。

（7）建立资产考核控制体系，协助企业投资决策。

4.2.5 典型案例：YH-JS 共享服务中心

YH-JS 共享服务中心系统的架构是在统一的平台上实现财务集中共享及后勤保障服务共享，以地市（分行）为单位建立了多个共享中心、每个共享中心均是独立的财务中心、采购中心、资产管理中心。各中心可按照所辖部门、支行进行更加明细的核算与管理，各共享中心是进行集中核算、集中控制、集中管理、实时分析的主体，并实现了跨中心数据分析（只限上级对下级）。这样既能保证各共享中心数据相对独立、保密，又保证在全行层面上各种信息成为一个有机、有序的整体。

项目背景

YH-JS 成立于 2007 年 1 月 24 日，由华东地区某省内的城市商业银行组建而成，现有分行 14 家，营业网点近 450 家。YH-JS 是省内最大的地方性股份制商业银行，成立三年来，YH-JS 的规模和各项业务取得了长足的快速发展，不但覆盖省内所有地级市，而且未来将实现经营机构在地区县域的全覆盖，并且已经迈出了跨省份经营的步伐。截至 2010 年底，YH-JS 资产总额达 4 299 亿元，是成立初期的近三倍。

随着规模和业务的快速发展，YH-JS 对财务核算的规范性、及时性、准确性、共享性要求越来越高。2009 年，YH-JS 发布《YH-JS 财务集中管理办法》，旨在通过构建共享服务中心，实现"加强财务集中，规范财务行为，防范财务风险，提高财务效率"的目标。

鉴于以上目标及现状，YH-JS 决定建设基于共享服务中心的新财管系统。经过慎重考虑及选型，最终选择用友公司协助建立体系先进、数据集中、规范准确、共享及时的财务管理系统，以对全行的财务报账流程、固定资产核算、应收应付管理、采购管理、合同管理、供应商管理、库存管理、资产管理等内容进行优化管理。

总体架构

YH-JS 共享服务中心系统的架构是在统一的平台上实现财务集中共享及后勤保障服务共享，系统以地市（分行）为单位建立了多个共享中心、每个共享中心均是独立的财务中心、采购中心、资产管理中心。各中心可按照所辖部门、支行进行更加明细的核算与管理，各共享中心是进行集中核算、集中控制、集中管理、实时分析的主体，系统支持跨中心查询分析（只限上级对下级）。这样既能保证各共享中心数据相对独立、保密，又保证在全行层面上各种信息是一个有机、有序的整体（见图 4.14）。

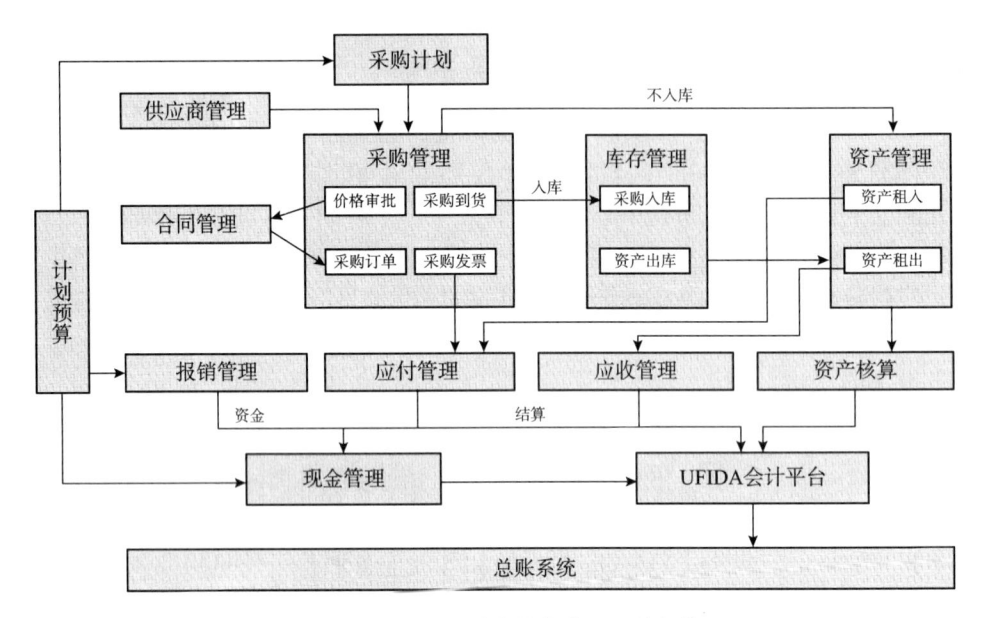

图 4.14　YH-JS 共享服务中心系统架构

在共享服务中心体系中，各机构、部门、条线有序运作，系统根据定义好的数据流程将相关信息数据跨部门、条线进行共享，使整个系统达到有机协调、信息共享的目的。

需求难点

需求难点一：平稳过渡、适度前瞻

YH-JS 各分行，尤其是各地市城商行转变而成的分行，内部组织架构不尽相同，有扁平结构的情况，也有设一级支行来管理网点的情况。共享服务中心建设要求平稳过渡，既尊重分行的现有组织架构，又要保持良好的前瞻性，以便于各分行逐步进行内部整合，全行达到扁平化的目标。

需求难点二：信息的集中、共享

各机构、部门、条线作业时，产生大量的信息，各信息通过系统的加工分析，自动传递给下一个模块及相关人员，实现数据的共享。同时，各机构、部门、条线的数据必须集中在一个平台上，使得无需切换平台，即可实现数据的查询、汇总及分析。

需求难点三：提升信息化水平

YH-JS 的几家分行各自使用不同软件供应商的财务管理系统，有些分行甚至仍在使用手工的模式进行账务处理。共享服务中心模式需考虑采用渐进、稳妥，但又不损失功能的方式实现。

解决方案特色

特色一：保证共享中心全行统一的情况下，适应各共享中心内部的灵活定义

在用友 UAP 平台的支持下，按分行设置共享服务中心，保证各共享服务中心的职能一致，但各中心内部的组织架构却可以灵活定义（见图 4.15）。

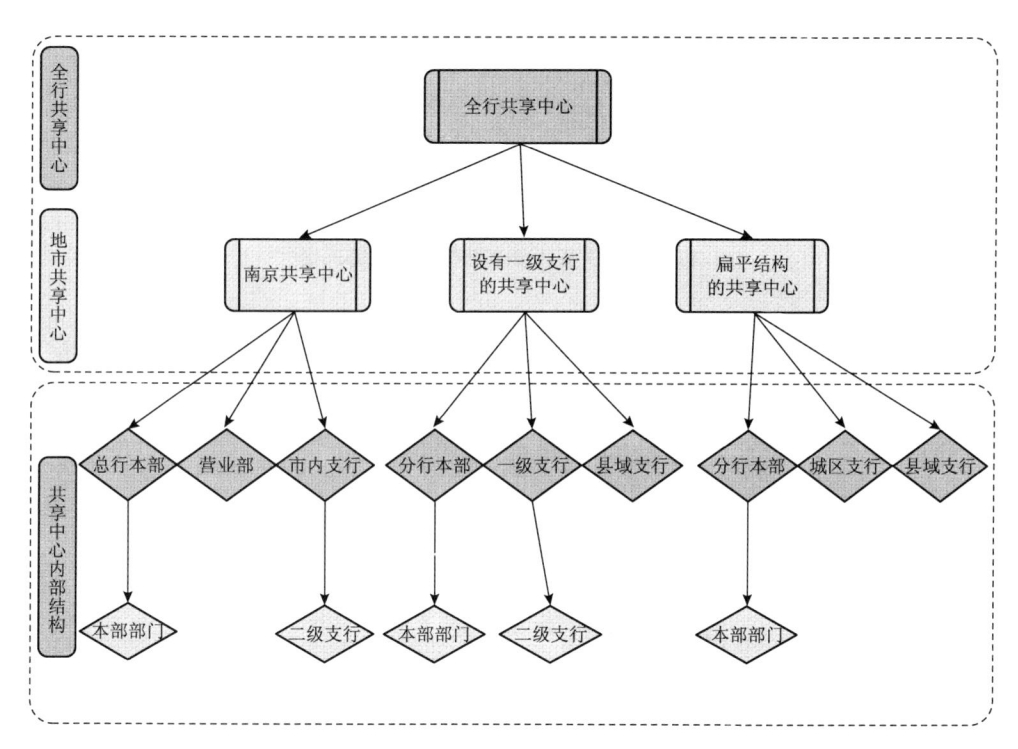

图 4.15　共享服务中心组织架构

特色二：财务共享中心带来的工作模式变革

过去，YH-JS 各支行的独立性较大，对应的财务管理模式将大量的基础性会计工作集中在支行，包括审查、记账、支付、监督、报表及核对等；分行负责预算控制、抽样监督、审批管理；而总行则从制度、规模上进行控制，负责制定规则。这样，各支行就存在着大量十分类似的基础性会计作业，而这些工作都由支行设置独立的财务岗位来完成。财务数据传递到总部存在时滞，无法保证各支行确实落实了总行制定的各项规则（见图 4.16）。

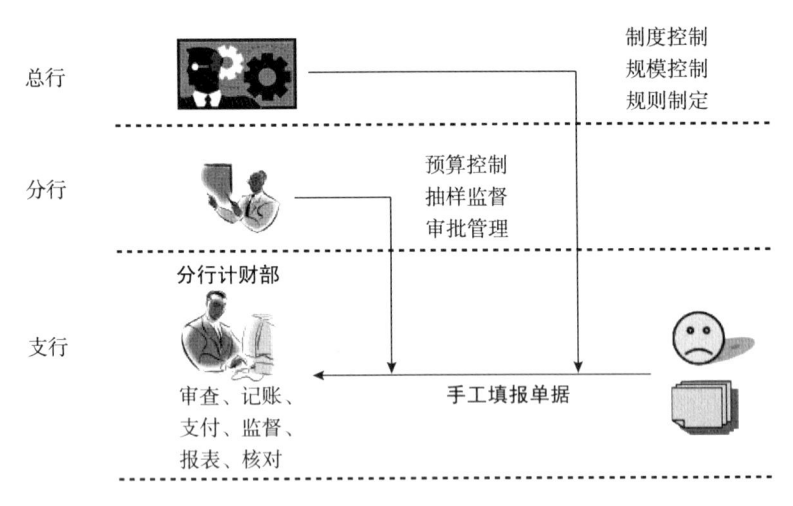

图 4.16 使用财务共享中心前的财务管理模式

现在，总行通过创建共享财务中心将各支行的财务权限上收，在分行设置财务中心，统一处理审查、记账、支付、监督、报表及核对等财务作业，原始凭证、会计凭证等会计单据也在财务中心统一核对、保管。取消原各支行的财务岗，支行只负责单据的填报工作，大大减少了财务人员。同时，因为信息实现了集中共享，使得各共享中心可以便捷地进行财务分析和报告，在制定财务政策、编制预算的时候也有了更多的依据（见图4.17）。

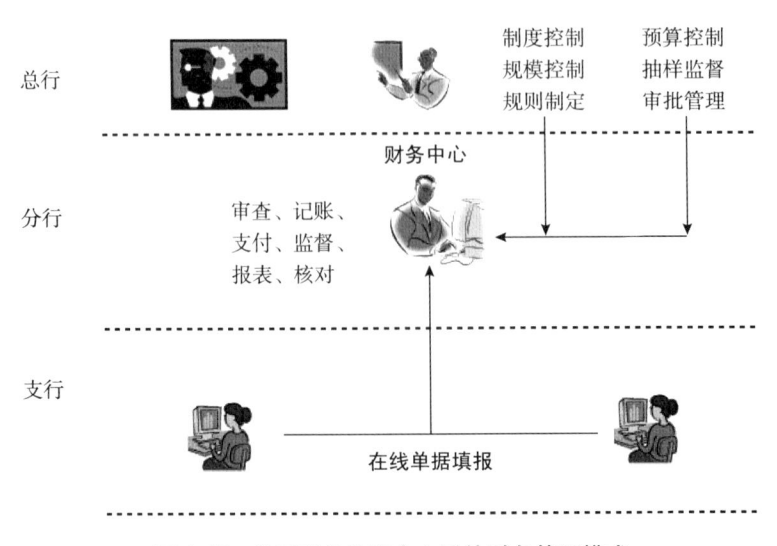

图 4.17 使用财务共享中心后的财务管理模式

特色三：后勤保障中心带来成本的降低

YH-JS 信息科技部通过总行统一招标、集中采购的模式进行信息设备的购买，并在系统中通过调拨的方式配送给分行；行政保卫部通过总行统一签订采购合同，各分行后勤保障中心按总行与供应商确定的协议价直接下订单采购。通过总行集中采购或集中询价议价，降低了采购的价格成本及人工成本。

应用效果

- 建立起集中管理的操作管理平台。实现全行有效的财务管理与监控，建立科学合理的财务管理体系，完善内部控制制度，提高运行效率。
- 电子档案管理规范化。通过系统建设之契机，配合信息化建设的整体规划，建立起财务档案、资源、部门、人员、项目的统一信息。
- 费用形态管理，区分费用收益属性。通过费用形态的控制，区分费用的分类管理。结合费用预算严格控制不合理费用的开销，并为部门责任成本提供分摊依据。
- 财务管理责任落实到具体的责任人。通过财务管理系统的审批流管理，实现财务管理责任到位，有效规避风险，加快审批流程。
- 费用授权和控制并行，合理控制费用。通过财务管理系统的费用预算，实行财务授权和经费控制，并及时收集相关执行情况，合理配置财务资源。
- 建立起全面的实物资产核算和管理体系。提供准确、及时的资产数据，实现全面管理和监控，进行有效分析、评价，为资产决策提供有力依据。
- 实施费用预算和资本性支出预算执行管理。通过对营业费用和资本性支出预算管理，实现财务资源有效配置，建立财务预算体系，加强成本费用的管理和控制，提高投入产出效率。
- 建立起全面完整的分析体系。通过对各种财务数据统计分析和灵活的组合查询功能，使全行的财务信息迅速、准确地合并，为全行的财务分析、经营决策提供及时、准确的财务数据，实现灵活动态的管理控制。
- 系统基础数据和控制参数的集中控制。对于主要的基础数据的定义，由总行统一管理与控制，例如记账币种、总账的会计科目、固定资产类别、增减方式等等。在总行设定的权限范围内分行可进行部分参数的设定，如本行的柜员设定、下属支行费用预算设定等。在集中核算与控制的基础上，允许下级行个性化的应用以满足不同纬度的管理需要。

第5章 人力绩效

5.1 银行人力资源管理现状

1. 缺少先进科学的人力资源管理体系

由于银行业的迅猛发展，网点经营业务品种逐渐增加，内部风险控制点和控制要求增多，经营业务分人分岗以及员工团队稳定要求凸显，相应对人力资源管理提出了更高的管理体系建设要求，包括人才规划、人才招聘、人才评估和甄选、人才配置、人才开发与激励。

目前管理现状更多地是依靠以往经验和管理习惯，缺乏规范的管理流程和科学的业务管理体系；而引进现代人力资源管理的先进理念，结合本行现有经营业务与风险管控需求，建设先进科学的人力资源管理体系成为当务之急。

2. 欠缺中高端关键人才的吸引与保留

由于银行业务领域和经营范围的扩展，各商业银行对于业务中、前台的中高端人才，尤其是专业人才有着急迫的需求。而外资银行在人才的竞争中主要通过三个方面来吸引人才，一是优厚薪酬；二是提供海外培训机会；三是以经营管理优势吸引人才。

作为国内商业银行，很难短期内与外资银行的上述优势方面相竞争，如何采取针对性的有效措施，建设富有吸引力的人才提升与发展机会，吸引并保留中高端关键人才，是目前银行业客户在人力资源管理方面需要解决的重要课题。

3. 缺少以能力发展为核心的人才提升计划

由于银行业务的快速成长，许多新兴业务对于具备相应能力的人才提出了迫切需求。建设以能力发展为核心的人才提升计划，既是顺应各行由于经营业务拓展提出的人才需求，同时也为未来银行业务的发展实现相应的人才储备，通过系统的能力发展计划实现各行内部复合型人才的成长，从而支持企业核心竞争能力的提升。

4. 缺少科学客观的绩效评价体系

随着银行经营业务扩张，网点不断增加，各行对于赢利水平和业绩增长的关注程度不断提高。组织绩效来自于各业务单元和各岗位的绩效水平，建设科学客观的绩效评价体系，既是对商业银行整体经营状况评价决策的要求，同时也是公平评价员工个人能力与工作成果，建立透明化评价与激励体系的要求。

5. 缺少人力资本决策支持分析系统

随着银行经营网点不断增加，各行在总行本地或异地新增开设分支行已经是普遍现象。总行作为人力资源战略决策的制定者和战略执行领导者，需要建设总行—分支行的一体化管理体系，对于全行范围内人力资源总量、人力资源总体规划、人工成本总量、关键人才盘点等进行全面人力资本决策分析支持，并实现总行全面人力资本管理业务体系建设的指导与监督。

5.2 银行人力资源管理发展趋势

在信息技术飞速发展和金融自由化国际浪潮的推动下，银行业在新的发展环境下，未来一个时期，银行的发展正朝多元发展趋势迈进：商业银行的异地扩张；银行业的业务产品（信用卡、基金等新兴业务）创新仍将层出不穷，各类创新主要围绕客户需求的变化而展开；非常关注盈利水平及业绩增长。

伴随国内银行的多元发展，其管理水平以及业务发展需求不断提升，人力资源管理正在逐渐发生变化。作为知识密集型的银行业，人力资本已被视为达成组织业务目标和使命的关键因素，并且在制定业务战略中发挥着重要作用。以明确的目标和意图进行管理，可以使 HR 管理与业务需求很好地保持一致。银行业对于人力资源管理的要求已逐步深入更高层面，对于 HR 部门与业务部门之间的通力合作的要求越来越高。人力资源管理者如何帮助各业务领导找出他们对人力资源的需求，然后帮助他们实现这种需求，已经是当今银行业人力资源业务的核心内容（见图 5.1）。

同时，人力资源管理者要为企业做出杰出贡献，就需要成为核心业务和 HR 管理两方面的全能专家。一方面，HR 管理者要在企业中扮演协作型业务领导的角色，与企业其他业务部门通力合作，推动实施新的业务方案和文化转变。另一方面，他们又要扮演激励型领导的角色，在 HR 职能中发挥核心作用，激励企业 HR 业务的发展并实现卓越的服务绩效。

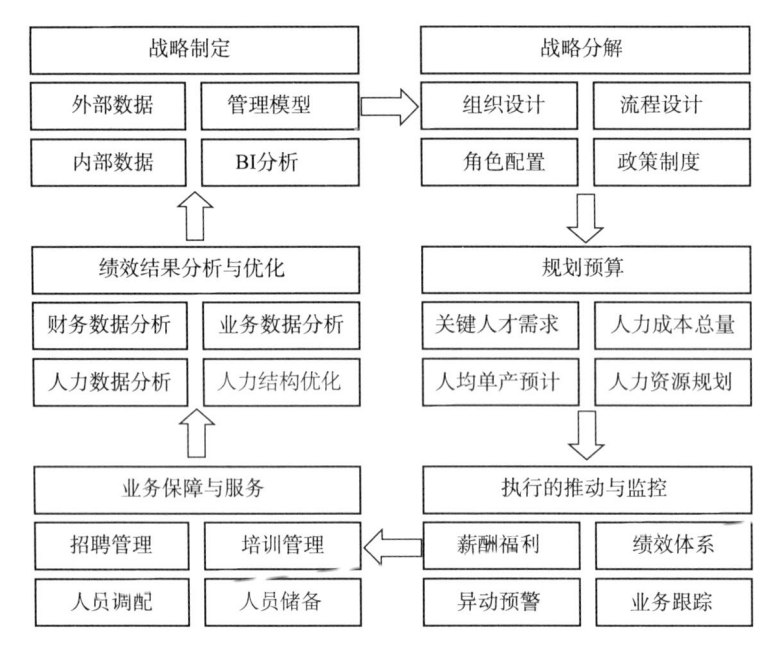

```
┌─────────────────┐      ┌─────────────────┐
│    战略制定     │      │    战略分解     │
├────────┬────────┤      ├────────┬────────┤
│外部数据│管理模型│ ───▶ │组织设计│流程设计│
├────────┼────────┤      ├────────┼────────┤
│内部数据│ BI分析 │      │角色配置│政策制度│
└────────┴────────┘      └────────┴────────┘
         ▲                        │
         │                        ▼
┌─────────────────┐      ┌─────────────────┐
│ 绩效结果分析与优化│      │    规划预算     │
├────────┬────────┤      ├────────┬────────┤
│财务数据分析│业务数据分析│  │关键人才需求│人力成本总量│
├────────┼────────┤      ├────────┼────────┤
│人力数据分析│人力结构优化│  │人均单产预计│人力资源规划│
└─────────────────┘      └─────────────────┘
         ▲                        │
         │                        ▼
┌─────────────────┐      ┌─────────────────┐
│  业务保障与服务  │      │  执行的推动与监控 │
├────────┬────────┤      ├────────┬────────┤
│招聘管理│培训管理│ ◀─── │薪酬福利│绩效体系│
├────────┼────────┤      ├────────┼────────┤
│人员调配│人员储备│      │异动预警│业务跟踪│
└────────┴────────┘      └────────┴────────┘
```

图 5.1　人力资源核心业务

5.3　银行人力资源管理模式

当前银行业面临企业变革带来的管理挑战，银行未来的业务发展和竞争优势依赖高端专业和管理人才群体的形成。银行业业绩持续提升和战略实现依赖于一套有竞争力的人力资源管理策略和体系，包括企业战略的实现、核心专业和管理人才的管理以及总行—分支行一体化管理体系运行监控和行长决策分析等。

银行业人力资源管理活动一般可以分为两类：第一类是满足业务与管理者期望的基础人力资源管理活动，如劳动合同与人员档案管理、薪酬发放等工作，此类工作关注点是应变式的服务，更多为"防御"性质；第二类是关注于人力资源管理价值创造的活动，结合银行业务战略制定人力资源战略，同时搭建高绩效和对关键人才的能力提升等工作，此类工作聚焦于赢利的价值创造活动。

5.3.1　银行人力资源管理特点

银行业人力资源管理的特点可以从以下四个方面进行概括：集中管控、业务驱动、智能决策、全员参与（如图 5.2 所示）。

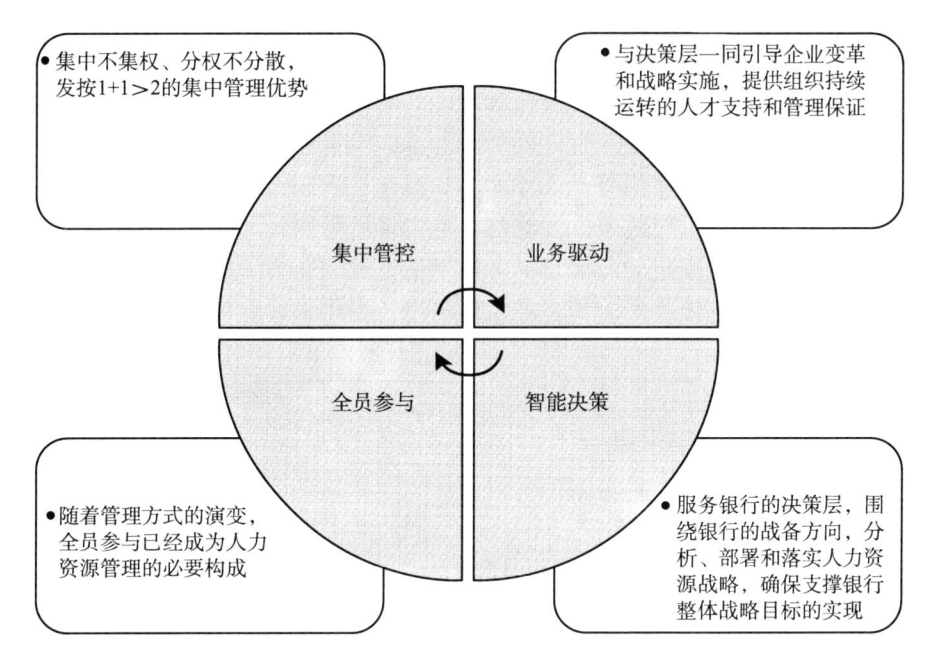

图5.2 银行业人力资源管理的特点

1. 集中管控

以组织体系、资源计划、流程、角色及各项权限设置、指标设置，锁定战略对于组织及关键人才的管控需求，保证集中不集权、分权不分散，发挥 1+1>2 的整体优势。

2. 业务驱动

以业务分析为基础，支持企业战略实施以及确保人力资源创造价值，依靠核心的人力资源管理循环实现企业战略。人力资源部门与决策层一同引导企业变革和战略实施，提供组织持续运转的人才支持和管理保证。

3. 智能决策

服务企业决策层，通过实时的业务、财务、人力资源等信息与内置管理模型结合，围绕企业战略，分析、部署和落实人力资本战略，确保支撑企业整体战略目标的实现。

4. 全员参与

引导员工积极参与企业管理实践，以提高员工认同感和满意度，激发士气，全面落地企业战略。

5.3.2 银行人力资源管理体系框架

人才供应链

通过人才规划、人才招募、人才评估和甄选、入职引导、行内调配人才等措施，形成银行业人才供应链条。预测与目标实现所需的人才需求并确保高潜力人才群体的供应，通过规定的业绩目标考核评估人才的能力，来进行差异化资源和评价策略，来进行有效度量，为业务发展与增长提供人才保障（见图5.3）。

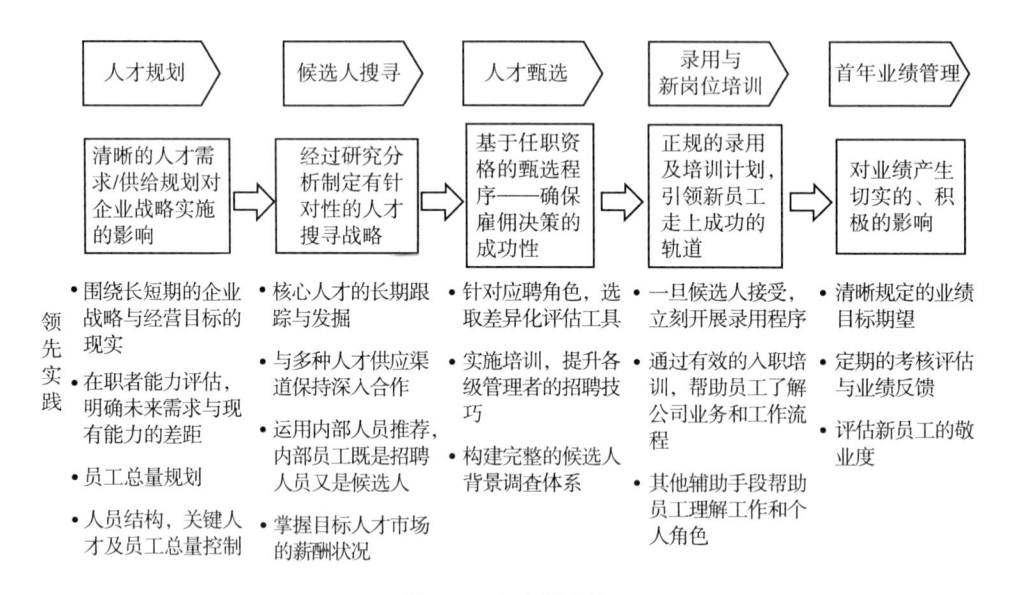

人才规划	候选人搜寻	人才甄选	录用与新岗位培训	首年业绩管理
清晰的人才需求/供给规划对企业战略实施的影响	经过研究分析制定有针对性的人才搜寻战略	基于任职资格的甄选程序——确保雇佣决策的成功性	正规的录用及培训计划，引领新员工走上成功的轨道	对业绩产生切实的、积极的影响

领先实践
- 围绕长短期的企业战略与经营目标的现实
- 在职者能力评估，明确未来需求与现有能力的差距
- 员工总量规划
- 人员结构，关键人才及员工总量控制

- 核心人才的长期跟踪与发掘
- 与多种人才供应渠道保持深入合作
- 运用内部人员推荐，内部员工既是招聘人员又是候选人
- 掌握目标人才市场的薪酬状况

- 针对应聘角色，选取差异化评估工具
- 实施培训，提升各级管理者的招聘技巧
- 构建完整的候选人背景调查体系

- 一旦候选人接受，立刻开展录用程序
- 通过有效的入职培训，帮助员工了解公司业务和工作流程
- 其他辅助手段帮助员工理解工作和个人角色

- 清晰规定的业绩目标期望
- 定期的考核评估与业绩反馈
- 评估新员工的敬业度

图5.3 人才供应链

- 人才供应链管理的基础在于：招聘管理系统/自动过程；人才资源渠道和招聘信息流程定义；招聘人员与业务部门之间职责分工；明确规定入职流程。
- 人才供应链管理的价值在于：与业务目标相联系的人才供给和人才需求预测；差异化资源和评价策略；设计新员工入职过程以提高首年绩效；人才供应结果和过程的有效度量。

关键人才管理

银行业是知识密集型行业，也是科技含量高、知识更新快的行业。人员普遍教育层次高，专业性岗位多，银行的专业和管理人才往往需要在银行工作过程中发展和培养，要求高度重视提高从业人员素质，不断强化业务培训。而银行的管理层成长和发展往往经历"专业—专业管理—跨专业管理—机构管理"的途径。目前多数的银行面临的挑战是，未来的业务发展和竞争优势依赖其中高端专业和管理人才群体的形成，但是这些人才群体的形成不仅需要有足够高质量的"苗子"，还需要相适宜的内外部发展环境和"人才培养、辨识"机制。其中高端人才供给和业务发展需求不匹配成为多数银行的一个隐忧。形成人才不仅需要充分的时间，还需要适时提供发展各个时段所需的环境，以及相关的引导。

如图 5.4 所示，高端人才管理是一个循环，通过各步骤的相互促进和发展，推动高端人才的发展。

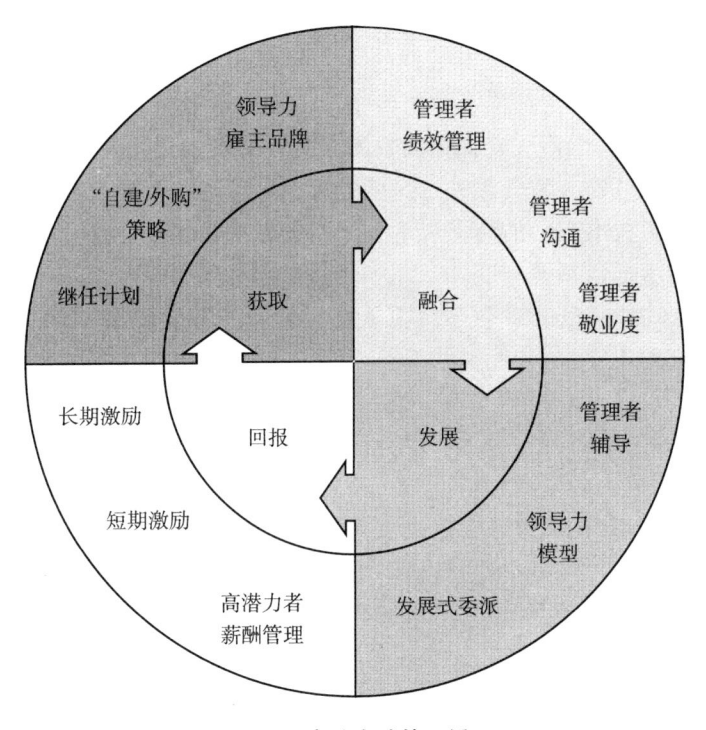

图 5.4 高端人才管理循环

高绩效组织管理

通过目标设定、绩效评估、技能提升、管理人员能力、绩效沟通等措施，确保高绩效文化的建立与维护，支持银行经营业绩的增长。

- 清晰界定企业战略和绩效导向（包括有形价值与无形价值），基于企业战略，层层分解绩效指标。
- 与各部门负责人进行沟通，明确短期和长期所承担的业绩产出目标，并确立组织绩效目标和员工个人发展目标相结合。
- 加强在绩效实施过程中的沟通与辅导，支持员工达成绩效指标，并对绩效达成的情况进行考核。
- 结合组织绩效结果确定个人绩效结果，采取多样化的评估方式，在绩效考核时认可"好人"，但更强调"贡献"。
- 考核结果与员工的奖惩、培训和职业发展关联，有效激励员工业绩改进和素质提升，并强调"组织认可"的精神激励作用，同时提高管理者的技能，以支持高绩效流程的实现。

人力资本度量

未来的人力资源管理将负责数据的事先分析，并建立人力资源的评价体系。通过观察人力资源的投入产出，分析各个人力资源环节时如何投入人力资源，投入多少，何时投入等因素，确保更高效的人力资源投入产出效率。
- 对整个银行的人力资源进行盘点分析，合理调整人员。
- 确定人工成本支出的恰当水平，定期分析支出情况，建立人工成本统计、支出、审批、预警制度。
- 提升人均业绩产出，科学降低人工损耗，发挥薪酬激励作用，规范人工成本结构。
- 加速人工成本增长利润率，强化薪酬分配调控，薪酬与企业经济效益同步增长。

清晰定位未来人力资本投资期望，绘制现有人力资本能力地图，以调整人力资本配置的有效性。加大投入，带动人力资本整体绩效能力。

5.4 人力资源管理信息系统解决之道

5.4.1 方案总体思路

银行业人力资源解决方案以先进的技术和最佳的应用实践，推出符合银行业人力资源信息化的最佳应用解决方案。本方案结合银行业管理现状，在大量银行业客户人力资源项目成功实施的基础上应用而成。从银行业人力资源关注的核心业务人才供应链、关键人才、考核与激励等方面，建立适合银行业人力资源管理模式的整体解决方案。

1. 构建高效的人力资源信息化管理模式

旨在建立人力资源全生命周期的业务管理模式，涵盖人力资源整个业务管理链条，诸如人员招聘、入职管理、合同、薪酬、晋升职务、绩效等全面人力资源管理；同时人力资源管理触角从人力资源部门延伸到各级经理以及各级行长；实现人力资源的全面应用，从而为银行业提供完整的人力资源管理领域的全面解决方案。

2. 建立总行—分支行的"集中管理、分权应用"管控模式

银行下属分支机构众多，人力资源管理跨度大，人力资源在管理时，往往因为机构分散，无法形成合力。银行业人力资源解决方案提供的是跨地域，保障共性、兼顾个性的管控模式。从根本上解决了总行对分支行的管理。

3. 构建基于战略人力资源管理的平台

提供包括人才供应链、考核与激励、关键人才管理与发展的人力资源管理平台，支持企业的战略分解，从而提升整个企业组织能力。

4. 全局优化，创新人力资源管理

提供事前计划、事中控制和事后分析，对人力资源的计划预算、业务执行和人力资源盘点，应对企业战略，创新人力资源管理。

5.4.2 总体应用架构

系统功能支持总行和分支机构多层应用，既满足总行对于全行体系内 HR 业务的管理监督，实现 HR 跨机构业务管理，同时满足各分支行日常业务的管理，其日常业务可各自开展互不影响（见图 5.5）。

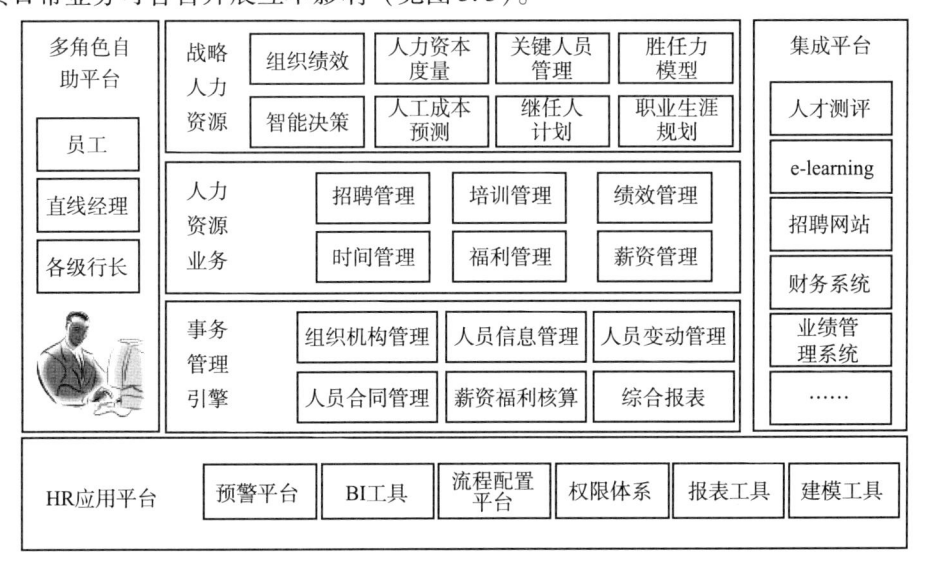

图 5.5 人力资源管理信息系统总体应用架构

事务管理引擎

e-HR 系统重塑人事管理工作模式,通过事务管理引擎,提高人力资源基础管理工作效率,它作为发动机,为人力资源管理走向服务业务提供坚实的基础和良好的环境。

1. 基础人事管理

包括组织机构管理、人员信息管理、人员变动管理、人员合同管理和政策制度管理等。

(1)通过"组织机构管理",搭建企业的完整框架,包括组织机构、职务和岗位体系等,同时将并管理整个企业组织演变的过程。

(2)通过"人员管理",将员工信息进行完整全面的管理,是从进入企业到离职全生命周期的全面人力资源管理(见图 5.6)。

图 5.6 人员管理页面示例

(3)通过"人员调配",实现人员内部流动的规范化和流程化管理。

(4)通过"合同管理",实现合同签订、续签、解除终止等全面管理。具体包括：提供劳动合同及岗位协议、保密协议、培训协议等的签订管理，记录签订情况并对合同的变更、续签、解除进行跟踪管理；生成合同台账管理，随合同情况变化自动更新，动态反映合同签订总体状况。

2. 薪酬与福利管理

（1）通过"薪酬管理"，建立统一规范、标准的薪酬管理体系，实现薪酬的全程信息化管理。包括总行对各分支行的工资总额执行情况的计划监控，薪酬日常管理、人工成本控制，对各分支行人工成本情况进行统计、分析、预警等（见图5.7）。

图 5.7　薪酬管理页面示例

（2）通过"福利管理"，提供福利体系灵活搭建，支持跨行兼职、借调人员的福利缴交；多分支行福利数据的报送以及生成社保机构需要的多种保险福利报表。

3. 业务支撑平台管理

包括预警、流程中心、报表自定义、权限管理、信息项目的灵活添加等。

（1）"报表平台"基于事实数据的实时统计、灵活方便的表样设计，层层汇总、层层穿透，为企业提供人力资源管理的各类业务报表和关键指标监控，提升企业决策和管理能力（见图5.8）。

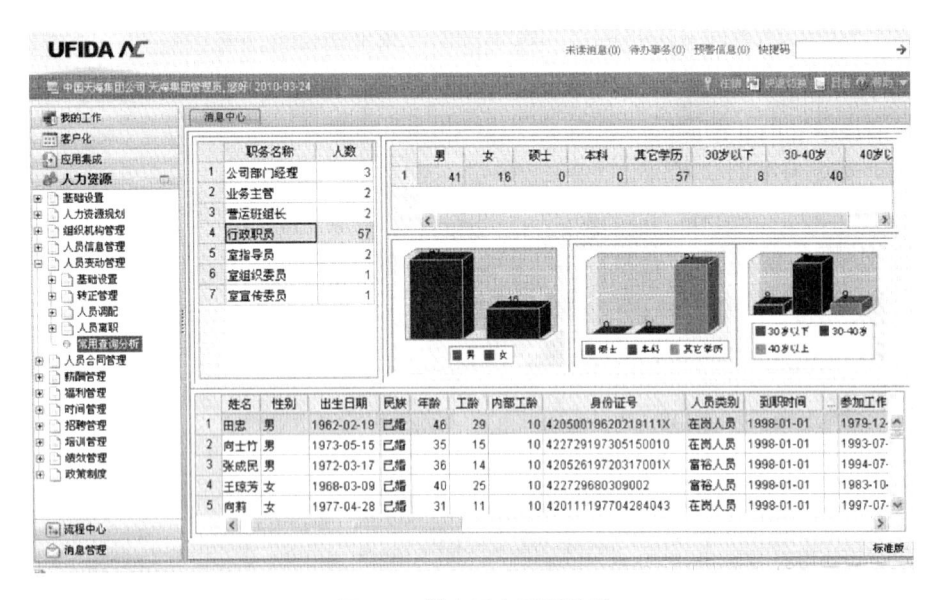

图 5.8 报表平台页面示例

（2）审批流、工作流的应用：使得业务流程自行运转和监控，以事件和流程推动工作运行。对用户不符合流程规定的操作，系统会自动报警，并屏蔽掉非法操作的影响。同时流程可根据需要进行灵活设定，满足未来精细化管理要求（见图5.9）。

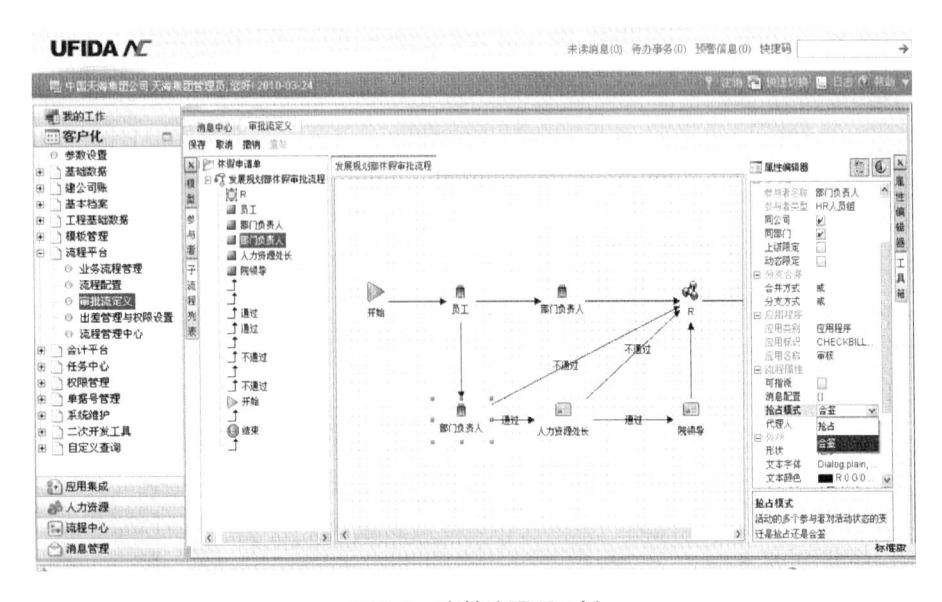

图 5.9 审批流页面示例

（3）预警平台应用：满足人力资源管理对过程事件控制的需求，用来提示人力资源管理者针对将来或已经发生的情况采取相应的措施，进行相关处理（见图5.10）。

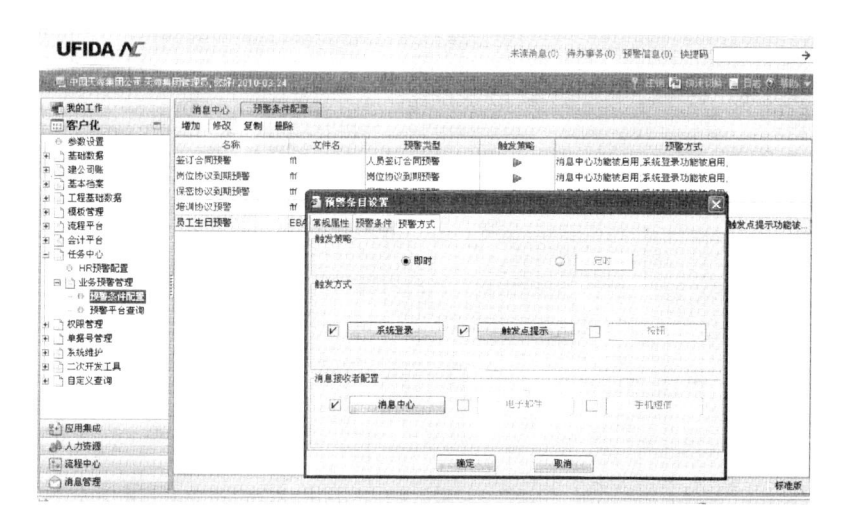

图5.10　预警平台页面示例

人才供应链管理

人力资源管理系统的应用架构如图5.11所示。

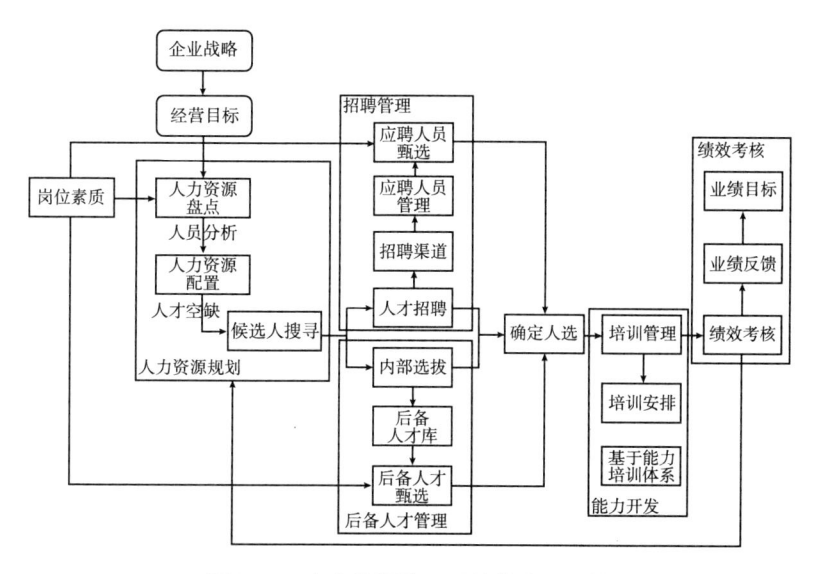

图5.11　人力资源管理系统的应用架构

关键业务系统应用方案：

（1）结合各银行的长短期经营战略与经营目标的制定，通过"人才规划"系统规划整体用工总量、通过"岗位管理"梳理和建立各银行的结构体系，并针对目前能力体系找到之间的差距，同时参照标杆企业的人才结构，结合企业特点进行人才结构的调整（见图5.12）。

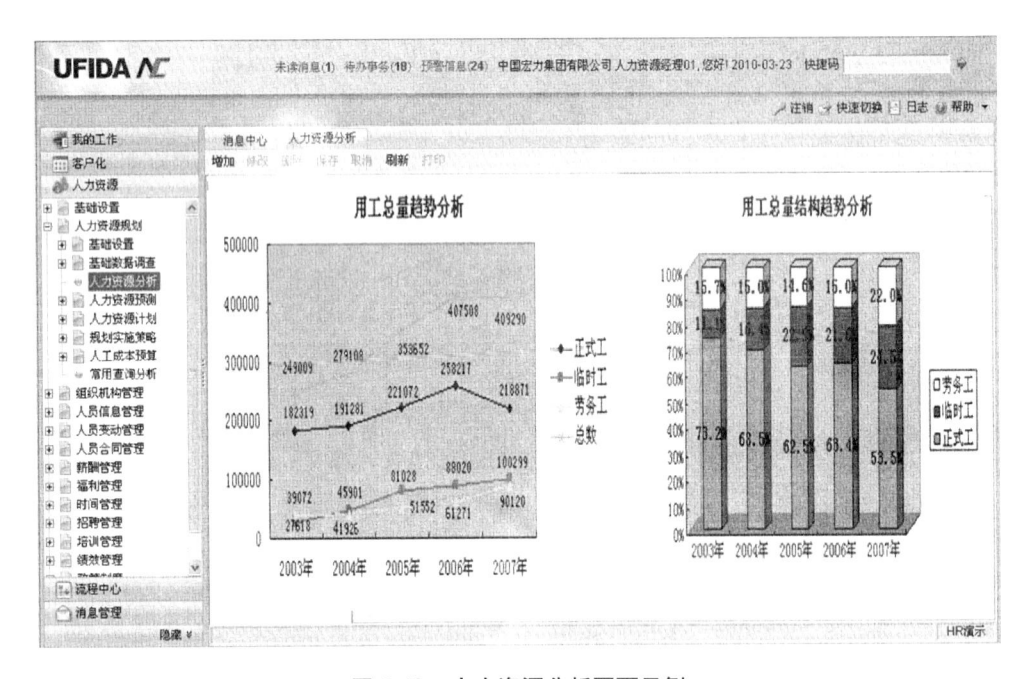

图5.12 人力资源分析页面示例

（2）通过"后备人才管理"与"人才库"，合理地从社会和银行内部予以引进、培养和储备人才，建立各银行的人才梯队，防止人才断层，保证了各银行对各类专业技术人员和管理人才的需求以及人才结构的持续稳定。构造各银行的人才蓄水池。

（3）应用"能力素质管理"，建立企业的能力素质模型，以及各个岗位的能力字典。

（4）通过"培训管理"，启动入职培训，帮助新员工尽快进入工作状态/通过人岗匹配度，启动员工能力培训计划。

关键人才管理

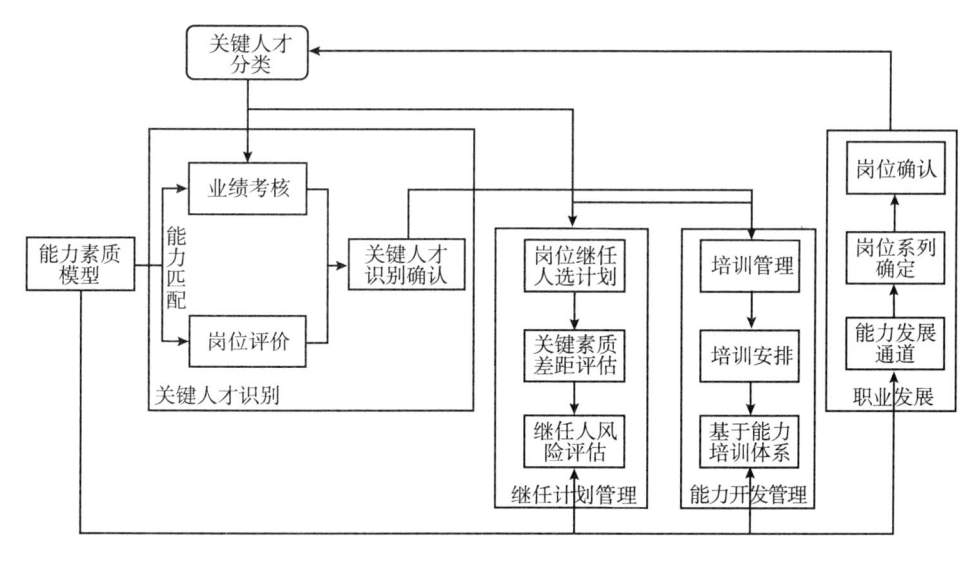

图 5.13　能力素质模型

关键业务系统应用方案：

（1）结合能力素质模型，通过"入职素质匹配"，对各岗位人员的能力进行盘点分析，识别人才（见图 5.14）。

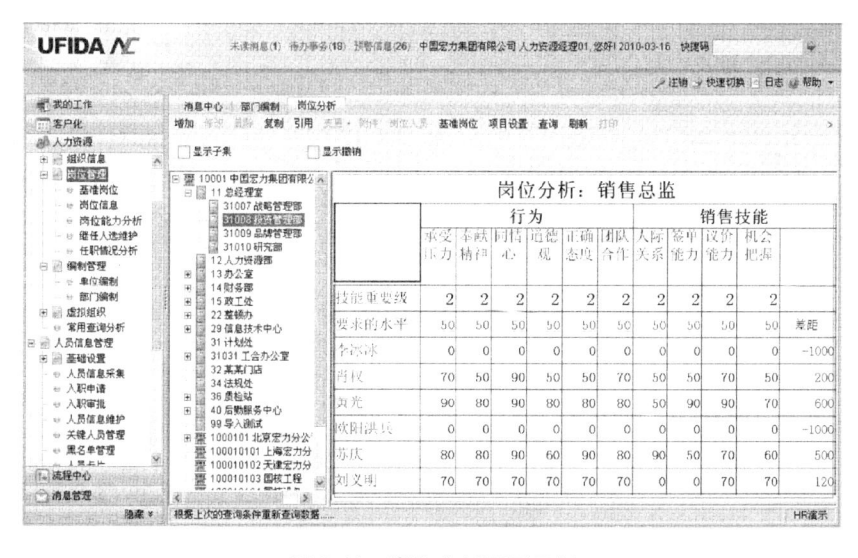

图 5.14　岗位分析页面示例

（2）通过"后备人才管理"系统分析每个关键岗位的继任者，各继任者的能力准备度及可继任时间，所需的支持和资源，为企业发展规避人才风险（见图5.15）。

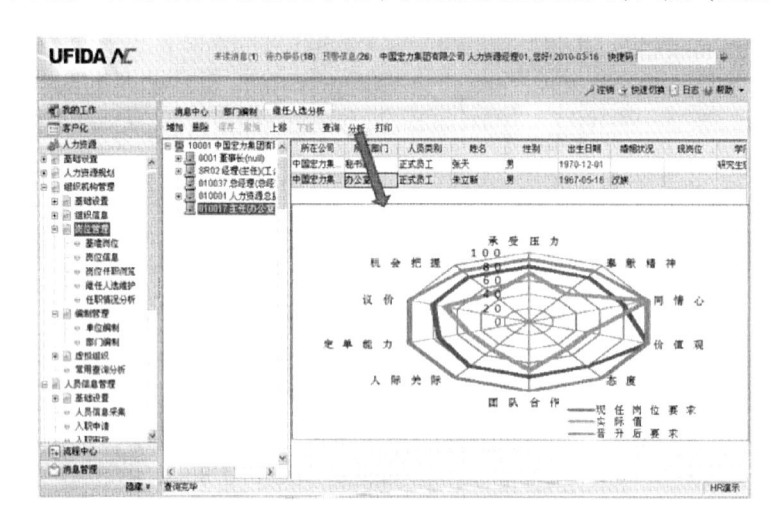

图 5.15　继任人选分析页面

领导力与关键人才能力管理的价值在于：搭建企业能力框架，对关键人才进行透明的评估以及职业生涯发展，实现企业人才资源合理配置以及清晰的能力分析。

绩效管理

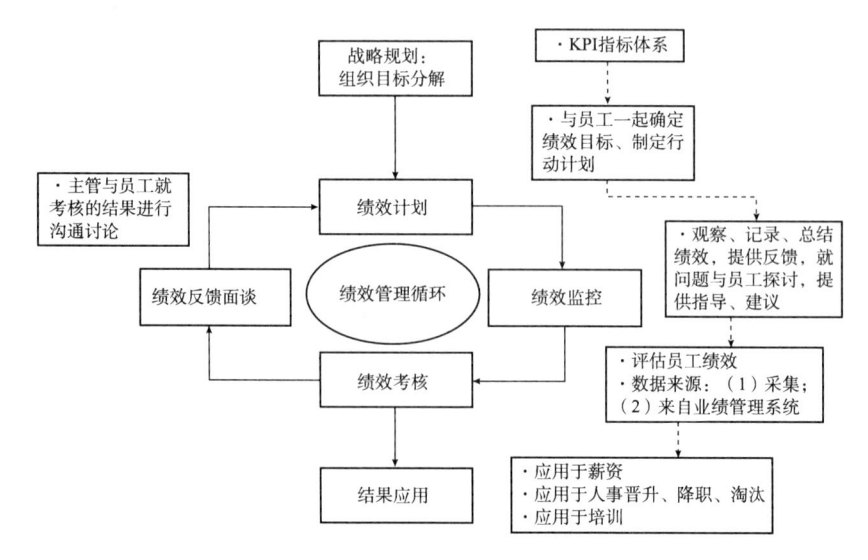

图 5.16　人才绩效管理循环

（1）通过"绩效目标分解"，将企业的战略目标逐级分解为组织目标，然后将组织目标逐渐分解至各部门及员工。对绩效目标的分解过程进行科学互动式的管理，绩效目标分解和执行整体按照自下而上目标分解，自下而上层层落实的方式进行管理（见图5.17）。

图 5.17　绩效指标分解

（2）绩效过程评估：对绩效目标完成过程进行互动式监控和管理，结合实际的工作业绩数据自动计算出员工在考核目标中的得分，对绩效目标的完成情况进行客观的评价。

（3）绩效考核结果确认从两方面进行管理：各岗位绩效考核等级根据等级比例规范进行绩效结果正态分布；通过"绩效面谈和沟通"，增强绩效考核结果的透明度；提供员工绩效结果沟通和反馈的途径（见图5.18）。

图 5.18　绩效考核页面示例

（4）绩效考核结果不仅与薪酬挂钩，同时逐渐开始与其他各项人力资源管理有机衔接，实现多维度的认可与激励。

行长智能分析

行长决策分析
———————
人力资源管理软指标

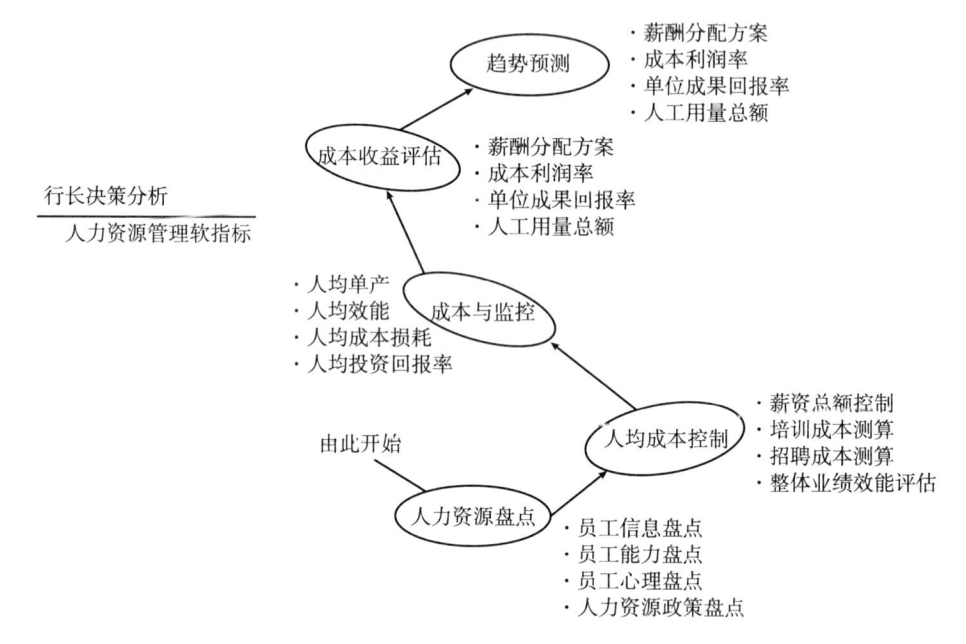

- 趋势预测
  - 薪酬分配方案
  - 成本利润率
  - 单位成果回报率
  - 人工用量总额
- 成本收益评估
  - 薪酬分配方案
  - 成本利润率
  - 单位成果回报率
  - 人工用量总额
- 成本与监控
  - 人均单产
  - 人均效能
  - 人均成本损耗
  - 人均投资回报率
- 人均成本控制
  - 薪资总额控制
  - 培训成本测算
  - 招聘成本测算
  - 整体业绩效能评估
- 由此开始 → 人力资源盘点
  - 员工信息盘点
  - 员工能力盘点
  - 员工心理盘点
  - 人力资源政策盘点

图5.19　行长决策分析

关键业务系统应用方案：

（1）人员盘点是最基本、最重要的统计，从多维度统计分析，分析出总行与分支行人员盘点的各种情况（见图5.20）。

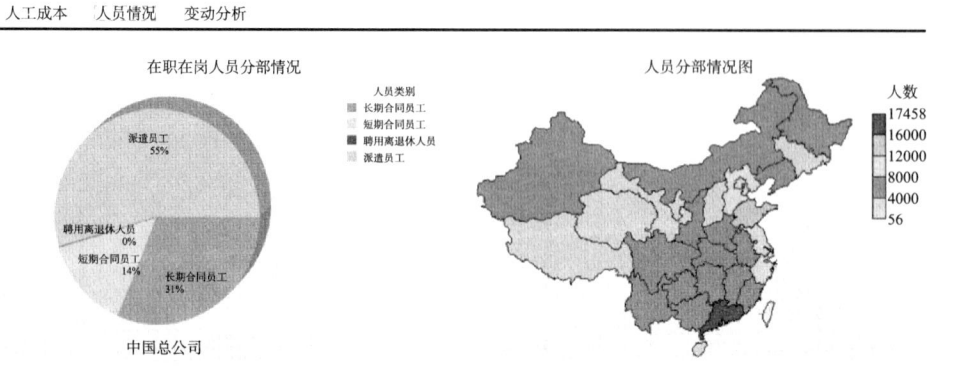

图5.20　人员结构分析页面示例

(2) 人力资源运营有效性分析：衡量各银行人力资源费用情况是否正常运行的关键指标，如：培训成本、招聘成本、薪酬总额控制等各种情况的有效分析（见图 5.21）。

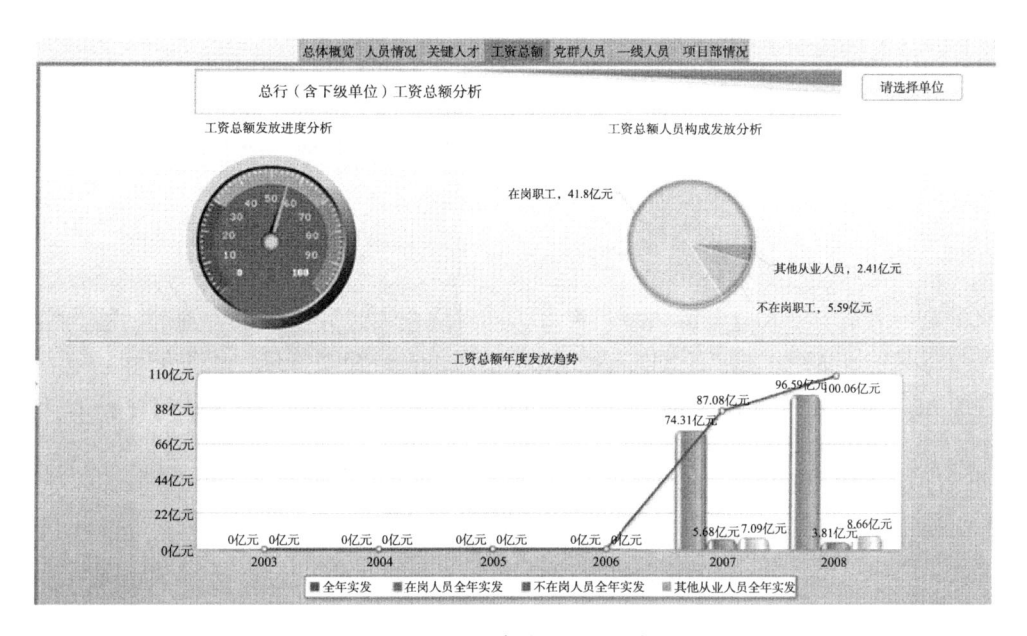

图 5.21　工资分析页面示例

5.5　案例分享

5.5.1　YH－ZGYZCX 人力资源系统

项目背景

YH－ZGYZCX 于 2007 年 3 月 6 日正式成立，隶属大型国有商业银行，经过多年的长足发展，已成为我国金融领域的一支重要力量。YH－ZGYZCX 现已建成全国覆盖城乡网点面最广、交易额最多的个人金融服务网络：包括 36 家省级分行、310 多家地市级分行及 36 500 多个营业网点，其中有近 60% 的储蓄网点和近 70% 的汇兑网点分布在农村地区，成为沟通城乡居民个人结算的主渠道。

信息化起因

根据 YH－ZGYZCX 人力资源管理工作的要求，为了满足 YH－ZGYZCX 人力资源管理与业务发展需要，加快人力资源信息化建设，实现全行人力资源管理工作的信息化和规范化，完成全行人力资源数据集中管理，在其集团公司人力资源管理系统的基础上，建设开发 YH-ZGYZCX 人力资源管理信息系统。通过该系统，实现 YH-ZGYZCX 人力资源管理工作的流程优化和高效率管理，满足总行及各级分支机构用人管理和战略发展的需要。

信息化应用目标

建立全国联网、统一管理、分层应用，功能扩展灵活，维护方便，运行高效、稳定、安全，数据准确的人力资源管理平台。

（1）系统一期实施的目标

建立全行性组织机构体系，采集 YH-ZGYZCX 全部从业人员的基本信息，形成全行大集中的人力资源信息数据库，并实现查询统计、报表管理等功能。实施的主要模块有组织机构管理、人员信息管理、人员变动管理、查询统计、报表管理等，并在组织机构管理、人员信息管理、人员变动管理等关键性业务操作中，引入流程化管理。

（2）系统二期实施的目标

在一期建设成果和完成 YH-ZGYZCX 人力资源 3P 平台建设的基础上，引入工作流引擎，实现人力资源全面业务的流程化管理，重点是薪酬管理、绩效管理、招聘配置、教育培训、劳动合同管理等业务，并与财务系统、业务系统、培训系统、考勤系统、OA 系统等实现对接。

在人力资源数据积累到能够满足相关数据挖掘需要后，再逐步添加 BI 分析、决策支持等功能模块。

解决方案关键功能应用

（1）组织机构管理模块

维护各单位下的职务体系；维护各单位下的岗位架构；管理各单位、各部门、各岗位的编制情况；查看组织机构图。

（2）人员信息管理模块

对全行各类员工信息进行管理，并根据总行、分行对人员的管理方式，提供对不同类别人员的信息施行规范管理；实现对全行人员信息的录入、修改、删除、查询以及数据打印输出；为行领导和人力资源部门提供真实、准确的人员基本信息。

（3）人员变动管理模块

实现管理员工在单位内发生的各类异动信息；规范各种变动业务流程，提供各种统计分析报表。

(4) Iufo 报表管理

完成总行、各分行及支行根据权限范围对有关所属机构和人员相关情况的各类报表工作，根据工作需要制作各类分析图表，满足银行监管部门和 YH – ZGY-ZCX 总行及各分行、支行对报表的要求，为人力资源管理工作和各级行领导的决策提供依据。

(5) 总裁桌面

实现为总行及各级分支机构的行领导及部门领导提供常用信息及根据领导需求而保存的专项查询结果的浏览，如人员结构、人员分布、人工成本的分析图示或报表，内容直观、易懂、使用方便。

解决方案应用特色

- 系统内采用全行集中统一管控，各级分行、支行分级应用的应用模式，由总行统一设置参数、模板、统一公司建账、统一角色权限规划等。
- 将总行、一级分行、二级分行、直属支行做建账单位，并体现上下层级概念，将一级支行、二级支行等全部作为部门建设。
- 建立邮储银行特有的信息项及信息集，如进入银行日期，从事金融工作年限，邮政通信特有职业资格，银行从业资格信息等等，以方便数据的统计。
- 预置了多种常用的员工信息卡片、花名册、查询统计模板与报表，用户也可根据需要自定义各种查询、统计、分析方案。
- 在系统中设置全行统一的审批流，规范员工入职、离职、调配流程，缩短了业务流程时间，同时也在一定程度上避免了错误操作。
- 在 Iufo 报表管理系统中设置大量报表，利用系统实现用工、薪酬、人事、培训教育等月报、季报和年报的录入与统计分析。

应用效果（见表 5.1）

1. 实现了总行集中管理、业务分散执行的应用模式

通过共享式服务中心管理模式，为全行所有分支机构提供统一的数据和应用平台，通过引进先进的人力资源管理理念并运用到系统中，提升 YH – ZGYZCX 人力资源管理的整体水平，逐步实现全行人力资源管理上下一条主线，充分发挥各分行人力资源管理部门工作的指导、协调和沟通作用，为总行及各级分支机构提供及时、准确、可靠的数据，实现人力资源信息全行共享。

2. 实现了人力资源流程化、标准化、规范化管理

在 YH – ZGYZCX 全行建立统一规范的数据标准和业务流程，实现人力资源管理工作流程自动化、业务流程规范化、管理工作系统化、数据处理自动化，减

少了人力资源部门大量繁琐的重复性劳动,提高工作效率。

3. 实现了数据的全方位统计与分析

对人力资源管理过程中产生的数据的分析,对于 YH-ZGYZCX 当前的人力资源管理工作,以及指导未来的经营管理均具有重要意义,通过集中的应用模式为数据统计分析提供便利,上级行可以从全辖的角度对全行人力资源数据进行快速、及时的统计和分析。

4. 实现了其他方面的要求

(1) 设立 YH-ZGYZCX 核心人才数据库,促进 YH-ZGYZCX 组织战略性人力资源建设。

(2) 向人力资源管理人员提供分析工具和建议,使人力资源部门能够提供人力资源问题和解决方案,并随时随地向各级行领导提供决策支持。

表5.1　　　　　　　　YH-ZGYZCX 人力资源管理系统应用效果

	管理功能模块	上线前	上线后
1	组织机构管理	全行机构、网点和岗位众多,对于机构网点和岗位的统计比较复杂,很难在短时间内统计相关机构数据,且数据质量不高也不太规范	在系统中对全行网点和岗位统一设置,并根据不同统计标准设置不同标识项,方便了各种报表的统计,数据质量明显提高
2	员工信息管理	以 Excel 表和纸质档案管理员工信息,员工信息难以实现即时更新,集团内各部门及下属公司各自整理,无统一规范标准	使用统一的系统,信息标准全集团统一,信息共享;通过员工自助平台,低成本、高效率地完成员工信息的实时更新
3	员工变动管理	全行人员异动类型比较多,相关流程也很多,不够规范,也不够严格,审批流程周期比较长	优化了人力资源管理流程,改变客户原有的不合理流程,缩短各种审批流程,提高员工满意度
4	报表制作管理	集团制定模板下发各公司填写,回收模板后集团再进行核对、分析和汇总;工作周期长,造成了时间和人力成本的浪费,工作效率低	在系统内规范统计口径、定制模板后,直接由系统自动生成报表,及时、准确、快捷地完成各项指标信息收集和查询

5.5.2 YH-BJNS 人力资源系统

项目背景

YH-BJNS 的前身始建于 1951 年、至今已有五十多年发展历史。目前拥有近 700 个营业网点，居全市金融机构网点数第一。截至 2009 年 12 月末，YH-BJNS 资产总额达 2 846 亿元，存款余额 2 616 亿元，贷款余额 1 221 亿元；涉农贷款占全市涉农贷款总额的 40%，农户贷款占全市农户贷款额的 90% 以上，十个郊区县支行存贷款市场份额保持在 30% 以上，在农村金融市场持续保持较为明显的优势地位。

信息化起因

我国对外资金融机构的限制在 2007 年取消，更多的外资金融机构进入中国市场，在争夺优质客户、优秀金融人才和扩大新业务市场占有率等方面，与中资金融机构展开激烈竞争，给中资金融机构的经营带来新的压力和挑战。对于科技、知识、智力高密集的现代银行业来说，竞争的关键是人才的竞争，谁能吸引最优秀的人才，谁善于使用和留住最优秀的人才，谁就能在未来的金融竞争中赢得优势，抢得先机。

面对激烈竞争，YH-BJNS 相应地采取了应对策略，全范围大幅度重组业务运作流程，业务模式调整为"以客户为中心，新技术为手段，人才为支撑"的矩阵式运营和管理模式。大集中工程作为 YH-BJNS 新的战略部署的配套工程，是全面提升 YH-BJNS 管理基础设施能力的重要举措，无论是风险防范，效率提升，效果优化等等各方面，都需要进行深刻的变革。作为大集中系统重要组成部分的人力资源管理系统，更是面临应对今后复杂市场经营环境需要的巨大挑战。

YH-BJNS 目前的人力资源管理还是以事务性管理为主，不足以对企业发展战略形成强有力的支撑，而现有的人事管理软件系统，也仅仅停留在事务处理的层面上，而且是一个个的"信息孤岛"，不能与业务发展建立起良性的沟通，不能有效实现人力资源管理与开发职能，也不能为企业提供有效的决策支持。因此，建立一整套以战略和员工需求为导向的电子化人力资源管理系统，显得尤其重要和紧迫。

信息化应用目标

与"以人为本"思想相适应，作为 YH-BJNS 战略部署的重要配套工程，在完整性上需要覆盖所有必需的人力资源管理业务，需要对相关的信息系统资源，包括与此业务开展软件硬件网络资源进行充分的整合和优化，需要对相关的工作流程、工作方式、工作成果的表现等等各个方面进行适合于实际业务开展的规划和实现，并以此为契机推动包括总行、支行等各级机构在内的整个系统的标准化工作的开展，实现战略决策支持、运作效率提升、控制管理层面风险，并使整体人力资产在能力和价值上实现充分的增值。

在成功完成人力资源管理系统一期建设的基础上，YH–BJNS 提出继续深化应用系统、上线绩效考核管理系统，实现各周期的总行部门考核、总行管理人员考核、总行一般员工考核、管辖支行考核、管辖支行经营班子考核、管辖支行其他员工考核。

（1）实现人力资源管理标准统一、数据集中管理、分级使用。
（2）实现无纸化考核、在线评分、自助查询考核结果。
（3）替代手工操作，如考评表的分发和收集，提升考核整体的工作效率。
（4）通过系统为绩效考核与管理提供客观的数据和决策支持。

解决方案关键功能应用及特色

YH–BJNS 已经建立了人力资源管理信息平台，实现了组织机构管理、人员信息管理、人员变动管理、薪酬管理、人事报表等基本业务功能，实现相关数据的统计查询分析，达到人力资源信息的高度统一和共享。

此次着重建设绩效业务管理系统，绩效考核管理图如图 5.22 所示。

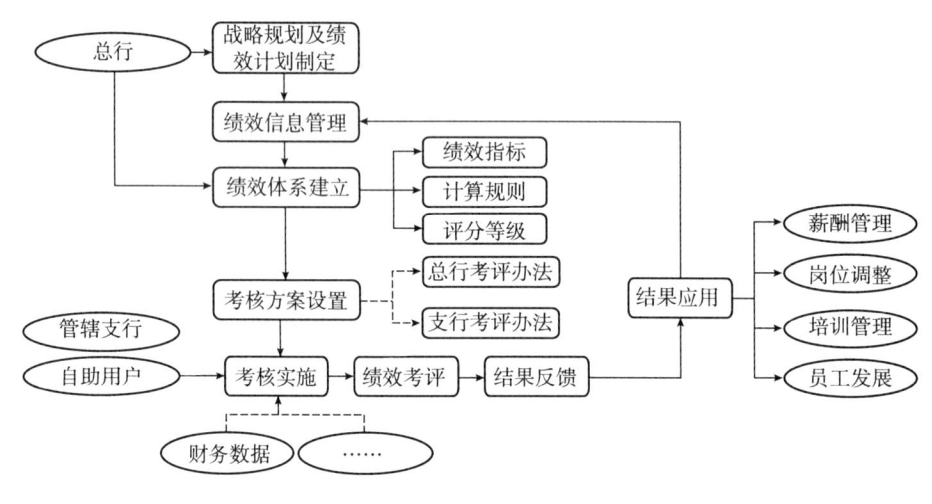

图 5.22　绩效考核管理图

YH–BJNS 绩效管理系统涵盖机构、部门、员工三个考核层面。并在考核结果上进行了联动，组织的考核结果直接影响到员工的最终考评。

（1）实现了无纸化的绩效考核。

（2）构建了全行统一的大集中考核信息库，提升了绩效管理员的工作效率。

（3）利用系统进行全员绩效反馈，强化了绩效过程管理。

应用效果（见表 5.2）

通过对用友绩效考核系统的应用，YH-BJNS 在人力资源管理上达到了以下效果：

1. 提高了企业人力资源管理的效率

绩效负责人在线实现考核方案的管理，同时通过机构信息、部门信息、人员信息的关联，实现了人力资源管理的内部协同，将绩效考核需要的机构、部门、人员以及管理关系等最新信息，实时反映到考核方案中。减少了人力资源管理内部沟通成本，同时，也减少了考核表分发和收集的过程。在线进行实时监控考核进度，同时也大幅提供了绩效考核结果的计算效率。

2. 提高了人力资源管理的水平

绩效考核的各项工作在系统中都能够实时体现、实时共享，领导可以更清晰地了解到工作的进展和变化。实时监督管理，防止了考核过程的偏差，提升了绩效管理效率。同时，通过系统，积累了绩效考核数据，为后续分析改进提供了平台。

3. 增强了员工对组织的认同感

员工可以通过人力资源信息系统中的自助服务，来了解自己的考核情况，实现了 YH-BJNS 全员绩效结果反馈的开端。增加了管理工作透明度，赢得了更多员工信任，从而提高了员工对组织的认同感和忠诚度，为进一步提升组织绩效创造条件。

表 5.2　　　　　　　　YH-BJNS 绩效考核系统应用效果

	上线前	上线后
改善了企业人力资源管理的效率	• 考核前先跟人力高管组确认管理人员梯队，然后再制定相关考核评分表 • 制定不同的考核表，分发给相应的考核人。对于总行各个部门的一般员工，无法监管，由各个部门自己负责 • 考核结果的收集和计算是一个难熬的过程	• 在系统中根据系统条件自动添加到考核方案中 • 总行考核负责人统一定义考核表、考核关系，各部门综合确定各自部门的被考核人。系统自动根据考核制度为考核对象找到每个考核人，无需人工干预 • 结果自动记入系统，系统计算几秒钟结束

续表

	上线前	上线后
提高了企业人力资源管理的水平	• 考核对象的信息变化均需要沟通才能得到 • 考核监控困难，无法得到实时信息	• 系统实时反映变化，节省沟通成本 • 实时监控，了解到每个考核对象的打分状况
增强了企业员工对组织的认同感	• 全员反馈困难，大部分人员不知道自己的考核结果	• 自助平台，提供了全员反馈通道。增加了绩效考核结果的认可度，增强了组织认同感

第6章 绩效管理基础之会计核算

6.1 概述

银行是经营货币和信用业务的特殊企业，它按照国家的法律、政策性法规，独立行使职权，开展各项货币信用业务经营，包括存贷款业务、结算业务、现金收付业务和往来业务等。银行以吸收存款的形式聚集社会闲置资金，以发放贷款的形式向社会融通资金，同时，银行也为客户办理资金结算及各种中间业务。存贷利差和其他各项业务收支形成银行最终的经营成果。基于银行业务的特殊性，银行会计与其他行业会计相比，具有以下四个特征：

（1）"紧密性"与"及时性"相连：传统上，银行一般将业务处理与会计处理紧密联系，亦因二者的紧密联系，银行对会计处理的及时性提出了很高的要求；每年末的银行年结工作是否及时完成，成为衡量银行会计能力的重要指标。

（2）"一致性"与"差异性"并存：银行的业务处理与会计信息基本一致，如应付存款人的利息与会计上的应收利息相一致；而因为风险的存在，银行的客户账不等于其经营成果，如应收借款人的利息不等于银行确认的利息收入（基于新会计准则）。

（3）"客观性"与"主观性"共生：根据会计信息真实性的要求，银行的会计处理要求客观可靠、如实反映；同时，银行又要根据相关性的要求对各项业务存在的信用风险进行主观预测判断，并最终反映为会计上的减值准备等信息。

（4）"监督性"与"监管性"相伴：银行在向客户提供服务的同时，亦对服务对象进行监督，比如银行的反洗钱系统、银行的客户评价系统；而因为银行对于国家经济的重要性，银行的经营及会计行为也要受到人民银行、银监会等监管机构较严格的监管，比如银监会要求银行提交1104报表、银监会对于银行拨备覆盖率的要求。

传统上，银行往往将业务处理、结算支付与会计处理紧密关联，集成在银行的核心业务系统中，保持业务与会计的紧耦合。在银行的业务品种相对稳定的时期，这种做法一度得到了大多数银行的认可及施行；当前，在国际环境变化、国内经济转型、银行飞速发展的背景下，中国银行业走向了金融创新之路，银行开始尝试推出各种新的金融业务。新业务的会计核算办法对于银行的会计工作形成了挑战，在旧准则核算办法下，银行业务处理与会计处理的一致性较高，核算起来相对容易；但随着《企业会计准则（2006）》的实施，业务处理与会计处理的差异性变大，紧耦合的模式越来越无法同时适应金融业务的创新与新准则的实施。在此背景下，用友公司提出建设中国银行业新准则大总账的解决方案，强调"瘦核心、大外围"，将业务与会计剥离，建设独立的大总账系统，以应对金融创新与新准则的实施。

用友的大总账解决方案强调"分层松耦合、多模块精细化管理"，将核心业务中功能相对独立（如信贷业务）、业务变化较频繁（如理财产品）、流程控制较严格（如银行采购业务）的功能剥离，形成单独的细分业务系统，这些系统与瘦身后的核心系统共同组成业务支持层；在业务支持层之上，基于会计、税务、监管的各种要求及规范，建立业务核算层，对各类业务的会计信息进行计算分析；计算分析得到的会计要素通过会计处理平台、外币处理平台等独立的会计处理引擎转化为多维度、多准则、多币种的账务信息；这些信息由大总账模块管理，形成银行的日记账、月计表等总账信息，并为报表披露、财务分析提供数据支撑。

整体蓝图如下（见图 6.1）。

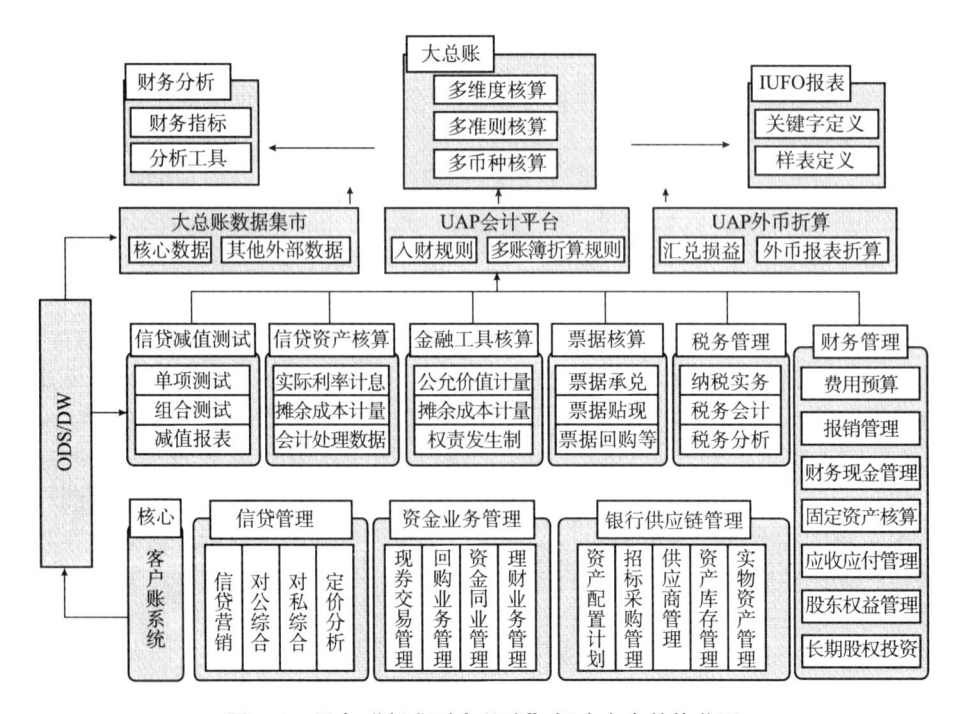

图 6.1 用友"新准则大总账"解决方案整体蓝图

6.2 大总账

6.2.1 总账功能定位

通常,银行的核心业务系统负责所有业务及账务处理。伴随着业务的飞速发展,越来越多、越来越复杂的业务及核算不断进入,核心业务系统自身的运行带来了非常大的压力,对其稳定性和效率提出了极大的挑战。此外,核心业务系统承担了过多的核算职能,不便于银行业务系统瘦身,实现完全面向交易的核心架构。

而国外银行的总账系统都是放在后台,在会计系统、财务管理系统中,服务于银行内部的会计处理和财务分析,定位于为银行管理层和外部监管层服务。为什么总账会需要从综合业务系统中独立出来?确实是因为国外银行改革的需要,银行不希望IT系统的架构变为财务为主线的方法,它们更希望实现专业化的管理,便于银行把前端业务纳入综合业务系统。核心业务系统是面向前台交易的一个系统,只是作为业务交易系统去为客户服务,彻底实现以客户为中心。

伴随着近年来的国内"流程银行"建设,银行业务与组织机构变革,IT建设越发突出"小核心、大外围"思想。即为核心系统"减负",把各项业务功能剥离到相应的业务系统,把核心系统总账功能剥离至独立的大总账系统,使银行生产系统能更好地满足各项业务快速变化需求,核心系统则定位为"面向前台交易、以客户为核心"的业务系统。

总账独立、定位明确。将总账放在后台做会计处理和财务分析,定位于为银行内部业务管理决策和外部监管提供信息支持重要基础。总账独立(核心总账剥离)为战略出发点、财务分析和数据窗口,为流程银行建设系统整合和数据整合提供了很好的平台。总账放在后台,便于今后进一步分析银行业务条线、产品、客户群的盈利能力,给今后的业务增长带来很大的效益。

银行业实施新《企业会计准则》加速了这一改革的进程,通过大总账系统建设,能够完全实现新会计准则金融工具核算及更为复杂的信息披露要求;而且基本不需要改动核心系统,充分保障了银行日常经营的稳定和安全。

应势而为,经过缜密设计大量验证,银行提出新思路:建设银行大总账,实现核心业务与总账分离。不仅真正搭建符合未来银行经营发展所需要的"瘦核心"IT总体架构,彻底解决银行多年来的难题——日益增长的经营管理需求与系统稳定性和效率这一对矛盾;并且,总账后台定位为战略出发点、财务分析和数据整合平台,为银行组织架构建设和未来的管理会计、风险管理系统建设打下坚实的基础。

明确总账独立（剥离核心总账）的定位下，总账主要功能如下：

- 总账具有足够弹性，简明的核算科目体系支持业务产品组织管理创新，及时反映全行资产负债状况及经营成果，多维度信息透视运营支持决策。
- 总账符合新准则要求的科目体系设置和业务处理规则，能支持多币种、多准则、多账簿、期后调整，并出具新准则内部管理与外部信息披露报表。
- 总账与核心系统，信贷管理、国结、资金等系统（或通过核心与总账）连接，大总账根据交易规则配置会计分录、入账科目、多维辅助核算，形成全行的账务信息。
- 总账作为 ODS/数据平台/数据仓库的数据源，每日将总账数据传输至此。

大总账系统既可保障日常业务的安全稳定，又可将核心系统的总账核算功能彻底剥离，为未来构建"小核心、大外围"的 IT 规划建立坚实的基础。为落实构建现代化先进银行，实现精细化、规范化、科学化管理的经营发展战略起到了关键作用。

6.2.2 总账建设前提

大总账建设时间与方式取决于以下三个前提，这样核心就能大大"瘦身"，出报表可以从数据整合平台（源系统）取数。

（1）各个外围系统都具备核算功能。即信贷管理系统、个贷管理系统、资金交易系统、国际业务系统等各个源系统都能生成符合新《企业会计准则》明细账务数据，汇总传总账（或者通过传核心再传总账）。这样，才能实现核心系统"瘦身"的目标。

（2）ODS/数据平台/数据仓库建设，便于从统一数据平台获取各个源系统的数据，服务于不同的管理目标。

（3）全行统一的报表系统或综合信息管理系统。可采集加工数据平台、总账和各个源系统数据，定制生成对内管理对外报送的所有报表。

6.2.3 总账应用方案

日常处理

构建银行大总账、建立新会计准则会计核算体系，生成全行新会计准则的信息披露报表。核心业务系统保留现行会计准则（制度）会计核算体系不变，同时剥离资金营运业务和财务管理业务。如图 6.2 所示。

第6章 绩效管理基础之会计核算

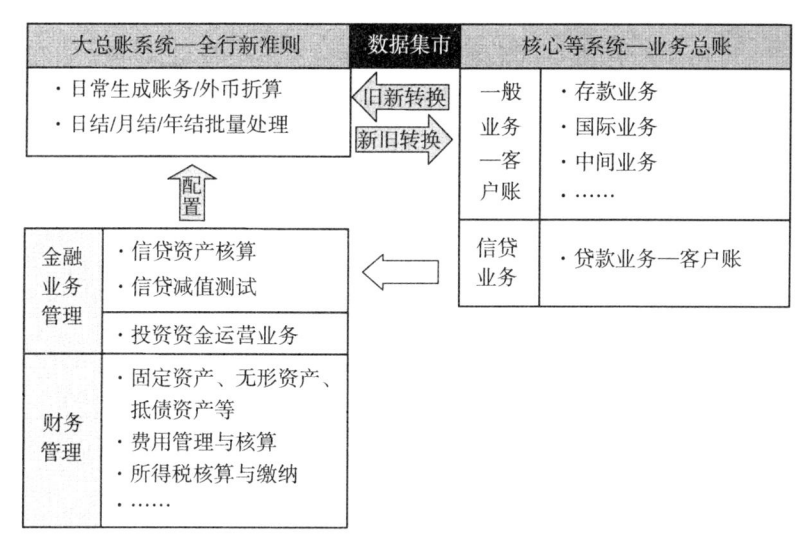

图 6.2 大总账系统账务处理

（1）大总账承担了银行所有业务的新会计准则账务处理职能。在核心系统中发起的账务处理的业务包括：存款业务、中间业务和国际业务等，核心系统每日日终处理完毕，生成交易流水及相关辅助信息，如有必要连同信贷管理系统、资金管理系统、票据管理系统等其他业务系统数据，都传输到数据平台，在大总账数据集市中进行核心系统交易流水与各系统分户信息的匹配，并校验业务逻辑关系后，以凭证方式导入到大总账按照新会计准则核算进行账务处理。

（2）信贷业务在核心系统是按照合同义务记客户账（旧准则），将核心系统相关交易流水和信贷管理系统贷款基本信息传到财务的信贷资产核算和信贷减值测试系统，生成新准则账务基础数据，传大总账进行账务处理。

（3）在财务信息系统发起的账务处理业务如下：投资业务后续账务处理，固定资产、无形资产、抵债资产和资产减值、经费拨付与费用核算、所有者权益等业务在大总账系统中进行账务处理，通过数据接口实时将数据回传核心系统。

（4）为满足新旧准则核算要求的不同，可以针对不同的业务在财务系统和核心系统分别进行账务处理，如所得税、资产减值、损益结转等，不互相传递数据。新会计准则下特殊业务处理，如公允价值变动损益/权益、金融资产减值在大总账系统进行账务处理，数据不回传核心系统。

数据集市

1. 数据接口

核心业务系统在每天完成日终之后，每日日终生成文本文件存放到约定的地方，由大总账系统主动发起交易通过 FTP 方式抓取，按照事先定义好的数据转换规则，大总账系统分机构、分币种生成账务凭证。

核心业务系统向财务信息系统的数据传输流程与数据接口如图 6.3 所示。

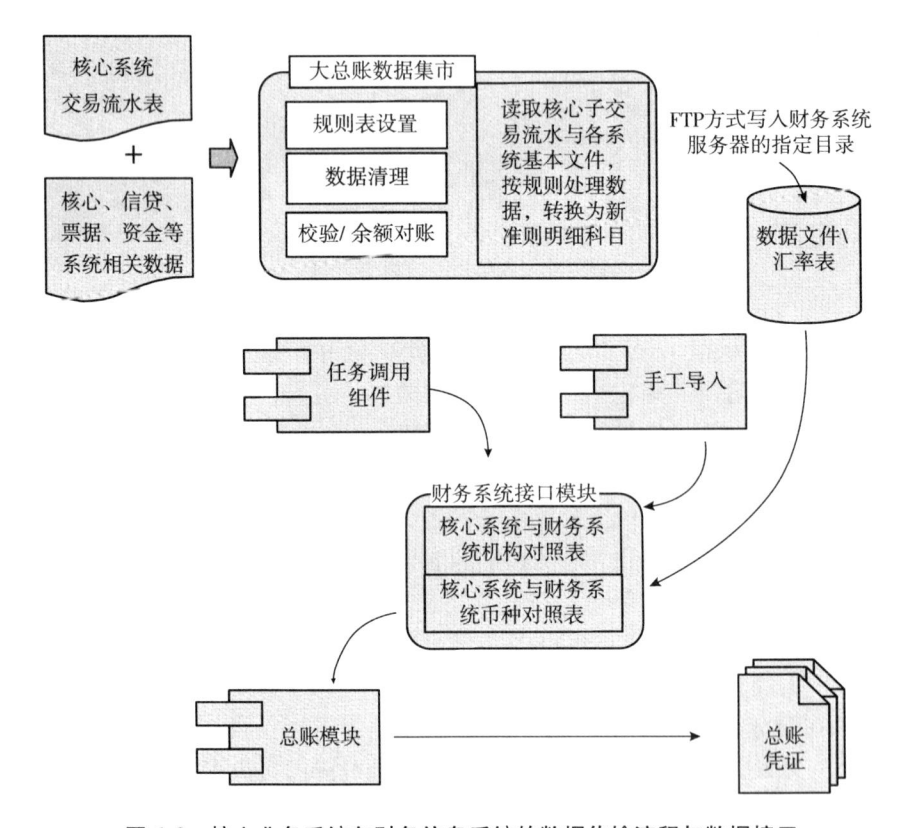

图 6.3 核心业务系统向财务信息系统的数据传输流程与数据接口

具体流程如下：

（1）每日核心系统提供：流水文件、科目日记、存款账户（包括存期、储种类等）等原始文件；信贷系统提供信贷账户信息（包括业务品种、担保方式、行业代码等信息）；票据系统提供承兑汇票原始数据文件。

（2）数据集市应用程序执行数据简单清洗和数据加载。

（3）大总账——规则处理引擎——根据构建好的新旧科目转换规则，将每天的流水进行新旧科目转换，并分类汇总生成新科目分录。

（4）大总账进行账务处理，生成凭证、日记表、新准则报表。

（5）大总账数据回传核心系统和数据仓库。

2. 数据处理

大总账数据传输方式的确定需要综合考虑源数据的数据量级、源数据系统的限制等因素。确定了数据传输方式以后，还要与有关系统的人员确定数据传输的协议、数据传输的时间点等内容。

例如：某商业银行主要数据的数据量如下，从系统的安全性和传输效率等几方面来考虑，不可能采用数据库直联方式去获取数据，因此双方协商数据传输采用文件落地方式来进行。

（1）交易流水：正常每日70万条~100万条，结息日为400万条~600万条。

（2）信贷系统账户信息：50万个~70万个。

（3）客户信息：900万条~1000万条。

（4）存款账户：300万个~400万个。

所谓文件落地方式即核心、资金和信贷系统根据相互协商好的文件格式，从各自数据库卸载相应的数据表生成数据文件并以FTP的方式上传到指定的目录，我方根据相互协商好的协议去判断各个文件是否传输完毕，如文件传输结束，则从该目录取数并加载数据库，并进行其他各项处理。

采用该方式抽取数据，避免了ETL过程对源数据库的影响；由于卸载文件由源数据库发起，批量导出，保证了数据的一致性；同时由于是批量卸载和装载，也提高了效率。

数据处理高效率、数据服务高能力。例如某省级农信项目，用友NC的数据集市每日对核心系统提供的（交易流水在300万条~400万条）8G~10G的数据量文件按转换规则表所定义的规则进行数据转换处理，处理完成后形成核心凭证的基础数据，最后通过NC凭证导入接口将转换后的核心凭证数据导入NC系统，形成YH-FJNX全省每天的核心业务凭证，NC的转换接口和导入接口在日常处理时效率非常高，除了8G~10G的数据文件的载入和备份的时间（约40分钟左右），日常整个数据转换过程基本只有10分钟左右，结息日的数据量是日常的15倍左右，核心数据所涉及的业务比日常的要广得多，结息日数据转换时间也在两小时内完成。

机构变更

1. 应用背景

大总账理解适应中国银行业快速变化要求，支持机构撤并、账务灵活结转。

财务系统支持机构调整、撤并与拆分方案，应包括：机构新增、机构升格、机构降格、变更管辖行、机构撤并和机构拆分等类型。不同的机构调整类型应解决不同的账务调整。

支持银行机构拆并的几种情况：
- 两家一级机构合并为一家一级机构。
- 部门升级为一级机构。
- 归属于不同一级机构的多个部门从原一级机构分离，重新组合成一家新的一级机构。
- 归属于同一级机构的多个部门从原一级机构中分出并入另一家已有的一级机构。
- 整个机构取消，不再办理任何业务。
- 一级机构降级为部门。
- 一级机构内部的多家部门合并。
- 一级机构拆分成两家机构。

2. 功能设计

（1）机构内部门间结转

同一机构部门间结转场景下，由于部门间共用一套基础档案，因此不需要基础档案迁移，例如客商、项目等，所以基础档案不需要变动。结转部门所涉及的"人、财、物"都应做转出操作。目标部门做相应的接收操作。

- 人员档案做部门变更。
- 资产卡片做管理部门与使用部门变动操作。
- 财务做调整。

结转部门所发生的财务需要结平，即以结转部门为辅助项的科目余额就为0，而目标部门做相关的科目余额增加。如图 6.4 所示。

（2）机构间结转

机构间结转场景下，机构间基础档案独立维护。因此机构结转时，结转机构下"人、财、物"都应做转出操作。而目标机构"人、财、物"都应做调入操作时，需要维护基础档案对照关系。

- 结转机构人员档案做封存，而目标机构人员做增加操作。同时维护人员档案对照表。
- 结转机构做部门档案封存，而目标机构做部门增加。同时维护部门档案对照表。
- 其他的基础档案，结转机构做封存，目标机构做增加，同时维护相应的档案对照表。

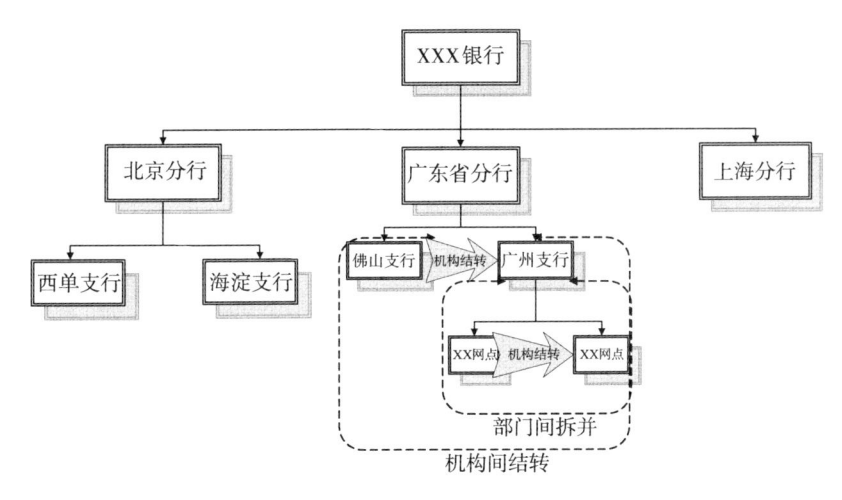

图 6.4 组织机构调整图

- 资产卡片结转机构做调出，目标机构做调入。
- 财务结转。

结转机构按部门维度所发生的财务需要结平，即以结转机构部门为辅助项的科目余额为 0，而目标部门按部门维度做相关的科目余额增加。

3. 应用价值

银行由于战略调整，机构撤并频繁，其中因撤并发生的财务操作流程复杂，工作量大且容易出错。此功能对机构撤并所有场景下总账系统操作流程进行梳理抽取，通过客户自定义设置（方案设置、结转机构设置、科目设置、基础档案设置），便捷地执行机构撤并财务操作且操作简单，工作量小，出错概率大大降低。

期后调整

在银行期后业务对报表的影响的处理非常复杂，因为在核心业务系统中期后调整的业务只能作为普通业务处理，无论是期初还是当期数据，都不是对实际业务的反映，在账务中都不能够正确反映，所以必须在出具报表时通过调表的方法来实现报表正确性。

在大总账中，可以通过在上一期间设置虚拟的调整期间，在上一期间关账之后，仍可以通过录入调整期凭证的方式，对上期账务进行有痕迹调整，系统自动调整期末和期初余额，从而实现对业务经营的正确账务反映，直接出具包含调整期业务的报表。

期后调整业务从处理方式上分为以下几种类型：

1. 跨年调整，并且调整业务涉及损益类科目

因为损益数据年末结清，如果期后调整业务涉及损益科目，则必须同时生成一个结转到未分配利润科目的一个结转凭证，才能正确、完全地反映本期后调整事项，从而在上年期末数据和下年期初数据中进行正确反映。

2. 其他业务调整

对于不涉及损益科目的跨年度期后事项调整，或对上一个会计季度、会计月度事项的调整，根据录入的调整期凭证直接调整上期期末和当期期初，在出具的报表中，对该调整业务加以反映。

日结

日结指当天包括财务管理系统发起、核心系统发起的所有业务全部完毕，当日账务处理尘埃落定，可以出具当天的日报表。该功能的必要性在于：大总账对账务数据的时间精度要求变得更为严格。日结流程图如图 6.5 所示。

日结功能的应用价值体现在：

- 当天包括 NC 发起、核心发起的所有业务全部完毕，当日账务处理尘埃落定，可以出具当天的日报表。
- NC 系统具有独立的系统时间，系统日终后才会滚动时间；按照日期类型（日终、月末、季末、年末）来区分业务，到哪天系统会提示做什么，即系统内设好操作的步骤及时间，按照系统设置的步骤和时间自动执行相关操作，中间过程不需人工干预。
- 大总账日结可以为数据仓库等外部系统提供符合新准则要求的数据，并且可以根据系统的一些状态值来决定是否传数、何时传数。

集中批量处理

1. 集中自定义结转

某一会计期间（如月度和年度）的经营活动情况，用户必须定期进行结账。结账之前，按企业财务管理和成本核算的要求，必须进行费用、成本的结转、期末汇兑损益结转等工作。若为年底结转，还必须结平本年利润和利润分配账户。为了方便用户，NC 系统提供了自定义结转功能，可以按照结转分类公式配置自动生成转出指定科目的"发生额"、"余额"等数值项，并生成对应的会计凭证。

（1）应用背景

由于各银行的损益结转业务会计核算有所差异，并且科目结构设置也有所不同，所以系统必须提供自定义结转功能。对于包含有多个账簿的企业，如果分别进行手工结转会增加工作量，为减少自定义结转工作量，系统提供了批量执行功能，方便用户一次完成全部账簿结转。

第 6 章 绩效管理基础之会计核算

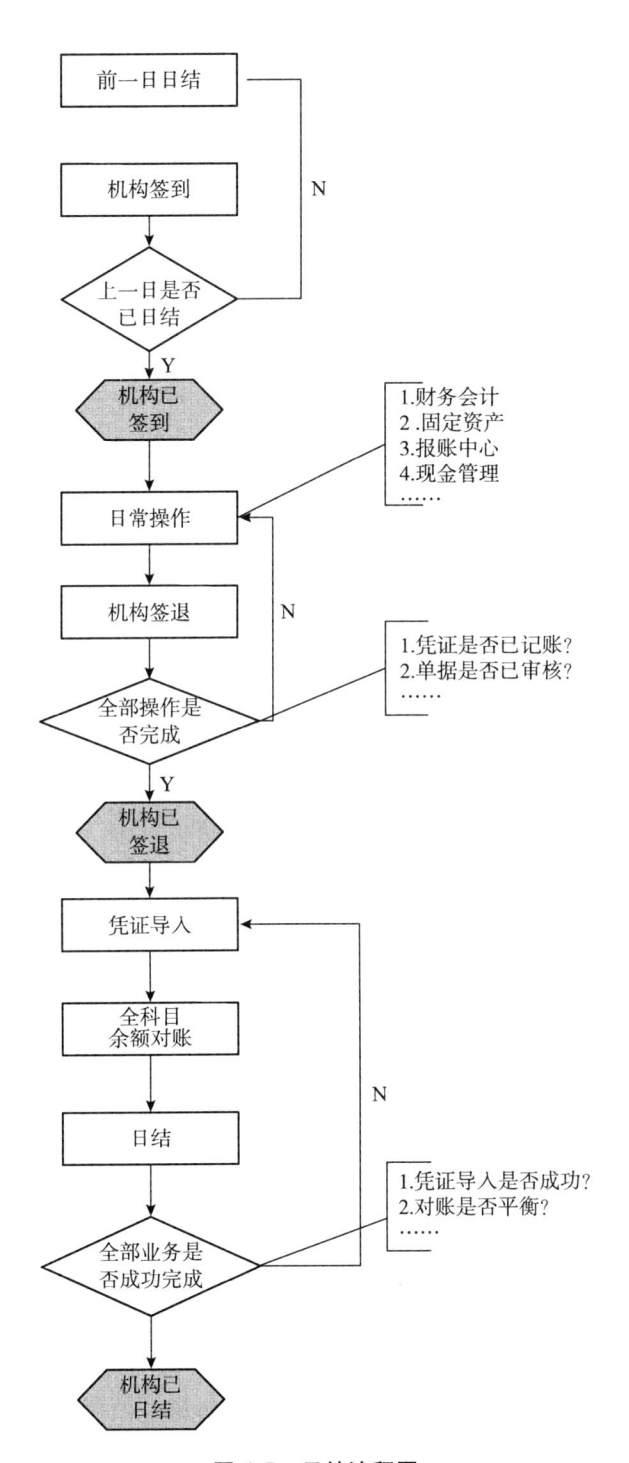

图 6.5 日结流程图

（2）应用场景

银行包含有多种结转业务，如：收入、支出、收益、亏损结转，费用的分摊、税金的计提、成本的结转，以及损益的结转等。若银行包含有多个账簿，需要在月结或年结统一结转，那操作会特别繁琐。为方便用户，提升工作效率，自定义批量结转功能即可满足需求。

（3）功能描述

企业在每个会计期间结束时，需进行各种费用的分摊、税金的计提、成本的结转，以及损益的结转等，结转完毕后，要进行月末结账，标志着该会计期间业务的结束。企业财务部门期末结账前，要将费用进行归集和分摊，以及相应科目的结转。其中大部分科目相对固定，系统通过定义完成自动转账功能。由于各企业的科目结构设置有区别，并且要求又不一样，所以系统提供了自定义转账功能。通过本功能，完成转账凭证的设置功能，包括转入科目、转出科目、公式等转账凭证内容设置，并在【自定义转账执行】功能中根据本功能中设置的内容生成相应的会计凭证。

（4）应用价值

该功能支持集团层次上对各机构进行批量自定义结转与插件批量汇兑损益结转配套使用，为全机构进行批量结账做支持，及时出财务报表做支持。

2. 集中汇兑损益结转

（1）应用背景

根据会计制度的规定，进行外币业务的会计处理，在会计期间（月份、季度或年度）终了时必须计算汇兑损益，并进行相应的账务处理。汇兑损益结转功能主要是针对企业在经营过程中，由于不同外币兑换发生的差价，以及汇率变动发生的折合为记账本位币的差额，对所形成的收益和损失进行账务处理。

（2）应用场景

企业在经营过程中，如果有外币业务发生，便可以使用汇兑损益结转功能，帮助企业处理外币账务。

（3）功能描述

汇兑损益是指企业在经营过程中，由于不同外币兑换发生的差价，以及汇率变动发生的折合为记账本位币的差额，所形成的收益或损失。根据我国现行会计制度的规定，进行外币业务的会计处理，在会计期间（月份、季度或年度）终了时必须计算汇兑损益，并进行相应的账务处理。本功能完成汇兑损益凭证结转内容的设置，包括：定义计算汇兑损益的科目、币种，设置汇兑损益入账科目等。

选择账簿或全部账簿，然后选择结转日期，点击【结转】按钮，即生成汇兑损益结转凭证。

(4) 应用价值

该功能支持集团层次上对各机构进行批量汇兑损益结转，为全机构进行批量结账、及时出财务报表做支持。

3. 集中重算

(1) 应用背景

对已上线的企业，可以采用年初重算功能自动完成年结期初余额导入。考虑到机构账簿数据过多，这样会出现重复操作，增加工作量。由于用友 NC502 版本不能支持批量重算功能，因此，为增加操作方便性提高应用效率，系统支持批量重算功能，可以一次实现多个账簿集中批量重算。

(2) 应用场景

若上年度未完全结账，进入本年度后，将不能看到上年年末余额。客户可以手工录入本年度的期初余额，也可通过单击【集中重算】自动获取上年度各科目的余额。建议客户尽量在上年业务结束后，由系统自动结转期初余额。

(3) 应用价值

提高结账账簿月结、年结的效率；系统自动过滤损益科目后再集中重算，避免会计人员有挑漏的科目。

4. 集中建账

(1) 应用背景

考虑到机构账簿数据过多，会出现重复操作，增加工作量。为用户操作方便提高应用效率，特开发集中建账功能，可以一次实现多个账簿集中批量建账。对下一年度重算期初余额后进行期初建账，如果机构期初未建账，凭证是不允许记账的。

(2) 应用价值

主要针对目前使用 NC502 财务未集中、各机构独立核算、机构账套很多等问题。

提高结账账簿月结、年结的效率。

5. 集中结账

(1) 应用背景

在手工会计处理中，都有结账的过程，在计算机会计处理中也应有这一过程，以符合会计制度的要求，因此本系统特别提供了【结账】功能。结账只能每月进行一次。如果账簿太多，执行会增加工作量。由于 NC502 版本不能支持集中批量建账功能，此功能是其扩展。

(2) 应用场景

某一会计期间（月度）的经营活动情况，用户必须定期进行结账，每月末要对当月做结账，下个月才能做相应账务。

(3) 应用价值

主要针对目前各机构独立核算、机构账套很多问题；提高结账账簿月结、年结的效率；

6.2.4 应用系统特色

总账功能强大

用友大总账系统满足于国内60万企业用户的总账核算需求，功能强大：

- 搭建新会计准则核算体系，财务总账功能强大，满足内外部信息披露要求；支持多准则、多账簿（例如正常的分支机构和村镇银行）、多币种，满足多重管理需求。
- 支持期后调整。可以通过在上一期间设置调整期间，在上一期间关账之后，仍可以通过录入调整期凭证的方式，对上期账务进行有痕迹调整，系统自动调整期末和期初余额，从而实现对业务经营的正确账务反映，直接出具包含调整期业务的报表。
- 跨系统的数据整合，核算颗粒度超过核心；保持核心系统的稳定，支持核心系统"瘦身"，能与数据仓库对接，符合银行IT规划。
- 业务现实性与前瞻性相结合、产品灵活性与方便性相结合。
- 为后续管理会计、风险管理系统建设奠定基础；为落实构建现代化先进银行，实现精细化、规范化、科学化管理的经营发展战略起到了关键作用。

适应中国银行业的大总账

用友银行业大总账在用友财务总账优势基础上，集合110多家银行客户管理系统建设经验，针对银行业大总账应用进行行业化开发。理解适应中国银行业快速变化要求，支持机构撤并账务灵活结转，跨机构集中处理，支行计提税金、福利费利润自动上划总行等中国式应用。

大总账系统能够实现跨机构集中处理，支行计提税金、准备金计提、损益自动结转并上划等中国式应用。大总账系统能够实现年终决算的处理，可以解放综合业务系统的时间压力。优势在于：首先减轻综合业务系统压力，避免出现因年终决算影响生产系统第二天开门营业的现象；其次，由总账进行该内部账务处理，比较灵活，能够满足不同会计准则及内部管理的要求。

支持业务发展

国内外先进银行经验和事务所要求银行的会计科目具有足够的弹性与灵活性，形式上科目体系越简单越好，因为这样能适应银行业务快速与管理变化的要求（如每天都推出新产品、部门机构经常调整等等），不会因为银行变化而不停调整会计科目表。

大总账具有足够灵活性，实现银行业务管理要求，也能满足报表信息披露的要求，多维度核算信息透视运营、支撑业务决策。大总账支持多准则、多账簿、多币种、期后调整，满足多重管理需求。大总账数据集市强大的数据采集和处理能力，支持直接接收或加工处理外部数据，集中业务交易和财务数据，提高了系统运行效率。

完整新准则解决方案

用友具有新会计准则完整的财务会计解决方案，即用友信贷资产核算系统。它能够满足新准则对贷款业务的核算要求，金融工具—票据管理、所得税核算等系统，确保相应业务的会计处理符合新准则要求，且保留所有明细的业务信息。

信贷资产核算、信贷减值测试、金融工具、所得税核算产品都能出相应的明细报表，满足信息披露的要求。IUFO 报表系统从总账、信贷资产核算、信贷减值测试、金融工具、所得税产品中都能取数，编制报表。这样，满足了核心总账建设前提条件：各个外围系统都具备核算功能。

应用价值

- 实现对核心业务系统、账务系统的正确定位，大总账能与数据仓库对接，构建符合银行未来发展的 IT 基础架构。不改造核心系统，支持核心系统"瘦身"，保障核心业务系统的稳定性和效率。
- 跨系统的数据整合，核算颗粒度超过核心；解决财务核算规则变化、财务报表和管理报表需求对核心业务系统的依赖，使财务报告的出具更加灵活方便，满足内外部信息披露要求。
- 搭建新会计准则核算体系，总账功能强大，更为高效、正确的处理期后调整业务。
- 支持管理会计、风险管理等管理信息系统在银行的应用和扩展。

6.2.5　案例分享：YH–HS 大总账系统

银行概况

行业：金融行业—区域性股份制银行

简介：YH–HS 成立于 2005 年 12 月 28 日，是全国首家由城市商业银行和城市信用社联合重组的区域性股份制银行。YH-HS 成立以来，始终坚持以科学发展观为指导，积极拓展业务市场，不断强化风险控制，稳步推进内部改革，探索出一条具有自身特色的发展之路，取得了良好的经营业绩，主要业务指标以年均 40% 的速度增长，业务发展连续跨越新台阶，发展速度、发展质量居行业前列，主要监管指标达到国内上市银行中上水平，被中国银监会评为二级行。

截至 2010 年 6 月末，YH-HS 拥有机构网点 165 个，在职员工 4 400 多人，注册资本人民币 81.75 亿元；YH-HS 资产总额达到 1 946.52 亿元，各项存款余额 1 528.85 亿元，各项贷款余额 1 086.89 亿元。

信息化起因

随着 YH-HS 业务的快速发展，无论对核心系统还是原财务系统都提出了更高的要求，尤其是新会计准则颁布后，根据监管部门要求，2008 年商业银行必须施行新会计准则，并按新准则报送报表。而 YH-HS 核心业务系统的核算还是按照旧准则设计的，而单纯改造核心系统无法彻底实现新准则要求，况且投入巨大、可能对日常经营产生影响，并且不符合银行"瘦核心"系统发展方向。

鉴于以上情况 YH-HS 决定采纳构建大总账系统、实现新准则的方案，通过大总账系统全面地反映全行的资产负债状况及经营成果，系统将按照新准则科目体系进行账务设立，并按照新准则的业务处理规则进行账务核算，同时负责出具新准则的财务报告。

信息化应用目标

1. 整合大总账

将 YH-HS 的核心、信贷、资金、票据等系统相关账务数据导入用友 NC 系统，在用友大总账系统生成全行报表，实现大总账系统与相关交易业务系统的联机处理。

2. 数据处理

核心、信贷、资金、票据等系统的数据分布在各自独立的业务系统中，且数据规则不一，需要统一到大总账系统，并保证数据的安全和完整。

3. 报表编制

自动生成资产负债表、利润表、现金流量表、所有者权益变动表等各种财务报表，并能单独存贮，支持大量且快速查询需要。能够对外提供全行以及各机构的合并报表。

解决方案功能应用与特色

1. 保持核心系统稳定的前提下，适应新准则的要求

在用友大总账平台支持下，通过建立中间对照系统，解决新旧两套准则下科

目、币种、机构代码、日期以及现金流量规则的问题,把各业务系统内数据对应导入财务系统中(根据管理和核算的需要来确定每个系统是导入流水还是汇总数据)。

2. 大总账数据自动导入自动处理,实现无缝连接,日结年结效率高

核心、信贷、资金、票据等各业务系统每天日终处理完毕后,以不落地方式传递到特定的数据接收服务器上,财务系统启动轮询机制,通过各种中间对照系统,通过数据处理平台实时导入数据进行处理,生成会计凭证,并把每次导入的结果以日志形式保存供核对,支持手工处理方式。

大总账二次开发很多特色功能,满足其单总账对账务处理与数据仓库衔接的需要。为配合 YH-HS 数据仓库建设而增加了日结、反日结和反记账功能。数据量为 2 000 万条,时间要求达到:平时日结不能超过 6 分钟;月底日结不能超过 15 分钟;年底日结不能超过 30 分钟。年终结转进行批量执行和效率优化的步骤包括利润上划、总账批量结账和反结账、年初重算批量执行等功能。

3. 新会计准则报表全面披露

报表系统中不仅仅是自动生成需要披露的会计报表主表以及大部分附表,还通过用友数据处理平台分析并处理所接收的相关系统其他数据,对新准则要求的附表进行全面披露。

应用效果(见表 6.1)

用友 NC 财务管理系统为 YH-HS 构建现代化先进银行,实现精细化、规范化、科学化管理的经营发展战略要求提供了关键支持。表 6.1 对 YH-HS 使用财务管理系统前后的情况作了比较。

表 6.1　　　　　　　　YH-HS 财务管理系统应用效果

功能模块	上线前	上线后
大总账新准则	• YH-HS 是由原来的 13 家地方城商行(城信社)合并完成,但成立一年各分行还惯性地遵循原有的财务管理惯例,核算标准不一造成全行审计工作量非常大	• 制定的全行统一的财务制度得到了有效贯彻,成本管理也逐渐上收总行,财务流程规范化、各类资金有序使用、费用报销和预算管理统一、严格固定和变动费用的区别管理 • 财务核算信息从分散到大集中,会计核算的颗粒度进一步加强 • 有效地加强了对分支行的监控管理 • 全面实现新会计准则核算要求,为内外部审计提供财务信息

6.3 新准则

2007年9月29日中国银监会发布《关于银行业金融机构全面执行<企业会计准则>的通知》（银监通〔2007〕22号），通知要求银行业金融机构应按以下时间表执行新会计准则：

（一）已经上市银行业金融机构自2007年1月1日起要全面执行新会计准则，并持续完善内部管理制度和业务流程，提高执行新会计准则的质量。

（二）政策性银行、中国农业银行、非上市的股份制银行、中国邮政储蓄银行、城市商业银行、信托公司、财务公司、金融租赁公司、汽车金融公司、货币经纪公司、外资银行等从2008年起按照新会计准则编制财务报告。

（三）农村商业银行、农村合作银行、农村信用社、城市信用社、三类新型农村金融机构等从2009年起按照新会计准则编制财务报告，具备条件的可以提前执行。

（四）金融资产管理公司待转制完成后的次年按新会计准则编制财务报告，但不得晚于2009年。

新旧会计准则对于银行的会计核算、报表披露均有较大差异，这些差异主要体现在金融工具方面。

6.3.1 金融工具

准则变化（见表6.2）

表6.2　　　　　　　　　　　　新旧准则对比

业务类型	新准则	旧准则	变化
债券—现券业务	• 交易性金融资产 • 持有至到期投资 • 应收款类投资 • 可供出售金融资产	• 短期投资 • 长期投资	按照新的金融资产类别进行初始确认与后续计量
票据贴现 票据转贴现	• 按权责发生制分期确认利息收入 • 实际利率计息 • 摊余成本计量 • 计提减值准备	• 贴现时即确认利息收入 • 不提减值准备	单票记录受益期间，确认各期收入实际利率、摊余成本计量
衍生金融工具	• 表内核算 • 公允价值计量	• 表外披露	从表外纳入表内核算

续表

业务类型	新准则	旧准则	变化
债券回购业务	• 实际利率计息 • 摊余成本计量 • 金融资产类别为应收款，计提减值准备 • 金融负债类别为其他金融负债	• 票面利率计息 • 不提减值准备	实际利率、摊余成本计量，计提减值准备
票据回购业务	^	^	^
贷款回购业务	^	^	^

应用方案

金融工具系统的作用体现在三方面：一是满足新会计准则（金融工具准则）对投资与资金运营业务的核算要求；二是满足资金运营部门业务管理与投资效益分析的需求；三是前中后台系统能够加强内部控制，防范操作风险。

金融工具系统包括资金交易和票据管理两个子系统。

金融工具—资金交易系统涵盖的业务范围包括三大类：（1）债券业务：现券交易和债券回购业务。（2）资金运营业务：资金拆入、资金拆出、存放同业、同业存放。（3）贷款回购业务。

金融工具—票据管理系统的业务范围包括：票据贴现、票据转贴现和票据回购业务。

金融工具系统按照前中后台分离设计各项功能，符合风险管理与内部控制的要求，有利于防范风险。

- 前台进行交易申请管理、成本收益模拟试算、投资组合选择等功能，交易前在网上提出交易申请，按照银行的业务流程与管理要求，进行交易的审批与限额管理。
- 中台进行市场分析、产品策略、风险控制等内容，通过分析外部市场环境及内部资金情况，制定产品及投资策略，为前台提供专业化的分析、指导及管理。
- 后台进行财务核算，按照新准则核算要求，由系统根据成交单的信息，自动生成核算单据，同步传到大总账系统进行账务处理。账务处理包括初始确认与后续计量，如实际利率计息与收息、摊余成本计算、公允价值调整、减值测试、重分类管理和到期兑付与卖出等。
- 系统提供账表查询功能，供前台交易人员、中台分析人员和后台核算人员查询持仓信息、金融资产台账、投资收益、流动性风险报表等。

应用系统

1. 系统功能一览表（见表 6.3）

表 6.3　　　　　　　　　　金融工具功能一览

	现券	债券回购	票据	同业资金	贷款回购
业务品种	• 附息式固定利率、附息式浮动利率、利随本清、贴现式、零息式、ABS 债券 • 到期一次还本付息、分期还本 • 含权债	• 质押式正逆回购 • 买断式正逆回购	• 票据直贴 • 票据转贴购买入 • 票据转贴现卖出 • 买入返售票据 • 卖普陀山回购票据 • 双买断	• 资金拆入 • 资金拆出 • 同业存放 • 定期存放同业 • 活期存放同业	• 买入返售贷款 • 卖出回购贷款
账务处理	• 初始确认 • 计息、收息 • 减值 • 公允价值调整 • 提前兑付（分期还本） • 重分类 • 卖出 • 到期兑付	• 初始确认 • 计息 • 减值 • 中间派息 • 到期	• 初始确认 • 计息 • 减值 • 到期	• 初始确认 • 计息 • 减值 • 中间派息 • 到期	• 初始确认 • 计息 • 减值 • 到期
报表披露	• 现券台账表 • 现券明细表 • 现券余额表 • 投资收益报表 • 流动性报表 • 债券库存表	• 债券回购台账表 • 债券回购明细表 • 债券回购余额表	• 票据台账表 • 票据明细表 • 票据余额表	• 同业资金台账表 • 同业资金明细表 • 同业资金余额表	• 贷款回购台账表 • 贷款回购明细表 • 贷款回购余额表

2. 初始确认

资金交易业务成交单记录相关交易信息，系统根据业务信息计算实际利率并驱动记账（见图 6.6）。

图 6.6 初始确认页面示例

3. 公允价值调整

在金融工具核算中,涉及到公允价值调整的主要是债券类交易,该部分的公允价值调整只需要导入债券交易网相关的成交价格数据即可,系统会自动生成公允价值数据。其相关系统页面如图 6.7 所示。

系统特色

- 前中后台分离、限额管理、审批流程,符合风险内控要求。
- 完全遵循新会计准则,同时支持金融工具的新会计准则、国际会计准则核算要求。
- 满足资金运营业务操作与投资效益分析需求。
- 支持成交单、中债估值数据导入,实用方便。
- 浮息债基准利率维护方便、实际利率自动重算、按浮动方式自动选择启用日期。
- 支持资产支持证券 ABS、贴现债、含权债、零息债、衍生金融工具的新准则会计处理。
- 支持贴现债券不计息、计息两种会计处理方式。

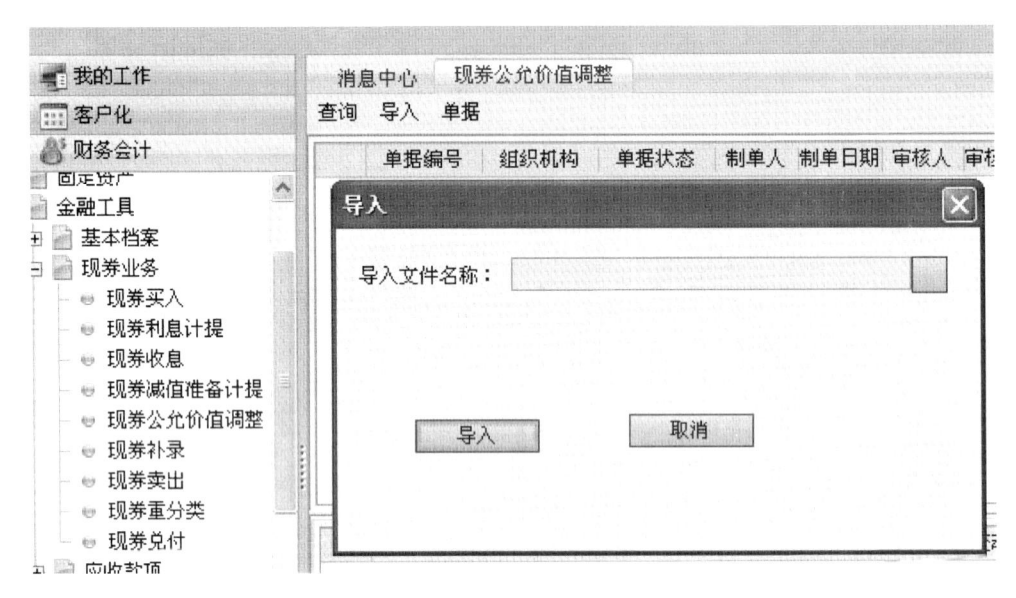

图 6.7　现券公允价值调整页面示例

6.3.2　信贷业务

信贷资产在银行的资产中占比较大，因此，将其从金融工具中剥离出来，单独进行阐述。

准则要求

表 6.4　　　　　　　　　　信贷业务新旧准则对比

项目	新准则大总账	核心（新、旧）
初始确认	• 公允价值 • 交易费用计入初始入账成本	• 按实际贷出金额入账
贷款利率	• 实际利率（如果与名义利率相差很小，也可采用名义利率）	• 名义利率（合同利率）
后续计量	• 摊余成本 = 账面余额 − 利息调整摊销额 − 减值准备	• 实际成本

续表

项目	新准则大总账	核心（新、旧）
利息收入	• ＝摊余成本×实际利率 • 一直在表内反映利息收入 • 权责发生制确认当期收入（本期1日至期末）	• ＝合同本金×合同利率 • 逾期双"90天"不计收入 • 定期收息（上期21日至本期20日）
减值准备	• 重大金额单项计提——账面价值与未来现金流折现差额计提减值准备 • 非重大金额组合计提——迁徙模型法、滚动率模型法	• 五级分类比例计提

如表6.4所示，贷款业务的会计处理有五方面的重大变化：新准则下贷款业务的初始确认、贷款利率、贷款利息收入、摊余成本、减值准备的会计处理，都与目前核心业务系统旧准则确认方式完全不同。新准则要求按照一种全新的会计计量模式对贷款业务进行记录。

应用方案

新准则的信贷资产核算完全是一种新会计计量模式，与前台的客户账务无关。同时考虑到如果通过改造核心系统来适应此新准则的要求无论是难度、工作量还是投入都非常大。因此，用友公司提出在大总账平台基础上单独构建"信贷资产核算"和"信贷减值测试系统"应对此新准则要求（见图6.8）。

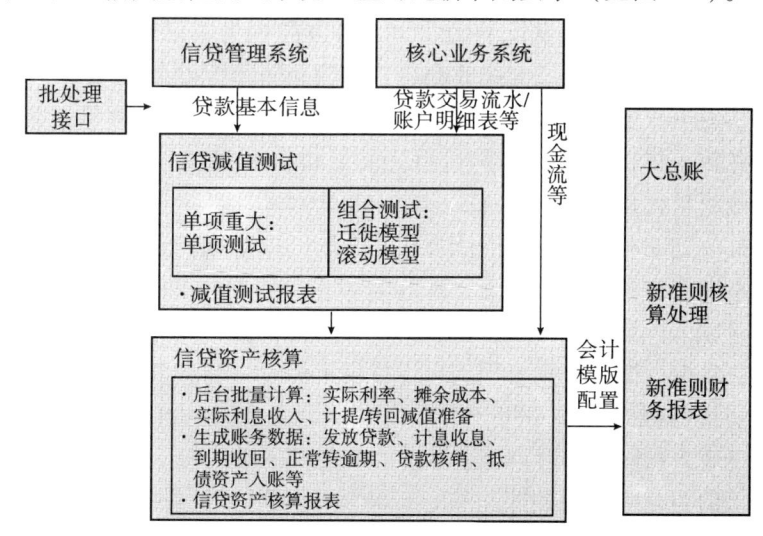

图6.8　信贷资产核算和减值测试系统

信贷资产核算

1. 应用方案

信贷资产核算系统完全满足新准则关于贷款业务核算的全部要求,后台处理包括:发放贷款、贷款变动、计息结息收息、还款、贷款减值、抵债资产入账、贷款核销、核销收回等账务;前台提供贷款账务处理的相关信息与结果查询功能。

每日日终核心系统日结后,通过批处理接口从核心系统、信贷系统导入交易流水相关明细表,后台批量计算实际利率、摊余成本、实际利息收入、计提/转回减值准备,自动驱动账务处理。外部系统生成的贷款业务如需要补充该交易费用,可自动生成单据修改增补相关业务信息,系统自动重新计算摊余成本和实际利率。

(1) 实际利率、摊余成本计量

- 贷款利息:银行贷款或类似债权,如名义利率和实际利率相差很小,且货币市场基准利率变动也不大,可按名义利率确定摊余成本。
- 利息收入 = 摊余成本 × 实际利率。
- 摊余成本 = 初始确认金额 − 已偿还本金 + 利息调整的摊销额 − 已发生的减值损失。

(2) 贷款业务全生命周期核算

新准则的贷款业务以"是否减值"为重要判别标准,会计处理有很大的区别。

- 未减值贷款无交易费用的情况下,可以简化为实际利率 = 合同利率,无利息调整、利息收入 = 应收利息,贷款余额即为摊余成本。
- 贷款发生减值时,新准则规定应将贷款(本金、利息调整)余额和应收利息转入贷款(已减值)科目,借记贷款(已减值)科目,贷记贷款、应收利息科目。
- 已减值贷款利息收入的确认与核心系统(旧准则)的核算规则完全不同。新准则规定:资产负债表日应按贷款的摊余成本和实际利率计算确定的利息收入,借记"贷款损失准备"科目,贷记"利息收入"科目。同时,将按合同本金和合同利率计算确定的应收利息金额进行表外登记。减值贷款的摊余成本不等于贷款余额,利息收入 = 摊余成本 × 实际利率,利息收入的数额与客户账上的应收利息不一致。
- 已减值贷款还款的顺序与核心系统(旧准则)的核算规则完全不同。新准则规定收回减值贷款,应按照"先本金,后表内表外应收利息"的顺序，逐项收回贷款本金及贷款产生的利息。已减值贷款按照收回金额是否大于贷款的摊余成本、账面余额、账面余额＋累计确认的已减值贷款利息收入，区分四种情况进行相应的账务处理。
- 用非现金资产抵偿债务，根据抵债资产的公允价值与贷款的摊余成本、账面余额、账面余额＋累计确认的已减值贷款利息收入、账面余额＋累计确认的已减值贷款利息收入＋表外应收未收利息，区分四种情况进行相应的账务处理。

2. 应用系统

（1）系统架构（见图 6.9）

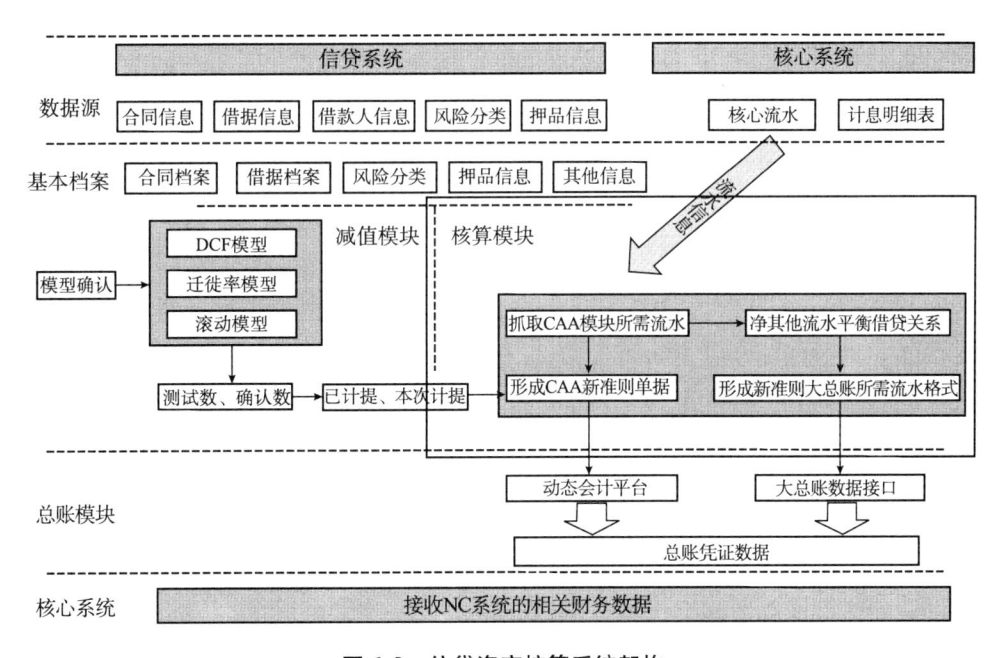

图 6.9　信贷资产核算系统架构

（2）系统界面（见图 6.10）

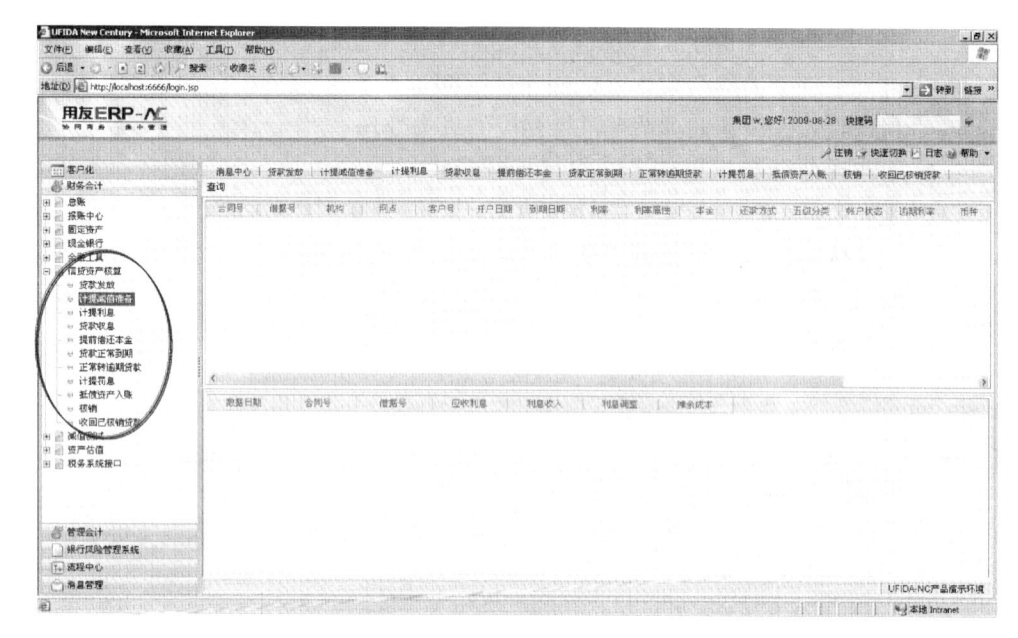

图 6.10　信贷资产核算页面示例

3. 系统特色
- 完全遵循新《企业会计准则》，灵活配置会计凭证。
- 贷款核算粒度到单笔借据，按新准则计量分户账资产与损益；自动计算实际利率、摊余成本、利息收入、减值准备。
- 贷款台账能提供贷款分户的全生命周期的业务、旧准则核算和新准则核算信息，便于进行贷款业务分析和产品创新。
- "基于元数据的单据生成引擎"设计支持灵活科目体系与会计处理。
- 与大总账集成账务体系设计。
- 提供新准则信息披露要求的信贷类报表。

信贷减值测试

1. 应用方案

新准则规定，对于以摊余成本计量的金融资产，应考虑信用损失及利率市场波动对未来现金流的影响，并考虑担保物价值。贷款计提减值准备区分单项减值测试和组合减值测试两种情况：
- 对于重大金额和后三类贷款单项计提减值准备，计提方法为未来现金流折现法（DCF）。现金流的途径有五种：债务人、保证人、抵质押品、代偿人、其他渠道。系统提供两类现金流模板支持未来现金流数据采集。

- 对于非重大金额贷款进行组合减值测试，包括迁徙模型法、滚动率模型法。对公贷款一般采用迁徙模型，零售类按揭贷款一般采用滚动率模型。组合测试的关键在于识别风险特征相同的贷款放在一个组合中进行测试。系统提供了按照行业、贷款种类、信用等级等多种组合条件，用于贷款组合定义。

另外，系统还提供新准则计提减值准备与五级分类比例计提减值准备结果对比，选择其一入账功能，便于新旧准则数据顺利衔接。

2. 应用系统

（1）系统架构（见图 6.11）

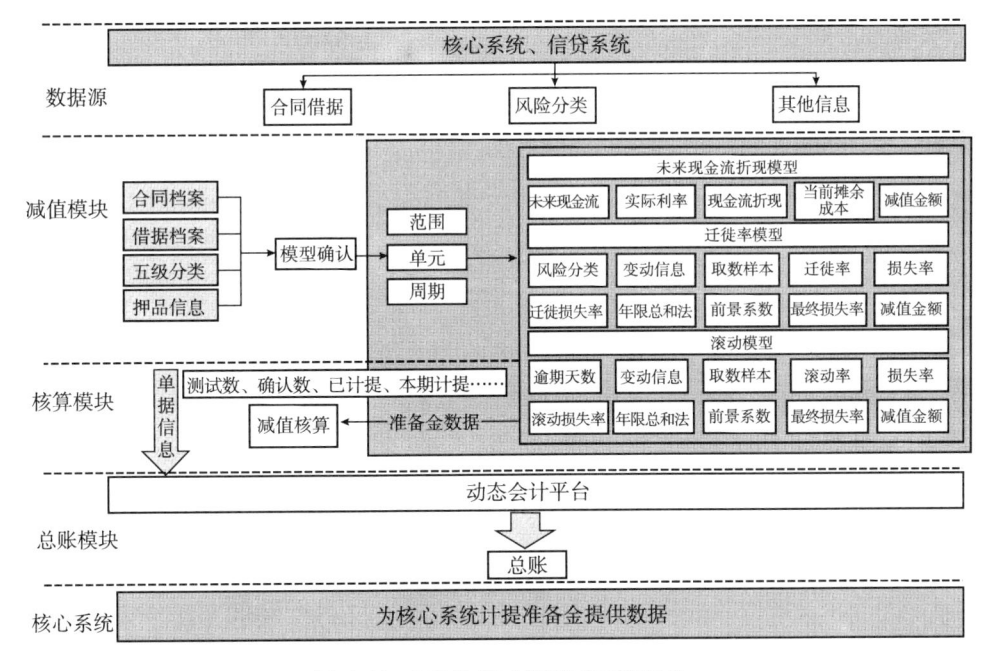

图 6.11 NC 信贷减值测试系统架构

（2）单项减值测试
- 现金流贴现模型公式（DCF）

$$PV = \sum_{n=1}^{n} \left(A_n / (1+i)^{(现金流收回日期 - 减值测试日)} \right)$$

PV 是全部现金流的现值；

A_n 是第 n 期现金流；

i 是贷款合同的日实际利率。

- 计提减值准备

NC 信贷减值测试系统计算产生未来现金流折现值、应计提减值准备、本次计提减值准备、五级分类计提额、差额。另外系统可支持手工调整，对计算出的本次计提减值准备进行调整（见图 6.12）。

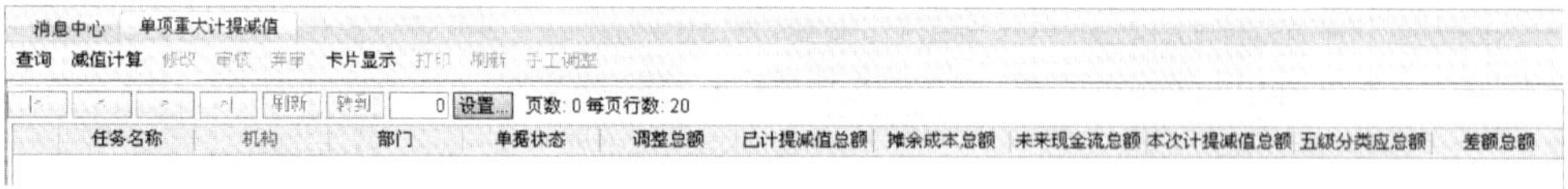

图 6.12　机构单项减值测试结果页面示例

点击减值计算，弹出任务参照对话框，选择任务后方能计算出单项重大的各种数据（见图 6.13）。

	合同号	客户经理	客户	五级分类	产品分类	贷款余额	起息日	到期日	合同利率	加权实际利率	摊余成本	未来现金流	未来现金流折现值	应计提减值准备
1	EE0021	张含羽	万鑫双惠洗选…	损失	基本建设投资贷…	2,500,000…	2009-05-05	2014-05-05	4.80	0.01	2,500,046.00	1,120,000…	1,048,509.80	1,451,536.20
2	EE0019	王佳林	万鑫双惠洗选…	次级	基本建设投资贷…	6,000,000…	2006-09-12	2013-09-12	3.30	0.01	6,000,069.00	3,000,000…	2,774,412.04	3,225,656.96
3	EE0012	李名城	瑞麒建筑工程…	可疑	中长期流动资金…	4,000,000…	2008-05-24	2015-05-24	3.56	0.01	4,000,023.00	700,000.00	648,428.31	3,351,594.69
4	EE0011	王佳林	瑞麒建筑工程…	次级	中长期流动资金…	8,800,000…	2007-11-21	2012-11-21	4.89	0.01	8,800,046.00	2,500,000…	2,445,562.81	6,354,483.19
5	EE0005	王佳林	瑞麒建筑工程…	损失	短期流动资金贷…	7,000,000…	2009-05-31	2013-05-31	4.45	0.01	7,000,069.00	650,000.00	632,946.79	6,367,122.21
6	EE0013	张含羽	瑞麒建筑工程…	损失	中长期流动资金…	5,000,000…	2007-06-17	2016-06-17	4.12	0.01	5,000,046.00	1,300,000…	1,074,804.43	3,925,241.57
7	EE0027	王佳林	万鑫双惠洗选…	次级	更新改造投资贷…	8,000,000…	2006-06-29	2013-06-29	4.46	0.01	8,000,046.00	4,000,000…	3,879,966.40	4,120,079.60

(a)

单项已计提减值准备	组合已计提减值准备	本次计提减值	五级分类计提额	差额	手工调整
0.00	0.00	1,451,536.20	1,250,000.00	201,536.20	
0.00	0.00	3,225,656.96	3,300,000.00	-74,343.04	
0.00	0.00	3,351,594.69	2,000,000.00	1,351,594.69	
0.00	0.00	6,354,483.19	4,840,000.00	1,514,483.19	
0.00	0.00	6,367,122.21	3,500,000.00	2,867,122.21	
0.00	0.00	3,925,241.57	2,500,000.00	1,425,241.57	
0.00	0.00	4,120,079.60	4,400,000.00	-279,920.40	

(b)

图 6.13　每笔贷款合同单项减值测试结果页面示例

（3）组合减值测试

- 迁徙模型（见图 6.14）

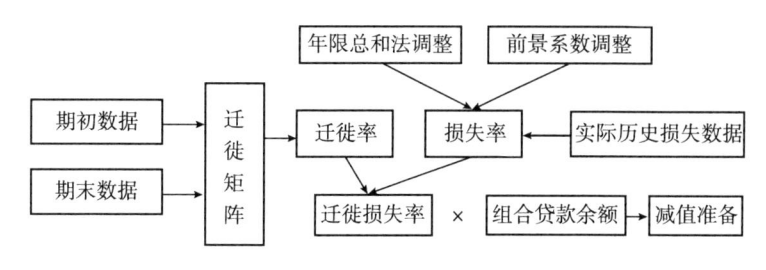

图 6.14　迁徙模型

- 滚动率模型（见图 6.15）

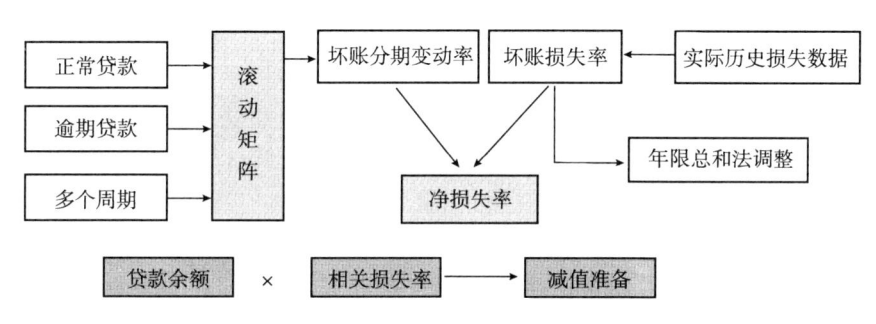

图 6.15　滚动率模型

（4）减值测试总体结果

NC 信贷减值测试系统能够按照贷款级别比较新准则减值测试与按照五级分类比例计提的减值准备结果的差异（见图 6.16）。

	五级分类	本次计提结果	五级计提结果	差额
1	正常	5,148,583.22	28,950,000.00	-23,803,436.78
2	次级	17,292,554.73	27,060,000.00	-9,767,445.27
3	损失	13,850,480.78	11,250,000.00	2,600,480.78
4	可疑	8,712,707.16	7,650,000.00	1,062,707.16
5	合计	12,222,778.02	35,570,000.00	-23,347,221.98

图 6.16　减值结果信息页面示例

3. 系统特色
- 完备的单项、组合减值测试方案。

- 系统精确计算实际损失率，也支持损失率手工输入。
- 提供损失类贷款损失率的年数总和、前景系数调整模型。
- 支持手工调整本次减值准备计提额。
- 提供新准则减值测试与五级分类计提结果比较，并可选择其一入账。
- 灵活减值测试流程与任务调度，支持各种减值测试的方法与流程。
- 支持多种数据采集方式：（1）从信贷管理系统导入数据；（2）离线编制/Excel 导入。

案例分析：YH–HX 新准则信贷资产减值与核算系统

1. 银行概况

行业：金融行业—城市商业银行

简介：YH–HX，成立于1996年12月，在东南地区某省会城市原14家城市信用社和城市信用社联社的基础上，由地方财政、企业法人和个人共同参股组建，为该市具有独立法人资格的首家地方性股份制商业银行。

目前下辖4个分行、35个支行和一家营业部，全行员工1 500多人。截至2009年末，全行资产总额415亿元，存款余额305亿元，贷款余额196亿元，资本充足率17.28%，不良贷款率1.39%，拨备覆盖率162.1%，全年实现拨备前利润5.70亿元，净利润3.24亿元，资产利润率0.89%，资本利润率17.25%。

YH–HX 的发展得到了监管部门和业内的广泛认同，被中国银监会、省银监局评为"小企业金融服务先进单位"；在第四届中国国际金融论坛上获得"中国最具投资价值高成长银行"称号。

2. 信息化起因

《2006新会计准则》明确了贷款发生减值的客观证据，规定企业在资产负债表日应进行账面价值检查，有客观证据表明贷款发生减值的，应确认减值损失，计提减值准备。对非单项重大的金融资产，可以单独进行减值测试，或包括在具有类似信用风险特征的金融资产组合中进行减值测试。单独测试未发生减值的金融资产（包括单项金额重大和不重大的金融资产），应当包括在具有类似信用风险特征的金融资产组合中再进行减值测试。已单项确认减值损失的金融资产，不应包括在具有类似信用风险特征的金融资产组合中进行减值测试。此前YH–HX在此项工作方面基本属于空白，根据新准则要求，需尽快建设一套科学准确的信贷资产减值及核算系统。

3. 信息化应用目标

UFIDA CAA–CDA 产品（CAA 代表信贷资产新准则核算模块，CDA 代表信贷资产减值测试模块）设置"信贷档案管理""信贷资产核算""信贷减值测试""信贷台账查询"四大功能。

- 每日导入信贷资产增量、变量档案数据，在 CAA/CDA 记录、管理信贷资产档案。
- 将与新准则核算相关的信贷档案变动信息形成 CAA 单据，并进行新准则账务处理。
- 每日导入核心系统的信贷业务处理数据，形成新准则转换业务及账务处理。
- 每日按照新会计准则要求进行信贷资产的其他新准则核算处理，如按照权责发生制的要求，每月末进行信贷资产的计息处理。
- 按周期进行信贷资产的单项重大减值测试、组合测试等减值测试处理，并将测试结果传递到 CAA 模块进行账务核算。

4. 解决方案关键功能应用

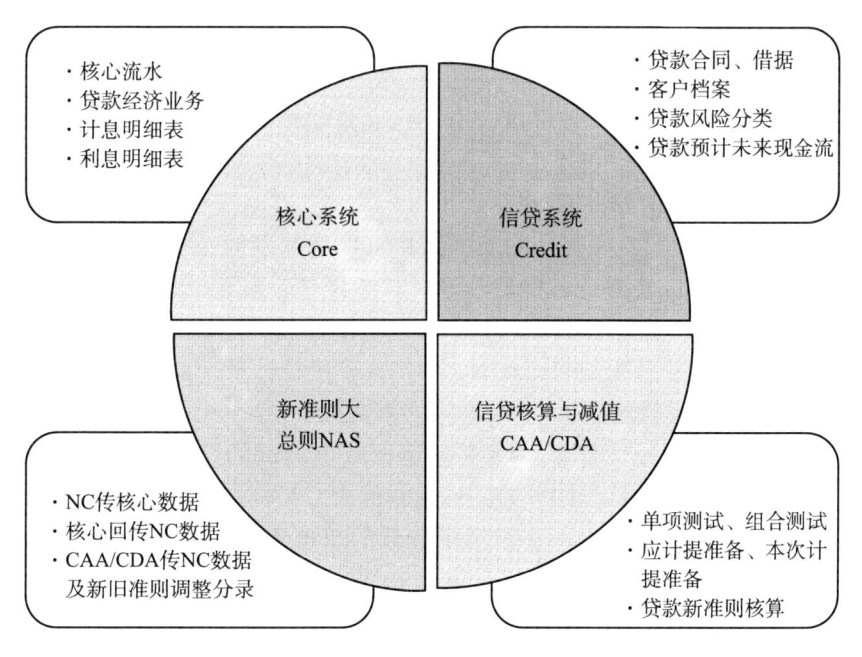

核心系统 Core
- 核心流水
- 贷款经济业务
- 计息明细表
- 利息明细表

信贷系统 Credit
- 贷款合同、借据
- 客户档案
- 贷款风险分类
- 贷款预计未来现金流

新准则大总则 NAS
- NC传核心数据
- 核心回传NC数据
- CAA/CDA传NC数据及新旧准则调整分录

信贷核算与减值 CAA/CDA
- 单项测试、组合测试
- 应计提准备、本次计提准备
- 贷款新准则核算

图 6.17　CAA/CDA 与银行 IT 系统

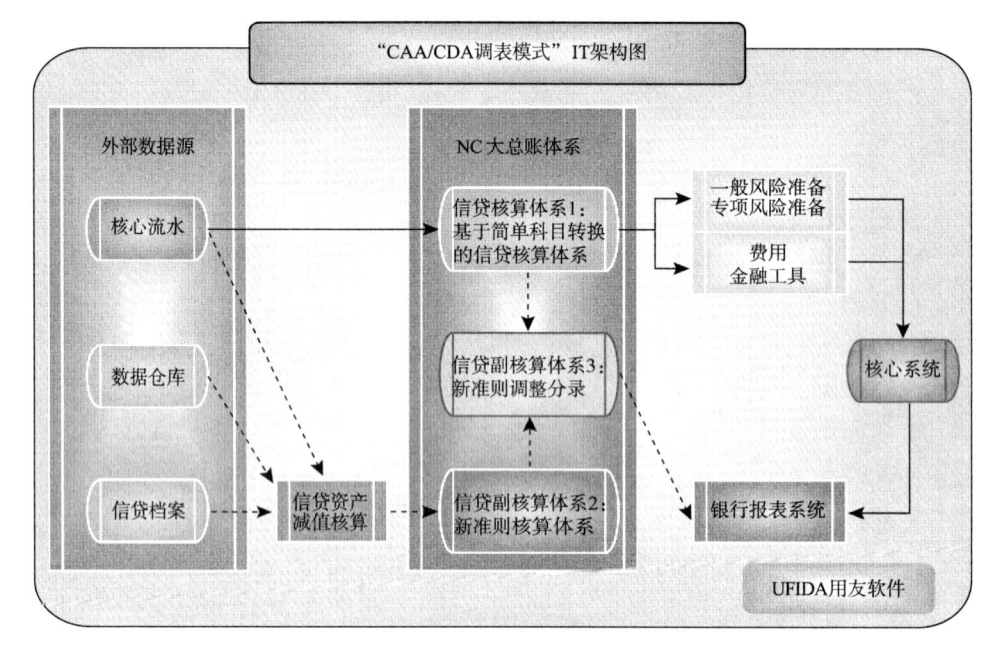

图 6.18　YH–HX 应用模式

（1）信贷资产减值新准则核算
- 实现了对贷款 12 种交易的新准则核算：贷款发放、贷款交易费用入账、贷款计息、贷款挂息、贷款收息、贷款减值、减值贷款转正常、计提减值准备、贷款还本、贷款核销、核销贷款转回、抵债资产入账。
- 成功开发了计息明细表，在 NC 中实现了按日计息。

（2）信贷资产减值测试
- 支持贷款单项重大测试，DCF 模型；减值测试的结果可进行手工调整，在获得确认后，从合同分摊到借据并传入 CAA 模块完成入账处理，分摊权重为借据的本金金额；若某笔贷款的单项重大测试结果为零，则转入组合进行组合测试。
- 支持组合测试，包括迁徙模型、UFIDA 迁徙模型和滚动模型。
- 迁徙模型支持前景系数调整和年限总和法调整。
- 支持自动计算拨备覆盖率。

5. 解决方案关键应用特色

本次系统建设，采取的是"调表不调账模式"。
- YH–HX 原有的"核心回传 NC 总账接口"将不做任何变化，消除了接口调整的开发工作量。

- CAA、CDA 原有的通过会计平台生成账务处理的模式不做任何变化，减少了 CAA 产品的二次开发工作量。
- 简化了 CAA 的数据处理，减轻了约 1/3 数据处理的工作量。
- 增加的信贷副核算体系，可通过多账簿方式实现，也可通过 NC 系统备忘科目体系实现；而副核算体系则可用 NC 平台自带的自定义转账实现。

6. 应用效果（见表 6.5）

表 6.5 对 YH-HX 应用新准则信贷资产减值与核算系统前后的情况进行了比较。

表 6.5　YH-HX 新准则信贷资产减值与核算系统应用效果

	管理功能模块	上线前	上线后
1	信贷资产减值	手工计提，缺乏科学理论依据	通过未来现金流折现法（DCF）和组合测试等模型确认需要计提的减值准备，为银行确认减值提供客观的数据
2	信贷资产核算	无	对贷款业务的全生命周期进行新准则核算，如贷款发放、贷款交易费用入账、贷款计息、贷款挂息、贷款收息、贷款减值、减值贷款转正常、计提减值准备、贷款还本、贷款逾期处理、贷款核销、核销贷款转回、贷款抵债资产入账处理

6.4　财务共享服务中心

6.4.1　应用分析

财务共享服务中心（Finance Shared Service Center，FSSC）是近几年出现的一种新的财务组织管理模式，实质上是企业财务管理流程再造的一种创新手段，被公认为当前最佳的财务集中实现方案。它以企业长期发展战略为起点，以财务价值创造活动为中心，通过对企业一个或多个地点的人员、技术和流程的有效整合，重新调整相关组织机构、人员的财务职能，将大量同质性、日常性的交易和事务集中于服务中心，实现财务记录和报告的集中化、标准化、流程化处理。

银行财务共享服务中心是财务服务平台，是各分支机构的会计业务运作中心、财务管理中心和服务中心。FSSC 建立在信息技术及系统之上，能有效支撑"流程银行"建设，实现管理制度和管理流程的标准化、科学化，实现降低成本、提高效率、强化风险内控的目标。

国内银行业实行财务共享服务中心是从财务集中走向共享的发展阶段产物。国内大型商业银行的各地分支行普遍设有财务会计部门，此类银行可以考虑在全行范围内整合财务会计部门，建立 2~3 个区域财务共享服务中心。区域共享服务中心职能一般包括付款处理、应收账款、交易执行和会计核算、编制财务报表等。建立 FSSC 的目的在于实现两个支撑：

- 支撑银行的关键业务。
- 支撑物流、资金流、信息流的优化。

6.4.2 应用方案

构建财务共享服务中心是在银行财务战略规划下的财务管控模式变革。首先，财务组织机构变革——将各分行（支行）财务会计组织中操作性职能集中到财务共享服务中心（见图 6.19）。

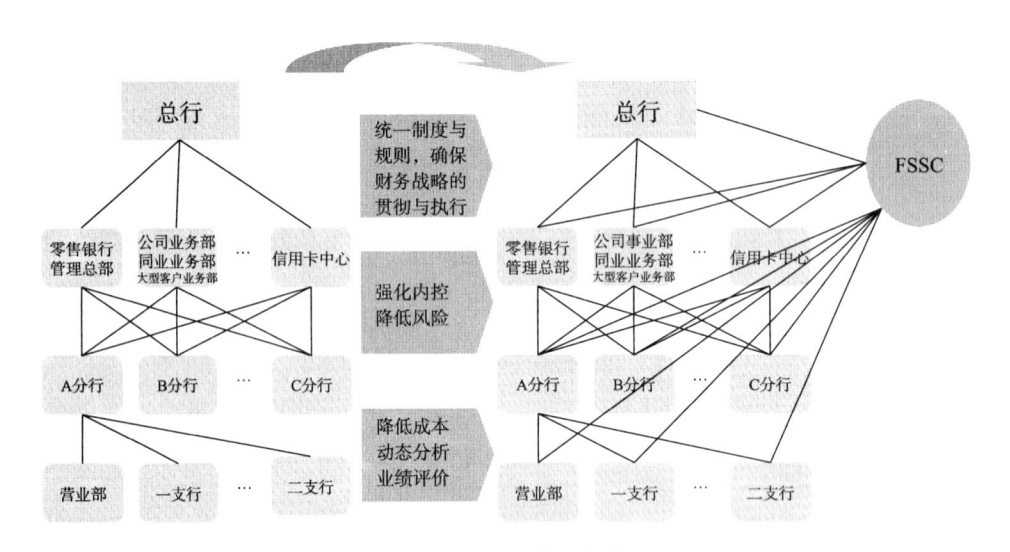

图 6.19 财务共享服务中心

通过流程标准化与操作性事务集中处理可以减少操作型财务人员，使得分支机构财务人员成为财务管理人员，帮助业务经理做业务绩效与经营成果评价。在降低成本的同时，可以让财务组织为银行创造更大的价值（见图 6.20）。

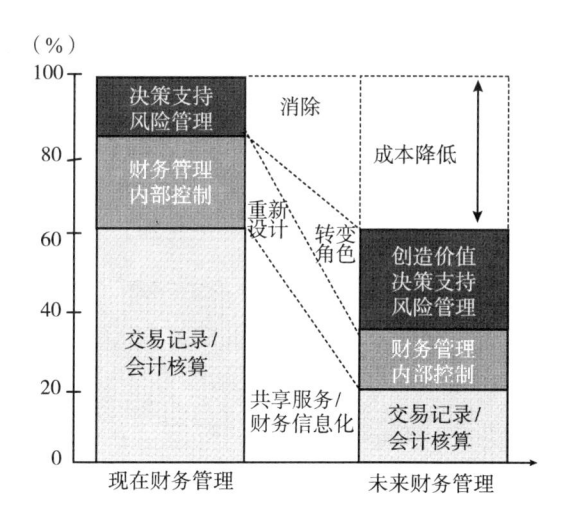

图 6.20 财务管理的趋势

财务共享服务中心的建设更离不开财务信息系统的支撑。FSSC 所需建设的系统包括：报账管理、现金管理、应收应付、总账、费用预算、实物资产管理、固定资产、UAP 平台及个性化二次开发；集成系统包括：影像扫描系统、条形码系统、OA 办公系统、数据平台等（见图 6.21）。

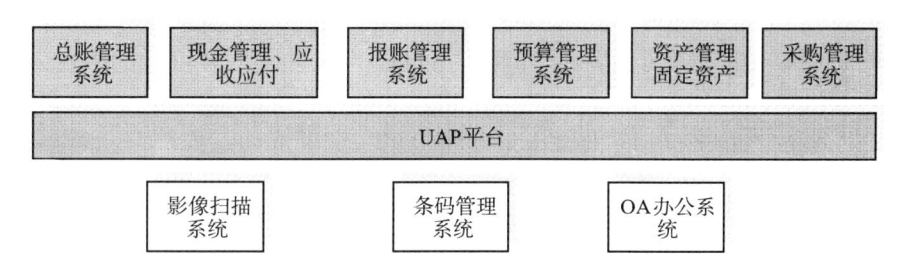

图 6.21 财务共享服务中心系统架构

6.4.3 应用系统

财务共享服务中心的主要应用流程如图 6.22 所示。

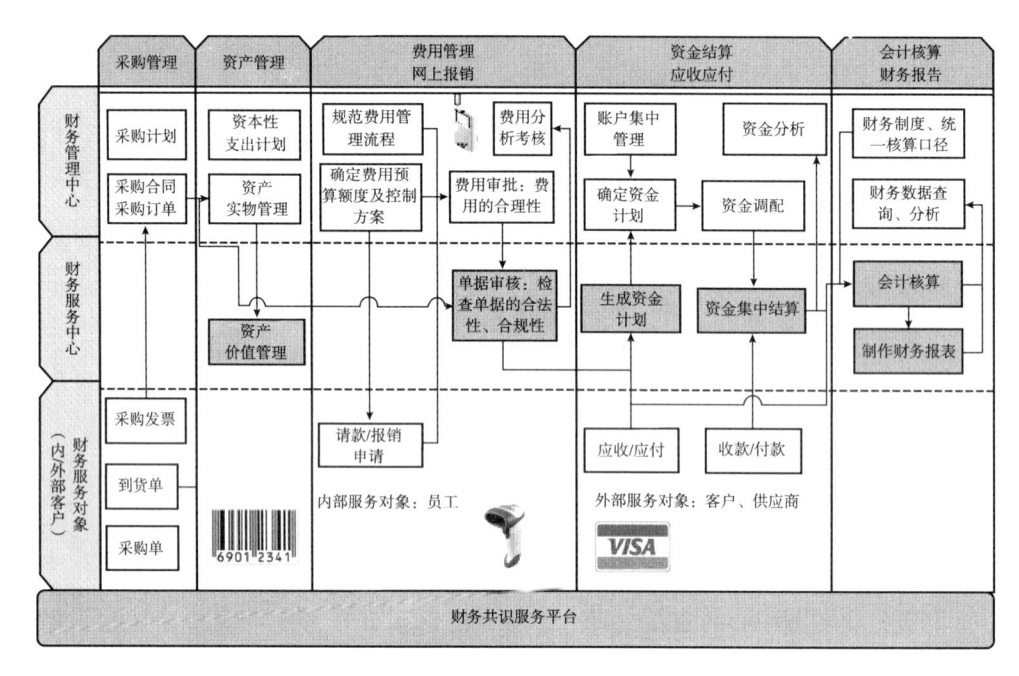

图6.22 财务共享服务中心的主要应用流程

6.4.4 应用价值

- 适应流程银行建设、事业部制改革。服务共享中心为银行的工作流程，特别是内部服务工作流程的标准化以及各种管理数据的统一、综合提供了平台。非核心业务的集中处理将提供一个标准的工作程序和可兼容的数据平台，有效避免不同地区和分公司之间执行标准的偏差。
- 提升财务价值链。可减少财务人员花在数据整理和处理上的时间，将更多精力投入到财务分析、协调和促进并购、业务发展计划工作中。
- 加强财务集中管控。区域共享服务中心的建立可以形成跨业务、跨区域的"财务数据仓库"，使行内机构在同一时间拿到同一口径数据，并确保其可靠、及时而又经济，有助于使全行财务职能标准化，并制定面向全行的税务建议、融资并购计划、资本分配以及绩效管理方案。
- 防范风险。在金融危机发生后，部分银行已经意识到，单纯依靠风险管理部门，不足以及时控制风险，还需要综合考虑风险管理、财务和资本分配所关注事项，随时关注投资风险的变化对银行财务数据的影响。在市场状况发生变化时，区域共享财务中心会立刻将市场变化对财务报表的影响汇报给上级，便于迅速作出决策。

- 降低成本。全国（中西部）设立区域财务共享服务中心，因为从地区上来划分，目前中国商业银行普遍来自东部地区收入较多，来自中西部的收入相对较少，而该地区人工成本较低，这样安排，一方面减轻东部地区财务工作成本，使其集中拓展业务，同时也可有效增加中西部地区的收入来源。

6.4.5 案例分享：YH–GJKF 财务共享服务中心

银行概况

行业： 金融行业—国有商业银行

简介： YH–GJKF 于 1994 年 3 月成立，直属国务院领导，目前在全国设有 32 家分行和 4 家代表处。截至 2009 年底，YH–GJKF 资产余额 4.5 万亿元，不良贷款率 0.9%，实现净利润 302 亿元，资产减值准备对不良资产覆盖率为 277%。十余年来，开行认真贯彻国家宏观经济政策，发挥宏观调控职能，支持经济发展和经济结构战略性调整，在关系国家经济发展命脉的基础设施、基础产业和支柱产业重大项目及配套工程建设中，发挥着长期融资领域主力银行的作用。

信息化起因

在日益激烈的市场竞争环境中，不断深化经营管理，保持持续经营绩效增长，建立行业领先地位的管理信息系统，是 YH–GJKF 强化组织控制、降低成本、提高管理专业水准的重要创新模式应用。

YH–GJKF"全行财务共享服务中心"项目的建设作为财务管理的重大变革，在规划项目时重点考虑组织变革后业务流程变化所带来的理念冲击和重整成本，特别是解决"本地化"落地能力问题，解决国际先进理念和国内管理实际的矛盾问题，充分考虑"中国式管理"的需要，以此出发来规划建设符合 YH–GJKF 管理实际、符合中国人应用习惯的"财务共享服务中心"。

信息化应用目标

通过在全行实施财务共享服务中心管理模式，在保证运行效率和风险管理两个基本管理要求的前提下，满足全行集中核算、集中支付和预算控制三个基本功能，实现全行经费数据集中管理，保证全行财务数据的完整、及时和准确，提高财务开支合规性，防范财务风险。

解决方案关键功能应用

1. 经费总账的集中管理

（1）建立全行统一标准的经费会计科目表，会计科目表应能满足组织结构现状对经费核算、信息披露和内部管理报表的需求。

（2）分行及总行的财务凭证由总行共享中心集中生成，保证财务核算的标准化和一致性。

2. 报销管理

（1）将各种类的报销标准及审批制度嵌入系统。

（2）通过单据递交（上收、下发）、拆包等流程及影像上传接口，使报销单纸质单据与系统电子流协调一致。

（3）通过与短信平台的接口使报销相关个人及审批人及时获取报销信息及待办事务。

（4）通过实现多币种的报销及借款冲销满足了海外报账、国别组及境外考察培训等多币种核算的业务要求。

3. 银企直连集中支付

（1）总行及分行发起支付需求，由共享中心通过银企直连统一做集中支付。

（2）实现对公单笔、多笔及对私单笔、多笔的一次支付及批量支付，支付失败并再次支付的处理流程。

（3）实现资金账与银行账、资金账与总账、共享中心与总分行的自动对账要求。

4. 预算控制

单位三项费用及不同归口部门归口费用的多维度预算控制及分析。

解决方案应用特色

（1）通过在全行实施标准的经费核算科目体系，提高经费核算的精细度和规范性，建立标准化账务处理平台，将总行、分行、子公司和海外大区组等机构的经费核算业务集中管理，实现全行经费集中核算，提升基础财务管理水平及服务能力。

（2）通过在全行建立财务共享服务中心，搭建经费支付集中化和标准化的处理平台，构建供应商基本信息库，实现全行经费集中支付，提高全行资金支付的规范性、及时性和服务水平，有效降低财务风险。

（3）通过建立标准化经费账务核算科目体系，在全行核算、支付实现大集中模式的基础上，实现全行各预算单位营业费用预算执行分层次、分机构的多维度和全过程监督和控制功能。

应用效果

（1）通过优化业务流程，提高工作效率和质量，由财务共享平台集中处理一些繁琐、重复性强调业务，各个业务单元专注于自己的核心业务。

（2）财务共享将分支机构审核、支付及核算业务职能集中上收，可以减少标准执行偏差及分支机构可能的暗箱操作，便于总部职能部门和内审部门进行集中监控，降低了运营风险。

（3）将过去分散在众多组织单元处理的会计作业，集中于统一专业的技术平台来完成，节省人力、物力。

（4）提供一致、准确、真实、多维度会计信息。费用报销流程透明化、制度化，资金支付电子化，提升了员工满意度。

表6.6是对YH-GJKF应用财务共享服务中心前后的不同情况进行的比较。

表6.6　　　　　　　　YH-GJKF财务共享服务中心应用效果

	业务功能	上线前	上线后
1	报销及支付	手工填写报销单；机关财务处排队报销。工行排队取钱；操作人员需了解财务制度，熟悉种类补贴情况	系统中填制报销单，通过集中支付实现将报销资金直接划入个人账户；操作人员只需填写报销的个人基本信息，系统自动计算出种类补贴
2	预算管控	预算下达到各局后，无预算地执行控制	系统实现各项费用执行情况统计，并提供各处室执行占比数据
3	审批流程	在纸质件上实现三级审批，由综合处代为在系统中进行审批，导致不具备审批权限的人进行财务审批，隐藏了操作风险	系统嵌入多类制度，审批人员权限按制度进行了严格定义。实际操作按系统固化的电子审批流完成财务审批，配以纸质单据签字，有效避免了人为控制审批流造成的操作风险

6.4.6　案例分享：YH-XM基于"流程银行"的FSSC

银行概况

行业：金融行业—城市商业银行

简介：YH-XM成立于1996年11月30日，是经中国人民银行批准，具有独立法人资格的股份制商业银行。截至2009年末，全行资产达到282.77亿元，存款余额188.88亿元，较年初增长43.34%；实现净利润6 307.22万元，不良贷款率为2.39%，拨备覆盖率达158.84%，资本充足率达到12.94%。面向未来，YH-XM将继续秉承原有的市场定位，突出台商融资等特色业务，加快品牌化经营、区域化布局、综合化发展步伐，充分发挥连接港台业务等方面优势，积极构建两岸三地金融服务平台，全力打造成为海峡西岸经济区领先的精品银行。

信息化起因

为实现分行、支行等机构的经费核算业务集中管理，全行经费集中核算，并能明确区分业务版块、营销团队归属及中后台部门，便于成本费用分摊及统计、分析、管理，提升基础财务管理水平及服务能力。

信息化应用目标

1. 成立报账中心

支持按地区或者按分行设立报账中心（及支持多报账中心的设立）；支持按机构、部门、版块、团队、项目多级报账及数据的采集；支持跨地区或者跨分行的审批流程。

2. 资产模块管理

提升资产模块的资产管理功能，支持总行集中管理全行资产或者按分行管理资产。同时优化资产模块的卡片管理信息，使其能按照总行—分行—支行的架构设计，并能明确区分业务版块、营销团队归属及中后台部门所需承担的资产费用。

3. 金融工具模块

为简化流程和操作，在金融工具核算里增加填写交易相关的收付款人户名、账号、开户行、大额支付号等信息，增加金融工具与网银的接口，使其能自动划款。进行金融工具财务分析及计税报表。

4. 费用报销的银企直连

财务系统报账中能够实现报销后款项自动转入员工工资卡，对外单位款项划转需先在财务系统里报账，审核通过后在财务系统中进行网上付款的支付，实现对外支付款项与网银的联动功能，在财务系统进行网上支付后，系统根据附带的供应商名称、账号、开户行、支付行行号等信息自动传递至网银，并触发网银进行支付。

5. 财务系统预算控制功能

简化预算编制，减少预算编制操作的复杂性。

解决方案关键功能应用

1. 报销管理应用

实现每项费用明细到员工，并通过单据的报销人信息关联出事业部组织和行政组织信息，并通过会计平台生成账务信息，为辅助账务管理提供依据。

成立财务运营中心，该中心负责日常的原始单据签收、单据录入、审核、凭证生成、凭证记账、签字付款、凭证整理、凭证打印及装订成册、表单及单据的打印等日常财务运营工作。财务运营中心均设置在运营管理板块，目前共有三个：总行计财部财务运营中心、总行营运部集中作业中心、福州分行财务运营中心。

流程银行通过报销管理对经费报销业务进行集中核算处理，实行分行集中报账制，进一步加强会计处理的标准化、规范化。核算与预算控制、事项审批控制相结合强化 YH – XM 经费资金监控能力。集中报销平台提供报账人、审批人和共享中心人员高效快捷操作功能，支持财务集中后大量报账业务的快速处理，提高财务人员、业务人员及合作伙伴供应商的满意度。

2. 资产管理应用

实现了在记录某项固定资产整体信息的同时记录该项资产主要构件的信息，对资产可以按照行政组织、事业部组织交叉进行归类，也可单独按照不同的条线进行归类。资产所属明细到各人员。

3. 金融工具应用

YH – XM 流程银行的金融工具模块与现金银行模块的接口，实现了金融工具交易资金的联机支付，进一步强化了金融工具流程作业的支付便捷性。通过金融工具自带的各种查询及报表，满足查看当前及历史任意时点台账的查询统计要求；并能够出具金融工具税务报表，为金融工具缴纳营业税、城建税、教育附加费、地方教育附加费提供良好的依据。

4. 银企直连应用

- 实现费用报销、金融工具与网银的联机支付。
- 实现总分行对账单的下载和管理，为银行对账做数据准备。
- 实现总分行银行账户余额的实时查询，实时掌控全行的资金分布情况。
- 实现总分行网银付款指令的状态查询，方便地统计支付结果；实时了解网银的支付状态，便于提出网银支付方面的建议，规范网银操作。

5. 费用预算应用

预算的查询和分析作为一种预算执行情况的监控手段，需要具备完善的取数、展现功能，财务共享中心系统全面预算系统提供了完整的预算分析解决方案，实现预算的预算数、实际数的对比分析，满足预算管理者对于数据分析的需要。

满足 YH – XM 提出的实现对预算的多维度管理和对预算的额度控制，实现对项目的预算管理要求。

解决方案应用效果

- 实现了费用报销的集中报账,提高了报账的效率。
- 费用报销通过银企直连的方式进行网上支付,在财务共享中心报账完成,可以直接进行网上支付,节省了报销的时间。在财务共享中心报账完成,可以直接将款项支付到员工的账号;与外部客商的往来实现了直接在财务共享中心触发网银系统对外支付的操作,简化了付款的流程。
- 金融工具与网银的联机处理方式,加强了金融工具作业流程的方便性。
- 预算模型设置、公式的编制、控制方案设置简化,预算的分析按照行政组织和事业部组织分别进行编制与管理,分析表按照行政组织和事业部组织进行权限的控制。

表 6.7 对应用 FSSC 前后的效果进行了比较。

表 6.7　　　　　　　　　　　YH – XM FSCC 应用效果

	上线前	上线后
总体架构	● 人员只能归集到行政组织或者团队,不能按照行政组织和板块团队进行交叉归集	● 以人员为中心,所有费用明细到人 ● 人员可以任意按照板块团队和行政组织进行归集
费用报销	● 在各分支机构进行费用的报销,不能满足条线化管理的需求	● 按照分行设置报账中心,体现条线化管理 ● 支持跨机构、跨区域的审批流程
银企直连	● 无	● 在财务系统进行员工的费用报销、客商往来,在报销单据或付款单据审核生效之后,在财务系统进行网上支付的操作,触发网银进行支付 ● 金融工具也能通过银企直连触发网银完成支付
资产管理	● 按支行管理资产	● 提升资产管理功能,按照分行进行资产的统一管理,并能区分板块团队、行政机构所承担的费用
费用预算	● 预算控制方案、执行数公式设置复杂	● 预算控制方案、预算执行数公式设置简便;可以按照部门或者团队对预算的编制进行预算权限的区分

6.5 财务管理

增收节支是银行实行盈利管理的主要内容，必须做到合理配置资源以支持银行业务发展。建立一个事前审批、事中控制、事后分析的财务管理平台，对费用资源、资本性支出资源进行合理配置，配合全行的资本约束目标，使有效的资源使用在最有价值的业务上，获得最大的回报；同时可以满足全行的精细化管理要求，为成本管理和业绩评价提供基础、完善的信息，为业务发展决策提供有效的信息依据。

6.5.1 总体架构

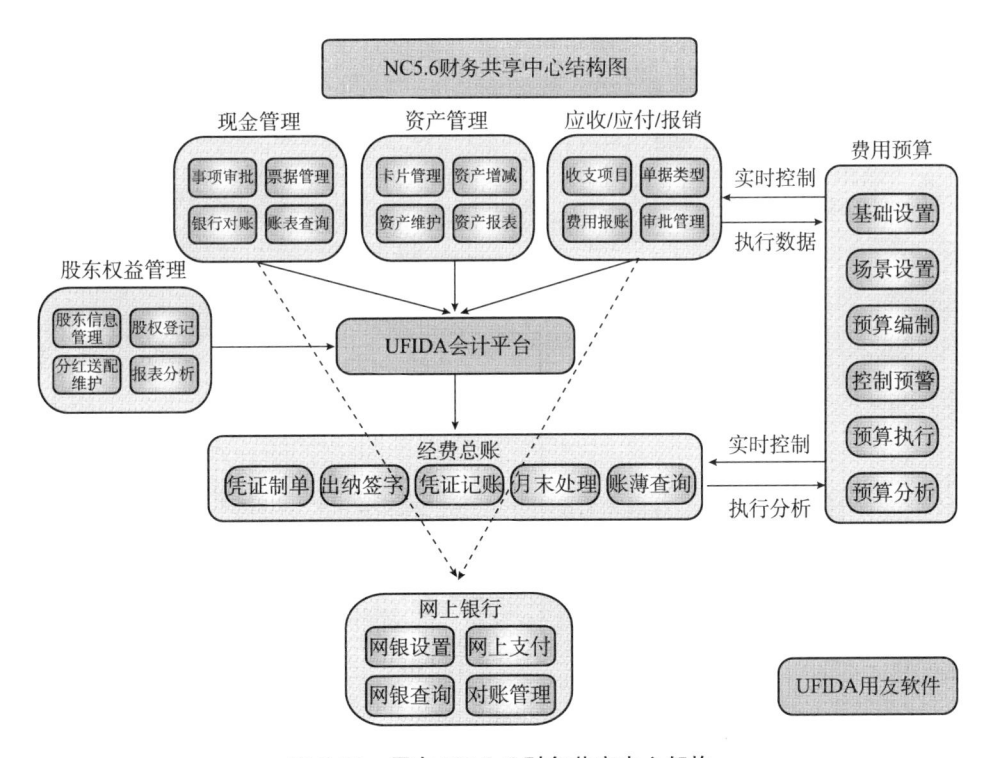

图 6.23 用友 NC 5.6 财务共享中心架构

（1）对费用、资产、工资等业务进行细化核算与管理，建立多层次、多维度的银行内部后台财务核算体系，支持按各级经营机构、管理部门相对独立核算，为全面成本管理与内部考核提供后台会计信息。

（2）通过总行对各分支机构财务核算数据的实时查询与监督，加大总行对各分支机构的监控力度，满足非现场稽核要求。

（3）有效执行并完善费用多级审批制度，实现网上报账，提高工作效率。

（4）结合费用预算对日常经费支出进行事中控制与事前预警，达到控制内部费用、节约营业成本、合理安排开支等管理目标。

（5）加强全行资产的管理，实现从资产预算、购置到资产领用、变更、维修、折旧等全过程的集中管理，使总行对全行范围内固定资产的状况进行实时掌控。满足上下级单位间、平级单位间资产调拨管理的要求，实现全行内的资源调剂与平衡。

（6）实现费用、资产等数据向总账系统的自动传递，避免重复录入，减轻会计人员的工作量，减少核算数据差错，保证会计核算的及时准确。

（7）实现股东权益各项业务的管理，并通过会计平台向总账系统自动传递，使股权管理的精细化成为可能。

（8）建立内部经费与固定资产的审批、监控管理体系，使总行对全行的监控能有效执行。

6.5.2　财务总账

管理诉求

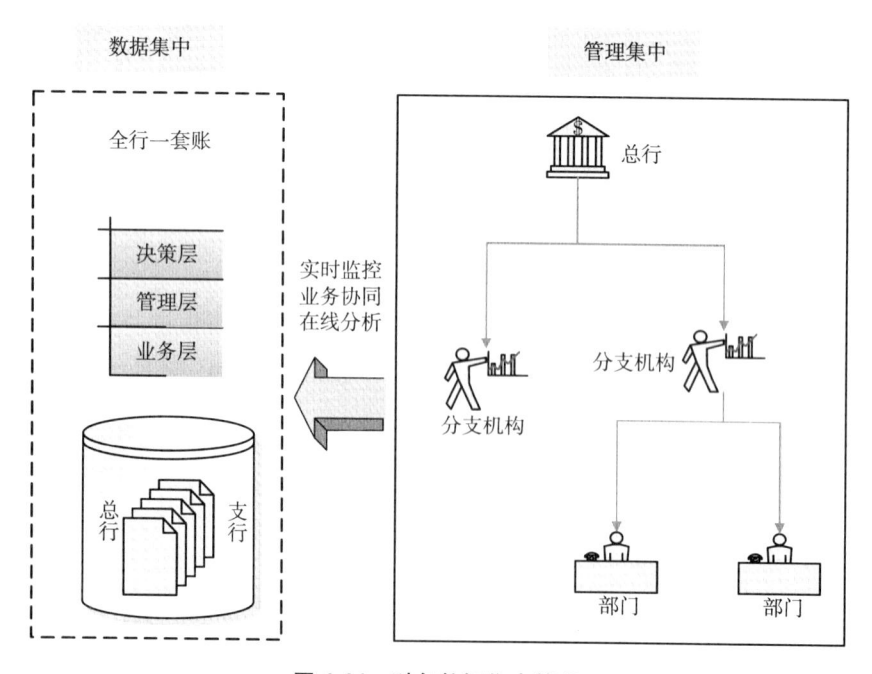

图 6.24　财务数据集中管理

实现财务数据的全行集中管理。在现有网络架构基础上，将财务核算的完整会计账套集中建立在一个数据库内，通过一个会计账套集中了各个核算主体的所有财务核算数据，实现数据大集中，从而保证全行财务信息的共享，结合严密的权限管理，各层人员提供直接、完整、最底层的数据，实现全行的集中会计核算与监督。

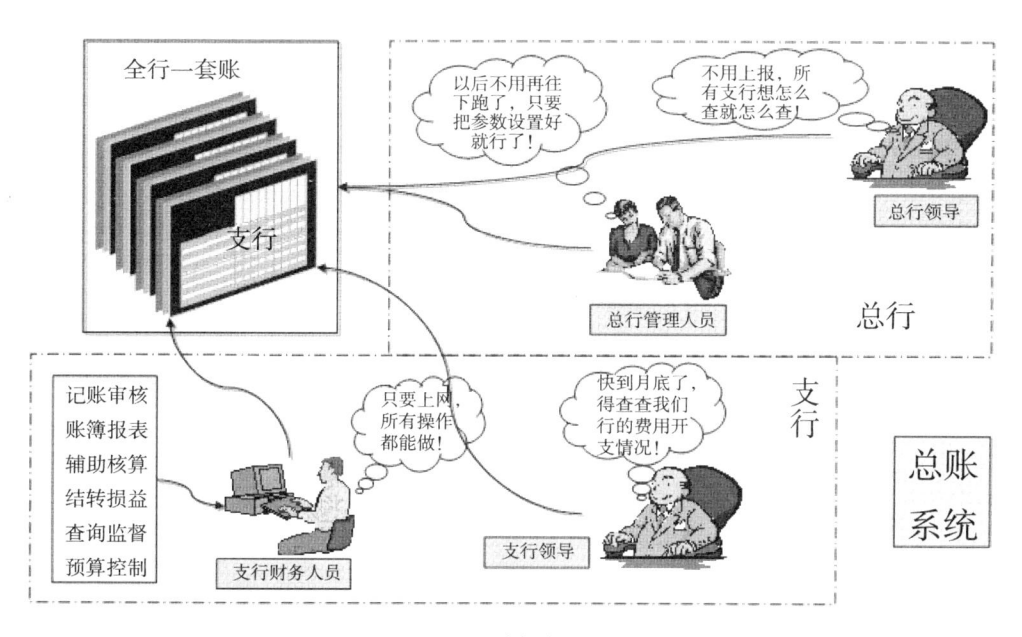

图 6.25　财务应用效果

通过在全行实施标准的经费核算科目体系，提高经费核算的精细度和规范性，建立标准化账务处理平台，将总行、分行、支行等机构的经费核算业务集中管理，实现全行经费集中核算，提升基础财务管理水平及服务能力。

1. 实现全行统一、规范的会计科目、基本档案的管理

针对全行集中应用，实现基本档案管理功能。总行可以统一进行会计科目编码方案的制定、科目类型的制定以及标准会计科目的制定；标准会计科目可以制定到任意一个级次，各分行、支行只能增加下级明细科目；各科目的核算属性也可以由总行来统一制定。

2. 满足复杂核算和管理的要求，多维度核算

多维度核算，满足银行财务精细化管理的需要。科目与辅助项目采用多维动态组合的方式，使得财务信息的灵活性大大提高，并提供了针对这些项目的强大的统计分析功能，进行多角度的财务分析。此外，辅助核算项目与其他系统无缝联接，如可直接把应收系统单据上的客户、部门、业务员等信息转变为相应的辅

助核算信息，无须重复录入，大大简化用户操作，提高系统间的集成性。

3. 凭证的管理和灵活便捷的凭证录入

凭证类别可以自由定义，并且提供全行统一管理的功能。可以对不同系统录入的凭证进行来源命名。凭证编号提供系统自动编号和手工编号两种方式；在系统自动编号的方式下，对于由于凭证删除等操作所引起的凭证断号现象，提供凭证编号整理功能。

凭证的格式和内容允许自定义，同时最大程度提高录入与显示的信息量，提高凭证录入的灵活性和简便性。在录入凭证的同时，可以查询当前科目、科目+辅助项目、辅助项目的最新余额，可以联查明细账，可以联查原始单据。提供快捷自动平衡功能，在任一分录的金额栏中按"="键，系统自动计算出数据填入金额栏，使得整张凭证借贷平衡。

通过定义常用凭证，完成需要定期手工编制的有规律的凭证。常用凭证有如下两类：一是科目固定、金额不定，每月生成凭证后手工输入金额；二是科目固定、金额固定，每月直接生成所要求的凭证。

4. 完善的内部控制

在凭证处理过程中，可提供多种控制手段和方式。如借贷平衡校验、科目发生方向、余额方向控制等。提供科目余额方向控制，可对某一科目、某一科目+辅助项目设置其是否要进行余额控制，并指定其控制方向，辅助项目可以为末级，也可为非末级。在填制凭证中，若当前分录的科目或科目+项目出现了与其余额控制方向相反的余额，则提示用户。

5. 预算控制

预算控制的对象可以是科目，可以是辅助项目，可以是科目+辅助项目；可以对每项预算进行控制，也可以对多项预算进行总额控制。

6. 自定义转账凭证

通过灵活的自定义转账功能，完成期间损益的结转、汇兑损益的结转等功能。转账函数内容丰富，转账公式自由灵活，支持任意币种，支持任意会计期间，支持包含未记账凭证。

支持转账方案：当银行需要进行期末处理的业务较多时，可以将多条转账定义设置一个带顺序的批量自动执行的方案，从而提高工作效率，减少转账过程中的人力监护时间。

7. 实时灵活的账簿查询

在所有的科目账簿查询和辅助账簿查询中，都提供了可以包含实时凭证、未记账凭证的查询，可以及时了解当前财务数据的发生情况；提供了多单位的查询功能，可以按照多个公司的明细数据查询，也可以汇总查询，支持上级机构对下级机构的所有财务信息进行查询、统计、汇总和分析等工作。

数据查询应具备数据钻取功能，即实现从汇总报表到原始单据的查询：汇总报表或合并报表→机构报表→总账→明细账→凭证→原始单据。

8. 开放的接口

可提供强大的数据导入导出功能，将总账系统中的凭证、账簿数据导出到Excel、TXT、HTML等多种文件中进行后续处理，也可以将第三方开发商或系统集成商的凭证导入到总账系统。

解决方案

1. 应用流程

总账系统是会计核算的基础和核心，所有的业务发生最终都要在总账系统中进行反映。通过中间平台，总账系统与经费报销等其他系统实现无缝集成，完全实现动态的财务业务一体化，保障财务数据与经费业务数据的同步性，为总分行的财务管理提供及时丰富的财务管理方面的数据（见图6.26）。

应用流程描述：

（1）完成共享中心和总分行的参数设置和各种基础档案等的初始化和基础设置工作。

（2）总分行整理并录入维护总账的科目期初余额；有辅助核算的会计科目还需要提前整理辅助项目的期初余额。

（3）财务的日常业务处理包括凭证的处理、会计平台、月末转账等工作。其中的凭证处理包括了凭证的填制、审核记账、凭证的冲销等工作；会计平台主要包括了入账规则定义、科目分类定义、凭证模板定义和凭证的生成，通过相关的设置把报账系统、固定资产系统等的单据自动生成为会计平台上的会计凭证，实现各个模块的无缝对接；月末转账可以根据定义的规则实现月末转账凭证的自动生成，如摊销的凭证、计提各种费用的凭证、汇兑损益的凭证、结转收入和费用的凭证等等，都可以通过月末转账的方式实现。

（4）月末结账可以实现当月财务处理的关账，当月的业务处理完毕，通过月末结账结束本月的账务处理，当月的工作不能再做变动处理，并可以进行下个月的业务处理；通过有权限的系统管理人员，可以恢复到结账前的状态，实现账务的正常调整和补漏等工作。

（5）月末结账之后，可以查询并打印当月的各种账表，包括总账、明细账、余额表、日记账等会计上要求的各种会计账簿。

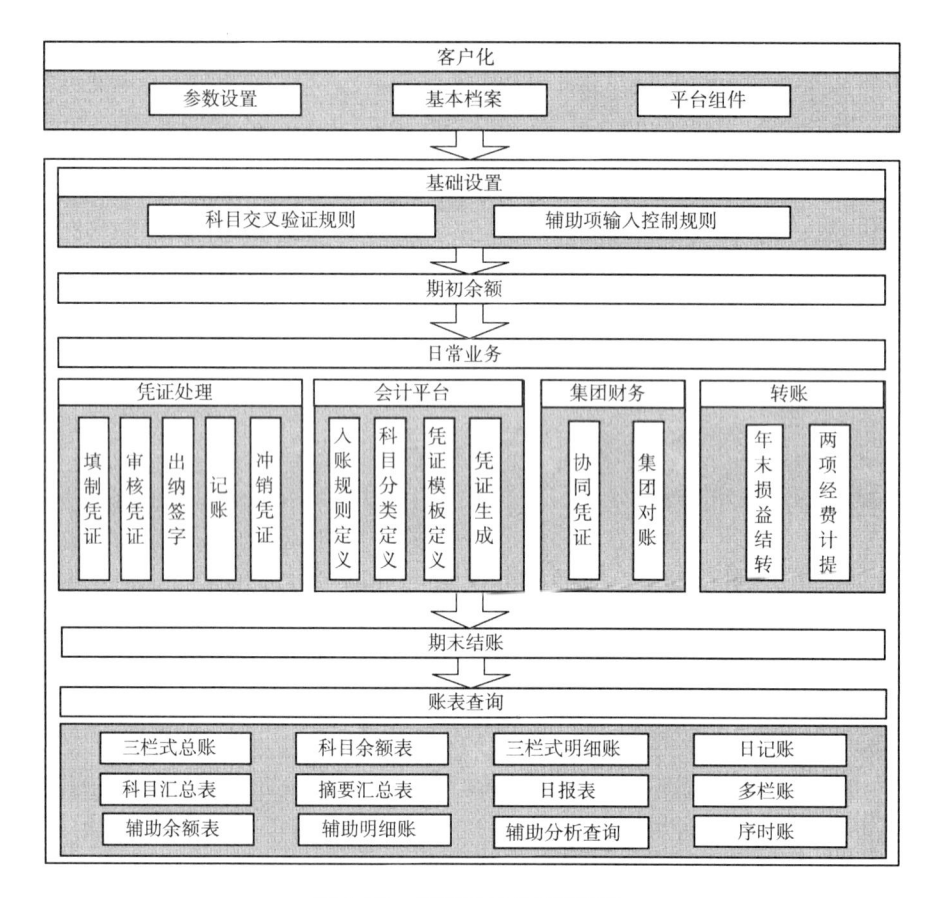

图 6.26　总账系统的应用架构

2. 应用特色

财务总账主要包括以下功能。

（1）初始设置

期初余额：用户在开始启用总账核算系统时，将手工账中各科目的余额、累计发生额等数据录入到总账核算系统中，作为开始录入日常业务之前的准备。

交叉校验规则：科目的交叉校验规则是指科目与辅助项之间存在的特定核算关系。本节点主要根据科目、辅助核算信息设置科目交叉校验的规则。系统将根据交叉校验规则生成科目参照、辅助项参照；并将根据交叉校验规则对期初余额、凭证录入的数据进行校验。

辅助项输入控制规则：本节点主要按账簿、公司对科目、辅助项设置辅助项输入控制的规则。系统将根据辅助项输入控制规则生成科目参照、辅助项参照，并将根据辅助项输入控制规则对期初余额、凭证录入的数据进行合法性检查及控制。

（2）科目体系

通过提供科目辅助核算及多种账表查询功能，支持多维度的专项核算与管理，满足银行对内报告和细化费用核算的要求。

（3）凭证管理

系统在此进行与凭证相关的一切操作与管理功能，包括：凭证显示格式定制、填制凭证、出纳签字、审核凭证、记账、查询凭证、冲销凭证、凭证整理等功能节点。

（4）往来核销

在日常经济业务中，例如：发生了一笔还款业务时，要指明该笔业务所还的是哪一笔借款业务，并在这两笔业务之间建立勾对关系，这一标识两笔业务之间勾对关系的过程即为核销。核销主要是针对同一科目的借贷方发生数据之间进行勾对的处理。包括：核销对象设置、期初未达录入、核销处理、查询统计分析等。

往来核销提供核销对象的设置、核销期初未达录入、核销处理等相应的统计查询。支持对核销对象进行账龄分析，通过账龄分析为减值准备的计算提供支持。

（5）期末处理

银行在每个会计期结束时，系统提供年终损益结转处理的功能。财务系统的年终损益结转，由财务人员通过事先设定的自定义结转方案完成，系统支持当年年终完成损益的结转，也支持下一年度初进行结转，通过系统配置，年终损益结转可自动生成凭证类别为"单边凭证"的结转凭证，该类凭证不向核心系统传送账务数据。

期末处理主要由自定义转账、汇兑损益结转、试算平衡、结账四部分构成，其中自定义转账、汇兑损益结转完成期末的各项结转，试算平衡是检查数据是否存在错误，结账是对会计期间作结束标志。

（6）账簿查询

NC总账核算系统提供了各种账簿的查询分析功能，包括科目余额表、辅助余额表、三栏账、三栏明细账、日记账、日报表、科目汇总表、序时账、多栏账等，各汇总账簿与明细账簿之间可互相联查，同时各明细账簿可联查到相关的凭证。

（7）支持多元化经营的应用

NC总账系统的多科目方案、多账簿方案能够有效支持银行多元经营的需要。

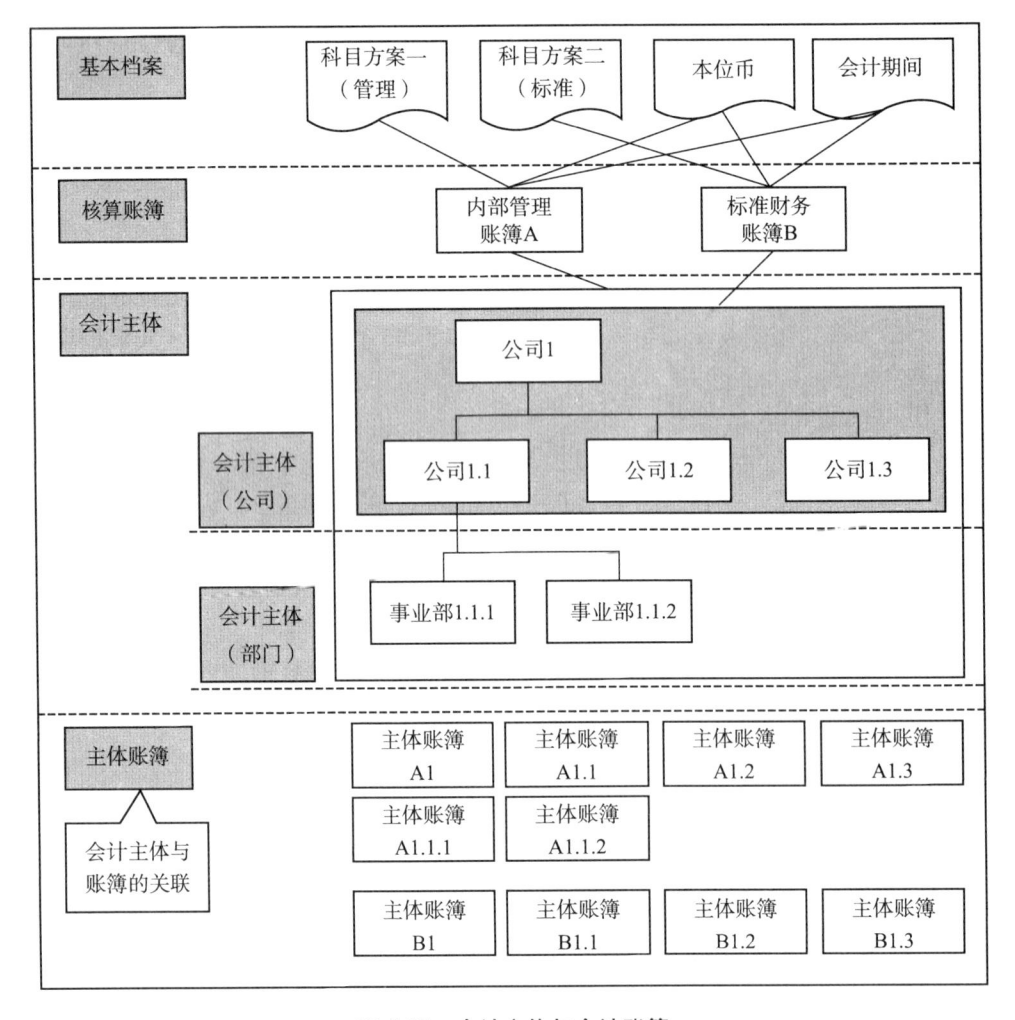

图 6.27 会计主体与会计账簿

- 用友 NC 系统的组织架构完全满足银行分支机构的核算需要。
- 支持银行按不同经营主体设置建立多套会计科目方案、多套会计期间方案、多币种方案。
- 支持银行根据其分支机构所在国家不同,建立不同会计准则的多套科目体系,并形成不同的境内外账簿,境内账簿与境外账簿分别引用不同的会计科目方案、本位币方案、会计期间方案。
- 一个集团可按其独立核算的会计主体建立集团组织机构。
- 集团组织机构与账簿分别建立关联,形成多个主体账簿。

- 每一个主体账簿反映某一会计主体按某一会计制度核算的财务数据。
- 主账簿是一个会计主体下全面反映其财务信息的核算数据；报告账簿是一个会计主体下针对某一报告要求记录财务信息的核算数据。
- 对于每个会计主体，境内账簿为主账簿，境外账簿为报告账簿。
- 可以根据预先设定的规则，由系统自动或半自动生成不同账簿的凭证，会计人员可在此基础上编制不同会计制度的报表。

(8) 财务系统与核心业务系统接口

联机模式：支持两种业务操作模式：日清日结和月清月结。

- 日清日结

日清日结要求财务系统每天发生的账务都要联动地记入核心业务系统，即当日账务当日结清。

此种业务操作模式要求每天（以大机当前签到日期为准）必须将所有的凭证都记入核心业务系统，确保当天账务当天处理。

制单时的控制：填制会计凭证时系统会检查当前的制单日期是否大于等于核心业务系统的当前时间，如果小于核心业务系统时间则不允许制单。制单日期可以大于核心业务系统的日期，这样做是为了允许财务系统后续制单。

记账时的控制：记账凭证的制单日期必须等于核心业务系统的当前日期；检查本月初到上一日是否有未记账凭证，如果有未记账凭证则当日不允许记账，必须删除前日未记账凭证或更改制单日期后才能记账。

- 月清月结

月清月结是指在一个会计期间的某一个时点，将当月的所有会计凭证联动地记入核心业务系统，当月的账务当月结清。

允许当日凭证制单而不记入大机，支持当月的任意时点将未记账凭证记入大机系统，此种模式要求必须在本月将未记账凭证记账，否则下月只能删除上月未记账凭证后才能制单。

制单时的控制：检查制单日期所处月份是否大于等于大机当前日期所处月份，不一致不能制单（支持后续制单）。

记账时的控制：记账凭证的制单月份必须与大机当前月份一致；检查上个月是否有未记账凭证，如果有未记账凭证不允许记账。

图 6.28 和图 6.29 对日清日结、月清月结两种模式下的制单、记账处理作了分析。

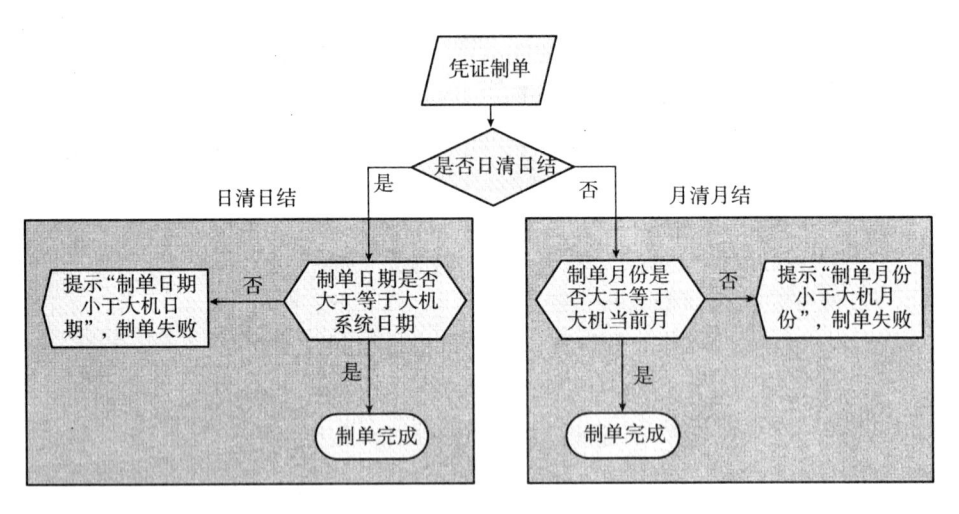

图 6.28 两种模式下的凭证制单处理

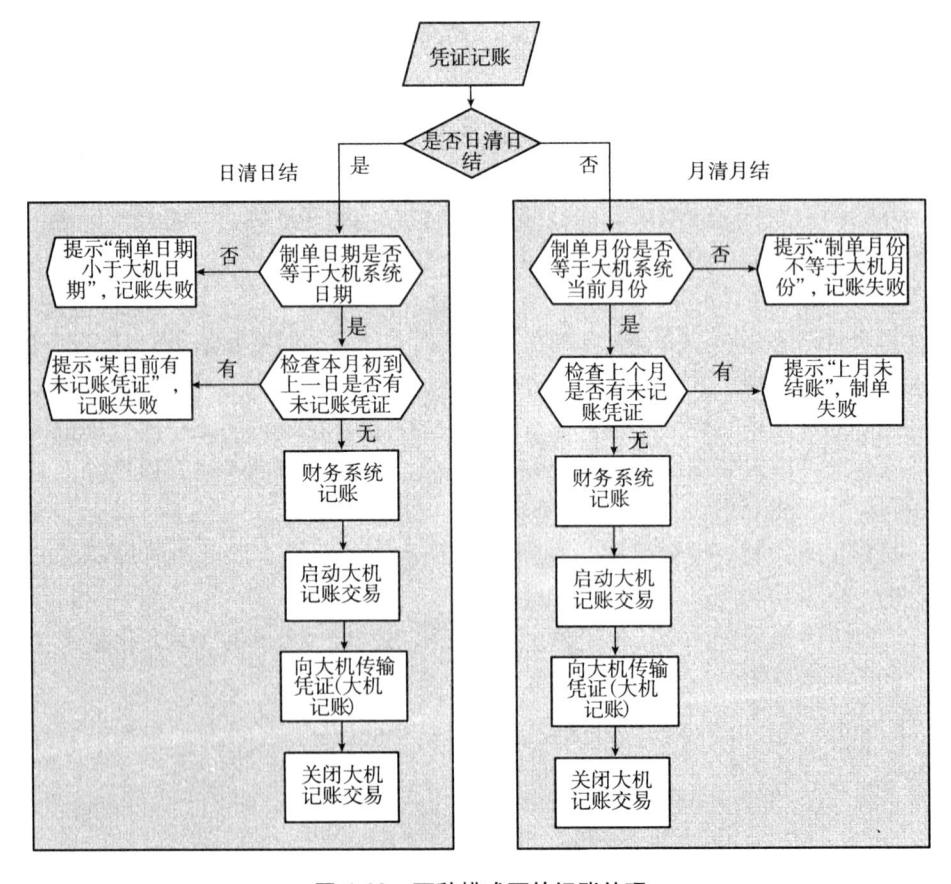

图 6.29 两种模式下的记账处理

两种业务操作模式的相同点：
- 都要求总账月结时当月没有未记账凭证。
- 每次财务系统记账之前要先启动核心业务系统的记账交易，财务系统记账结束后再关闭核心业务系统的记账交易，启动核心业务系统的记账交易和关闭核心业务系统的记账交易要顺序成对出现，这样才能避免财务人员因忘记日结而导致财务系统没有关闭大机的记账功能，致使大机无法关闭记账。

（9）与外部业务系统集成

方案1：外部系统可以直接生成财务凭证，经外部交换平台传递到NC的总账，但这种方案要求外部系统能够直接生成凭证，相关业务系统的开发人员要熟悉财务；因为一般业务财务管理功能相对比较简单，如果凭证生成模式发生变化时，可能需要开发人员介入修改系统。

方案2：将外部业务系统的业务单据导入到NC对应的业务单据系统中，在NC会计平台配置凭证生成模式及模板，这样外部系统不需要了解财务凭证要求，只需要把单据对应导入即可，接口开发简单，不会因为财务核算规则变化进行开发调整；通过NC会计平台可实现凭证生成模式的复制和统一，便于全行财务规则的统一；NC会计平台非常灵活，如果财务规范变更不会影响到业务，只需要在财务平台系统进行调整即可。

3. 应用价值
- 共享中心实现了账务运营工作的集中，满足银行集中核算的要求。
- 借助于会计核算平台和基础数据的统一，从根本上实现了财务核算过程的多维管理。
- 最底层的核算数据直接获取，确保了会计核算数据的及时性、真实性和完整性。
- 通过共享中心的参数设置和银行的财务管理相结合，建立起完善的内控制度，规范会计工作秩序，实时查询财务结果，确保全行会计政策得到统一和贯彻执行。
- 通过会计平台自动生成凭证等处理，可以从机制上保证账务一致，减轻工作量。

6.5.3 资产管理

管理诉求

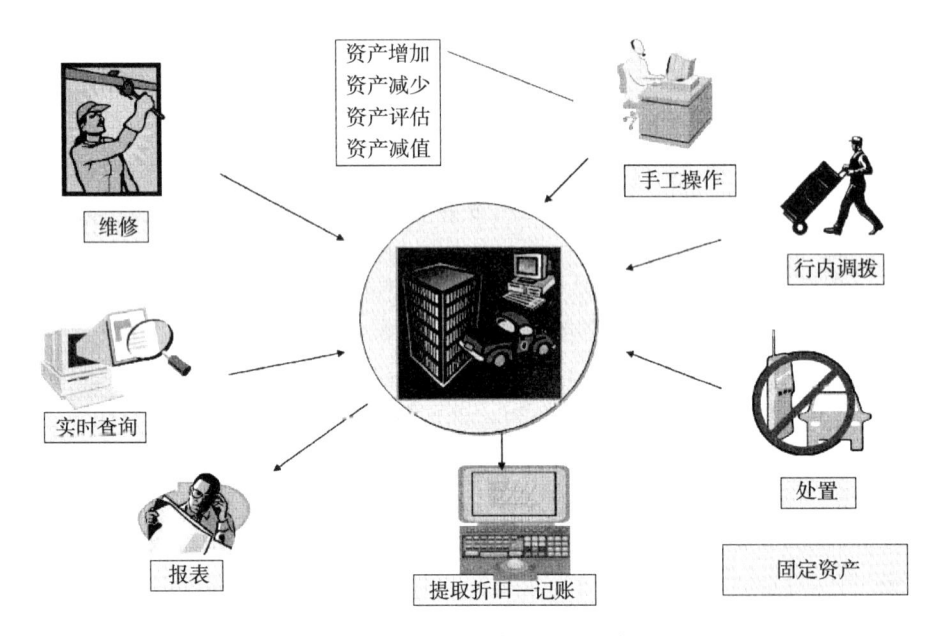

图 6.30 固定资产管理的主要功能

资产管理系统用于银行的资产部门进行固定资产、无形资产、递延资产、抵债资产、低值易耗品等非金融资产的核算与管理。

支持多种资产管理模式，如：总行集中管理、分散管理、总行集中监控等。可以根据具体的管理模式及要求，通过权限分配、流程配置来进行设定，资产卡片的录入、维护由总行负责还是由分支机构负责，折旧/摊销的提取由每个分支机构自行操作还是由总行统一完成，以及资产的查询权限都需要根据银行的实际管理状况和管理要求来进行设定。

资产管理应从以下几个方面实现。

1. 即时资产核算

提供购置、处置、资产评估、资产减值准备、计提折旧等完整的资产核算流程，为了保证资产在新增、变更所属机构、价值变动时，得到及时的体现，并保持与财务一致性，相关操作均可自动生成会计凭证，进入总账。

各项与资产相关的费用，经过相应的审批流程后，可以即时同时登记到相应的资产台账上。

分支机构间资产划拨自动生成会计凭证,完成相关单位会计核算。

2. 在线审批

流程平台——审批流定义为资产管理提供按照预定的审批流程审批的功能。按照岗位职责和分工设置相应的审批流程,保证审核体系严密规范,资产流动有序、高效率,数据信息传递安全真实。审批流上的各个岗位和环节可以实现跨行设置,保证银行组织机构复杂设置、分权限管理的需要。通过审批流平台,可以实现资产预算的审批、资产请购的审批、资产变动的审批等等。同时,还可以对资产请购实现预算控制。

3. 实时监控

所有资产数据向上层直接汇总的方式,信息不经过任何中间层的处理,即时展现,保证了资产分布信息的真实性、完整性、及时性,实现了资产集中实时监控,各级资产管理部门可及时了解当前的资产状况。所有的资产统计分析与账簿查询,均提供了跨行的汇总功能。在权限许可的前提下,可以跨行查询多单位的数据,也可以汇总多单位的数据。

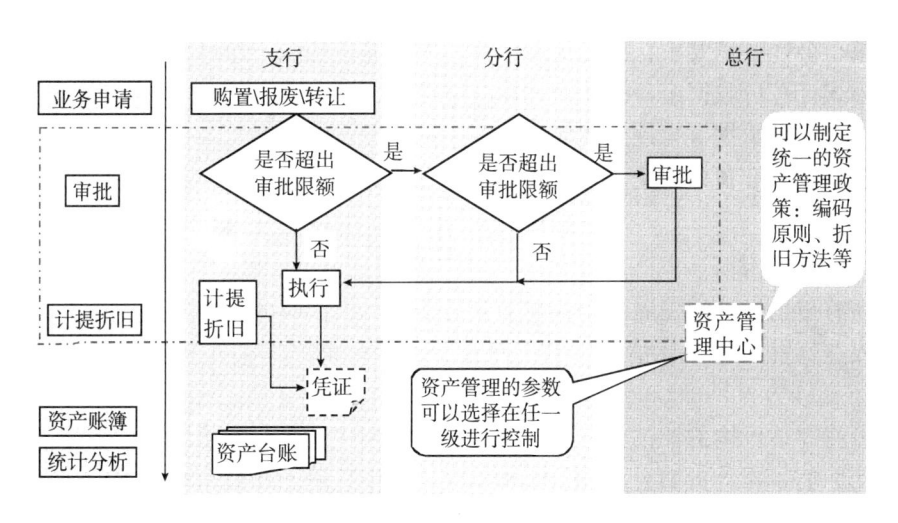

图 6.31 资产的审批流程

4. 账卡实时核对

通过建立资产品种与总账科目的对应关系,系统进行账卡核对,以保证账卡相符。如固定资产卡片中的房产、交通工具均对应相应科目的资产,通过比照卡片价值与总账余额,可以分门别类地完成账卡核对工作,提高财务数据的质量并加强对财务数据的督查（见图6.32）。

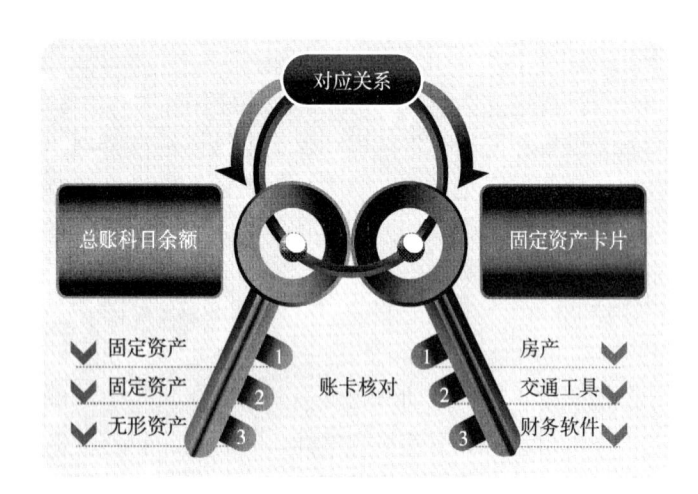

图6.32 固定资产的账卡核对

5. 资产减值准备

基于会计核算要求，系统提供了资产减值准备功能，通过减值准备单据，录入或公式计算可收回金额，从而计算减值准备金额。

减值准备单据可自动生成凭证。

资产减值准备单据录入后，根据折旧方式的公式设计，影响以后期间的折旧计提。

6. 资产评估

随着市场经济的发展，企业在经营活动中，根据业务需要或国家要求对部分资产或全部资产进行评估和重估，而其中非金融资产评估是资产评估很重要的部分。

可将评估机构的评估数据手工录入或定义公式录入到系统。可评估的资产内容包括原值、累计折旧、净值、使用年限、工作总量、净残值率等。对评估前后的数据进行记录，其评估变动的因素若涉及到财务数据调整，应可自动生成凭证。

解决方案

1. 应用流程（见图6.33）

本模块的初始化设置主要包括资产类别、卡片样式、折旧方法等基本信息。根据每家银行的具体要求还可以增加多维度资产管理的设置。另外系统切换上线时需进行相关参数的设置和原始卡片的导入。使用过程中,可以在此模块进行资产增加、资产减少、卡片管理、资产变动、资产拆分、资产合并、资产盘点、资产调入、资产调出、折旧摊销和期末结账等相关操作。其中资产增加部分主要以"新增资产审批单"传递过来的数据为主,如果有特殊情况,系统也可支持手工录入。

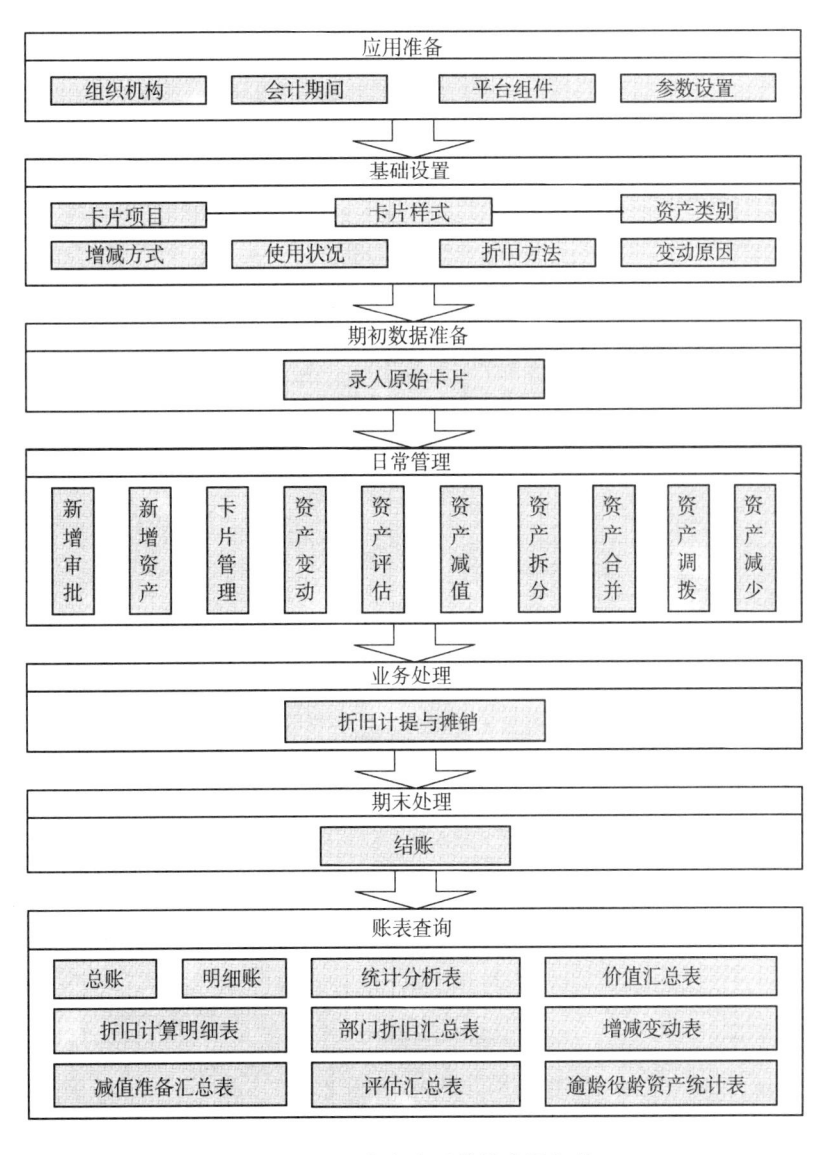

图 6.33　固定资产系统的应用架构

2. 应用特色

建议银行在进行资产管理时，采用总行统筹、分行管理、支行负责的管理模式。由分支机构自己负责本单位固定资产的使用管理及实物管理，分行统一对资产的账务核算进行共享操作，总行则负责制定全行的资产管理政策并在全行范围内对资产的资源进行调剂调拨。

（1）资产增加

资产增加业务流程如图 6.34 所示。

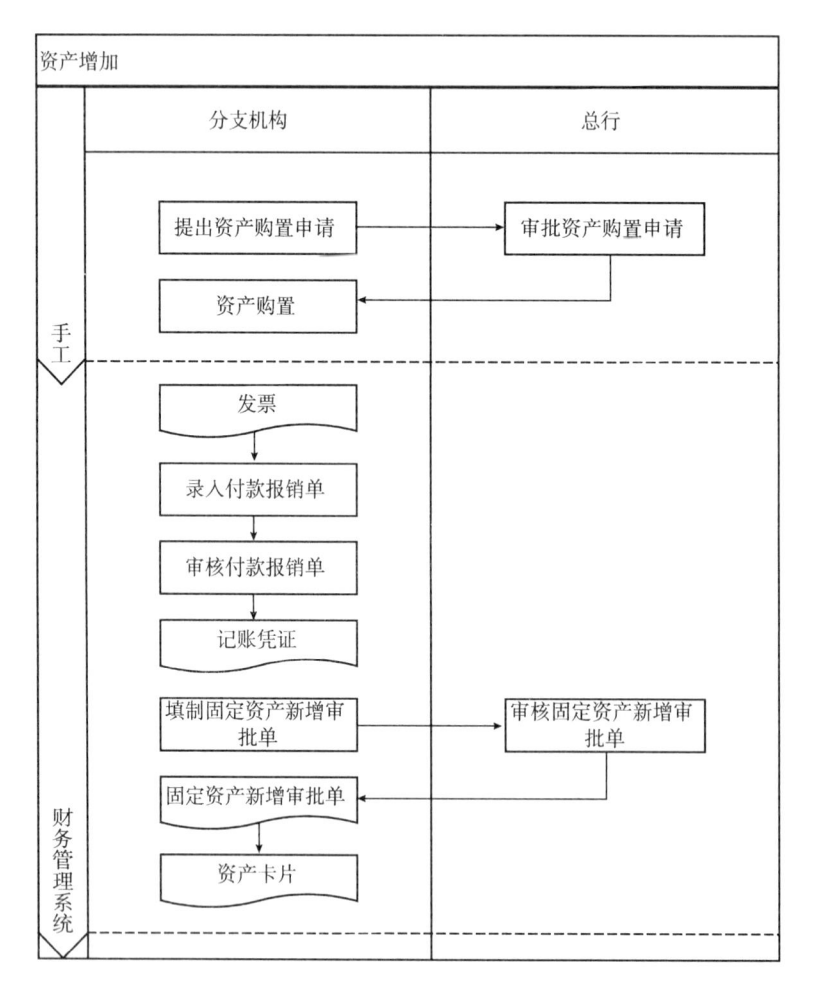

图 6.34　资产增加业务流程

- 当固定资产原值达到一定金额时，在进行固定资产购置前，首先需要由分支机构发起固定资产购置申请，报总行、分行财务管理委员会进行审批。
- 财务管理系统上线后，固定资产购置的事前手工审批流程保持不变。
- 固定资产购置后，首先通过财务系统录入付款报销单，审核通过后生成相应的记账凭证（在采用总行统一记账模式后，资产购置的记账凭证由总行机关财务统一记账）。
- 账务处理完成后，由分支机构财务人员在财务系统录入固定资产新增审批单，报总行（或分行）财务人员进行审批，审批通过后分支机构财务人员根据固定资产新增审批单生成固定资产卡片。

（2）资产减少

资产减少业务流程如图 6.35 所示。

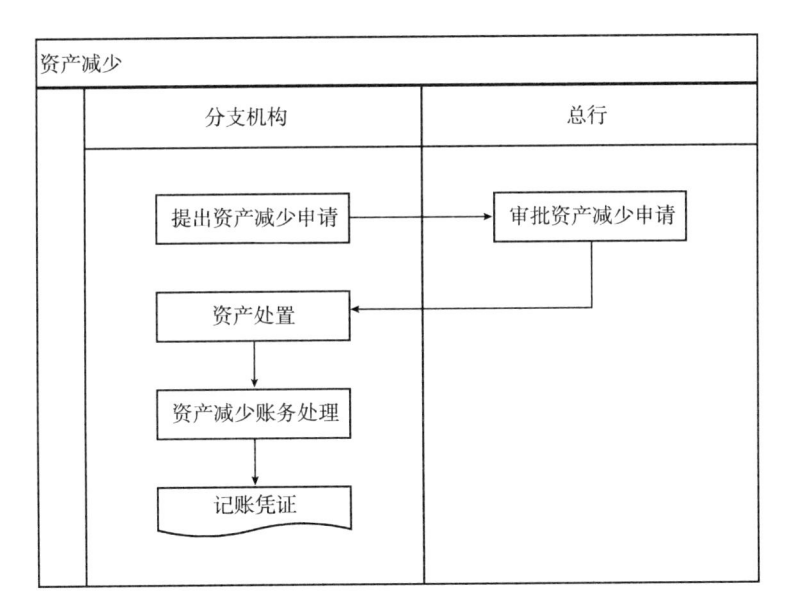

图 6.35　资产减少业务流程

- 当资产减少时，分支机构财务人员在财务管理系统填制资产减少审批单。
- 分行（重大资产需报总行审批）财务人员对资产减少申请进行审批，审批通过后由分支机构财务人员进行资产处置操作。
- 分行财务人员根据资产处置实际情况在财务系统进行资产减少账务处理。

（3）资产拆分

银行为了提高资产管理效率，往往将多个管理相同、内容完全相同的资产在一张卡片上管理；成批、成套的资产亦往往做为一张卡片管理；有的银行为了更好地管理低值易耗品，将其放到固定资产系统中进行一卡多物的管理。一卡多物带来的问题是如果其中的部分资产有不同的管理需求，就必须将其与原卡的其他资产分离。通过卡片拆分，可以将过去在一张卡片上记录并管理的资产拆成多张分别记录和管理；可以解决一张卡片多数量资产的部分出售、部分出租、部分出借、部分报废、部分调出、一物一卡等业务需求。

功能特点：
- 资产拆分功能主要完成资产拆分单据录入、修改、审核及打印操作。
- 资产拆分功能支持审批流配置。
- 资产拆分可将一张卡片拆分成多张卡片。
- 资产拆分单支持表体行批量变动。
- 资产拆分支持传会计平台，将拆分后产生的内容生成会计凭证；如：被拆分的卡片做资产减少财务处理，拆出的卡片做资产新增财务处理。

（4）资产合并

资产合并指多个资产合并成一个资产或资产拆分后的资产再进行重新合并，通过资产合并，可以实现在多张卡片上记录并管理的资产合并成一张卡片进行记录和管理。

功能特点：
- 资产合并功能主要完成资产合并单据录入、修改、审核及打印操作。
- 资产合并功能支持审批流配置。
- 资产合并可将多张卡片合并成一张卡片。
- 资产合并单支持表体行批量变动。
- 资产合并支持传会计平台，将合并后产生的内容生成会计凭证；如：被合并的卡片做资产减少财务处理，合并新生成的卡片做资产新增财务处理。

（5）条形码、电子标签集成

使用条码进行资产的标识后，可利用条码的激光扫描来进行资产清查及业务协作。由于资产的分布是分散的，有些还是不便移动的，进行资产实物清查时必须是在移动的环境中进行。

通过利用不同厂商提供的移动数据采集终端，采集资产条码数据后通过厂商和系统提供的数据接口将采集数据导入，可以轻松、高效地完成资产查询、清查等现场业务。资产数字识别管理中，系统支持各种条码规范，兼容各种市场主流条码打印机和数据采集器，支持各类电子标签、非接 ID 卡、IC 卡等不同的标识物管理，实现各种不同工作环境的数据采集需求（见图 6.36 和图 6.37）。

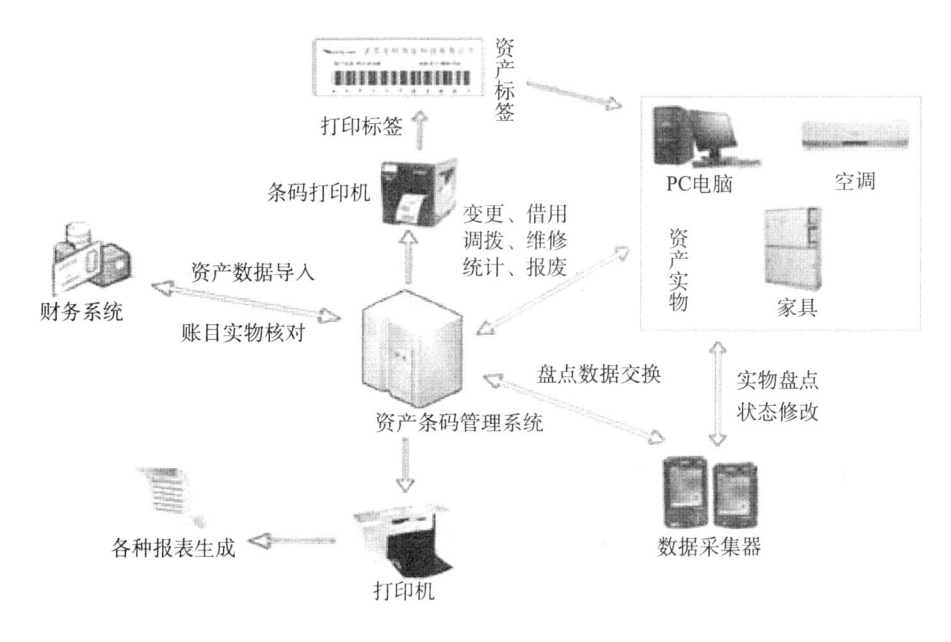

图 6.36　资产条码管理系统

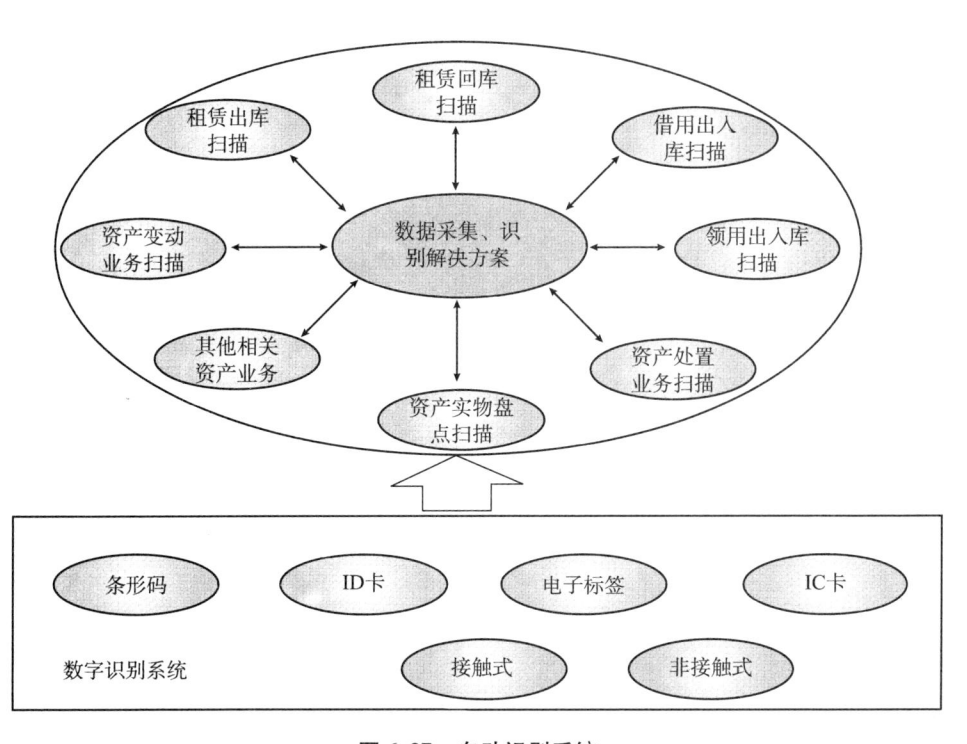

图 6.37　自动识别系统

(6) 资产调拨

资产调拨业务流程如图 6.38 所示。

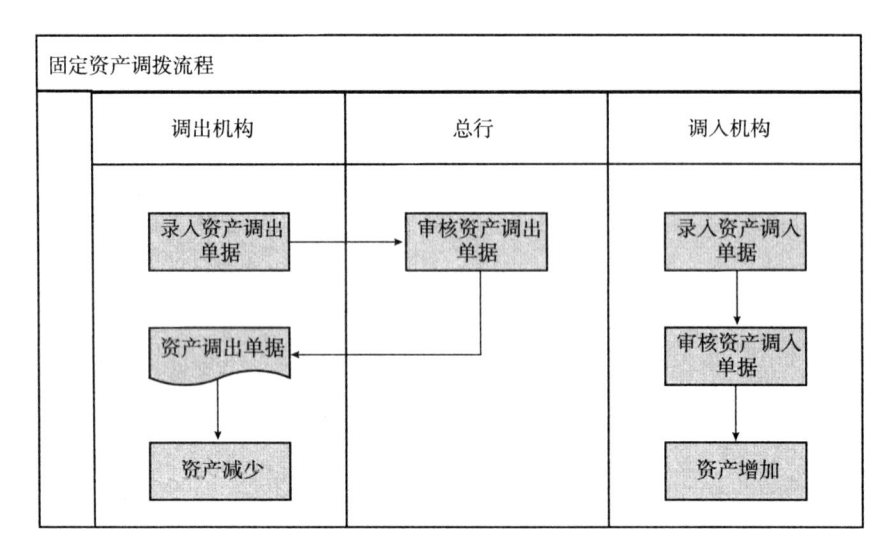

图 6.38　资产调拨业务流程

- 在资产调拨时，首先由资产调出机构填制固定资产调出单据，然后由总行机关对资产调出进行审批。
- 在总行机关审批通过后，完成调出机构的资产减少。
- 然后由资产调入机构根据资产调出单据生成固定资产调入单据，完成调入机构的资产增加。

(7) 多账簿应用

固定资产多账簿是指为了提供不同要求的会计报告，针对同一资产，可根据不同会计制度或内外报告要求，按不同的折旧方法计提折旧，同时对该资产的各项变动可按不同会计制度或内外报告要求进行会计处理，最终根据不同处理方法，生成多套固定资产账簿。其应用模式如图 6.39 所示。

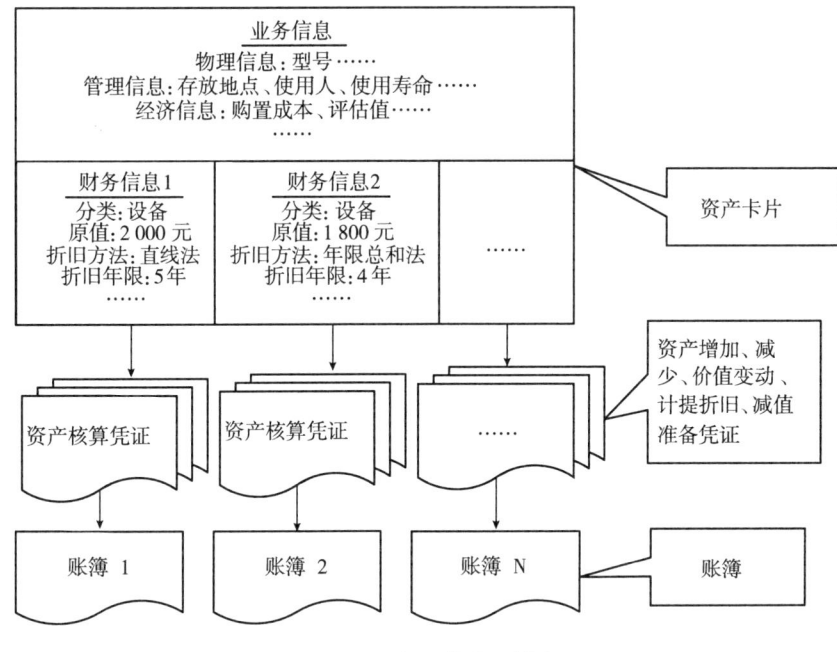

```
┌─────────────────────────────────────────┐
│              业务信息                     │
│        物理信息:型号……                   │
│   管理信息:存放地点、使用人、使用寿命……    │
│        经济信息:购置成本、评估值……        │
│                ……                       │
├──────────────┬──────────────┬───────────┤
│  财务信息1    │  财务信息2    │           │
│  分类:设备    │  分类:设备    │           │     ┌──────────┐
│  原值:2 000元 │  原值:1 800元 │   ……      │────▶│ 资产卡片  │
│  折旧方法:直线法│折旧方法:年限总和法│     │     └──────────┘
│  折旧年限:5年  │  折旧年限:4年 │          │
│     ……       │     ……       │           │
└──────┬───────┴──────┬───────┴─────┬─────┘
       │              │             │
       ▼              ▼             ▼          ┌──────────┐
   ┌────────┐     ┌────────┐    ┌────────┐    │资产增加、减│
   │资产核算│     │资产核算│    │  ……    │───▶│少、价值变动、│
   │ 凭证   │     │ 凭证   │    │        │    │计提折旧、减值│
   └───┬────┘     └───┬────┘    └───┬────┘    │准备凭证   │
       │              │             │          └──────────┘
       ▼              ▼             ▼
   ┌────────┐     ┌────────┐    ┌────────┐    ┌──────────┐
   │ 账簿 1 │     │ 账簿 2 │    │ 账簿 N │    │  账簿    │
   └────────┘     └────────┘    └────────┘    └──────────┘
```

图 6.39 多账簿应用模式

注：这种应用模式概括为：一套卡片，多套财务信息，对应生成不同账簿的资产核算凭证。

多账簿资产的卡片：

- 业务信息中包括与固定资产实物有关的物理信息、管理信息、经济信息等。如：资产名称、规格型号、存放地点、使用部门、人员等。在一个会计核算主体内，一项固定资产只有一套业务信息。业务信息可由资产管理部门录入和维护。
- 财务信息是指与固定资产的核算有关的信息，根据此信息计算生成不同的核算凭证。如：资产入账原值、折旧方式、使用年限等。在一个会计核算主体内，一项固定资产根据其财务管理要求，根据不同的会计制度，可以有多套财务信息。财务信息由财务人员录入，如入账原值、折旧方式；或由系统计算自动生成，如按不同折旧方式计算生成每期折旧等。
- 根据固定资产的财务信息，可以生成不同的固定资产核算凭证及账表等，从账表中可同时取得按不同报告要求计算的固定资产原值、净值、累计折旧、月折旧额。
- 对于固定资产卡片调拨、拆分、合并等与固定资产实物变动一致的业务，可以通过一张固定资产的业务单据，根据事先设定的规则，生成多个固定资产账簿。

3. 应用价值

（1）资产全生命周期管理

（2）支持统一/分散的管理模式

总行可以统一制定资产类别、折旧方法、增减方式、使用状况、卡片样式、资产变动原因等基础数据，并且可以控制是否允许下级单位修改或增加其他的数据，如果选择不允许，表示总行要进行严格的资产管理。

（3）个性化定义设置

实现灵活设置的资产分类，可以对资产卡片定义出任意多项管理统计数据项，从不同的角度对资产进行管理和跟踪。

（4）资产管理到责任部门和责任人

一个资产有两个部门属性字段，一个是使用部门，另外一个是所属部门。资产的使用部门允许同时有多个。资产折旧费用可以归入所属部门，也可以归入使用部门，当归入使用部门时，可以按照一个比率在多部门之间分摊折旧费用。此外，重要资产可以跟踪管理到相应的责任人。资产在部门和责任人之间的转移，能够全部记录下来。

（5）资产核算支持不同要求的会计报告

同一资产按照不同会计制度或内外报告要求计提折旧/摊销；对该资产的各项变动可按不同会计制度或内外报告要求进行会计处理。

（6）开放的接口

支持资产卡片数据的导入和导出，包括 Excel、TXT、HTML 等接口方式。导入、导出的字段内容可以进行灵活的选择设置。

（7）与其他模块紧密集成

对资产减少、折旧计提等随同业务处理自动进行相应的账务处理，并将财务数据实时或根据设定的间隔期更新总账；将现金报销单据中的信息反映到资产卡片中，方便管理者在信息通畅的情况下进行全面、细致的分析。

（8）为费用分摊提供依据

提供对银行房屋、车辆日常使用的管理，主要反映全行公用资产基本概况和部门、个人占用情况，详细记录折旧、修理、租赁及有关费用的发生情况，为相关费用的分摊提供依据。

（9）资产统计分析

提供全面灵活的查询统计和报表，基于集中式的管理模式，全部提供总行汇总的功能，生成所有的资产台账和相关的资产统计分析，可以实时准确地反映全总行资产状况。在严格的功能权限与数据权限的控制下，可以保证总行的这种统计分析只能有相应授权的人员才能执行。

6.5.4 现金/报销管理

管理诉求

现金/报销管理是财务会计中非常重要的一个部分，是银行日常经费资金管理的重要组成部分，它可以帮助银行实现对日常业务引起的收付款项和内部往来款项划拨的控制与管理，提供了对款项支出进行预算及资金计划控制的功能。通过为银行提供一个资金流入流出的平台，满足资金管理需要，达到降低费用成本、把好内部资金关口的目的。其定位在满足银行内部报销与借款等的管理与核算流程，结合费用预算的控制，加强事项审批，通过网络实现日常行政费用和合同付款流程的电子化、信息化，提高工作效率，强化管理手段。

- 全面管理银行备付金的拨入、补足、归还；内部员工、部门借款与还款；营业费用的支付；固定资产、无形资产、在建工程等的购置与支付，固定资产的清理费用支出及收入；抵债资产的收入及费用支出；营业外支出等。
- 全面跟踪、控制全行的费用发生全过程。
- 规范化、标准化、透明化、自动化费用报销流程。
- 通过网上银行付款，提高支付效率，节省支付成本。
- 使报账人员、审批人员、财务人员分离，强化内部控制。
- 及时发现全行内发生的重大和异常费用情况，降低经营风险。
- 通过制定合理、有效的费用计划控制保证了企业资金流的良性循环。
- 通过费用计划管理，可随时获取各费用发生的数据，实时了解费用状况。

解决方案

1. 现金管理

（1）现金管理应用流程如图 6.40 所示。

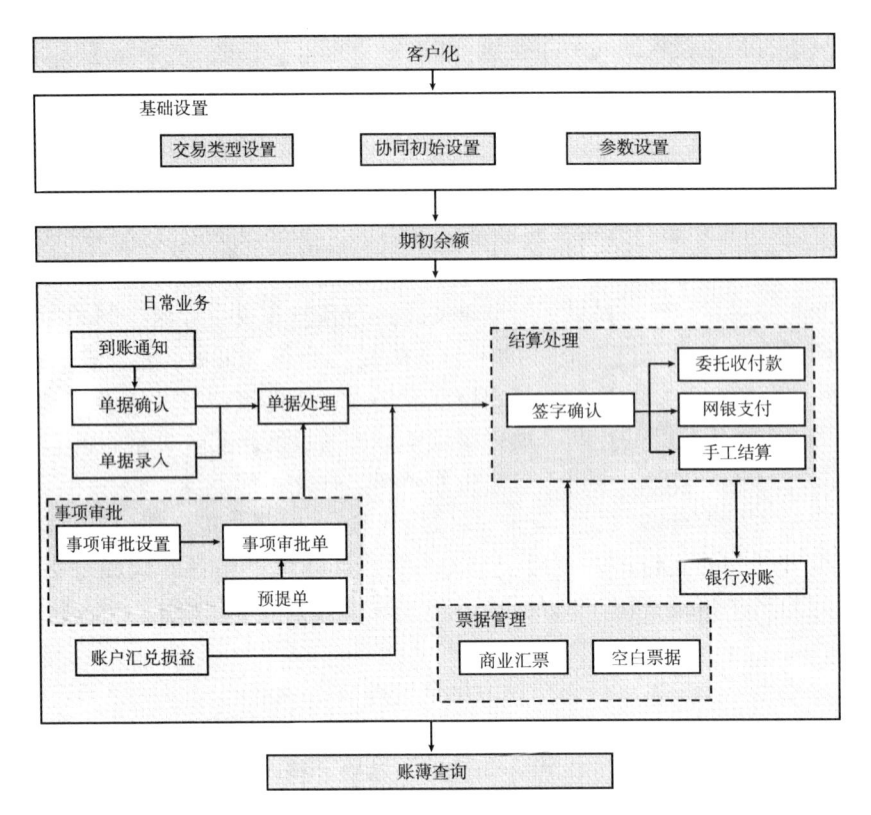

图 6.40 现金管理应用流程

报销管理业务流程示例（见图 6.41）

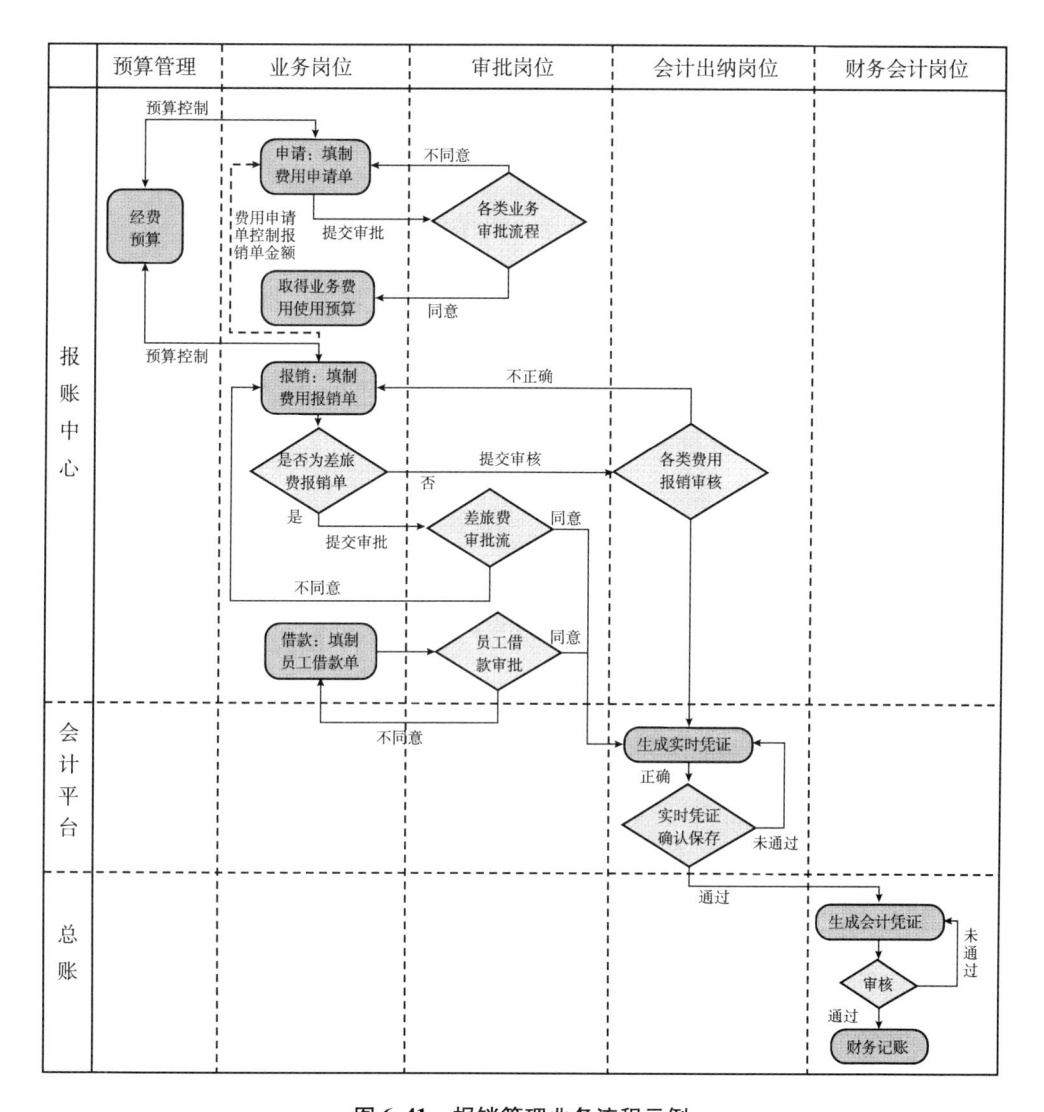

图 6.41 报销管理业务流程示例

报销管理应用流程示例说明：

①申请时，业务人员填写各类费用申请单，填制费用申请单时，要列明当前申请费用所属的收支项目，系统按所填的费用申请单上的金额和收支项目的内容，自动在经费预算中暂时扣减相应的收支项目的预算可用额度。

②费用申请单填制完成后，费用申请即进入相应的审批流程，费用申请单按照所预定的审批流程在各审批环节中进行传递，并对需要进行审批的人员进行费用审批提示，审批人员对当前费用申请进行审批，表示审批意见。审批的状态有

三种：未通过、审批进行中和审批通过。

- 未通过：表示此单据在某级领导审批时没有通过，此时，系统自动将单据退回申请人，并通知申请人调整费用申请单。
- 审批进行中：表示此费用申请单按审批流程进行审批，某个领导已审批完，并且审批通过，将要报送下一环节的领导审批。
- 审批通过：表示需审批的领导都审批过了，并且每级领导都批示了审批通过，证明申请的业务生效。

③费用报销时，填制费用报销单，如事先有费用申请单，则必须进行"费用结算"，先选定相应的费用申请单，并在所选定的费用申请单下创建费用报销单进行费用结算，费用结算与预算余额的关系如下所述：

- 结算后，当报销费用金额小于费用申请单金额，且费用申请人关闭费用申请单时，系统在预算中扣除费用支出金额，并将结余的收支项目余额返还预算。
- 结算后，当费用报销金额等于费用申请单金额时，系统自动关闭费用申请单，并在预算的相应收支项目的额度中扣除费用支出的金额。

④差旅费报销单无需进行费用申请，在报销时直接填制差旅费报销单进行报销，业务人员的差旅费报销单填制完成后，单据进入差旅费报销单审批流程进行审批，审批过程与②所述相同，当审批通过时，系统自动扣减相应差旅费收支项目的预算额度，并在动态会计平台上生成相应业务处理的实时会计凭证。

⑤出纳人员进入报账中心对结算后的费用报销单进行审核，审核（通过）后，系统自动在动态会计平台上生成差旅费报销处理的实时凭证。

⑥出纳人员对报账中心生成的各类费用报销、差旅费报销、员工借款所生成的实时凭证进行检查，检查无误后，生成正式会计凭证。

⑦财务会计人员对生成的会计凭证进行审核、记账。

（2）工作流控制

①通过工作流程定义，实现单据自动传递，系统可根据内置的审批工作流，实现费用借款申请单、费用报销单、资本性支出等在有权审批人、审批机构、部门之间的电子信息流转，提示相关责任人进行网上审批。

②基于各类业务单据，如借款单、差旅费报销单、费用支出凭证等，进行流程审批，操作人员无须关注凭证的生成，系统自动识别各类业务并生成相应费用凭证。

③审批流程自主灵活定义，依据既定的审批流程，单据自动传递，各级审批人可以集中、便捷地对需审批的各种单据进行审批。

④审批流程的设置同时也支持会签模式，处于会签状态下的单据必须在所有

会签人全部审批后才能走下一个审批环节。

⑤审批人可在审批单据上填写批示内容，申请人、审批人都可以查询到某张申请单据的目前状态。

⑥审批权限设置实现：针对不同的业务内容，设置不同的审批权限；针对需审批的单据，可以定义任意多级的审批权限；可以进行跨行的审批权限设置。支持按照不同费用类型设定费用及资本性支出的审批规则，如按费用类型设置审批人的审批金额权限。

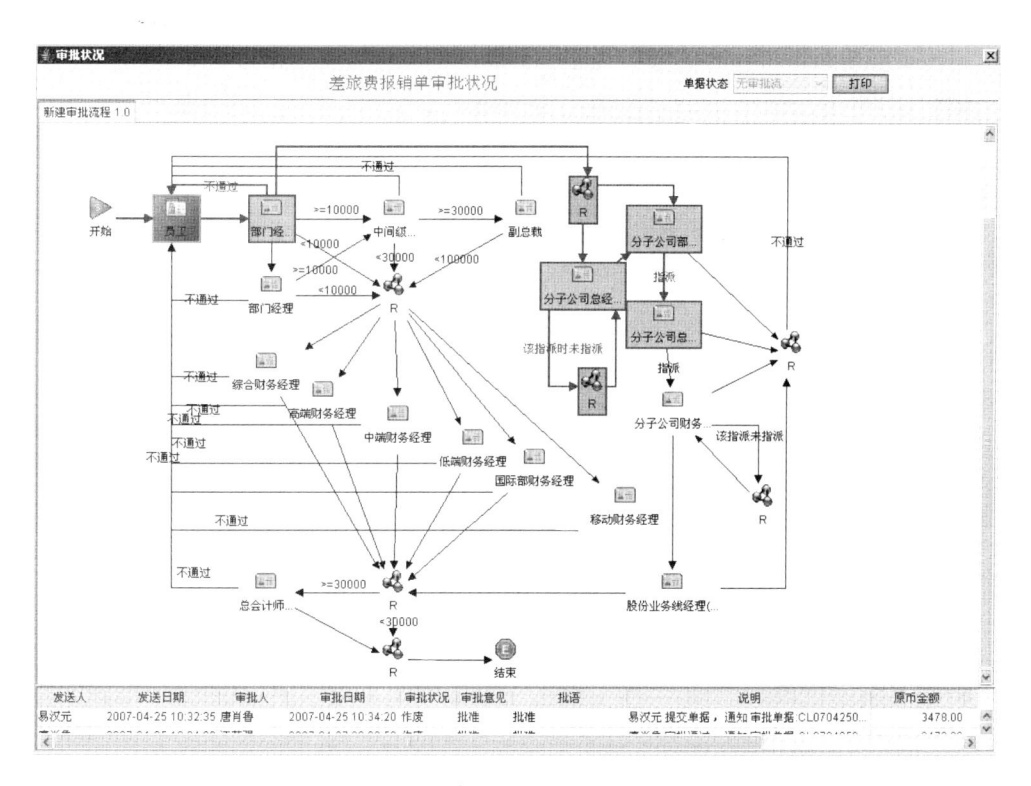

图 6.42　差旅费报销单审批状况页面示例

（3）单据模板的管理

①系统提供完整的单据模板的管理功能，可以完全按照银行自身业务的要求定义所需要的各类单据，既可按各家分行需要，根据费用核算明细程度建立费用报销模板，也可将单据模板分配到不同机构进行应用，实现各类单据在全行应用的规范化、个性化。

②通过设计报销模板实现分行的管理目标。通过如费用类型、预算类型、项

目类型等,包括报销单的格式等等,来实现控制会计分录、预算分类、费用分摊的要求。

③系统可灵活设置单据模板,将单据录入要素信息区分重要信息和非重要信息。可定义单据字段的属性,确定各个字段是否可进行编制,不可编制的字段只能自动生成,可以编辑的字段在单据未被审核情况下可以由业务人员或财务人员进行修改调整。在报销时,如果重要信息出现错误,财务审核人员直接退回报销申请人由报销人进行修改,如果非重要信息出现错误,财务核算经办人员可直接进行修改。

④可设置各类报销单的编码规则,每份报销单在系统中可以保证只有一个唯一编号。

(4) 查询、报表和报告功能

①通过浏览器,每一员工可在任何时候查询费用报告的审核和支付情况。

②报销管理系统提供了全方位的组合查询功能并形成分析报告,可提供以下管理数据:

- 员工借款和费用报销历史记录。
- 员工借款和费用报销明细以及费用汇总统计。
- 借款和费用分类统计。
- 暂挂申请统计及其明细。
- 费用记账科目明细。
- 预算控制费用报告。
- 已付款明细情况报告。

③能够对费用要素进行模糊查询、精确查询和业务追溯,费用要素主要包括员工编号、责任中心、当期费用申请和审批明细情况等内容。

(5) 往来核销

可选择指定的实际报销人对应的借款与生成的费用传票自动核销。

(6) 费用预算控制

报账流程处理过程中,系统与费用预算无缝连接,系统自动完成预算检查,可以减少人工进行预算控制所可能出现的疏漏和误差,可基于机构级别、工作岗位及业务角色等确定批准权限和限额。通过预算功能,编制费用预算表,依据费用预算,系统自动进行如下控制:

- 严格控制(超预算单据不能保存)。
- 系统警示性提示。

(7) 在线监控

①在线监控主要针对经费借款和报销进行管理、控制。

②费用控制：每一笔费用在请领时就要求标明用途，从而进行预算的控制和单笔审批的控制。

③报账期控制：针对各项借款，及时进行账龄分析和催收工作，并结合预警平台，由系统自动地把相关催收信息传送到相关责任人，以便提醒相关责任人尽快按照行内财务管理制度进行相应处理。

④员工报销时，系统会自动跟踪报销人的借款情况，并根据其借款情况及时提醒其报销款冲借款，财务人员也可予以核销。

⑤报销控制：系统支持通过参数设定的方式在系统中对全行的费用报销规范进行设定，将与员工报销相关的公司制度（如报销政策和预算控制信息等）设定到该功能模块中，支持对可报销费用范围进行限制，支持设定全行层面的费用政策以及支持各分行不同的费用政策，如各分行不同的差旅政策，按机构、人员级别、部门类别等设定，按差旅时间设定差旅补助、住宿标准、机票标准、餐饮标准等。同时在报销过程中系统自动对政策进行校验，对于不符合要求的报销单及时进行提醒。

2. 资金结算

（1）产品特点

①账务信息银企同步。银企直联有机联接了企业财务系统和银行业务处理系统，整合了双方的系统资源，解决了长期困扰企业的银企账务信息不一致问题，为企业财务决策提供实时、准确、全面的账务信息支持。

②实现个性化服务。企业可根据自身财务管理的需要，通过财务软件系统对银行提供的"原子"交易进行自由组合和控制，灵活定制内部授权机制，从而拥有自己的专有银行。

③操作简易、提高效率。企业财务人员无须重复录入指令信息，所有指令一次录入，一经审核批准，立即完成对外支付并更新财务系统账务信息。

④安全放心。采用与网上银行相同的安全机制，从而可有效地防止黑客攻击、指令重复提交。

（2）主要功能

①银企对账

支持对总分行经费财务户的统一管理和维护，实现经费财务户的增加、修改、作废的统一维护管理。

实现银行账户与核心自动对账，提供相关调节报表，通过现金管理的银行对账功能，可实现单位账与网银下载的银行对账单之间的核对。系统提供两种对账方式：自动对账和手工对账。自动对账，即由系统根据结算方式、结算号、方向、金额等信息自动核对，找出相匹配的记录。手工对账是对自动对账的补充，当结算方式、结算号信息不完整时，系统对于方向、金额相同的业务无法自动识别，因此，将自动对先发生的业务进行核对，可能造成与实际情况不符的情况，这样，用户可通过手工对账方式进行调整。

②员工报销款项支付

员工报销款项的支付走"行内转账"交易，向网银系统进行数据传输时，无需开户银行等信息，仅需要指明收付的银行账号即可。

③外部客商款项支付

对外部客商款项的支付与员工报销不同，需要根据客商的开户银行不同走不通的流程。若外部客商是在本银行开户，则走"行内转账"交易；若为他行开户，则需要用"跨行汇总"交易，通过大小额支付系统、同城交换系统等实现资金的结算。

跨行转账时，除收付双方的银行账号外，还需指明收款账户的开户行名称及联行号，并指明转账的用途为普通还是加急。

（3）原理介绍

①产品架构

用友的网银产品包括网银适配器 UFBANK 和 NC 银行资金管理两大部分，从应用的角度上讲，整个网银产品的应用还包括银行客户端（CLIENT）部分。其产品架构如图 6.43 所示。

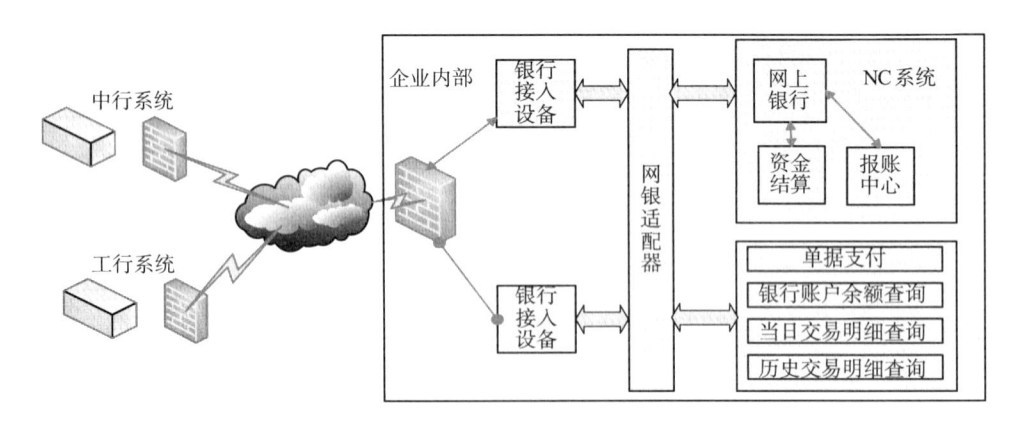

图 6.43　用友网银产品的架构

②通信原理

整个网银产品的通信机制是：NC 产品发送标准 XML 数据文件给 UFBANK 网银适配器，网银适配器进行验证，通过后发送标准银行客户机能够解析的

XML 数据包给银行客户机；银行系统进行处理后，通过银行客户机发送标准 XML 文件给网银适配器，网银适配器收到后，把相应的数据转发给 NC 系统进行显示和处理。通信机制如图 6.44 所示。

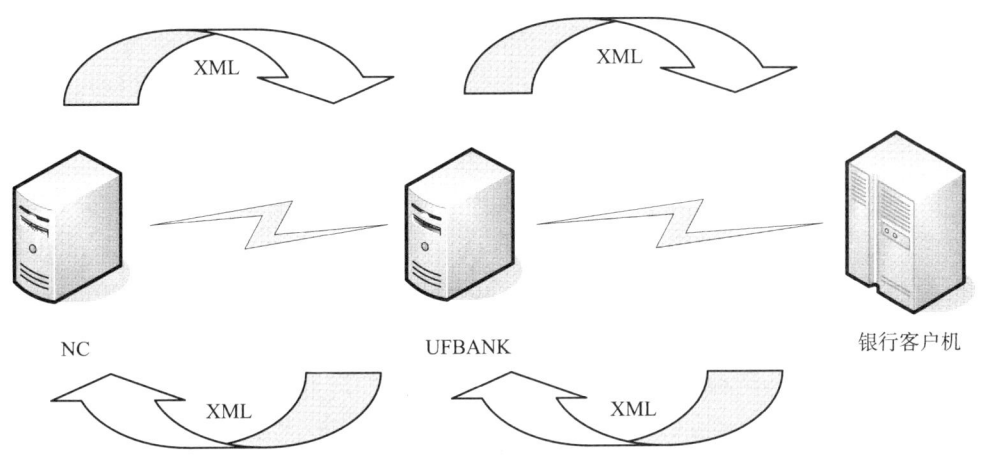

图 6.44　用友网银产品的通信机制

③安全机制

网银系统的安全控制分为四层：NC/U8 系统的安全控制；NC 到 UFBANK 适配器的加密控制；UFBANK 适配器到银行前置机的加密控制；银行业务系统自身的安全控制。其安全机制的示意图如图 6.45 所示。

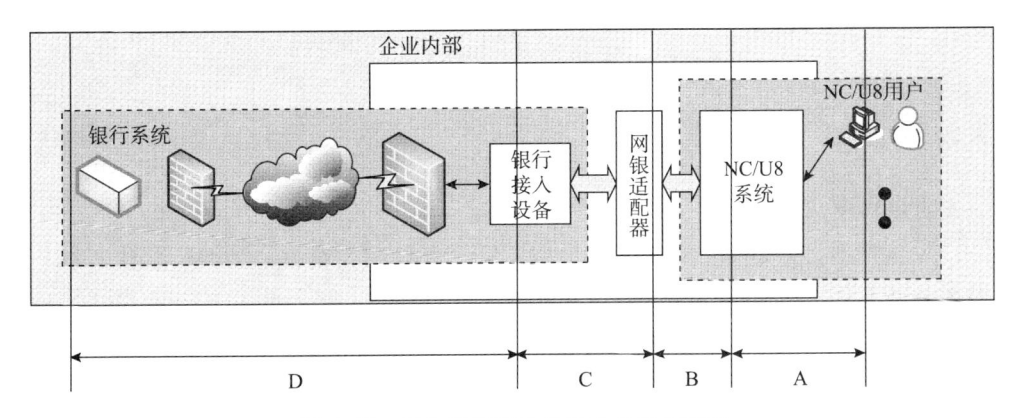

图 6.45　用友网银系统的安全机制示意图

A：NC 系统的安全控制，指在 NC 系统中提供的安全策略和措施，包括：

CA 认证、动态密码、数据签名。

B：NC 到 UFBANK 适配器的加密控制，指从 NC 系统发送到 UFBANK 适配器的数据经过加密传输，适配器收到数据后先进行解密，然后对数据进行处理。

C：UFBANK 适配器到银行前置机的加密控制，指从 UFBANK 适配器发送到银行前置机的数据经过加密传输，银行前置机收到数据后先进行解密，然后对数据进行后续处理。

D：银行业务系统自身的安全控制，指由银行的网银系统提供的自身物理层面和系统层面的安全控制，此层的安全控制完全由银行来进行。

3. 应用价值

- 加强经费及日常花销处理的标准化、规范化，结合审批流程管理，实现在经费申请、审批、报销和财务处理整个过程的电子化处理流程，提高日常工作效率。
- 核算与预算控制、事项审批控制相结合强化银行经费资金监控能力。
- 支持流程银行建设及共享中心模式的应用，集中报销平台提供报账人、审批人和共享中心人员高效快捷操作功能，支撑财务集中后大量报账业务的快速处理，提高财务人员、业务人员及合作伙伴供应商的满意度。
- 作为费用资源配置的事前审批和事中控制的重要环节，报销管理的应用可以根据银行的管理要求采用不同的应用模式。针对集中监控和报账制的集中财务核算中心两种银行经费管理模式，通过网上审批的处理模式进行流程管理。
- 通过资金结算实现内部与外部的付款，提高支付效率，节省支付成本。
- 支持邮件审批、手机审批等多种流程审批方式，并可与 OA 系统接口，实现审批信息的上传下达。

6.5.5 应收/应付管理

管理诉求

应收管理：主要是针对客户的应收款管理以及收款业务，为银行提供其客户及各种外部往来应收款项的处理、核销及相关的查询、统计的功能。支持集团内部销售业务以及内部应收款业务的处理，适应业务处理简便性要求。

通过对应收款项全方位的管理，实现应收业务与销售等相关业务的紧密连接，辅助银行业务流，加强对资金流入流出的核算与管理，强化对资金的控制，保证银行资金的健康流动。

应付管理：针对供应商的应付款管理及付款业务，支持内部采购业务以及内部应付款业务的处理,适应业务简便性的要求。全面满足银行进行供应商及各种外部往来应付款项和付款的处理、核销及相关的查询、统计的需要。

支持银行通过对应付款和付款的管理,强化资金控制,实现资金的合理运用及安排。

解决方案

1. 应用流程

应收管理应用流程如图 6.46 所示。

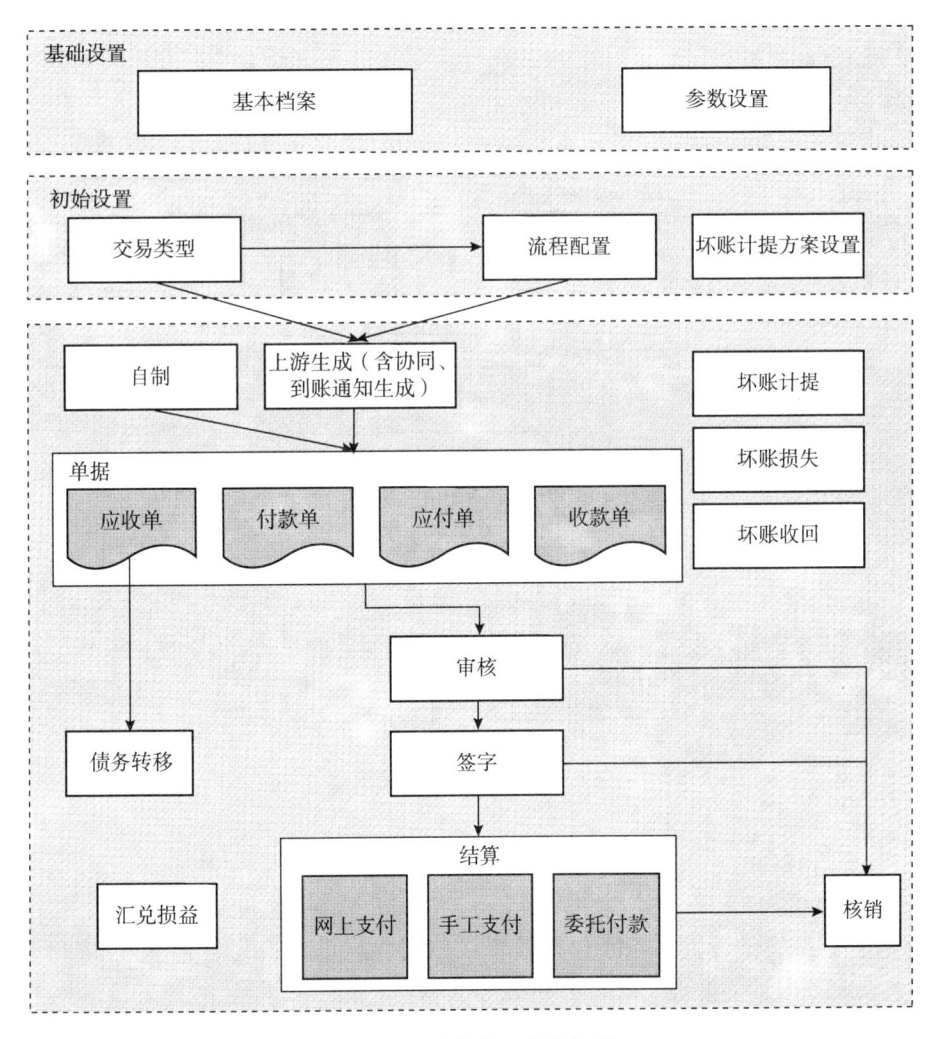

图 6.46　应收管理应用流程

应付管理应用流程如图 6.47 所示。

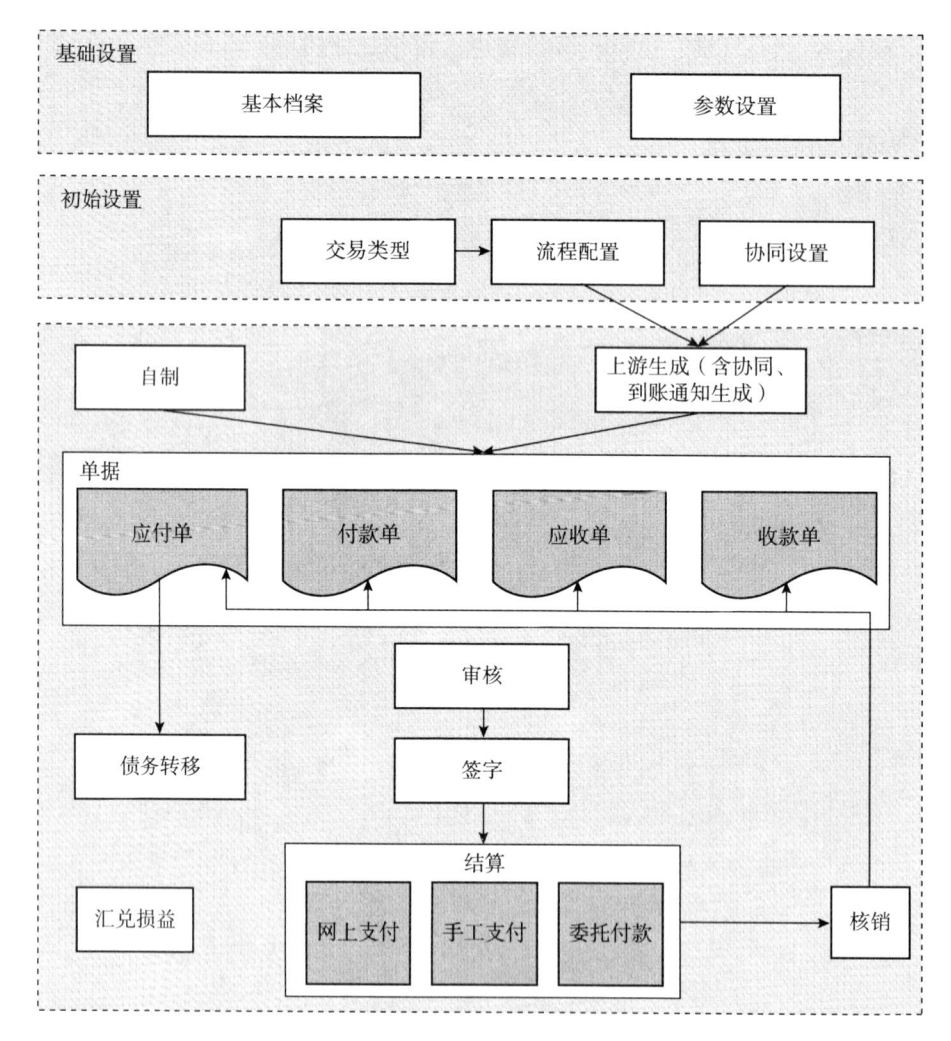

图 6.47　应付管理应用流程

2. 应用特色

（1）基础设置

包括单据类型设置、坏账初始设置和单据协同设置，为各种应收/应付和收款/付款业务的日常处理及统计分析做好准备。

（2）期初余额

提供期初余额录入功能。用户在开始启用应收/应付管理系统时，将尚未处理完的应收/应付以及收款/付款业务录入,作为开始日常业务之前的准备。

（3）单据处理

提供日常业务各种单据的录入、审核、修改、删除及查询功能,包括应收/付单、收款/付款单、收款/付款结算单等。

（4）单据核销

提供手工核销与自动核销功能,支持应收冲应付、应收冲收款、应付冲付款等多种关联业务的核销,支持多币种和异币种核销。

（5）往来并账

提供往来并账功能,可解决两个客户之间的调账问题。

（6）汇兑损益

提供外币往来的汇兑损益计算功能,自动出示汇兑损益报告,满足企业变动汇率管理的需要。

（7）坏账处理

可实现其他应收款的坏账发生、收回和查询功能,有效协助企业进行坏账的核算与管理。

（8）月末处理

提供月末处理功能。自动进行月末结账检查,支持月末反结账。

（9）账表查询

提供单据查询、总账表、余额表、明细账、往来款汇总表、往来款余额表、往来款明细表、报警单、审批情况查询表等多种账表的查询功能。支持常用条件、自定义条件组合查询；统计分析：提供按指定的查询对象,对内部往来款项进行多层次、多角度的统计分析,包括账龄分析等。

3. 应用价值

- 实现银行与客户、部门和业务员所形成的应收款、应付款、收款、付款业务的管理,加强应收应付管理的标准化、规范化。
- 加强对往来款项的核算与管理,强化对资金的控制,保证往来资金的健康流动。
- 集中平台提供报账人、审批人和共享中心人员高效快捷操作功能,支撑财务集中后大量业务的快速处理,提高财务人员、业务人员及合作伙伴供应商的满意度。
- 与其他产品的接口可实现业务间的无缝连接,支持通过资金结算直接付款。

6.5.6 费用预算与控制

管理诉求

费用预算指通过科学合理的费用预算方案，在经营管理的各个环节进行全面控制。总行通过费用预算系统建立全行费用预算指标体系，系统中设置的指标可以根据核心业务科目数据进行计算，实现经费与业务规模、利润挂钩。定义的预算指标对业务处理进行实时控制，并能够进行执行情况分析。

（1）实现对预算及执行数据的多维度管理，如按费用类型维度、按预算类型维度、按项目类型维度。

（2）实现预算对实际支出的预警和控制，满足预算分条块、分层次、分项目对执行的控制需要，实现预算与执行的精确匹配。

（3）实现预算执行情况基本分析报表的提供，满足按年、季、月、日和按机构、项目、币种等多维度提供预算执行情况分析报表。

（4）提供对费用支出进行预算控制的功能，实现银行经费的事前计划、事中控制和事后分析的管理目标。

（5）结合经费预算管理，实现对各类超支经费的及时预警与有效控制。

解决方案

1. 应用流程

（1）费用预算控制

对费用的报销、资本性支出的支付进行实时的事中控制。在系统中设置好预算额度后，在账务处理过程中，系统自动根据预算进行判断是否超出预算，对财务人员进行提示或者控制。在执行过程中可以根据业务发展通过审批流程对预算额度进行调整。预算控制流程如图 6.48 所示。

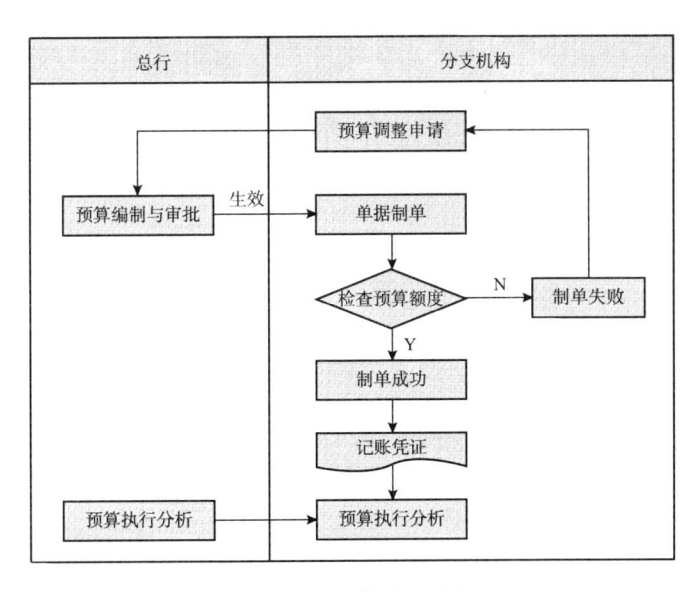

图 6.48　预算控制流程

（2）事项审批控制（见图 6.49）

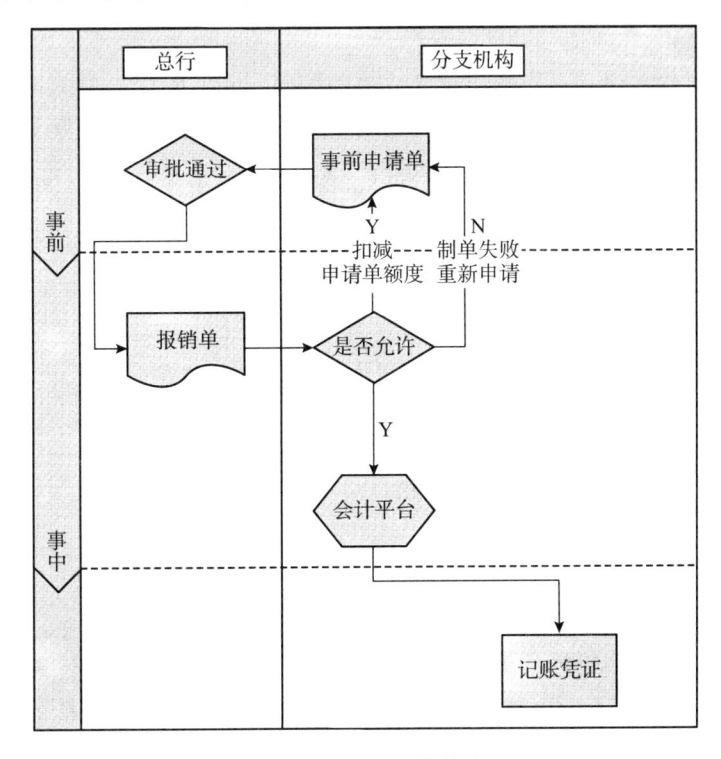

图 6.49　事项审批单的应用

事项审批指在费用发生之前,由预计发生费用的相关人员或部门,向上级申请具体事项的费用,上级进行核准的过程。

事项审批单实际上相当于系统内部一个小型预算,是对预算编制的细化和补充,多用于预算外费用申请、专项费用申请或分阶段费用申请,以期达到专款专用的费用控制的目的。

2. 应用特色

(1) 预算主体

可以按照分支机构、报账中心设置预算主体。

(2) 预算指标

预算指标用于建立银行预算系统使用的指标,是由相关关键值(周期、维度、主体等)确定的一组数据;每个预算指标都代表银行的一项具体业务的经济反映。

(3) 预算维度

预算维度又称为预算对象,指按什么来编制预算。例如编制手机费预算,希望按照个人来编制,那么个人就是预算维度。预算维度可以是用友系统的所有基本档案。维度成员,是指某项维度中具体的值。例如个人这个维度,成员包括本银行所有的员工。

预算维度的多视图:维度中维度成员的展现方式,同一维度的不同视图可以具有不同的成员及成员的层次关系;针对不同的预算计划模型的要求,可以建立多预算维度体系,按照不同视图中的维度成员的编制和汇总关系进行数据编制、汇总和管理。

(4) 预算编制

预算编制完成预算数据的填写、确认、审核、上报、批复、分解、调整等工作。

- 汇总:通过汇总,可按照单位级次关系将下级单位的预算数据进行叠加,并将处理过的预算数据汇总到上级单位,即由下级单位的预算数据汇总得到上级单位的预算数据,是一种自下而上的预算编制。
- 分解:由上级公司按照一定的权重将预算数据分解到下级公司,适用于自上而下的预算编制。

(5) 预算模型

预算模型确定预算场景所涉及的指标、维度。一个模型集成了一个或多个相似经济业务含义的预算表。

预算模型可由不同的有关联关系和非关联关系的指标和维度构成唯一性的组合。如可以把个人预算做为一个预算模型,该预算模型确定了所使用的指标和维度是收支项目和个人。

预算模型中的预算表单用于定义预算表包含的指标、维度的成员及展现方式。

(6) 预算权限

权限管理用于对基本档案、预算模型的设置权限，是否允许各用户或角色使用；权限管理包括：主体权限；模型权限、模型中的参数维组合权限、模型中的维度组合权限；维度的设置权限；格式视图权限、格式视图参数维组合权限。权限设置的动作包括编制、审批上报、批复下发等。

3. 应用价值

- 预算的查询和分析作为一种预算执行情况的监控手段，需要具备完善的取数、展现功能，费用预算提供了完整的预算分析解决方案，进行预算评价、考核、分析；实现了对比分析、环比分析等，满足预算管理者对于数据分析的需要。
- 通过对预算的基础数据的设置、预算数据的维护、预算的控制和预警以及预算的调整和查询分析等的描述，能够满足银行提出的实现对预算的多维度管理和对预算的额度控制，实现对项目的预算管理要求。
- 对财务、业务执行情况实现动态实时控制；控制方式灵活多样，可以实现严格控制、提示控制，可以实现总额控制、单项控制、支持当期控制、累进控制等；可以事前、事中控制，可以通过预警平台进行事后控制预警。

6.5.7 股东权益管理

管理诉求

股东权益管理定位于规范银行的股权管理与运作，保护股东和银行的合法权益，完成与股权相关的各种业务，实现对股权信息有效的登记、查询和统计等功能，改变股权手工、粗放式管理的现象。

主要管理重点包含：

- 股东信息管理：对股东的基本信息资料进行登记管理，如证件（身份证、法人证）号码、联系人、联系地址、联系电话等；同时对基本信息的变更进行维护，并保留历史变更记录。
- 股权登记管理，包括入股、扩股、转入、继承、赠与、退股。
- 股权分红送配管理，包括现金分红、送股、配股。
- 股权维护管理，包括股权质押/解质、冻结/解冻。

- 股权查询报表分析管理，包括股东情况查询，编制股东明细表，编制所有者权益变动表、分红明细表、送配股明细表，监管资本计算，资本充足率计算，股权价值分析（每股盈利、每股净资产等）。

解决方案

1. 应用流程

通过设置股东信息、类别档案、分配方案等基础信息，有效地使各项业务处理在统一的平台上进行，对股权管理的全过程进行记录，各项业务处理如登记、送配、维护等通过会计平台形成有关财务处理，并可进行查询分析，整体应用流程如图 6.50 所示。

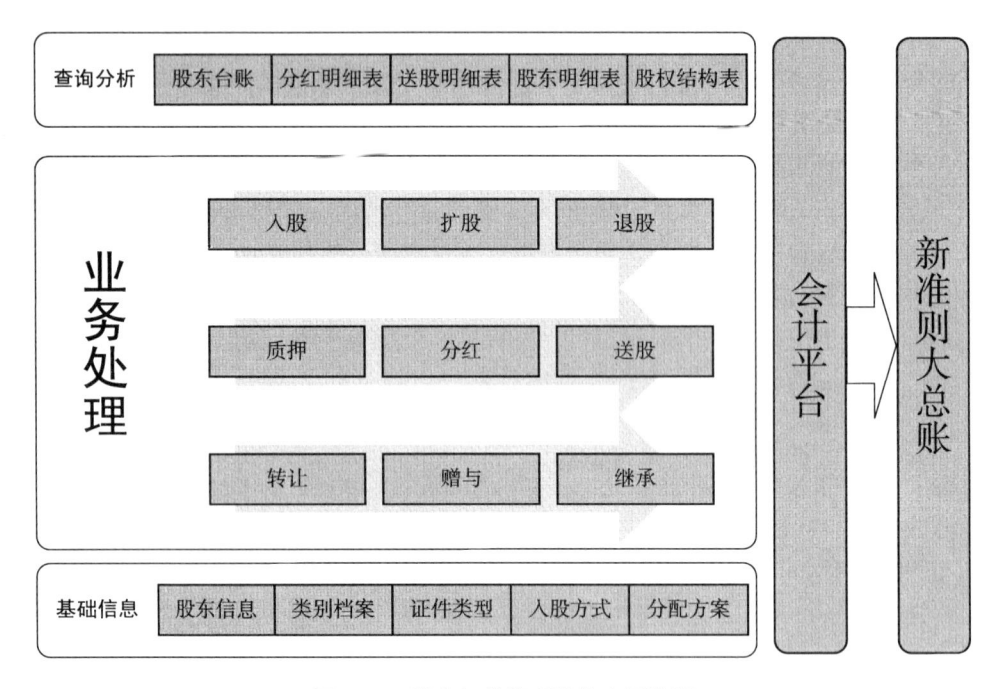

图 6.50 股东权益管理整体应用流程

2. 应用特色

（1）股东信息

股东信息节点的主要功能是记录每个股东的基本信息和股权证信息。

根据入股股东信息自动生成股权证明书样式并打印股权证明，股东明细用于记录所有股东相关信息的账簿，实现对股东各种信息的资料管理。方便对各个股东各种信息的查询、数据统计，对股东明细账进行电算化的管理，对现有股东的资料可以直接以电子表格的方式导入；可以在任何时点都查询到单个股东及所有股东信息，能汇集打印股东名册。

（2）入股

入股节点功能用于录入股东入股的相关信息，并将入股信息关联到股东信息节点中。

入股需要通过审批流程，需要在客户化流程配置中增加入股的流程设计功能。

联动生成凭证，完成整个入股流程操作，审批通过后通过会计平台联动生成凭证。

（3）扩股

主要针对已有股东增加入股金额，需要包括股东账号、股东姓名、证件号码、交易类型、存放机构、股东类别、股权证编号、扩股股数、扩股金额，保存后系统自动更新股东信息中的入股金额、认购股数。

（4）转让、继承、赠与

对股权全部转让及部分转让申请登记，能随时查询股权转让情况，详细注明转让前后事项，能进行单个、部分股权转让，部分转让之后原有股票数量不能少于限额。

（5）退股

对退股进行操作，并对退股情况进行记录，包括退股数量、退股原因等等。

（6）分红

根据股东类别和分红参数（分红比例、代扣税率），进行分红计算，并批量处理分红操作，生成会计凭证；分红信息可以导出 Excel 表格，系统生成分红清单及分红凭证（给股东个人），清单字段信息：股东编号、股东名称、股东凭证号、分红日期、分红比例、代扣税率、代扣税金、应付红利、实付红利。

（7）送股

根据送股参数（送股比例），进行送股计算，并批量处理送股操作，生成会计凭证；送股信息可以导出 Excel 表格。

（8）股权质押

主要实现对股权质押的登记并打印质押凭证及支付、处置功能，能对已受理的股东股权质押情况随时进行查询和统计。

（9）挂失

针对股权证丢失、损坏等原因，进行的挂失、补证等操作，主要包含的功能有股东证挂失并打印挂失申请书、解除挂失、冻结、解除冻结功能。

（10）报表及查询

提供股东明细表、分红明细表、送股明细表、股权结构统计表等报表，便于银行对相关信息进行查询和统计分析。

3. 应用价值
- 规范银行的股权管理与运作，保护股东和银行的合法权益。
- 完成与股权相关的各种业务，实现对股权信息有效的登记、查询和统计等功能，并能联动会计平台自动生成总账凭证，极大减轻财务人员工作量。
- 精细化管理，改变股权手工、粗放式管理的现象。

6.6 税务管理

6.6.1 管理诉求

面临难题

据统计，银行税赋占净利润的 50% 左右，税务管理的重要性不言而喻。由于内外部环境的变化，银行税务管理的难度越来越大。

一方面外部环境的变化使得银行税务管理难度增加：

（1）新《企业所得税法》自 2008 年 1 月 1 日起实施，以前有关规定与新税法相抵触的自动失效。新税法在利息收入的确认、贷款损失准备金税前扣除等方面均较原先的法规有了很大变化。

（2）新《企业会计准则》从 2007 年开始执行，新准则与新税法下会税差异大，加之新准则要求按照资产负债表债务法进行递延所得税核算，税务会计难度大幅增加。

（3）税务政策的不断修正与细化，《关于金融企业贷款损失准备金企业所得税税前扣除有关问题的通知》、《金融企业涉农贷款和中小企业贷款损失准备金税前扣除政策的通知》、《关于农村金融有关税收政策的通知》等税收法规不断出台，如何适应不断变化的税务政策是银行税务管理的难点。

（4）税务机关的稽查水平不断提高，银行税务风险不断凸显，税务违规风险也在不断提高。

另一方面，银行内部业务与管理的变化对税务管理提出更高的要求：

（1）银行业务与产品的快速变化与多元化，而税务政策也是针对细分的金融产品，但是银行业务管理的产品类型与税务口径产品不同，如何在拓展业务同时享受税收优惠，如何找到税务口径的产品涉税信息是税务管理的一个难题。

（2）银行正处于规模扩张阶段，跨地区经营、跨国经营越来越普遍。跨地区经营面临更为复杂的税务监管环境和纳税实务管理。

（3）银行财务管理精细化带来税务成本管理的精细化。银行通常是当地的纳税大户，企业所得税、营业税等税务成本费用占净利润50%左右。通过税收筹划使得银行税务负担合理化和经济效益最大化，也是银行税务管理的紧迫问题。

关键诉求

通过对多家银行税务管理工作的调研，发现银行税务管理的现实困难可以概括为"人员少、工作多、风险大"。主要体现在：

（1）银行既是纳税大户，也是"弱势群体"。银行在应对税务稽核风险与纳税分析税收筹划方面的管理难度大。占净利润近一半的税务成本尚无有效地监管和税收筹划，税务政策执行把握不好总是"被动"支出。

（2）税务管理信息化水平较低。税务管理较财务管理的信息化方面有比较大的差距，无独立的专业系统支持银行税务管理。目前纳税申报为手工填报，且大量涉税调整为人工调整，工作量大、准确性差，从财务系统和核心系统查询相关涉税事项数据，涉税数据不准确、风险大。

（3）缺乏独立税务会计、总行对分支机构的涉税事项缺乏管理和监控。总行在制定全行税务政策与管理制度、对分支机构的税务事项的审批权限、合理的税务成本费用、涉税事项的追溯稽查等方面缺乏有效的管理手段。

（4）缺乏行业内的税务法规工具。银行未能主动适应税务政策变化，许多税务政策把握不准，造成税务管理很被动。

综上，银行业税务管理与信息化的三个关键诉求为：

（1）纳税实务管理。包括：各税种涉税项目数据的自动采集、全税种的集中计算要求。自动生成各税种的纳税申报表和纳税调整报表，纳税申报流程管理、重大涉税项目及税收优惠明细台账登记和纳税统计报告等内容。税务系统灵活性要高，满足税务政策频繁变动的要求和不同地区的税收管理差异性要求。

（2）税务会计。包括：各税种的税款计提与缴纳的会计核算账务处理，基于新会计准则的递延所得税管理与递延所得税核算等。

（3）税务风险管理。包括：纳税风险评估和监控、纳税分析报告、税务预测、在线税务法规帮助系统等。

6.6.2 管理重点

涉及税种

银行税务管理系统覆盖了银行主要税种的税款计算、纳税申报与税务会计核算。涉及的银行主要税种包括：

(1) 国税：企业所得税。

(2) 地税：营业税、城建税、教育费附加、职工教育费附加、个人所得税、房产税、土地使用税、契税、车辆购置税、车船使用税、印花税、水利基金、防洪保安基金、残疾人保障基金、人民防空基金、地方教育基金、增值税等。

纳税实务

1. 企业所得税

当期所得税 = 当期应纳税所得额 × 税率 = （税前利润 + 永久性差异 + 暂时性差异）× 税率

暂时性差异主要有：资产减值准备、公允价值变动、预计负债、递延收益和职工薪酬等项目。

永久性差异主要有：国债利息收入、涉农贷款、中小企业贷款、五万元以下农户贷款、加计扣除类（研究开发费、无形资产—软件开发费）、不得税前扣除类（"三费"超额支出、业务招待费超支、罚款等）。

2. 营业税

主要为贷款、融资租赁、金融商品转让、金融经纪业务和其他业务取得的收入。银行的总行、分行/支行都需在当地缴税登记监管地税局进行缴纳。

应纳营业税额 = （营业收入额 – 允许税前扣除额）× 税率

(1) 营业税的税前扣除项主要有：

- 公允价值变动损益按照税务要求是不予认可，需在税前做纳税调减。（但汇兑损益的是征税营业税。）
- 营业外收入中的部分收入，包括出纳长款收入、罚没款收入，这部分收入免征营业税。
- 国债利息收入免征营业税，但是国债买卖价差收入不免营业税。
- 金融债、央票取得的利息收入，持有至到期免征营业税，如果中途卖掉转让，则取得的利息收入不免。（各地方的税收政策会有不同。）
- 同业资金往来利息收入免征营业税。
- 自 2009 年 1 月 1 日至 2013 年 12 月 31 日，对金融机构农户小额贷款的利

息收入免征营业税。(参见:财政部、国家税务总局《关于农村金融有关税收政策的通知》(财税 [2010] 4 号))

(2) 营业税需要调整项目有:

- 贷款利息收入会计上按照摊余成本实际利率计量的需要按照税务口径调整,即按照合同约定的时间和贷款利率计算;也可根据国家税务总局《关于金融企业贷款利息收入确认问题的公告》(2010 年第 23 号)规定,按照"金融企业已确认为利息收入的应收利息,逾期 90 天仍未收回,且会计上已冲减了当期利息收入的,准予抵扣当期应纳税所得额"执行。
- 贴现票据的利息收入按照税务的口径,应该一次性确认利息收入,而会计上则是分期确认收入,因此在计算当期营业税时,应该做纳税调整。

纳税申报

各税种存在正常申报、正常缴纳、提前缴纳、延迟申报、延迟缴纳、补充申报等情况。按照银行的税务管理制度与流程要求,将各机构的税款缴纳情况进行记录与审批。银行纳税申报的主要内容有:

(1) 企业所得税预缴与汇算清缴。根据《跨地区经营汇总纳税企业所得税征收管理暂行办法》(国税发 [2008] 28 号) 要求,跨区经营银行需要按"三因素"季度预缴所得税,年终进行所得税汇算清缴。银行应按要求进行基本税务设置和基础信息管理,导入涉税财务数据,自动执行税收政策,并自动编制纳税申报表及附表。

(2) 地税综合申报。对于跨区经营的银行,由于各纳税主体的地区差异,缴纳的税种税目可能不一致。存在县级市支行自行缴纳,市区当地支行由分行/管辖行统一汇总缴纳的情况;亦存在部分税种由支行申报缴纳、部分税种分行统一申报缴纳的情况。各税种的税率及申报期限、申报频率不同,给总行统一税务管理带来较大的难度。

此外,税收抵免事项需要有明细记录,以作为纳税调整与税收优惠的依据。例如国债利息收入、金融债利息收入、贷款核销明细与核销贷款收回明细、涉农贷款、五万元以下农户贷款、中小企业贷款明细表等。

税务会计

税务会计主要是各税种应纳税款的计提与实际缴纳的会计处理。具体分为以下情况:

(1) 企业所得税。核算涉及的主要科目有:应交所得税、所得税费用(当期所得税费用、递延所得税费用)、递延所得税资产、递延所得税负债(有关递延所得税核算的内容见下文)。

（2）营业税、消费税以及在销售环节缴纳的流转税（城建税、教育费附加、资源税、关税、土地增值税、烟草税），应纳税额计入营业税金及附加。

（3）房产税、土地使用税、车船税等税种的应纳税额计入"管理费用"。

（4）对于自行完税的印花税，以及一次性缴纳、不需要与税务机关结算税款的耕地占用税、契税、车辆购置税，可以不通过应交税费进行核算，一类计入当期损益，一类计入有关成本。

递延所得税

新《企业会计准则》与《企业所得税法》实施，银行业面临的会税差异越来越大，主要体现在贷款利息收入、金融资产公允价值变动、资产减值准备和固定资产折旧政策等方面。新准则要求采用资产负债表债务法核算递延所得税，计算所得税费用；将应纳税暂时性差异确认为递延所得税负债，可抵扣暂时性差异确认为递延所得税资产。

递延所得税管理涉及计算分析会税差异，进行纳税调整，计算应交所得税当期所得税、递延所得税费用，相关数据通过会计平台，在大总账系统进行递延所得税资产、递延所得税负债和递延所得税等税务核算（见图6.51）。

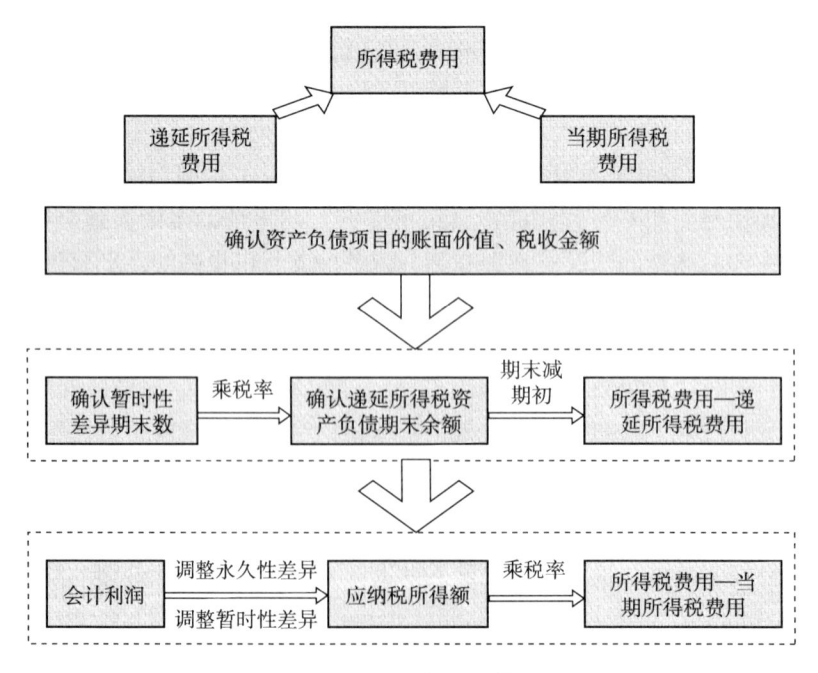

图6.51 递延所得税计算流程

纳税分析

纳税分析内容包括：全行/分行各税种的纳税统计表、纳税评估分析与风险测评表（见表6.8）、纳税事项指标分析表（见表6.9、表6.10）和税负成本预测等内容。

表6.8　　　　　　　　　　纳税评估分析与风险测评表

指标	分析计算公式	对比分析标准
营业收入变动率		收入变动率大于预警值（上限）或小于预警值（下限）
营业支出变动率		成本变动率大于预警值
利息净收入变动率		主营业务利润变动率低于预警值
利息收入成本率	利息收入成本率 = 利息支出 ÷ 利息收入	主营业务收入成本率明显高于行业平均水平或基期主营业务收入成本率
主营业务收入费用率	利息收入业务及管理费用率 = 业务及管理费用 ÷ 利息收入	主营业务收入费用率明显高于行业平均水平或基期主营业务收入费用率
成本费用率	成本费用率 = 营业支出 ÷ 营业收入	成本费用率明显高于行业平均水平或基期主营成本费用率；成本费用率明显低于行业平均水平或基期主营成本费用率
主营业务毛利率	主营业务毛利率 = 利息净收入 ÷ 利息收入	主营业务毛利率明显高于行业平均水平或基期主营业务毛利率
业务及管理费用费用增长率		期间费用增长率大于预警值
营业收入利润率	营业收入利润率 = 营业利润 ÷ 营业收入	销售（营业）收入利润率明显小于行业平均水平或基期销售（营业）收入利润率；销售（营业）收入利润率明显高于行业平均水平或基期销售（营业）收入利润率
营业支出利润率	营业支出利润率 = 营业利润 ÷ 营业支出	销售（营业）成本利润率明显小于行业平均水平或基期销售（营业）收入利润率

续表

指标	分析计算公式	对比分析标准
营业外支出增长率		营业外支出增长率大于预警值
固定资产综合折旧率		本期固定资产综合折旧率大于基期20%
无形资产综合摊销率		本期无形资产综合摊销率大于基期20%
利息收入变动率与利息净收入变动率配比分析		当比值<1，且两者相差较大，二者都为负时；当比值>1且两者相差较大，二者都为正时；当比值为负数，且前者为正后者为负时
利息收入变动率与利息支出变动率配比分析		当比值<1，且两者相差较大，二者都为正时；当比值为负数，且前者为负后者为正时
利息支出变动率与利息净收入变动率配比分析		当两者比值>1，都为正时；前者为正后者为负时
应纳税所得额变动率		该指标如果发生较大变化
工资薪金纳税调整额		工资薪金纳税调整额大于0
职工福利费纳税调整额		职工福利费纳税调整额大于0
职工教育经费纳税调整额		职工教育经费纳税调整额大于0
工会经费纳税调整额		工会经费纳税调整额大于0
业务招待费纳税调整额		业务招待费纳税调整额大于0
广告费纳税调整额		广告费纳税调整额大于0
业务宣传费纳税调整额		业务宣传费纳税调整额大于0
捐赠支出纳税调整额		捐赠支出纳税调整额大于0
审批项目		需要审批的税前扣除项目或减免税未经审批，或虽经审批但实际的扣除额或减免数额大于审批数
企业所得税税收负担率（税负率）	税负率 = 当期所得税费用 ÷ 利润总额	与当地同行同期和本企业基期所得税负担率相比，低于预警值的

续表

指标	分析计算公式	对比分析标准
主营业务利润所得税税收负担率	主营业务利润所得税税收负担率＝当期所得税费用/利息净收入	与当地同行同期和本企业基期主营业务利润所得税负担率相比，低于预警值的
企业所得税税收贡献率		与当地同行同期和本企业基期所得税贡献率相比，低于预警值的
所得税负担变动率		与企业基期和当地同行同期指标相比，低于预警值的
所得税贡献变动率		与企业基期和当地同行同期指标相比，低于预警值的

表 6.9　　涉税事项指标收入及扣除项目分析表

	申报项目	2010 年发生额	2009 年发生额	2010 年变动额	2010 年变动率
收入总额	银行业务收入				
	其他金融业务收入				
	视同销售收入				
	投资收益				
	公允价值变动收益				
	其他收入				
	营业外收入				
收入总额合计					
扣除项目	减：营业成本				
	营业税金及附加				
	销售费用				
	管理费用				
	财务费用				
	资产减值损失				
	营业外支出				
扣除项目合计					
其他	利润总额				
	应纳税所得额				
	应纳所得税额				

表 6.10　　　　　　　　　涉税事项指标（各项支出）分析表

申报项目		2010年调整金额	2009年调整金额	2010年费用占比	2009年费用占比	2010年费用占比变动率
扣除类纳税调整项目	工资薪金支出					
	职工福利费支出					
	职工教育经费支出					
	业务招待费支出					
	广告费和业务宣传费支出					
	捐赠支出					
	利息支出					
	住房公积金					
	税收滞纳金					
	赞助支出					
	各类基本社会保障性缴款					
	补充养老保险、补充医疗保险					

6.6.3　解决方案

银行税务管理系统分为两个子系统：纳税实务与税务会计、税务分析。其中纳税实务与税务会计子系统按税种又细分为两个子模块：企业所得税、营业税及其他税种（见表 6.11）。图 6.52 展示了税务管理系统的主要功能。

表 6.11　　　　　　　　　银行税务管理系统

系统	子系统	模块
税务管理	纳税实务与税务会计	企业所得税
		营业税及其他税种
	税务分析	

第 6 章 绩效管理基础之会计核算 413

- 数据采集及税款计算
- 各税款的会计账务处理
- 递延所得税核算

数据采集
税务会计

- 税务登记
- 纳税申报
- 税款缴纳
- 流程管理
- 税收抵免备案登记

税务
实务管理

税务分析

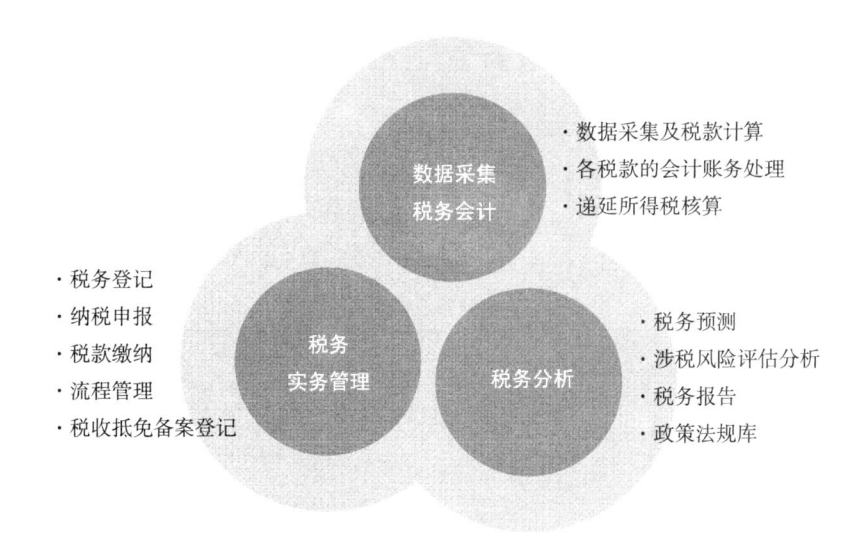

- 税务预测
- 涉税风险评估分析
- 税务报告
- 政策法规库

图 6.52 税务管理系统主要功能

系统架构（见图 6.53）

纳税实务管理包括：税务登记、纳税申报、税款缴纳、发票管理、税收抵免登记、税务事项台账管理等功能。

税务会计包括：税款计提、缴纳、补缴、返还相应的会计处理，以及递延所得税的会计核算。

税务分析包括：税务分析报告、税务风险分析和税务法规帮助等功能。

税务管理系统与银行业务系统和用友 NC 财务会计、管理系统的数据采集及接口关系如下：

（1）税务管理系统，涉税项目数据采集支持从数据仓库，业务系统如核心系统、信贷管理系统、资金交易系统，用友 NC 财务会计系统如总账、报销管理、固定资产、金融工具、信贷资产核算与减值测试、薪资管理等系统取数。

（2）数据计算后，系统应生成应交税金等会计凭证传递到总账，同时手工补录的涉税事项调整凭证系统也应支持传递到总账。如银行建立数据仓库，税务数据也应传递到数据仓库。

（3）系统支持税务数据的联查总账会计科目金额、联查总账凭证明细信息、联查固定资产卡片、金融工具台账等系统。

应用特色

用友银行税务管理系统建立税务的集中共享统一管理：建立银行的全税种税务集中管理模式，为银行的税务管理人员提供系统支持。系统的特色功能包括：

税务管理系统

基础设置
- 税种涉税项目定义
- 涉税项目指标定义
- 指标公式定义

数据采集

业务系统
- 核心
- 信贷
- 资金
- 其他

财务系统
- 总账
- 固定资产
- 金融工具
- 信贷核算

HR系统
- 人事管理
- 薪酬福利

数据采集、调整、审批

纳税实务与税务会计

纳税实务管理
- 税务登记
- 纳税申报
- 税款缴纳
- 发票管理
- 税收抵免
- 税务移交

税务会计
- 税款计提
- 税款缴纳
- 税款补缴
- 税款返还

税务分析

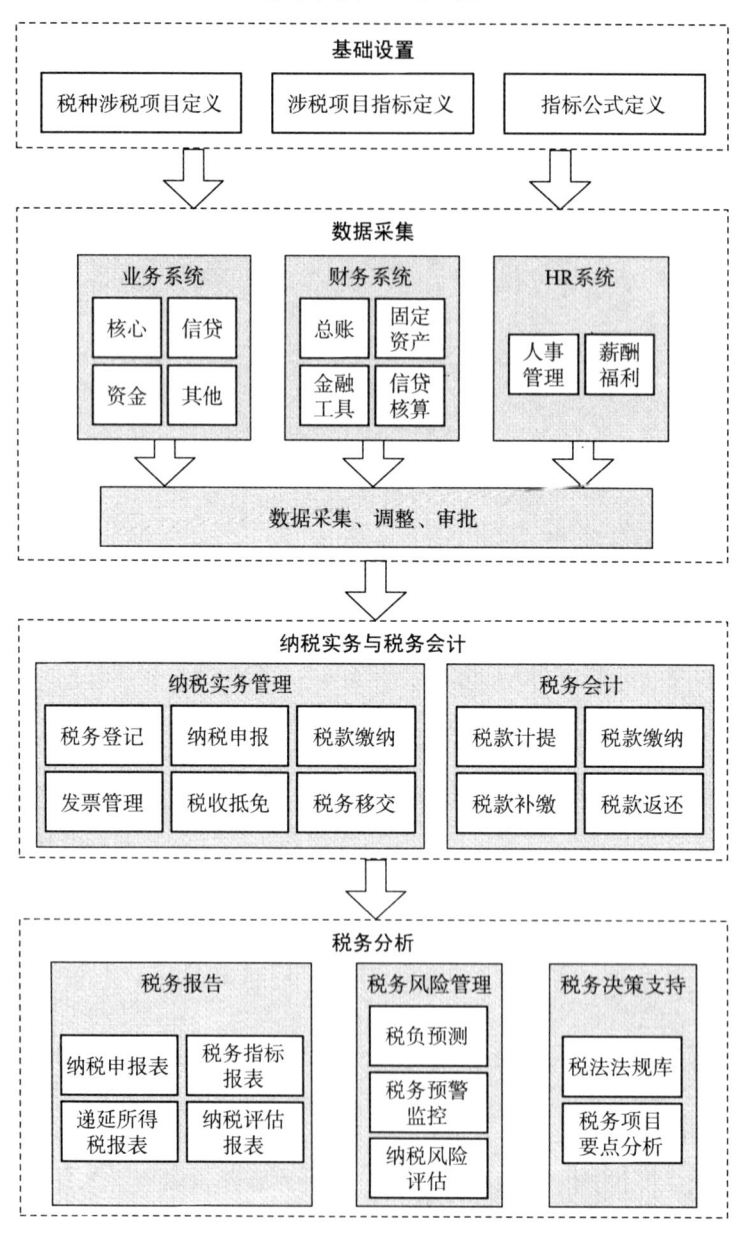

税务报告
- 纳税申报表
- 税务指标报表
- 递延所得税报表
- 纳税评估报表

税务风险管理
- 税负预测
- 税务预警监控
- 纳税风险评估

税务决策支持
- 税法法规库
- 税务项目要点分析

图 6.53 税务管理系统架构

第6章 绩效管理基础之会计核算

1. 纳税实务与税务会计

（1）涉税数据的采集：实现涉税数据的自动采集，同时也支持用户手工录入涉税调整数据。系统支持各机构定义自身的涉税数据采集设置，满足不同地区对同一税种执行标准不同的需求（见图6.54）。

图6.54 税务单据页面示例

（2）税务的稽核补缴及免征管理：系统支持各税种的抵免、补缴、返还和税收优惠备案管理，支持后续历史明细查询（见图6.55）。

图6.55 税务补缴页面示例

（3）纳税申报。银行纳税申报表包括：所得税预缴、所得税汇算清缴和地税综合申报表。系统建立税务申报管理，支持自动生成各税种的申报表，支持纳税申报的审批流程管理，支持税务申报提醒。支持各机构分级次的申报表的查询与汇总统计（见图 6.56 ~ 图 6.58）。

图 6.56　生成纳税申报表页面示例

图 6.57　所得税预缴表页面示例

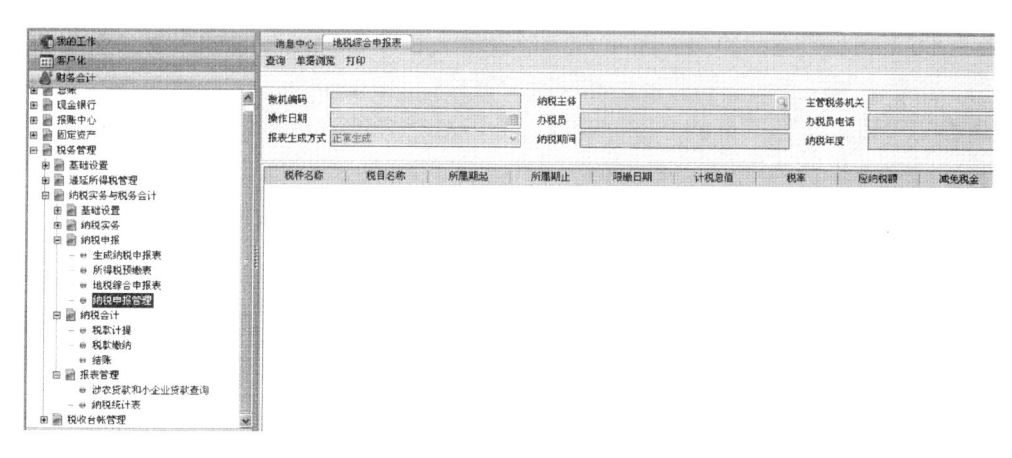

图 6.58　地税综合申报表页面示例

（4）税务会计：实现各种税款的自动计算计提，并生成相关总账账务凭证，支持期后账务调整。

（5）递延所得税管理与核算：为满足新会计准则所得税准则核算和新税法管理要求，系统支持灵活定义产生暂时性差异的资产负债项目，支持递延所得税资产及负债的计量及自动生成递延所得税账务凭证。

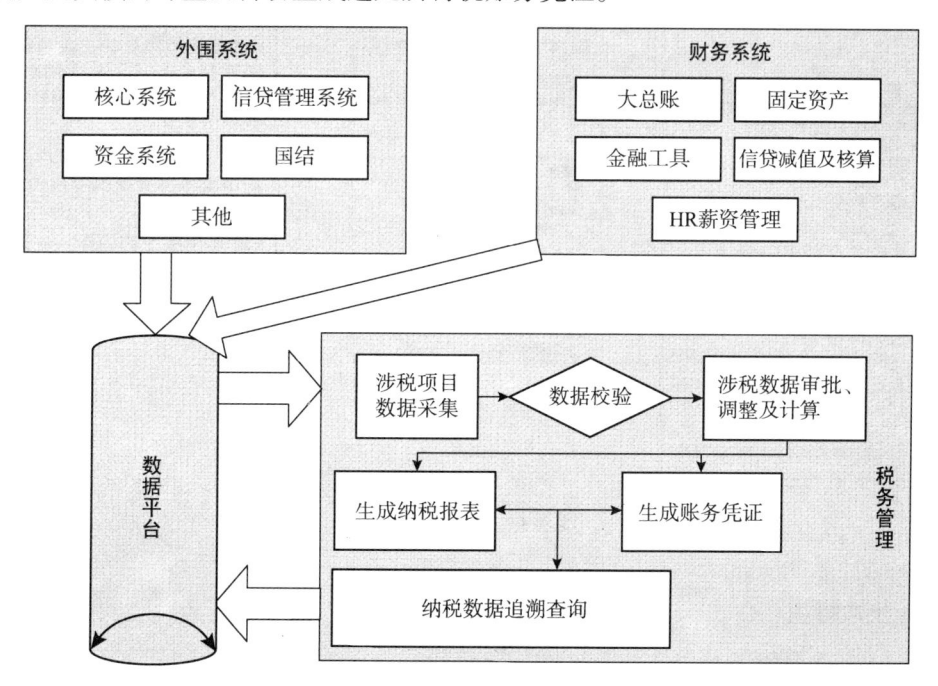

图 6.59　税务数据追溯示意图

(6）纳税数据的追溯：系统支持各税种涉税项目的税务数据和财务数据查询，支持追溯联查历史科目数据和底层凭证数据、原始单据，实现涉税数据的追溯查询和钻取（见图 6.59）。

2. 税务分析

（1）纳税统计分析与风险测评：支持用户自定义设置各税种纳税风险评估的指标，并支持比较分析和环比分析等。

（2）税务预测：支持用户在业务经营规模预测的基础上，预测该期间的各税金成本。

（3）政策法规和审核要点帮助：系统提供税务法规库，提供政策帮助系统，并且进行银行税务政策归集及整理，并进行分析解读。系统定期更新法规库，并且建立在线实时更新的税务法规网站供银行用户学习（见图 6.60）。

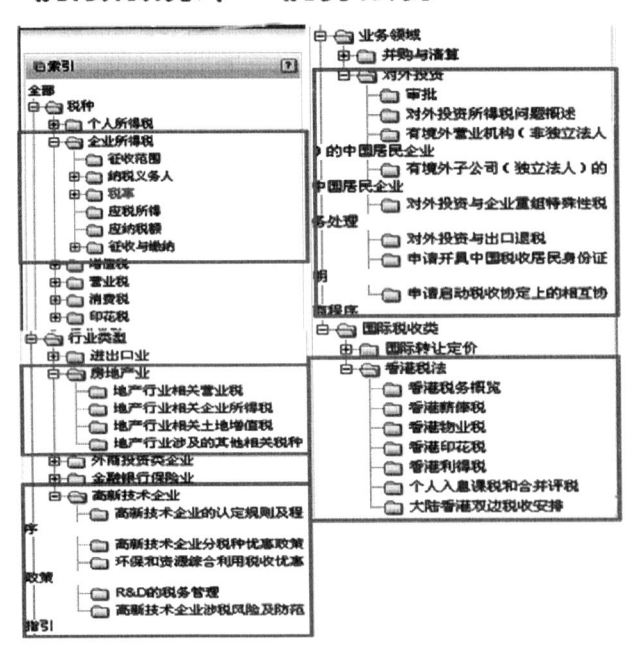

图 6.60　税务法规库

技术特色

（1）数据源的开放性：系统支持开放式的涉税数据采集源。支持从 NC 总账或固定资产或其他业务系统取数、支持从核心系统账户或数据仓库取数，以及支持 Execl 外部数据导入，支持手工录入数据。

（2）系统支持授权管理和流程化管理。支持涉税事项数据采集设置、调整的审批，满足银行内部风险控制的要求。

6.6.4 案例分享：YH – HS 税务管理系统

银行概况

行业： 金融行业—区域性股份制银行

简介： YH – HS 成立于 2005 年 12 月 28 日，是全国首家由城市商业银行和城市信用社联合重组的区域性股份制银行。YH – HS 成立以来，始终坚持以科学发展观为指导，积极拓展业务市场，不断强化风险控制，稳步推进内部改革，探索出一条具有自身特色的发展之路，取得了良好的经营业绩。其主要业务指标以年均40%的速度增长，业务发展连续跨越新台阶，发展速度、发展质量居行业前列，主要监管指标达到国内上市银行中上水平，被中国银监会评为二级行。

截至 2010 年 6 月末，YH – HS 拥有机构网点 165 个，在职员工 4 400 多人，注册资本人民币 81.75 亿元；YH – HS 资产总额达到 1 946.52 亿元，各项存款余额 1 528.85 亿元，各项贷款余额 1 086.89 亿元。

信息化起因

一方面外部环境的变化使得银行税务管理难度增加：新《企业所得税法》自 2008 年 1 月 1 日起实施，以前有关规定与新税法相抵触的自动失效；新《企业会计准则》从 2007 年开始执行，新准则与新税法下税务会计差异大，加之新准则要求按照资产负债表债务法进行递延所得税核算，税务会计难度大幅增加；税务政策的不断修正与细化，如何适应不断变化的税务政策成为银行税务管理的难点；税务机关的稽查水平不断提高，银行税务风险不断凸显，税务违规风险也在不断提高。

另一方面，银行内部业务与管理的变化对税务管理提出更高的要求：银行业务与产品的快速变化与多元化，而税务政策也是针对细分的金融产品，如何找到税务口径的产品涉税信息是税务管理的一个难题；银行正处于规模扩张阶段，跨地区经营面临更为复杂的税务监管环境和纳税实务管理；银行财务管理精细化带来税务成本管理的精细化。银行通常是当地的纳税大户，企业所得税、营业税等税务成本费用占净利润 50% 左右。通过税收筹划使得银行税务负担合理化和经济效益最大化，也是银行税务管理的紧迫问题。

信息化应用目标

1. 税款计算与核算

包括全税种的集中计算、各税种涉税项目数据的自动采集、各税种的会计核算账务处理。要求税务系统灵活性要高：满足税务政策频繁变动的要求和不同地区的税收管理差异性要求。

2. 纳税实务管理

包括自动生成各税种的纳税申报表和纳税调整报表，纳税申报流程管理、重大涉税项目及税收优惠明细台账登记和纳税统计报告等内容。

3. 税务风险管理

包括纳税风险评估和监控、纳税分析报告、税务预测、在线税务法规帮助系统等。

解决方案功能应用与特色

1. 管理的集中共享统一

建立银行的全税种税务集中管理模式，为银行的税务管理人员提供系统支持。

2. 各税种税务会计

实现各种税款的自动计算计提，并生成相关总账账务凭证，支持期后账务调整。

3. 新准则递延所得税核算

为满足新会计准则所得税准则核算和新税法管理要求，系统支持灵活定义产生暂时性差异的资产负债项目，支持递延所得税资产及负债的计量及自动生成递延所得税账务凭证。

4. 纳税申报管理

银行纳税申报表包括：所得税预缴、所得税汇算清缴和地税综合申报表。系统建立税务申报管理，支持自动生成各税种的申报表，支持纳税申报的审批流程管理，支持税务申报提醒。支持各机构分级次的申报表的查询与汇总统计。

5. 税务的稽核补缴及免征管理

系统支持各税种的抵免、补缴、返还和税收优惠备案管理，支持后续历史明细查询。

6. 纳税数据的追溯

系统支持各税种涉税项目的税务数据和财务数据查询，支持追溯联查历史科目数据和底层凭证数据、原始单据，实现涉税数据的追溯查询和钻取。

7. 纳税统计报表与风险评测

支持用户自定义设置各税种纳税风险评估的指标，并支持比较分析和环比分析等。

8. 提供政策法规和审核要点帮助系统

系统提供税务法规库，提供政策帮助系统，并且进行银行税务政策归集及整理，并进行分析解读。系统定期更新法规库，并且建立在线实时更新的税务法规网站供银行用户学习。

应用效果

用友税务管理系统为 YH-HS 构建现代化先进银行，实现精细化、规范化、科学化管理的经营发展战略的要求提供了关键支持。表 6.12 对 YH-HS 应用税务管理系统前后的效果进行了比较。

表 6.12　　　　　　　　YH-HS 税务管理系统应用效果

功能模块	上线前	上线后
税务管理	● 税务管理信息化水平较低。纳税申报为手工填报，且大量涉税调整为人工调整，工作量大准确性差、风险大 ● 缺乏独立税务会计、总行对分支机构的涉税事项缺乏管理和监控	● 税务管理实现信息化，从涉税数据的采集、税款的计算、纳税申报与税务会计全部采用系统管理，提高了税务管理的质量与效率 ● 将全行所有的涉税事项全过程管理纳入系统，支持税务数据的追溯、税务的稽核补缴及免征管理和审批流等功能，提高了总行对分支机构税务管控能力，降低税务风险

第7章 绩效管理基础之数据服务

7.1 数据服务综述

在银行业务快速发展和 IT 技术的推动下，银行构建了大量的业务系统，如核心综合业务系统、信贷业务系统、资金系统、中间业务系统等等。这些系统从数据和应用的角度来看，都具有以下共同特征：

- 面向特定的应用。
- 由事务处理驱动。
- 实时性要求高。
- 数据检索量少。
- 主要处理当前数据。
- 数据按照处理流程进行组织。

这些信息系统的整体设计一般都缺少统一规划，没有形成统一的数据中心或数据平台，造成各系统间无法进行有效的数据交换，从而产生了大量的"信息孤岛"。

然而随着中国经济的飞速发展，各银行的资产规模迅速扩张，业务越来越复杂，竞争日趋激烈，风险越来越高，监管更加规范和严格。同时由于新会计准则的实施，使得银行也面临着财务核算体系的变更。银行业为了迎接此类挑战，应该在以下三个方面加强应对：

- 建设新一代管理会计系统，加强分析和决策能力，提高盈利水平。
- 构建全面风险管理系统，增强风险管理能力，满足监管要求。
- 建设大总账系统，实现新会计准则核算，避免核心业务系统的大量变更，保证业务的安全稳定运行，彻底实现业务系统和核算系统的分离。

管理会计系统、风险管理系统、大总账系统所需要的基础数据来源于四个方面：一是对核心业务系统的数据进行加工；二是通过管理会计系统自主生成；三是通过其他管理系统，如信贷管理系统等进行获取；四是获取外部的行业数据。数据源的分散造成管理会计系统和全面风险管理系统必须耗费大量的资源完成基础数据的整理工作，这也同样影响到最终结果的准确性。因此要建设这些系统，必须采用先进的方法论和新 IT 技术消除这些"信息孤岛"，构建全行统一的可扩展的数据中心。数据服务就是通过专业的方法和技术构建全行统一的数据中心，在此基础上针对不同的应用构建数据集市。

7.1.1 数据整合平台

1. 数据整合平台建设目的

数据整合平台系统从各"信息孤岛"抽取业务数据，然后进行清洗、检核、转换、加载，并采用"面向主题"的方法进行归类，构建银行业务数据的统一视图，解决银行在建设多个管理系统时反复加工和重复转换数据的问题，为管理会计、风险管理和大总账等系统提供专业、独立的业务数据，减少此类系统的建设难度并降低了总体维护成本。

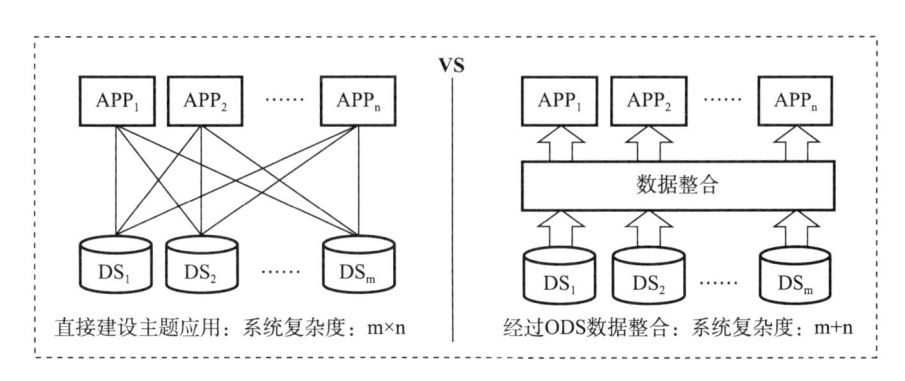

图 7.1　数据整合平台系统

2. 数据整合平台建设思路

任何需求均来源于业务，业务决定了需求，数据整合平台也应由业务所驱动。数据服务采取"业务驱动"的方法来构建数据平台的数据模型。

整个数据平台采用三级模型的方式：

应用模型：也就是业务模型，由企业决策者、商务领域知识专家和 IT 专家对企业级跨领域业务系统需求分析的结果，如图 7.2 中客户贡献分析模型、绩效考核模型等。

逻辑模型：用来构建数据仓库的数据库逻辑模型。根据分析系统的实际需求决策构建数据库逻辑关系模型，定义数据库物理结构及其关系，关联数据仓库的逻辑模型和物理模型，如图 7.2 中存款主题模型、贷款主题模型、中间业务主题模型等。

物理模型：构建数据仓库的物理分布模型，主要包含数据仓库的软硬件配置，资源情况以及数据仓库模式。本文主要指逻辑模型的物理结构。

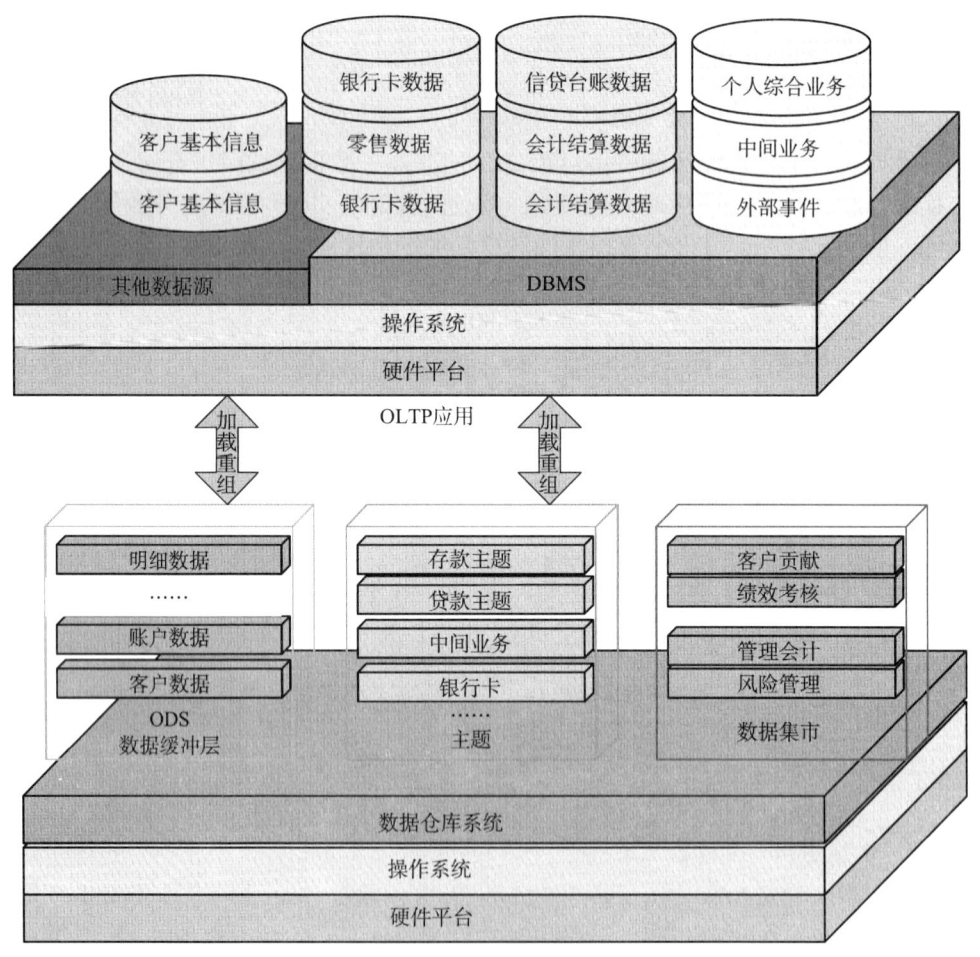

图 7.2 数据平台应用

7.1.2 新准则应用数据集市

1. 新准则应用集市数据架构（见图 7.3）

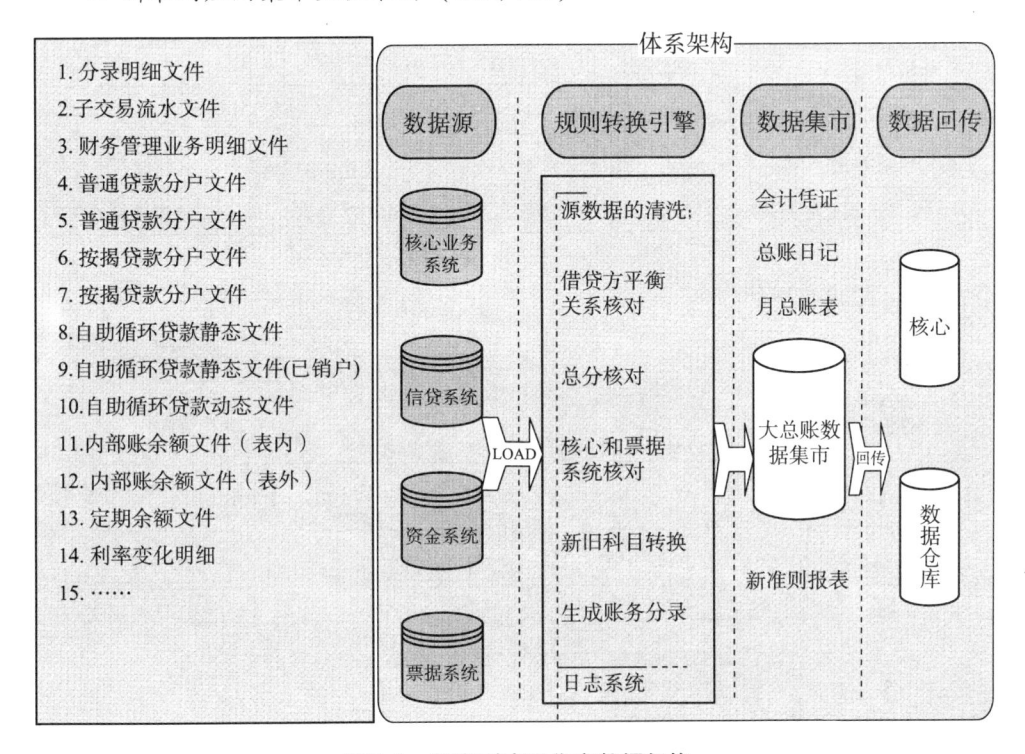

图 7.3 新准则应用集市数据架构

2. 新准则应用数据集市的构成

大总账数据集市主要功能是整合核心系统、信贷系统以及其他系统的有关账户数据、账户分类数据、交易数据，并按照新会计准则转换科目体系以满足大总账系统实现新会计准则核算的数据需求，主要有以下几个部分组成：

- 源数据缓存层。
- 处理规则层。
- 集市数据存储层。
- 数据应用层。

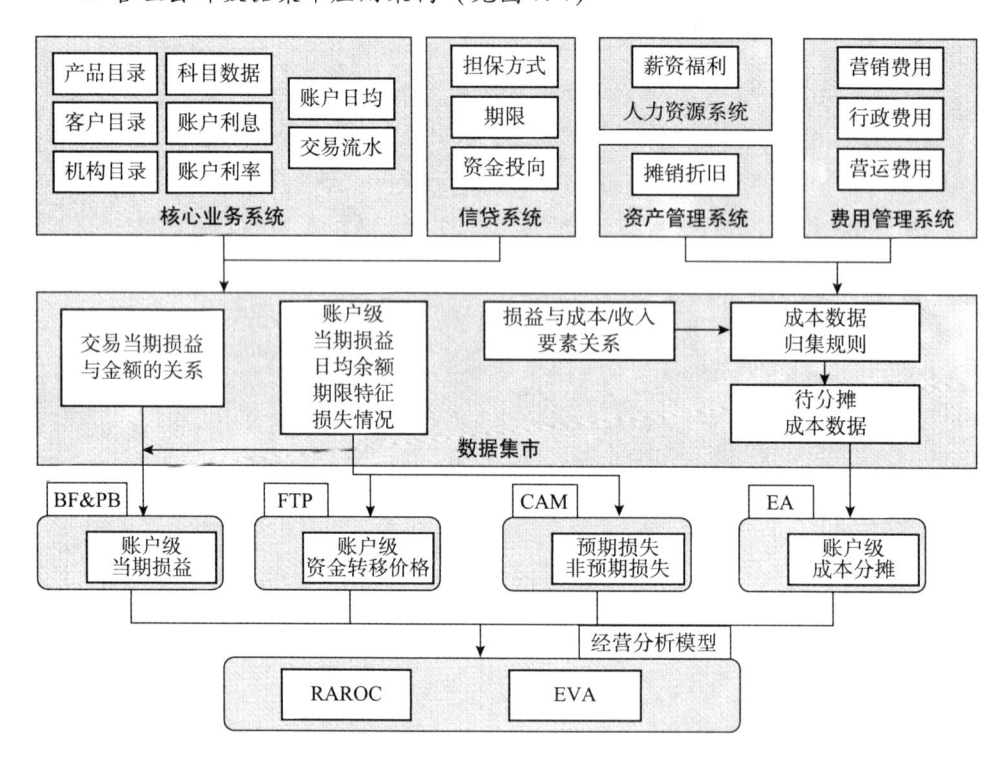

7.1.3 管理会计数据集市

1. 管理会计数据集市应用架构（见图7.4）

图7.4 管理会计数据集市应用架构

2. 管理会计数据集市的构成

管理会计数据集市可为银行管理会计系统建设——资金转移定价、费用分摊、绩效考核、经营分析等提供数据支撑，按照应用的不同，管理会计数据集市主要由以下几个应用主题模型构成：

- FTP 主题：账户级数据，包含了期限、重定价日、利率等关键信息。
- 费用分摊：组合维度级数据，包含机构、部门、币种、客户、客户经理、地区、业务条线、渠道、期限等关键维度。
- 绩效考核：账户级明细数据、FTP、EA 的结果数据。
- 经营分析：明细数据、FTP、EA 的结果数据、分类汇总数据以及多种分析模型数据。

7.1.4 风险管理数据集市

1. 风险管理数据应用架构（见图7.5）

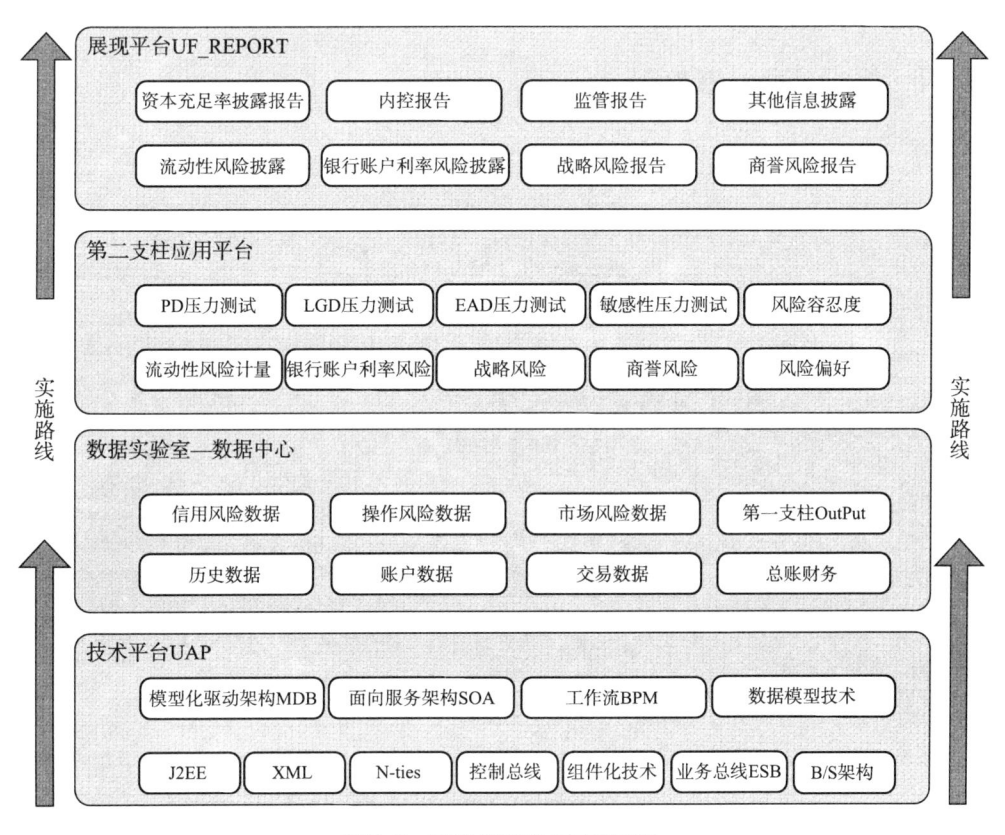

```
展现平台UF_REPORT
  资本充足率披露报告  内控报告  监管报告  其他信息披露
  流动性风险披露  银行账户利率风险披露  战略风险报告  商誉风险报告

第二支柱应用平台
  PD压力测试  LGD压力测试  EAD压力测试  敏感性压力测试  风险容忍度
  流动性风险计量  银行账户利率风险  战略风险  商誉风险  风险偏好

数据实验室—数据中心
  信用风险数据  操作风险数据  市场风险数据  第一支柱OutPut
  历史数据  账户数据  交易数据  总账财务

技术平台UAP
  模型化驱动架构MDB  面向服务架构SOA  工作流BPM  数据模型技术
  J2EE  XML  N-ties  控制总线  组件化技术  业务总线ESB  B/S架构
```

图 7.5 风险管理数据应用架构

2. 风险管理数据集市的构成

风险数据集市主要为银行的风险管理系统建设——资本管理、操作风险、市场风险、信用风险、流动性风险、资产负债管理等提供数据支撑。按照应用的不同，风险管理数据集市主要由以下几个应用主题模型构成：

- 基础指标法资本计量：银行各业务条线连续三年的收入等数据归集。
- 标准法资本计量：银行各业务条线的账户、交易数据归集。
- 操作风险：银行内部损失历史数据和外部损失历史数据的归集。
- 市场风险：银行交易账户数据的归集。
- 信用风险：银行交易账户和银行账户数据的归集。

- 其他主题。

7.2 数据服务架构

7.2.1 银行数据管理架构

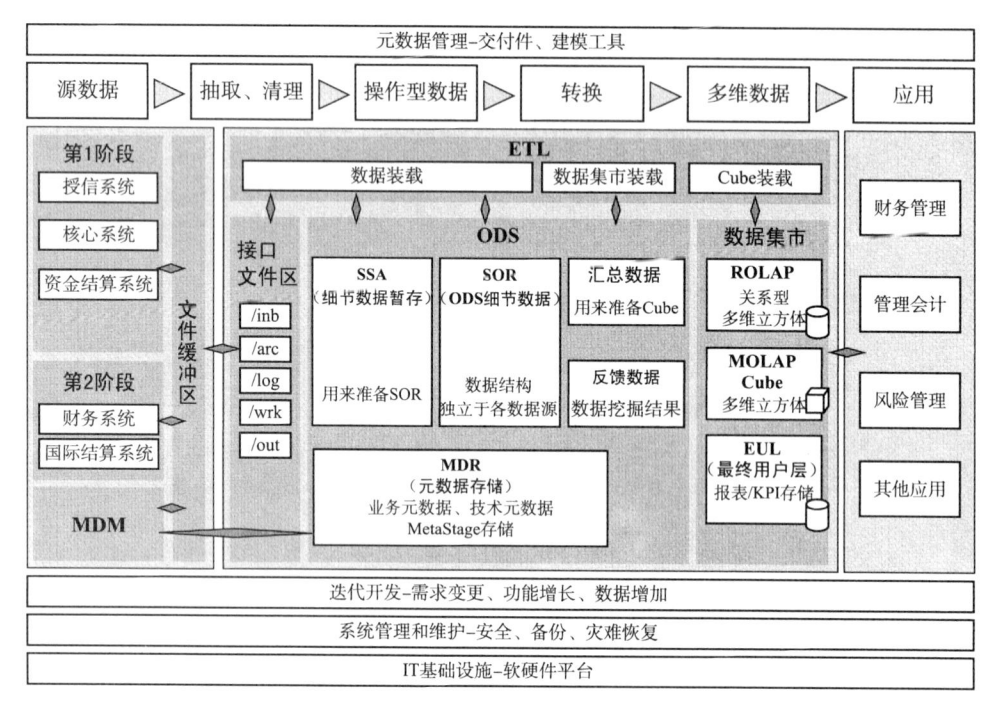

图 7.6 元数据管理架构

1. MD 主数据：主数据是关键数据，为特定领域提供了业务环境；主数据描述了核心业务实体的事实，如账户、产品、客户等，是银行跨业务流程反复使用的"高价值"信息/数据。

2. MDM 主数据管理：将数据从应用和流程中独立出来，并且将数据呈现为一系列可重用的服务。银行将从此获得共享、完整、准确的主数据，具有以下特点：

- 从具体应用中分离出的主要信息。
- 简化系统间的整合，以及新应用的开发。
- 确保交易系统和分析系统之间统一的主要信息。

- 定位于数据质量和一致性问题的"事前"处理，而不仅利用数据仓库进行"事后"处理。

3. 数据中心（ODS）：业务系统主数据的 ETL 和数据存储，特点如下：
- 统一的数据和业务视图。
- 统一的架构。
- 把各个主数据集中起来形成干净一致的数据。
- 灵活的适应报表的要求。

4. 应用：为管理型产品提供数据支撑、并集成各产品的结果数据为决策支持提供数据支持。包括风险管理产品数据集市、管理会计产品数据集市、CRM 数据集市、多维分析（ROLAP）数据集市等。

7.2.2 银行数据应用架构

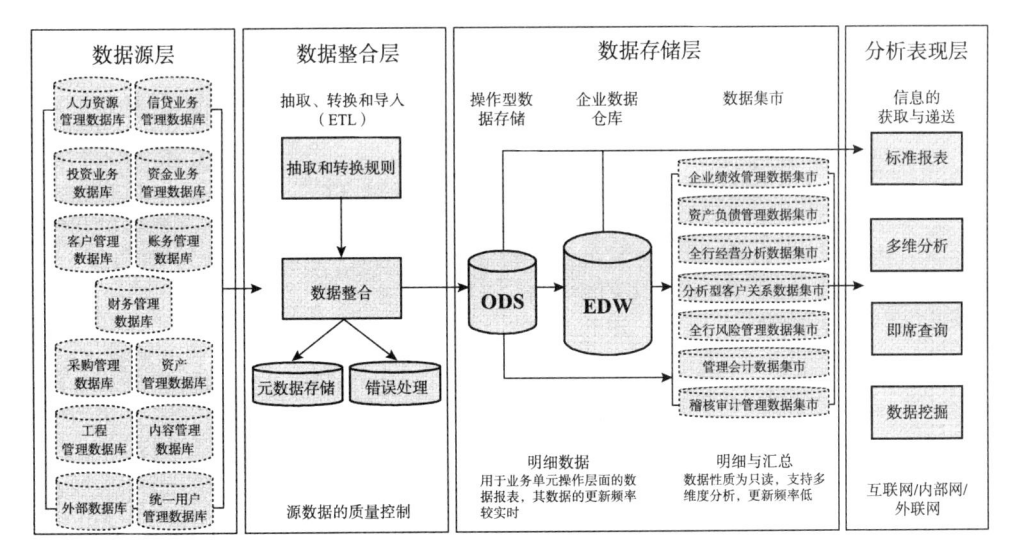

图 7.7 数据应用架构

1. 通过 ODS + DW 实现银行数据集中和数据服务

DW 和 ODS 从结构上互为补充，数据双向流动，对数据的处理一般都是批量处理。该模式能解决一定的供数时效性，降低数据加工的整体成本。

2. 统一数据整合层

统一 ETL 开发和部署平台，包括批量数据文件的采集和处理，实时数据的采集以及其他异构数据的集中处理。通过加工，实现 ODS 和 EDW 主题数据的集中存储。

3. 统一作业调度和监控平台

作业调度开发和部署，作业运行状况和数据流监控。通过并行运行和实时监控等手段以确保数据加工效率和数据质量。

7.2.3 银行数据总线服务

银行业务创新日新月异，为了适应这种变化，数据服务平台采用"数据总线"架构来实现软件系统的可扩展性。数据总线与硬件总线相似，在模块级可实现功能和内容的随时增删和升级。数据总线技术的核心是分布式对象技术和并行处理技术。分布式对象技术把业务处理、计算服务模型化、代理化、分布化，通过应用协议合理地区分数据逻辑、业务逻辑和表现逻辑，并实现业务逻辑的服务代理，因此，它是多层体系结构的核心技术。数据总线结构的核心是：

- 数据逻辑、业务逻辑、表现逻辑的合理分割。
- 业务逻辑的模型化。
- 业务逻辑的分布。

数据总线结构如图 7.8 所示。

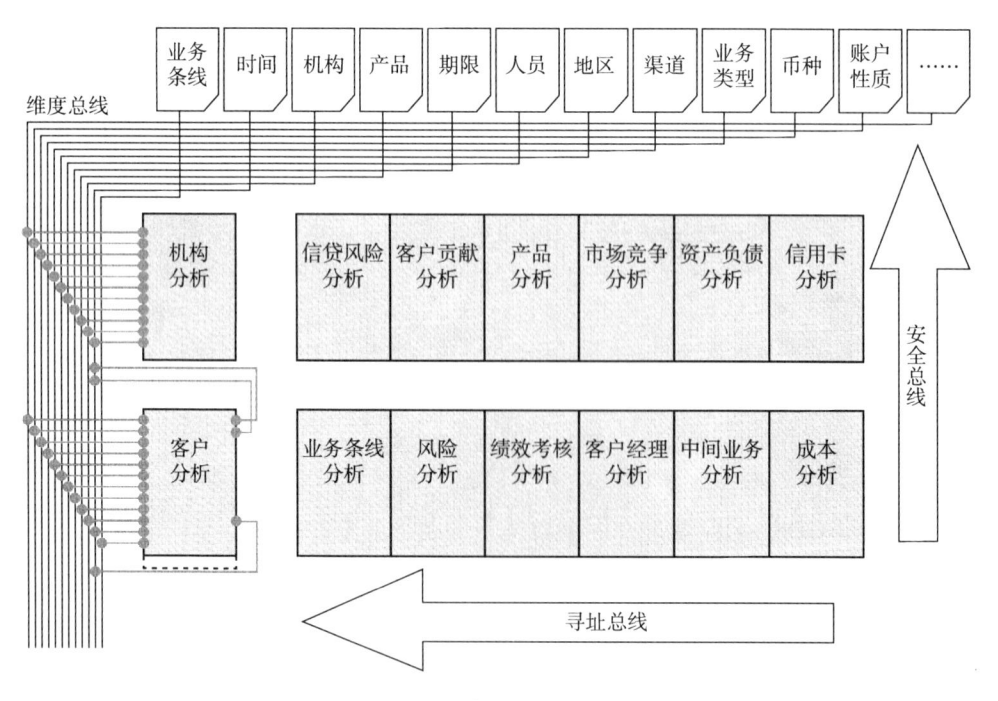

图 7.8 数据总线结构

1. 业务条线分析

包括业务条线利润分析、业务条线利润贡献度分析、业务条线费用分析、业务条线信用风险分析、业务条线经济资本计量、业务条线利润排名、业务条线成本利润率分析、业务条线业务增长趋势分析等。

2. 机构分析、客户经理分析

包括机构和部门利润分析、机构和部门利润贡献度分析、机构和部门费用分析、机构和部门成本利润率分析、机构和部门存贷款规模分析、机构和部门各类风险分析、机构资产负债结构分析、机构业务增长趋势分析、分行机构利润排名、客户经理费用分析、客户经理利润分析、客户经理揽存分析等。

3. 渠道分析

包括渠道利润分析、渠道利润贡献度分析、渠道时间序列分析、渠道成本分析、渠道趋势分析等。

4. 产品（业务品种）分析

包括银行产品定义、银行卡品种分析、银行卡利润分析、信用卡规模（发卡量、透支）分析、理财产品规模分析、理财产品收入分析、第三方托管收入分析、贷款产品分析、存款产品分析、产品定价等。

5. 客户分析

包括客户信用分析、客户利润贡献度分析、大客户分析、客户贷款结构分析、客户资金流入流出分析、客户交易频率分析、客户交易渠道分析、客户风险分析、客户结构分析（占比分析）、客户对比分析等。

7.3 数据存储架构

7.3.1 数据存储方案

FDM 在本示例中是作为一个数据缓冲区存在的，其中通常只保存当日的全量或者增量数据（视源数据的性质而定），其存在的目的是为了方便将增量数据模型化后进入 TDM，同时有些 ADM 的数据需要直接从 FDM 加工，一些目标应用所需要的数据也会直接从 FDM 加工。

TDM 中只保存全量数据，每隔一定时间（通常 $n=10$ 天），我们可以将关键的 TDM 全量数据库表作一个标准全量备份，其做法就是在数据整合平台数据库中完全复制当前的全量表，备份基准全量表的表名为 TABLE_ YYYYMMDD，数据库中建议保留最近的 3 个基准全量备份表，3 个表循环使用，过期的基准全量表可以直接删除，或者备份到硬盘或磁带上。如果事后发现某日的数据有错误需要追数，则恢复发生错误之前且离错误日期最近的基准全量数据表，从发生错误当天开始进行追数操作。

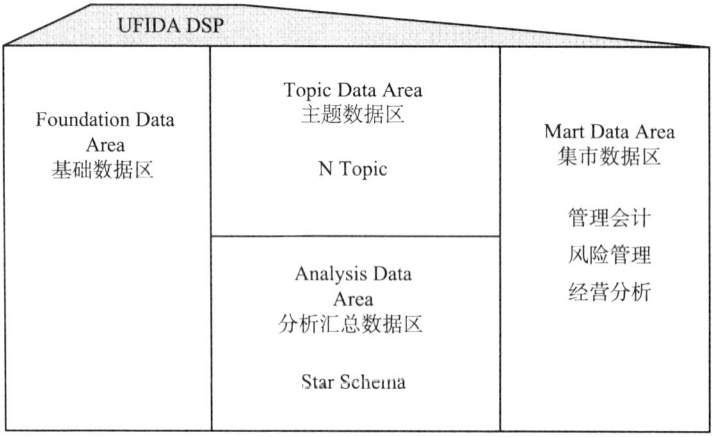

图 7.9 数据分区存储

ADM 中保存所有的汇总数据，汇总数据的历史数据通过指标表中的时间维度来实现，这样理论上 ADM 可以保留无穷长的数据历史，ADM 中凡是有时间维度的表，建议一定时期（例如以日为递增单位的以 3 年为单位）进行数据清理。ADM 的备份采取和 TDM 一样的方式，即使用基准全量的方式保存。

7.3.2 数据存储结构

物理化设计的任务是为了有效地实现逻辑模型，确定所采取的存储方案，结合数据服务平台系统需求，充分利用数据库的特点与存储设备的特性进行设计，确定数据库在物理设备上的存储结构和存取方式。对数据服务平台系统所进行的数据库物理化设计，在考虑数据安全和管理的方便外，主要是为了提高系统的性能，并通过对表空间、索引、表分区的合理设计，以提供高效的数据存取效率。下面是数据服务平台中主要的数据存取操作：

1. 全量初始化

例如当前全量表初始加载 2010-01-01 的全量数据，并同时生成基准全量表 T_ 20100101。

2. 日常增量加载

X 日的增量数据与当前全量表进行合并运算，更新后的当前全量表为 X 日的全量数据。

3. 基准全量生成

在日常加载增量一段时间间隔后（图 7.10 中为 30 日），对当前全量表做一个副本（T_ YYYYMMDD），此时间间隔可依据实际情况进行调整。

4. 全量恢复和追数

5. 备份和数据清理

包括磁盘增量文件的备份和清理，过期基准全量表的清理。

源系统文件区保存源数据的初始化全量数据、当日增量数据和历史增量数据；将源数据作为历史保留可以保证在数据平台数据发生错误的情况下提供直接的源数据，进行追数的处理。

6. 备份策略示例

Oracle RMAN 脚本 + 操作系统作业/任务调度程序 = 高效方便的数据保护方案。

将备份文件与原数据分开存放，增加数据库节点的可恢复性。

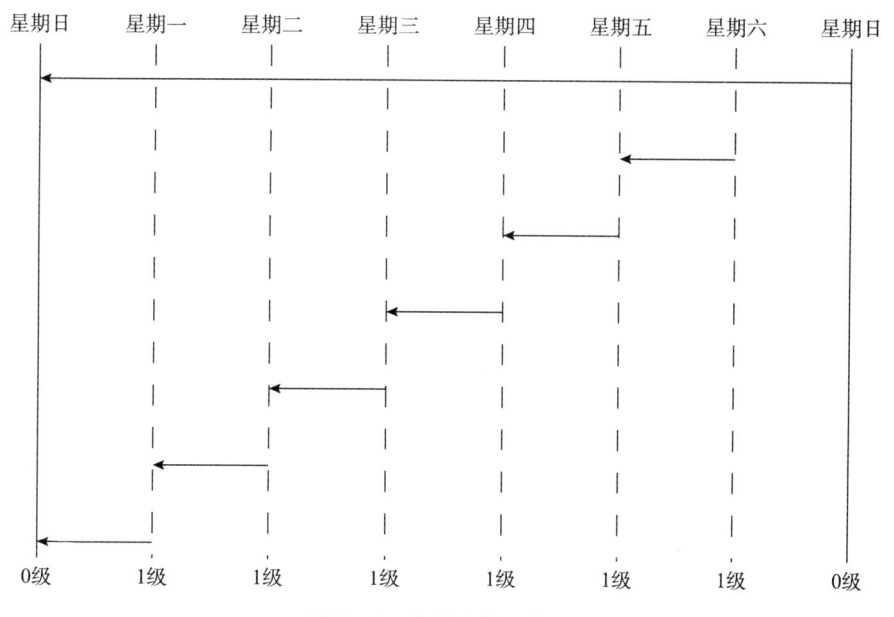

图 7.10 数据存储示意图

7.3.3 物理表的结构

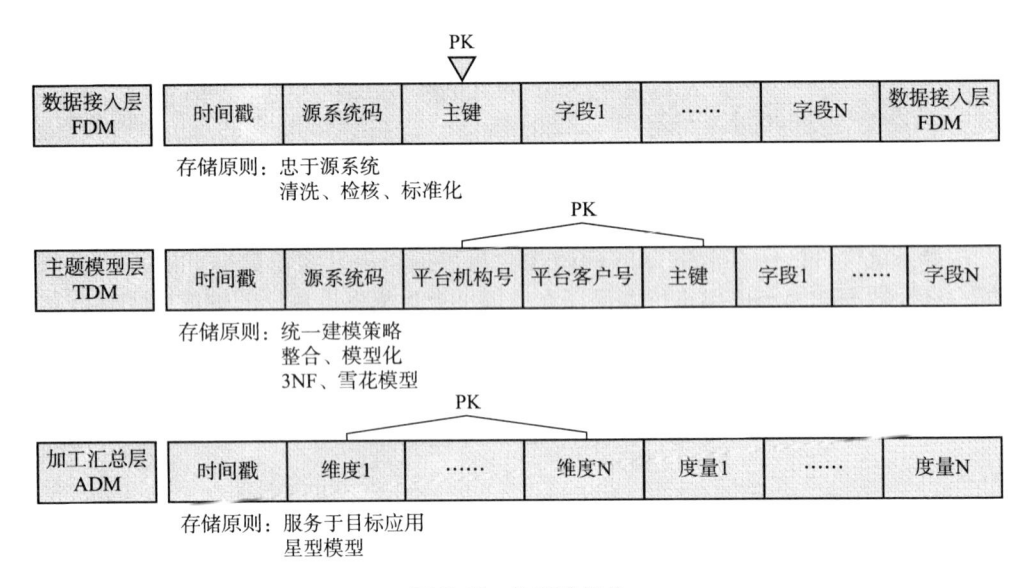

| 数据接入层 FDM | 时间戳 | 源系统码 | 主键(PK) | 字段1 | …… | 字段N | 数据接入层 FDM |

存储原则：忠于源系统
清洗、检核、标准化

| 主题模型层 TDM | 时间戳 | 源系统码 | 平台机构号 | 平台客户号 | 主键(PK) | 字段1 | …… | 字段N |

存储原则：统一建模策略
整合、模型化
3NF、雪花模型

| 加工汇总层 ADM | 时间戳 | 维度1 | …… | 维度N (PK) | 度量1 | …… | 度量N |

存储原则：服务于目标应用
星型模型

图 7.11 物理表结构

在 TDM 中，对于具有客户号字段的表，在平台上将生成一个统一的平台客户号，对于具有机构号字段的表，在平台上将生成统一的平台机构号。将来如果银行实施了客户信息整合，可以用 CIF 的客户号批量更新平台客户号，到时客户号就由 CIF 系统管理。

源系统代码记录该数据来源的业务系统。

7.4 ETL 架构

7.4.1 ETL 架构设计的特性

高效性

高性能代码是一种能在 ETL 循环周期内处理大量数据的代码。具体的性能依赖于数据平台的机器处理能力、存储设备的性能、网络的速度、软件能力、设计和并行处理能力。当应用恰当时，ETL 工具（如 DataStage）能使所有这些元素发挥其最高潜能。

优化数据存储，改善性能，通常做法有以下几种：

- 索引设置：通过对数据的分析，设置索引，提高查询效率；通过在数据加载时删除索引，加载完成后删除索引的方法来提高加载效率。
- 磁盘阵列：通过合理利用磁盘阵列，采用并行查询，以提高磁盘设备 I/O 吞吐能力。
- 直接装载、分区选择、网络设置。
- 系统参数调整和数据库参数调整：根据不同的硬件配置，设置合理的系统参数以及数据库参数，提高整体应用的性能。

可扩展性

ETL 决策方案必须是可扩展的。随着业务的快速增长，银行的数据量在数据平台上线后会快速增长（数据在行数量上的增长），数据的范围也会扩大（数据在列数量上的增长）。另外，业务可能要求更短的处理等待时间或提供更短的时间窗口。这三个事件，即更多行、更多列和更短的时间，造成了系统性能的压力。在这种压力下，要想达到稳定和更高的性能就需要有一个可扩展的解决方案。

可扩展的 ETL 架构和部署的计算能力直接相关，加倍计算能力（CPUs，CPU 周期）理论上能够在相同的时间内处理加倍的数据量。相反地，加倍计算能力理论上也能使恒定数据量的处理和传递的时间缩短一半。

灵活性

数据平台作为基础组件，对外要面对若干的源系统和目标系统，而源和目标的需求可能经常发生变化，因此 ETL 架构必须提供充分的灵活性以保证能快速应对需求的变化而无须调整整体架构，而只需要做局部的修改。灵活性和可扩展性、高效性是相关的。

可迁移性

为了处理好开发、部署和迁移的问题，应用开发必须充分考虑可迁移性，应用不能依赖于某个具体的环境。具体到 ETL 过程，为了达到可移植的效果，应该充分遵循以下标准：

- ETL 作业中使用到的所有文件路径必须全部使用作业参数传入，这样可以通过作业配置参数来决定具体的路径。
- ETL 中使用到的日期、机构等参数也全部使用作业参数传入。
- ETL 中使用到的数据库连接字（SID, user, password）使用作业参数传入。

可恢复性

即使是最好的开发实践代码也有可能在生产环境运行时失败，这种失败的原因可能是硬件平台的故障、系统软件或者应用的故障或者缺陷、错误的数据。好的 ETL 架构必须支持在出现失败的情况下恢复到备份点重新开始执行。

7.4.2 标准 ETL 过程

ETL 架构（见图 7.12）

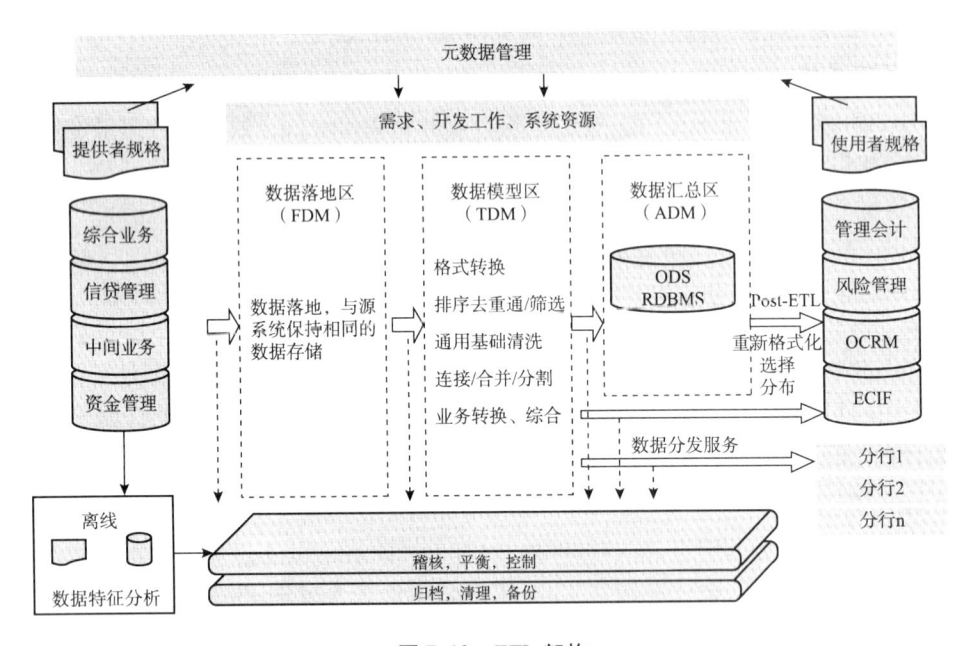

图 7.12　ETL 架构

银行数据整合将完成从综合业务系统、信贷管理系统、国际业务系统、信用卡系统等多个源系统数据的整合，包括数据抽取、标准代码转换、机构号平台化、客户号平台化、主题数据模型化等一系列数据整合过程。

数据标准化 ETL

进入数据服务平台的数据来自多个源系统，而这些源系统可能是由不同的开发厂商提供或者银行自行开发的，这些系统中使用的数据编码规则、数据命名规则、数据组织、数据关联方式都是不同的，数据服务平台必须对这些数据进行标准化加工，以统一的方式对数据进行管理（见图 7.13）。

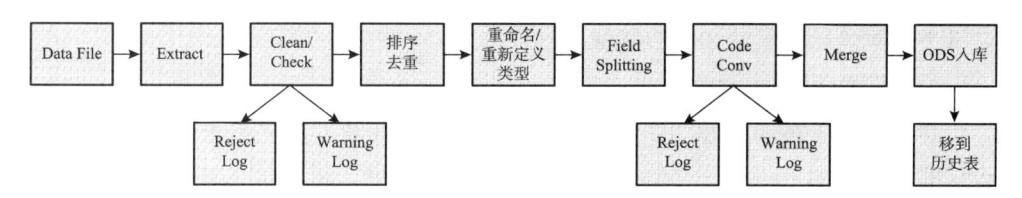

图 7.13 ETL 流程

- Extract：从源系统数据文件抽取数据。
- Clean/Check：数据清洗和检核，这个过程中对于有问题的数据会产生警告文件或拒绝文件。
- 排序去重：按主键排序，去掉重复记录。
- 重命名/重新定义类型：对源数据字段按照数据服务平台标准进行字段名和字段类型标准化处理。
- Field Splitting：对于复合字段的拆分处理。
- Code Convert：通用代码转换，转换过程中对于未匹配上的记录将生成警告文件或拒绝文件；对于未匹配上的情况，可以采用"缺省值"处理或者拒绝处理。
- Merge：将标准化后的当天增量数据加载到 SDM 的相关表中。

数据模型化 ETL

模型化 ETL 指的是从基础数据区抽取数据，加载到主题区（TDM）ETL 过程，关键过程如图 7.14 所示。

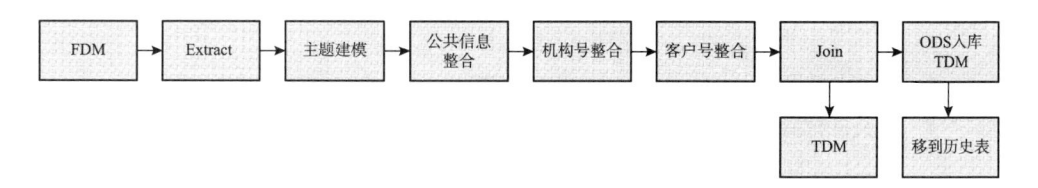

图 7.14 模型化 ETL 的关键过程

- Extract：从基础数据区 FDM 抽取增量数据。
- 主题建模：按照主题模型组织数据。
- 公共信息整合：对基础信息、基本档案、参数进行平台化整合。
- 客户号整合：对于存在客户关联的数据，进行平台的客户号统一对照。
- 机构号整合：对于存在机构关联的数据，进行平台的机构号统一对照。
- Join：与相关的 TDM 全量表关联，形成模型化输出数据流。

- Merge：将模型化后的数据流合并到 TDM 的对应表中。

数据汇总 ETL

数据服务平台的重要功能之一就是对具有共性的数据加工需求进行抽象，并将这些汇总数据进行统一存储，以供分析应用的使用之需。因此数据汇总加工功能包括加工汇总数据的生成、加工汇总数据的存储。

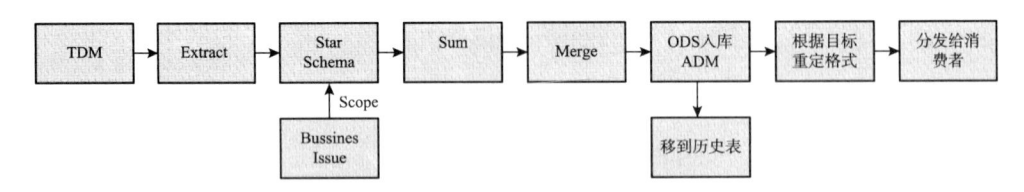

图 7.15　数据加工存储过程

- Extract：按照计算条件从 TDM 抽取明细数据。
- Star Schema：按照业务需求及银行业务特点建立星型汇总模型。
- Sum：对明细数据按照加工规则进行计算。
- Merge：将计算得到的基本指标数据合并到 ADM 中相关的指标数据表中。

增量/全量原则

直接抽取全量数据的好处是减少 ETL 过程的 Join 操作，但对于大数据量数据，将加大处理的时间；而增量抽取的好处是抽取数据量小，但加工过程复杂。鉴于以上情况，在数据分析时，遵循如下的一般原则：

- 对于小表（记录数 < 50 000），尽量采取全量抽取。
- 对于流水类型的表，一概进行增量抽取。
- 对于无法确定是否当日发生修改的数据，采取全量抽取。
- 对于目标系统需要的是增量数据的表，必须按照增量抽取。

7.5　数据管控

7.5.1　数据整合步骤

数据整合步骤如图 7.16 所示。

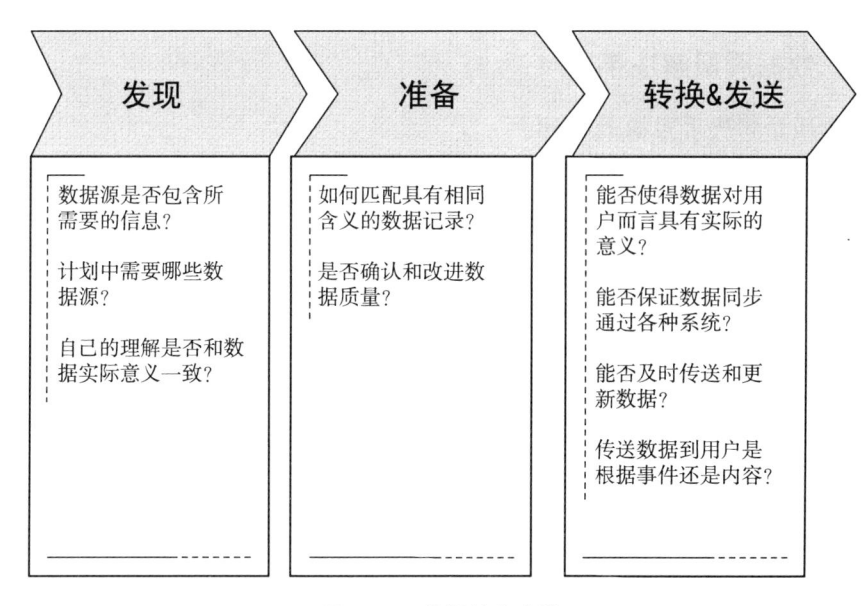

第 7 章 绩效管理基础之数据服务

发现	准备	转换&发送
数据源是否包含所需要的信息？ 计划中需要哪些数据源？ 自己的理解是否和数据实际意义一致？	如何匹配具有相同含义的数据记录？ 是否确认和改进数据质量？	能否使得数据对用户而言具有实际的意义？ 能否保证数据同步通过各种系统？ 能否及时传送和更新数据？ 传送数据到用户是根据事件还是内容？

图 7.16　数据整合步骤

7.5.2　数据分析方法

利用数据分析方法解决数据质量问题，如图 7.17 所示。

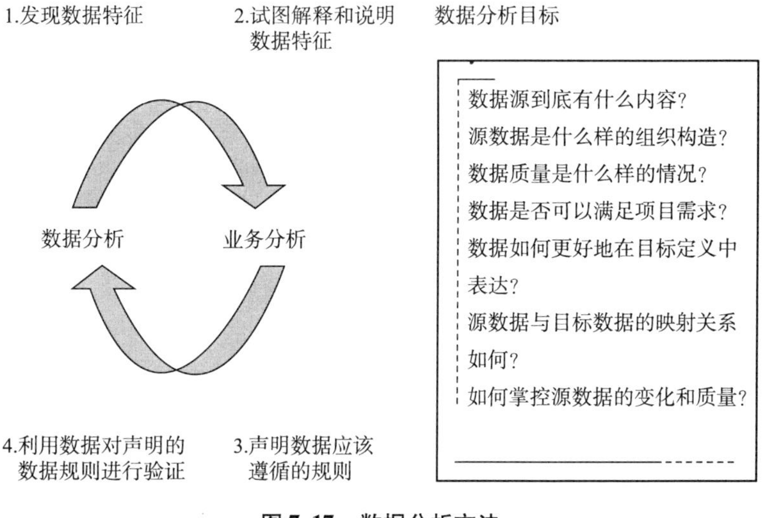

1.发现数据特征　　2.试图解释和说明
　　　　　　　　　　　数据特征

数据分析目标

数据分析 ⇄ 业务分析

数据源到底有什么内容？
源数据是什么样的组织构造？
数据质量是什么样的情况？
数据是否可以满足项目需求？
数据如何更好地在目标定义中表达？
源数据与目标数据的映射关系如何？
如何掌控源数据的变化和质量？

4.利用数据对声明的　　3.声明数据应该
　数据规则进行验证　　　遵循的规则

图 7.17　数据分析方法

7.5.3 数据质量解决手段

数据质量解决手段如图 7.18 所示。

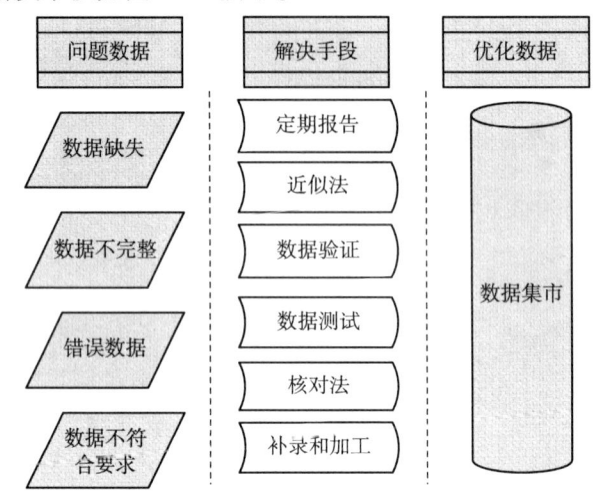

图 7.18 数据质量解决手段

1. 建立定期报告机制

对系统中发现的数据问题，形成数据报告，定期发送给相关部门进行修正。定期报告机制适用于本项目不能控制的数据问题源，包括问题数据中的数据缺失、数据不完整、数据不正确、数据不符合要求等问题。该机制将是一项长期的措施。

2. 近似法

对于系统中发现的部分数据问题，可以通过在程序设计中采用近似算法或者容错方法进行修正的，适用近似法。尤其对短期内暂时不能从根本上修正的问题数据，如果银行方认可，可以考虑采用近似法。近似法的弊病是导致分析或者报表结果偏离正确结论，或者不能适应复杂变化情况，所以只是一种暂时的解决办法，是对定期报告、定期修改的补充。

3. 数据验证

充分利用系统提供的数据验证功能，定期运行数据验证，通过对验证结果进行分析，从而检验数据的合规性，并分类采取相应的处理措施，持续保证数据质量。数据验证功能包括总分核对、数据处理验证、系统错误报告等。本方法运行期限至少一个月一次。

4. 数据测试

通过对典型业务和重点账户的数据测试，检验设计和程序的正确性。本办法适用于发现数据处理设计和程序、设置错误。一般在投产前进行。

5. 核对法

通过对系统生成的报表和银行现有报表进行核对，检验系统输出的正确性。该方法适用于总体验证，包括对问题数据、设计和程序、配置、报表等数据错误源的检验。

6. 补录和加工

如有些数据在生产数据中就是缺少的，并且由生产系统完成补充也不合理，可以通过数据处理进行该类数据的维护和补充，如客户经理与账户之间的关系。还有部分数据可以通过变通的方式加工获得，如账户日均余额，可以通过账户的积数和期限加工得到。

7.6 数据服务标准

7.6.1 数据服务流程

数据服务的目标之一是形成一套标准化的开发流程，因为随着管理系统的不断建设，数据服务平台需要负责为各应用系统提供数据，同时数据服务平台需要存储和整合新的联机应用或分析应用所产生的数据，这就意味着数据服务平台的数据抽取和数据提供任务的开发是一个长期的、日常性的过程。根据用友多年实施数据整合与数据建模的经验，这个过程是可以流程化、标准化的，按照这个流程，可以规范今后管理应用的开发流程（见图7.19）。

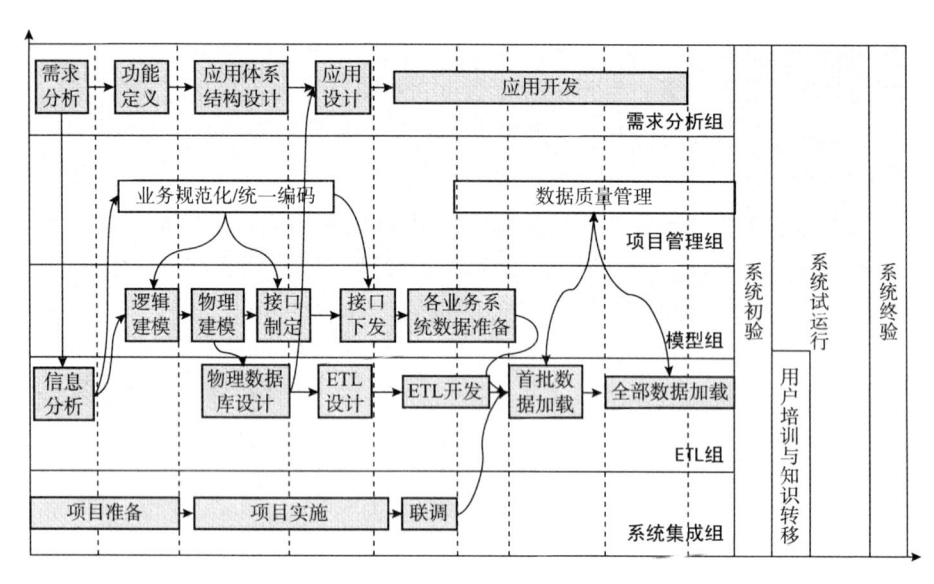

图 7.19　标准数据服务流程

7.6.2　金融数据模型

数据服务框架（见图 7.20）

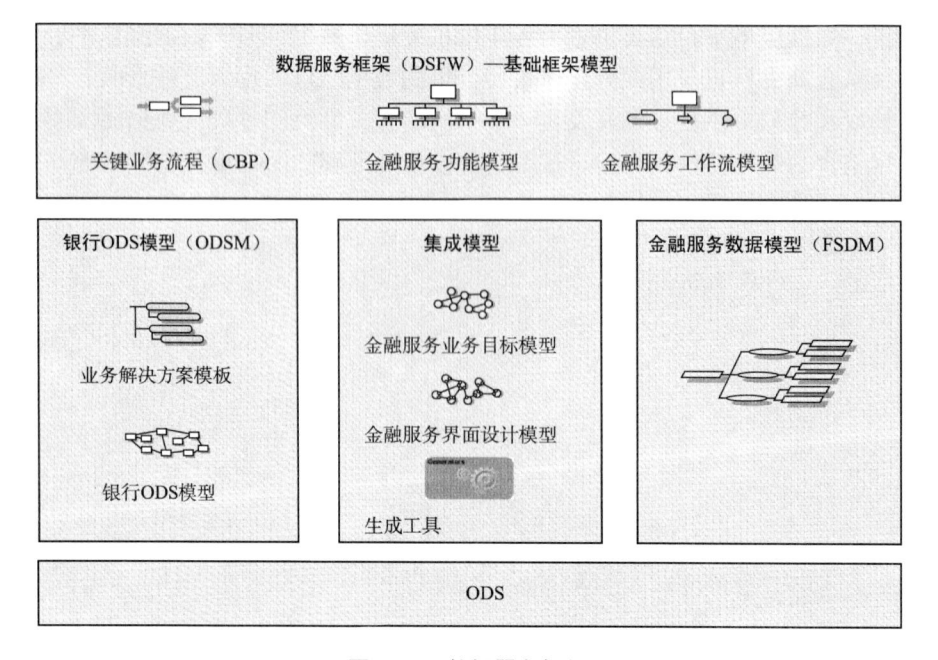

图 7.20　数据服务框架

数据服务框架（Data Service Frame Work，DSFW）是数据服务基础框架模型，面向银行应用，集成了全球先进银行的经验和成果，满足银行80%的业务要求，易于客户化和扩展以满足银行特殊的需求。

金融服务数据模型

金融服务数据模型（Financial Services Data Model，FSDM）定义了金融服务机构自身和业务运作所需的基本数据主题，关于银行的所有数据元素都可以在FSDM中得到体现。FSDM划分为七大数据主题（如图7.21所示），并从多角度分层详细定义。

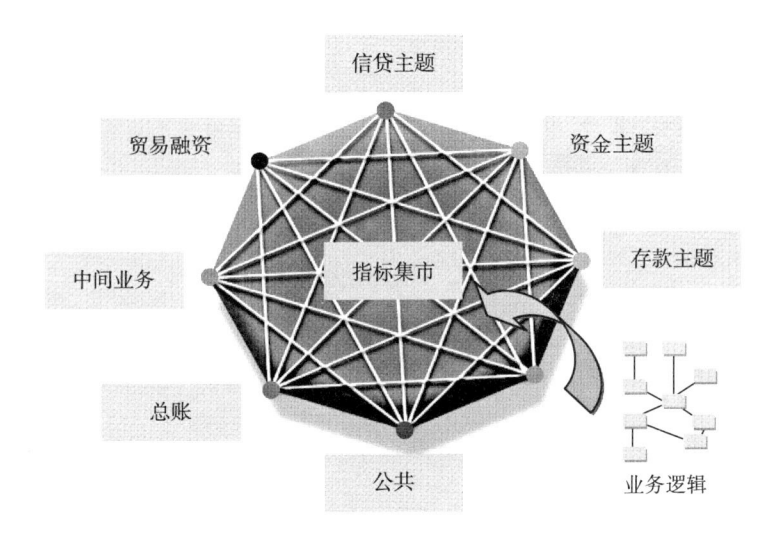

图 7.21　FSDM 七大数据主题

FSDM 主要功能：
- 提供企业级数据主题定义。
- 对企业级数据主题提供详细和正式的结构化定义。
- 建立了业务人员与技术人员之间交流和沟通的桥梁。
- 快速和准确的业务范围界定工具，当新的业务需求产生时可以节省时间和成本。
- 通过提高数据含义的透明度来减少数据冗余。
- 为建立优良结构的逻辑数据模型奠定公用基础。
- 鼓励在企业范围内重用和使用一致的数据结构。
- 提供预先定义好的、已经成型的、可以进行客户化的企业数据模型。

UFIDA FSDM 建模过程如图 7.22 所示。

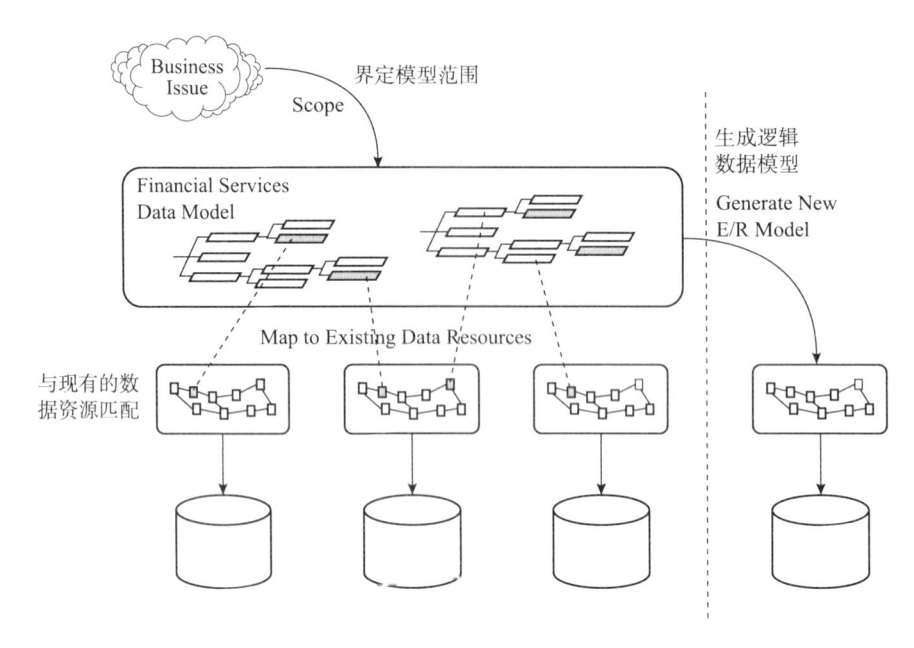

图 7.22 DFIDA FSDM 建模过程

7.6.3 数据服务标准内容

银行数据服务需要完成如下重要建设内容。

1. 数据抽取

数据抽取的来源是多样的，这些数据可能以文本文件的方式提供，也可能以数据库表的方式提供，因此应该支持文件抽取、直接从数据库抽取这两种数据获取的方式。

2. 数据质量控制（清洗和检核）

进入管理应用系统的数据必须是合法和有效的，因此数据服务必须提供数据质量控制的机制；数据质量的控制包括两个级别：警告和拒绝。警告性的信息是指源数据存在一些非关键性的错误但不会造成后续处理无法进行的情况；拒绝性的信息是指源数据存在关键性的错误，这类错误数据无法进入数据服务平台，或者进入数据服务平台后也是无效的。

3. 数据建模

从银行应用类型分析，有操作型应用、管理型应用和分析型应用，从数据形态分析有操作型数据、汇总型数据和分析型数据。数据平台逻辑数据模型设计的总体要求是必须能够满足对银行多种分散、异构的业务系统数据源进行有效整合，便于对银行业务数据按主题概念进行理解和规范，对不同类型的数据进行统一管理，对不同类型的应用统一进行支持。

4. 数据组织和存储

数据服务平台要存储全行所有业务系统的数据，因此这些数据必须以良好的形式（数据模型）进行组织，必须提供高效的数据存储策略来满足应用对时间窗口的要求。

5. 数据标准化

进入数据服务平台的数据来自多个源系统，而这些源系统可能是由不同的开发厂商提供或者银行自行开发的，这些系统中使用的数据编码规则、数据命名规则、数据组织、数据关联方式都是不同的，数据服务平台必须对这些数据进行标准化加工，以统一的方式对数据进行管理。

6. 数据汇总加工

数据服务平台的重要功能之一就是对具有共性的数据加工需求进行抽象处理，并将这些汇总数据进行统一存储，以供分析应用的使用之需。因此数据汇总加工功能包括加工汇总数据的生成、加工汇总数据的存储。

7. 支撑集市应用

数据服务的重要目标是为 NC 财务系统新准则大总账、管理会计、风险管理及报表、1104、稽核等应用系统的数据集市提供数据支持。

8. 数据管理及监控

包括数据周期的管理、数据状态的管理、数据时间窗口的管理以及数据到达和数据提交的管理和监控。

9. 异常处理

ETL 作业失败的自动重做、数据异常的发现和监控等。

10. 数据安全控制

包括对数据访问权限的控制、数据信息的安全和保密。

7.7 案例分享：YH – FJNX 数据服务

7.7.1 银行概况

行业：金融行业—农村信用社联社

简介：YH – FJNX 是 2005 年由某省内农村信用社地（市）联合社、县（市、区）联合社、县（市、区）联社及县级农村信用社以发起方式设立，自愿出资入股组成，实行民主管理，主要履行行业自律管理和服务职能，具有独立企业法人资格的省级地方性金融机构。该省农村信用社现有 73 个法人机构，包括省联社、厦门市农村信用合作联社、三个县级市农村合作银行以及 67 个县（市、区）农村信用合作联社、建瓯石狮村镇银行。全省现有营业网点 1 883 个。其中省联社不对外服务，下设七个处室、五个中心和八个设区市办事处（除厦门外），承担省政府赋予的对全省农村信用社的指导、协调、服务、监督等职能。

7.7.2 数据现状

YH-FJNX 机构庞大，核算体制复杂，新准则科目与核心老准则科目对照关系非常复杂；相应的数据服务需求和对核心数据关系的解读、与核心科目对照关系的疏理过程业务逻辑非常复杂，工作量极大。

数据量庞大，日常每天的交易流水数据在 300 万条~400 万条、信贷账户记录 1 000 多万条，存款账户记录 6 000 多万笔，每天核心生成的数据文件达 8G~10G，经过清洗、加工后的数据集市（cube）和指标数据也在 2G 左右，如果在结息日，则流水数据量将是日常的 15 倍左右，数据处理难度很大。

7.7.3 解决方案

应用用友 ODS 实施方法论，梳理复杂的业务逻辑，整合相应外部数据，构建高效的大总账系统数据集市、FTP 数据集市、费用分摊数据集市和经营分析数据集市，为大总账系统和管理会计项目群提供准确的数据支撑和平台支持。从数据层面保证了 YH-FJNX 新准则总账系统、FTP 系统、费用分摊系统和经营分析系统的上线及稳定运行。这些产品和功能模块从不同维度为经营决策提供了准确、及时的报表数据支持（见图 7.23）。

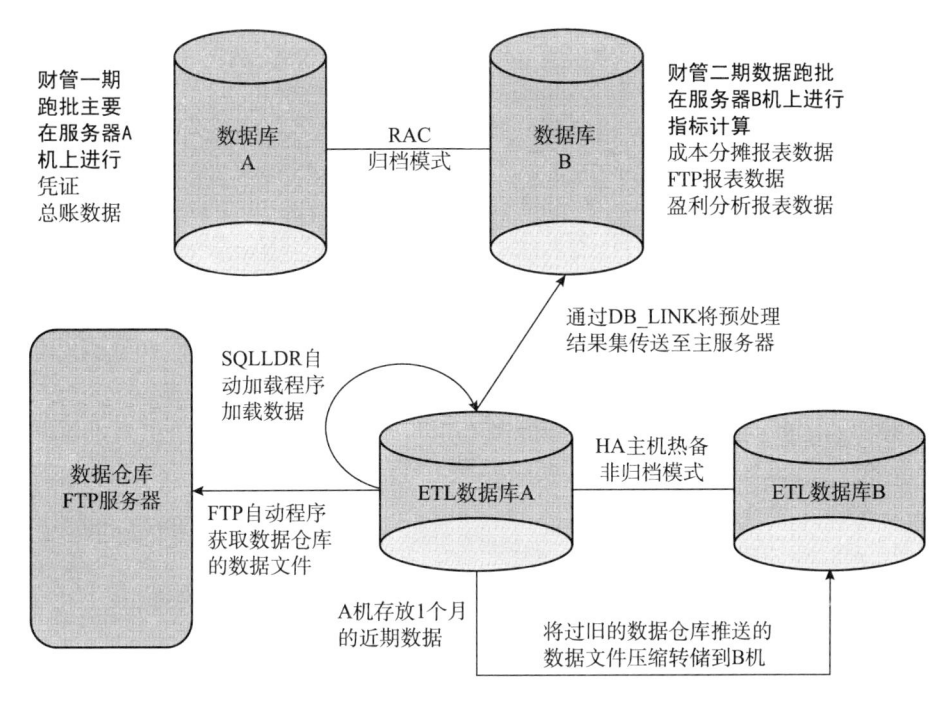

图 7.23　用友数据整合架构

7.7.4　解决方案关键功能和应用特色

1. 数据库的性能诊断与配置

数据处理的加工跑批都是在数据库上完成的，一个配置合理、性能良好的数据库服务器，将会对跑批的速度产生重大的影响。

用友在实施大型数据库应用系统的过程中，充分利用了一系列工具来分析数据库当前的性能（如 SQL 代码是否存在重大的不可重用情况），获取数据库的各项应用参数，并在此基础上进行数据库系统的整体优化。

2. 存储方面

先区分 ETL 数据库的性质是联机事务处理（On-Line Transaction Processing，OLTP）还是联机分析处理（On-Line Analytical Processing，OLAP）。YH-FJNX 大总账系统和管理会计项目群的应用具备上述两种特性，但以 OLAP 应用为主。

因此，从安全性和效率两个方面来考虑存储体系，对于总账应用和管理会计的关键结果表遵守生成日志的原则，采用归档模式以维护数据的安全性和一致性；但是对于大量的中间临时结果集来说，用友方案确保这些数据以直接路径写入，大大减少计入日志的大小，并利用 ORACLE RMAN 工具对归档日志进行一日 4 次的压缩备份，以缓解给存储带来的压力。

3. 多表连接设计

根据 YH-FJNX 指标应用的复杂性，对一些大数据量和多表关联的报表应用，进行多表连接设计，从而节省大量的临时中间表的存储时间，并且维护性很好，代码简洁，可读性强。

4. 表结构的设计

YH-FJNX 大总账和管理会计项目群，数据处理的最终目标是支持大量复杂的报表应用。因此，中间结果集的数据表采用第三范式的设计，而在报表结果集冗余大量的维度信息，为前台展示时提供最快的速度。

对于远程数据库引用表（ETL 服务器需要引用主数据库不断更新的配置信息表），采用了物化视图的方式来解决，在 ETL 本地存储这部分信息，每次跑批前刷新该视图即可。

5. 索引的设计

索引会占用存储，灌装数据时会占用大量时间，但是良好的索引会提升查询的速度。根据基数的大小和查询的条件对表进行索引的评估而不是一味追求所有查询字段都索引化，找到一种最佳的效率和存储大小的状态。

合理使用索引类型，并且在应用上尽量使用索引。

根据执行计划分析每一个索引，查看 CBO 是否执行预期的路径。如果没有，将采用 HINT 稳定执行计划。

6. 用友实施工具包

用友在实施此类项目过程中已经积累了大量的经过长期验证的工具和函数，通过对这些成熟工具的使用，在减少了工作量的同时，产品实施风险会大大降低，随之而来的是质量的提升。如 YH-FJNX 盈利分析系统需要从多个数据源取数，并进行公式计算，不仅如此还要进行项目指标间的公式计算。利用产品现有的公式计算模块对其进行计算，并复用一些指标计算后台存储过程代码来实现最后的盈利分析报表数据。

7.7.5 应用效果

高效、稳定的数据集市平台，保证了每天数据处理工作快速准确，目前日常整个数据转换过程基本只有 20 分钟左右，结息日数据转换时间也在两小时内完成。实现了从不同维度为经营决策提供准确、及时的报表数据支持。

第 8 章 绩效考核

8.1 银行绩效管理现状及建议

8.1.1 西方商业银行绩效评价发展情况

西方商业银行加强经营绩效评价工作是从 20 世纪 60 年代开始的。此前，商业银行运营的外部环境一直受到高度监督，其特点表现在低利息率和存款利率受到严格控制，收益曲线也比较容易预测。那时大幅的利差非常普遍，商业银行几乎总能盈利，因为缺乏提高经营效率的动力，也很少进行成本控制，几乎不需要进行绩效评价。

银行业的管制放松从 20 世纪 60 年代开始，并且持续了 30 年。管制放松不仅缩小了利差，最重要的是导致了竞争的加剧。商业银行不仅拓宽了产品种类，而且拓展了其业务的地理延伸范围。同时，许多传统意义上的非金融公司也进入金融服务行业。这样，在商业银行管理中，加强绩效评价工作日益重要。为提高经营效益，保持竞争优势，绩效评价工作围绕效益展开，并试图通过业绩考评改进内部管理，提出不能创造效益的工作环节和服务品种。与此同时，外部专业评级公司和政府监管部门也开始涉足商业银行绩效评价。

1971 年，美国穆迪投资服务公司开始对商业银行发行证券进行评级，1985 年引入存款评级。1994~1995 年，又引入了银行财务实力评级，根据贷款、贷款损失准备、资产、资本、存款、利润等要素的增长率以及盈利水平、资本充足性、资产质量、流动性等方面的指标，将银行的财务实力评为 A、B、C、D、E 五个等级。

1978 年以后，美国联邦金融机构检查评议委员会制定出《统一鉴别法》，统一了对商业银行的检查标准，并逐渐形成了一套统一的、规范化的商业银行业务经营综合等级评级体系，这就是现在很多国家都参照使用的银行评级制度——

"骆驼银行评级体系"。这一制度正式名称是"联邦监督管理机构内部统一银行评级体系",俗称为"骆驼评级体系"(CAMEL Rating System)。包括五大类指标,即资本充足率(Capital Adequacy)、资产质量(Asset Quality)、管理水平(Management)、盈利水平(Earnings)和流动性(Liquidity)。各指标内容包括:资本充足性(资本充足率)、资产质量(逾期贷款率、呆账及损失贷款率、风险性投资比率)、管理水平(管理者的领导能力、职员的业务素质、银行处理突发问题的应变能力、银行内部的技术控制系统是否完善、银行更新金融服务和吸引顾客的能力、董事会的决策能力)、盈利水平(资产收益率)和流动性(考评内容有:贷款期限结构是否与资金来源相匹配、银行存款的波动情况、银行对借入资金的依赖程度、可临时变现的资产占总资产的比率、资金对利率的敏感度、银行资产负债的管理水平、向外借款的数量和频率、银行借款的能力)。该体系通过对以上五个方面的分别考评,对商业银行的总体经营水平进行综合评价,最后给出综合等级。

1997年1月1日,美联储及联邦其他金融监管部门对CAMEL评级体系进行了重大修订,形成新的评级体系即CAMELS。新体系与旧体系相比,一是增加了市场风险敏感度指标;二是充分重视风险监管和风险管理的重要性,在各个具体评级项目中普遍强调风险因素和对管理层的考证,突出M即管理水平的决定性作用。

综上所述,可以看出西方商业银行的绩效评价体系发展主要经历了四个发展阶段:

第一阶段:20世纪50年代的单一业务考核阶段。该阶段商业银行为实现既定的经营目标,开始对商业银行分支机构或内设机构实行业务经营考核。银行分别以资产流动性最佳,或税负最小为重点目标,对重点头寸实施专项目标成果判断,此间较为关注备付率(第一准备金率、第二准备金率)、贷款证券收益率,经营考核思想开始萌生。

第二阶段:效益控制考核阶段。进入20世纪60、70年代,总分制与母子制银行有所发展,商业银行出于成本效益与负债管理需要,常借助资金市场净额负债管理和贷款净额负债管理方法增强流动性与安全性,借助资金分配中心、投资中心、利润中心原理,对分支行实施效益性控制。资产收益率、贷款收益率、投资报酬率是当时主要的考核指标,并运用了预算比较和历史比较技术。

第三阶段:财务考核阶段。进入20世纪70年代后期,伴随跨国公司的快速发展,国际借贷金额激增,银行竞争加剧,国内国外业务风险增加。为顺应国际监管的需要,防止风险所造成的巨大损失,各国政府进一步加强协调与国际合作。1975年制定了著名的国际监管法则《巴塞尔协议》,其核心是资本充足评价。政府绩效评价开始介入商业银行考核,之后,各国中央银行和财政当局陆续制定了一系列以资本充足率为重心的控制指标,并据以评价商业银行的经营成果。同时,各国银行业协会为了维护同业良性循环,所有者及投资者为了维护自身的正当权益,纷纷委托非政府评价机构对商业银行的经营绩效进行专项或全面评价,社会评价进入银行经营评价。在这一背景下,商业银行绩效评价体系在范围上进一步扩展,在原有的效益考核指标基础上逐步发展出包括回报率、利差率、不良资产率、流动比率在内的涵盖"三性"的以财务指标为主的经营绩效考核体系。

第四阶段:战略一体化评价阶段。20世纪80年代以后,随着计算机技术的广泛应用,西方商业银行逐步把绩效评价系统建立为一体化的管理信息系统,这一系统是存储着有关产品、客户、细分市场、交付渠道等财务和非财务信息的数据库,可以从多角度展示产品、客户、组织单位和部门为银行总利润所做出的贡献。90年代以来,随着信息技术的普及和知识经济的到来,银行间的竞争进一步发展成为价值链的争夺,为了保持核心竞争力,银行必须考虑其战略目标,并更加注重对智力资本、创新能力、市场等非财务指标的关注,以财务指标为基础信息,从市场角度来全面评价经营业绩。业绩评价的主导方法主要是综合平衡评分卡和EVA经济增加值评价法。经过近半个世纪的发展,西方商业银行经营绩效评价体系已日臻成熟和完善,其在发展过程中总结出的各种经验和做法具有较高的科学性和较强的操作性,可以对促进和完善我国商业银行绩效评价体系建设起到良好的示范效应。

银行常用绩效评价方法如表8.1所示。

表8.1　　　　　　　　银行常用绩效评价方法

方法	含义	特点
经济增加值评价法(EVA)	反映银行真实利润	真实反映银行业绩;使决策与股东财富一致;剔除"会计"失真;可持续发展
目标管理法(MBO)	将组织整体目标分解,转换为个人、部门目标	建立目标锁链与目标体系;重视成果。缺点是目标分解困难,甚至有些无法分解
关键绩效指标法(KPI)	反映个体和组织绩效贡献	上下级之间目标清晰,层层支撑,保障企业战略目标有效落实
平衡计分卡(BSC)	通过四方面指标相互驱动的因果关系展现组织的战略轨迹	关注财务、客户、流程、学习成长四方面
360°绩效评估法	由上、下、同事、自己、客户担任考评者	考评信息来源全面、具体、详细;各类信息互相补充、互相验证

8.1.2 我国银行绩效评价的演进

结合我国银行业的改革过程,来反观我国商业银行经营绩效评价,我们不难发现在改革开放以前,我国金融市场始终是中国人民银行一家银行一统金融业发展的局面。中国人民银行既担负商业银行的职责,又发挥着中央银行的作用。在计划经济条件下,对银行的考核主要以计划的完成情况为主,银行绩效完成好坏与直接责任人没有直接经济联系。

改革开放以后,商业银行逐步从人民银行独立出来,1984 年中国工商银行的成立标志着我国银行体制改革的初步完成。由于金融资源主要集中在四大国有专业银行,而其业务分工又相对明确,同业竞争环境并不激烈,银行对部门、员工进行绩效评价的要求也不迫切,对部门、员工的评价主要体现在年末评语上,评价结果应用的范围也十分有限。而对于作为金融企业运行的商业银行整体经营绩效的评价工作仍然局限于成本、利润指标,没有形成完整、科学的绩效考评体系,可以说尚未开展严格意义上的绩效评价。

进入 20 世纪 90 年代以后,专业银行开始向商业银行转化,其他股份制商业银行也蓬勃发展,各家商业银行对金融资源的争夺逐步显现,竞争加剧,各家商业银行的发展以规模扩张为主要特征。为应对市场竞争,绩效评价工作逐步受到各家商业银行管理层的重视,绩效评价工作主要围绕存款、贷款、利息收入、不良贷款等业务指标开展,开展的方式为年初下达目标任务、定期排名通报、年末兑现奖惩等。90 年代后期开始,随着专业银行商业化进程的逐步结束以及不良贷款的大量显现,各家银行的经营效益下滑,效益压力日渐增加,银行的绩效评价开始关注效益指标的完成情况。由于分支机构的效益指标容易计算,商业银行对分支机构的绩效评价很快就转变为以效益指标为主;而对内部职能部门与员工的绩效评价由于相关效益指标的考核难度大,而对存款、贷款等业务指标的计算考核简单易操作且比较直观,所以各家商业银行对部门与员工的绩效评价仍以业务指标为主。期间,政府监管机构对商业银行绩效评价推进缓慢。1993 年财政部出台的《企业财务通则》设计的指标考核体系、1995 年财政部制定的企业经济效益评价指标体系、1999 年四部委联合颁布的《国有资本金绩效评价规则》指标体系仅适用于对工商企业的绩效评价。由于商业银行不同于一般工商企业的经营特点,上述绩效评价体系对于我国现存的国有银行及股份制商业银行在绩效评价上都只能在设计指标体系时,起到参考作用。

2000 年,监管部门与穆迪公司合作,制定了《商业银行考核评价暂行办法》(下称《暂行办法》),并从 2000 年度开始对国有独资商业银行的经营业绩进行综合考评。《暂行办法》主要从资产质量、盈利能力、流动性比例、资本充足等四大类十三项指标进行考核评价。这四大类十三项指标基本涵盖了商业银行经营的全貌，考核满分为 100 分。其中，资产质量由逾期贷款率、呆滞贷款率、呆账贷款率、信贷风险资产抵补率等 4 项指标加权考核；盈利能力由资产利润率、资本利润率、人均利润率、利息回收率、应付利息充足率、效率比例（即非利息收入/经营性收入）等 6 项指标加权考核；流动性比例指标由流动性比率考核；资本充足由核心资本充足率、资本充足率 2 项指标加权考核。

2000 年，根据不良贷款比例、资本充足率、综合收息率、流动性比例和财务状况等指标，银行监管部门将全国城市商业银行划分为六类：最好的一类行，其主要标准是不良贷款率保持在 15% 以下，持续盈利，收息率在 70% 以上，资本充足率超过 8%，主要指标均达到监管部门要求；最差的六类行，其主要标准是已经资不抵债或濒临资不抵债，已经爆发过支付危机，或处于支付危机的边缘。2002 年，全国城市商业银行的总体经营状况有了很大改善，但各行间的差异仍在扩大。为此，监管部门对城市商行分类标准又及时进行了严格调整：一类行主要标准是不良贷款率保持在 15% 以下，持续盈利且未分配利润为正，收息率在 80% 以上，资本充足率超过 8%，公司治理和内控制度比较完善，主要指标均达到监管部门要求；六类行主要标准是已属于高风险行，不良贷款率在 40% 以上，连续亏损，接近或已经严重资不抵债。

2004 年初正式颁布实施了《股份制商业银行风险评级体系设计》（下称《评级体系》）。该《评级体系》参照了国际通行的"骆驼"（CAMEL）评级法，结合我国股份制商业银行的具体情况，从定量和定性两个方面对银行资本充足状况、资产安全状况、管理状况、盈利状况和流动性状况等五个方面进行综合评价。大致方法先是对资本充足状况、资产安全状况、管理状况、盈利状况、流动性状况、市场风险状况这六大要素分别按照百分进行计算，然后对各要素评价分值乘以相应权重后进行相加，其总和为综合评分。其中各要素的权重分别为：资本充足状况 20%，资产安全状况 20%，管理状况 25%，盈利状况 20%，流动性状况 15%。暂不对市场风险因素进行量化评分。根据综合分值将评级对象确定为"良好"、"一般"、"关注"、"欠佳"和"差"五个档次。

2004 年，由于中国银行和中国建设银行进行了股份制改革试点，财务状况明显改善，大部分历史包袱得以消化。因此，银监会按照"分类监管"的原则，将四家银行分为改制银行（中建两行）和未改制银行（工农两行）两类，分别进行考评。工农两行仍按照原《暂行办法》进行考评；中建两行按照《关于中国银行中国建设银行公司治理改革与监管指引》所确定的三大类七项指标进行考评。

近年来，随着国有商业银行综合改革进程的加快，中国其他商业银行也在借鉴国外先进商业银行的经营理念和管理方法，以中国银监会考评办法为重要依据设置绩效考核指标，以指标标准值为努力目标，建立了符合自身实际、各具特色的绩效考评体系。但还存在以下不足：

一是都确立了"以业绩论英雄，凭效益挣工资"的经营理念，业务发展速度明显加快，经营效益、资产质量和集约经营水平大幅提高，但在指标设置的控制力上，未能有效地解决业务发展速度与控制风险、提高效益三者之间的协调统一问题。

二是考评体系较为松散、指标设置过多，部门协调成本较高。

三是考评理念先进，激励政策到位，但受管理体制、组织架构改革滞后的影响，降低了政策实施效果。

四是方式大同小异，但实际功能相差悬殊。绩效评价具有四个方面的基本功能：一是判断功能；二是预测功能；三是选择功能；四是导向功能。其中导向功能最为核心，起到引导经营行为、资源分配的作用。但从我国商业银行实践看，绩效评价远没发挥上述功能作用。

8.1.3 中国式绩效管理的问题及建议

绩效评价体系在评估银行的目标、激励管理层和发展策略等方面扮演重要角色。随着全球竞争的日益激烈和技术变化的加快，设计一套行之有效的绩效评价体系对于银行生存和成功是至关重要的。仅仅依靠单一的财务指标考核体系对于正确评价银行的价值是不够的。

因此，在对测量商业银行价值创造过程中存在着建立一套系统的，投资者和管理者能够依赖并被广泛认可的标准绩效评价体系的紧迫需要（Kaplan and Norton，1992，1996）。财务和非财务评价指标被包含在绩效评价体系中成为必需。这些绩效指标应该包括产出指标和与产出有关的绩效指标、短期和长期指标、客观指标和主观指标。通过它们所构成的绩效评价体系，使银行管理者能引导各种资源、能力和知识去达成公司的战略目标。除此之外，一个好的绩效评价体系不仅仅能成为组织的努力方向，同时也是管理者、员工、投资者甚至客户沟通的重点，而且能被当作一个沟通、信息和学习系统使用。

我国银行业要根据中国银监会绩效考评的指导思想和原则，按照现代商业银行的发展方向与要求，充分借鉴、积极吸收国外先进商业银行的经营理念及管理方法，对现行绩效评价体系与机制进行调整和改进。

1. 深入贯彻绩效评价理念

绩效评价理念在很大程度上决定着一个银行的经营理念、管理模式和发展道路。商业银行只有转变和创新绩效评价理念，才能真正体现现代银行的经营方向和管理要求，为树立科学发展观、实现可持续发展创造条件。因此，绩效评价要坚持效益性、激励性、连续性的原则。

所谓效益性是指绩效评价要以经济增加值为核心指标，引导各级银行树立资本制衡的经营理念，追求长期价值最大化的发展目标；激励性是指绩效评价要达到激励先进、鞭策后进的目的，鼓励各级银行系统内争先、同业占优作风，逐步提高核心竞争力；连续性是指绩效评价要在一定时期内保持相对稳定，促使各级银行有计划、有步骤地开展经营活动，不断提高管理水平。

2．进一步明晰评价思路

商业银行要逐步建立与国际先进理念接轨、又符合本行实际评价管理的体系，必须确立科学的评价观：一是绩效评价机制充分体现中国银监会的政策导向和管理意图，评价指标必须涵盖中国银监会考核办法的全部指标；二是绩效评价要具有战略眼光，紧紧把握住全行的发展方向和奋斗目标，促进全行实现可持续发展；三是绩效评价制度的管理方法要创新，提高绩效管理的前瞻性和科学性，推动全行管理水平的不断提高；四是绩效考评指标设置、权重分配要针对业务经营中存在的主要问题，突出全行经营导向和管理重点，解决当期主要矛盾；五是绩效评价要充分考虑地区经济和分行历史包袱的客观差异，提高对当期业绩评价的客观公正性，充分调动各级银行、全体员工的业务经营积极性；六是绩效评价要结合国家金融体制改革的背景，构建与行长业绩考核、员工效益增资挂钩的长效激励机制，使绩效评价真正成为银行内部经营机制的核心内容。

3．调整评价方法

为充分发挥绩效评价的导向性和有效性，按照银行绩效管理理念，从建立现代银行的目标模式出发，在评价方法的调整上，首先要锁定存量状态考核，突出增量进步考核。所谓锁定存量是以某一年为依据，根据年度各行考核指标值与全行平均值的差异情况计算各行存量得分（即基数得分），并在一定时期内保持不变；而突出增量是以各行当期指标值与某一年指标值进行比较后计算的各行进步得分，并逐年提高进步分值在综合分中的比重。针对某些商业银行，可以把存量与增量放在一起考核，当期业绩的体现不明显，尤其是一些欠发达地区存量绩效较差的分支机构，因长时间不能摆脱落后局面，业务经营积极性容易受到打击，可以考虑采取"锁定存量、突出增量"的考核模式，有利于弱化外部环境、历史经营基础、存量差异对业绩的影响，也有利于准确反映各级银行当期经营绩效的实际情况，提高评价结果的准确性，促进全行均衡、持续、有效的发展。

其次要拓宽评价范围。为加强对领导班子的管理与考核，应增设对分支机构领导班子绩效考核体系，从经营效益、风险控制、竞争力和内控管理等方面评价分支机构领导班子的管理绩效。建立银行领导班子绩效评价体系，不仅有利于科学考核分行领导班子的当期经营业绩和管理水平，更有利于维护大多数员工的应得利益，保证评价结果的公正性和准确性。

4. 建立、健全指标体系

根据中国银监会的监管要求和现代商业银行的发展方向，为提高绩效评价的科学性和合理性，促进各项业务全面、协调发展，可以按照以下思路对银行考核指标体系进行相关调整。

一是巩固、完善现行财务绩效评价指标体系。

财务层面的绩效评价是商业银行战略绩效评价体系的重要组成部分，绩效评价体系应该服务于商业银行发展战略，相应设置的绩效评价指标必须结合银行的发展战略，引导资源的配置，增强盈利能力，降低成本，增强银行的核心竞争力。

二是增加经济增加值指标，突出经济增加值考核。

经济增加值（EVA）是风险调整后的税后利润与资本成本的差额，是对传统的利润指标、资本回报率指标的改进和完善，是银行真实的利润积累和真正的价值创造。因此，建立风险资产模拟拨备制度，实施经济资本预算管理和以经济增加值为核心指标，并赋予较高的计分权重，可以比较真实、准确地反映银行经营绩效。

三是建立银行市场层面的战略评价指标体系。

单纯的财务评价指标反映的是银行过去的经营成果，不能反映商业银行现在和未来的绩效水平，具有滞后性；不能全面衡量银行的经营状况和管理者的绩效水平，有些经营活动是难以用财务数据来衡量的，具有片面性；财务评价指标只反映结果，不反映过程，会导致机会主义、短期行为。银行以创新的精神，可以考虑引入平衡计分卡思想，拓展市场层面的战略评价指标的应用，健全客户层面评价指标、内部经营层面评价指标和学习与成长层面等评价指标。采用单一的财务指标进行绩效评价，过于强调股东的价值取向，偏重短期利益，势必会引发银行经营管理者和员工的行为短期化，因此，中国商业银行应以创新的精神，按照平衡计分卡的原则建立起包括财务指标、客户指标、内部运营指标和员工发展指标在内的，以战略为导向的关键绩效指标（KPI：Key Performance Indicators）为核心的综合绩效评价体系。

5. 创新激励机制

目前，多数商业银行虽然建立了与绩效评价挂钩的效益增资，但由于缺乏长期激励约束机制，导致各级银行绩效贡献与效益增资增长不同步，不能有效地促进全行实现可持续发展。因此，银行要建立健全效益增资的长期激励机制，加大挂钩激励政策的调整力度，将考核结果与分行领导班子业绩考核挂钩、与员工效益增资分配挂钩；增加与领导班子进步分值挂钩的效益增资指标；增加与等级银行评定、其他资源（不含效益增资）配置挂钩的政策；可参照中国建设银行的评价办法，建立以一级分行、二级分行为单位的职工效益增资奖金池制度，以避免有的银行年度间绩效增资总额不均衡，实现"以丰补歉"，确保经营绩效和员工效益增资稳步增长。

6. 规范评价秩序

为切实解决目标多元、多头考核挂钩的问题，规范绩效评价秩序，建议银行总行明确绩效评价的主管部门，统一全行评价标准。既保证总行的经营导向和政策意图在各级银行均能得到全面贯彻，又可提高银行间评价结果的可比性，有利于总行把握全系统各分支行的经营情况，实施分类指导。

8.2 绩效考核目的与原则

8.2.1 绩效考核目的

通过对银行绩效考核需求的分析和研究，结合当前国际股份制商业银行的先进经验和做法，新的绩效考核方案设计应在考核目的上着重突出以下三个方面：战略目的、管理目的和开发目的。

1. 战略目的

首先同时也是最重要的一点，绩效考核系统应当将工作活动与组织的目标联系起来。执行组织战略的主要方法之一，是首先界定为了实现某种战略所必需的结果、行为以及员工的个人特征是什么，然后再设计相应的绩效衡量和反馈系统，从而确保员工能够最大限度地展现出他所具有的特征、从事这样一些行为以及制造出这样一些结果。为了达到这样一种战略目的，绩效考核系统本身必须具有一定的灵活性，当组织目标和战略发生变化时，组织所期望的结果、行为以及员工的特征也要随之发生相应的变化。

然而，在实际中这一目的常常无法达到。据一项调查表明，在所有被调查的公司中，仅有13%的公司是有意识地运用他们的绩效评价系统来向员工传达公司目标的。所以，银行的绩效考核方案设计中，必须要特别强调这一点。

2. 管理目的

组织在多项管理决策中都要使用到绩效管理信息（尤其是绩效评价的信息）：薪资管理决策、晋升决策、保留—解雇决策、对个人绩效的承认等等。然而，尽管这些决策都十分重要，但作为绩效信息来源的大多数管理人员却都将绩效评价过程视为一个为了履行自己的工作职责要求而不得不经过的令人厌烦的工作环节。一方面，由于绩效考核过程的不规范性会导致员工的消极态度，息事宁人，我好、你好、他好、大家都好，绩效考核中收集到的信息缺乏真实性、代表性；另一方面，由于绩效评估结果的应用也会使掌握绩效信息的管理者思考评价所产生的后果，从而在绩效信息的处理上并非完全站在客观的立场上，而或多或少地带有主观成分。所以从这一角度来讲，在银行绩效考核中，一定要注意这一点。

3. 开发目的

绩效考核的第三个目的是对考核对象作进一步的开发，以使他们能够有效地完成工作。当一位员工的工作完成情况没有达到他所应当达到的水平时，绩效管理就寻求改善他们的绩效。在绩效评价过程中所提供的反馈就是要指出员工所存在的弱点和不足，更重要的是要找出导致绩效不佳的症结所在，比如说，技能缺陷、动机问题或者是某种外界环境抑制了员工提高绩效等等。作为一个有效的绩效考核系统，其目的是将考核对象的活动与银行的战略目标联系在一起，并且为组织对员工所做出的管理决策提供有效而且有用的信息，同时还要向员工提供有用的业绩辅导和开发反馈。

8.2.2　绩效考核原则

在银行绩效考评中衡量绩效的总原则只有两条：是否使工作成果最大化；是否有助于提高组织效率。组织效率涵义非常广，组织的盈利能力强、产品质量好、客户服务满意度高，都是组织效率高的表现。个人的工作绩效考核，必须以有助于提高组织效率为前提，使得组织的总内耗最小、总效用最大，否则就谈不上好的工作绩效。

绩效考核是考核对象在全部职业生涯中都要接触到的问题。员工在银行工作，希望自己的工作成绩得到银行的承认，得到应有的待遇，希望通过个人努力取得事业上的进步，同时也希望能得到上级对自己努力方向的指点。总之，考核对象从本质上说，是寄希望于绩效考核工作的。为了使考核对象的期盼能变为现实，实现绩效考核应该起到的多方面作用，应当在绩效考核中确立以下基本原则：

1. 战略一致性原则

通过绩效考核管理有效地支撑战略目标的实现。

2. 逐级负责原则

按照管理层级，主要由上级负责下属部门和分支机构的绩效管理工作。

3. 明确化、公开化原则

银行的绩效考核标准、考核程序和考核责任都应当有明确的规定,考核的标准应当尽可能具体并且是可衡量的,而且在考核中应当严格遵守这些规定。同时,考核制度是公开的,考核标准、程序和对考核责任者的规定在银行内都应当对全体员工公开。

4. 客观考核的原则

绩效考核应当有明确规定的考核标准,要建立在客观事实的基础上,考核的标准必须是和工作相关的,是基于工作而非工作者的,与工作表现无关的因素不影响考核的标准。考核的标准可以根据考核目的不同而有所不同。

5. 反馈的原则

考核的结果一定要反馈给被考核者本人,同时应当向被考核者就评语进行说明解释,肯定成绩和进步,说明不足之处,提供今后努力的参考意见等等。

6. 公开、公平、公正原则

绩效管理的过程应以被考核对象与直接上级充分沟通为基础,以总行各部门、各分支机构工作内容和实际业绩为依据。

7. "责、权、利"对等原则

强调激励和约束并重,按承担责任分享成果。

8. 重点突出原则

绩效管理的目标设定应突出全行年度的战略重点和总行各部门、各分支机构的工作重点,针对单一被考核对象的指标不宜过多。

9. 文化和理念相一致的原则

绩效考评实际上就是对考核对象的行为、工作效率、服务水平及经营业绩等方面提出银行绩效考核方案,设计明确的要求和目标,确定其努力方向。因此,绩效考评的内容实质上是企业组织文化和管理理念的具体化和形象化,银行绩效考评的内容中必须明确体现:银行引导什么、鼓励什么,给全体员工以正确的指引。

10. 科学性、实用性、效益性、安全性、流动性协调统一的原则

设计绩效考核指标体系时,要有科学的理论作指导,使考核指标体系能够在基本概念和逻辑结构上严谨、合理,抓住考核对象的实质,并具有针对性。实用性原则指的是实用性、可行性和可操作性。即内容要客观明确、指标要简化、方法要简便,信息及数据易于采集且准确可靠,整体操作要规范,考核的尺度应尽可能细化。银行在建立客户绩效考评机制过程中,必须突出以资金安全为中心,强化安全意识和稳健的观念。

另外需要注意的是：考核的标准是经过协商制定的，考核标准是可以达到的；考核有明确的时间进度表，否则某些评估将失去时效性。绩效考核标准如同衡量员工绩效的一把尺子，它是针对考核指标体系而言的，由于绩效考核指标的差异性，其对应的考核标准肯定会存在区别。通常应从岗位目标和岗位规范两个层面编制绩效考核标准。有效的绩效标准是根据工作而来，因此岗位说明书的内容就是绩效考核的要项，而考核的标准应是可以达成的、易于了解的、明确且能衡量的。员工应参与制定他们自己的绩效考核标准，如此考核标准才能定得恰当，员工也能受到鼓舞而努力去达到甚至去超越标准。如意见不能协调一致，应当由管理者做最后的决定。一件工作的绩效考核标准该有几个，并无最少或最低的定数。多项标准有助于管理的要求并有助于管理者了解下属的长处及应该加以辅导的地方。管理者及其下属在决定考核标准的数目时应把握恰当与实际的宗旨。

8.3 银行绩效考核方案

银行的绩效考核评价体系，大都经历从规模约束、盈利约束到资本约束三个阶段。规模约束下银行重点关注的指标是传统的规模性指标，盈利约束下的重点关注指标是会计利润，以及基于会计利润派生的权益回报率和资产回报率指标，而资本约束下的重点关注指标是经济利润和剔除风险后的经济资本回报率，反映了银行对于股东的价值。银行可以根据自身的发展阶段进行相应的业绩考核及评价。

近几年来，伴随着"流程银行"建设与事业部制改革的深入，银行的绩效管理从以前对组织机构的纵向考核，扩展到对业务条线、客户群等多维度业绩评价，银行绩效管理不再只是单一的、简单的计算，而是涉及上至董事会、高管层的发展目标、风险偏好和业务政策，下接业务前中后台的各项日常经营，横跨各条业务线和各职能部门运作的非常重要的管理工作。

8.3.1 银行绩效管理体系

银行的绩效管理体系可以分为六个方面：（1）绩效管理模式与组织体系。（2）绩效管理的流程。（3）绩效考核方案。（4）绩效考核指标。（5）考核评分规则。（6）绩效分析。具体如表 8.2 所示。

表 8.2　　　　　　　　　　　　银行的绩效管理

项目	绩效管理
绩效管理模式 绩效管理对象	• 两级考核模式：总行、分行，落实到人 • 直线职能制、条线管理，矩阵式或混合制
绩效管理流程	• 考核指标与目标值 • 经营业绩查询与绩效分析 • 考核指标与评分计算
绩效考核方案	• 总行对分支行考核方案 • 总行对总行（条线管理、中后台）部门考核方案 • 人员考核方案（客户经理、柜员、支行行长）
考核指标	• 关键绩效指标——定量指标、定性指标 • 工作目标 • 其他：运营监控、综合评价调整等
权重与评分规则	• 权重分配 • 完成率指标评分规则 • 贡献率指标（均值、方差）评分规则
绩效分析	• 经营业绩实时查询分析 • 绩效目标完成情况反馈分析

8.3.2　绩效管理模式与考核对象

银行绩效管理通常是按照组织机构逐级考核，并且要落实到人。适应"流程银行"建设的要求，绩效考核要支持条线管理，矩阵式的考核结构。绩效管理的对象通常包括：

- 对分支机构的考核（分行/支行/营业部）。
- 对业务条线的考核（公司银行、零售银行、资金营运部、贸易融资、信用卡等）。
- 对总行部门的考核，包括：（1）条线管理部门如公司银行部、零售银行部、资金营运部和国际贸易部等部门；（2）中后台职能部门如人力资源部、计划财务部、会计结算部、人力资源部等部门。
- 对个人的考核（全员考核，以客户经理为主，综合柜员、支行行长等）。

- 对产品、客户（主要 VIP 客户）的绩效分析。

8.3.3　绩效管理的循环流程

经营目标、经营分析和绩效考核构成了银行绩效管理循环（见图 8.1）。年初，根据银行的经营战略目标，分析价值增长的内部驱动因素，将战略规划落实为年度经营目标，并通过计划预算管理实现落实目标、配置资源、明确权责。年度经营过程中，通过经营分析系统及时向管理层反馈业务条线、产品、客户群、客户经理、机构、地区等多维度经营信息和计划执行情况，支持业务与管理决策；年末或考核期末，通过绩效考核与绩效分析来正确评价组织绩效、激励员工，保障银行业绩的可持续增长。

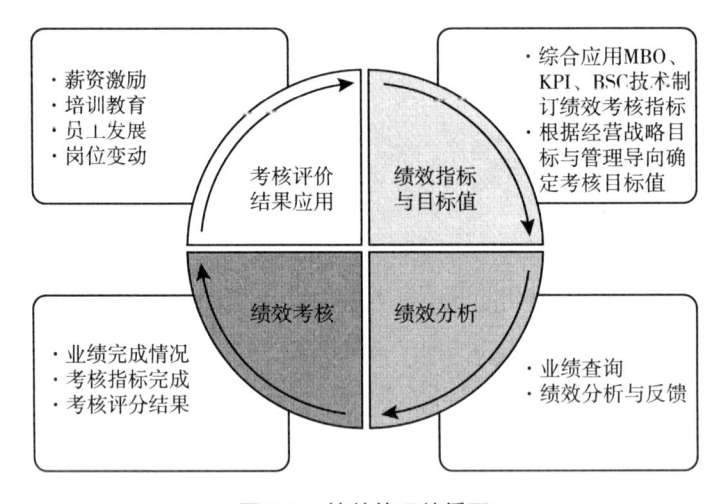

图 8.1　绩效管理的循环

8.3.4　绩效管理的常用方法

表 8.3 列示了绩效管理的常用方法。

表 8.3　　　　　　　　　　绩效管理常用方法

方法	含义	特点
经济增加值评价法（EVA）	反映银行真实利润	真实反映银行业绩；使决策与股东财富一致；剔除"会计"失真；可持续发展

续表

方法	含义	特点
平衡计分卡（BSC）	通过四方面指标相互驱动的因果关系展现组织战略轨迹	财务、客户、流程、学习成长
目标管理法（MBO）	将组织整体目标分解，转换为个人、部门目标	建立目标锁链与目标体系；重视成果。缺点是目标分解困难，有些甚至无法分解
关键绩效指标法（KPI）	反映个体和组织绩效贡献	上下级之间目标清晰，层层支撑，保障企业战略目标有效落实
360°绩效评估法	由上、下、同事、自己、客户担任考评者	考评信息来源全面、具体、详细；各类信息互相补充、互相验证

8.3.5 关键绩效指标（KPI）的选择

银行关键绩效指标的设计和选择是整个评价体系的主要内容，也是难点所在。基于平衡计分卡建立的 KPI 体系涵盖的指标非常多，包括范围也非常广，如果直接对这些指标进行监控，无论从成本和可行性方面都存在问题，而且做为金融企业的商业银行有别于一般工商企业。因此，要基于发展战略来进行进一步的分析和选择，既要明确指标体系设计的原则，更重要的是要对影响战略实施的主要因素进行分析，以确定符合发展战略当期需要重点关注的关键绩效指标。

关键绩效指标（KPI）选择的原则

绩效评价指标首先符合 SMART 原则：S（Specific）具体的；M（Measurable）可衡量的；A（Attainable）可达到的；R（Realistic）现实的；T（Time-based）有时限的。总而言之，就是确定的指标是可衡量的或是可计算的。

Specific，"具体的"，是指关键绩效指标要切中特定的工作目标，不能是抽象的，而应该适度细化。

Measurable，"可衡量的"，是指关键绩效指标应该是数量化的，即指标尽可能量化；对于比较难以量化的指标则要尽可能行为化，以便验证这些绩效指标的数据或信息是可以获得的。

Attainable，"可实现的"，是指上级和员工共同制定的绩效目标在员工付出努力的情况下可以实现，不可过高或过低。过高就会给员工造成挫折感，过低员工感觉不到成就感。

Realistic，"现实的"，是指关键绩效指标是实实在在可以被证明和观察到的，而非想象的。

Time-based，"有时限的"，是指使用时间单位，规定完成关键绩效指标的时间。比如"1个月内实现纯利润100万元"等。此绩效指标的选择能够从四个方面来反映绩效评价：一是既有财务指标又有非财务的指标；二是既有反映外部的指标又有反映内在的指标；三是既有前置驱动性的指标又有后置结果性的指标；四是既有反映客观情况的指标又有反映主观性的指标。然而这四种类型的指标不是相互排斥的。例如，资产收益率既是外部指标也是后置结果性指标同是也是反映客观情况的指标。

KPI 的选择方法

KPI 选择方法符合一个重要的管理原理——"二八原理"。

在一个企业的价值创造过程中，存在着"20/80"的规律，即 20% 的骨干人员创造企业 80% 的价值；在每个部门和每一位员工身上"二八原理"同样适用，即 80% 的工作任务是由 20% 的关键行为完成的。抓住 20% 的关键行为，进行分析和衡量，就能抓住绩效评价的重心。

通常有三种方法来选择 KPI，分别是：

1. 外部导向法即标杆基准法（Benchmarking），通过选择行业最佳商业银行或流程作为基准，将自身的关键业绩行为与其进行评价和比较，分析这些标杆商业银行的绩效形成原因，在此基础上建立自身银行可持续发展的关键绩效标准和绩效改进的最优策略的程序和方法。该方法的关键在于寻找业界最佳业绩标准作为参照的基准数据。确定最优绩效标准后，商业银行须以最优绩效标准为牵引，确凿银行成功的关键领域，通过各部门及员工持续不断的学习与绩效改进，缩小与最优基准之间的差距。

2. 关键成功因素法，通过提炼自身银行历史成功经验和要素进行重点绩效监控。其基本的思想就是通过分析银行成功或取得市场领先地位的关键因素，提炼出导致成功的关键业绩模块，再把业绩模块层层分解为关键要素，为了便于对这些要素进行量化考核和分析，又将其细分为各项指标，即 KPI。其指标的选择要满足有效性，就是要求指标能够客观、最为集中地反映要素的要求；量化性，尽量使用定量化指标，避免凭感觉、主观判断来影响考核结果的公正公平；易测算性，考核测算的数据资料能够比较容易获得，并且计算过程尽量简单。

3. 采用综合平衡计分卡思想的策略目标分解法，通过建立包括财务指标和非财务指标的综合指标体系对商业银行的绩效水平进行监控。

综合平衡计分卡思想的策略目标分解法：首先，要确定商业银行战略。商业银行各级目标的来源必须是商业银行的战略目标，只有经过战略目标的层层分解,才能保证所有的部门和员工的努力方向与银行保持一致。

其次,要进行业务价值树分析,找到业务重点。业务重点是为了实现商业银行的战略目标必须完成的重点,这些重点就是商业银行的关键绩效领域。

第三,就是关键驱动因素分析。通过敏感性分析,找到对于商业银行业务重点影响最大的财务指标,并将其与前置的非财务指标联系起来。

第四,依照上面的方法进一步确定下一层次的 KPI。

平衡计分卡的优点是它既强调了绩效管理与商业银行战略之间的紧密关系,又提出了一套具体的指标框架体系,能够将部门绩效与银行、组织整体绩效很好地联系起来,使各部门工作努力方向同商业银行战略目标的实现联系起来。

平衡计分卡指标的确定必须包含财务性和非财务性的,因此有"平衡计分"之说。强调对非财务性指标的管理。深层原因是财务性指标为后置的结果性指标(Result indicator),非财务性指标是决定结果性指标的前置性的驱动指标(Driver indicator)。财务指标和非财务指标均来源于商业银行的战略,所以在战略与目标之间形成了一个双向的绩效改进循环。

结合财务指标与非财务指标共同评价商业银行绩效,越来越受到理论界和实务界的重视,普遍认为将非财务指标纳入评价体系,可以弥补财务指标的缺陷和不足,从而使绩效评价更加科学合理,应用范围更加广泛。从委托代理理论来看,非财务指标能提供更多关于代理人行动选择的信息,从而使激励约束更加科学有效。从利益相关者理论来看,不同的利益相关者处于商业银行价值链的不同阶段,因而对商业银行绩效评价的重点各不同,决不仅仅满足于财务绩效方面的评价,而商业银行的社会绩效只能通过非财务指标来反映。

当然在我国商业银行建立基于平衡计分卡以战略为导向的 KPI 为核心的综合绩效评价体系不是一成不变的,要根据市场变化、商业银行发展以及指标完成情况等来不断修改 KPI。

8.3.6 权重体系

权重是一个相对的概念,是指在考核过程中对被考核对象的不同侧面的重要程度的定量分配,对各考核要素在总体考核中的作用进行区别对待。事实上,没有重点的考核就不算是客观的考核,每个考核对象的性质和所处的层次不同,其工作的重点也肯定是不能一样的。因此,对工作所进行的业绩考核必须针对不同内容对目标贡献的重要程度做出估计,即权重的确定。

权重及其确定原则

1. 统优化原则

在考核指标体系中,每个指标对系统都有它的作用和贡献,对系统而言都有它的重要性。应当遵循系统优化原则，把整体最优化作为出发点和追求的目标。在这个原则指导下，对评价指标体系中各项评价指标进行分析对比，权衡它们各自对整体的作用和效果，然后对它们的相对重要性做出判断。确定各自的权重，既不能平均分配，又不能片面强调某个指标、单个指标的最优化，而忽略其他方面的发展。

2. 民主与集中相结合的原则

权重是人们对考核指标重要性的认识，是对定性判断的量化，往往受个人主观因素的影响。不同的人对同一件事情都有各自的看法，而且经常是不相同的，其中有合理的成分，也有受个人价值观、能力和态度造成的偏见。这就需要实行群体决策的原则，集中相关人员的意见，使权重分配比较合理，防止个别人认识和处理问题的片面性。

3. 评价者的主观意图与客观情况相结合的原则

考核指标权重反映了考核者和银行对考核对象工作的引导意图和价值观念。当他们觉得某项指标很重要，需要突出它的作用时，就必然给该指标以较大的权重。必须同时考虑现实情况，把引导意图与现实情况结合起来。

权重确定的步骤和方法

权重是整个考核体系是否具有合理性的关键。有不少考核体系只依据定性分析选择指标，较少从定量分析上说明所选评价指标的合理性，具有随意性。对于权重的确定，采用"打分法"等主观赋值法，这种方法给指标确定固定的权重，认为每个指标对银行竞争力的影响是固定的。而实际上，随着环境的变化，每个指标对绩效的影响不可能是固定不变的，很难客观地确定每一个因素的固定权重。为了使由多个指标组成的综合评价能更准确地反映被评价银行考核对象绩效的真实情况，必须对指标赋予不同的权重。以下采用的就是问卷调查结合专家打分的方法。

问卷调查法是通过书面形式，以严格设计的测量项目或问题向研究对象收集研究资料和数据的一种方法。本次调查问卷的目的是通过对银行工作人员对激励因素的重视程度和满意度进行统计，在统计数据的基础上进行分析，得出结论。

1. 调查问卷发放和回收

为了节约时间和提高工作效率，本次问卷调查采用抽取样本的记名方式进行，对银行相关考核对象及其有业务关系的9个部门中120名调查对象发出，调查问卷共收回120份，经核查全部为有效问卷。

2. 调查样本的构成情况

性别：样本中男性82人，占样本总数的68.3%；女性38人，占31.7%。

年龄：样本中35岁以下为53人，占样本数44.2%，36~45岁54人，占45%；46~54岁12人，占10%；55岁以上1人，占0.8%。

职务：普通员工66人，占55%；基层管理者30人，占25%；中层管理者19人，占15.8%；

高层管理者5人，占4.2%。

学历：大学本科13人，占10.8%；大学专科60人，占50%；高中专及以下47人，占39.2%。

工作性质：从事管理工作5人，占4.2%；客户管理工作85人，占70.8%；行政工作18人，占15%；其他工作12人，占10%。

调查问卷包括一级权重调查问卷和二级指标权重调查问卷；一级权重调查问卷包含工作业绩、工作能力和工作态度等三部分内容。二级指标权重调查问卷同样包含以上三部分内容，只是做了进一步细化。

3. 权重的确定

以高级客户经理的考核指标为例，在收回的120份有效调查问卷中，对一级指标：工作业绩、工作能力和工作态度的选择分别有60份、36份和24份问卷，由此我们可以得到高级客户经理的一级指标中三种能力的权重分别为：

工作业绩指标：60/120 = 0.5

工作能力指标：36/120 = 0.3

工作态度指标：24/120 = 0.2

而进一步通过对其二级指标的分析，在收回的120份有效问卷中，选择对公存款完成率、盘活资金率、不良资产清收率、国际结算完成率的分别有24份、36份、36份和24份，由此我们得到其二级指标的权重依次为：

对公存款完成率：24/120 = 0.2

盘活资金完成率：36/120 = 0.3

不良资产清收完成率：36/120 = 0.3

国际结算完成率：24/120 = 0.2

依据相同道理，可得出中级客户经理和见习客户经理的不同权重。

8.4 银行全面绩效管理信息化路径

为适应日益严格的外部监管环境与"流程银行"建设等业务管理变革需求，银行迫切需要构建新的全面绩效管理信息系统，以支撑银行的绩效管理实践，实现银行风险与盈利约束下的股东价值最大化。

图8.2是银行全面绩效管理系统建设的总体框架及建设路径。

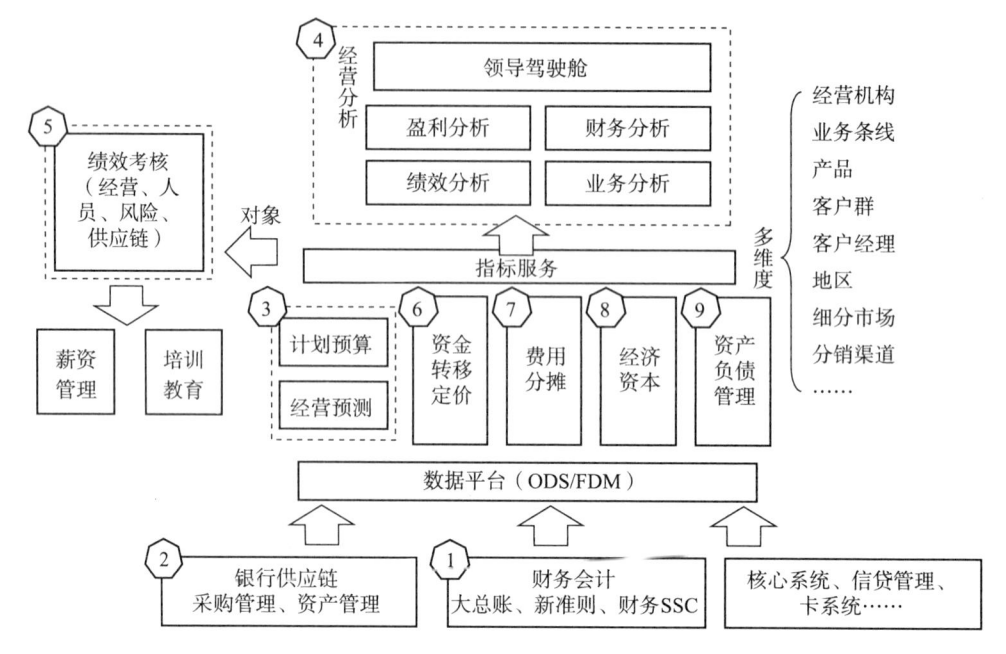

图 8.2　银行全面绩效管理系统建设的总体框架及建设路径

图内各项内容的解释如下：

1，财务会计系统：实现银行股东价值的最大化、正确评价银行多维度的业绩，真实、准确、精细化的财务会计信息是基础，即银行应该建立符合新《企业会计准则》的财务会计体系，包括：大总账、新准则深入应用系统和财务管理/财务共享服务中心（FSSC）系统。这是银行全面绩效管理的基础工作。

2，银行供应链系统：实现银行自有资产使用效率和效益最大化，应建立银行内部供应链管理系统，进行银行自有资产的全生命周期管理，包括：采购、实物资产管理、合同管理、供应商管理等内容。

3、4、5，计划预算、经营分析和绩效考核构成了银行经营管理循环。年初，根据银行的经营战略目标，分析价值增长的内部驱动因素，将战略规划落实为年度经营目标，并通过计划预算管理实现落实目标、配置资源、明确权责。年度经营过程中，通过经营分析系统及时向管理层反馈业务条线、产品、客户群、客户经理、机构、地区等多维度经营信息和计划执行情况，支持业务与管理决策；年末或考核期末，通过绩效考核与绩效分析来正确评价组织绩效、激励员工，保障银行业绩的可持续增长。

通过领导驾驶舱和盈利分析系统建设，对业务条线实现管理的精细化、科学化，通过整合核心系统、信贷系统、国际结算系统、资金交易系统等源系统数据，提取经营计划与预测、费用分摊、资金转移定价等管理会计结果统一建模，对机构、部门、产品、业务条线、客户经理、客户等多个维度提供领导驾驶舱、绩效分析、指标分析、TOP – N、EVA/RAROC 等功能，帮助银行战略、决策、研发、管理层全面、实时、准确地掌握银行经营状况。

通过组织经营绩效考核系统、人力资源管理系统，实现对全行组织经营绩效、风险绩效、人员绩效和供应链绩效考核结果的量化和落地，并融入 360 打分、KPI – BSC 等先进的考核方式，全面综合绩效考核，最终形成商业银行高效的管理指挥棒。

6、7、8，资金转移定价、费用分摊和经济资本是银行绩效管理的三大工具。

费用分摊系统将各类运营成本根据服务成本动因分解到考核经营单位中，例如部门、产品、客户等。分摊过程可根据成本动因制定分摊方法和对象，实现精细化的成本管理。

资金转移定价（Fund Transfer Pricing）是银行内部向资金提供单元确定资金收入价格、向资金使用单元确定资金使用成本价格，并将资金的利率风险和错配损益集中于专门利率风险管理部门的一种定价机制。从银行管理角度看，应用资金转移定价方法可以帮助银行的绩效评价从规模、会计利润的考核，转变成为资本约束下的盈利考核；考核对象不断拓展，向网点、产品、客户经理、客户进行基于盈利的考核，最终实现管理粒度的细化。

经济资本是银行非预期损失所对应的资本，经济资本成本管理是进行量化风险成本，进行风险调整后业绩评价（Risk Adjusted Performance Measurement，RAPM）的重要管理工具（在资本约束考核阶段必须建设的系统）。

9，资产负债管理是银行风险管理的核心内容。资产负债管理的目标是资产负债总量与结构管理，在保证流动性和安全性的前提下给银行带来盈利性；而流动性风险、利率风险和汇率风险的计量与分析是资产负债管理的前提。

独家、前沿、实用的零售银行品牌书

最佳零售银行打造方法丛书

《零售银行服务品质管理》　　　　　　定价：69.00
《零售银行客户关系管理》　　　　　　定价：69.00
《零售银行竞争对手分析》　　　　　　定价：69.00
《银行个人理财：体系、策略与政策》　定价：79.00
《零售银行领导力打造》　　　　　　　定价：68.00
《零售银行利润倍增金律》　　　　　　定价：68.00
《理财机构经营管理》　　　　　　　　定价：68.00
《零售银行理财业务管理》　　　　　　定价：49.00
《零售银行业务条线管理》　　　　　　定价：59.00
《零售银行产品开发》　　　　　　　　定价：60.00
《零售银行业务创新》　　　　　　　　定价：56.00
《零售银行做强法则》　　　　　　　　定价：66.00
《零售银行销售管理修炼》　　　　　　定价：69.00
《零售银行产品交叉销售》　　　　　　定价：69.00
《零售银行富人客户开发》　　　　　　定价：59.00
《零售银行客户理财规划》　　　　　　定价：69.00
《零售银行按揭贷款营销》　　　　　　定价：60.00
《零售银行销售22金律》　　　　　　　定价：40.00
《零售银行轻松营销》　　　　　　　　定价：62.00
《零售银行消费信贷管理》　　　　　　定价：68.00
《零售银行媒体攻略》　　　　　　　　定价：42.00
《按揭贷款实务精解》　　　　　　　　定价：60.00
《全球私人银行业务管理》　　　　　　定价：70.00
《零售银行信用卡营销》　　　　　　　定价：38.00

金融系统直销电话：
010－68415606　68417505　13910061121

银行业绩管理创新丛书

《银行全面绩效管理》

《银行业绩评价》

《银行投资业绩度量》

《银行标杆管理》

《银行资金转移定价》

《银行费用分摊》

《银行经济资本透解》

《银行经济资本管理》

《银行压力测试》

《巴塞尔Ⅱ风险参数》

《银行下一代数据中心》

《银行业务系统安全性测试》

《银行存贷款定价：整合价值管理与风险管理》

《银行定价管理：在产品设计与产品定价中执行全新的定价方法》

《银行信贷定价：适用于流通市场与非流通市场》

金融系统直销电话：
010 - 68415606　68417505　13910061121